MICHEL DE MONTAIGNE

L'ITALIA ALLA FINE DEL SECOLO XVI

JOURNAL DU VOYAGE EN ITALIE

EN 1580 ET 1581

JOURNAL DU VOYAGE

DE

MICHEL DE MONTAIGNE

EN ITALIE

PAR LA SUISSE ET L'ALLEMAGNE

EN 1580 ET 1581

Nouvelle édition avec des Notes

PAR LE

PROF. ALEXANDRE D'ANCONA

CITTÀ DI CASTELLO

S. LAPI - IMPRIM.-ÉDITEUR

1889

PROF. ALESSANDRO D'ANCONA

L'ITALIA ALLA FINE DEL SECOLO XVI

GIORNALE DEL VIAGGIO
DI
MICHELE DE MONTAIGNE
IN ITALIA
NEL 1580 E 1581

Nuova Edizione del testo francese ed italiano
con note
ed un Saggio di Bibliografia
dei Viaggi in Italia

CITTÀ DI CASTELLO
S. LAPI - TIPOGRAFO-EDITORE

1889

PROPRIETÀ LETTERARIA

Al prof. GASTON PARIS
DELL'ISTITUTO

Vi ricordate, caro Gastone, quando anni addietro vi mostrai il desiderio di possedere il raro viaggio del Montaigne in Italia, e voi, cortese sempre, me ne mandaste una copia, a me tanto più cara perchè stata dell'illustre padre vostro? Ed ora il libro, del quale vi eravate privato per me, vi ritorna in altra veste, e con qualche non inutile illustrazione. Vogliate aggradirlo, e farlo aggradire, nonostante la sua insufficienza, ai vostri connazionali. Esso intanto vi sia nuovo pegno di quella inalterabile amicizia, della quale sono lieto e superbo, e che da tanti anni ci lega.

Pisa 1 Gennaio 1889.

Vostro di cuore
ALESSANDRO D'ANCONA

PREFAZIONE

A volume così via via smisuratamente cresciuto di mole, non si conviene troppo lunga introduzione: nè di ciò, per avventura, vorrà dolersi il lettore. Basterà dunque che tocchiamo brevemente dei pregj sostanziali dell'opera, delle ragioni che ci mossero a riprodurla, e di quel po' di lavoro che vi abbiam fatto attorno.

Habent sua fata libelli: e questo libro del Montaigne ebbe davvero avversi i fati. Concesso anche che ei sia soltanto un primo getto: che troppa parte ne occupino certi particolari, non sempre piacevoli nè del tutto decenti, sulla salute dell'autore: che l'esser dettato mezzo in francese e mezzo in italiano, ne rendesse in Francia men cercata la lettura; non si spiega però la dimenticanza e il disdegno in che cadde. Il giornale di Michele di Montaigne è un'opera per molti aspetti notevole, e in che si ritrova l'impronta, così originale e propria, del grande scrittore. Certo, se il Montaigne avesse avuto agio e tempo di tornarvi su, sfrondandolo e riordinandolo, il giornale del suo viaggio avrebbe formato anch'esso un capitolo, e non dei meno attraenti, degli *Essais;* de' quali tuttavia, nell'assidua osservazione del proprio interno e nella sagace e retta osservazione delle cose esterne, serba il costante carattere. Il Saggio sulla educazione dei fanciulli (II, 8) nel quale tanta parte è data ai viaggi, ottima " eschole à façonner la vie (III, 9)„, non avrebbe avuto miglior riscontro ed illustrazione, di questo racconto di cose e di uomini, veduti in Svizzera e in parte di Allemagna, e sopratutto in Italia.

Imprendendo in età ormai matura il viaggio d'Italia, il Montaigne, benchè travagliato da malori a' quali cercava rimedio, trovavasi nelle migliori attitudini d'animo e di cultura, per trarne diletto e profitto insieme. Già conosceva ed amava l'Italia. Il padre suo vi era stato a cagione di guerre, e ne aveva riportato " un papier journal de sa main (II, 2)„, e anche, parrebbe, istitutori e norme di educazione pel figlio (I, 25): il latino era stato l'idioma nel quale prima si era sciolta la lingua del giovanetto Michele, che con esso aveva appreso la storia di Roma e si era reso familiari i fatti e gli eroi dell'antichità. Per siffatta educazione, ei conobbe le cose di Roma prima che quelle di casa; e prima gli fu domestico il Campidoglio e il Tevere, che il Louvre e la Senna (III, 9). E come i classici antichi così gli erano noti gli scrittori italiani, tanto da poter parlare con competenza e dirittura di giudizio dell'Ariosto (II, 10) del Guicciardini (II, 10) dei comici (I, 25, II, 10), del Caro (I, 39) dell'Aretino (I, 51), e di molti fatti e costumi italiani. Aggiungasi, che egli aveva avuto seco e con ogni cura allevato "un page, gentilhomme italien„, perduto in uno scontro d'armi: " et feut esteincte en luy une tres belle enfance et pleine de grande esperance (II, 5)„. Ricordi paterni, prima istituzione, studj civili, affetti, tutto in lui manteneva e ravvivava l'amore all'Italia e alle cose italiane.

Passando adunque le Alpi, ei non cercava soltanto nelle acque salutari rimedio ai suoi mali, ma conferma alle sue conoscenze storiche, e più ch'altro, nuovo campo ai prediletti studj morali. Da lungo tempo aveva egli disciplinato sè stesso all'osservazione assidua dell'uomo: e la "grande image de nostre mere Nature (I, 25)„ in tanto gli importava, in quanto la Natura è teatro alle umane azioni. Era, e si diceva "naturaliste (III, 12)„, perchè nell'uomo studiava i moti e le impronte della natura. Ma per ben avviare questo studio aveva cominciato dal presentare sè stesso a sè "pour argument et pour subject (II, 8)„; e laddove gli altri, per lo più, si guardano innanzi e attorno, egli guardava dentro: " moy je regarde dedans moy, je n'ay affaire qu'a moy, je me considere sans cesse, je me contreroolle, je me gouste (II, 17)„: di ciò aveva fatto la sua fisica e la sua metafisica (III, 13). Per questo modo egli era riuscito a bilanciar fra loro le più disparate facoltà e forze dell'intelletto e dell'animo, a dirigerle e governarle, e a far bene la parte toccatagli in sorte. " Il n' est rien si beau et legitime que de faire bien l'homme et deuement; ny science si ardue que de bien et naturellement sçavoir vivre cette vie; et de nos maladies, la plus sauvage c'est mespriser nostre estre (III, 13) „. E l'universale consenso ha ratificato la sentenza del Sainte-Beuve che lo chiama " le français le plus sage qui ait jamais existé (*Nouv. Lundis,* II, 177) „: modificandola tuttavia in ciò, ch'ei non sia soltanto il francese più saggio, ma uno fra gli uomini meglio meritevoli di tal lode.

Le qualità essenziali che appariscono nelle meditate pagine degli *Essais,* si mostrano anche in queste affrettate ed estemporanee del giornale di viaggio. Anche di queste egli avrebbe potuto dire, come nella prefazione agli *Essais:* " Je suis moy mesme la matière de mon livre„; anche questo è un libro "consubstantiel à son aucteur (II, 18)„ e sopratutto un libro "de bonne foy„. Le parti stesse meno gradevoli del giornale, dove si nota la qualità ed efficacia dei diversi bagni visitati dal Montaigne, e giorno per giorno si registrano gli effetti ch'ei ne provava, scritte come sono per proprio ricordo e non per offrirle al lettore, rispondono allo studio costante di accordare fra loro le forze del corpo e quelle dell'animo, e quietar questo ristorando quello e rinvigorendolo. Osservava le proprie infermità e ne verificava ogni alterazione, facendo esperienza su sè medesimo, poco fidandosi dei medici, e ben guardandosi dal lasciare alterare il giudizio " par art et par opination (III, 13) „. E così più che alla vana scienza de' medici, credeva alla virtù riparatrice delle acque, largite a beneficio degli uomini dalla Natura. Ma a taluno tuttavia potrà non garbare, nè tal dritto vorremmo contendergli, quanto nel giornale si riferisce a infermità ed a mediche cure. Ma altra cosa è un'opera pubblicata dall'autore stesso, che liberamente sceglie ciò che altrui vuole di sè comunicare, altra un'opera trovata e pubblicata dai posteri. Nè il primo editore nè noi ci siamo tuttavia attentati a mutilare il testo. Il lettore passerà dunque leggermente, e forse sorridendo, su cotesti episodj del viaggio: ma terminata la lettura di esso, e considerandolo nell'insieme, non ci rimprovererà se non abbiamo arbitrariamente cambiato la figura caratteristica del libro. Anche qui del resto il Montaigne ci dà qualche utile insegnamento. Egli curava di recuperare " la belle lumiere de la santé (III, 13) „, perchè la parte fisica dell'uomo non dominasse sull'animo e sulla volontà: noi moderni nelle cure dei bagni cerchiamo il più spesso non la reintegrazione della salute, ma un modo di più liberamente abusarne da poi.

Ciò che piacerà certamente al lettore di gusto fine e delicato, al quale principalmente dedichiamo questa ristampa del Viaggio del Montaigne, sarà la parte narrativa. È, lo ripetiamo, un primo getto, ma di mano vigorosa e che sa infonder la vita in ciò che rappresenta. Là dove nei viaggi moderni è il più spesso l'autore che parla, qui si direbbe che le cose, interrogate dal viaggiatore, parlino esse stesse nel proprio loro linguaggio. L'autore si pone in disparte; e di quest'opera sua minore può dire come degli *Essais:* "J'ay faict icy un amas de fleurs estrangieres, n' y ayant fourny du mien que le filet à les lier (III, 12)„. Il Montaigne aveva in proprio "l'honneste curiosité de s'enquerir de toutes choses (I, 25)„: tutto gli pareva utile a conoscere: "Il fault tout mettre en besogne et emprunter chascun selon sa marchandise, car tout sert en mesnage (I, 25)„. Ma in fondo, ciò che lo attrae è l'uomo nella varietà delle sue inclinazioni, dei costumi, della storia. A Roma, termine sommo del pellegrinaggio, gli preme il popolo quanto il papa: le cerimonie del rito giudaico lo richiamano quanto gli spettacoli della settimana santa. Vuol conoscere di presenza il duca di Ferrara, il granduca di Toscana, il sommo Pontefice: ma tutti ricerca, con tutti parla, da tutti vuol apprendere una particella di esperienza. Conversa coi dotti, e fa visita alle cortigiane, che ahime! erano una delle maggiori attrattive dell' Italia di que' tempi: si aggira fra le rovine, e si mescola coi comici e colla plebe: attende con egual piacere alle dotte discussioni conviviali presso all'ambasciatore di Francia, e alle improvvisazioni rusticali della poetessa de' Bagni di Lucca. Nulla vi ha di frivolo per lui, perchè nulla ei guarda con frivolezza. Ei non viaggia "à la mode de la noblesse françoise„ per riportarne soltanto "combien de pas a *Santa Rotonda:* ou la richesse de calessons de la *Signora Livia:* ou comme d'aultres, combien le visage de Neron, de quelque vieille ruyne de là, est plus long ou plus large que celluy de quelque pareille medaille„, ma per conoscere "les humeurs de ces nations et leurs façons, et pour frotter et limer sa cervelle contre celle d'aultruy (I, 25)„. In ogni dove ei prosegue e rinviene l'oggetto perenne delle sue meditazioni: "J'ay veu des maisons ruynees et des statues et du ciel et de la terre: ce sont tousjours des hommes! (III, 9)„. *Quæro hominem* starebbe bene per epigrafe, come ad ogni altro scritto del nostro autore, così a questo viaggio.

Preparato da sì virile educazione di sè stesso, scevro d'ogni pregiudizio nazionale, il Montaigne scese fra noi a studiar l'Italia e gli italiani. "Ennemy juré de toute espece de falsification (I, 39)„, guardò le cose così com'elle erano, e le ritrasse così nei suoi ricordi. "Je me suis deffendu d'oser alterer jusques aux plus legieres et inutiles circonstances: ma conscience ne falsifie pas un jota: mon inscience, je ne sçay (I, 26)„. Ma la rettitudine dell'osservazione, il lungo studio e il forte amore delle cose italiane, gli impedivano di metter piede in fallo. Le nostre note illustrano ed ampliano i rapidi accenni dell'autore: mai, o quasi, rettificano o correggono.

Poi che era tempo che quest'opera del Montaigne si ristampasse, era quasi dovere che ciò si facesse fra noi. Il Viaggio è vivo ritratto dello stato d'Italia sul finire del secolo decimosesto: e per la materia come pel dettato, quasi per metà italiano, esso in qualche modo ci appartiene. Lo riproducemmo adunque, aggiungendovi copiose note:[1] ed auguriamo che il culto lettore tragga dalla parola di questo vecchio sincero amico d'Italia quel diletto che noi provammo nel chiarirla e illustrarla.

ALESSANDRO D'ANCONA.

---

[1] Per le note abbiamo dovuto ricorrere all'amicizia e alla dottrina di molte persone, delle quali ci corre obbligo di registrare qui i nomi, ringraziandole. Per la parte del Viaggio che spetta alla Francia avemmo schiarimenti dal sig. Tamizey de Larroque e dal prof. Ch. Dejob, il quale del resto, ci ajutò de' suoi consigli in molti altri punti. Altre persone da cui per mezzo del prof. Dejob, avemmo speciali indicazioni, sono ricordate a suo luogo nelle note. Per la Svizzera ci soccorse il compianto Marc Monnier: pel Tirolo, il prof. Thaner di Innspruck: pel Trentino, il prof. B. Malfatti. Ricorremmo per Vicenza al prof. B. Morsolin, per Verona al Dott. G. Biadego bibliotecario,

per Padova al prof. A. Favaro, per Venezia al cav. F. Stefani e al comm. B. Cecchetti archivista. Per Ferrara ci aiutarono il prof. G. Ferraro e il march. Campori di venerata e cara memoria: per Bologna il Sen. G. Gozzadini, anch'esso, pur troppo defunto, e il Dott. L. Frati: per Roma, il conte A. Moroni, il march. G. Ferrajoli, il comm. A. Ademollo, il comm. G. B. De Rossi: per l'Umbria e il Viterbese, il bar. A. Sansi, il can. Falogi-Pulignani, il march. G. Eroli, il conte Iacobuzzi-Zelli: per le Marche, l'avv. M. Maroni, il prof. A. Conti, l'avv. R. Foglietti, il sig. Vittorio Bianchini, il march. C. Antaldi, l'avv. A. Giovannelli: per Loreto l'avv. Giannuizzi: per Firenze, il cav. G. E. Saltini: per Siena, il dott. F. Donati bibliotecario: per Pistoja, il cav. F. Rossi-Cassigoli: per Prato, il dott. Antonio Guasti: per Lucca il cav. S. Bongi archivista: per Pisa, il prof. G. Arcangeli, il cav. L. Tanfani-Centofanti archivista, il prof. C. Lupi, il prof. P. Paganini, il dott. C. Fedeli, il Senat. R. Ruschi, l'avv. F. Tribolati bibliotecario: per la Lunigiana, il cav. G. Sforza archivista e il prof. A. Neri bibliotecario: per Pavia, il prof. L. Cossa. Altre indicazioni qua e là ci diedero il prof. D. Castelli, il prof. G. Lumbroso, il prof. G. Ghirardini, il dott. S. Morpurgo. Crediamo aver ricordato tutti quelli che gentilmente risposero alle nostre dimande, e porsero soluzione ai nostri dubbj: se alcuno avessimo dimenticato, chiediamo venia della involontaria mancanza.

¹ Monsieur de Montaigne depescha Monsieur de Mattecoulon ² en poste avec ledit escuyer, pour visiter ledit Conte, & trouva que ses playes n'estoint pas mortelles. Audit BEAUMONT, ³ M. d'Estissac ⁴ se mesla à la trope pour faire mesme voyage, accompaigné d'un jantil' home, d'un valet de chambre,

¹ Mancano qui al principio del manoscritto, secondo avverte l'editore primo, M. de Querlon, due pagine, laonde s'ignora di qual Conte qui intenda parlare l'autore, e a qual fatto alluda.

² Il signor de Mattecoulon era fratello dell'autore. Di lui si parla anche negli *Essais*, libr. 2, c. 37, a proposito di un duello che ebbe a Roma, orse in questo viaggio, e pel quale sofferse una prigionia, abbreviatagli da premurosa e solenne raccomandazione del re di Francia.

³ * Beaumont sur-Oise. — Nota del primo editore, M. de Querlon. E avvertiamo una volta per tutte che le note che riportiamo tali e quali dalla prima edizione, saranno precedute da un asterisco.

⁴ Figlio della signora d'Estissac, alla quale è dedicato il cap. VIII del lib. 2° degli *Essais*, intitolato *De l'affection des peres aux enfants*.

d'un mullet, & à pied d'un muletier & deux lacquais, qui revenoit à nostre equipage pour faire à moitié la despense. Le lundi cinquiesme de Septembre 1580, nous partimes [1] dudit Beaumont après disner & vinsmes tout d'une trete souper à

MEAUX, qui est une petite ville, belle, assise sur la riviere de Marne. Elle est de trois pieces. La ville & le fauxbourg sont en deça de la riviere, vers Paris. Au-delà des pons, il y a un autre grand lieu qu'on nomme *le Marché*, entourné de la riviere & d'un très beau fossé tout autour, où il y a grande multitude d'habitans & de maisons. Ce lieu étoit autrefois très bien fortifié de grandes & fortes murailles & tours; mais en nos seconds troubles huguenots, parce que la pluspart des habitans de ce lieu estoit de ce party, on fit demolir toutes ces fortifications. Cet endroit de la ville soutint l'effort des Anglois, le reste estant tout perdu; & en récompense tous les habitans dudit lieu sont encore exempts de la taille & autres impositions. Ils monstrent sur la riviere

[1] I compagni di viaggio del Montaigne furono almeno quattro: il fratello, signor di Mattecoulon, il sig. d'Estissac, il sig. du Hautoy, gentiluomo lorenese, e il sig. de Caselis, che lasciò la compagnia a Padova. Difficile è dire chi fosse il sig. d'Estissac, ma forse è quel Carlo signore della terra di tal nome nel Périgord, diocesi di Périgueux, che morendo nel 1586, lasciò erede la sorella Claudia, maritata ad un Larochefoucauld. I du Hautoy, terra del ducato di Bar, baliaggio di Pont à Mousson, erano in tal numero al tempo del Montaigne, che riesce impossibile indicare qual fosse il compagno del nostro viaggiatore. Quanto al Caselis o Cazelis, potrebbe trattarsi di un Cazalis, signore di una terra di tal nome in Brettagna. S'ignora anche chi fosse il segretario del Montaigne, che scrisse la relazione del viaggio sino a Roma, adoprando nel parlare del signor suo la terza persona, ma stando, come a dire, sotto la dettatura di lui.

de Marne une isle longue de deux ou trois cent pas, qu'ils disent avoir esté un cavalier jetté dans l'eau par les Anglois, pour battre ledit lieu du Marché avec leurs engins, qui s'est ainsi fermy avecq' le temps.[1] Au fauxbourg, nous vismes l'abbaïe de saint Faron, qui est un très vieux battimant, où ils montrent l'habitation d'Ogier le Danois & sa sale. Il y a un antien refectoire, à tout[2] des grandes & longues tables de pierre d'une grandeur inusitée, au mylieu duquel sourdoit, avant nos guerres civiles, une vifve fonteine qui servoit à leur repas. La pluspart des religieus sont encore gentil' homes. Il y a entre autres choses une très vielle tumbe & honorable, où il y a l'effigie de deux chevaliers étandus en pierre d'une grandeur extraordinere. Ils tiennent que c'est le corps de Ogier le Danois & quelqu'autre de ces Paladins.[3] Il n'y a

[1] In quest'isola si scoprirono non è molto parecchie bombarde abbandonate dagli inglesi al tempo dell'assedio ricordato dall'autore.

[2] Qui, come spesso altrove, *à tout* vale *avec*.

[3] Nella *Hist. litter. de la Fr.*, xx, 690, si legge in un articolo di P. Paris: " Ce fut au monastère de Saint-Faron de Meaux que Ogier termina sa carrière, après avoir legué á l'abbaye deux grands benéfices qu'il possédait lui-même, l'un à Verceil en Piémont, l'autre à Réez près de Meaux. Dans les premières années du xviii siècle on venait encore admirer à Saint-Faron le somptueux tombeau d'Ogier, monument exécuté certainement avant le xiie siècle, et, suivant Mabillon, dès le ixe, fort peu de temps après la mort du héros. Ce n'est pas ici le lieu de décrire ce tombeau, dont une gravure nous est heuresement restée; mais pour faire voir l'étroit lien qui unit les souvenirs historiques et les tradition romanesques, nous ajouterons que devant les colonnes avancées, qui formaient une sorte de péristyle autour de la tombe d'Ogier et de Benoît son compagnon de guerre, on distinguait les statues de Roland, d'Aude, la fiancée de Roland,

ni inscription ni nulles armoiries; sulemant il y a ce mot en latin, qu'un Abbé y a fait mettre il y a environ cent ans, *que ce sont deux heros inconnus qui sont là enterrés.* Parmy leur thresor, ils monstrent des ossemans de ces chevaliers. L'os du bras depuis l'espaule jusques au coude est environ de la longeur du bras entier d'un homme des nôtres de la mesure commune, & un peu plus long que celui de M. de Montaigne. Ils monstrent aussi deux de leurs espées qui sont environ de la longeur d'une de nos espées à deux mains, & sont fort detaillées de coups par le tranchant.[1]

d'Olivier et d'un prélat qui semblait bénir l'union d'Aude et de Roland. Dans les mains d'Olivier était un rouleau sur le quel Mabillon avait lu distinctement ce deux vers: *Audae, conjugium tibi do, Rollande, sororis, Perpetuumque mei socialis foedus amoris.* Aude, suivant les traditions romanesques, expira de douleur en apprenant la mort de son frère Olivier et de Roland: c'était Ogier que l'empereur avait chargé d'escorter et de consoler la jeune fille dans ces douloureux moments. Ogier volut-il consacrer dans l'abbaye de Saint-Faron un immortel souvenir aux héros de Roncevaux? et lui-même aurait-il ainsi présidé à l'érection d'un riche monument qui devait lui servir de sépulcre? où bien les moines de Saint-Faron, plusieurs siècles après sa mort, auraient-ils eu la première pensée d'un mausolée, dont ils auraient emprunté les principaux détails de sculpture et d'architecture au traditions populaires? Voilà ce qu'il serait bien difficile de déterminer aujourd'hui, en l'absence du tombeau qui seul pourrait justifier l'attribution d'une date precise. „

[1] Nel vol. XXII, p. 659 dell'*Hist. litter. de la France*, il Paris soggiunge: "Cette maison religieuse conservait aussi une grande épée et un lourd épieu, qu'une tradition immémoriale désignait pour avoir appartenu à Ogier. L'épieu sans doute a passé par la forge de quelque serrurier: pour l'épée, facile à reconnaître d'après le dessin que Mabillon en avait fait graver (*Acta* etc. saec. V, I, 665), elle est devenue la propriété d'un antiquaire distingué,

Audit lieu de Meaux, M. de Montaigne fut visiter le Thresorier de l'Eglise saint Estienne, nommé Juste Terrelle, home connu entre les sçavans de France, petit home vieux de soixante ans, qui a voïagé en Egipte & Jerusalem & demeuré sept ans en Constantinople, qui lui montra sa librerie & singularités de son jardin.[1] Nous n'y vismes rien si rare qu'un arbre de buy espandant ses branches en rond, si espois & tondu par art, qu' il samble que ce soit une boule très polie & très massive de la hauteur d'un homme.[2]

M. de Longpérier. C'est une arme qui pourrait remonter au xe siècle: mais, nous le dison à regret, elle nous semble avoir trop bien gardé toute sa longueur pour que nous puissions y reconnaître la fameuse épée Courtain, ouvre de Galant, dont Ogier avait raccourci la lame en frappant de sa pointe un formidable rocher. „

[1] Il reverendo can. Denis di Meaux mi comunica queste notizie intorno a Juste Terrelle. Chierico della diocesi d'Auxerre, fu innalzato alla dignità di tesoriere della cattedrale di Meaux per lettere reali del 14 novembre 1564. Morì il 21 aprile 1590, essendo anche curato di Jouy sur-Morin, e fu sotterrato nella cappella della Vergine, nella cattedrale di Meaux. Era stato mandato a spese del re Francesco 1° in Oriente per acquistarvi manoscritti greci, alcuni de' quali trovansi anche adesso alla Biblioteca nazionale.

[2] Quest'uso di tagliare gli alberi di bosso in modo da dar loro forma di un qualche oggetto o edifizio, era antico in Italia, e così Giovanni Rucellai, verso la fine del sec. XV, descrive quelli del suo giardino di Quaracchi: " Gran numero di belli bossi di variate maniere, cioè tondi, a palchi, navi, galee, templi, pile e piloni, vasi, urcioli: uno doppio, cioè, che mostra da ogni parte giogauti, uomini, donne, marzocchi con bandiere del comune, bertuccie, dragoni, centauri, camelli, diamanti, spiritelli coll'arco, coppe, cavalli, asini, buoi, cervi, e un orso e un porco selvatico, e delfini, giostranti, balestrieri, un'arpia, filosofi, papa, cardinali, e più altre simili cose ecc. „: MARCOTTI, *Un mercante e la sua famiglia nel sec. XV*, Firenze, Barbèra, 1881, p. 75.

De Meaux oú nous disnames le mardy nous vinsmes coucher à

CHARLY, sept lieues. Le mercredy après disner vinsmes coucher à

DORMANS, sept lieues. Le landemein, qui fut jeudi matin, vinsmes disner à

ESPRENEI, cinq lieues.[1] Où estans arrivés, MM. d'Estissac & de Montaigne s'en allarent à la messe, comme c'estoit leur coutume, en l'eglise Nostre Dame; & parce que ledit seigr. de Montaigne avoit veu autrefois, & lorsque M. le mareschal de Strossi fut tué au siege de Teonville[2] qu'on avoit apporté son corps en laditte eglise, il s'enquit de sa sepulture, & trouva qu' il y estoit enterré sans aucune montre ny de pierre, ny d'armoirie, ny d' épitaphe, vis-à-vis du grand autel; & nous fut dit que la reine l'avoit ainsi faict enterrer sans pompe & ceremonie, parce que c'estoit la volonté dudit mareschal. L'evesque de Renes de la maison des Hanequins à Paris,[3] faisoit lors l'office en laditte eglise, de laquelle il est abbé: car c'estoit aussi le jour de la feste de N. Dame de Septemb. M. de Montaigne accosta en ladite eglise après la messe M. Maldonat, Jhesuite, duquel le nom est fort fameux, à cause de son erudition en theologie & philosophie[4] & eurent plusieurs propos de sçavoir

[1] Epernay in Champagne.
[2] Piero Strozzi maresciallo di Francia, figlio di Filippo, venne ucciso d'un colpo d'archibugio innanzi a Thionville il 20 giugno 1558.
[3] Fu vescovo di Rennes dal 1573 al 1596.
[4] Giovanni Maldonat spagnuolo, nato nel 1534, morto nel 1583. Accusato di eresia da invidi, fu assolto dall'Arcivescovo di Parigi: accusato di captata eredità a profitto della Compagnia di Gesù, a cui apparteneva, si rifugiò a Bourges, donde Gregorio XIII lo chiamò a Roma per lavorare all'edizione della Bibbia de' Settanta. Fu, come dice il Montaigne, tenuto in gran conto per la sua dottrina filosofica e teologica.

ensamble, lors & l'après dinée, au logis dudit sieur de Montaigne, où ledit Maldonat le vint trouver. Et entre autres choses, parce qu' il venoit des beings d'Aspa, qui sont au Liege,[1] où il avoit esté avec M. de Nevers, il lui conta que c'estoint des eaus extrememant froides, & qu'on tenoit là que les plus froides qu'on les pouvoit prendre c'estoit le meilleur. Elles sont si froides, qu' aucuns qui en boivent en entrent en frisson & en horreur; mais bientost après on en sent une grande chaleur en l'estomach.[2] Il en prenoit pour sa part cent onces; car il y a des gens qui fournissent des verres, qui portent leur mesure selon la volonté d'un chacun. Elles se boivent non seulement à jeun, mais encore après le repas. Les opérations qu'il récita sont pareilles aus eaux de Guascogne. Quant à lui, il disoit en avoir remarqué la force, pour le mal qu'elles ne lui avoint pas faict, en ayant beu plusieurs fois tout suant & tout esmeu. Il a veu par expérience que grenouilles & autres petites bettes qu'on y gette se meurent incontinent, & dit qu'un mouchouer[3] qu'on mettra audessus d'un verre plein de ladite eau, se jaunira incontinent. On en boit quinze jours ou trois semaines pour le moins. C'est un lieu auquel on est très bien accommodé & logé, propre contre toute obstruction & gravelle. Toutefois ny M. de Nevers ny lui n'en estoint devenus guieres plus sains. Il avoit avec lui un maistre d'hostel de M. de Nevers, & donnarent à M. de Montaigne un cartel imprimé sur le sujet du different qui est

---

[1] Spa, celebrato luogo di bagni, presso a Liegi.

[2] L'ediz. in 4°, che in altre piccole cose differisce da quella in 24°, qui ha " grande douleur „. Ci par preferibile l'altra lezione.

[3] * *Mouchoir.*

entre MM. de Montpansier & de Nevers, affin qu'il en fut instruit & en peut instruire les gentil'hommes qui s'en enquerroint.[1] Nous partimes de là le vendredy matin & vinsmes à

CHAALONS, sept lieues.[2] Et y logeasmes à la Couronne, qui est un beau logis, & y sert-on en vesselle d'argeant, & la pluspart des lits & couvertes sont de soie. Les communs battimens de toute cette contrée sont de croye,[3] coupée à petites pieces quarrées, de demi pied ou environ, & d'autres de terre en gason de mesme forme. Le lendemein nous en partimes après disner, & vinsmes coucher à

VITRI LE FRANÇOIS,[4] sept lieues. C'est une petite ville assise sur la riviere de Marne, battie depuis trente-cinq ou quarante ans, au lieu de l'autre Vitry qui fut bruslé. Ell'a encore sa premiere forme bien proportionnée & plaisante, & son milieu est une grande place quarrée des plus belles de France. Nous apprimes là trois histoires mémorables. L'une que madame la douairiere de Guise de Bourbon, aagée de quatre vingt sept ans, estoit encor vivante, & faisant encor un quart de lieuë de son pied.[5] L'autre, que depuis peu de jours il avoit esté

[1] La questione durava da gran tempo intorno al dritto della *Baillée des roses* al Parlamento. Il Parlamento decretò nel 1576 che il Duca di Montpensier le darebbe per primo per la sua qualità di principe del sangue, sebbene il duca di Nevers fosse più antico Parí di lui.

[2] *Châlons sur Marne.

[3] * *Craye.*

[4] Vitry le François, ora *le Français*, ma non bene, ebbe il suo nome da Francesco I, che lo fece costruire per raccogliervi gli abitanti di Vitry en Perthuis, distante di là 4 chilom., bruciato nel 1544 da Carlo V.

[5] Antonietta di Borbone, duchessa di Guisa, nata il 24 decembre 1493 da Francesco di Borbone e da Maria di Lussemburgo, sposata nel 1513 a Claudio di Lorena,

pendu à un lieu nommé Montirandet,[1] voisin de là, pour telle occasion : sept ou huit filles d'autour de Chaumont en Bassigni complottarent, il y a quelques années, de se vestir en masles, & continuer ainsi leur vie par le monde. Entre les autres, l'une vint en ce lieu de Vitry sous le nom de Mary, guaignant sa vie à estre tisseran, jeune homme bien conditionné & qui se rendoit à un chacun ami. Il fiança audit Vitry une femme, qui est encor vivante ; mais pour quelque desacord qui survint entre eux, leur marché ne passa plus outre. Depuis estant allé audit Montirandet, guaignant tousiours sa vie audit mestier, il devint amoureux d'une fame, laquelle il avoit épousée, & vescut quatre ou cinq mois avecque elle avec son contentement, à ce qu'on dit ; mais ayant esté reconnu par quelcun dudit Chaumont, & la chose mise en avant à la justisse, elle avoit esté condamnée à estre pendue : *ce qu'elle disoit aymer mieux souffrir que de se remettre en estat de fille*, & fut pendue pour des inventions illicites à supplir au défaut de son sexe. L'autre histoire, c'est d'un homme encore vivant nommé *Germain*, de basse condition, sans nul mestier ni office, qui a esté fille jusques en l'aage de vingt deux ans, veuë & connuë par tous les habitans de la ville, & remarquée d'autant qu'elle avoit un peu plus de poil autour du menton que les autres filles ; & l'appelloit-on *Marie la barbue*. Un jour faisant un effort à un sault, ses outils virils se produisirent, & le cardinal de Lenoncourt, évesque pour lors de Chalons, lui donna nom *Germain*. Il ne s'est pas marié pourtant ; il a une grand' barbe fort espoisse.

conte e poi duca di Guisa, morì il 22 Gennaio 1583. Ebbe gran lode per semplicità di vita e per inesauribile carità.

[2] * Montier-en-Der.

Nous ne le sceumes voir, parce qu'il estoit au vilage. Il y a encore en cette ville une chanson ordinaire en la bouche des filles, où elles s'entr'advertissent de ne faire plus de grandes enjambées, de peur de devenir masles, comme Marie Germain. Ils disent qu'Ambroise Paré a mis ce conte dans son livre de Chirurgie,[1] qui est très-certin, & ainsi tesmoingné à M. de Montaigne par les plus apparens officiers de la ville. Delà nous partismes dimenche matin après desjeuné, & vinsmes d'une trete à

[1] Infatti il PARÉE, *Des Monstres et Prodiges* (*Œuvres complètes*, ediz. Malgaigne, Paris, Baillière, 1841, III, 19), dice così: " Aussi estant à la suite du roy, à Vitry le François en Champagne, i' y vis un certain personnage nommé Germain Garnier: aucuns le nommoient Germain Marie, par-ce-qu'estant fille estoit appellé Marie: jeune homme de taille moyenne, trapu et bien amassé, portant barbe rousse assez espaisse, lequel jusqu'au quinzième an de son aage avoit esté tenu pour fille, attendu qu'en luy ne se monstroit aucune marque de virilité, et mesme qu'il se tenoit avec les filles en habit de femme. Or ayant atteint l'aage susdit, comme il estoit aux champs et poursuivoit assez vivement ses pourceaux qui alloient dedans un blé, trouvant un fossé le voulut affranchir: et l'ayant sauté, à l'instant se viennent à lui developper les genitoiers et la verge virile, s'estans rompu les ligamens par les quels au-paravant estoient tenus clos et enserrés (ce qui ne luy advint sans douleur), et s'en retourna larmoyant en la maison de sa mere, disant que ses trippes estoient sorties hors du ventre: la quelle fut fort estonnée de ce spettacle. Et ayant assemblé des medicins et chirurgiens, pour là dessus avoir advis, on trouva qu'elle estoit homme, et non plus fille: et tantost apres avoir rapporté à l'Evesque, qu'estoit le defunt Cardinal de Lenoucourt, par son autorité et assemblée du peuple, il r ceut le nom d'homme: et au lieu de Marie (car il estoit ainsi nommé au-paravant) il fut appellé Germain, et luy fut baillé habit d'homme: et croy que luy et sa mere sont ancor vivans. „ Il MONTAIGNE riparla di questo strano avvenimento negli *Essais*, lib. I. c. 20).

BAR,[1] neuf lieues. Où M. de Montaigne avoit esté autresfois, & n'y trouva de remarquable de nouveau que la despense estrange qu'un particulier, prestre & doyen de là, a employé & continue tous les jours en ouvrages publiques. Il se nomme Gilles de Treves;[2] il a bati la plus sumptueuse chapelle de marbre, de peintures & d'ornemens qui soit en France, & a bati & tantost achevé de mubler la plus belle maison de la ville qui soit aussi en France, de la plus belle structure, la mieux compassée, étoffée, & la plus labourée d'ouvrages & d'anrichissemans, & la plus logeable: de quoy il veut faire un colliege, & est après à le doter & mettre en trein à ses despens. De Bar, où nous disnames le lundi matin, nous nous en vinsmes coucher à

MANNESE,[3] quatre lieues. Petit village où M. de Montaigne fut arresté, à cause de sa colicque, qui fut aussi cause qu'il laissa le dessein qu'il avoit aussi faict de voir Toul, Metz, Nancy, Jouinville & St. Disier, comme il avoit délibéré, qui sont villes

---

[1] Bar-le-Duc.
[2] Dal sig. A. Jacob, archivista del dipartimento della Meuse, ricevo, per mezzo del prof. Dejob, queste notizie su Gilles de Trèves. Figlio di Pietro de Trèves, nobilitato dal duca Antonio nel 1509 e morto nel '40, e di Barbera de Vèel morta nel 1546, fondò con testamenti del '73 e dell' '81 il collegio di Bar, che fu diretto fino alla rivoluzione dai Gesuiti. Inoltre fabbricò a sue spese nel 1551 nella chiesa collegiata di S. Marco una cappella di pietre belle e rarissime, coperta di piombo e ornata di figure. Morì nel 1582, il primo febbraio, decano di cotesta collegiata, lasciando di sè ottima fama, e un suo ritratto si trova meritamente nel museo di Bar-le-Duc. La sua famiglia, per mezzo d'una sorella, si estinse nei Conti di Beurges, che tuttora possiedono il castello patrimoniale di Ville-sur-Saulx.
[3] Manois.

épandues autour de cette route, pour gaigner les beings de Plombieres en diligence. De Mannese, nous partismes mardi au matin & vinsmes disner à

VAUCOULEUR, une lieue. Et passames le long de la riviere de Meuse dans un village nommé

DONREMY, sur Meuse, à trois lieues dudit Vaucouleur. D'où estoit natisve cette fameuse pucelle d'Orléans, qui se nommoit Jeane Day ou Dallis.[1] Ses descendans furent annoblis par faveur du Roi,[2] & nous monstrarent les armes que le roi leur donna, qui sont d'azur à un'espée droite couronnée & poignée d'or, & deux fleurs de lis d'or au côté de ladite espée; de quoy un receveur de Vaucouleur donna un escusson peint á M. de Caselis. Le devant de la maisonnette où elle naquit est toute peinte de ses gestes; mais l'aage en a fort corrompu la peinture. Il y a aussi un abre le long d'une vigne qu'on nomme l'*abre de la Pucelle*, qui n'a nulle autre chose à remarquer. Nous vinsmes ce soir coucher à

NEUFCHASTEAU, cinq lieues. Où en l'église des Cordeliers il y a force tumbes anciennes de trois ou quatre cens ans de la noblesse du païs,[3] desqueles toutes les inscriptions sont en ce lengage: *C'y git tel qui fut mors lors que li milliaires courroit*

---

[1] La celebre Jeanne Darc o d'Arc, detta la Pulcella d'Orléans. La casa dove nacque Giovanna, ora di proprietà nazionale, è presso alla Chiesa del villaggio di Domremy. A poca distanza vi era la fontana *des Groseillers*, ombrata da un faggio detto l'*arbre aux Fées*. Forse è questo l'albero indicato al Montaigne.

[2] Il Re che accordò queste armi e la nobiltà alla famiglia della Pulcella, fu Carlo VII.

[3] Fra le altre, dice il Querlon, parecchie tombe dei signori du Châtelet, uno dei quali volle esser seppellito dritto, dicendo che cosi *jamais villain ne passeroit pardessus son ventre*.

per mil deux cens &c. M. de Montaigne vit leur librairie où il y a force livres, mais rien de rare, & un puis qui se puise à fort grands seaus en roullant avec les pieds un plachié de bois, qui est appuyé sus un pivot, auquel tient une piece de bois ronde à laquelle la corde du puis est attachée. Il en avoit veu ailleurs de pareils. Joignnant le puis, il y a un grand vaisseau de pierre, eslevé audessus de la marselle[1] de cinq ou six pieds, où le seau se monte; & sans qu'un tiers s'en mesle, l'eau se renverse dans ledit vaisseau, & en ravalle quand il est vuide. Ce vaisseau est de telle hauteur que par icelui avec des canaus de plomb, l'eau du puis se conduit à leur réfectoire & cuisine & boulangerie, & réjaillit par des corps de pierre eslevés en forme de fonteines naturelles. De Neufchasteau, où nous desjunasmes le matin, nous vinsmes soupper à

MIRECOURT, six lieuës. Belle petite ville où M. de Montaigne ouyt nouvelles de M. & Mad. de Bourbon, qui en sont fort voisins. Et lendemein matin après des-juner alla voir à un quart de lieue de là, à quartier de son chemin, les religieuses de Poussay. Ce sont religions de quoi il y en a plusieurs en ces contrées-là, establies pour l'institution des filles de bonne maison. Elles y ont chacune un bénéfice, pour s'en entretenir, de cent, deux cens ou trois cens escus, qui pire, qui meilleur, & une habitation particuliere, où elles vivent chacune à part soi. Les filles en nourrice y sont reçues. Il n'y a nulle obligation de virginité, si ce n'est aus officieres, comme abbesse, prieure & autres. Elles sont vestues en toute liberté, comme autres damoiselles, sauf un voile blanc sus la tête, & en l'église pendant l'office un grand manteau, qu'elles

---

[1] * *Mardelle.*

laissent en leur siege au cœur. Les compaignies y sont reçues en toute liberté, chez les religieuses particulieres qu'on y va rechercher, soit pour les poursuivre à épouser, ou à autre occasion. Celles qui s'en vont peuvent résigner & vendre leur bénéfice à qui elles veulent, pourveu qu'elle soit de condition requise. Car il y a des seigneurs du païs qui ont cette charge formée, & s'y obligent par serment de tesmoingner de la race des filles qu'on y présente. Il n'est pas inconvenient qu'une seule religieuse ait trois ou quatre bénéfices. Elles font au demeurant le service divin comme ailleurs. La plus grand part y finissent leurs jours & ne veulent changer de condition. Delà nous vinsmes soupper à

ESPINÉ,[1] cinq lieuës. C'est une belle petite ville sur la riviere de la Moselle, où l'entrée nous fut refusée d'autant que nous avions passé à Neufchasteau, où la peste avoit été il n'y a pas long-temps. Lendemain matin nous vinsmes disner à

PLOMMIERES,[2] quatre lieues. Depuis Bar-le-Duc les lieues reprennent la mesure de Guascogne, & vont s'allongeant vers l'Allemagne, jusques à les doubler & tripler enfin. Nous y entrasmes le vendredy 16° de Septemb. 1580 à deux heures après midi. Ce lieu est assis aux confins de la Lorreine & de l'Allemagne dans une fondriere, entre plusieurs collines hautes & coupées, qui le serrent de

---

[1] Espinal, o più modernamente Epinal.

[2] Celebre luogo di bagni, del quale ai tempi di Montaigne discorsero Jean Lebon (1576) e i fratelli Toignard (1580) esaltandone le virtù mediche. Più tardi ne scrisse anche il celebre Don Calmet. Agli Italiani è appena duopo ricordare che ai bagni di Plombières fu nel 1859 fissata l'impresa della liberazione d'Italia fra Napoleone III e il C.^e di Cavour.

tous costés. Au fond de cette vallée naissent plusieurs fonteines tant froides naturelles, que chaudes: l'eau chaude n'a nulle senteur ny goust, & est chaude tout ce qui s'en peut souffrir au boire, de façon que M. de Montaigne estoit contraint de la remuer de verre à autre. Il y en a deux seulement de quoi on boit. Celle qui tourne le cul à l'orient & qui produit le being qu'ils appellent *le being de la reine*, laisse en la bouche quelque goust doux comme de regalisse, sans autre deboire, si ce n'est que si on s'en prent garde fort attentivement, il sembloit à M. de Montaigne qu'elle rapportoit je ne sçay quel goust de fer. L'autre, qui sourd du pied de la montagne opposite, de quoi M. de Montaigne ne but qu'un seul jour, a un peu d'aspreté, & y peut-on decouvrir la saveur de l'alun. La façon du païs, c'est seulement de se beingner deux ou trois fois le jour. Aucuns prennent leur repas au being, où ils se font communement ventouser & scarifier, & ne s'en servent qu'après s'estre purgés. S'ils boivent, c'est un verre ou deux dans le being. Ils trouvoint estrange la façon de M. de Montaigne, qui sans médecine précédente en beuvoit neuf verres, qui revenoint environ à un pot, tous les matins à sept heures; disnoit à midy; & les jours qu'il se beingnoit, qui estoit de deux jours l'un, c'estoit sur les quatre heures, n'arrestant au being qu'environ une heure. Et ce jour là il se passoit volontiers de soupper. Nous vismes des hommes gueris d'ulceres, & d'autres de rougeurs par le corps. La coustume est d'y estre pour le moins un mois. Ils y louent beaucoup plus la saison du printemps en May. Ils ne s'en servent guiere après le mois d'Aoust, pour la froideur du climat; mais nous y trouvasmes encore de la compaignie, à cause que la secheresse & les chaleurs avoint estés plus grandes & plus longues que de coustume. Entre autres, M. de Montaigne contracta amitié & familiarité avec le seigneur d'Andelot[1] de la Franche-Conté, duquel le pere estoit grand escuyer de l'empereur Charle cinquiesme, & lui premier mareschal de camp de l'armèe de Don Jouan d'Austria, & fut celui qui demeura gouverneur de St. Quintin lorsque nous la perdismes. Il avoit un endroit de sa barbe tout blanc & un costé de sourcil; & récita à M. de Montaigne que ce changement lui estoit venu en un instant, un jour estant ches lui plein d'ennui pour la mort d'un sien frere, que le duc d'Albe avoit faict mourir comme complice des Contes d'Eguemont & de Hornes; qu'il tenoit sa teste appuyée sur sa main par cet endroit, de façon que les assistans pensarent que ce fut de la farine qui lui fut de fortune tombée là. Il a depuis demeuré en cette façon.[2] Ce being avoit autrefois été fréquenté par les Allemans seulement; mais depuis quelques ans ceux de la Franche-Conté & plusieurs françois y arrivent à grand foule. Il y a plusieurs beings, mais il y en a un grand & principal basti en forme ovalle d'un' antienne structure. Il a trente-cinq pas de long & quinze de large. L'eau chaude sourd par le dessouts à plusieurs surgeons, & y faict on par le dessus escouler de l'eau froide pour moderer le being, selon la volonté de ceux qui s'en servent. Les places y sont distribuées par les costés avec des barres suspendues, à la mode

---

[1] Figlio di Jean d'Andelot, che nella giornata di Pavia, combattè corpo a corpo con Francesco primo. Della famiglia degli Andelot en Montague.

[2] Si sa che un fatto consimile è narrato della barba di Lodovico il Moro e dei capelli di Maria Antonietta.

de nos équiries, & jette on des ais par le dessus pour eviter le soleil & la pluye. Il y a tout autour des beings trois ou quatre degrés de marches de pierre à la mode d'un théatre, où ceux qui se beingnent peuvent estre assis ou appuyés. On y observe une singuliere modestie, & si est indécent aux hommes de s'y mettre autrement que tous nuds, sauf un petit braiét, & les fames sauf une chemise.[1] Nous logeames à l'Ange, qui est le meilleur logis, d'autant qu'il respond aux deux beings. Tout le logis, où il y avoit plusieurs chambres, ne coustoit que quinze solds par jour. Les hostes fournissent partout du bois pour le marché; mais le païs en est si plein qu'il ne couste qu'à coupper. Les hostesses y font fort bien la cuisine. Au temps de grand presse ce logis eut cousté un escu le jour, qui est bon marché. La nourriture des chevaus à sept solds. Tout autre sorte de despence à bonne & pareille raison. Les logis n'y sont pas pompeus,

---

[1] Dom. Calmet, *Traité histor. des Eaux et Bains de Plombières etc.*, Nancy, 1748, cap. 28: " Il est vrai qu'à Plombières on se baigne indifféremment, hommes, femmes, filles, hommes de guerre, prêtres, religieux et religieuses dans le même bain: qu'on sue dans la même étuve: qu'on y prend la douge la chair nue: qu'on est amis dans les Bains l'un après de l'autre, et que dans l'étuve on est pour ainsi dire l'un sur l'autre sans lu mière, presque nus, dans un espace de 10 ou 12 pieds... Il est vrai que comme tout cela se fait à la vue de tous les baigneurs, s'il arrisait le moindre légéreté ou la moindre liberté, tout le monde crierait ou huerait et on chasserait le coupable.... Ce qu'on peut dire pour justifier cet usage est la pratique ancienne et immémoriale dans la quelle on est à Plombières de se trouver pour ainsi dire pêle-mêle aux bains et aux étuves, sans qu'on se soit aperçu jusq'aujourd'hui d'aucun abus, et qu'enfin on y est décemment vêtu les hommes en caleçon et les femmes en jupes et en chemises. „

mais fort commodes; car ils font, par le service de force galeries,[1] qu'il n'y a nulle sujection d'une chambre à l'autre. Le vin & le pain y sont mauvais. C'est une bonne nation, libre, sensée, officieuse. Toutes les loix du païs sont religieusement observées. Tous les ans ils refreschissent dans un tableau audevant du grand being, en langage Allemand & en langage François, les lois cy-dessoubs escrites.

Claude de Rynach, chevalier, seigneur de St. Balesmont, Montureulz en Ferrette, Lendacourt, &c. conseillier & chambellan de nostre souverain seigneur monseigneur le Duc &c. & son bally de Vosges:

" Sçavoir faisons, que pour le repos asseuré &
" tranquilité de plusieurs dames & autres person-
" nages notables affluans de plusieurs regions & païs
" en ces beings de Plommieres, avons, (suivant l'in-
" tention de son Altesse), statué & ordonné, sta-
" tuons & ordonnons ce qui suit:

" Sçavoir est, que l'antienne discipline de corre-
" ction pour les fautes legieres demeurera ès mains
" des Allemands, comme d'antienneté; ausquels
" est enjoint faire observer les cérimonies, status &
" polices, desquelles ils ont usé pour la decoration
" desdits beings & punition des fautes, qui seront
" commises par ceux de leurs nations, sans excep-
" tion de personnes, par forme de rançon, & sans
" user d'aucuns blasphemes & autres propos irreve-
" rens contre l'église catholicque & traditions d'i-
" celle.

" Inhibition est faite à toutes personnes, de quelle
" qualité, condition, region, & province qu'ils soient,

---

[1] Per *galeries* s'intende, qui e altrove, i balconi di legno, lat. *maenianum*, sporgenti sulla via, e correnti esteriormente lungo la facciata della casa.

" se provocquer de propos injurieus & tendans à
" querelle, porter armes esdits beings, donner des-
" manty, ny mettre la main aus armes, à peinne d'estre
" punys griefvement, comme infracteurs de sauve-
" guarde, rebelles & désobéissans à son Altesse.

" Aussi à toutes filles prostituées & impudicques
" d'entrer ausdits beings ny d'en approcher de cinq
" cens pas, à peine du fuët des quattre carres,[1] des-
" dits beings. Et sur les hostes qui les auront re-
" ceues ou recelés, d'emprisonnemant de leurs per-
" sonnes & d'amande arbitraire.

" Soubs mesme peinne est défendu à tous user
" envers les dames, damoiselles & autres fames &
" filles, estans ausdits beings, d'aucuns propos la-
" scifs ou impudiques, faire aucuns attouchemens
" deshonnestes, entrer ni sortir desdits beings irre-
" veremmant contre l'honnesteté publique.

" Et parceque, par le benefice desdits beings,
" Dieu & nature nous procurent plusieurs guerisons
" & soulagemans, & qu'il est requis une honneste
" mundicité & pureté, pour obvier à plusieurs conta-
" gions & infections que s'y pourroint engendrer, est
" ordonné expressément au maistre desdits beings,
" prendre soingneuse garde & visiter les corps de
" ceux qui y entreront, tant de jour que de nuict,
" les faisant contenir en modestie & silence pen-
" dant la nuict, sans bruict, scandale ni derision. Que
" si aucun personnage ne lui est à ce faire obeissant,
" il en face prompte délation au magistrat, pour en
" faire punition exempleiremant.

" Au surplus est prohibé & défendu à toutes per-
" sonnes venans de lieus contagieus, de se présenter
" ny appprocher de ce lieu de Plommieres, à peine de

---

[1] * *Fouët aux quatre coins.*

" la vie; enjoingnant bien expressemant aus mayeurs
" & gens de justice d'y prendre soingneuse garde,
" & à tous habitans dudict lieus de nous donner
" billets, contenans les noms & surnoms & residence
" des personnes qu' ils auront reçeus & logés, à peine
" de l'emprisonnemant de leurs personnes.

" Toutes lesquelles ordonnances ci dessus de-
" clarées ont esté cejourdhui publiées audevant du
" grand being dudit Plommieres, & copies d'icelles
" fichées tant en langue françoise qu'allemande, au
" lieu plus proche & plus apparent du grand being,
" & signé de nous Bally de Vosges. Donné audit
" Plommieres le 4ᵉ. jour du mois de Mai l'an de
" Notre Seigneur mille cinq cent..."

le nom du Bally.

Nous arrestames audict lieu depuis ledict jour 18ᵉ. jusques au 27ᵉ. de Septembre. M. de Montaigne beut onze matinées de ladicte eau, neuf verres huict jours, & sept verres trois jours, & se beigna cinq fois.[1] Il trouva l' eau aysée à boire, & la randoit tous-jours avant disner. Il n'y connut nul autre effect que d'uriner. L'appetit, il l'eut bon; le sommeil, le ventre, rien de son état ordinaire ne s'empira par cette potion. Le sixiesme jour il eut la colicque très vehemente, & plus que les siennes ordineres, & l'eut au costé droit, où il

[1] Si sa che il Montaigne *par la libéralité des ans* (*Essais*, II, 37) era divenuto soggetto a renella e a coliche nefritiche, e il suo viaggio aveva per fine non tanto di vedere cose nuove e stranieri costumi, quanto di trovare le acque che più giovassero ai suoi incomodi. Quindi il lungo intrattenersi col discorso sulle stazioni balneariè e il minuzioso ricordo degli effetti che gli procuravano le diverse acque bevute o adoperate per bagno.

n'avoit jamais senty de doleur, q'une bien legiere à Arsac, sans opération. Cette ci lui dura quattre heures, & en sentit evidemmant l'opération & l'écoulement de la pierre par les ureteres & bas du ventre. Les deux premiers jours, il rendit deux petites pierres, qui estoint dedans la vessie, & depuis par fois du sable. Mais il partit desdicts beings estimant avoir encore en la vessie & la pierre de la susdite colicque & autres petites, desquelles il pensoit avoir senty la descente. Il juge l'effect de ces eaus & leur qualité pour son regard fort pareilles à celle de la fontaine haute de Banieres où est le being.[1] Quant au being, il le trouve de tres douce temperature; & de vray les enfans de six mois & d'un an, sont ordinairement à grenouiller dedans. Il suoit fort & doucement. Il me commanda, à la faveur de son hostesse, selon l'humeur de la nation, de laisser un escusson de ses armes en bois, qu'un pintre dudit lieu fit pour un escu, & le fit l'hostesse curieusemant attacher à la muraille par le dehors.[2] Ledit jour 27° de Septembre, après disner, nous

[1] Banieres di cui il nostro autore compara le acque con quelle di Plombières dev'esser Bagnères: ma resta a vedersi se si tratta di Bagnères de Bigorre o di Bagnères de Luchon: più probabilmente del primo, già celebre e frequentato ai tempi dell'Autore.

[2] Era cosa onorevole agli alberghi, quando più rari erano i viaggi, il porre visibili le armi delle persone di qualità che vi avevano dimorato. L'uso durò assai tempo, e M.me GAUTHIER nelle *Lettres.... de son voyage aux eaux de Bareges* ricorda che a Poitiers le stanze dell'albergo erano piene delle armi dei personaggi illustri che le avevano abitate; v. BABEAU, *Les voyageurs en France*, Paris, Didot, 1885, pag. 325. — Le armi di Montaigne sono così descritte negli *Essais*, lib. I, c. 46: " Je porte d'azur formé de trefles d'or, à une patte de lyon de mesme, armee de gueules, mise en fasce. „

partimes & passames un païs montaigneus, qui retentissoit partout soubs les pieds de nos chevaus, comme si nous marchions sur une voûte; & sembloit que ce fussent des tabourins qui tabourdassent autour de nous, & vinsmes coucher à

REMIREMONT, deux lieues. Belle petite ville, & bon logis à la Licorne; car toutes les villes de Lorrene, (c'est la derniere) ont les hostelleries autant commodes & le tretemant aussi bon qu'en nul endroit de France. Là est cette Abbaïe de relligieuses si fameuse, de la condition de celles que j'ay dittes de Poussai. Elles pretendent, contre M. de Lorrene, la souveraineté & principauté de cette ville.[1] MM. d'Estissac & de Montaigne les furent voir soudain après estre arrivés, & visitarent plusieurs logis particuliers, qui sont très beaus & très bien meublés. Leur abbesse estoit morte, de la maison d'Inteville, & estoit-on après la creation d'une autre, à quoi prétendoit la sœur du conte de Salmes.[2] Ils furent voir la doïene qui est de la maison de Lutre, qui avoit faict cet honneur à M. de Montaigne, d'envoyer le visiter aux beings de Plommieres, & envoïer des artichaus, perdris, & un barril de vin. Ils apprindrent là, que certeins villages voisins leur doivent de rente deux bassins de nege, tous les jours de Pentecouste; & à faute de ce, une charrette attelée de quatre beufs blancs. Ils disent que cette rante de nege ne leur manque jamais; si est qu'en la saison que nous y passames

[1] Si intitolavano *umili badesse e sovrane di Remiremont*, finchè ogni loro pretesa fu tolta via con atto del Parlamento di Lorena nel 1738.

[2] Fu infatti eletta a badessa Barbe de Salm, come resulta dal CALMET, *Hist. écclesiast. et civ. de la Loraine*. La badessa di Poussay, ai tempi in cui vi passò il nostro viaggiatore, era Claude d'Anglure.

les chaleurs y estoint aussi grandes qu'elles soint en nulle saison en Guascogne. Elles n'ont qu'un voile blanc sur la teste, & audessus un petit loppin de crépe. Les robes, elles les portent noires, de telle etoffe & façon qu'il leur plaist, pendant qu'elles sont sur les lieux; ailleurs, de couleur; les cotillons à leur poste, & escarpins & patins; coeffées au dessus de leur voile, comme les autres. Il leur faut estre nobles de quatre races du coté de pere & de mere. Ils prindrent congé d'elles dès le soir. Lendemein au point du jour, nous partismes de là. Comme nous estions à cheval, la doïenne envoïa un gentil'homme vers M. de Montaigne, le priant d'aller vers elle, ce qu'il fit; cela nous arresta une heure. La compagnie de ces dames lui dona procuration de leurs affaires à Rome. Au partir de là, nous suivimes longtems un très beau & très plaisant vallon, coutoiant la riviere de Moselle, & vinsmes disner à

BOSSAN,[1] quatre lieues. Petit meschant village, le dernier du langage françois, où MM. d'Estissac & de Montaigne revetus de souguenies de toile qu'on leur préta, allarent voir des mines d'argent, que M. de Lorrene a là, bien deux mille pas dans le creus d'une montaigne. Après disner, nous suivimes par les montaignes, où on nous monstra, entre autres choses, sur des rochers inaccessibles, les aires où se prennent les autours, & ne coutent là que trois testons du païs, & la source de la Moselle; & vinsmes souper à

TANE,[2] quatre lieuës. Premiere ville d'Allemagne, sujette à l'Empereur, très belle. Lende-

---

[1] Bussang, celebre per acque medicinali, distante 26 K. da Remiremont, e prossimo alle sorgenti della Mosella.
[2] *. Thann.

mein au matin, trouvames une belle & grande plene flanquée à main gauche de coutaus pleins de vignes, les plus belles & les mieux cultivées, & en telle estandue, que les Guascons qui estoint là, disoint n'en avoir jamais veu tant de suite. Les vandanges se faisoint lors: nous vinsmes disner à

MELHOUSE,¹ deux lieues. Une belle petite ville de Souisse, du quanton de Bale. M. de Montaigne y alla voir l'église; car ils n'y sont pas catholiques. Il la trouva, comme en tout le païs, en bonne forme; car il n'y a quasi rien de changé; sauf les autels & images qui en sont à dire, sans difformité. Il print un plesir infini à voir la liberté & bonne police de cette nation, & son hoste du Reisin ² revenir du conseil de laditte ville & d'un palais très magnifique & tout doré, où il avoit presidé, pour servir ses hostes à table; & un home sans suite & sans authorité, qui lui servoit à boire, avoit mené quattre enseignes de gens de pied contre le service du roy, sous le Casemir ³ en France, & estre pansionnere du Roy à trois cens escus par an, il y a plus de vint ans. Lequel seigneur lui recita à table, sans ambition & affectation, sa condition & sa vie: lui dit, entre autres choses, qu'ils ne font nulle difficulté, pour leur religion, de servir le roy contre les huguenots mesmes; ce que plusieurs autres nous rendirent en notre chemin, & qu'à notre siege de la Fere il y en avoit plus de cinquante de leur ville; qu'ils epousent indifferemment les fames de notre religion au prestre, & ne les contreignent de changer.

¹ Mulhouse.
² * *C'est-à-dire, dont l'enseigne étoit un Raisin.*
³ Vale a dire sotto Gian Casimirro figlio di Luigi, elettore e conte palatino, che condusse aiuto di tedeschi agli Ugonotti di Francia nel 1567.

Delà après disné nous suivimes un païs beau, plein, très fertile, garny de plusieurs beaus villages & hosteleries, & nous rendismes à coucher à

BASLE, trois lieues. Belle ville de la grandeur de Blois ou environ, de deux pieces; car le Rein traverse par le milieu sous un grand & très-large pont de bois. La seigneurie fit cest honneur à MM. d'Estissac & de Montaigne que de leur envoyer par l'un de leurs officiers de leur vin, avec une longue harangue qu'on leur fit estant à table, à laquelle M. de Montaigne respondit fort long-temps, estans descouvers les uns & les autres, en presence de plusieurs Allemans & François qui estoint au poisle avecques eus. L'hoste leur servit de truchement. Les vins y sont fort bons. Nous y vismes de singulier la maison d'un médecin, nommé Fælix Platerus,[1] la plus pinte & enrichie de mignardise à la françoise qu'il est possible de voir; laquelle ledit médecin a bâtie fort grande, ample & sumptueuse. Entre autres choses, il dresse un livre de simples qui est des-ja fort avancé; & au lieu que les autres font

---

[1] Felice Plater, medico svizzero, nato a Basilea nel 1536 e morto ivi il 28 Luglio 1614. Fu archiatro e professore di medicina pratica; e appassionato per la botanica, istituì anche un giardino de' semplici e un gabinetto di storia naturale. Quanto alla lode che gli dà l'A. circa la conservazione delle piante, certo egli non fu inventore di cotesto metodo. E se il suo *hortum siccum* esistesse ancora, avrebbe innanzi a sè quello di Greault lionese, che si conserva a Parigi, ed è del 1558, quello di Cesalpino, che trovasi a Firenze, e che è del 1563, quello di Rauwolf, del 1575, a Liegi, oltre l'aldovrandiano di Bologna, di anno incerto, ma da riferirsi ai tempi di Cesalpino, del quale l'Aldovrandi fu condiscepolo. Posteriore è quello di Bahuin a Basilea, raccolto fra il 1576 e il 1623, ai tempi cioè del Platero: v. in proposito TH. CARUELII, *Illustrat. in hortum siccum A. Caesalpini*, Florent., 1858.

pindre les herbes selon leurs couleurs, lui a trouvé
l'art de les coler toutes naturelles si propremant
sur le papier, que les moindres feuilles & fibres y
apparoissent, come elles sont, & il feuillette son
livre, sans que rien en eschappe; & monstra des
simples qui y estoint collés, y avoit plus de vint
ans. Nous vismes aussi & ches luy & en l'escole
publique, des anatomies entieres d'homes morts qui
se tiennent. Ils ont cela que leur horologe dans
la ville, non pas au fauxbourgs, sone tousjours les
heures d'une heure avant le temps. S'il sone dix
heures, ce n'est à dire que neuf: parce, disent-ils,
qu'autrefois une tele faute de leur horologe fortuite
preserva leur ville d'une entreprise qu'on y avoit
faite.[1] *Basilee* s'appelle, non du mot grec, mais parceque *base* signifie *passage* en Allemant. Nous y

[1] Questo uso cessò alla fine del secolo scorso. Secondo alcuni traeva sua origine dai tempi del celebre Concilio di Basilea, perchè si abbreviassero le sedute, o come altri dicono malignamente, perchè i padri andassero più presto a pranzo. L'opinione più divulgata è che essendosi una volta tramata una congiura nella quale dovevano esser uccisi i magistrati a mezzogiorno, il Sindaco venutone a cognizione fece suonare l'orologio pubblico un'ora innanzi, il che sconcertò i disegni dei congiurati non ancora in punto. Altri invece di mezzogiorno parla di mezzanotte: il Montaigne asserisce che la cosa fu fortuita. Vedi su ciò il Misson, *Voyage d'Italie*, 4ª ediz., La Haye, 1702, III, 97, e altri autori citati in seguito a mia analoga dimanda nel *Giornale degli eruditi e curiosi*, vol. V. pagg. 286-8.

Anche in Val d'Aosta si usa di suonare il mezzogiorno alle undici, o per dir meglio suonasi alle undici *l'Angelus*, che altrove è suonato a mezzogiorno, e dicesi che ciò si faccia in memoria che nel 1535 alle undici fu statuito di cacciare Calvino, recatosi colà a sparger le sue dottrine. L'ordine di sfratto essendo stato segnato alle undici negli Stati del ducato, in memoria del fatto si ordinò di suonar l'*Angelus* a cotest'ora. — In alcuni luoghi della

vismes force de gens de sçavoir, come Grineus, [1] & celui qui a faict le *Theatrum*, [2] & ledit medecin (Platerus), & François Hottoman. [3] Ces deux derniers vindrent soupper avec Messieurs, lendemein qu'ils furent arrivés. M. de Montaigne jugea qu'ils estoint mal d'accord de leur religion, pour les responses qu'il en receut : les uns se disant Zuingliens, les autres Calvinistes, & les autres Martinistes ; [4] & si fut averty que plusieurs couvoint encore la religion romene dans leur cœur. La forme de donner le sacremant, c'est en la bouche communément : toutefois tend la main qui veut, & n'osent les ministres remuer cette corde de ces différences de religions. Leurs églises ont au dedans la forme que j'ai dict ailleurs. Le dehors est plein d'images & les tumbeaus antiens entiers, où il y a prieres pour les ames des trespassés. Les orgues, les cloches, & les crois des clochiers, & toute sorte d'images aus verrieres y sont en leur entier, & les bancs & sie-

Liguria, p. e. ad Albenga, nonchè nei Grigioni e nella Svizzera tedesca, come avvertono i signori CLARETTA e MOTTA, (*Giorn. erud.* v, 288, 320) si suona mezzodì alle undici per avvertire gli agricoltori e le massaie ch'è prossima l'ora del pranzo.

[1] Questo Gryneus potrebb'essere Simone detto *minor,* per distinguerlo dall'avo detto *major,* e che scrisse di medicina e di matematica, morendo nel settembre del 1582. Ma potrebbe anche essere Samuele figlio al *major,* che fu giureconsulto e sindaco della città di Basilea, ove morì nel 1599. Vi sarebbe anche un Gian Giacomo, nato nel 1540 e morto nel 1617, teologo di gran fama.

[2] Non sappiamo a chi alluda il Montaigne con questa semplice indicazione di autore del *Theatrum.*

[3] Francesco Hotman, celebre giureconsulto Francese, nato nel 1524 a Parigi, morto a Basilea il 12 Febbr. 1590. Calvinista convinto, ebbe a soffrire non poche traversie e persecuzioni, e fuggì di Francia rifugiandosi nel 1579 a Basilea, dove lo trovò il nostro viaggiatore.

[4] Seguaci di Martino Lutero.

ges du cœur. Ils mettent les fons baptismaus à l'antien lieu du grand autel, & font bastir à la teste de la nef un autre autel, pour leur cene; celui de Basle est d'un très beau plan.[1] L'église des Chartreus, qui est un très beau bastimant, conservée & entretenue curieusemant; les ornemans mesmes y sont & les meubles, ce qu'ils alleguent pour tesmoigner leur fidelité, estant obligés à cela par la foy qu'ils donnarent lors de leur accord. L'évesque du lieu, qui leur est fort ennemi, est logé hors de la ville en son diocese, & maintient la pluspart du reste, en la campaigne, en la religion antienne, jouit de bien 50000 liv. de la ville, & se continue l'élection de l'évesque. Plusieurs se pleinsirent à M. de Montaigne de la dissolution des fames & yvrognerie des habitans. Nous y vismes tailler un petit enfant d'un pauvr'home pour la rupture,[2] qui fut treté bien rudemant par le chirurgien. Nous y vismes une très-belle librerie publicque sur la riviere, & en très-belle assiette. Nous y fumes tout le lendemein, & le jour après y disnames, & prinsmes le chemin le long du Rhin, deux lieues ou environ; & puis le laissames sur la main gauche, suivant un païs bien fertile & assés plein. Ils ont une infinie abondance de fonteines en toute cette contrée; il n'est village ny carrefour où il n'y en aye de très belles. Ils disent qu'il y en a plus de trois cens à Basle de conte faict. Ils sont si accoustumés aus galeries, mesmes vers la Lorreine, qu'en toutes les maisons ils laissent entre les fenestres des chambres hautes des portes qui respondent en la rue, attendant d'y

[1] Nell'ediz. in 4° le parole da *pour leur cene* a *plan* sono poste più giù alla linea 11 dopo *maintient*. Ci sembra preferibile la lezione dell'ediz. in 24°.

[2] Allude ad una operazione d'ernia ombilicale.

faire quelque jour des galeries. En toute cette contrée, depuis Espiné, il n'est si petite maison de village qui ne soit vitrée, & les bons logis en reçoivent un grand ornemant, & au dedans & au dehors, pour en estre fort accommodées, & d'une vitre ouvrée en plusieurs façons.[1] Ils y ont aussi foison de fer & de bons ouvriers de cette matiere: ils nous surpassent de beaucoup, & en outre il n'y a si petite église, où il n'y ait un horologe & quadran magnifiques. Ils sont aussi excellens en tuillieres, de façon que les couvertures des maisons sont fort embellies de bigarrures de tuillerie plombée en divers ouvrages, & le pavé de leurs chambres; & il n'est rien plus délicat que leurs poiles qui sont de potterie. Ils se servent fort de sapin, & ont de très-bons artisans de charpenterie; car leur futaille est toute labourée & la pluspart vernie & pinte. Ils sont sumptueux en poiles, c'est-à-dire, en sales communes à faire le repas. En chaque sale, qui est très-bien meublée d'ailleurs, il y aura volantiers cinq ou six tables équipées de bancqs, là où tous

---

[1] L'uso dei vetri alle finestre, del resto noto ai romani, come si vede a Pompei, fu nell'età media e di poi una cosa di lusso, che andò via via generalizzandosi anche nelle case di minor conto invece delle *impannate*. Il SANSOVINO, *Venetia città nobilissima et singolare*, Venezia, Sansovino, 1581, pag. 141, dice: " Tutte le finestre si chiudono, non con impannate di tela incerata o di carta, ma con bianchissimi e fini vetri, rinchiusi in telari di legno e fermati con ferro e con piombo, non pur nei palazzi e casamenti, ma anche in tutti i luoghi, per ignobili che si siano, con maraviglia de' forestieri, poichè in questa parte sola si comprende ricchezza infinita, la quale esce tutta dalle fornaci di Murano. „ Vedi per Genova, dove di vetri alle finestre di edificj pubblici o sacri, e di artisti e fornaci trovasi menzione sino dal sec. XIV, BELGRANO, *Vita privata dei Genovesi*, Genova, Sordo-muti, 1875, p. 50.

les hostes disnent ensemble, chaque trope en sa table. Les moindres logis ont deux ou trois telles salles très-belles. Elles sont fort persées & richement vitrées ; mais il paroist bien qu'ils ont plus de souyn de leurs disners que du demeurant : car les chambres sont bien aussi chetifves. Il n'y a jamais de rideaus aux licts, & tousjours trois ou quatre licts tous joingnans l'un l'autre, en une chambre ; nulle cheminée, & ne se chauffe t'on qu'en commun, & aus poiles : car ailleurs nulles nouvelles de feu, & treuvent fort mauvais qu'on aille en leurs cuisines. Estans très mal propres au service des chambres, car bien heureux qui peut avoir un linceul blanc ; & le chevet à leur mode n'est jamais couvert de linceul, & n'ont guiere autre couvert qu'une d'une coite,[1] cela bien sale. Ils sont toutefois excellans cuisiniers, notamment de poisson. Ils n'ont nulle defense du serein ou du vent, que la vitre simple, qui n'est nullement couverte de bois, & ont leurs maisons fort percées & cleres, soit en leurs poiles, soit en leurs chambres, & eus ne ferment guiere les vitres mesmes la nuit. Leur service de table est fort différent du nostre. Ils ne se servent jamais d'eau à leur vin, & ont quasi raison ; car leurs vins sont si petits, que nos gentilshomm's les trouvoint encore plus foibles que ceux de Guascongne fort baptisés, & si ne laissent pas d'estre bien delicats. Ils font disner les valets à la table des maistres, ou à une autre table voisine quant & quant eus : car il ne faut qu'un valet à servir une grande table, d'autant que chacun ayant son gobelet ou tasse d'argent en droit sa place, celui qui sert se prend garde de remplir ce gobe-

---

[1] *Couette*, letto di piume.

let aussitost qu'il est vuide, sans le bouger de sa place, y versant du vin de loin à tout un vaisseau d'estain ou de bois, qui a un long bec. Et quant à la viande, ils ne servent que deux ou trois plats au coupon, ils meslent diverses viandes ensamble bien apprestées & d'une distribution bien esloingnée de la nostre, & les servent par fois les uns sur les autres, par le moyen de certains instrumens de fer, qui ont des longues jambes. Sur cet instrument il y a un plat & audessoubs un autre. Leurs tables sont fort larges & rondes & carrées, si qu'il est mal aysé d'y porter les plats. Ce valet desser ayséemant ces plats tout d'un coup, & on sert autres deux, jusques à six ou sept tels changemans. Car un plat ne se sert jamais que l'autre n'en soit hors; & quant aux assietes, comme ils veulent servir le fruit, ils servent au milieu de la table, après que la viande est ostée, un panier de clisse [1] ou un grand plat de bois peint, dans lequel panier le plus apparent jete le premier son assiete & puis les autres : car en cela on observe fort le rang d'honneur. Le panier ce valet l'emporte ayséemant, & puis sert tout le fruit en deux plats, comme le reste, pesle mesle, & y meslent volentiers des rifors, [2] comme des poires cuites parmi le rosti. Entre autres choses, ils font grand honneur aus ecrevisses, & en servent un plat tousjours couvert par priviliege, & se les entrepresentent : ce qu'ils ne font guiere d'autre viande. Tout ce païs en est pourtant plein, & s'en sert à tous les jours, mais ils l'ont en délices. Ils ne donnent point à laver à l'issue & à l'entrée ; chacun en va prandre à une petite eguiere attachée

---

[1] * *D'osier.*
[2] * *Raifort, ou refort, radis, grosse rave.*

à couin de la sale, comme ches nos moines. La pluspart servent des assietes de bois, voire & des pots de bois & vesseaux à pisser, & cela net & blanc ce qu'il [est] possible. Autres, sur les assietes de bois y en ajoutent d'étain jusques au dernier service du fruit, où il n'en y a jamais que de bois. Ils ne servent le bois que par coustume;[1] car là mesme où ils le servent, ils donnent des gobelets d'argent à boire, & en ont une quantité infinie. Ils netoyent & fourbissent exactement leurs meubles de bois, jusques aus planchiers des chambres. Leurs licts sont eslevés si hauts, que communéemant on y monte par degrés, & quasi par tout des petits licts audessoubs des grands. Com'ils sont excellans ouvriers de fer, quasi toutes leurs broches se turnent par ressors ou par moyen des poids, comme les horologes, ou bien par certenes voiles de bois de sapin larges & legieres, qu'ils logent dans le tuïau de leurs cheminées, qui roulent d'une grande vitesse au vent de la fumée & de la vapeur du feu; & font aler le rost mollemant & longuemant:[2] car ils assechissent[3] un peu trop leur viande.[4] Ces molins à vent ne servent qu'aus grandes hostelleries

---

[1] Ai tempi del Montaigne ormai ai vasellami più umili e rozzi, di legno, di peltro, di stagno, di pietra, andavano succedendo quelli di terra cotta e colorata, restando più proprie ai ricchi le stoviglie d'argento.

[2] Lo spiedo o schidione, che faceva meravigliare l'A. in Svizzera, era già in uso in Italia. L'ARETINO, *Cortigiana*, att. I, sc. I, pone in bocca al Cappa un inno alla " taverna santa, taverna miracolosa: santa dico, per non esserci nè affanno nè stento, e miracolosa per li spedoni, che si voltano per sè stessi. „

[3] * *Dessechent.*

[4] " Je les aime *(les viandes)* peu cuictes.... Il n'y a que la dureté qui generalement me fasche „: *Essais*, III, 13.

où il y a grand feu, comme à Bade. Le mouvemant en est très uni & très constant. La pluspart des cheminées, depuis la Lorrenne, ne sont pas à nostre mode; ils eslevent des foyers au milieu ou au couin d'une cuisine, & amployent quasi toute la largeur de cette cuisine au tuïau de la cheminée.[1] C'est une grande ouverture de la largeur de sept ou huict pas en carré, qui se va aboutissant jusques au haut du logis. Cela leur donne espace de loger en un andret leur grand voile, qui chez nous occuperoit tant de place en nos tuïeaus, que le passage

---

[1] Anche adesso nelle parti qui descritte dall'A. si trovano spesso di questi grandi camini, costituiti da una gran gola che va dalla cucina al tetto. Ed era uso antico e ovunque vigente, che si trova anche ora fra le popolazioni men culte. Il cronista MUSSI piacentino (*Rer. Ital. Script.*, XVI, 582) notava anche in questo proposito la differenza dei costumi patrj dal 1320 al 1388: *Et sunt plures camini ab igne et fumo in una domo, in quibus domibus dicto tempore nullum solebat esse caminum, quia tunc* (nel 1320) *faciebant unum ignem tantum in medio domus sub cupis tecti, et omnes de dicta domo stabant circum circa dictum ignem, et ibi fiebat coquina. Et vidi meo tempore in pluribus domibus.* Curioso è anche questo passo della *Cronaca padovana*, del GATARO (*Rer. Ital. Script.*, XVII, 46): " Ed essendo il signore Messer Francesco da Carrara giunto (*in Roma nel 1368*) per albergare nell'albergo *della Luna*, ed in quella stanza non trovando alcun camino per fare fuoco, perchè nella città di Roma allora non si usavano camini, anzi tutti facevano fuoco in mezzo delle case in terra, e tali facevano nei cassoni pieni di terra i loro fuochi, e non parendo al signor Messer Francesco di stare con suo commodo in quel modo, aveva menato con lui muratori e marangoni ed ogni altra sorta di artefici, e subito fece fare due nappe da camini, e le arcuole in volta al costume di Padova, con l'armi sue fisse sopra esse nappe, che ancora si possono vedere; e dopo quelle, da altri ai tempi indietro ne furono fatte assai: e lasciò questa memoria di sè nella città di Roma. „

de la fumée en seroit empesché. Les moindres repas sont de trois ou quatre heures pour la longeur de ces services ; & à la vérité ils mangent aussi beaucoup moins hativement que nous & plus seinement. Ils ont grande abondance de toutes sortes de vivres de cher & de poisson, & couvrent fort sumptueusement ces tables, au moins la nostre. Le vendredy on ne servit à personne de la cher, & ce jour là ils disent qu'ils n'en mangent pouint volantiers. La charté, pareille qu'en France autour de Paris. Les chevaus ont plus d'avoine d'ordinere qu'ils n'en peuvent manger. Nous vinsmes coucher à

HORNES, quatre lieues. Un petit village de la duché d'Austriche. Lendemein, qui estoit dimenche, nous y ouymes la messe, & y remerquay cela que les fames tiennent tout le costé gauche de l'église & les homes le droit, sans se mesler.[1] Elles ont plusieurs ordres de bancs de travers les uns après les autres de la hauteur pour se seoir. Là elles se mettent de genous & non à terre, & son parconséquent come droites ; les homes ont outre cela devant eus de pieces de bois de travers pour s'appuyer, & ne se mettent non plus à genous que sur les sieges qui sont davant eux. Au lieu que nous joignons les mains pour prier Dieu à l'eslevation, ils les escartent l'une de l'autre toutes ouvertes. & les tiennent ainsi eslevées jusques à ce que le prestre monstre la paix.[2] Ils presentarent à MM. d'Estissac & de Montaigne le troisiesme banc des homes,

---

[1] Usanza antica, propria degli ebrei, e poi della chiesa primitiva, rimasta in alcuni templi luterani, e anche fra noi in qualche luogo del contado.

[2] Anche questa è usanza antica, che si vede in vecchie pitture.

& les autres au dessus d'eus furent après sesis par les homes de moindre apparence, come aussi du costé des fames. Il nous sambloit qu'aus premiers rangs ce n'estoit pas les plus honorables. Le truchement & guide que nous avions pris à Basle, messagier juré de la ville, vint à la messe avec nous, & montroit à sa façon y estre avec une grande devotion & grand desir. Après disner, nous passames la riviere d'Arat à Broug,[1] belle petite ville de MM. de Berne, & delà vinsmes voir une abbaïe que la reine Catherine de Honguerie donna aus seigneurs de Berne l'an 1524, où sont enterrés Leopold, archiduc d'Austriche, & grand nombre de gentilshomes qui furent deffaits avec lui par les Souisses l'an 1386. Leurs armes & noms y sont encore escris, & leurs despouilles maintenues curieusemant. M. de Montaigne parla là à un seigneur de Berne qui y commande & leur fit tout monstrer. En cette abbaïe il y a des miches de pain toutes prettes & de la souppe pour les passans qui en demandent, & jamais n'en y a nul refusé de l'institution de l'abbaïe. Delà nous passames à un bac qui se conduit avec une polie de fer attachée à une corde haute qui traverse la riviere de Reix qui vient du lac de Lucerne, & nous randismes à

[1] Cioè Aar, e Brugg. Distante un venti minuti da Brugg si trova l'abbazia di Koenigsfelden, e non già quella di Mouri, come erroneamente dice il Querlon, fondata nel 1310 dall'imperatrice Elisabetta e da Agnese regina d'Ungheria, nel luogo stesso dove nel 1303 il loro respettivo marito e padre, Alberto (l'*Alberto tedesco* di Dante) fu assassinato. La battaglia del 1386 rammentata dall'A. dev'essere quella di Sempach, dove Leopoldo fu battuto da Arnoldo di Winkelried. I corpi seppelliti a Koenigsfelden furono disotterrati nel 1770 per ordine di Maria Teresa e trasferiti al monastero di S. Biagio nella Foresta Nera, ora ridotto ad opificio.

Bade, quatre lieues, petite ville & un bourg à part où sont les beings. C'est une ville catholicque sous la protection des huict cantons de Souisse, en laquelle il s'est faict plusieurs grandes assemblées de princes. Nous ne logeames pas en la ville, mais audit bourg qui est tout au bas de la montaigne le long d'une riviere, ou un torrent plustot, nommé Limaq,[1] qui vient du lac de Zuric. Il y a deux ou trois beings publicques decouvers, de quoi il n'y a que les pauvres gens qui se servent.[2] Les autres en fort grand nombre sont enclos dans les maisons, & les divise t'on & depart en plusieurs petites cellules particulieres, closes & ouvertes, qu'on loue avec les chambres : lesdites cellules les plus délicates & mieux accommodées qu'il est possible, y attirant des veines d'eau chaude pour chacun being. Les logis très magnifiques. En celui où nous logeames, il s'est veu pour un jour trois cens bouches à nourrir. Il y avoit encore grand compaignie, quand nous y estions, & bien cent septante licts qui servoint aux hostes qui y estoint. Il y a dix-sept poiles & onze cuisines, & en un logis voisin du nostre, cinquante chambres meublées. Les murailles des logis sont toutes revestues d'escussons des gentils hommes qui y ont logé. La ville est au haut audessus de la croupe, petite & très belle, comme elles sont quasi toutes en cette contrée. Car outre ce qu'ils font leurs rues plus larges & ouvertes que les nostres, les places plus amples, & tant de fenestrages richemant vitrés par tout, ils ont telle coutume de peindre quasi toutes les maisons par le dehors, & les chargent de desvises qui ren-

---

[1] *Oggi*, Limmat.
[2] *Ennetbaeder*, sulla sponda dritta della Limmat.

dent un très plesant prospect:[1] outre ce que il n'y a nulle ville où il n'y coule plusieurs ruisseaus de fonteines, qui sont eslevées richemant par les carrefours, ou en bois ou en pierre. Cela faict parétre leurs villes beaucoup plus belles que les françoises. L'eau des beings rend un odeur de soufre à la mòde d'Aigues caudes[2] & autres. La chaleur en est moderée comme de Barbotan[3] ou Aigues caudes, & les beings à cette cause fort dous & plesans. Qui aura à conduire des dames qui se veuillent beingner avec respect & délicatesse, il les peut mener là, car elles sont aussi seules au bein, qui samble un très riche cabinet, cler, vitré, tout au tour revetu de lambris peint & planché très propremant; à tout des sieges & des petites tables pour lire ou jouer, si on veut, etant dans le bein. Celuj qui se beingne, vuide & reçoit autant d'eau qu'il lui plaict; & a t'-on les chambres voisines chacune de son bein, les proumenoers beaus le long de la riviere, outre les artificiels d'aucunes galeries. Ces beings sont assis en un vallon commandé par les costés de hautes montaignes, mais toutefois pour la pluspart fertiles & cultivées. L'eau au boire est un peu fade

---

[1] Le case o *châlets* sono ancora in questi luoghi dipinte vagamente e coperte d'iscrizioni, sentenze, divise, versetti biblici, ecc.

[2] Acque termali (*les Eaux chaudes*) sulla montagna d'Ossau nel Bearn.

[3] Barbotan è un villaggio nel dipartimento di Gers, comune di Cazaubon nell'*Arrondissement* di Condom. Lo stabilimento termale di Barbotan è menzionato, fra gli altri, da Biagio di Monluc (*Comment*. III., 93) e da Chapelain in una lettera a Balzac (*Lettr*. 1880, I, 123). Sulle proprietà di questi bagni scrissero Nicc. Chesnau (1629), Garlon (1750), ecc.: vedi, del resto, L. COUTURE, *Bibliog. de Barbotan* (*Revue de Gascogne*, XVI, 194).

& molle, come une eau battue, & quant au goust elle sent au souffre; elle a je ne scay quelle picure de salure. Son usage à ceus du païs est principalemant pour ce being, dans lequel ils se font corneter [1] & seigner si fort, que j'ay veu les deux beings publicques parfois qui sembloint estre de pur sang. Ceux qui en boivent à leur coutume, c'est un verre ou deux pour le plus. On y arréte ordinairement cinq ou six sepmaines, & quasi tout le long de l'esté ils sont fréquentés. Nulle autre nation ne s'en ayde, ou fort peu, que l'Allemande; & ils y viennent à fort grandes foules. L'usage en est fort antien, & duquel Tacitus faict mantion; [2] il en chercha tant qu'il peut la maitresse source & n'en peut rien apprendre; mais de ce qu'il samble, elles sont toutes fort basses & au niveau quasi de la riviere. Elle est moins nette que les autres eaus que nous avons veu ailleurs, & charrie en la puisant certenes petites filandres fort menues. Elle n'a point ces petites etincelures qu'on voit briller dans les autres eaus souffrées, quand on les reçoit dans le verre, & comme dit le seigneur Maldonat, qu'ont celles de Spa. M. de Montaigne en beut lendemein que nous fumes arrivés, qui fut lundi matin, sept petits verres qui revenoint à une grosse chopine de sa maison; landemein, cinq grands verres qui revenoint à dix de ces petits, & pouvoint faire une pinte. Ce mesme mardy à l'heure de neuf heures du matin, pendant que les autres disnoint, il se mit dans le bein, & y sua depuis en estre sorti bien fort dans le lict. Il n'y

---

[1] * *Ventouser*.

[2] È vero che TACITO (*Hist.*, I, 67) fa menzione di questi bagni, dicendo che Cecina distrusse *longa pace in modum municipii extructus locus, amoeno salubrium aquarum usu frequens*, ma non è vero che ne cercasse conoscere le fonti.

arresta qu'une demy heure; car ceus du païs qui y sont tout le long du jour à jouer & à boire, ne sont dans l'eau que jusqu'aus reins; lui s'y tenoit engagé jusques au col, estandu le long de son bein. Et ce jour partit du bein un seigneur Souisse, fort bon serviteur de notre couronne, qui avoit fort entretenu M. de Montaigne tout le jour precedant des affaires du païs de Souisse, & lui montra une lettre que l'ambassadeur de France, fils [1] du président du Harlay [2] lui escrivoit de Solurre, où il se tient, lui recommandant le service du roi pendant son absence, etant mandé par la Reine [3] de l'aller trouver à Lion, & de s'opposer aus desseins d'Espaigne & de Savoïe. Le Duc de Savoïe qui venoict de deceder, [4] avoit faict alliance, il y avoit un an ou deux, avec aucuns cantons: à quoy le Roy avoit ouvertement resisté, allegant que lui estant des-ja obligés, ils ne pouvoint recevoir nulles nouvelles obligations, sans son interest; ce que aucuns des cantons avoint gousté, mesme par le moyen dudit Sr. Souïsse, & avoint refusé cette alliance.

[1] Il Querlon annota: *Harlai de Sancy, bon ami de Henri IV, alors roi de Navarre.* Ma gli Harlay de Sancy appartengono ad altra famiglia di quella del Presidente Achille de Harlay. La *Hist. geneal.* ecc. del P. ANSELME attribuisce al Presidente un solo figlio, Cristoforo, morto nel 1615, ma non ricorda di lui che una sola ambasceria in Inghilterra dal 1602 al 1607.

[2] Achille de Harlay, n. 1536 m. 1619, celebre presidente del Parlamento di Parigi e difensore dei dritti regali contro la Lega e il duca di Guisa: immagine nobilissima di cittadino e magistrato.

[3] Bisogna intendere, dice il Querlon, della Regina madre, cioè di Caterina de' Medici: la regina moglie di Enrico 3°, Luisa di Lorena, che si sopranomava la *Reine vierge*, non si mischiava di affari di Stato.

[4] Emanuele Filiberto, morto il 30 Agosto 1580.

Ils reçoivent à la vérité le nom du Roy en tous ces quartiers là, avec reverence & amitié, & nous y font toutes les courtoysies qu'il est possible. Les Espaignols y sont mal. Le trein de ce Souisse estoit quatre chevaus. Son fils, qui est desja pensionnere du Roy, come le pere, sur l'un: un valet sur l'autre: une fille grande & belle sur un autre, avec une housse de dráp & planchette à la françoise, une male en croppe & un porte bonnet à l'arçon, sans aucune fame avec elle; & si estoint à deux grandes journées de leur retrete, qui est une ville où ledit sieur est gouverneur; le bon homme sur le quatriesme. Les vestemans ordinaires des fames me samblent aussi propres que les nostres, mesme l'acoustremant de teste, qui est un bonnet à la cognarde ayant un rebras par derriere, & par devant, sur le front, un petit avancemant: cela est anrichi tout au tour de flocs de soye ou de bords de forrures; le poil naturel leur pand par derriere tout cordonné. Si vous leur ostés ce bonnet par jeu, car il ne tient non plus que les nostres, elles ne s'en offencent pas, & voiés leur teste tout à nud. Les plus jeunes, au lieu de bonnet, portent des guirlandes sulemant sur la teste. Elles n'ont pas grande différence de vestemens, pour distinguer leurs conditions. On les salue en baisant la main & offrant à toucher la leur. Autremant, si en passant vous leur faites des bonnetades & inclinations, la pluspart se tiennent plantées sans aucun mouvemant, & est leur façon antienne. Aucunes baissent un peu la teste, pour vous resaluer. Ce sont communéemant belles fammes, grandes & blanches. C'est une très bonne nation mesme à ceus qui se conforment à eux.[1] M. de Montaigne,

---

[1] Cosi i due testi: forse *ne se conforment*.

pour essayer tout à faict la diversité des mœurs
& façons, se laissoit partout servir à la mode de
chaque païs, quelque difficulté qu'il y truovat.[1] Toutefois en Souisse il disoit qu'il n'en souffroit nulle,
que de n'avoir à table qu'un petit drapeau d'un
demi pied pour serviette, & le mesme drapeau, les
souisses ne le deplient par sulemant en leur disner,
& si ont force sauces & plusieurs diversité de potages; mais ils servent tousjours autant de cueillieres de bois, manchées d'argent, comme il y a
d'homes. Et jamais souisse n'est sans cousteau,
duquel ils prennent toutes choses & ne mettent
guiere la main au plat. Quasi toutes leurs villes
portent au dessus des armes particulieres de la ville,
celes de l'Empereur & de la maison d'Austriche:
aussi la pluspart ont esté demambrées dudict archiduché par les mauvais mesnagiers de cette maison. Ils disent là que tous ceus de cette maison
d'Austriche, sauf le Roy Catholique, sont réduits
à grande povreté, mesmemant l'Empereur qui est
en peu d'estimation en Allemaigne. L'eau que
M. de Montaigne avoit beu le mardy, lui avoit faict
faire trois selles & s'estoit toute vuidée avant mydy.
Le mercredy matin, il en print mesme mesure que
le jour precedent. Il treuve que, quand il se faict
suer au bein, le lendemein il faict beaucoup moins

[1] Negli *Essais*, lib. III, cap. 9, il MONTAIGNE dice: "Quand
j'ay esté ailleurs qu'en France, et que, pour me faire courtoisie, on m'a demandé si je voulois estre servi à la françoise, je m'en suis mocqué, et me suit tousjours jecté aux
tables les plus espesses d'estrangiers. J'ay honte de
veoir nos hommes enyvrez de cette sot'e humeur, de s'effaroucher des formes contraires aux leurs: il leur semble
estre hors de leur element, quand'ils sont hors de leurs
village: où qu'ils aillent, ils se tiennent à leurs façons,
et abominent les estrangieres."

d'urines, & ne rend pas l'eau qu'il a beu; ce qu'il essaya aussi à Plommieres. Car l'eau qu'il prant lendemein, il la rend colorée & en rend fort peu: par où il juge qu'elle se tourne en aliment soudain, soit que l'évacuation de la sueur precedente le face, ou le jûne; car lorsqu'il se beignoit, il ne faisoit qu'un repas: cela fut cause qu'il ne se beigna qu'une fois. Le mercredy, son hoste acheta force poissons; ledict seigneur s'enqueroit pourquoi c'estoit. Il lui fut respondu, que la pluspart dudit lieu de Bade mangeoint poisson le mercredy par religion: ce qui lui confirma ce qu'il avoit ouy dire, que ceus qui tiennent là la religion catholique, y sont beaucoup plus tandus & devotieux par la circonstance de l'opinion contrere. Il discouroit ainsi que: " Quand la confusion & le meslange se faict dans " mesmes villes, & se seme en une mesme police, " cela relache les affections des hommes. La mix- " tion se coulant jusques aus individus, com' il " advient en Auspourg & villes impériales „; mais quand une ville n'a qu'une police (car les villes de Souisse ont chacune leurs lois à part & leur gouvernement chacune à part-soy, ny ne dependent en matiere de leur police les unes des autres: leur conjunction & colligance, ce n'est qu'en certenes conditions générales), " les villes qui font une cité " à part & un corps civil à part entier, à tous les " mambres, elles ont de quoy se fortifier & se mein- " tenir; elles se fermissent sans doubte & se res- " serrent & se rejouingnent par la secousse de la " contagion voisine „. Nous nous applicames incontinant à la chaleur de leurs poiles, & est nul des nostres qui s'en offençât. Car depuis qu'on a avalé une certene odeur d'air qui vous frappe en entrant, le demurant c'est une chaleur douce & eguale. M. de

Montaigne, qui couchoit dans un poile, s'en louoit fort, & de santir toute la nuit une tiedeur d'air plaisante & moderée. Au moins on ne s'y brûle ny le visage ny les botes, & est on quitte des fumées de France. Aussi là, où nous prenons nos robes de chambre chaudes & fourrées entrant au logis, eus au rebours se mettent en pourpoint, & se tiennent la teste descouverte au poile, & s'habillent chaudement pour se remettre à l'air.[1] Le jeudy il but de mesme; son eau fit opération & par devant & par derriere, & vuidoit du sable non en grande quantité ; & même il les trouva plus actives que autres qu'il eust essayées, soit la force de l'eau, ou que son corps fût ainsi disposé, & si en

---

[1] " Un Allemand me feit plaisir à Auguste, de combattre l'incomodité de nos fouyers, par ce mesme argument de quoy nous nous servons ordinairement à condamner leurs pöesles: car, à la verité, cette chaleur croupie, et puis la senteur de cet'e matiere reschauffee, dequoy ils sont composez, enteste la pluspart de ceulx qui n'y sont pas experimentez: moy, non ; mais, au demourant, estant cette chaleur eguale, constante et universelle, sans lueur, sans fumee, sans le vent que l'ouverture de nos cheminees nous apporte, elle a bien, par ailleurs, de quoy se comparer à la nostre. Que n'imitons nous l'architecture romaine? car on dict qu'anciennement le feu ne se fasoit en leurs maisons que par le dehors et au pied d'icelles: d'où s'inspiroit la chaleur à tout le logis, par les tuyaux practiquez dans l'espez du mur, lesquels alloient embrassant les lieux qui en debvoient estre eschauffez: ce que j'ay veu clairement signifié, je ne sçais où, en Seneque. Cettuy cy, m'oyant louer les commoditez et beautez de sa ville, qui le merite certes, commencea à me plaindre de quoy j'avois a m'en esloingner; et des premiers inconvenients qu'il m'allegua, ce feut la poisanteur de teste que m'apporteroient les cheminees ailleurs. Il avoit ouï faire cette plaincte a quelqu'un, et nous l'attachoit, estant privé, par l'usage, de l'appercevoir chez luy „: *Essais*, III. 13.

beuvoit moins qu'il n'avoit faict de nulles autres, & ne les rendoit point si crues comme les autres. Ce jeudy il parla à un ministre de Zurich & natif de là, qui arriva là, & trouva que leur religion premiere estoit zuinglienne : de la quelle ce ministre lui disoit qu'ils estoint approchés de la Calvinienne, qui estoit un peu plus douce. Et interrogé de la prédestination, lui respondit qu'ils tenoint le moyen entre Genesve & Auguste,[1] mais qu'ils n'empeschoint pas leur peuple de cette dispute. De son particulier jugement, il inclinoit plus à l'extrême de Zuingle & la haut louoit, come celle qui estoit plus approchante de la premiere chrestienté. Le vendredy après desjuné, à sept heures du matin, septiesme jour d'Octobre, nous partimes de Bade ; & avant partir, M. de Montaigne beut encore la mesure desdites eaus : ainsy il y beut cinq fois. Sur le doute de leur opération, en laquelle il treuve autant d'occasion de bien esperer qu'en nulles autres, soit pour le breuvage, soit pour le being, il conseilleroit autant volantiers ces beings que nuls autres qu'il eût veus jusques alors, d'autant qu'il y a non seulemant tant d'aysance & de commodité du lieu & du logis, si propre, si bien party, selon la part que chacun en veut, sans subjection ny ampeschemant d'une chambre à autre, qu'il y a des pars pour les petits particuliers & autres pour les grands. Beings, galeries, cuisines, cabinets, chapelles à part pour un trein: & au logis voisin du nostre, qui se nome *la Cour de la ville*, & le nostre la *Cour de derriere*, ce sont maisons publicques appertenantes à la seigneurie des cantons, & se tiennent par locateres. Il y a

---

[1] * Ausbourg.

audit logis voisin encore quelques cheminées à la françoise. Les maistresses chambres ont toutes des poiles. L'exaction du payement est un peu tyrannique, come en toutes nations, & notamment en la nostre, envers les estrangiers. Quatre chambres garnies de neuf licts, desqueles les deux avoint poiles & un being, nous coustarent un escu par jour chacun des maistres; & des serviteurs, quatre bats,[1] c'est-à-dire, neuf solds, & un peu plus pour chaque; les chevaux six bats, qui sont environ quatorze solds par jour; mais outre cela ils y adjoustarent plusieurs friponneries, contre leur coustume. Ils font gardes en leurs villes & aux beins mesmes, qui n'est qu'un village. Il y a toutes les nuicts deux sentinelles qui roulent autour des maisons, non tant pour se garder des ennemis, que de peur du feu ou autre remuement. Quand les heures sonnent, l'un d'eux est tenu de crier à haute voix & pleine teste à l'autre, & luy demander quelle heure il est; à quoy l'autre respond de mesme voix, nouvelles de l'heure, & adjouste qu'il face bon guet. Les fames y font les buées à descouvert & en lieu publicque, dressant près des eaux un petit souier de bois où elles font chauffer leur eau, & les font meilleures, & fourbissent aussi beaucoup mieux la vaisselle, qu'en nos hostelleries de France. Aux hostelleries, chaque chamberiere a sa charge & chaque valet. C'est un mal'heur que, quelque diligence qu'on fasse, il n'est possible que des gens du païs, si on n'en rencontre de plus habiles que le vulgaire, qu'un estrangier soit informé des choses notables de chaque lieu, & ne sçavent ce que

---

[1] *Batzen*, antica moneta uguale a 4 *Kreuzer*, e presso che 15 centes.

vous leur demandés. Je le dis à propos de ce que nous avions esté là cinq jours avec toute la curiosité que nous pouvions, & n'avions oui parler de ce que nous trouvâmes à l'issue de la ville : une pierre de la hauteur d'un home, qui sembloit estre la piece de quelque pilier, sans façon ny ouvrage, plantée à un couin de maison pour paroître sur le passage du grand chemin, où il y a une inscription latine que je n'eus moyen de transcrire ; mais c'est une simple dedicace aus empereurs Nerva & Trajan. Nous vinsmes passer le Rhin à la ville de Keyserstoul, qui est des alliées des souisses, & catholique ; & delà suivimes ladite riviere par un très-beau plat païs, jusques à ce que nous rencontrâmes des saults, où elle se rompt contre des rochiers, qu'ils appellent les catharactes, comme celles du Nil. C'est que audessoubs de Schaffouse, le Rhin rencontre un fond plein de gros rochiers, où il se rompt, & audessoubs, dans ces mesmes rochiers, il rencontre une pante d'environ deux piques de haut, où il faict un grand sault, escumant & bruiant estrangement.[1] Cela arreste le cours des basteaus & interrompt la navigation de la ditte riviere. Nous vinsmes soupper d'une trete à

SCHAFFOUSE, quatre lieues. Ville capitale de l'un des cantons des Souisses de la religion que j'ay susdict, de ceux de Zurich. Partant de Bade, nous laissames Zurich à main droite, où M. de Montaigne estoit deliberé d'aller, n'en estant qu'à deux lieues ; mais on lui rapporta que la peste y estoit. A Schaffouse nous ne vismes rien de rare. Ils y font faire une citadelle qui sera assés belle. Il y a une bute à tirer de l'arbalestre, & une place pour ce service,

[1] È questa la famosa caduta del Reno presso Sciaffusa.

la plus belle, grande & accommodée d'ombrage, de sieges, de galeries & de logis, qu'il est possible; & y en a une pareille à l'hacquebute.[1] Il y a des moulins d'eau à sier bois, comme nous en avions veu plusieurs ailleurs, & à broyer du lin & à piller du mil. Il y a aussi un abre de la façon duquel nous en avions veu d'autres, mesme à Bade, mais non pas de pareille grandeur. Des premieres branches & plus basses, ils se servent à faire le planchier d'une galerie ronde, qui a vint pas de diametre; ces branches, ils les replient contre-mont, & leur font embrasser le rond de cette galerie, & se hausser à-mont, autant qu'elles peuvent. Ils tondent après l'abre, & le gardent de jetter [2] jusques à la hauteur qu'ils veulent donner à cette galerie, qui est environ de dix pieds. Ils prennent là les autres branches qui viennent à l'abre, lesqueles ils couchent sur certennes clisses pour faire la couverture du cabinet, & depuis les plient en bas, pour les faire joindre à celles qui montent contre-mont, & remplissent de verdure tout ce vuide. Ils retondent encor après cela l'abre jusques à sa teste, où ils y laissent espandre ses branches en liberté. Cela rend une très belle forme & est un très bel abre. Outre cela, ils ont faict sourdre à son pied un cours de fontene, qui se verse audessus du planchier de cette galerie. M. de Montaigne visita les Bourguemaistres de la ville, qui, pour le gratiffier avecques autres officiers publiques, vindrent souper à nostre logis, & y firent presenter du vin à M. d'Estissac & à lui. Ce ne fut sans plusieurs harangues ceri-

---

[1] * *L'Arquebuse.*
[2] * *Pousser.*

monieuses d'une part & d'autres.[1] Le principal Bourguemaistre estoit gentil'homme & nourri page ches feu M. d'Orleans,[2] qui avoit desja tout oublié son françois. Ce canton fait profession d'estre fort nostre, & en a donné ce tesmoingnage recent, d'avoir refusé à nostre faveur la confederation que feu M. de Savoïe recherchoit avec les Cantons, de quoy j'ay faict cy dessus mention. Le samedy 8ᵉ d'Octobre, nous partismes au matin à huit heures, après desjuné, de Schaffouse, où il y a très bon logis *à la Couronne* Un homme sçavant du païs entretint M. de Montaigne; & entre autres choses, de ce que les habitants de cette ville ne soint, à la vérité, guierre affectionnés à notre cour; de maniere que toutes les deliberations où il s'etoit trouvé, touchant la confederation avec le Roy, la plus grande partie du peuple estoit toujours d'avis de la rompre: mais que par les menées d'aucuns riches, cela se conduisoit autrement. Nous vismes au partir, un engin de fer que nous avions veu aussi ailleurs, par lequel on souleve les grosses pierres, sans s'y servir de la force des hommes pour charger les charretes. Nous passames le long du Rhin, que nous avions à notre mein droite, jusques à Stain, petite ville alliée des cantons, de mesme religion que Schaffouse. Si est ce qu'en chemin, il y avoit force croix de pierre, où nous repassames le Rhin sur un autre pont de bois: & coutoyant la rive,

[1] „ C'est une coutume établie par toute la Suisse, — dice il Misson, *op. cit.* III, 98 — mesmes dans les petites villes, que quand il y passe quelque voyageur de grande qualité, on lui envoye le *vin d'honneur*. Ceux qui l'apportent ont une routine de harangue qui leur sert pour toutes sortes de gens ecc. „

[2] Carlo, fratello minore di Enrico 2°, prima duca d'Angoulême, poi d'Orléans, morto il 9 sett. 1545.

l'aïant à notre main gauche, passames le long d'un autre petite ville, aussi des alliées des cantons catholicques. Le Rhin s'espand là en une merveilleuse largeur, come est notre Garonne davant Blaye, & puis se resserre jusques à

CONSTANCE, quatre lieues, où nous arrivames sur les quatre heures. C'est una ville de la grandeur de Chalons, apertenant à l'Archiduc d'Austriche, & catholicque, parce qu'elle a esté autrefois, & depuis trente ans, possédée par les Luthériens, d'où l'Empereur Charles V.ᵉ les deslogea par force. Les eglises s'en sentent encores aus images. L'Evesque qui est gentilhome du païs & Cardinal,[1] demeurant à Rome, en tire bien quarante mille escus de revenu. Il y a des chanoinies, en l'eglise Nostre Dame, qui valent mille cinq cens florins, & sont à des gentilshomes. Nous en vismes un à cheval, venant de

---

[1] "Marco Sitico Altemps, dei conti di Hokenembs, nacque l'anno 1533 nel suo feudo di Emps. Militò alcun tempo nelle guerre di Toscana; poscia datosi al servizio della Chiesa, fu dallo zio Pio IV, promosso al vescovato di Cassano, e destinato nunzio presso Ferdinando Cesare per la convocazione del concilio generale. Pio IV nell'anno medesimo, ai 26 febbraio, lo creò Cardinale di S. Angelo, Arciprete di S. Giovanni in Laterano, penitenziere maggiore e governatore di Capranica. Nel 1562 venne trasferito alla diocesi di Costanza, colla perpetua legazione della Marca, la quale sollecitamente spurgò da' banditi, che la infestavano. Assistè come legato al Concilio di Trento, e alla dieta di Ausburgo. Inclinatissimo al bene, specialmente dei giovani, si privò dell'abbazia di Mirasole, e la diede in provvedimento al Collegio elvetico. Arrichi la sua cattedrale e ristaurò l'episcopio. Dimessa la diaconia di S. Angelo, assunse il titolo di S. Maria in Trastevere, e questa chiesa eziandio forni di suntuosissimi adobbi. Nel 1595 terminò in Roma la sua mortale carriera„: MORONI, *Dizion. erudiz. ecclesiast.* ecc.: I, 284.

dehors, vetu licentieusement comme un home de guerre; aussi dit-on qu'il y a force lutériens dans la ville. Nous montasmes au clochier qui est fort haut, & y trouvames un homme attaché pour santinelle, qui n'en part jamais quelque occasion qu'il y ait, & y est enfermé. Ils dressent sur le bord du Rhin, un grand batimant couvert, de cinquante pas de long & quarante de large, ou environ; ils mettront-là douze ou quinze grandes roues, par le moyen desqueles ils esleveront sans cesse grande quantité d'eau, sur un planchié qui sera un estage andessus, & autres roues de fer en pareil nombre, car les basses sont de bois, & releveront de mesme de ce planchier à un autre audessus. Cett'eau, qui estant montée à cette hauteur, qui est environ de cinquante piés, se degorgera par un grand & large canal artificiel, se conduira dans leur ville, pour y faire moudre plusieurs moulins. L'artisan qui conduisoit cette maison, seulement pour sa main, avoit cinq mille sept cens florins, & fourni outre cela de vin. Tout au fons de l'eau, ils font un planchier ferme tout au tour, pour rompre, disent-ils, le cours de l'eau, & affin que dans cet estuy elle s'endorme, affin qu'elle s'y puisse puiser plus ayséemant. Ils dressent aussi des engeins, par le moyen desquels on puisse hausser & baisser tout ce rouage, selon que l'eau vient à estre haute ou basse. Le Rhin n'a pas là ce nom: car à la teste de la ville, il s'estand en forme de lac, qui a bien quatre lieues d'Allemaigne de large, & cinq ou six de long. Ils ont une belle terrasse, qui regarde ce gran lac en pouinte, où ils recueillent les marchandises; & à cinquante pas de ce lac, une belle maisonnette, où ils tiennent continuellemant une santinelle; & y ont attaché une cheine par laquelle ils ferment le pas de l'antrée du pont, ayant rangé force pals qui enferment des deux costés cete espace de lac, dans lequel espace se logent les bateaus & se chargent. En l'eglise Nostre Dame, il y a un conduit, qui, au dessus du Rhin, se va rendre au faux-bourg de la ville. Nous reconnumes que nous perdions le païs de Souisse, à ce que un peu avant que d'arriver à la ville, nous vismes plusieurs maisons de gentil'homes; car il ne s'en voit guieres en Souisse. Mais quant aus maisons privées, elles sont & aus villes & aus champs, par la route que nous avons tenu, sans compareison plus belles qu'en France, & n'ont faute que d'ardoises, & notament les hosteleries, & meilleur traitemant; car ce qu'ils ont à dire pour nostre service, ce n'est pas par indigence, on le connoit assés au reste de leur equipage; & n'en est point où chacun ne boive en grands vaisseaux d'argent, la pluspart dorés & labourés, mais ils sont à dire par coustume. C'est un païs très fertile, notament de vins. Pour revenir a Constance, nous fumes mal logés *à l'Aigle*, & y reçeumes de l'hoste un trait de la liberté & fierté barbare alemanesque, sur la querelle de l'un de nos homes de pied avec nostre guide de Basle. Et parce que la chose en vint jusques aus juges, ausquels il s'alla pleindre, le Prevot du lieu, qui est un gentilhome italien, qui est là habitué & marié, & a droit de bourgeoisie il y a longtemps, respondit à M. de Montaigne, sur ce qu'on l'enqueroit si les domestiques serviteurs dudit seigneur seroint crus en tesmoingnage pour nous: il respondit que oui, pourveu qu'il leur donnat congé, mais que soudain après il les pourroit reprendre à son service. C'étoit une subtilité remercable. Lendemein, qui fut Dimenche, à cause de ce desordre, nous arrestames jusques après disner, & changeames de logis *au Brochet,* où nous fumes fort bien.[1] Le fils du capitene de la ville, qui a esté nourri page chez M. de Meru,[2] accompaigna tous-jours Messieurs à leur repas & ailleurs; si ne sçavoit-il nul mot de françois. Les services de leurs tables se changent souvent. On leur donna là, & souvent depuis, après la nappe levée, d'autres nouveaus services parmy les verres de vin: le premier, des *canaules,* que les Guascons appellent; après, du pain d'espice, & pour le tiers un pain blanc, tandre, coupé à taillades, se tenant pourtant entier; dans les descoupures, il y a force espices & force sel jetté parmy, & audessus aussi de la croute de pain. Cette contrée est extresmement pleine de ladreries, & en sont les chemins tout pleins. Les gens de village servent au des-juner de leurs gens de travail, des fouasses fort plattes, où il y a du fenouil, & au dessus de la fouasse des petits lopins de lard hachés fort menus, & des gosses d'ail. Parmi les Alemands, pour honorer un home, ils gaignent tousjours son costé gauche, en quelque assiete qu'il soit; & prennent à offense de se mettre à son costé droit, disant que pour déferer à un home, il faut lui laisser le costé droit libre, pour mettre la main aux armes. Le dimenche après disner nous partimes de Constance; & après avoir passé le lac à une lieue de la ville, nous en vinsmes coucher à

SMARDORFF,[3] deux lieues, qui est une petite ville

[1] Esistono sempre a Costanza un'*Hotel de l'Aigle,* ed un'*Hotel du Brochet.*

[2] Carlo di Montmorency, annota il Querlon, poi duca d'Anville e ammiraglio di Francia, figlio del connestabile Anna di Montmorency.

[3] Probabilmente Markdorf, o Marckdorf.

catholicque, à l'enseigne de Coulogne, & logeames à la poste, qui y est assise pour le passage d'Italie en Alemaigne, pour l'Empereur. Là, come en plusieurs autre lieus, ils remplissent les paillasses de feuilles de certein abre, qui sert mieus que la paille & dure plus longtemps. C'est une ville entournée d'un gran païs de vignes, où il croît de très bons vins. Le lundy 10 d'Octobre, nous partismes après des-juner: car M. de Montaigne fut convié par le beau jour de changer de dessein d'aller à Ravesbourg[1] ce jonr-là, & se destourna d'une journée pour aller à Linde. M. de Montaigne ne des-junoit jamais; mais on lui apportoit une piece de pein sec qu'il mangeoit en chemin, & estoit par fois eidé des reisins qu'il trouvoit, les vendanges se faisant encores en ce païs-là, le païs estant plein de vignes, & mesmes autour de Linde. Ils les soulevent de terre en treilles, & y laissent force belles routes pleines de verdure, qui sont très-belles. Nous passames une ville nommée Sonchem, qui est impériale catholicque, sur la rive du lac de Constance; en laquelle ville toutes les marchandises d'Oulme, de Nuremberg & d'ailleurs se rendent en charrois, & prennent delà la route du Rhin par le lac. Nous arrivasmes sur les trois heures aprés midy à

LINDE,[2] trois lieues, petite ville assise à cent pas avant dans le lac, lesquels cent pas on passe sur un pont de pierre: il n'y a que cette entrée, tout le reste de la ville estant entourné de ce lac. Il a bien une lieue de large, & au delà du lac naissent les montaignes des Grisons. Ce lac & toutes les rivieres de là autour sont basses en hiver, &

---

[1] Ravensburg.
[2] * *Lindau*.

grosses en été, à cause des neges fondues. En tout ce pays les fames couvrent leur teste de chappeaus ou bonnets de fourrure, come nos calotes; le dessus, de quelque fourrure plus honeste, come de gris; & ne coute un tel bonnet que trois testons : & le dedans, d'eigneaus.[1] La fenêtre qui est au devant de nos calotes, elles la portent en derriere, par où parôit tout leur poil tressé. Elles sont aussi volantiers chaussées de botines ou rouges ou blanches, qui ne leur siesent pas mal. Il y a exercice de deux religions. Nous fumes voir l'eglise catholicque batie l'an 866, où toutes choses sont en leur entier, & vismes aussi l'eglise de quoi les ministres se servent. Toutes les villes impériales ont liberté de deux religions, Catholicque & Lutériene, selon la volanté des habitans. Ils s'appliquent plus ou moins à cele qu'ils favorisent. A Linde il n'y a que deus ou trois catholicques, à ce que le prestre[2] dît à M. de Montaigne. Les prestres ne laissent pas d'avoir leur revenu libre & de faire leur office, come font aussi des noneins qu'il y a. Ledit sieur de Montaigne parla aussi au ministre, de qui il n'apprint pas grand chose, sauf le haine ordinaire contre Zuingle & Calvin. On tient qu'à la vérité il est peu de villes qui n'ayent quelque chose de particulier en leur créance; & sous l'autorité de Martin, qu'ils reçoivent pour chef, ils dressent plusieurs disputes sur l'interprétation du sens ez escrits de Martin. Nous lojames *à la Couronne*, qui est un beau logis. Au lambris du poile il y avoit une forme de cage de mesme le lambris, à loger grand nombre d'oiseaus; ell'avoit des allées suspendües & accommodées de

[1] * *De laine d'agneau.*
[2] * *C'est-a-dire le Curé.*

fil d'aréchal, qui servoint d'espace aus oiseaus d'un bout à l'autre du poile. Ils ne sont meublés ny fustés [1] que de sapin, qui est l'abre le plus ordinere de leurs forest; mais ils le peignent, vernissent & nettoyent curieusemant, & ont mêmes des vergettes de poil, de quoi ils époussetent leurs bancs & tables. Il sont grande abondance de chous-cabus [2] qu'ils hachent menus à tout un instrumant exprès, & ainsi haché en mettent grande quantité dans des cuves à tout du sel, de quoi ils font des potages tout l'hiver. Là M. de Montaigne essaïa à se faire couvrir au lict d'une coite, come c'est leur cotume, & se loua fort de cet usage, trouvant que c'estoit une couverture & chaude & legiere. On n'a à son avis à se plaindre que du coucher pour les homes délicats; mais qui porteroit un materas, qu'ils ne connoissent pas là, [3] & un pavillon dans ses coffres, il n'y trouveroit rien à dire: [4] car, quant au tretemant de table, ils sont si abondans en vivres, & diversifient leur service en tant de sortes de potages, de sauces, de salades, come hors de nostre usage. Ils nous ont presanté des potages faicts de couins; [5] d'autres de pommes cuites taillées à ruelles sur la souppe, & des salades de chous-cabus. Ils font aussi des brouets, sans pein, de diverses sortes, come de

[1] * *Boisés.*

[2] Cavol. capuccio. Quello che l'A. descrive è evidentemente il noto *sauerkraut* dei tedeschi.

[3] " Vous faites malade un Allemand de le choucher sur un matelas, comme un Italien sur la plume, et un François sans rideau et sans feu „: *Essais*, III. 13.

[4] " Si j'ay quelque curiosité en mon traictement, c'est plustost au coucher qu'à aultre chose: mais je cede, et m'accommode en general, autant que tout aultre, à la necessité „: *Essais*, III, 13.

[5] *Coinys*, cotogne.

ris, où chacun pesche en commun, (car il n'y a nul service particulier), & cela d'un si bon goust, aus bons logis, que à pene nos cuisines de la noblesse francèse lui sembloint comparables; & y en a peu qui ayent des sales si parées. Ils ont grande abondance de bon poisson, qu'ils mêlent au service de chair; ils y desdeingnent les truites, & n'en mangent que le foye; ils ont force gibier, bécasses, levreaux, qu'ils acoutrent d'une façon fort esloingnée de la nostre, mais aussi bonne au moins. Nous ne vismes jamais des vivres si tendres, com'ils les servent communéemant. Ils meslent des prunes cuites, des tartes de poires & de pommes au service de la viande,[1] & mettent tantost le roti le premier & le potage à la fin, tantost au rebours. Leur fruict, ce ne sont que poires, pommes, qu'ils ont fort bonnes, noix & formage. Parmi la viande, ils servent un instrumant d'arjant ou d'estein, à quatre logettes, où ils mettent diverses sortes d'épisseries pilées, & ont du cumin ou un grein semblable, qui est piquant & chaut, qu'il meslent à leur pein, & leir pein est la pluspart faict avec du fenouil. Après le repas, ils remetent sur la table des verres pleins, & y font deux ou trois services de plusieurs choses qui esmeuvent l'altération. M. de Montaigne trouvoit à dire trois choses en son voïage: l'une, qu'il n'eût mené un cuisinier pour l'instruire de leurs façons, & en pouvoir un jour faire voir la preuve chez lui; l'autre, qu'il n'avoit mené un valet allemand, ou n'avoit cherché la compagnie de quelque gentilhomme du païs (car de vivre à la mercy d'un bélitre de guide, il y santoit une grande incommodité);

---

[1] E l'uso dura ancora, come sa chi ha viaggiato per quei paesi.

la tierce, qu'avant faire le voyage, il n'avoit veu les livres qui le pouvoint avertir des choses rares & remarcables de chaque lieu, ou n'avoit un *Munster*,[1] ou quelque autre dans ses coffres. Il mêloit à la vérité à son jugement un peu de passion du mespris de son païs,[2] qu'il avoit à haine & à contrecœur pour autres considérations; mais tant y a qu'il préferoit les commodités de ce païs-là sans compareson aux francèses, & s'y conforma jusqu'à y boire le vin sans eau.[3] Quant à boire à l'envi, il n'y fut jamais convié que de courtoisie, & ne l'entreprit jamais. La cherté en la haute Allemaigne est plus grande qu'en France; car à nostre conte l'home & cheval despanse pour le moins par jour un escu au soleil[4] Les hostes content en premier lieu le repas à quatre, cinq ou six *bas* pour table d'hoste. Ils font un autre article de tout ce qu'on boit avant & après ces deux repas, & les moindres colations; de façon que les Alemans partent communéement le matin du logis sans boire. Les services qui se font après le repas, & le vin qui s'y emploïe, en quoi va pour eus la principale despance, ils en font un conte avec les colations. A la vérité, à voir la profusion de leurs services, & notammant du vin, là-mesmes où il est extreme-

---

[1] Vale a dire una *Cosmografia* di Sebastiano Munster: come a dire, ai di nostri, un Murray o un Bedecker.

[2] „ Je peregrine tressaoul de nos façon: non pour cercher des Gascons en Sicile: j'en ai assez laissé au logis.... Et qui plus est, il me semble que je n'ay rencontré gueres de manieres qui ne vaillent les nostres „: *Essais*, III, 9.

[3] „ Ne puis.... m'abbruver d'eau pure ou de vin pur „: *Essais*, III, 13.

[4] Scudo del *sole:* moneta d'oro coniata ai tempi di Luigi XI e Carlo VIII, con un sole sopra la corona.

mant cher & apporté de païs loingtain, je treuve leur cherté excusable. Ils vont eux-mesmes conviant les serviteurs à boire, & leur font tenir table deux ou trois heures. Leur vin se sert dans des vaisseaus come grandes cruches, & est un crime de voir un gobelet vuide qu'ils ne remplissent soudein, & jamais de l'eau, non pas à ceus mesme qui en demandent, s'ils ne sont bien respectés. Ils content après l'avoine des chevaus, & puis l'estable,[1] qui comprend aussi le foin. Ils ont cela de bon qu'ils demandent quasi du premier mot ce qu'il leur faut, & ne guaigne-t-on guiere à marchander. Ils sont glorieux, choleres & yvrognes; mais ils ne sont, disoit M. de Montaigne, ny trahistes,[2] ny voleurs. Nous partimes delà après desjeuner, & nous randimes sur les deux heures après midi à

VANGUEN,[3] deux lieues, où l'inconvéniant du mulet de coffres, qui se blessoit, nous arresta par force, & fumes contreins de louer une charrete pour le lendemein, à trois escus par jour; le charretier qui avoit quatre chevaus, se nourrissant de là. C'est une petite ville impériale qui n'a jamais voulu recevoir compagnie d'autre religion que catholicque, en laquelle se font les faulx si fameuses, qu'on les envoïe vendre jusques en Lorrene. Il en partit lendemein, qui fut le mercredy au matin 12 d'Octobre, & tourna tout-court vers Trante par le chemein le plus droit & ordinere, & nous en vinsmes disner à

ISNE,[4] deux lieues, petite ville impériale & très plesammant disposée. M. de Montaigne, come estoit sa coustume, alla soudein trouver un docteur théo-

---

[1] * *L'écurie.*
[2] * *Traîtres.*
[3] Wangen.
[4] Isny.

logien de cette ville, pour prendre langue, lequel docteur disna avec eux. Il trouva que tout le peuple estoit lutérien, & vit l'eglise lutériene, qui a esté usurpée, come les autres qu'ils tiennent ès villes impériales, des églises catholiques. Entr'autres propos qu'ils eurent ensamble sur le sacremant, M. de Montaigne s'avisa qu'aucuns Calvinistes l'avoint averty en chemein, que les Lutériens mesloint aux antiennes opinions de Martin, plusieurs erreurs estranges, come l'*Ubiquisme*, maintenant le corps de Jésus-Christ estre partout com'en l'hostie; par où ils tomboint en mesme inconvéniant de Zuingle, quoi que ce fût par diverses voïes: l'un par trop espargner la présance du corps, l'autre pour la trop prodiguer (car à ce conte le sacremant n'avoit nul priviliege sur le corps de l'Eglise, ou assemblée de trois homes de bien); & que leur principaux argumans estoint que la divinité estoit inséparable du corps, par quoi la divinité estant partout, que le corps l'estoit aussi. Secondemant, que Jésus-Christ devant estre tous-jours à la dextre du pere, il estait partout, d'autant que la dextre de Dieu, qui est sa puissance, est partout. Ce docteur nioit fort de parolle cette imputation, & s'en défendoit come d'une calomnie: mais par effect, il semble à M. de Montaigne qu'il ne s'en couvroit guere bien. Il fit compagnie à M. de Montagne à aler visiter un monastere trés-beau & sumptuex, où la messe se disoit, & y entra & assista sans tirer le bonnet, jusques à ce que MM. d'Estissac & de Montaigne eussent faict leurs oraisons. Ils alarent voir dans une cave de l'Abaïe une pierre longue & ronde, sans autre ouvrage, arrachée, come il semble, d'un pilier,[1] où

---

[1] Ora nel museo di Augsburg: vedi l'iscrizione nel MOMMSEN, *Corpus Inscr.*, III, n. 5987.

en lettres latines fort lisables cette inscription est: *que les Empereurs Pertinax & Antoninus Verus ont refaict les chemins & les ponts, à unze mille pas de Campidonum*, qui est *Kempten*, où nous alames coucher. Cette pierre pouvoit estre là come sur le chemein du rabillage; car ils tiennent que ladite ville d'Isne n'est pas fort antienne. Toutefois ayant reconnu les avenues dudit Kempten d'une part & d'autre, outre ce qu'il n'y a nul pont, nous ne pouvions reconnetre nul rabillage digne de tels ouvriers. Il y a bien quelques montaignes antrecoupées, mais ce n'est rien de grande manufacture.

KEMPTEN, trois lieues, une ville grande come Sainte-Foi,[1] très belle & peuplée & richemant logée. Nous fumes à *l'Ours*, qui est un très beau logis. On nous y servit de grands tasses d'arjant de plus de sortes, (qui n'ont usage que d'ornemant, fort labourées & semées d'armoiries de divers Seigneurs), qu'il ne s'en tient en guiere de bones maisons. Là se tesmoigna ce que disoit ailleurs M. de Montaigne, que ce qu'ils oblient du notre, c'est qu'ils le méprisent; car aïant grand' foison de vesselle d'estain, escurée com'à Montaigne, ils ne servirent que des assiettes de bois, très-polies à la vérité & très-belles. Sur les sieges en tout ce païs, ils servent des cussins pour se soir, & la pluspart de leurs planchiers lambrissés sont voutés com'en demy croissant, ce qui leur donne une belle grace. Quant au linge, de de quoy nous nous pleignions au commencemant, onques puis nous n'en eumes faute, & pour mon maistre [2] je n'ay jamais failli à en avoir pour lui en

---

[1] Piccola città dell'agenese sulla Dordogna, non lungi dal castello di Montaigne.

[2] Qui lo scrittore, trattando di cose più a lui ed a' suoi uffici attenenti, parla in persona propria.

faire des rideaus au lict; & si une serviette ne lui suffisoit, on lui en changeoit à plusieurs fois. En cette ville, il y a tel marchand qui faict traficque de çant mille florins de toiles. M. de Montaigne, au partir de Constance, fût alé à ce canton de Souisse, d'où viennent les toiles à toute la Crestienté,[1] sans ce que, pour revenir à Linde, il y avoit pour quatre ou cinq heures de traject du lac. Cete ville est luterienne, & ce qu'il y a d'estrange, c'est que, com'à Isne, & là aussi l'eglise catholique y est servie très-solemnellement: car le lendemein, qui fut jeudi matin, un jour ouvrier, la messe se disoit en l'Abbaye hors la ville, com'elle se dict à Notre Dame de Paris le jour de Pasques, avec musique & orgues, où il n'y avoit que les religieus. Le peuple, audehors des villes impériales, n'a pas eu cette liberté de changer de religion. Ceus-là vont les fêtes à ce service. C'est une très belle Abbaïe. L'Abbé la tient en titre de principauté, & lui vaut cinquante mille florins de rante.[2] Il est de la maison d'Estain. Tous les religieux sont de necessité jantilshomes. Hildegarde, fame de Charlemaigne, la fonda l'an 783, & y est enterrée & tenue pour sainte;[3] ses os ont été déterrés d'une cave où il estoint, pour être enlevés en une chasse. Le mesme jeudy matin, M. de Montaigne ala à l'eglise des Luteriens, pareille aus autres de leur secte & huguenotes: sauf qu'à l'endret de l'autel, qui est la teste de la nef, il y a

[1] Molto probabilmente vuol qui indicare il Cantone di San Gallo.

[2] L'abate era di dritto principe dell'impero, e aveva un dominio di 33 l. q., che conteneva circa 40 mila abitanti.

[3] Vedi in proposito della vita di Ildegarda e della fondazione del monastero campidonense, i Bollandisti, 30 aprile; III, 788-802.

quelques bancs de bois, qui ont des accoudoirs au-dessous, afin que ceus qui reçoivent leur céne, se puissent mettre á genous, com' ils font. Il y ancontra deux ministres vieus, dont l'un preschoit en alemant à une assistance non guiere grande. Quand il eut achevé, on chanta un psalme en alemant, d'un chant un peu esloigné du nostre. A chaque verset il y avoit des orgues, qui ont esté mises freschemant, très-belles, qui respondoint en musique; autant de fois que le prêcheur nomoit Jesus-Christ, & lui & le peuple tiroint le bonnet. Après ce sermon, l'autre ministre s'alla mettre contre cet autel, le visage tourné vers le peuple, aïant un livre à la mein, à qui s'ala presenter une jeune fame, la teste nue & les poils[1] espars, qui fit là une petite reverance à la mode du païs, & s'arrêta là seule debout: tantost après un garçon, qui estoit un artisan, à tout une espée au costé, vint aussi se presanter & mettre à coté de cete fame. Le ministre leur dict à tous deux quelques mots à l'oreille, & puis commanda que chacun dit le pate-nostre, & après se mit à lire dans un livre. C'estoint cer.enes regles pour les jans qui se marient, & les fit toucher à la mein l'un de l'autre, sans se baiser. Cela faict, il s'en vint, & M. de Montaigne le print; ils devisarent long tamps ensamble; il mena ledit sieur en sa maison & étude, belle & bien accommodée; il se nome Johannes Tilianus, augustanus. Ledit sieur demandoit une confession nouvelle, que les luteriens ont faite, où tous les docteurs & princes qui la soutiennent, sont signés; mais elle n'est pas en latin. Com'ils sortoint de l'eglise, les violons & tabourins sortoint de l'autre costé qui conduisoint les mariés. A la demande

---

[1] * *Les cheveux.*

q'on lui fit : s'ils permettoint les danses, il respondit : pourquoi non ? A cela : Pourquoi aus vitres & en ce nouveau batimant d'orgues, ils avoint faict peindre Jesus-Christ & force images ? que ils ne défandoint pas le images, pour avertir les homes, pourveu que l'on ne les adorât pas. A ce : Pourquoi donq ils avoint osté les images antiennes des Eglises ? que ce n'estoint pas eus, mais que leurs bons disciples les Zuingliens, incités du malin esprit, y estoint passés avant eus, qui avoint faict ce ravage, come plusieurs autres : qui est cete mesme response, que d'autres de cete profession avoint faicte audict sieur : mesme le docteur d'Isne, à qui quand il demanda s'il haïssoit la figure & effigie de la croix, il s'écria soudein : Comant serois-je si atheiste de haïr cette figure si heureuse & glorieuse aus Crestiens ! que c'estoit des opinions diaboliques. Celui là mêmes dict tout détrouséemant en dinant, qu'il aimeroit mieux ouir çant messes, que de parteciper à la cène de Calvin. Audict lieu on nous servit des lièvres blancs. La ville est assise sur la riviere d'Isler ;[1] nous y disnames ledict jeudy, & nous en vinmes par un chemin montueus & stérile, coucher à

FRIENTEN,[2] quatre lieues, petit village catholicque, come tout le reste de cette contrée, qui est à l'Archiduc d'Austriche. J'avois oblié de dire sur l'article de Linde, qu'à l'antrée de la ville il y a un grand mur qui tesmoingne une grande antiquité, où je n'aperceu rien d'escrit. J'antan que son nom en alemant signifie *vieille muraille*, qu'on m'a dict venir de là. Le vendredy au matin, quoique ce fût un bien chetif logis, nous n'y laissâmes pas d'y trou-

---

[1] L'Iller.
[2] Pfronten.

ver force vivres. Leur costume est de ne chauffer jamais ny leurs linceuls pour se coucher, ny leurs vestemans pour se lever, & s'offencent si on alume du feu en leur cuisine pour cet effect, ou si on s'y sert de celui qui y est; & est l'une des plus grandes querelles que nous eussions par les logis. Là, mêmes au milieu des montaignes & des forets, où dix mille pieds de sapin ne coustent pas cinquante sols, ils ne vouloint permettre non plus qu'ailleurs que nous fissions du feu. Vendredy matin nous en partimes, & reprimes à gauche le chemin plus dous, abandonnant le santier des montaignes, qui est le droit vers Trante, M. de Montaigne estant d'avis de faire le detour de quelques journées, pour voir certaines belles villes d'Allemaigne, & se repantant de quoi, à Vanguen, il avoit quitté le dessein d'y aler, qui estoit le sien premier, & avoit pris cet'autre route. En chemin nous rencontrames, come nous avions faict ailleurs en plusieurs lieux, des moulins à eau, qui ne reçoivent l'eau que par une goutiere de bois, qui prand l'eau au pied de quelque haussure, & puis eslevée bien haut hors de terre & appuyée, vient à degorger sa course par une pante fort drette, qu'on lui donne au bout de cette goutiere, & vinmes disner à

FRIESSEN,[1] une lieue: c'est une petite ville catholicque apertenante à l'Evesque d'Auguste: nous y trouvasmes force gens du trein de l'Archiduc d'Austriche, qui estoit en un chateau voisin de là [2] avec le Duc de Baviere. Nous misme là sur la riviere de Lech les coffres, & moi avec d'autres, pour les conduire à Augsbourg sur un *floton*,[3] qu'ils noment: ce sont des pieces de bois jointes ensamble qui s'estan-

[1] Füssen.
[2] Schwanstein, oggi Hohenschwangau: antico castello, ricostruito per ordine del re Massimiliano di Baviera nel 1832.
[3] *Flos*, zattera, fodero.

dent quand on est à port. Il y a là une Abbaïe: on montra à Messieurs un calice & un'estole, qu'on tient en reliquere, d'un seint qu'ils noment *Magnus*, qu'ils disent avoir esté fils d'un roi d'Ecosse & disciple de Colombanus.[1] En faveur de ce Magnus, Pepin fonda ce monastere, & l'en fit premier abbé, & y a ce mot escrit au haut de la nef, & au dessus dudict mot des notes de musicque pour lui donner le son: *Comperta virtute beati Magni fama, Pipinus Princeps locum quem Sanctus incoluit regia largitate donavit.* Charlemaigne l'enrichit depuis, come il est aussi escrit audict monastere. Après disner, vinmes les uns & les autres coucher à

CHONGUEN,[2] quatre lieues, petite ville du duc de Baviere, & par consequént exactemant catholicque: car ce prince, plus que nul autre en Allemaigne, a maintenu son ressort pur de contagion, & s'y opiniâtre. C'est un bon logis *à l'Estoile*, & de nouvelle cérimonie; on y ranjea les salieres en une table carrée de couin en couin, & les chandeliers aus autres couins, & en fit-on une croix S. André.[3] Ils ne servent jamais d'œufs, au moins jusques lors, si ce n'est durs, coupés à quartiers dans des salades qu'ils y ont fort bones, & des herbes fort fresches; ils servent du vin nouveau, communéemant soudein après qu'il est faict; ils battent les bleds dans les granges à mesure qu'ils en ont besoin, & battent le bled du gros bout du fleau. Le samedy alames disner à

[1] Per la vita o leggenda molto favolosa di S. Magno, primo abate del monastero faucense, vedi i Bollandisti, 6 Sett., II, 759-781.
[2] Schongau.
[3] In forma di X, dacchè la croce ove fu posto a martirio S. Andrea era di due legni obliquamente incrociati.

LANSPERGS,[1] quatre lieues, petite ville audit Duc de Baviere, assise sur ladite riviere de Lech, très-belle pour sa grandeur, ville, faubourg & château. Nous y arrivasmes un jour de marché, où il y avoit un grand nombre de puple, & au milieu d'une fort grande place une fonteine qui élance par çant tuieaus l'eau à une pique de hauteur, & l'esparpille d'une façon très artificielle, où on contourne les tuieaus là où l'on veut. Il y a une très belle Eglise, & à la ville & au faubourg, qui sont contre mont, une droite coline, com'est aussi le château. M. de Montaigne y alla trouver un colliege de Jésuites qui y sont fort bien accommodés d'un bâtimant tout neuf, & sont après à bâtir une belle Eglise. M. de Montaigne les entretint, selon le loisir qu'il en eut. Le conte de Helfestein[2] commande au château. Si quelqu'un songe autre religion que la romene, il faut qu'il se taise. A la porte qui sépare la ville du fauxbourg, il y a une grande inscription latine de l'an 1552, où ils disent en ces mots que *Senatus Populusque* de cette ville, ont bati ce monumant à la mémoire de *Guillaume* & de *Louys* freres, Ducs *utriusque Boïariæ*.[3] Il y a force autres devises en ce lieu mesmes, come cetecy: *horridum militem esse decet, nec auro cœlatum, sed animo & ferro fretum;* & à la teste: *Cavea stultorum mundus.* Et en un autre andret fort apparent, des mots extraits de quelque historien latin, de la victoire que le Consul Marcellus perdit contre un Roi de cete nation: *Carolami Boiorumque Regis cum Marcello Cos. pugna quâ eum*

---

[1] Landsberg.

[2] Schwickhard von Helffenstein, che nel 1576 fondò il ricordato Collegio dei Gesuiti.

[3] Lodovico e Guglielmo ressero insieme la Baviera dal 1516 al 1545.

vicit, &c.[1] Il y a plusieurs autres bones devises latines aus portes privées. Ils repeingnent souvent leurs viles, ce qui leur donne un visage tout fleurissant, & à leurs Eglises; & com' à point nomé à la faveur de nostre passage, depuis trois ou quatre ans, elles estoint quasi toutes renouvelées où nous fumes; car ils mettent les dates de leur ouvrage. L'horologe de cete vile, comme d'autres plusieurs de ce païs-là, sone tous les quarts d'heures, & dict-on que celui de Nuremberch sone les minutes. Nous en somes partis après disner, par une longue pleine de pascage fort unie,[2] come la pleine de la Beausse, & nous rendismes à

AUGSBOURG, quatre lieues, qui est estimée la plus belle ville d'Almaigne, come Strasbourg la plus forte. Le primier appret étrange, & qui montre leur propreté, ce fut de trouver à notre arrivée les degrés de la vis[3] de notre logis tout couvert de linges, par dessus lesquels il nous falloit marcher, pour ne salir les marches de leur vis, qu'on venoit de laver & fourbir, come ils font tous les samedis; nous n'avons jamais aperçeu d'araignée, ni de fange en leur logis; en aucuns il y a des rideaux pour estandre au devant leurs vitres, qui veut. Il ne se trouve guiere de tables aus chambres, si ce n'est celes qu'ils attachent au pié de chaque lict, qui

---

[1] Allude a un fatto del 558 di Roma (196 av. C.) in che *Carolamus quidam regulus Boiorum* assaltò all'improvviso i Romani condotti dal console Marcello, uccidendo fra gli altri Sempronio Gracco e Giunio Silano. Dopo l'assalto, *Boi, ut est gens minime ad morae tedium ferendum patiens, in castella sua vicosque passim dilapsi sunt:* T. LIVII, XXXIII, 36.

[2] La *Lechfeld,* che oggidì serve alle grandi manovre militari.

[3] "Escalier qui monte en rampe „: LITTRÉ.

pandent là à tout des gons, & se haussent & baissent, come on veut. Les pieds des licts sont élevés de deux ou trois pieds au dessus du corps du lict, & souvent au niveau du chevet: le bois en est fort beau & labouré; mais notre noyer surpasse de beaucoup leur sapin. Ils servoint là aussi les assietes d'estein très luisantes, au dessous de celes de bois par dedein; ils metent souvent contre la paroy, à côté des licts, du linge & des rideaus, pour qu'on ne salisse leur muraille en crachant. Les Alemans sont fort amoureux d'armoiries; car en tous les logis, il en est une miliasse, que les passans jantils-homes du païs y laissent par les parois, & toutes leurs vitres en sont fournies. L'ordre du service y change souvent; ici les ecrevisses furent servies les premieres, qui partout ailleurs se servoint avant l'issue, & d'une grandeur estrange. En plusieurs hosteleries, des grandes, ils servent tout à couvert. Ce qui fait si fort reluire leurs vitres, c'est qu'ils n'ont point des fenestres attachées à nostre mode, & que leurs chassis se remuent quand ils veulent, & fourbissent leurs verrières fort souvent. M. de Montaigne, le landemein qui estoit dimenche, matin, fut voir plusieurs eglises, & aus catholicques qui sont en grand nombre, y trouva partout le service fort bien faict. Il y en a six luteriennes & seize ministres; les deux des six sont usurpées des eglises catholicques, les quatre sont batties par eux. Il en vit une ce matin, qui samble une grand'saile de colliege: ny images, ny orgues, ny crois. La muraille chargée de force escris en alemant, des passages de la Bible; deux cheses, l'une pour le ministre, & lors il y en avoit un qui prechoit, & au dessous une autre, où est celui qui achemine le chant des psalmes. A chaque verset ils atendent que celui-là donne le ton au suivant; ils chantent pesle mesle, qui veut, & couvert qui veut. Après cela un Ministre qui estoit dans la presse, s'en alla à l'autel, où il leut force oresons dans un livre, & à certenes oresons, le peuple se levoit & joingnoit les meins, & au nom de Jésus-Christ faisoit des grandes reverances. Après qu'il eut achevé de lire descouvert, il avoit sur l'autel une serviette, une eguiere & un saucier, où il y avoit de l'eau; une fame suivie de douze autres fames, lui presanta un enfant emmailloté, le visage découvert. Le Ministre à tout ses doits print trois fois de l'eau dans ce saucier, & les vint lançant sur le visage de l'enfant & disant certenes paroles. Cela faict, deux homes s'aprocharent, & chacun d'eus mit deus doigs de la mein droite sur cet enfant: le Ministre parla à eus, & ce fut fait. M. de Montaigne parla à ce Ministre en sortant. Ils ne touchent à nul revenu des eglises, le Senat en public les païe; il y avoit beaucoup plus de presse en cette église sule, qu'en deux ou trois Catholicques. Nous ne vismes nulle belle fame; leurs vetemans sont fort differans les uns des autres; entre les homes il est mal aysé de distinguer les nobles, d'autant que toute façon de jans portent leurs bonets de velours, & tous des espées au costé; nous estions logés à l'enseigne d'un abre nomé *Linde* au païs, joignnant le palais des *Foulcres*.[1] L'un de cete

---

[1] O meglio Fugger. Questa famiglia principesca ebbe origine dal tessitore Giovanni, augsburghese. Il figlio suo, pure Giovanni e tessitore anch'egli, ebbe il dritto di cittadinanza, e morì nel 1409 lasciando 80000 fiorini, somma, per quei tempi, cospicua. Il figlio maggiore Andrea esercitando l'usura e sposando Barbara della nobil stirpe degli Stammler von Aft, fù chiamato il *ricco* Fugger e diede principio al ramo dei Fugger vom Reh, estinto nel 1583. Giacomo secondogenito fu il primo che possedesse casa

race mourant quelques années y a, laissa deux millions d'escus de France vaillant à ses heritiers; & ces heritiers, pour prier pour son ame, donnarent

in Ausburg, e godendo della stima generale, allargasse il nome e il commercio della famiglia. Morì nel 1469, lasciando sette figli: fra i quali Ulrico, Giorgio e Giacomo, che sempre più arricchirono la casa coi commerci, e la nobilitarono con cospicui matrimoni. Da essi Massimiliano imperatore prese una forte somma in prestito per la guerra contro Venezia. Il fastigio della potenza e ricchezza fu ai tempi di Carlo V, quando l'una e l'altra si raccolsero sul capo dei tre figli di Giorgio, essendo gli altri fratelli morti senza discendenti. Raimondo e Antonio sono gli stipiti delle due linee principali, ancora esistenti: l'altro fratello si fece prete. Ma tutti erano ardenti cattolici, e col loro danaro aiutarono gli oppositori della Riforma. Nel 1530 Carlo V abitò nella loro principesca casa sul Weinmarcke, elicolmò di dignità ed onori. Antonio alla sua morte lasciò una fortuna di 6 milioni, senza contare i gioielli e gli oggetti d'arte e i beni in Europa e nelle Indie. La famiglia del resto, benchè nobilitata, continuò ad esercitare il commercio, e non scordò mai le opere di beneficenza: nè cessarono di essere mecenati di ogni sorta di artisti.

Piacerà leggere sopra i Fugger questa pagina del nostro BIANCONI, *Lettere sulla Baviera* (*Operette scelte*, Venezia, 1824, p. 79): " La casa dei Fugger, divenuti dappoi Conti dell'impero, ha posseduto forse più ricchezze che qualunque altro particolare d'Europa. Vedrete moltissime chiese e monasteri da essa fondati in Augusta. Vedrete nel borgo di S. Giacomo una piccola città separata con mura, porte, chiesa e piazza, la quale città chiamasi la *Fuggeraia*. Fu questa edificata dai Fugger per abitazione dei vecchi servitori e benaffetti di casa, che v'alloggiano gratis ancora al giorno d'oggi. Quanti altri monumenti della loro liberalità e pietà non s'incontrano in Roma, in Venezia, in Trento, in Vienna, in Lovanio, e in altri luoghi della Fiandra! I Fugger, a gara della casa Medici, favorirono le lettere e mandarono anticamente fino in Grecia a raccogliere manoscritti, marmi e iscrizioni. Anzi parte di queste vedrete oggi ancora ornare uno dei

aus Jesuites qui sont là, trente mille florins contans, de quoi ils se sont très bien accommodés. Laditte maison des Foulcres est couverte de cuivre. En

loro palazzi di campagna a Velemburgo. Roberto Stefano sotto la protezione di Udalrico Fugger, facevasi gloria d'esser suo stampatore, e per tale in alcuni libri da lui impressi si è dichiarato. Non molto dopo la scoperta dell'America aveva questa casa, per quanto si narra, vascelli in mare, che a suo conto andavano e venivano continuamente dalle Indie. Nel palazzo Fugger, che in Augusta vedrete, alloggiò Carlo V, quando colà chiamaronlo gli affari di religione e dell'impero. Per gli appartamenti vi sono ancora i camini di marmo col nome a gran lettere di quell'imperatore, dal che si vede che furon fatti in quell'occasione. Narrasi che come se i boschi di Ceylan fossero alle porte di Augusta, non arse in essi allora altro che cannella per fare un foco degno del primo dei principi dell'Europa. Alla cappella maggiore della chiesa di Sant'Anna sono i sepolcri di questa famiglia tutti di marmo, e dai bassirilievi e dalle iscrizioni scorgerete il secolo d'oro dei Medici d'Augusta. La chiesa essendo ora ufficiata dal clero protestante, i conti Fugger hanno abbandonato questi bei sepolcri, e si fanno sotterrare qua e là nei loro feudi. Kircheim è uno di questi, dove, avendo io passata, anni sono, col serenissimo d'Augusta una villeggiatura, vidi nel mezzo della chiesa, ch'è nel palazzo medesimo, una superba tomba di marmo destinata ad uno dei loro antenati, con bassorilievi incomparabili. Nel mezzo del gran cortile v'è una fontana di due statue di bronzo di grandezza colossale e bellissime: opera veramente degna d'un gran principe, e stento a credere che nessun particolare possa mostrare altrettanto. Essendo questo castello in cima d'una collina, e mancando d'acqua, fassi questa ascendere per mezzo di macchine idrostatiche fino alla sommità, e con tale abbondanza, che dopo aver servito ai vari getti e sprazzi della fontana, passa ad irrigare copiosamente un giardino. Quando Carlo V passò con tanta magnificenza per la Francia, Francesco I, per abbagliarlo e fargli onore, ordinò segretamente che tutti i mercanti di Parigi facessero mostra di quanto avevano di prezioso nelle loro

general les maisons sont beaucoup plus belles, grandes & hautes qu'en nulle ville de France, les rues beaucoup plus larges; il ¹ l'estime de la grandeur d'Orleans. Après disner nous fumes voir escrimer en une sale publicque, où il y avoit une grand'presse, & païe-t-on à l'antrée, com'aus bâteleurs, & outre cela les sieges des bancs. Ils y tirarent au pouignard, à l'espée à deus mains, au bâton à deus bouts, & au braquemart; ³ nous vimes après des jeus de pris à l'arbaleste & à l'arc, en lieu encore plus magnifique que à Schafouse.³ De là à une porte de la ville par où nous étions entrés, nous vimes que sous le pont où nous etions passés, il coule un grand canal d'eau qui vient du dehors de la ville, & est conduit sur un pont de bois au dessous de celui sur lequel on marche, & au dessus de la riviere qui court par le fossé de la ville.⁴ Ce canal d'eau

botteghe. L'imperatore, accortosi di questa pompa, disse pubblicamente che v'era in Augusta un cittadino e servidor suo, chiamato Fugger, a cui sarebbe stato facile il comprare tutte queste magnificenze in una volta senza incomodarsi. L'imperatore dicea il vero, perchè senza incomodarsi il Fugger, capo di casa, gli aveva regalato un milione di fiorini, somma, massime in quei giorni, esorbitante, e degna non so più se del monarca o del donatore. „

¹ Cioè, il Montaigne.
² * *Epée courte et large.*
³ „ È cosa a considerare in Alemagna, „ dice il VETTORI, *Viaggio in Alemagna*, (1507), Parigi cholini, 1837, p. 110, „ che in ogni minima villa v'è l'ordine ed il luogo dove gli uomini si riducono le feste chi a tirare colla balestra, chi collo schioppetto, e così si assuefanno: e quest'ordine non si preterisce, e in ogni terra e villa dov'io fui lo trovai. „
⁴ Nel *Voyage du Duc de Rohan faict en l'an 1600 en Italie, Allemaigne, Pays-bas uni, Angleterre et Escosse*, Amsterdam, Elzevier, 1646, p. 17, parlando di Ulm è detto: " Je n'y ay rien vu de remarquable qu'un instrument qui faict

va bransler certenes roues en grand nombre, qui remuent plusieurs pompes, & haussent par deux canaus de plomb l'eau d'une fontene, qui est en cet endret fort basse, en haut d'une tour, cinquante pieds de haut pour le moins. Là elle se verse dans un grand vesseau de pierre, & de ce vesseau par plusieurs canaus se ravale en bas, & de-là se distribue par la ville, qui est par ce sul moyen toute peuplée de fontenes. Les particuliers qui en veulent un doit pour eus, il leur est permis, en donnant à la vile dix florins de rente ou deux cents florins une fois païés. Il y a quarante ans qu'ils se sont ambellis de ce riche ouvrage. Les mariages des catholicques aus luteriens se font ordineremant, & le plus desireus subit les lois de l'autre; il y a mille tels mariages: nostre hoste estoit catholique, sa fame luterienne. Ils nettoïent les verres à tout une espousette de poil ammanchée au bout d'un bâton; ils disent qu'il s'y treuve de très beaus chevaus à quarante ou cinquante escus. Le corps de la ville fit cet honneur à Messieurs d'Estissac & de Montaigne de leur envoïer presanter, à leur souper, quatorze grandes vesseaus pleins de leur vin, qui leur fut offert par sept serjans vêtus de livrées,

monter de l'eau en si grande quantité qu'elle fournit toutes les fontaines de la ville, qui sont en grand nombre, et tant haut que vous voudrés. Ils s'en trouvent si bien qu'ils en font de mesme à Ausbourg: ce qui a apporté une tres grande commodité à leur ville." E il Misson, *Nouv. voyage d'Italie*, I, 105: "On à détourné une petite branche du Leck, qu'on a fait passer par la ville: les eaux en sont si claires et si bonnes, qu'on n'en cherche pas d'autres. Il y a quatre ou cinq tour sur ce bras de riviere, an haut desquelles on a fait des reservoires: et les moulins qui sont en bas, font jouer des pompes, qui elèvent l'eau et qui en remplissent ces réservoires, d'où elle se distribue par toute la ville".

& un honorable officier de ville qu'ils conviarent à souper: car c'est la coustume, & aus porteurs on faict donner quelque chose; ce fut un escu qu'ils leur firent donner. L'officier qui souppa avec eus dict à M. de Montaigne, qu'ils estoint trois en la ville ayant charge d'ainsi gratifier les estrangiers qui avoint quelque qualité, & qu'ils estoint en cette cause en souin de sçavoir leurs qualités, pour suivant cela, observer les cerimonies qui leur sont dues: ils donnent plus de vins aus uns que aus autres. A un Duc, l'un des Bourguemaistres en vient presanter: ils nous prindrent pour barons & chevaliers. M. de Montaigne, pour aucunes raisons, avoit voulu qu'on s'y contrefit, & qu'on ne dict pas leurs conditions, & se promena sul tout le long du jour par la ville; il croit que cela mesme servit à les faire honorer davantage. C'est un honeur que toutes les villes d'Allemaigne leur ont faict. Quand il passa par l'eglise Notre-Dame, ayant un froid extrême, (car les frois commençarent à les picquer au partir de Kempten, & avoint eu jusques lors la plus heureuse seson qu'il est possible), il avoit, sans y penser, le mouchoir au nés, estimant aussi qu'einsi sul & très-mal accommodé, nul ne se prendroit garde de lui. Quand ils furent plus apprivoisés avec lui, ils lui dirent que les gens de l'église, avoint trouvé cete contenance estrange. Enfin il encourut le vice qu'il fuioit le plus, de se rendre remercable par quelque façon ennemie du goust de ceus qui le voioient; car entant qu'en lui est, il se conforme & range aus modes du lieu où il se treuve, & portoit à Auguste un bonet fourré par la ville. Ils disent à Auguste, qu'ils sont exempts, non des souris, mais des gros rats,[1] de quoy le reste de l'Allemaigne est infecté, & là dessus content force miracles, attribuant ce priviliege à l'un de leurs évesques qui est là en terre; & de la terre de sa tumbe, qu'ils vendent à petits lopins come une noisete, ils disent qu'on peut chasser cette vermine, en quelque région qu'on la porte. Le lundy nous fumes voir en l'eglise Notre-Dame la pompe des noces d'une riche fille de la ville & lede, avec un facteur des Foulcres, vénitian: nous n'y vismes nulle belle fame. Les Foulcres qui sont plusieurs, & tous très-riches, tienent les principaux rengs de cete ville là. Nous vismes aussi deus sales en leur maison, l'une haute, grande, pavée de marbre; l'autre basse, riche de médailles antiques & modernes, avec une chambrette au bout. Ce sont des plus riches pieces que j'aye jamais veues. Nous vismes aussi la danse de cet'assemblée: ce ne furent qu'*Alemandes:*[2] ils les rompent à chaque bout de champ, & ramenent seoir les dames qui sont assises en des bancs qui sont par les costés de la sale, à deus rangs, couverts de drap rouge: eus ne se meslent pas à elles. Après avoir faict une petite pose, ils les vont reprendre: ils baisent leurs meins, les dames les reçoivent sans baiser les leurs, & puis leur metant la mein sous l'aisselle, les embrassent & joignent les joues par le costé, & les dames leur metent la mein droite sur l'espaule. Ils dansent

---

[1] Non trovo altro autore che confermi questa notizia, o ne dia il favoloso motivo addotto dal nostro. Però, nella *Cosmografia universale* del MUNSTERO, a spese di Henrigo Pietro Basilïense, l'anno MDLVIII, pag. 657, leggo che in Augusta. " non nascono ghiri, e portativi d'altrove non vivono. „

[2] * *Telle est encore à peu-près, à l'exception des baisers, notre Allemande, cette danse si modeste et si noble.*

& les entretiennent, tout descouverts, & non fort richemant vetus. Nous vismes d'autres maisons de ces Foulcres en autres endrets de la ville, qui leur est tenue de tant de despances qu'ils amploïent à l'embellir : ce sont maisons de pleisir pour l'esté. En l'une nous vismes un horologe qui se remue au mouvemant de l'eau qui lui sert de contre pois. Là même deus grands gardoirs[1] de poissons, couvers, de vint pas en carré, pleins de poisson. Par tout les quatre costés de chaque gardoir il y a plusieurs petits tuiaus, les uns droits, les autres courbés contre-mont ; par tous ces tuiaus, l'eau se verse très plesammant dans ces gardoirs, les uns envoiant l'eau de droit fil, les autres s'élançant contre-mont à la hauteur d'une picque. Entre ces deux gardoirs, il y a place de dix pas de large, planchée d'ais ; au travers de ces ais, il y a force petites pouintes d'airain qui ne se voyent pas. Cependant que les dames sont amusées à voir jouer ce poisson, on ne faict que lacher quelque ressort : soudein toutes ces pouintes elancent de l'eau menue & roide jusques à la teste d'un home, & ramplissent les cotillions des dames & leurs cuisses de cette frecheur. En un autre endret où il y a un tuieau de fontene, plesante, pendant que vous la regardez, qui veut, vous ouvre le passage à des petits tuieaus imperceptibles, qui vous jettent de cent lieus l'eau au visage à petits filets, & là il y a ce mot latin : *Quæsisti nugas, nugis gaudeto repertis.* Il y a aussi une voliere de vint pas en carré, de douze ou quinze pieds de haut, fermée par tout d'areschal bien noué & entrelassé ; au dedans dix ou douze sapins, & une fontene : tout cela est plein d'oiseaus. Nous y vismes des pigeons

---

[1] * *Viviers.*

de Polongne, qu'ils appellent d'*Inde*, que j'ai veu ailleurs : ils sont gros, & ont le bec come une perdris. Nous vismes aussi le mesnage d'un jardinier, qui prévoïant l'orage des froidures, avoit transporté en une petite logette couverte, force artichaus, chous, létues, epinars, cicorée & autres herbes qu'il avoit ceuillées, come pour les manger sur le champ, & leur mettant le pied dans certene terre, esperoit les conserver bones & freches deus ou trois mois ; & de vray, lors il avoit çant artichaus nullemant fletris, & si les avoit ceuillis il y avoit plus de six sepmenes. Nous vismes aussi un istrumant de plomb courbe, ouvert de deus costès & percé. Si, l'ayant une fois rampli d'eau, tenant les deus trous en haut, on vient tout soudein & dextrement à le renverser, si¹ que l'un bout boit dans un vesseau plein d'eau, l'autre dégoutte au dehors, ayant acheminé cet escoulement, il avient, pour éviter le vuide, que l'eau ramplit tousjours le canal & dégoutte sans cesse. Les armes des Foulcres, c'est un escu mi-party : à gauche, une flur de lis d'azur en champ d'or ; à drete une flur de lis d'or à champ d'azur, que l'empereur Charles V leur a données en les anoblissant. Nous alames voir des jans qui conduisoint de Venise au Duc de Saxe, deus autruches ; le masle est le plus noir & a le col rouge, la femelle plus grisarde, & pondoit force œufs. Ils les menoint à pied, & disent que leurs betes se lassoint moins qu'eus, & leur echapeoint tous les coups ;² mais ils les tiennent atachés par un colier qui les sangle par les reins au dessus des cuisses, & à un autre au dessus des espaules, qui entourent tout leurs corps, & ont des

---

¹ * *De maniere, de façon que.*
² * *A tout moment, continuellement.*

longues laisses par où ils les arrestent ou contournent à leur poste.[1] Le mardy, par une singuliere courtoisie des Seigneurs de la ville, nous fumes voir une fausse-porte qui est en ladite ville,[2] par laquelle on reçoit à toutes heures de la nuict quiconque y veut antrer, soit à pied, soit à cheval, pourveu qu'il dise son nom, à qui il a son adresse dans la ville, ou le nom de l'hostellerie qu'il cherche. Deus hommes fideles, gagés de la ville, president à cette entrée. Les gens de cheval païent deux bats pour entrer, & les gens de pied un. La porte qui respond au dehors, est une porte revestue de fer: à côté, il y a une piece de fer qui tient à une cheine, laquelle piece de fer on tire; cette cheine par un fort long chemin & force détours, respond à la chambre de l'un de ces portiers, qui est fort haute, & bat une clochette. Le portier de son lit en chemise, par certein engin qu'il retire & avance, ouvre cette premiere porte à plus de cent bons pas de sa chambre. Celui qui est entré se trouve dans un pont de quarante pas ou environ, tout couvert, qui est au dessus du fossé de la ville; le long de ce pont est un canal de bois, le long duquel se meuvent les engins qui vont ouvrir cette premiere porte,

---

[1]. * *A leur gré.* Ital.: *a loro posta.*

[2] La cosi detta *Einlass*, costruita verso il 1514. „Pendent la guerre des princes voisins,„ dice il Misson, *Nouv. voyage*, I, 101, „la ville d'Ausbourg avoit soin de fermer ses portes de bonne heure, ce qui estoit incommode par diverses raisons, tant à elle-mesme qu'aux etrangiers qui voyageoient ou qui négocioient. De sorte qu'on inventa une certeine porte secrete, par laquelle un homme pouvoit entrer sans qu'il y eust de surprise à craindre, ni aucun autre dangier. Cette porte subsiste encore avec tout ses ressorts et toutes ses machines, et c'est une chose fort singuliere.„

laquelle tout soudein est refermée sur ceus qui sont entrés. Quand ce pont est passé, on se trouve dans une petite place, où on parle à ce premier portier, & dict-on son nom & son adresse. Cela oui, cetui-ci, à tout une clochette, avertit son compaignon qui est logé un etage au dessous en ce portal, où il y a grand logis; cetui-ci avec un ressort, qui est en une galerie joignant sa chambre, ouvre en premier lieu une petite barriere de fer, & après, avec une grande roue, hausse le pont-levis, sans que de tous ces mouvemans on en puisse rien apercevoir: car ils se conduisent par les pois du mur & des portes, & soudein tout cela se referme avec un grand tintamarre. Après le pont, il s'ouvre une grand'-porte, fort espesse, qui est de bois & renforcée de plusieurs grandes lames de fer. L'estrangier se trouve en une salle, & ne voit en tout son chemin nul à qui parler. Après qu'il est là enfermé, on vient à lui ouvrir une autre pareille porte; il entre dans une seconde salle où il y a de la lumiere: là il treuve un vesseau d'airain qui pand en bas par une cheine; il met là l'argent qu'il doit pour son passage. Cet arjant se monte à mont par le portier: s'il n'est contant, il le laisse là tranper [1] jusques au lendemein; s'il est satisfait, selon la costume, il lui ouvre de même façon encore une grosse porte pareille aus autres, qui se clot soudein qu'il est passé, & le voilà dans la ville. C'est une des plus artificielles choses qui se puisse voir; la Reine d'Angleterre a envoïé un ambassadeur exprès pour prier la Seigneurie de descouvrir l'usage de ces engins: ils disent qu'ils l'en refusarent. Sous ce portal, il y a une grande cave à loger cinq cens chevaus à couvert pour recevoir secours, ou envoïer à la guerre sans le sceu du commun de la ville.

[1] *En dépôt.*

Au partir de là, nous alames voir l'eglise de Sainte-Croix qui est fort belle. Ils font là grand feste du miracle qui avint il y a près de cent ans,[1] qu'une fame n'aïant voulu avaler le corps de Notre Seigneur, & l'ayant osté de sa bouche & mis dans une boîte, enveloppé de cire, se confessa, & trouva-t-on le tout changé en cher : à quoy ils alleguent force tesmoingnages, & est ce miracle escrit en plusieurs lieus, en latin & en alemant. Ils montrent sous du cristal, cete cire, & puis un petit lopin de rougeur de cher. Cete église est couverte de cuivre, come la maison des Foulcres, & n'est pas là cela fort rare ; l'église des luteriens est tout joingnant cete-cy ; com'aussi ailleurs ils sont logés & se sont batis, come dans les cloitres des églises catholicques. A la porte de cete église, ils ont mis l'image de Notre-Dame tenant Jesus-Christ, avecques autres saints & des enfans, & ce mot : *Sinite parvulos venire ad me*, &c. Il y avoit en nostre logis un engin de pieces de fer, qui tomboint jusques au fons d'un puis fort profond à deus endrets, & puis par le haut un garçon branslant un certein instrument, & faisant hausser & baisser, deus ou trois pieds de haut, ces pieces de fer, elles alloint batant & pressant l'eau au fons de ce puis l'une après l'autre, & poussant de leurs bombes l'eau, la contreingnent de rejallir par un canal de plomb, qui la rand aus cuisines & partout où on en a besoin. Ils ont un blanchisseur gagé à repasser tout soudein ce qu'on a noircy en leurs parois. On y servoit des pastés & petits & grans, dans des vesseaus de terre de la coleur & entierement de la forme d'une croute de pasté ; il se passe peu de repas où on ne vous présante des dragées

---

[1] Nel 1490.

& boîtes de confitures ; le pein le plus excellant qu' il est possible ; les vins bons, qui en cete nation sont plus souvent blancs ; il n'en croit pas autour d'Augsbourg, & les font venir de cinq où six journées de là. De çant florins que les hostes amploïent en vin, la Republique en demande soixante, & moitié moins d'un autre home privé, qui n'en achete que pour sa provision. Ils ont encore en plusieurs lieus la coutume de mettre des parfums aus chambres & aus poiles. La ville estoit premierement toute zuinglienne. Depuis, les catholicques y estant rapelés, les luteriens prindrent l'autre place ; ils sont asteure plus de catholicques en autorité, & beaucoup moins en nombre. M. de Montaigne y visita aussi les Jésuites,[1] & y en trouva de bien sçavans ; mercredy matin 19 d'Octobre, nous y desjunames. M. de Montaigne se pleignoit fort de partir, estant à une journée du Danube, sans le voir, & la ville d'Oulm, où il passe, & d'un bein à une demie journée au delà, qui se nome Sourbronne[2]. C'est un bein, en plat païs, d'eau freche qu'on échauffe pour s'en servir à boire ou à beigner : ell'a quelque picqure au goust qui la rand agréable à boire, propre aus maus de teste & d'estomach ; un bein fameux & où on est très magnifiquemant logé par loges fort bien accommodées, comme à Bade, à ce qu'on nous dict : mais le tamps de l'hyver se avançoit fort, & puis ce chemin estoit tout au rebours du nostre, & eût fallu revenir encore sur nos pas à Auguste : & M. de Montaigne fuïoit fort de repasser mesme chemin. Je laissai un escusson des armes de M. de Montaigne

---

[1] Introdottivi di recente, per dimanda fatta a papa Gregorio nel 1573.
[2] Sauerbrunnen.

au devant de la porte du poile où il étoit logé, qui estoit fort bien peint, & me cota deux escus au peintre, & vint solds au menuisier. Elle est beignée de la riviere de Lech, *Lycus*. Nous passames un trés-beau païs & fertile de bleds, & vismes coucher à

BRONG,[1] cinq lieues, gros village en très belle assiette, en la duché de Bavieres, catholicque. Nous en partîmes lendemein, qui fut jeudy 20 d'octobre : & après avoir continué une grand'pleine de bled, (car cete contrée n'a point de vins) & puis une prairie autant que la veue se peut étandre, vismes disner à

MUNICH, quatre lieues, grande ville environ come Bourdeaux, principale du duché de Bavieres, où ils ont leur maistresse demeure, sur la riviere d'Yser,[2] *Ister*. Elle a un beau château, & les plus belles écueiries que j'aye veues en France ny Italie, voutées, à loger deux cens chevaus. C'est une ville fort catholicque, peuplée, belle & marchande. Depuis une journée au dessus d'Auguste, on peut faire estat pour la despense à quatre livres par jour home & cheval, & quarante solds home de pied, pour le moins. Nous y trouvames des rideaux en nos chambres & pouint de ciels, & toutes choses au demeurant fort propres ; ils netoïent leurs planchiers à tout de la sieure de bois qu'ils font bouillir. On hache partout en ce païs là des raves & naveaux avec même souin & presse, com'on bat les bleds ; sept ou huict hommes ayant en chaque mein des grands couteaus, y battent avec mesure dans des vesseaus, come nos treuils : cela sert, come leurs chous cabus, à mettre saler pour l'hiver. Ils ramplissent de ces deus fruits là, non pas leurs jardins,

---

[1] Bruck, o Fürstenfeld-bruck.
[2] Isar.

mais leurs terres aus chans, & en font mestives.¹
Le Duc qui y est à presant,² a epousé la sur de
M. de Lorene, & en a deux enfans males grandets,
& une fille. Ils sont deux freres en mesme ville;
ils estoint allés à la chasse, & dames & tout, le
jour que nous y fûmes. Le vendredy matin nous
en partimes, & au travers des forêts dudit Duc,
vismes un nombre infiny de betes rousses à troupeaux, come moutons, & vismes d'une trete à

KINIEF,³ chetif petit village, six lieues, en ladite
duché. Les Jésuites, qui gouvernent fort en cete
contrée,⁴ ont mis un grand mouvemant, & qui les
faict haïr du peuple, pour avoir faict forcer les prestres de chasser leurs concubines, sous grandes
peines; & à les en voir pleindre, il samble qu'antienemant cela leur fuct si toleré, qu'ils en usoint
come de chose légitime, & sont encore après à faire
là-dessus des remontrances à leur Duc. Ce sont
là les premiers eufs, qu'on nous eût servy en Allemaigne en jour de poisson, ou autremant, sinon en
des salades, à quartiers. Aussi on nous y servit
des gobelets de bois à douëlles⁵ & cercles, parmi
plusieurs d'arjant. La demoiselle d'une meson de
jantil'home qui estoit en ce village, envoïa de son

---

¹ * *Récoltes.*

² Wilhelm (1579-1597), ammogliatosi, nel 1567 con Renata di Lorena.

² Forse Bichel.

⁴ I Gesuiti si stabilirono in Baviera circa la metà del sec. XVI, e Monaco, ove giunsero nel 1559, fu per essi detta la *Roma germanica*. Secondati dai principi bavaresi, che per tal modo assunsero in Germania nuova potenza anche politica, fecero della Baviera il più forte propugnacolo contro l'estendersi della riforma protestante.

⁵ * *Douves.* Italiano: *Dogli.*

vin à M. de Montaigne. Le samedy bon matin, nous en partismes ; & après avoir rancontré à notre mein droite, la riviere Yser,[1] & un grand lac[2] au pied des mons de Baviere, & avoir monté une petite montaigne d'une heure de chemin, au haut de laquelle il y a une inscription, qui porte qu'un Duc de Baviere avoit faict percer le rochier il y a cent ans ou environ, nous nous engoufframes tout à faict dans le vantre des Alpes, par un chemin aysé, comode & amusémant entretenu, le beau temps & serein nous nous y aydant fort. A la descente de cette petite montaigne, nous rancontrames un très-beau lac[3] d'une lieue de Guascogne de longeur & autant de largeur, tout entourné de très hautes & inaccessibles montaignes ; & suivant toujours cete route, au bas des mons, rancontrions par fois de petites pleines de preries très-plesantes, où il y a des demeures, & vinsmes coucher d'une trete à

MITEVOL,[4] petit village au duc de Baviere, assez bien logé le long de la riviere d'Yser. On nous y servit les premieres chataignes, que on nous avoit servi en Allemaigne, & toutes crues. Il y a là une étuve en l'hostellerie, où les passans ont accoutumé de se faire suer, pour un bats & demy. J'y allai, cependant que Messieurs soupoint. Il y avoit force Allemans qui s'y faisoint corneter & seigner. Lendemein, dimanche matin 23 d'octobre, nous continuames, ce santier entre les mons, & rancontrames sur icelui une porte & une meison qui ferme le pas-

---

[1] O piuttosto il fiume Loisach.
[2] Il *Kochelsee*, di 6 chilom. di lunghezza ed 1 di larghezza.
[3] Il *Walchensee*, di 6 chilom. di lunghezza e 5 di larghezza.
[4] Mittenvvald.

sage. C'est l'antrée du païs de Tirol, qui appertient à l'Archiduc d'Austriche: nous vinsmes disner à

SECFELDEN,[1] petit village & abbaïe: trois lieues, plesante assiete: l'église y est assez belle, fameuse d'un tel miracle. En 1384, un quidam,[2] qui y est nomé ès tenans & aboutissans, ne se voulant contanter le jour de Pasques, de l'hostie commune, demande la grande, & l'ayant en la bouche, la terre s'entrouvrit sous luy, où il fut englouty jusques au col, & s'ampouigna au couin de l'autel; le prestre lui osta cete ostie de la bouche. Ils montrent encor le trou, couvert d'uue grille de fer, & l'autel qui a reçu l'impression des doigts de cet home, & l'ostie qui est toute rougeastre, come des gouttes de sang. Nous y trouvames aussi un ecrit recent, en latin, d'un Tirolien qui ayant avalé quelques jours auparavant un morceau de cher, qui lui étoit arreté au

---

[1] Seefeld.
[2] Oswald Muelser, a. 1348. Il miracolo è così riferito dal MISSON, op. cit. I, 131: " Ils racontent qu'un certain gentilhomme nommé Milser, qui demeuroit au chasteau de Schlosberg, à un quart de lieu de là, et qui estoit fort craint dans ce village, eut la vanité de vouloir communier avec la grande hostie qui est à l'usage des ecclesiastiques. On l'exorta fort à ne s'opiniastrer point dans cette faintaisie, mais inutilement. Comme on lui eut mis l'hostie dans la bouche, cette hostie jetta, dit-on, un gros ruisseau de sang, et en mesme temps les jambes du communiant s'enfoncérent dans le pavé jusqu'au dessous des genoux. Il voulut s'appuyer sur l'autel, mais la pierre céda et s'amollit aussi sous sa main, et le pauvre malheureux alloit estre englouti tout vif, s'il ne se fut relevé par une prompte repentance. Les Augustins montrent donc cette pretandue hostie, chifonnée et ensanglantée, dans un reliquaire de verre. On voit aussi comme l'empreinte d'une main sur une des pierres de l'autel, et un creux dans le pavé de l'eglise, auprés du mesme autel, comme de deux jambes, qui se seroient enfoncées dans la terre fort molle.„

gosier, & ne le pouvant avaler ny randre par trois jours, se voua, & vint en cete église, où il fut soudein guery. Au partir de là, nous trouvames en ce haut où nous etions, aucuns beaus vilages; & puis etant devalés une descente de demie heure, rancontrames au pied d'icelle une belle bourgade bien logée, & au dessus sur un rochier coupé, & qui samble inaccessible, un beau chasteau[1] qui comande le chemin de cete descente, qui est étroit & antaillé dans le roc. Il n'y a de longeur un peu moins qu'il n'en faut à une charrete commune, come il est bien ailleurs en plusieurs lieus entre ces montaignes: en maniere que les charretiers qui s'y embarquent ont accoutumé de retenir les charetes communes d'un pied pour le moins. Délà nous trouvames un vallon d'une grande longeur, au travers duquel passe la riviere d'Inn, qui se va randre à Vienne dans le Danube. On l'appelle en latin *Ænus*. Il y a cinq ou six journées par eau d'Insprug jusques à Vienne. Ce vallon sambloit à M. de Montaigne, represanter le plus agreable païsage qu'il eût jamais veu; tantôt se reserrant, les montaignes venant à se presser, & puis s'eslargissant asteure de nostre costé, qui estions à mein gauche de la riviere, & gaignant du païs à cultiver & à labourer dans la pante mesmes des mons, qui n'estoint pas si droits, tantot de l'autre part; & puis decouvrant des pleines à deus ou trois etages l'une sur l'autre, & tout plein de beles meisons de jantil'homes & des églises. Et tout cela enfermé & emmuré de tous cotés de mons d'une hauteur infinie. Sur notre coté nous découvrimes dans une montaigne de

---

[1] Fragenstein.

rochiers, un crucifix, en un lieu¹ où il est impossible que nul home soit alé sans artifice de quelques cordes, par où il se soit devalé d'en haut. Ils disent que l'empereur Maximilien, aieul de Charles V, alant à la chasse, se perdit en cete montaigne, & pour tesmoingnage du dangier qu'il avoit echappé, fit planter cete image. Cete histoire est aussi peinte en la ville d'Auguste, en la salle qui sert aus tireurs d'arbaleste.² Nous nous rendismes au soir à

INSPRUG,³ trois lieues. Ville principale du conté de Tirol, *Ænopontum* en latin. Là se tient Fernand,⁴ Archiduc d'Austriche: une très-belle petite ville & très-bien bastie dans le fond de ce vallon, pleine de fonteines & de ruisseaus, qui est une commodité fort ordinere aus villes que nous avons veu en Al-

---

¹ Detto Martinswand.

² " On nous a fait remarquer un rocher droit et escarpé, qu'on dit estre haut de plus de cent toises, et qu'on appelle le *Rocher de l'Empereur*. Vers les trois quarts de la hauteur de ce rocher on voit une niche, qu'on y a creusée, dans laquelle il y a un crucifix, et une statue de chaque costé. On dit que l'Archiduc, qui depuis a esté Maximilien I, estant à la chasse du chevreuil, descendist jusqu'à cet endroit, par le haut du rocher qui est contigu aux montagnes du derriere, et que ce prince n'ayant osé remonter, il fallut avoir recours à des machines pour le descendre. V. Estienne Pighius dans son *Hercules prodicius*. L'Empereur a écrit luy mesme cette avanture dans un poëme intitulé: *Zewerdank* „ : MISSON, op. cit. I, 132.

³ Innsbruck, lat. *Oenipontum*. Ai tempi del Montaigne, Innsbruck era ancora una meschina città. Quantunque cresciuta più tardi, ai tempi in specie dell'arciduca Leopoldo e di Claudia de' Medici sua moglie, nel 1655 non contava più di 5750 abitanti.

⁴ Ferdinando, secondo figlio dell'imperatore Ferdinando e nipote di Carlo V, che per lunghi anni governò il Tirolo (1563-1595).

lemaigne & Souisse. Les meisons sont quasi toutes batties en forme de terrasse. Nous logeames *à la Rose*,[1] très-bon logis : on nous y servit des assietes d'estein. Quant aus servietes à la francese, nous en avions des-ja eu quelques journées auparavant. Autour des licts il y avoit des rideaus en aucuns ; & pour monstrer l'humeur de la nation, ils estoint beaus & riches, d'une certene forme de toile, coupée & ouverte en ouvrages, courts au demeurant & etroits : some, de nul usage pour ce à quoy nous nous en servons, & un petit ciel de trois doigts de large, à tout force houpes. On me dona pour M. de Montaigne des linceuls, où il y avoit tout au tour quatre doigts de riche ouvrage de passemant blanc, come en la pluspart des autres villes d'Allemaigne. Il y a toute la nuict des jans qui crient les heures qui ont soné, parmi les rues.[2] Partout où nous avons esté ils ont cete coutume de servir du poisson parmi la cher ; mais non pourtant au contrere, aus jours de poisson, mesler de la cher, au moins à nous. Le lundy nous en partismes cotoïant ladite riviere d'Inn à notre mein gauche, le long de cette belle pleine ; nous allames disner à

HALA, deux lieues, & fimes ce voïage seulemant pour la voir. C'est une petite ville comme Insprug, de la grandeur de Libourne ou environ, sur ladite riviere, que nous repassames sur un pont. C'est delà où se tire le sel qui fournit à toute l'Allemaigne, & s'en faict toutes les sepmeines neuf çans peins, à un escu la piece. Ces peins sont de l'épesseur d'un demy muy, & quasi de cete forme ;

---

[1] V'è tuttavia in Innsbruck un albergo di questo nome.
[2] Ne restano ancora pel servizio notturno nel sobborgo di Wilten presso Innsbruck.

car le vesseau qui leur sert de moule est de cete sorte. Cela apertient à l'Archiduc: mais la despense en est fort grande. Pour le service de ce sel, je vis là plus de bois ensamble que je n'en vis jamais ailleurs; car sous plusieurs grandes poiles de lames de fer, grandes de trente bons pas en rond, ils font bouillir cet'eau salée, qui vient là de plus de deus grandes lieues, de l'une des montaignes voisines, de quoy se faict leur sel.[1] Il y a plusieurs belles églises, & notamment celle des Jésuites, que M. de Montaigne visita, & en fit autant à Insprug; d'autres qui sont magnifiquemant logés & accommodés. Après disner revismes encore ce côté de riviere, d'autant qu'une belle maison[2] où l'Archiduc Fernand d'Austriche se tient, est en cet endroit: auquel M. de Montaigne vouloit baiser les meins, & y estoit passé au matin; mais il l'avoit trouvé empesché au conseil, à ce que lui dit un certein Conte. Après disner, nous y repassames, & le trouvames dans un jardin: au moins nous pensames l'avoir entreveu; si est-ce que ceus qui alarent vers lui pour lui dire que Messieurs estoint là & l'occasion, rapportarent qu'il les prioit de l'excuser, mais que lendemein il seroit plus en commodité; que toutefois s'ils avoint besouin de sa faveur, ils le fissent entendre à un

---

[1] " Presso a Innsbruck un miglio è un certo castello, Alla, sul medesimo fiume, e quivi si fa il sale, il quale non si cava dai pozzi nè da acque marine, come ne' paesi nostri, ma viene un'acqua grossa da un monte altissimo, la quale, bollita, diventa salina, tanto bella quanto si può immaginare, donde l'imperatore trae grande emolumento,,. VETTORI, *Viaggio du Allemagna* (1507), Parigi, 1837, p. 120.

[2] Parrebbe trattarsi del castello d'*Ambras*, soggiorno preferito di Ferdinando e di Filippina, donde derivano le celebri collezioni di armi antiche e curiosità che ora trovansi a Vienna.

certein Conte Milanois.¹ Cete fredur,² joint qu'on ne leur permit pas sulemant de voir le chasteau, offença un peu M. de Montaigne; & come il s'en pleignoit ce mesme jour à un officier de la maison, il lui fut respondu que ledit Prince avoit respondu, qu'il ne voïoit pas volontiers les françois, & que la maison de France estoit ennemie de la sienne. Nous revismes à

ISPRNUG, deux lieues. Là nous vismes en une église,³ dix-huit effigies de bronse très-belles des Princes & Princesses de la maison d'Austriche. Nous allasmes aussi assister à une partie du souper du Cardinal d'Austriche⁴ & du Marquis de Burgaut,⁵ enfants dudit Archiduc, & d'une concubine⁶ de la

---

¹ Probabilmente un Conte Nogarola, *oberkammerei* di Ferdinando.

² * *Froideur: ce mot est écrit suivant la prononciation gascone.*

³ La chiesa dei Francescani (*Hofkirche*), dove si ammira la statua di Massimiliano I, circondato da quelle di altri principi austriaci: in tutto ventotto. Ivi sono sepolti anche l'Arciduca Ferdinando e la Filippina Welser.

⁴ Andrea, figlio di Ferdinando e di Filippina Welser, nato in Praga nel 1557, morto in Roma il 12 1ov. 1600. Gregorio XIII lo fece cardinale nel 76, ad istanza del padre: e la repugnanza del pontefice a concedere il cappello a un giovane di diciannove anni, fu vinta dalle attestazioni in suo favore del cardinal Morone. Fu protettore dell'impero, e nell'82 passò in Polonia in qualità di legato a *latere*. Da Sisto V ebbe il vescovato di Costanza: da Gregorio XV quello di Bressanone, e l'ufficio di legato in tutta la Germania: poi Filippo II lo destinò al governo delle Fiandre. Recatosi a Roma pel giubileo, vi morì e fu sepolto nella chiesa di S. Maria dell'Anima.

⁵ Carlo, secondogenito dell'arciduca.

⁶ L'HUBNER, *Siste V*, I, 186, nega che Filippina Welser di Augusta fosse concubina: deve dirsi, piuttosto, moglie morganatica dell'arciduca. Due anni dopo la morte di lei, e dopo trentun'anni d'unione amorevole, Ferdinando sposò Anna Caterina Gonzaga.

ville d'Auguste, fille d'un marchand, de laquelle ayant eu ces deux fils & non autres, il l'espousa pour les legitimer; & cete mesme année ladite fame est trespassée. Toute la Cour en porte encore le dueil. Leur service fut à peu-près come de nos Princes; la salle estoit tandue & le dais & cheses de drap noir. Le Cardinal est l'ainé, & crois qu'il n'a pas vingt ans. Le Marquis ne boit que du bouchet,¹ & le Cardinal du vin fort meslé. Ils n'ont point de nef,² mais sont à demourant,³ & le service des viandes à nostre mode. Quand ils viennent à se soir, c'est un peu loing de table, & on la leur approche toute chargée de vivres; le Cardinal au dessus: car leur dessus est tousiours le costé droit. Nous vismes en ce palais des jeus de paulme & un jardin asses beau. Cet Archiduc est grand batisseur, & deviseur de telles commodités. Nous vismes chez lui dix ou douze pieces de campaigne, portant come un gros œuf d'oïe, montées sur roues, le plus dorées & enrichies qu'il est possible, & les pieces mesmes toutes dorées. Elles ne sont que de bois, mais la bouche est couverte d'une lame de fer, & tout le dedans doublé de mesme lame. Un seul home en peut porter une au col, & leur faict tirer non pas si souvant, mais quasi aussi grans coups que de fonte. Nous vismes en son chasteau aus champs, deus beufs d'une grandeur inusitée, tous gris, à la teste blanche, que M. de Ferrare lui a donné; car ledit Duc de Ferarre a espousé une de ses seurs,⁴ celui de Florance l'autre,⁵

---

¹ * *Hipocras fait avec de l'eau, du sucre et de la canelle.*
² * *Etui ou boîte, ou se met le couvert des princes et de rois.*
³ * *À découvert.*
⁴ Barbara, moglie di Alfonso II.
⁵ Giovanna, moglie di Francesco I.

celui de Mantoue[1] une autre. Il en avoit trois
à Hala, qu'on nomoit *les trois Reines;* car aus filles
de l'Empereur on done ces titres là, come on en
appelle d'autres Contesses ou Duchesses, à cause
de leurs terres; & leur donne-t-on le surnom des
royaumes que jouit l'Empereur. Des trois, les deus
sont mortes;[2] la troisiesme y est encore, que M. de
Montaigne ne sceut voir. Elle est renfermée come
religieuse, & a là recueilly & establi les Jesuistes.
Ils tiennent là que ledit Archiduc ne peut pas laisser
ses biens à ses enfans, & qu'ils retournent aus successeurs de l'Empire; mais ils ne nous sceurent
faire entandre la cause, & ce qu'ils disent de sa
fame, d'autant qu'elle n'étoit point de lignée convenable, puisqu'il l'espousa; & chacun tient qu'elle
étoit légitime, & les enfans, il n'y pas d'apparance.
Tant y a qu'il faict grand amas d'escus, pour avoir
de quoy leur donner. Le mardy nous partismes au
matin & reprimes notre chemein, traversant cete
pleine, & suivant le santier des montaignes. A une
lieue du logis montames une petite montaigne d'une
heure de hauteur, par un chemin aysé. A mein
gauche, nous avions la veue de plusieurs autres
montaignes, qui, pour avoir l'inclination plus étandue & plus molle, sont ramplies de villages, d'é-
glises, & la pluspart cultivées jusques à la cime,
très-plesantes à voir pour la diversité & variété
des sites. Les mons de mein droite étoint un peu
plus sauvages, & n'y avoit qu'en des endroits rares,
où il y eût habitation. Nous passames plusieurs
ruisseaus ou torrans, aiant les cours divers; & sur

---

[1] Eleonora moglie di Guglielmo Gonzaga.

[2] Margherita, morta nel 1566, e Elena nel 1574: la
terza, Maddalena, abbadessa in Hall, morì nel 1589.

nostre chemin, tant au haut qu'au pied de nos montaignes, trouvames force gros bourgs & villages, & plusieurs belles hostelleries, & entr'autres choses deus chasteaus & mesons de jantilshomes sur notre mein gauche.[1] Environ quatre lieues d'Isbourg, à notre mein droite, sur un chemin fort étroit, nous rancontrames un tableau de bronze richemant labouré, ataché à un rochier, avec cete inscription latine: " Que l'Empereur Charles cinquiesme revenant d'Espaigne & d'Italie, de recevoir la couronne impériale, & Ferdinand, Roi de Hongrie & de Boheme, son frere, venant de Pannonie, s'entre-cherchans, après avoir été huit ans sans se voir, se rencontrarent en cet endroit, l'an 1530, et que Ferdinand ordonna qu'on y fit ce mémoire „, où ils sont represantés s'ambrassant l'un l'autre.[2] Un peu après, passant audessous d'un portal qui enferme le chemin, nous y trouvames des vers latins faisant mantion du passage dudict Empereur, & logis en ce lieu là, ayant prins le Roy de France & Rome. M. de Montaigne disoit s'agréer fort en ce détroit, pour la diversité des objects qui se presantoint, & n'y trouvions incommodité que de la plus espesse & insupportable poussiere que nous eussions jamais santy, qui nous accompaigna en tout cet entredeus des montaignes. Dix heures après, M. Montaigne

---

[1] Sulla strada da Innsbruck al Brennero s'incontrano parecchi antichi castelli. È probabile che uno dei qui accennati fosse quello di Matrey, l'antica stazione *Matreio*, segnata nella Tavola Peutingeriana, sulla via da Verona ad Augusta.

[2] L'iscrizione esiste tuttavia, e precisamente nella stretta detta *Pass Lueg*.

disoit que c'estoit la lune de ses tretes :¹ il est vrai que sa coustume est, soit qu'il aye à arrester en chemin ou non, de faire manger l'avoine à ses chevaus, avant partir au matin du logis. Nous arrivames, & lui, tousiours à jun, de grand nuict à

STERZINGUEN,² sept lieues. Petite ville dudit conté de Tirol, assés jolie, audessus de laquelle, à un quart de lieue, il y a un beau chateau neuf.³ On nous servit là les peins tous en rond, sur la table, jouins l'un à l'autre.⁴ En toute l'Allemaigne, la moustarde se sert liquide & est du goust de la moustarde blanche de France. Le vinaigre est blanc partout. Il ne croit pas du vin en ces montaignes, oui bien du bled en quasi assez grand' abondance pour les habitans; mais on y boit de très bons vins blanc. Il y a une extreme sureté en tous ces passages,⁵ & sont extrememant fréquentés de marchands, voituriers & charretiers.⁶ Nous y eusmes,

---

¹ * *Parce que cette poussiere obscurcissant le jour, ne lui laissoit, ainsi que la lune, que ce qu'il falloit de clarté pour se conduire.*

² Sterzing, il *Vepiteno* degli itinerarj romani, è çittaduzza situata in un bacino dei più pittoreschi, ma che non meriterebbe oggidì l'epiteto di bella o piacente.

³ A mezzodì di Sterzing vi sono i due castelli di Sprechenstein e Reifenstein, molto antichi, l'uno su un poggio, l'altro quasi in pianura. Forse l'A. allude al primo.

⁴ Usano ancora in Tirolo, col nome di *Paarl*.

⁵ Essendo quella la via principale per i commerci fra l'Italia e la Germania, o per dir meglio, fra i due emporj di Venezia e di Augusta, non fa specie questa frequenza di mercanti, vetturali e carettieri, la quale ci spiega d'altra parte la moltitudine e bontà degli alberghi.

⁶ Il VETTORI, *op. cit.* p. 71, già a' suoi tempi si lodava delle strade germaniche e del viaggiare per esse: " In Alemagna le strade sono molto bene assettate, e per tutto vanno i carri. „

au lieu du froid, de quoy on decrie ce passage, une chaleur quasi insupportable.[1] Les fames de cete contrée portent des bonnets de drap, tout pareils à nos toques, & leurs poils tressés & pandans comme ailleurs.[2] M. de Montaigne rancontrant une jeune belle garse,[3] en un' eglise, lui demanda si elle ne sçavoit pas parler latin, la prenant pour un escolier. Il y avoit là des rideaus aus licts, qui estoint de grosse toile teinte en rouge, mi-partie par le travers de quattre en quattre dois; l'une partie estant de toile plein, l'autre les filets tirés. Nous n'avons trouvé nulle chambre ny salle, en tout nostre voyage d'Allemaigne, qui ne fût lambrissée, etant les planchiers fort bas. M. de Montaigne eut cette nuict la colicque deus ou trois heures, bien serré, à ce qu'il dit lendemein, & ce lendemein à son lever fit une pierre de moienne grosseur, qui se brisa ayséemant. Elle estoit jaunatre par le dehors, & brisée, au dedans plus blanchatre. Il s'estoit morfondu le jour auparavant & se trouvoit mal. Il n'avoit eu la colicque depuis celle de Plommieres. Cete-ci lui osta une partie du soupçon en quoy il estoit, que il lui etoit tumbé audit Plommieres, plus de sable en la vessie qu'il n'en avoit randu, & creignoit qu'il s'y fust arresté là quelque matiere qui se print & colat; mais voiant

---

[1] L'angusta valle fra Sterzing e la chiusa di Mülbach è, in certe giornate estive, molto calda, anche pel riverbero del monte. Ma la temperatura soffocante di cui ebbe a lamentarsi il Montaigne sul finire dell'ottobre, si deve attribuire ad un caso veramente eccezionale.

[2] Fino a pochi anni addietro le donne del Tirolo tedesco costumavano ancora questi *tocques* di pelo o lana: costume smesso quasi interamente oggidì.

[3] * *Jeune fille.*

qu'il avoit rendu cete-ci, il trouve raisonnable de crere qu'elle se fût attachée aus autres, s'il y en eût eu. Dès le chemin il se pleignoit de ses reins: qui fut cause, dict-il, qu'il alongea cete trete, & estimant estre plus soulagé à cheval, qu'il n'eût esté ailleurs. Il apella en cette ville le maistre d'école, pour l'entretenir de son latin; mais c'etoit un sot de qui il ne put tirer nulle instruction des choses du païs. Lendemein après desjuner, qui fut mercredy 26 d'Octobre, nous partimes de là par une pleine de la largeur d'un demy quart de lieue, ayant la riviere de Aïsoc[1] à nostre coté droit; cete pleine nous dura environ deus lieues, & audessos des montaignes voisines, plusieurs lieus cultivés & habités souvent entiers,[2] dont nous ne pouvions aucunemant diviner les avenues. Il y a sur ce chemin quattre ou cinq chateaus. Nous passames après la riviere sur un pont de bois, & la suivimes de l'autre costé.[3] Nous trouvames plusieurs pioniers qui acoutroint les chemins, sulemant parce qu'ils estoint pierreux environ come en Perigort. Nous montames après, au travers d'un portal de pierre, sur un haut, où nous trouvames une pleine d'uue lieue ou environ,[4] & en decouvrions, de là la riviere, une autre de pareille hauteur; mais

---

[1] L'Eisack che nasce sul Brennero, e si getta nell'Adige poco sotto a Bolzano.

[2] *Plains, unis.*

[3] Probabilmente in luogo vicino a quello dove fu più tardi la stazione postale di Mittewald.

[4] Il poggio e le spianate, di cui qui si parla, sono probabilmente da cercarsi nel luogo dove s'alzano le munizioni della Franzensfeste, quasi al punto d'incontro della Pusteria o della valle della Rienz colla valle dell'Eisack.

toutes deus steriles & pierreuses ; ce qui restoit le long de la riviere audessous de nous, c'est de très-belles preries. Nous vinmes souper d'une trete à
BRIXE,[1] quatre lieues. Très-belle petite ville, au travers de laquelle passe cete riviere, sous un pont de bois : c'est un Evesché. Nous y vismes deus très belles eglises, & fumes logés à *l'Aigle*,[2] beau logis. Sa pleine n'est guiere large ; mais les montaignes d'autor, mesmes sur nostre mein gauche, s'étandent si mollemant, qu'elles se laissent testonner & peigner jusques aus oreilles. Tout se voit ramply de clochiers & de villages bien haut dans la montaigne, & près de la ville, plusieurs belles maisons très plesammant basties & assises. M. de Montaigne disoit : " qu'il s'etoit toute sa vie mef-
" fié du jugemant d'autruy sur le discours des com-
" modités des païs estrangiers, chacun ne sçachant
" gouster que selon l'ordonnance de sa coustume &
" de l'usage de son village, & avoit faict fort peu
" d'estat des avertissemans que les voiageurs lui
" donnoint : mais en ce lieu, il s'esmerveillot encore
" plus de leur betise, aïant, & notamant en ce voïage,
" oui dire que l'entredeus des Alpes en cet endroit
" etoit plein de difficultés, les meurs des homes
" estranges, chemins inaccessibles, logis sauvages,
" l'air insuportable. Quant à l'air, il remercioit Dieu
" de l'avoir trouvé si dous, car il inclinoit plustot
" sur trop de chaud que de froid ; & en tout ce vo-
" ïage, jusques lors, n'avions eu que trois jours de
" froit, & de pluïe environ une heure ; mais que du

---

[1] Brixen : ital. Bressanone : sede allora di un Principe-Vescovo. Anche a Bressanone non si potrebbe oggi dar lode di bella.

[2] Vi è tuttora un albergo cosi nominato.

" demourant s'il avoit à promener sa fille,[1] qui n'a
" que huit ans, il l'aimeroit autant en ce chemin,
" qu'en une allée de son jardin; & quant aus logis,
" il ne vit jamais contrée où ils fussent si drus
" semés & si beaus, aïant tous-jours logé dans bel-
" les villes bien fournies de vivres, de vins, & à
" meilleure raison qu'ailleurs. „ Il y avoit là une
façon de tourner la broche qui estoit d'un engin
à plusieurs roues; on montoit à force une corde
autour d'un gros vesseau de fer. Elle venant à se
debander, on arrestoit son reculemant, en maniere
que ce mouvement duroit près d'une heure, & lors il
le failloit remonter: quant au vent de la fumée,
nous en avions veu plusieurs. Ils ont si grande
abondance de fer, qu'outre ce que toutes les fenestres sont grillées & de diverses façons, leurs portes, mesmes les contre fenestres, sont couvertes de
lames de fer.[2] Nous retrouvames là des vignes, de
quoy nous avions perdu la veue avant Auguste.
Icy autour, la pluspart des maisons sont voutées

---

[1] Eleonora, figlia unica del Montaigne, e della quale negli *Essais*, II, 8, dice: " Ils (i figli) me meurent touts en nourrice: mais Leonor, une seule fille qui est echappée à cette infortune, a attainct six ans et plus. „ E nel lib. III, c. 5: " Ma fille (c'est tout ce que j'ay d'enfants) est en l'aage auquel les lois excusent les plus eschauffees de se marier: elle est d'une complexion tardive, mince, et molle, et a esté par sa mere eslevée de mesme, d'une forme retiree et particuliere, si qu'elle ne commence encores qu'à se deguiser de la naïfveté de l'enfance. „ Eleonora, natagli nel 1592 dalla moglie Françoise de la Chassaigne, sposò il conte de la Gamache.

[2] Ricco di minerali pregevoli, il Tirolo vide fiorire sino dai tempi antichi l'industria metallurgica, che avea la sede principale a Schwatz, non molto lontano da Innsbruck.

à tous les etages. Ce qu'on ne sçait pas faire en France, de se servir du tuile creux à couvrir des pantes fort etroites, ils le font en Allemaigne, voire & des clochiers. Leur tuile est plus petit & plus creux, & en aucuns lieus platré sur la jouinture. Nous partimes de Brixe lendemein matin, & rencontrames cete mesme valée fort ouverte, & les coutaux la pluspart du chemin enrichis de plusieurs belles maisons. Aïant la riviere d'Eisoc sur notre mein gauche, passames au travers une petite villette, où il y a plusieurs artisans de toutes sortes, nomée *Clause*:[1] de là vinsmes disner á

COLMAN,[2] trois lieues, petit village où l'Archiduc a une maison de pleisir. Là on nous servit des gobelets de terre peinte parmy ceus d'arjant, & y lavoit-on les verres avec du sel blanc; & le premier service fut d'une poile bien nette, qu'ils mirent sur la table à tout un petit instrumant de fer, pour appuyer & lui hausser la quë.[3] Dans cete poile, il y avoit des œufs pochés au burre.[4] Au partir de

---

[1] Klausen. Villaggio composto d'una sola strada stretta, e che forma un punto importante strategico. Credesi che sia la stazione *Sublavione* degli *Itinerari* romani.

[2] Kolmann, stazione postale, prima dell'apertura delle strade ferrate.

[3] Usa ancora col nome di *Pfannenknecht*.

[4] Alla descrizione di quest'ultimo pasto alla tedesca fatto dall'A. aggiungeremo questa del VETTORI, *op. cit.*, pag. 161: " Era del mese di dicembre, e il freddo era grandissimo, e però era la stufa calda, e ad un'ora di notte ci messemo a tavola... La tavola era quadra, ed in ogni quadro stava uno, ed il più degno luogo è quello volto verso il muro. Avanti che ci mettessimo a tavola, ci lavammo le mani ad un cannellino a vite, ch'era in un vaso di stagno appiccato all'asse della stufa, e sotto aveva un gran bacino d'ottone che riceveva l'acqua. In tavola, la prima cosa fu posto un cerchio d'ottone nel mezzo del

là, le chemin nous serra un peu, & aucuns rochiers nous pressoint, de façon que le chemin se trouvant etroit pour nous & la riviere ensamble, nous etions en dangier de nous chocquer, si on n'avoit mis entr'elle & les passans, une barriere de muraille, qui dure en divers endroits plus d'une lieue d'Allemaigne.[1] Quoyque la pluspart des montaignes qui nous touchoint là, soint des rochiers sauvages, les uns massifs, les autres crevassés & entrerompus par l'ecoulemant des torrans, & autres ecailleus qui envoyent au bas pieces infinies d'une étrange grandeur, je croy qu'il y faict dangereux en tems de grande tourmente, come ailleurs. Nous avons aussi veus des forets entieres de sapins, arrachées de leur pied & amportans avec leur cheute des petites montaignes de terre, tenant à leus racines: si est-ce que le païs est si peuplé, qu' audessus de ces premieres montaignes, nous en voyions d'autres plus hautes cultivées & logées, & avons aprins qu'il y a audessus des grandes & belles pleines qui fournissent

quadro, dove aveano a mettere i piatti, acciò non guastino la tovaglia: su questo cerchio fu posto un piatto di lattuga da paperi, e su gli orli del piatto, quattro uova sode divise per mezzo: levato questo, vi fu posto un piatto grande, dov'era un bel cappone e certi pezzi di vitella ed il brodo con questa carne, ed ognuno aveva davanti una fetta di pane, più bruno di quello che mangiava, e su questa fetta tagliava la carne che levava dal piatto, e ad ogni vivanda dai servitori era mutata fetta. Dopo venne un piatto pieno dove era un pesce, e certi scodellini d'aceto: appresso, un piatto di vitella arrosto, poi un grosso cappone pure arrosto, poi un piatto d'orzata con brodo di pollo: dopo, pere non buone e cacio tristo. Vino bianco e vermiglio di più sorte e buono, in bicchieri d'argento; ed acqua con difficoltà, a chi la dimandava."

[1] La gola qui descritta, col nome di *Kunsterweg*, è veramente notevole per selvaggia grandiosità.

de bled aus villes d'audessous, & des très riches laboureurs & des belles meisons.¹ Nous passames la riviere sur un pont de bois, de quoy il y en a plusieurs, & la mismes à notre mein gauche. Nous descouvrimes, entr'autres, un chateau ² à une hauteur de montaigne la plus eminente & inaccessible qui se presantat à notre veue, qu'on dict être à un Baron du païs, qui s'y tient & qui a là haut, un beau païs & belles chasses. Audelà de toutes ces montaignes, il y en a tous-iours une bordure des Alpes: celles-là, on les laisse en paix, & brident l'issue de ce detroit, de façon qu'il faut tous-iours revenir à nostre canal & ressortir par l'un des bouts. L'Archiduc tire de ce conté de Tirol, duquel tout le revenu consiste en ces montaignes, trois çans mille florins par an; & a mieus de quoi delà, que du reste de tout son bien. Nous passames encore un coup la riviere sur un pont de pierre, & nous rendismes de bonne heure à

BOLZAN,³ quatre lieus. Ville de la grandeur de Libourne, sur ladite riviere, assés mal plesante au pris des autres d'Allemaigne; de façon que M. de Montaigne s'ecria, " qu'il connoissoit bien

---

[1] Le informazioni erano giuste, trovandosi appunto in alto alcune spaziose spianate e grossi e bei villaggi, fra cui antichissimi e importanti quelli di Villanders e di Feldthurns.

[2] Forse il castello di Trostbourg dei Conti di Volkenstein, o quello di Karneid.

[3] Bozen: in ital. Bolzano: oggidì molto meglio edificata, che non fosse ai tempi dell'A. Crebbe d'estensione e d'importanza nel sec. XVII, grazie alle sue fiere, dove convenivano mercanti da varie parti di Germania e d'Italia.

" qu'il commançoit à quiter l'Allemaigne : „ les rues plus estroites, & point de belle place publicque. Il y restoit encore fonteines, ruisseaus, peintures & verrieres. Il y a là si grande abondance de vins, qu'ils en fournissent toute l'Allemaigne. Le meilleur pein du monde se mange le long de ces montaignes. Nous y vismes l'eglise qui est des belles. Entre autres, il y a des orgues de bois; elles sont hautes, près le crucifix, devant le grand autel; &-si[1] celui qui les sone se tient plus de douze pieds plus bas au pilier où elles sont attachées, & les soufflets sont audelà le mur de l'eglise, plus de quinze pas derriere l'organiste, & lui fournissent leur vent par dessous terre. L'ouverture où est cete ville n'est guiere plus grande que ce qui lui faut pour se loger; mais les montaignes, mêmes, sur notre mein droite, etandent un peu leur vantre & l'alongent. De ce lieu M. de Montaigne escrivit à François Hottoman, qu'il avoit veu à Basle; " Qu'il avoit
" pris si grand plesir à la visitation d'Allemaigne,
" qu'il l'abandonnoit à grand regret, quoyque ce
" fût en Italie qu'il aloit; que les estrangiers avoint
" à y souffrir come ailleurs de l'exaction des hostes,
" mais qu'il pensoit que cela se pourroit corriger,[2]
" qui ne seroit pas à la mercy des guides & truchemens, qui les vandent & participent à ce profit.
" Tout le demourant lui sambloit plein de commodité & de courtoisie, & surtout de justice & de
" sûreté. „[3] Nous partimes de Bolzan le vendredy bon

[1] * *Cependant.*
[2] * *Sous-entendu: par celui, par le voyageur, qui ecc.*
[3] Altro illustre viaggiatore di quei tempi, il Duca di ROHAN (*Voyage faict en l'an 1600 en Italie, Allemaigne, Pays bas uni, Angleterre, et Escosse*, Amsterdam, Elzevier, 1646, pag. 27), dà questo giudizio sui tedeschi e i

matin, & vinmes donner une mesure d'avome & desjûner à

BROUNSOL,¹ deux lieues. Petit village audessus duquel la riviere d'Eysock, qui nous avoit conduit jusques là, se vient mesler à celle d'Adisse, qui court jusques à la mer Adriatique, & court large & paisible, non plus à la mode de celles que nous avions rancontré parmy ces montaignes audessus, bruiantes & furieuses. Aussi cete pleine, jusques à Trante, commance de s'alargir un peu, & les montaignes à baisser un peu les cornes en quelques endrets; si est-ce qu'elles sont moins fertiles par leurs flancs que les precedantes. Il y a quelques marets, en ce vallon, qui serrent le chemin, le reste très aysé & quasi tous-iours dans le fons & pleine. Au partir de Brounsòl, à deux lieues, nous rencontrames un gros bourg², où il y avoit fort grande

---

loro costumi: " Je passay à Trente, nullement agreable... et si ce n'estoit pour ce qu'elle est demy italienne, me rejouissant de sortir de la petite barbarie et beuvette universelle, je n'en parlerois pas: ne trouvant point que tous les mathematiciens de nostre temps puissent jamais si bien trouver le mouvement perpetuel, que les Allemans le font faire à leurs gobelets. De vray, c'est une nation qui generalement a beaucoup de bonnes parties, pour estre tenus fort fideles, fort vaillants et fort ingenieux et studieux, comme il appert par les grandes personages qui en sont sortis. Mais cette si grande frequentation de bouteils obscurcit tellement leurs autres belles parties, que cela les rends meprisables et inaccostables de tout le monde. Car ils ne pensent faire bonne chere ny permettre amitié ou fraternité, comme ils disent, à personne, sans y apporter le seau plein de vin pour la sceler à perpetuite. „

[1] Branzoll: ital. Bronzolo: anche adesso piccolo villaggio.

[2] È l'*Egna*, probabilmente l'*Endidae*, dell' itinerario d'Antonino, detto dai tedeschi Neumarckt.

affluence de peuple, à-cause d'une foire. Delà un autre village bien basti, nommè *Solorne*,¹ où l'Archiduc a un petit chateau, à notre mein gauche, en étrange assiete, à la teste d'un rochier. Nous en vinsmes coucher à

TRANTE, cinq lieues. Ville un peu plus grande que Aagen, non guieres plesante,² & ayant dutout perdu les graces des villes d'Allemaigne : les rues la pluspart etroites & tortues. Environ deux lieues avant que d'y arriver, nous étions entrés au langage italien. Cete ville y est my partie en ces deus langues,³ & y a un quartier de ville & eglise, qu'on nome des Allemans, & un precheur de leur langue. Quant aus nouvelles religions, il ne s'en parle plus depuis Auguste. Elle est assise sur cete riviere d'Adisse. Nous y vismes le dome,⁴ qui samble estre

---

¹ Salurn, o Salorno grosso e antico villaggio, ricordato come *Salurnis locus* da Paolo Diacono (III, 9), il quale parla di una grossa zuffa ivi avvenuta fra Longobardi e Franchi circa il 577.

² Non si capisce come l'A. che aveva trovate belle le cittaduzze di Sterzing e Bressanone, non avesse la stessa impressione da Trento, che sul finire del secolo XVI aveva pure alcune vie spaziose, e piazze, e palazzi, e case ben costruite e ornate sul far di quelle delle vicine città venete.

³ Ciò è inesatto. I forestieri, artigiani per lo più, od avventizj, non erano che piccola parte della popolazione, e l'A. sembra in certo modo attestarlo, notando che i tedeschi avevano predicatore proprio, mentre la città contava allora ben quattro chiese parrocchiali, oltre a una diecina di monasteri, dove fu sempre usata la lingua italiana. V. in proposito MALFATTI, *Libro della cittadinanza di Trento* (in *Arch. St. Triest. e Trent.*, I.), dove si vede, ad es., che dal' 75 al' 600, ai tempi cioè del Viaggio, delle 97 famiglie iscritte nella matricola, 86 erano italiane.

⁴ Il duomo, costruito tutto di pietra che somiglia il marmo, è uno dei più cospicui monumenti di stile lombardo, o romanico, come altri dicono, che s'incontrino nell'Alta Italia.

un batimant fort antique; & bien près de là, il y a une tour quarrée, qui tesmoingne une grande antiquité.¹ Nous vismes l'eglise nouvelle, Notre-Dame, où se tenoit notre Concile. Il y a en cete eglise des orgues qu'un home privé y a donnés, d'une beauté excellente, soublevées en un batimant de mabre, ouvré & labouré de plusieurs excellentes statues, & notamment de certins petits enfans qui chantent.² Cete eglise fut batie, com'elle dict, par *Bernardus Clesius, Cardinalis*,³ l'an 1520, qui estoit evesque de cete ville & natif de ce mesme lieu. C'estoit une ville libre, & sous la charge & empire de l'evesque.⁴ Depuis à une necessité de guerre contre les Venitiens, ils apelarent le Conte de Tirol à leurs secours, en recompense de quoy il a retenu certene authorité & droit sur leur ville.⁵ L'Evesque & luy

---

¹ Questa torre si vede tuttavia nella piazza del duomo.

² La cantoria dell'organo in Santa Maria Maggiore, ammirata dal Montaigne, è un'opera veramente insigne dello scultore Vincenzo Vicentino, uscito a quel che sembra dalla scuola di Tullio Lombardo.

³ Bernardo Clesio, che tenne la sede dal 1514 al 1539, fu senza dubbio uno de' principi più munifici e più benemeriti del paese. Nato circa il 1584, fu successivamente consiglier intimo dell'impero, gran cancelliere e presidente del consiglio di Boemia ed Ungheria, vescovo di Trento, e cardinale poi nel 1580. Morì a Bressanone nel 1539.

⁴ L'antico ducato di Trento fu nel 1027 dall'imperatore Corrado il Salico dato in feudo ai Vescovi. Malgrado la dipendenza da questi, la città di Trento seppe procurarsi e mantenere larghe franchigie, governandosi con ordini simili a quelli degli antichi comuni lombardi.

⁵ Le relazioni del Vescovado di Trento coi Conti del Tirolo, che finirono a una specie di soggezione, non datano dalle guerre contro i Veneziani nella seconda metà del secolo XV, ma dal diritto di avvocazia sulla chiesa di Trento esercitato da quei Conti già dal secolo XII.

contestent, mais l'Evesque jouit, qui est pour le presant le Cardinal Madruccio.[1] M. de Montaigne disoit, " qu'il avoit remerqué des Citoyens qui ont " obligé les villes de leur naissance, en chemin, les " Foulcres à Auguste, ausquels est deu la pluspart " de l'ambellissemant de cete ville: car ils ont ram- " ply de leurs palais tous les carrefours, & les egli- " ses de plusieurs ouvrages, & ce Cardinal Clesius: " car outre cete eglise & plusieurs rues qu'il re- " dressa à ses despans, il fit un très beau batimant " au chateau de la ville. „ Ce n'est pas au dehors grand chose, mais au dedans c'est le mieus meublé & peint & enrichi & plus logeable qu'il est possible de voir.[2] Tous les lambris dans le fons ont

---

[1] Il Cardinale Lodovico tenne il governo della chiesa trentina dal 1567 al 1600. Era dell'antico e splendido casato dei Madrucci, che diede al paese quattro principi. Nipote del *gran cardinale* Cristoforo Madrucci, fu suo successore nel governo della diocesi di Trento. Pio IV lo fece cardinale nel 1561, e nell'81 Gregorio XIII lo creò legato a latere in Germania, e l'anno appresso assistente presso Rodolfo imperatore alla dieta d'Augusta. Clemente VIII nel' 92 gli diede il vescovado di Sabina e nel 1600 quello di Frascati. In cotest'anno morì e fu sepolto in S. Onofrio. Prese parte al Concilio di Trento e a sette conclavi, ove rappresentò gli interessi austro-ispani.

[2] Il Castello dei principi-vescovi di Trento, conosciuto col nome particolare di *Castello del Buon Consiglio,* è un grandioso complesso di costruzioni, alcune delle quali veramente magnifiche. Il celebre medico e botanico Andrea Mattioli lo descrisse in un poemetto intitolato: *Il Magno Palazzo del Cardinal di Trento*. (Venezia, Marcolini, 1539), ristampato, per nozze, a cura di Tommaso Gar (Trento, Monauni, 1858), l'una e l'altra edizione rarissime. Degli artisti che lavorarono nel castello di Trento ricorderemo i due Dossi ferraresi, il Romanino da Brescia, Girolamo da Trevigi, Daniele da Volterra, Giulio Romano.

force riches peintures & devises; la bosse fort dorée & labourée; le planchier de certene terre, durcie & peinte come mabre, en partie accommodé à rostre mode, en partie à l'allemande, avec des poiles. Il y en a un entr'autres faict de terre brunie en airein, faict à plusieurs grands personnages, qui reçoivent le feu eu leurs mambres,[1] & un ou deus d'iceus près d'un mur rendent l'eau qui vient de la fontene de la court fort basse audessous: c'est une belle piece. Nous y vismes aussi, parmy les autres peintures du planchier, un triomphe nocturne aus flambeaus, que M. de Montaigne admira fort.[2] Il y a deux ou trois chambres rondes; en l'une, il y a un inscription, que " ce Clesius, l'an 1530, etant envoyé au
" coronnemant de l' Empereur Charles V., qui fut
" faict par le Pape Clemant VII, le jour de St. Ma-
" thias, Ambassadur de la part de Ferdinand, Roy
" de Hongrie & Boëme, Conte de Tirol, frere dudit
" Empereur, lui estant Evesque de Trante, il fut

Ma abolito il principato, e tolto ai vescovi il castello, questo fu fatto servire dagli austriaci ad uso di caserma, con quanto guasto, ed anzi ruina delle antiche ed insigni opere d'arte, ognuno può immaginarlo.

[1] Il MATTIOLI nel suo poemetto così ne parla:

> Posta è questa degna opra in questo loco
> Perchè un temprato caldo spira e manda:
> Accendevisi dentro a tempo il foco,
> Perchè è concava tutta in ogni banda;
> Scaldandosi il metallo, a poco a poco
> Convien dolce calor per tutto spanda:
> Così serve nel verno ai giorni brevi
> Quando spirano venti e fioccan nevi.

[2] È un trionfo di Cesare così descritto dal MATTIOLI:

> Un notturno trionfo di pittura
> Si scorge ancor dell'alto imperatore,
> Ov'è finta una notte ombrosa e scura,
> Che d'eccellenza commenda il pittore,
> Perchè mostra la mano esser matura
> Nel saper col pennel dare il colore:
> Nel fiammeggiar di splendide facelle
> Si veggon tutte queste cose belle.

" faict Cardinal; „ & a faict mettre autour de la chambre & pendre contre le mur, les armes & les noms des jantilshomes qui l'accompagnarent à ce voïage, environ cinquante,[1] tous vassaus de cet evesché, & Contes ou Barons. Il y a aussi une trappe en l'une des dites chambres, par où il pouvoit se couler en la ville, sans ses portes. Il y a aussi deux riches cheminées. C'étoit un bon Cardinal. Les Foulcres ont bâti, mais pour le service de leur postérité; cetui-ci pour le public: car il y a laissé ce chateau meublé de mieux de çant mille escus de meubles, qui y sont encore, aus evesques successeurs; & en la bourse publicque des evesques suivans, çant cinquante mille talars en arjant contant, de quoy jouissent sans interest du principal; & si ont laissé son eglise Nostre-Dame imparfaicte, & lui assés chetifvemant enterré.[2] Il y a entr'autres choses plusieurs tableaus au naturel a force cartes. Les evesques suivans ne se servent d'autres meubles en ce chateau, & y en a pour les deus sesons d'hiver & d'esté, & ne se peuvent aliener. Nous somes asture[3] aux milles d'Italie, desquels cinq mille reviennent à un mille d'Allemaigne; & on conte

---

[1] Cinquantotto, come dice quest'ottava del MATTIOLI:

> Sopra questi nel mur con gran splendore
> Cinquantott'armi sono, ognuna uguale,
> Di conti e cavalier, che al gran signore
> Fer compagnia nel farsi cardinale,
> Quando da Ferdinando ambasciatore
> Mandato venne al suo fratel carnale,
> Che da Clemente per divin misterio
> Incoronato fu del magno imperio.

[2] Al Cardinale Clesio, sepolto nel duomo di Trento, fu eretto poco dopo un monumento, non magnifico di certo, ma neppur tale da giustificare i rimproveri del Montaigne.

[3] * À cette heure.

vingt-quatre heures faict, partout, sans les mi partir.[1]
Nous logeames à *la Rose*, bon logis. Nous partimes de Trante, samedy après disner, & suivimes un pareil chemin dans cete vallée eslargie & flanquée de hautes montaignes inhabitées, aiant laditte riviere d'Adisse à notre mein droite. Nous y passames un chateau de l'Archiduc, qui couvre le chemin,[2] come nous avons trouvé ailleurs plusieurs pareilles clotures qui tiennent les chemins sujects & fermés; & arrivames, qu'il estoit desja fort tard, (& n'avions encore jusques lors tasté de serein,[3] tant nous conduisions regléement notre voïage) à

ROVERÉ,[4] quinze milles. Ville apertenant audict Archiduc. Nous retrouvames là, quant au logis, nos formes, & y trouvames à dire, non seulemant la neteté des chambres & meubles d'Allemaigne & leurs vitres, mais encore leurs poiles; à quoy M. de Montaigne trouvoit beaucoup plus d'aisance

---

[1] A Trento adunque si seguiva l'usanza italiana, secondo la quale contavansi ventiquattr'ore di seguito da una sera all'altra.

[2] Dev'essere Castel Beseno, fortilizio ragguardevole a que' tempi, a cavaliere d'un colle sulla sinistra dell'Adige. Vicini a questo, su ambo le rive del fiume, si trovano tuttodì, altri castelli o conservati o in ruine, quali sarebbero: Castel Pietra, Castel Nomi, Castel Barco.

[3] Montaigne temeva il *sereno*, o la *guazza*, come si vede dagli *Essais*, III, 13.

[4] Rovereto, che fu dapprima piccola terra e castello dei Signori di Castelbarco, venne circa il 1417 sotto la Signoria Veneta, che vi durò sino al 1509. In seguito passò ai Conti del Tirolo, come feudo della Chiesa di Trento. Cresciuta notabilmente ai tempi veneti, si fece in seguito ancor più popolosa e florida, grazie alle industrie delle sete e delle pelli.

qn'aus cheminées.¹ Quant aus vivres, les escrevisses nous y faillirent; ce que M. de Montaigne remerquoit, pour grand'merveille, leur en avoir esté servi tous les repas, depuis Plommieres, & près de deux çans lieues de païs. Ils mangent là, & le long de ces montaignes, fort ordinairemant des escargots, beaucoup plus grands & gras qu'en France, & non de si bon goust. Ils y mangent aussi des truffes qu'ils pelent, & puis les metent à petites leches à l'huile & au vinaigre, qui ne sont pas mauvaises.² A Trante on en servit qui estoint gardées un an. De nouveau, & pour le goust de M. de Montaigne, nous y trouvames force oranges, citrons, & olives. Aus licts, des rideaus découpés, soit de toile ou de cadis, à grandes bandes, & ratachés de louin à louin. M. de Montaigne regrettoit aussi ces licts qui se mettent pour couverture en Allemaigne.³ Ce ne sont pas licts tels que les notres,

¹ Le *stufe* tedesche che piacevano tanto al Montaigne, dispiacevano invece a due italiani; l'uno è l'ARIOSTO, che scrisse:

> E' non mi nocerebbe il freddo solo
> Ma il caldo delle stufe, ch'è sì infesto
> Che più che dalla peste me gl'involo.
> Nè il verno altrove s'abita in cotesto
> Paese: vi si mangia, giuoca e bee,
> E vi si dorme, e vi si fa anco il resto;

E l'altro, il GUARINI, che nella Lettera (25 Nov. 1575) alla moglie, descrittiva del suo viaggio, fino in Polonia, si lagna del "fetore di quelle stuffe, o stalle per dir meglio, dove il cane, e la gatta e la gallina e l'oca, e il porcello e il vitello, e talora anche il bambino, mi facevano la vegghia." Una calorosa difesa delle stufe tedesche è invece fatta dal medico BIANCONI, nella X° delle sue *Lettere sulla Baviera*.

² Nel Trentino abbondano ancora i tartufi. Anche le lumache forniscono un cibo abbastanza frequente.

³ Non li rimpiangeva il cav. GUARINI nella sua citata lettera alla moglie, dove si lagna dei letti tedeschi "ch'affogano nella piuma."

mais de duvet fort délicat, enfermé dans de la futene bien blanche, aus bons logis. Ceus de dessous en Allemaigne mesme, ne sont pas de cete façon, & ne s'en peut-on servir à couverture sans incommodité. Je croy à la vérité que, s'il eut été sul avec les siens, il fût allé plustot à Cracovie ou vers la Grèce par terre, que de prendre le tour vers l'Italie ; mais le plesir qu'il prenoit à visiter les païs inconnus, lequel il trouvoit si dous que d'en oublier la foiblesse de son eage & de sa santé, il ne le pouvoit imprimer à nul de la troupe, chacun ne demandant que la retrete. Là, où il avoit accoutumé de dire, qu'après avoir passé une nuict inquiette, quand au matin il venoit à se souvenir qu'il avoit à voir une ville ou une nouvelle contrée, il se levoit avec desir & allegresse. Je ne le vis jamais moins las ny moins se pleingnant de ses doleurs, ayant l'esperit, & par chemin & en logis, si tandu à ce qu'il rancontroit, & recherchant toutes occasions d'entretenir les etrangiers, que je crois que cela amusoit son mal. Quand on se pleingnoit à luy de ce que il conduisoit souvent la troupe par chemins divers & contrées, revenant souvent bien près d'où il étoit party (ce qu'il faisoit, ou recevant l'advertissemant de quelque chose digne de voir, ou chanjant d'avis selon les occasions) il respondoit, qu'il n'aloit, quant à luy, en nul lieu que là où il se trouvoit, & qu'il ne pouvoit faillir ny tordre sa voïe, n'aïant nul project que de se promener par des lieus inconnus ; &, pourveu qu'on ne le vit pas retumber sur mesme voïe, & revoir deus fois mesme lieu, qu'il ne faisoit nulle faute à son dessein. Et quant à Rome, où les autres visoint, il la desiroit d'autant moins voir que les autres lieus, qu'elle estoit connue d'un chacun, & qu'il n'avoit laquais qui ne leur peut dire nouvelles de Florence & de Ferrare. Il disoit aussi qu'il lui sambloit estre à-mesmes ceus [1] qui lisent quelque fort plesant conte, d'où il leur prent creinte qu'il vieigne bientot à finir, ou un beau livre : lui de mesme prenoit si grand plesir à voïager, qu'il haïssoit le voisinage du lieu où il se deût reposer, & proposoit plusieurs dessein de voïager à son eise, s'il pouvoit se randre seul. Le dimenche au matin, aïant envie de reconnoitre le lac de Garde, qui est fameus en ce païs là, & d'où il vient fort excellant poisson, il loau trois chevaus pour lui & les seigneurs de Caselis & de Mattecoulon, à vingt B.[2] la piece; & M. d'Estissac en loua deus autres pour lui & le Sr. du Hautoy : & sans aucun serviteur, laissant leurs chevaus en ce logis (à Rovere) pour ce jour, ils s'en alarent disner à

TORBOLÉ,[3] huict milles. Petit village de la jurisdiction de Tirol. Il est assis à la teste de ce grand lac ; à l'autre costé de cete teste il y a une villette & un chasteau, nomé la Riva,[4] là où ils se firent porter sur le lac, qui est cinq milles aler & autant à revenir, & firent ce chemin avec cinq tireux, en trois heures ou environ. Ils ne virent rien audit la Riva, que une tour qui samble estre fort antienne, &, par rancontre, le seigneur du lieu, qui est le seigneur Hortimato Madruccio, frere du

---

[1] * *Comme ceux.*
[2] * *Bats.*
[3] Tórbole, villaggio del contado d'Arco, non apparteneva propriamente ai conti del Tirolo.
[4] Non *La Riva*, ma *Riva*, città importante tuttavia per la sua posizione. I Veneziani, e prima ancora gli Scaligeri, l'avevano ben fortificata. Nel secolo XVI, come nei due successivi, apparteneva non alla Contea del Tirolo, ma al Principato di Trento.

Cardinal,[1] pour cet heure, evesque de Trante. Le prospect du lac contre bas, est infini; car il a trente cinq milles de long. La largeur & tout ce qu'ils en pouvoint decouvrir, n'estoit que desdits cinq mille. Cete teste est au conté de Tirol, mais tout le bas d'une part & d'autre, à la seigneurie de Venise,[2] où il y a force beles eglises & tout plein de beaus parcs d'oliviers, orangiers, & autres tels fruitiers. C'est un lac suject à une extreme & furieuse agitation, quand il y a orage. L'environ du lac, ce sont montaignes plus rechignées & seches que nulles autres du chemin que nous eussions veues, à ce que lesdits sieurs raportoint; & qu'au partir de Rovere, ils avoint passé la riviere d'Adisse, & laissé à mein gauche le chemin de Verone, & etoint antrés en un fons, où ils avoint trouvé un fort long village & une petite vilette;[3] que c'estoit le plus aspre chemin qu'ils eussent veu, & le prospect le plus farouche, à cause de ces montaignes qui ampeschoint ce chemin. Au partir de Torbolé, revindrent souper à

ROVERE, huict milles. Là, ils mirent leurs bahus sur de ces *Zatte*, qu'on appelloit *flottes* en Alle-

---

[1] Il barone Fortunato Madrucci non era signore di Riva; bensì fu capitano in nome del principe nel 1568 e nel 1588. Favoriva i banditi, ed ebbe perciò spesso a fare con la Signoria veneta: vedi HUBNER, *Siste V*, I, 185.

[2] La parte settentrionale del lago, il *Summus lacus* delle carte più antiche, apparteneva, come abbiamo detto, al Principato di Trento, non ai Conti del Tirolo. Il confine fra Trento e il Veneto, a' tempi del Montaigne, era l'odierno fra Italia ed Austria. I primi paesi veneti erano Malcesine sulla riviera orientale, e Limone su quella di ponente.

[3] Il lungo villaggio era Mori; e la piccola villetta era probabilmente Nago. Il Montaigne aveva ragione di dire

maigne,[1] pour les conduire à Verone sur laditte riviere d'Adisse, pour un fleurin; & j'eus la charge landemein de cette conduite. On nous y servit à soupper des œufs pochés pour le premier service, & un brochet, parmy grand foison de toute espece de cher. Landemein, qui fut lundy matin, ils en partirent grand matin; & suivant cete valée assés peuplée, mais guieres fertile & flanquée de hauts monts esceuilleus & secs, ils vindrent disner à

BOURGUET,[2] quinze milles. Qui est encore du conté de Tirol: ce conté est fort grand. A ce conte, M. de Montaigne s'informant si c'estoit autre chose que cete valée que nous avions passée, & le haut des montaignes qui s'estoint presantées à nous, il lui fut respondu, qu'il y avoit plusieurs tels entredeus de montaignes aussi grands & fertiles & autres belles villes, & que c'estoit comm'une robe que nous ne voyons que plissée; mais que si elle estoit epandue, ce seroit un fort grand païs que le Tirol. Nous avions tous-iours la riviere à nostre mein droite. Delà, partant après disner, suivimes mesme sorte de chemin jusques à Chiusa, qui est un petit fort que les Venitiens ont gaigné, dans le creus d'un rocher sur cete riviere d'Adisse, du long du quel nous descendismes par une pente roide de roc massif, où les chevaus assurent mal-ayséemant leurs pas, & au travers dudict fort, où l'estat de

che il valico dalla Val d'Adige al Garda per la gola di Loppio è uno dei luoghi più selvaggi, aspri e malinconici che si possano vedere.

[1] " Un fodero di legname che qua chiamano *zatta*, sulla quale s'usa andar giù per l'Adige: „ cosi il VETTORI, *op cit.*, pag. 51. S'usano anche adesso, in ispecie pel trasporto dei legnami dal Tirolo e dal Trentino nel Veneto.

[2] Borghetto è anche adesso l'ultimo villaggio del Trentino, verso il Veneto.

Venise, dans la jurisdiction duquel nous etions antrés, un ou deux milles après estre sortis du Bourguet, entretient vingt cinq soldats.[1] Ils vindrent coucher à

VOLARNE,[2] douze milles. Petit village & miserable logis, come sont tous ceus de ce chemin jusques à Veronne. Là, du chateau du lieu, une damoiselle, fille, seur du seigneur absant, envoya du vin à M. de Montaigne. Lendemein matin ils perdirent du tout les montaignes à mein droite, & laissoint louin, à coté de leur mein gauche, des collines qui s'entretenoint. Ils suivirent longtemps une plene sterile, & puis approchant de laditte riviere, uu peu meilleure & fertile de vignes juchées sur des abres, come elles sont en ce païs là; & arrivarent le jour de Tousseints, avant la messe, à

VERONE, douze milles. Ville de la grandeur de Poitiers, & ayant einsin[3] une cloture[4] vaste sur ladite riviere d'Adisse qui la traverse, & sur laquelle

---

[1] Il VETTORI, *op cit.*, pag. 39: " La Chiusa è un luogo sull'Adige, il quale i Veneziani guardano, perchè è passo forte. L'Adige ha in quel luogo da ogni banda le ripe tagliate ed alte dalla mano destra, e solo tanta via che due cavalli insieme hanno fatica l'andarvi. Questo luogo i Veneziani hanno chiuso con due porte, l'una di sopra e l'altra di sotto, e nelle rotture del monte hanno fatto certe piccole stanzette, dove possono star fanti a difendere dette porte, ed a qualunque passa a piè o a cavallo fanno pagare un dazio, e di questo emolumento pagano dette guardie. " Esiste tuttavia questo fortilizio della *Chiusa*.

[2] Volargne è tuttavia un piccolo villaggio a non molta distanza dalla Chiusa.

[3] * *De même.*

[4] * *Un quai.*

ell'a trois pons.¹ Je m'y randis aussi avec mes bahus. Sans les boletes *de la sanità*, que ils avoint prinses à Trante, & confirmées à Rovere, ils ne fussent pas antrés en la ville, & si n'estoit nul bruit de dangier de peste; mais c'est par coutume, ou pour friponner quelque quatrin qu'elles coutent. Nous fûmes voir le dome où il ² trouvoit la contenance des homes etrange, un tel jour, à la grand messe; ils devisoint au chœur mesmes de l'eglise, couverts, debout, le dos tourné vers l'autel, & ne faisant contenance de panser au service que lors de l'elevation. Il y avoit des orgues & des violons, que les accompagnoint à la messe. Nous vismes aussi d'autres eglises, où il n'y avoit rien de singulier, ny, entre autres choses, en ornemant & beauté des fames. Ils furent, entre autres, en l'eglise Saint George,³ où les Allemans ont force

---

¹ Il ponte *della pietra* (romano), il *nuovo* e quello *delle Navi* (scaligeri). Non è ricordato l'altro, pure scaligero, detto di *Castel Vecchio*, più bello e grandioso, che mette in comunicazione la città con la campagna.

² Il Montaigne.

³ Ora S. Pietro martire, in via S. Anastasia. Alcuni storici veronesi affermano che questa chiesa fu edificata da certi cavalieri brandeburghesi, che nel 1353 vennero a Verona in soccorso di Can Grande II della Scala contro Frignano, suo fratello naturale, che gli si era ribellato. Stavano essi nel palazzo in piazza S. Anastasia, che allora era proprietà degli Scaligeri, ed ora è l'Albergo *delle due Torri*, ed è verisimile che fosse loro concessa per gli uffici religiosi, la chiesa di S. Giorgio. Certo è ch'essi la dotarono, e venne consacrata il 24 Aprile 1354. La memoria di questa consacrazione si leggeva in una iscrizione sovrapposta, nell'interno, alla porta maggiore della chiesa. Sotto di essa e sulle pareti qua e là erano dipinti i nomi e gli stemmi dei brandeburghesi, che avevano istituito la messa quotidiana. Ora l'iscrizione non

tesmoingnages d'y avoir esté, & plusieurs ecussons. Il y a, entre autres, une inscription, [1] que certeins jantilshomes Allemans, aiant accompaigné l'Empereur Maximilian à prandre Verone sur les Venitians, ont là mis je ne scay quel ouvrage sur un autel. Il [2] remerquoit cela, que cete seigneurie meintient en sa ville les tesmoingnages de ses pertes; come aussi elle meintient en son entier les braves sepultures des pauvres seigneurs de l'Escale. Il est vray que nostre hoste *du Chevalet*, qui est un trés-bon logis, où nous fûmes superfluemant tretés, où vîmes au conte d'un quart

---

si legge più: soltanto alcuni nomi e alcuni stemmi hanno riveduto la luce in questi giorni appunto, in che si è impreso a restaurare la chiesetta, e scoprirne le pitture nelle pareti, ricoperte da grosso intonaco.

[1] * *Portant que*. — Sopra l'altar maggiore, unico che esista presentemente in detta chiesa, in una gran mezzaluna sono rappresentati alcuni simboli della sacra scrittura, col Padre eterno in alto circondato da cherubini, una donna giovine seduta che accarezza un unicorno, ed altre figure forse allegoriche, e due cavalieri tedeschi inginocchiati, con barba, cimiero e stemma gentilizio: opera a fresco assai pregiata del Falconetto. Sotto si legge questa iscrizione divisa dall'altare, che finora non fu messa a stampa:

DEI OMNIPOTENTIS SUAE	ET GENEROSI VIRI DE BAINECH ET
(ga)SPAR GHINICEL DE	DOMNII PER SERENISSIMVM
(m)AXIMILIANVM (imp)ERAT...	...............CCC ET MENSE IVNII

Questa iscrizione si riferisce certo al 1509, quando Verona durante la lega di Cambray, si diede all'imperator Massimiliano. Giov. Maria Falconetto autore della pittura era dei devoti all'imperatore: anzi, come capo della contrada di S. Zeno, la suscitò tutta in favor di Massimiliano, da cui ottenne un magnifico diploma con privilegj e pensione, tanto che al ritorno dei Veneziani dovette fuggire.

[2] Il Montaigne.

plus qu'en France,¹ jouït pour sa race de l'une de ces tumbes.² Nous y vîmes le Chasteau,³ où ils ⁴ furent conduits partout par le lieutenant du Castelan. La seigneurie y entretient soixante soldats; plus, à ce qu'on lui⁵ dit là mesmes, contre ceus de la ville, que contre les etrangiers. Nous vismes aussi une relligion de moines, qui se noment Jésuates de Saint Jérosme.⁶ Ils ne sont pas prestres⁷ ny ne disent la messe ou preschent, & sont la pluspart ignorans, & font etat d'être excellans distillateurs d'eaus nafes ⁸ & pareilles eaux, & là & ailleurs. Ils sont vetus de blanc, & petites berretes blanches, une robe enfumée ⁹ par dessus; ¹⁰ force beaus jeunes

---

¹ * *C'est-à-dire: où nous vîmes au compte de la dépense, que c'étoit plus cherement d'un quart, qu'en France.*

² Dietro al palazzo Scaligero, e quindi assai presso alle tombe, vi è anche adesso un *vicolo Cavalletto*; ma che l'oste avesse il privilegio accennato dall'A. sarà una vanteria.

³ Il Castello di S. Pietro.

⁴ * *Montaigne et sa compagnie.*

⁵ * *A Montaigne.*

⁶ Sul colle di S. Pietro, sotto il castello, v'erano i Padri di S. Gerolamo, detti Gesuati.

⁷ Secondo la loro prima istituzione, i Gesuati non erano sacerdoti: il che fu loro concesso più tardi da Paolo V. Il loro primitivo ufficio principale era l'assistenza degli infermi, e la distillazione di acque salutifere, onde furono soprannominati *padri dell'acquavite*. Per decreto di Alessandro VI nel 1499, furono detti *Congregazione de' Gesuati di S. Girolamo sotto la regola di S. Agostino.*

⁸ * *Eau de naffe; c'est une liqueur faite avec la fleur de citron.*

⁹ * *De brun foncé.*

¹⁰ Portavano in principio una tonaca e cappuccio quadrato di color bianco, che pendeva dietro le spalle, e Urbano V nel 1367 aggiunse una cappa grigia o di color tanè. Fuori di casa, in segno di sprezzare il mondo,

hommes. Leur eglise fort bien accommodée, & leur refectoire, où leur table estoit des-ja couverte pour souper. Ils virent là certenes vieilles masures très antiennes, du temps des Romeins, qu'ils disent avoir esté un amphitheatre,[1] & les raprisent[2] avec autres pieces qui se découvrent audessous. Au retour delà, nous trouvames qu'ils nous avoint parfumé leurs cloitres, & nous firent antrer en un cabinet plein de fioles & de vesseaus de terre, & nous y parfumarent. Ce que nous y vismes de plus beau, & qu'il[3] disoit estre les plus beau batimant qu'il eut veu en sa vie, ce fut un lieu qu'ils appellent l'Arena.[4] C'est un amphitéatre en ovale, qui se voit quasi tout entier, tous les sieges, toutes les votes[5] & circonferance, sauf la plus extreme de dehors : somme, qu'il y en a assez de reste pour decouvrir au vif la forme & service de ces batimans. La seigneurie y fait employer quelques amandes des criminels, & en a refaict quelque lopin;[6] mais c'est bien louin de

coprivano il capo con una copertura bianca e lunga come una manica, ma Urbano VIII permise loro di lasciarla, con il cappuccio bianco quadrato, e invece assegnò loro il cappuccio comune de' frati.

[1] L'antico teatro romano, che era sottoposto e addossato al colle di S. Pietro. In questo secolo gli scavi fatti da Andrea Monga ne hanno rimesso in luce una parte.

[2] * *Les vantent beaucoup.*

[3] Il Montaigne.

[4] La celebre *Arena* in piazza Bra, notissima e sulla quale è inutile diffondersi.

[5] * *Les voutes.*

[6] Verona si occupò sempre, fin dai tempi più remoti, del ristauro dell'anfiteatro. Per non riferire se non ciò che più davvicino appartiene ai tempi dell'A., si può ricordare che nel 1568 si fece volontaria raccolta di danaro, principalmente per rimettere i gradini, e nel 1579

ce qu'il faudroit à la remettre en son antier, & doute fort que toute la ville vaille ce rabillage. Il est en forme ovale; il a quarante trois degrés de rangs d'un pied ou plus de haut chacun, & environ six cens pas de rondeur en son haut.[1] Les jantilshomes du païs s'en servent encore pour y courre aus joutes & autres plesirs publiques. Nous vismes aussi les Juifs, & il[2] fut en leur sinagogue & les entretint fort de leurs serimonies.[3] Il y a des places bien belles & beaus marchés. Du chateau qui est haut, nous decouvrions dans la pleine Mantoue, qui est à vint milles à mein droite de notre chemin. Ils n'ont pas faute d'inscriptions; car il n'y a rabillage de petite goutiere, où ils ne facent mettre, & en la ville & sur les chemins, le nom du Podesta & de l'artisan. Ils ont de commun avec les Allemans qu'ils ont tous des armoiries, tant marchans qu'autres: & en Allemaigne, non les villes sulemant, mais la pluspart des bourgs ont certenes armes propres. Nous partimes de Verone, & vismes, en sortant, l'eglise de Nôtre-Dame des miracles,[4] qui est fameuse de plusieurs

a questo fine vi concorse il Senato Veneto, autorizzando la città a porre per quattro anni una gravezza speciale, e partecipare d'una porzione delle multe.

[1] Presentemente i gradi dell'Arena sono quarantacinque: di ognuno dei quali l'altezza è, comunemente, di metri 0.510 sopra 0.681 di larghezza. L'ampiezza dell'Arena nella parte superiore è di metri 391.724, pari a piedi 1151.

[2] Il Montaigne.

[3] Gli Ebrei cacciati da Verona sotto il vescovo Micheli nel 1499, abitavano nella via S. Sebastiano e avevano la loro Sinagoga nel vicolo detto dei *Crocioni o Crosoni*. Ai tempi del vescovo Valerio (1565-91) furono obbligati a restringersi nel ghetto.

[4] Tempio detto *la Madonna della Campagna* a due

accidens étranges, en consideration desquels on la rebastit de neuf, d'une très belle figure ronde. Les clochiers de là, sont couvers en plusieurs lieus de brique couchée de travers. Nous passames une longue pleine de diverse façon, tantost fertile, tantost autre, ayant les montaignes bien louin à nostre mein gauche, & aucunes à droite; & vinsmes, d'une trete, souper à

VINCENZA,[1] trante milles. C'est une grande ville, un peu moins que Verone, où il y a tout plein de palais de noblesse. Nous y vismes lendemein plu-

---

chilom. circa fuori di porta Vescovo, sulla strada che conduce a Vicenza. Fu chiamato così da una immagine di N. D. dipinta sopra un muro poco di là distante. Impropriamente il Montaigne la dice la N. D. *de' miracoli*. Fu cominciata a fabbricare nel 1558 e 59 sotto il vescovo Agostino Lippomano: per essersi nel 59 fermata la pace fra i principi cristiani ebbe l'aggiunto di *Madonna della pace*. Abbondanti elemosine, in 40m. ducati, da quel tempo in poi fino al 1586, ne permisero l'erezione solenne. Il disegno, secondo l'opinione comune, è di Michele Sanmicheli, che morì nel 59; il Brugnoli parente suo, fu incaricato di sopraintendere al lavoro. Il tempio è di forma circolare di fuori, di dentro ottagona, e lo copre una cupola maestosa.

[1] Vicenza nel 1580, quando la visitò il Montaigne, poteva andar lieta e superba dei suoi bei palazzi, costruiti per la maggior parte dal Palladio. Il palazzo Porto, ora Colleoni, fu eretto nel 1552, quello Thiene, ora della Banca popolare, nel 1556, poco appresso il magnifico palazzo Chiericati: nel 70 venne cominciato il Palazzo Porto-Barbaran: tutti architettati dal gran maestro. E probabilmente il Montaigne potè vedere i palazzi Trento e Trissino dello Scamozzi, ed altri insigni monumenti, che già ornavano la città di Vicenza. L'A. non potè accennare al Teatro Olimpico, che appunto nel Novembre dell'80 si innalzava sul disegno del Palladio, morto già nell'Agosto.

sieurs eglises, & la foire qui y estoit lors, en une grande place, plusieurs boutiques qui se batissent de bois sur le champ pour cet effect.¹ Nous y vismes aussi des Jesuates, qui y ont un beau monastere,² & vismes leur boutique d'eaus, de quoy ils font boutique & vente publicque, & en eusmes deus³ de senteur pour un escu: car ils en font des medecinales pour toutes maladies.⁴ Leur fondateur

---

¹ La fiera tenevasi in Vicenza due volte l'anno: alla fine d'agosto e alla fine d'ottobre. È di quest'ultima che parla il Montaigne. Tenevasi nel Campo Marzio, in quel lungo tratto cioè, che si traversa da chi uscendo dalla stazione della Strada Ferrata si reca in città. Le prime origini della fiera risalgono ai primi anni del sec. XIII, e il BARBARAN, *Hist. ecclesiast. di Vicenza,* 1761, l'annovera fra le trentacinque principali d'Europa, dandole il ventottesimo luogo. Durò fino a metà di questo secolo. Durante la fiera non era permesso di tenere aperta bottega in città: tutti dovevano recarsi nel Campo Marzio in quelle che provvisoriamente si fabbricavano di legno. Di queste botteghe di legno resta ricordo in due dipinti del sec. XVI, l'uno di Marcello Fogolino posseduto dal dott. Robustello, l'altro di Fr. Verla nella chiesa di S. Corona.

² I Gesuati fabbricarono il loro convento in Vicenza nel 1445, benchè vi fossero giunti già qualch'anno innanzi. Esso sorgeva nel cosi detto Borgo di Pusterla, presso la chiesa di S. Girolamo, da essi ufficiata. L'ordine fu, come è noto, soppresso nel 1668, e nel 70 il convento fu occupato da' Carmelitani scalzi, che nel 1721 demolirono l'antica chiesa per erigerne altra più sontuosa. Soppressi anche i Carmelitani, l'antico convento dei Gesuati è divenuto ed è anche adesso, Collegio delle dame inglesi.

³ * *Fioles.*

⁴ In un manoscritto del CASTELLINI, storico vicentino morto nel 1630, intitolato *Descrizione dei borghi di Vicenza* ecc. che si conserva nella bibl. comunale, si legge: " Questi padri Giesuati in Vicenza, come usano anche negli altri luoghi della sua religione, s'occupano in stillare

est P. Urb. S. Jan Colombini, jantilhome Sienois, qui le fonda l'an 1367.[1] Le Cardinal de Pelneo[2] est pour cette heure leur protecteur. Ils n'ont des monasteres qu'en Italie, & y en ont trante. Ils ont une très-belle habitation. Ils se foitent, disent-ils, tous les jours: chacun a ses chenettes en sa place de leur oratoire, où ils prient Dieu sans vois,[3] & y sont ensamble à certenes heures. Les vins vieus failloint déja lors, qui me metoit en peine, à cause de sa colique,[4] de boire ces vins troubles, autremant bons toutefois.[5] Ceus d'Allemaigne se fai-

acque di diversi fiori ed erbe a pubblica utilità, così per odore, come per sanità, havendo un luogo separato a tale ufficio. „

[1] Il b. Giovanni Colombini da Siena morto nel 1367, istituì verso il 1360 l'ordine dei *Gesuati*. La vita del fondatore, beatificato nel 1464 da Pio II, fu scritta in schiettissima lingua nel sec. XV da Feo Belcari. Non so che voglia significare quel *P. Urb.* che precede il nome: forse vuol significare solo che il Colombini visse ai tempi di papa Urbano V, che approvò l'ordine.

[2] Correggi Pelvèo: cardinale di Sens, del quale diremo più oltre.

[3] * *Sans chanter*.

[4] Del Montaigne.

[5] Il proverbio dice: *Vin visentin, pan padovan e tripe trevisane*. Il vino vicentino è meritamente celebrato, e sono noti il vino di Selva di Trissino, del quale il celebre Gian Giorgio soleva regalare Paolo III, ottimo bongustajo: il vino di Monte Malo, del quale fu regalato dalla città Carlo V quando passò pel Veneto, nel 1532; il vino di Breganze, ricordato con lode insieme agli altri due, nell'*Asino* di Carlo de' Dottori. Ma forse qui si allude al vin comune, da pasto, di uva *corbina*, del quale si legge in una nota al *Roccolo*, ditirambo di Aureliano Acanti (Valeriano Canati), Venetia, 1754: " Tra i vini più salubri, e che per ogni stomaco si confacciano, dei quali abbonda il territorio vicentino, si dà il primo luogo al

soint regretter, quoiqu'ils soint pour la pluspart aromatisés, & ayent diverses santeurs, qu'ils prennent à friandise, mesmes de la sauge, & l'apelent vin de sauge, qui n'est pas mauvais, quand on y est accoutumé; car il est au demûrant bon & genereus. Delà nous partimes Jûdy après disner, & par un chemin très-uni, large, droit, fossoyé de deus pars, & un peu relevé, aïant de toutes pars un terroir très-fertile, les montaignes, come de coutume, de louin à nostre veue, vinsmes coucher à

PADOUE, dix-huit milles. Les hostelleries n'ont nulle compareson, en nulle sorte de tretemant, à ceus d'Allemaigne. Il est vrai qu'ils sont moins chers d'un tiers, & approchent fort du pouint de France. Elle est bien, fort vaste, & à mon avis, a sa cloture de la grandeur de Bordeaus pour le moins. Les rues étroites & ledes, fort peu peuplées, peu de belles maisons: son assiete fort plesante, dans une pleine descouverte, bien louin tout au tour. Nous y fusmes tout le lendemein, & vismes les escoles d'escrime, du bal, de monter à cheval,[1]

Corbino, il quale, nuovo, riesce dolce, e quindi acquista aromatica qualità, per cui non cede a qualunque altro miglior vino pasteggiabile, e quanto più invecchia, tanto più diventa perfetto.„ Il fedel servo del Montaigne temeva evidentemente che il vino vicentino fosse pregiudicevole al suo signore, solo perchè nuovo.

[1] Curioso è che il Montaigne non ricordi le scuole universitarie: forse non erano ancora aperte. Delle quali odasi la burlesca descrizione di quella linguaccia del LANDO, *Comment. delle più notab. cose d'Italia, 1554*, p. 35: " Vado alle scuole de' legisti: sto ad udire ciò che dicono di bello, appartenente al viver civile e alla unione de' cittadini, e non odo salvo che contraddizioni: l'uno impugnar l'altro e oscurare il vero a più potere: eravi tal legi-

où il y avoit plus de çant jantilshomes françois; ce que M. de Montaigne contoit à grand' incommodité pour les jeunes hommes de nostre païs qui y vont, d'autant que cete société les acoustume aus meurs & langage de leur nation, & leur ôte le moïen d' acquerir des connoissances étrangieres.[1]

sta che per insegnar a litigare, era con gran stipendio pagato, e ciascuna lezione li valeva più di 60 scudi. Vado alle scuole de' filosofi: penso udir favellare di giustizia, di prudenza, di fortezza, di castità et altre simili cose: penso veder uomini gravi, e ornati non di barba e di pallio, come erano i filosofi della Grecia, ma di bellissimi costumi: penso veder molti Socrati, molti Pitagori et molti Platoni, e ingannato mi ritrovo: non odo favellare, salvo che di materia, della quale parevami che n'avessero pieno il capo, di forma, non so se di cacio o da informar stivali, di privazione, non so parimenti se intendessero di danari o di senno. Entro nella scuola de' metafisici, nella quale pensai udir ragionare della divina maestà, delle celesti gerarchie, della perpetua felicità de' beati: ma ecco che per molti giorni, io non odo parlar d'altro che di ente e uno. Vommene a udir chi trasordinariamente leggeva i libri dell'anima, e penso ch'egli m'habbi ad insegnar qual cosa adoperar mi debba per salvar l'anima, che Satanasso non ne faccia rapina, come guardar la mi debba da' peccati, che gloria, che trionfo se le aspetti dopo morte, ed ecco che non intendo altro che opinioni: che è composta di fuoco, che è composta d'acqua, che è di color purpureo, tutta nel tutto, e tutta in qualunque parte del corpo, ch'è seguace della complessione corporale, che la non si cava dalla potenzia della materia, ma che ella se ne viene di fuori e non dice donde, e che la si separa come l'incorruttibile dal corrutibile. Vennermi a fastidio questi tanti scaldabanchi, queste cabale, questi loquaci corbi, nè potei sofferir di più udirli. „

[1] "Nous allons apprendre en Italie à escrimer „: *Essais*, II, 27.

Padova, fra le altre città italiane ebbe sempre fama di luogo, ove erano ottimi maestri nella scienza delle

L' Eglise S. Anthoine lui samble belle; la voute n'est pas d'un tenant; mais de plusieurs enfonçures en dome. Il y a beaucoup de rares sculptures de marbre & de bronse. Il y regarda de bon œil le visage du Cardinal Bembo, qui montre la douceur de ses mœurs, & je ne sçay quoy de la jantillesse de son esprit.[1] Il y a une salle, la plus grande, sans piliers, que j'aïe jamais veu, oú se tient leur justice[2]; & à l'un bout est la teste de Titus Livius maigre, raportant un home studieus, & melancholicque, antien ouvrage auquel il ne reste que la parole. Son epitaphe aussy y est, lequel ayant trouvé, ils l'ont ainsi élevé pour s'en faire honneur,

armi e nell'equitazione, e in consimili esercizj da gentiluomini. Narra PIETRO BUCCI, *Le coronationi di Polonia et di Francia del Christianiss. Re Enrico III*, ecc., Padova, 1576, p. 137: " Non tutti che hanno nome di scolari e che vanno a Padova, ci vanno per istudiar lettere, massimamente la maggior parte de' francesi, studiosi d'imparare a cavalcare, a ballare, ad esercitarsi nel maneggio di qualunque sorta d'arme, e nella musica, e per saper finalmente i costumi e le creanze italiane, delle quali sono invaghiti, e più per simili altre virtù, che per cagion di lettere. Onde perciò si eleggono lo studio di Padova, come copioso d'eccellentissimi professori in cadauna sorte di virtù, magnifica et illustre. „

[1] Il monumento è addossato al terzo pilastro a destra nella navata maggiore: è uno dei più belli ed eleganti che sieno nella basilica. Il disegno è di Michele Sammicheli: il busto fu scolpito da Danese Cattaneo; l'iscrizione fu dettata da Paolo Giovio.

[2] La *Sala della Ragione*, che anche il Milizia chiama *la più grande del mondo*. Queste ne sono le dimensioni:

Altezza interna dal coperto al vertice del coperto, m.	14.93
Lunghezza totale	„ 81.52
Larghezza	„ 27.16
Dal pavimento all'imposte degli archi	„ 12.15
Altezza esterna dal piano della piazza al vertice del coperto	„ 35.38

& avecques raison.[1] Paulus le Jurisconsulte y est aussi sur la porte de ce palais;[2] mais il juge que ce soit ouvrage recent. La maison,[3] qui est au lieu des antienes arènes n'est pas indigne d'estre veue, & son jardin. Les escoliers y vivent à bonne raison à sept escus pour mois, le métre, & six le valet, aus plus honnestes pansions. Nous en partimes le samedy bien matin, & par une très-belle levée le long de la riviere, aïant à nos côtés des pleines très-fertiles de bleds & fort ombragées d'abres, entresemés par ordre dans les champs, où se tiennent leurs vignes, & le chemin fourny de tout plein de belles mesons de plesances, & entre autres d'une maison de ceus de la race Contarene à la porte de laquelle il y a un' inscription que le Roy[4] y logea revenant de Poloigne. Nous nous rendismes à la

---

[1] Il cenotafio fu innalzato nel 1547, e porta il busto in bronzo del grande storico, di che meritamente Padova va gloriosa. L'iscrizione che vi si legge è romana e fu tenuta per molto tempo come titolo sepolcrale, ma invece appartiene, secondo la critica più oculata, ad altro Livio, liberto di una Livia.

[2] Sopra ognuna delle quattro porte che danno comunicazione alla gran sala, stanno altrettante figure a bassorilievo di illustri concittadini, che rappresentano Tito Livio storico, il teologo frate Alberto, dell'ordine cremitano, Pietro d'Abano, notissimo filosofo e medico, e Paolo giureconsulto, pretore, console e prefetto del Pretorio, dopo Ulpiano.

[3] Si allude qui probabilmente al palazzo appartenuto un tempo ai Dalsemanini, passato più tardi in proprietà della veneziana famiglia Foscari, e demolito intorno all'anno 1830.

[4] Enrico III. L'iscrizione posta nel palazzo Contarini a Mira dice così:

CHAFFOUSINE,[1] vingt milles, où nous disnames. Ce n'est qu'une hostellerie, où l'on se met sur l'eau pour se rendre à Venise.[2] Là abordent tous les bateaus le long de cete riviere, avec des engeins & des polies, que deus chevaus tournent à la mode de ceus qui tournent les meules d'huile. On emporte ces barques à tout des roues qu'on leur met au dessous, par dessus un planchier de bois pour les jetter dans le canal qui se va randre en la mer, où Venise est assise. Nous y disnames, & nous estans mis dans une gondole, vismes souper à

HENRICVS VALESIVS REX CVM E POLONIAE
REGNO, QVOD EIVS SVMME VIRTVTI MERITO
FVERAT DELATVM IN GALLIA CAROLO FRATRE IX
REGE, VITA FVNCTO, AD PATRIAM, ET AVITVM IRET
HAC ITER FACIENS VLTRO AD HAS AEDES DIVERTIT
TOTA FERE ITALIA COMITANTE, ANNO SALVTIS
MDLXXIIII. KAL. SEXT.L. TANTAE HVMANITATIS
MEMOR FEDERICVS CONTARENVS D. M. PROCVRATVR
FVNDI DOMVS M. P.

[1] Fusina, o Cà Fusina, luogo dove si abbandona la terra ferma per andare a Venezia per acqua.

[2] Altra volta era piacevole questo viaggio in gondola, specialmente per la varietà della compagnia, che il LANDO nel suo *Commentario delle più notabili e mostruose cose d'Italia*, così descrive: " Fastidito di star in Padova, per la Brenta mi condussi alla maravigliosa e possente Vinegia. Chi potrebbe ridire il piacer ch'io ebbi in quella barca? Vi erano alcuni scolari forlani, ch'avevano il capo sopra della berretta.... Vi erano frati di color bigio, bianco e nero, donne da partito, barri e giudei. I scolari favellavano alla scoperta, senza rossore, de' carnali congiungimenti: i frati se ne mostravano alquanto schivi, e sorridevano facendo il bocchin della sposa. Le buone femine girando gli occhi qua e là, cercavano di adescar i mal accorti. Eravi un giudeo, il quale veniva allora di Damasco, pieno di arte maga: faceva apparir gli uomini cavalli, asini, cani e gatti.... Vi era anco un romagnuolo con una cetra, e sì dolcemente la suonava che pareva un Jopa, ecc. "

VENISE, cinq milles. Lendemein qui fut Dimenche matin, M. de Montaigne vit M. de Ferrier, ambassadur du Roi,[1] qui lui fit fort bonne chere, le mena à la messe, & le retint à disner avec lui. Le lundy, M. d'Estissac & lui y disnarent encores. Entre autres discours dudict ambassadeur, celui-là lui sembla estrange, qu'il n'avoit commerce avecq nul home de la ville, & que c'étoit un humeur de jans si soupçonneuse que, si un de leurs jantilshomes avoit parlé deus fois à lui, ils le tienderoint pour suspect:[2] & aussi cela, que la

---

[1] Nacque a Tolosa verso il 1506, morì nel 1585. Studiò diritto a Tolosa ed a Padova, e fu consigliere al Parlamento, prima in patria, poi a Parigi, ove divenne *maître des requêtes*. Incaricato di rappresentare la Francia al concilio di Trento, vi pronunziò un discorso così ardito, che i prelati dimandarono fosse richiamato. Venne infatti mandato a Venezia. Tornato in patria, si ritirò alla corte del Re di Navarra, poi Enrico IV, e fu suo guardasigilli. Abbracciò allora il protestantesimo. Nel manoscritto originale trovasi a questo punto, la seguente nota di mano del MONTAIGNE: " Ce vieillard qui a passé septante-cinq ans, à ce qu'il dit, jouit d'un eage sein et enjoué. Ses façons et ses discours ont, je ne sçay quoi de scholastique, peu de vivacité et de pouinte. Ses opinions panchent fort évidammant, en matiere de nos affaires, vers les innovations calviniennes. „

[2] Il comm. CECCHETTI, direttore dell'archivio di Venezia, ci favorisce la seguente nota: " Sebbene non si sia trovata una legge speciale della Repubblica veneta, che vietasse i rapporti dei patrizj cogli ambasciatori esteri, tali rapporti erano implicitamente proibiti dal decreto del Consiglio dei Dieci, 12 luglio 1380, nel quale è detto che se *quis nobilis vel civis acciperet literas ab aliquo de extra de re spectante ad statum nostrum, illas capitibus Consilii tenerentur subito presentare, et Capita debeant inquirere diligenter principium talis praticae, ut nostri cives omnino starent separati ab omni pratica et commercio dominorum et comunitatum, et ab omni pratica rei spectantis ad*

ville de Venise valoit quinze çans mille escus de rante à la Signeurie.[1] Au demeurant les raretés

statum. E in altra Parte, 8 Febbr. m. v. 1446 dello stesso Consiglio dei X, (*Misti*, reg. 13, c. 53) è detto: *Et ut de cetero omnia ad dominum ducem et dominium Venetiarum referantur, et non ad aliquem particolarem civem Venetiarum cujusvis status et condicionis existat, et item ut aliquis noster civis non presumat facere se magistrum, et tenere cum forensibus amicitiam et praticam de rebus pertinentibus ad statum nostrum; quia certum est quod qui non portat non reportat: ordinetur quod ad aliquam literam directivam ad aliquem particularem civem, que tangat statum, aut spectet ad agenda reipublicae, que tractanda sint cum forensibus, non possit dari vel ordinari responsio per dominum nec per collegium: sed si forte pro comuni utilitate videretur esse respondendum, talis responsio non fiat nisi per Consilium Rogatorum congregatum etc.*,,

[1] Sempre dalla gentilezza del comm. CECCHETTI, abbiamo in proposito la seguente nota: " Circa le entrate della Repubblica nel sec. XVI, se ne hanno alcune notizie nel vol. III per servire al vacuo dei *Commemoriali* (Intrada della Ill.ma Signoria per conto da mar ecc. e cosi per le Provincie di terraferma), ma non è certo che i dati sieno completi. Del principio del secolo successivo è invece il *Memoriale per l'Eccellentissimo Senato, cossì di tutte le Entrate come del Scosso di esse, et cossì delle Assignationi come di tutte le spese per anno uno: prencipia primo Settembrio 1609 e finirà ultimo Agosto 1610, justa la nova regolatione*. In esso, a retro del frontispizio si legge: *Entrata general de anno uno*. Sono *l'Entrate della Serenissima Signoria de Datij, Affiti, et altre gravezze, cossì quelle che si scodeno nella Città come quelle che son mandate dalli Reggimenti et Camere di fuori, in tutto, l'un anno per l'altro, giusta il calculo fatto nell'ultima regolatione dagli Ill.mi Signori Regolatori et revisori dell'Intrade Publiche et Proveditori in Cecca, come segue:*

Della Città, al mese, Ducati 154,292. gr. 4. E all'anno d. 1,851,506.
Di fuori „ „ 61,342. gr. 4. E all'anno d. 736,106.
In tutto, al mese „ 215,634. gr. 8. E all'anno d. 2,587,612.
(Cod. ex Brera, N. 82.)

Cosi il documento. Riducendo per quanto è possibile

de cete ville sont assez connuës. Il[1] disoit l'avoir trouvée autre qu'il ne l'avoit imaginée, & un peu moins admirable.[2] Il la reconnut, & toutes ses particularités, avec extrème dilijance. La police, la situation, l'arsenal, la place de S. Marc, & la presse des peuples etrangiers, lui samblarent les choses plus remerquables. Le lundy à souper, 6 de Novembre, la Signora Veronica Franca, janti fame venitiane,[3] envoïa vers lui pour lui presanter

---

l'antica moneta all'odierna, l'entrata pubblica di Venezia, un trent'anni dopo il Montaigne, corrisponderebbe a L. it. 8,021,597, 20 all'anno. La cifra data dal Montaigne sarebbe dunque molto di sotto dal vero, dato che in quei trent'anni le entrate non avesser dovuto sensibilmente alterarsi; perchè il milione e cinquecento mila scudi da lui indicati, se almeno si parli di scudo veneto, d'argento o della *croce*, risponderebbe a 5,250,000 delle nostre lire. Quasi due secoli innanzi, nel 1423, il SANUDO (*Rer. Italic.* XXII, 963) reca per rispetto all'entrata pubblica la cifra di ducati 1,100,000, che poi erano scesi, verso la metà del quattrocento, per guerre e disastri commerciali, a soli 800,000. Le cifre addotte dell'A. e quelle più sicure del documento provano ad ogni modo la sempre crescente prosperità della Repubblica.

[1] Il Montaigne.

[2] Non pare dunque che il nostro viaggiatore ricevesse una grande e piacevole impressione dalla vista e dal soggiorno di Venezia: ma più sotto dice che questa gita fu come un assaggio, del quale non teneva conto; volendo ritornarci a miglior agio. Negli *Essais*, I, 55, nomina Venezia insieme a Parigi qualificandole di *belles villes*, sebbene ambedue diminuiscano " la faveur que je leur porte, par l'aigre senteur, l'une de son marais, l'autre de sa boue. „

[3] Veronica Franco nacque in Venezia circa il 1546. Sembra che in giovine età sposasse un Paniza o Paiuza medico, dal quale forse ben presto si divise. Nel 64 facendo testamento sopra parto confessa che un figlio ch'essa ha è di Mes. Jacopo di Baballi: più tardi ne partorì uno a Lodovico Ramberti, ed altro a Guido Jacopo Pizzamano.

un petit livre de *Lettres* qu'elle a composé; il fit donner deux escus audict home. Le mardy après disner il eut la colicque, qui lui dura deus ou trois heures, non pas des plus extremes à le voir, & avant souper il rendit deus grosses pierres l'une après l'autre. Il n'y trouva pas cete fameuse beauté qu'on attribue aus dames de Venise, & si vid[1] les

Il suo nome si trova al n° 204 del *Catalogo delle principali et più honorate cortigiane di Venetia*, coll'indicazione: " Veronica Franco, a S. Maria Formosa, pieza (mezzana) so marc: scudi due „ : che non è il maggiore dei prezzi di quella curiosa lista. Nel 1574 abbandonò l'*onorato* mestiere, e d'allora in poi, per la grazia, lo spirito, la cultura e nella poesia e nella musica, ci dà l'immagine di un'etèra dell'antichità. Godè certamente di illustri amicizie, e la sua conversazione fu ricercata da uomini gravi e potenti, come Domenico e Marco Veniero poeti, Marcantonio della Torre, il Tintoretto ed altri. Nel suo passaggio da Venezia le fu a far visita Enrico III, che ne riportò il ritratto in Francia, e gradi poi due sonetti che essa gli indirizzò. Giunta al mezzo del cammin della vita, volse la mente a casti pensieri e pie opere, e propose alla Signoria un ricovero per le convertite. Mori in ancor giovane età, il 22 Luglio 1591. Di lei abbiamo a stampa le *Terze Rime*, dedicate con lettera del 15 nov. 1575 al Duca Guglielmo di Mantova: le *Lettere Famigliari a diversi*, dedicate con lettera del 2 Agosto 1580 al card. Luigi d'Este, e che sono quelle uscite fresche fresche dal torchio e inviate al Montaigne; e alcune *Poesie* sparse qua e là nelle Raccolte del tempo. Sembra che avesse anche il disegno di far un poema, perchè in una lettera di Muzio Manfredi, vediamo che questi le augura " sanità et otio da dar l'ultima mano al suo poema epico. „ Vedi su di lei Tassini, *Veronica Franco, celebre letterata e meretrice veneziana del sec. VI*, Venezia, Grimaldo, 1874, con ritratto.

[1] Si sa che, se non a Venezia, in Roma almeno non *vide* soltanto, ma frequentò, senza ombra di male, le cortigiane più famose. Delle quali negli *Essais*, II, 15, scrive: " Voyez en Italie, où il y a plus de beaulté à vendre, et de la plus fine, comment il fault qu'elles cherche d'aultres

plus nobles de celles qui en font traficque;[1] mais cela lui sembla autant admirable que nulle autre chose, d'en voir un tel nombre, comme de cent cinquante ou environ,[2] faisant une dépense en meubles & vestemans de princesses; n'ayant autre fons à se meintenir que de cete traficque, & plusieurs de la noblesse de là mesme, avoir des courtisanes à leurs despens, au veu & sceu d'un chacun. Il louoit pour son service une gondole, pour jour & nuict, à deus livres, qui sont environ dix-sept solds, sans faire nulle despense au barquerol.[3] Les vivres

moyens estrangiers et d'aultres arts pour se rendre agreable. „ E altrove, III, 5; " Ils font les poursuyvants en Italie et les transis de celles mesmes qui sont à vendre; et se deffendent ainsi: Qu'il y a des degrez en la jouïssance, et que par services il veulent obtenir pour eulx celle qui est la plus entiere: elles ne vendent que le corps: la volonté ne peult estre mise en vente, elle est trop libre et trop sienne. „

[1] Vedine i nomi, l'abitazione e i prezzi nel cit. *Catalogo*, che dalla rarissima stampa del tempo, s. a. ma probabilmente nel 1574 circa, fu riprodotto dal conte di ORFORD nel suo raro e bel volume *Leggi e memorie venete sulla Prostituzione, sino alla caduta della Repubblica*, Venezia, Visentini, 1872.

[2] Certamente il nostro autore non parla che delle principali: il notato *Catalogo* ne registra 215, restringendosi anch'esso alle *principali et più honorate*, e nella *dedica* l'anonimo compilatore dichiara aver raccolto il " sumario se non di tutte le cortegiane di questa città, almeno quel maggior numero che ho potuto delle più honorate et famose che si attròvi „. Ma il SANUDO nei suoi *Diarii* (VIII, 414) nel Giugno del 1509 recando un censimento della Città, che salirebbe oltre le 300,000 anime, senza contare i frati e le monache, registra 11,654 *femene da partido*: che pare un po' troppo.

[3] Dei gondolieri di Venezia ricorda lo *stali* e il *premi* negli *Essais*, III, 5: " Les ignobles (nell'India) sont tenus de crier en marchant, comme les gondoliers de Venise au contour des rues pour ne pas s'entreheurter. „

y sont chers come à Paris; mais c'est la ville du monde où on vit à meilleur conte, d'autant que la suite des valets nous y est du tout inutile, chacun y allant tout sul; & la despense des vetemans de mesmes: & puis qu'il n'y faut nul cheval. Le samedy, dousiesme de Novembre, nous en partimes au matin, & vismes à

LA CHAFFOUSINE, cinq milles. Où nous nous mîmes, homes & bagage, dans une barque pour deus escus. Il[1] a accoutumé creindre l'eau, mais ayant opinion que c'est le sul mouvemant qui offence son estomac,[2] voulant essaïer si le mouvemant de cete

---

[1] Il Montaigne.
[2] Nel libro III. cap. 6 degli *Essais*, recando l'opinione di Plutarco che attribuisce il mal di mare alla paura, la nega secondo la propria esperienza: " Moy, qui y suis fort subject, sçais bien que cette cause ne me touche pas: et le sçais non par argument, mais par necessaire experience..... Je n'eus jamais peur sur l'eau... Or, je ne puis souffrir longtemps (et les souffrois plus difficilment en jeunesse) ny coche, ny lictiere, ny bateau, et hais toute aultre voicture que de cheval, et en la ville et aux champs: mais je puis souffrir la lictiere moins qu'un coche : et par mesme raison, plus ayseement une agitation rude sur l'eau, d'où se produict la peur, que le mouvement qui se sent en temps calme. Par cette legiere secousse que les avirons donnent, desrobant le vaisseau soubs nous, je me sens brouiller, je ne sçais comment, la teste et l'estomach; comme je ne puis souffrir soubs moys un siege tremblant. Quand la voile ou le cours de l'eau nous emporte egualement, ou qu'on nous toue, cette agitation unie ne me blece aulcunement; c'est un remuement interrompu qui m'offense: et plus, quand il est languissant. Je ne sçaurois aultrement peindre sa forme. Les medecins m'ont ordonné de me presser et cengler d'une serviette le bas du ventre, pour remedier à cet accident; ce que je n'ay point essayé, ayant accoustumé de luicter les defaults qui sont en moy, et les dompter par moy mesme. „

riviere, qui est eguable & uniforme, atendu que des chevaus tirent ce bateau, l'offenseroit, il l'essaïa, & trouva qu'il n'y avoit eu nul mal. Il faut passer deus ou trois portes dans cete riviere,[1] qui se ferment & ouvrent aus passans. Nous vinmes coucher, par eau, à

PADOUE, vingt milles. M. de Caselis laissa là sa compaignie,[2] & s'y arresta en pansion, pour sept escus par mois, bien logé & treté. Il eût peu avoir un lacquais pour cinq escus; & si ce sont des plus hautes pansions, où il y avoit bonne compagnie, & notammant le sieur de Millau, fils de M. de Salignac.[3] Ils n'ont communémant point de valets & sulemant un garçon du logis, ou des fames qui les servent: chacun une chambre fort propre; le feu de leur chambre & la chandele, ils se le fournissent. Le tretemant, come nous vismes, fort bon. On y vit à très-grande raison, qui est, à mon avis, la raison que plusieurs etrangiers s'y retirent, de ceus

---

[1] Gli antichi sostegni a conca.

[2] Sarebbe difficile dire se con rammarico del nostro autore. Il quale del viaggiare in compagnia cosi parla negli *Essais*, III, 9: " Au demourant, la pluspart des compaignies fortuites que vous rencontrez en chemin, ont plus d'incommodité que de plaisir, je ne m'y attache point, moins asteure que la viellesse me particularise et sequestre aulcunement des formes communes. Vous souffrez pour aultruy ou aultruy pour vous; l'un et l'autre inconvenient est poisant: mais le dernier me semble encore plus rude. C'est une rare fortune, mais de soulagement inestimable, d'avoir un honneste homme, d'entendement ferme et de moeurs conforme aux vostres, qui aime à vous suyvre: j'en ay eu faute extreme en touts mes voyages. Mais une telle compagnie, il la fault avoir choisie et acquise dez les logis „. Era tale quella del viaggio in Italia, sebbene scelta fin da casa? Non parrebbe.

[3] Chi sia questo signore non mi è riuscito appurare.

mesmes qui n'y sont plus escoliers. Ce n'est pas la coutume d'y aller à cheval par la ville, ny guiere suivy.[1] En Allemaigne je remarquois que chacun porte espée au costé, jusques aus maneuvres. Aus terres de cette Seigneurie, tout au rebours, personne n'en porte. Dimenche après disner, 13 de Novembre, nous en partimes pour voir des beins qu'il y avoit sur la mein droite. Il[2] tira droit à Abano[3] C'est un petit village près du pied des montaignes, au dessus duquel, trois ou quatre cent pas, il y a un lieu un peu soublevé, pierreux. Ce haut qui est fort spacieus, a plusieurs surjons de fontenes chaudes & bouillantes, qui sortent du rochier. Elles sont trop chaudes entour leur source pour s'y beigner, & encore plus pour en boire. La trace autour de leur cours est toute grise, come de la cendre bruslée. Elles laissent force excremans,[4] qui sont en forme d'éponges dures. Le goust en est salé & souffreus. Toute la contrée est enfumée, car les ruisseaus qui escoulent par-cy par-là dans la pleine, emportent bien louin cete chaleur & la santur.[5] Il y a là deus ou trois maisonnetes assez mal accommodées pour les malades, dans lesqueles on derive des canals de ces eaus, pour en faire des beins aus meisons. Non sulemant il y a de la fumée où est l'eau, mais le rochier mesme fume par

[1] * *Par des valets.*
[2] Il Montaigne.
[3] Luogo notissimo per le sue terme, che datano da tempi molto antichi, e furono in gran voga ai tempi di Roma, col nome di *Thermae aponenses*. Vennero restaurate da Teodorico, e poi caddero in rovina, finchè nel 1770 un conte di Pimbiolo le restaurò. Abano è patria del famoso filosofo e medico Pietro, che indi trasse il nome.
[4] * *Sédimens, scories.*
[5] * *Senteur, odeur.*

toutes ses crevasses & jointures, & rand chaleur partout, en maniere qu'ils en ont percé aucuns endroits, où un home se peut coucher, & de cete exhalation se rechauffer & mettre en sueur: ce qui se faict soubdeinemant. Il[1] mit de cet eau en la bouche, après qu'elle fut fort reposée pour perdre sa chaleur excessive : il leur trouva le goust plus salé qu'autre chose.[2] Plus, à mein droite, nous decou-

---

[1] Il Montaigne.

[2] "La sorgente trovasi su d'un piccolo colle calcare detto *Montirone;* è unica, ma ha tanti zampilli che non possono essere contati. È fra le più abbondanti d'Europa. Emerge da un terreno coperto di alcune erbe verdi e giallastre, cotte per così dire dal calore del suolo, e forma un fossato d'acqua minerale che fa girare un molino: incrosta di uno strato spesso e lucente gli oggetti che vi si depongono... L'acqua è chiara, limpida come un cristallo, trasparente, ha un colore bituminoso *sui generis*, disaggradevole, rassomigliante a quello di acqua di nafta. Il sapore è salato, nauseante, amarognolo. Numerose bolle di gas si svolgono da essa, la fanno come bollire e producono piccole esplosioni. La sua temperatura è considerevole. È dunque un'acqua salina, ordine delle *clorurate-sodiche*, *termale,* con un po' di gas acido solfidrico sciolto nell'acqua di nafta. Queste sorgenti somministrano continuamente una poltiglia naturale detta *fango,* composta di terra, d'argilla, piccole conchiglie, fibrille vegetali e d'una piccola quantità di sabbia silicea. Per gli usi medici però viene il fango fabbricato artificialmente con terra tolta dai fossati vicini e trasportata in fosse, dette *conserve*, ove lo si può bagnare con acqua minerale. Il suo colore è fosco cinereo, ha del saponoso, e manda odore di uova fracide e d'olio di nafta. Il suo calore è superiore a 37° C..... Queste acque raramente si adoperano per bevanda, per doccia e per bagno. Il loro uso costante e quasi esclusivo è per il *fango*. In tal modo erano già utilizzate fin dai tempi di Plinio. I malati distesi nella vasca vengono dal bagnajuolo coperti per tutto il corpo o soltanto nella parte malata, di uno strato di

vrions l'abbaïe de Praïe, ¹ qui est fort fameuse pour sa beauté, richesse & courtoisie à recevoir & treter les etrangiers. ² Il n'y voulut pas aler, faisant état que toute cette contrée, & notamment Venise, il avoit à la revoir à loisir, & n'estimoit rien cete visite; & ce qui la lui avoit fait entreprandre, c'estoit la faim extreme de voir cete ville Il disoit qu'il n'eût sçeu arrester ny à Rome, ny ailleurs en Italie en repos, sans avoir reconnu Venise, & pour cet effaict s'étoit detourné de chemin. Il a laissé à Padoue, sur cet esperance, à un maistre François Bourges, françois,³ les œuvres du Cardinal Cusan,⁴ qu'il avoit acheté à Venise. De Abano, nous passames à un lieu nommé S. Pietro,⁵ bas, & avions

argilla termale di 10 a 12 centimetri di spessore. Questa applicazione determina una impressione di forte calore locale, che va talora fino al cominciamento d'una scottatura. Si prova la sensazione di un peso enorme: vi ha tumefazione della parte, rossore, aumento nel numero e nella intensità delle pulsazioni, calore generale, sudore, che divien presto profuso „: SCHIVARDI, *Guida alle acque minerali e ai bagni d'Italia*, Milano, Brigola, 1875, pagg. 43 e segg.

¹ Praglia, antico monastero dei benedettini, celebre per memorie e ricchezze. Vi fu per molto tempo abate, don Benedetto Castelli, discepolo notissimo di Galileo.

² Il Montaigne; e così sotto.

³ Niuna notizia ci è riuscito trovare circa questo personaggio.

⁴ Il card. Nicola di Cusa, le cui opere di teologia e matematica furono stampate in 3 vol. in f. a Basilea nel 1565, e forse il Montaigne aveva acquistato appunto cotesta edizione.

⁵ San Pietro Montagnon, a 12 chil. da Padova, dove anche adesso esistono bagni. "La sorgente è doppia. Una pullula da una collina di calcare rossiccio, detta di *S. Pietro del Bagno o del prete*.... L'altra è a poca distanza di quella, ed è detta *della Lastra*. L'acqua di S. Pietro è

toujours les montaignes à notre main droite, fort voisines. C'est un païs de preries & pascages, qui est de mêmes tout enfumée en divers lieus de ces eaus chaudes, les unes brûlantes, les autres tiedes, autres froides : le goust un peu plus mort & mousse[1] que les autres, moins de santur de souffre, &, quasi pouint du tout, un peu de salure. Nous y trouvames quelques traces d'antiques bastimans.[2] Il y a deux ou trois chetisves maisonnettes autour, pour la retraite des malades ; mais, à la vérité, tout cela est fort sauvage, & ne serois d'avis d'y envoïer mes amis. Ils disent que c'est la Seigneurie qui n'a pas grand souin de cela, & creint l'abord des seigneurs etrangiers. Ces derniers beins lui firent resouvenir, disoit il, de ceus de Preissac, près d'Ax.[3]

limpida, chiara, di un odore un po' bituminoso, d'un sapore lievemente salino-amarognolo. Ha reazione alcalina, e non acida come quella d'Abano. Le sue alghe sono verdi. La temperatura è costante a 65° C. La gravità specifica a 1016. L'acqua *della Lastra* è limpida, ha odore bituminoso-salino. Peso specifico 1016. Temperatura 50° C. Sono acque *clorurate sodiche termali*. L'uso è come delle acque di Abano. L'acqua *della Lastra* si adopera solo per bevanda. Entrambe alimentano i *fanghi* nelle opportune *conserve*. Fino dal 1383 uno dei Dondi con testamentaria disposizione lasciò si erigesse una casa per ospizio dei poveri. Questa ai tempi di Falloppio era già decaduta. Il nobile padovano Capivaccio ristaurò a sue spese la casa ed il bagno, ma in seguito fu di nuovo abbandonata. Alla metà del XVIII secolo un medico padovano, Mingoni, ristabilì lo stabilimento, opera che poi proseguirono gli eredi „: SCHIVARDI, *Op. cit.*, pag. 461.

[1] * *Insipide, moins acidule.*

[2] Sono le rovine d'un fortilizio, appartenente già alla potente famiglia padovana dei Musaragni, e fatto spianare da Ezelino.

[3] ANDRÉ DE LA SERRE, autore del XVI secolo, nel suo libro *De la ville d'Acqs en Gascogne* ecc. citato dal signor TAMIZEY

La trace de ces eaus est toute rougeastre, & mit sur sa langue de la boue; il n'y trouva nul goust; il croit qu'elles soint plus ferrées. De là nous passames le long d'une très belle maison d'un jantilhome de Padoue, où estoit M. le Cardinal d'Este,[1] malade des goutes, il y avoit plus de deus mois, pour la commodité des beins, & plus,[2] le voisinage des dames de Venise, & tout jouingnant, de là vinmes coucher à

BATAILLE, huit milles, petit village sur le canal del *Fraichine*,[3] qui n'ayant pas de profondur, deus

DE LARROQUE, *Docum. inéd. pour servir à l'histoire de la ville de Dax*, Paris, 1884, dice: "En un autre endroit, en la baronnie d'Avierat, appartenant au roy de Navarre, lieu appelé Prèchac, y a d'autres bains fort excellens, etant forte frequentéz tant par ceux des environs, que des personnes de lontain pays: guerrissent les dits bains de toutes paralysies, perclusions des membres, intempèratures, et plusieurs autres maladies."

[1] Luigi d'Este, nato nel 1538. Giulio III lo fece vescovo di Ferrara nel 1553. Andò in Francia alla corte di Enrico II, e vi ottenne onori e favori. Nel 1561 Pio IV lo fece cardinale, e governatore di Tivoli. Fu nel sacro collegio protettore di Francia, e due volte Gregorio XIII lo mandò oltr'alpe: in una di queste ambascerie presiedette l'assemblea del clero in Blois. Ebbe fama di mecenate de' letterati, e fu detto tesoriere de' poveri. Quanto a costumi, il nostro A. non ce lo darebbe per uno stinco di santo. Morì nel 1586, e Leonardo Salviati ne scrisse l'orazione funebre: un Sebastiano Ardesi raccolse e pubblicò in Padova i *Vari lamenti d'Europa nella morte* di lui.

[2] Sottintendi *pour*.

[3] Il *Frassine*, fiumicello che ha origine dalla valletta di Recoaro, su quel di Vicenza, ed entra verso Montagnana nel Padovano. Battaglia, a 18 chil. da Padova e 8 da Abano, si trova propriamente sul canale di codesto nome, aperto al principio del XIII secolo: e ad un chil. circa sorge il colle di S. Elena, che dà origine alle acque termali, fatte conoscere verso la metà del sec. XV.

où trois pieds par fois, conduit pourtant des batteaus fort étranges. Nous fumes là servis de plats de terre & assietes de bois à faute d'estein;[1] autre-

da Giovanni Dondi, sebbene forse non del tutto ignote ai Romani. Nel XVII Francesco Selvatico medico, ristaurò gli edificj e diede voga a queste acque. Nel sec. XVIII furono fatti scomparire quegli stagni, a cui accenna anche il nostro autore. " La sorgente trovasi sul lato orientale del colle di S. Elena, pochi metri sopra la circostante pianura, e consta di varie polle, di cui la maggiore somministra, per canaletti coperti, l'acqua al grande stabilimento, e la minore alimenta il piccolo. Sono ben murate e costudite. Le altre servono a scaldare i fanghi. L'acqua è limpidissima, ha sapore leggermente salino; l'effluvio bituminoso ricorda appena quello delle altre sorgenti euganee. La reazione è leggermente acida. La temperatura delle varie scaturigini varia fra 58° e 68°. Il peso specifico, 1013.... È una pura e semplice acqua *clorurato-sodica*, termale. Il fango è diverso da quello d'Abano: ha colore cioccolatte, è meno consistente, più saponoso, più dolce al tatto. Non contiene quei turbinetti così abbondanti in quello d'Abano, ma terra vegetale e molta dose di tritume torboso, e di ferro. È naturale affatto..... I prodotti delle Terme si applicano quí pure nei tre differenti stati, nei quali si trovano i corpi, gasiforme, liquido e solido, cioè per vapore, bagno e fango „: SCHIVARDI, *Op. cit.*, pagg. 137 e seg.

[1] Queste diversità nella materia delle stoviglie sono come si è visto, sempre notate: ma negli *Essais*, III, 9, è detto: " J'ay la complexion du corps libre, et le goust commun, autant qu'homme du monde: la diversité des façons d'une nation à l'aultre ne me touche que par le plaisir de la varieté: chasque usage a sa raison. Soyent des assiettes d'estain, de bois, de terre... tout m'est un, et si un, que, vieillissant, j'accuse cette genereuse faculté, et aurois besoing que la delicatesse et le chois arrestast l'indiscretion de mon appetit, et par fois soulageast mon estomach „. Più delicato era circa i bicchieri: " Nous tenons de ce laborieux soldat Marius, que vieillissant, il devint delicat en son boire, et ne le prenoit qu'en une sienne couppe particuliere; moy je me laisse

mant assés passablemant. Le lundy matin je m'en partis devant avec le mulet. Ils alarent voir des beins qui sont à cinq cens pas de là, par la levée le long de ce canal. Il n'y a, à ce qu'il[1] rapportoit, qu'une maison sur le being, avec dix ou douze chambres. En May & en Aoust ils disent qu'il y va assés de jans,[2] mais la pluspart logent audit bourg, ou à ce chateau du seigneur Pic, où logeoit M. le Cardinal d'Este. L'eau des beins descend d'une petite crope[3] de montaigne, & coule par des canals en ladite maison & au dessous; ils n'en boivent point, & boivent plustot de celle de S. Pierre, qu'ils envoïent querir. Elle descent de cete mesme crope par des canaus tous voisins de l'eau-douce, & bonne; selon qu'elle prand plus longue ou courte course, elle est plus ou moins chaude. Il fut pour voir la source jusques au haut: ils ne la lui surent montrer, & le païerent[4] qu'elle venoit sous[5]

aller de mesme à certaine forme de verres, et ne bois pas volontiers en verre commun: non plus que d'une main commune: tout metal m'y desplaist au prix d'une matiere claire et transparente: que mes yeulx y tastent aussi, selon leur capacité. Je doibs plusieurs telles mollesses à l'usage „: *Essais*, III. 13.

[1] Montaigne stesso: ma d'ora innanzi si potrà far a meno di notare che ogni qualvolta è scritto cosi, s'intende di lui, e quando la forma è al plurale, di tutta la brigata.

[2] Come del resto in tutti i luoghi di acque e bagni di cotesta regione, secondo fin dai suoi tempi attestava M. Savonarola, *De laudib. Patav.* (*Rer. Italic.*, XXIV, 1184) "Ad quas (aquas) forensium copiosus numerus ex omnibus Italiae ac Germaniae partibus ad sananda corpora, non mediocri cum aviditate venitunt. Haec etenim nimirum virtuosae sunt, suisque admirandis effectibus famosae „.

[3] * *Croupe.*

[4] * *De cette raison.*

[5] * *De dessous.*

terre. Il lui trouve à la bouche peu de goust, come à celle de S. Pierre, peu de santur de souffre, peu de salure. Il pense que qui en boiroit en recevroit même effaict que de celes de S. Pierre. La trace qu'elle faict, par ses conduicts, est rouge. Il y a en cete maison des beins & d'autres lieus, où il degoute sulemant de l'eau, sous laquelle on présante le mambre malade. On lui dict que communéemant c'est le front, pour les maus de teste.[1] Ils ont aussi en quelques endrets de ces canals, faict de petites logettes de pierre, où on s'enferme, & puis ouvrant le souspirail de ce canal, la fumée & la chalur font incontinant fort suer; ce sont étuves seches, de quoy ils en ont de plusieurs façons. Le principal usage est de la fange. Elle se prand dans un grand bein, qui est audessous de la maison, au descouvert, a tout un instrumant de quoy on la puise, pour la porter au logis qui est tout voisin. Là ils ont plusieurs instrumans de bois propres aus jambes, aus bras, cuisses, & autres parties, pour y coucher & enfermer lesdicts mambres, ayant ramply ce vesseau de bois tout de cete fange; laquelle on renouvelle selon le besouin. Cete boue est noire come cele de Barbotan, mais non si graneleuse, & plus grasse, chaude d'une moïene chaleur, & qui n'a quasi pouint de santur. Tous ces beins-là n'ont pas grande commodité, si ce n'est le voisinage de Venise; tout

---

[1] „Comme les Allemands ont de particulier de se faire generalement touts corneter et ventouser avecques scarification, dans le bain, ainsin ont les Italiens leurs *doccie*, qui sont certaines gouttieres de cette eau chaulde, qu'ils conduisent par des cannes, et vont baignant une heure le matin, et autant l'aprez disnee, par l'espace d'un mois, ou la teste ou l'estomach, ou aultre partie du corps, à laquelle ils ont affaire: „ *Essais*, II, 37.

y est grossier & maussade. Ils partirent de Bataille, après des-iuner, & suivirent ce canal. Bien près delà ils rancontrarent le pont du canal, qu'on nomme le Canal à deus chemins, élevés d'vne part & d'autre. En cet endroit on a fait des routes [1] par le dehors, de la hauteur desdicts chemins, sur lesquelles les voyageurs passent. Les routes par le dedans se vont baissant jusques au niveau du fond de ce canal: là où il se faict un pont de pierre, qui soutient ces deus voutes, sur lequel pont coule ce canal. Par le dessus d'une voute à l'autre, sur ce canal, il y a un pont fort haut, soubs lequel passent les bateaux qui suivent le canal, & audessus ceus qui veulent traverser ce canal. Il y a un autre gros ruisseau tout au fond de la pleine, qui vient des montaignes, duquel le cours traverse ce canal. Pour le conduire, sans interrompre ce canal, a été faict ce pont de pierre sur lequel court le canal & au-dessous duquel court ce ruisseau, & le tranche sur un planchier revestu de bois par les flancs, en maniere que ce ruisseau est capable de porter basteaus; il aroit [2] assés de place & en largeur & en hauteur. Et puis sur le canal d'autres bateaus y passant continuellemant, & sur la voute du plus haut des pons des coches, il y avoit trois routes l'une sur l'autre. [3] De là, tenant tous-iours ce canal à mein droite, nous couteïames une vilete nommée Montselise, basse, mais de laquelle la clo-

[1] * *Des chaussées.*
[2] * *Auroit*
[3] Sarebbe difficile illustrare questa descrizione, dacché le grandi opere idrauliche, eseguite dalla Repubblica di Padova, riformate più volte durante la signoria dei Carraresi e dei Veneziani, furono interamente rifatte nel 1830, sotto la direzione dell'ing. G. A. Volpi.

sture va jusques au haut d'une montaigne, & enferme un vieus chateau, qui appartenoit aus antiens seigneurs de cette ville: ce ne sont asteure que ruines.[1] Et laissant là les montaignes à droite, suivismes le chemin à gauche, relevé, beau, plain, & qui doit estre en la saison plein d'ombrages : à nos costés des pleines très fertiles, aïant, suivant l'usage du païs, parmy leurs champs de bleds, forces abres rangés par ordre, d'où pandent leurs vignes. Les beufs fort grands & de couleur gris sont là si ordineres, que je ne trouvay plus etrange, ce que j'avois remarqué de ceux de l'archiduc Fernand. Nous nous rancontrames sur une levée, & des deus parts des marêts, qui ont de largeur plus de quinse milles, & autant que la veue se peut estandre. Ce sont autrefois esté des grands estangs,[2] mais la Seigneurie s'est essaïé de les assécher, pour en tirer du labourage; en quelques endrets ils en sont venus à-bout, mais fort peu. C'est à présant une infinie étandue de païs boueus, sterile, & plein de cannes. Ils y ont plus perdu que gagné à lui vouloir faire changer de forme. Nous passames la riviere d'Adisse, sur nostre mein droite, sur un pont planté sur deus petits bateaux capables de quinse ou vint chevaux; coulant le long d'une corde attacchée à plus de cinq cens pas de là dans l'eau; & pour la soutenir en l'air, il y a plusieurs petits bateaux jetés entre deus, qui, à tout des four-

---

[1] Anche adesso si veggono le rovine dell'ampia muraglia del castello, che salgono dal basso sul monte. In cotesti massi rovinati si cercavano principalmente le vipere, delle quali si faceva uso per la famosa triaca di Venezia.

[2] Terreni d'alluvione dell'Adige.

chettes, soutienent cete longue corde. De là nous vinmes coucher à

Rovigo, vint & cinq milles, petite vilete appertenant encore à ladite Seigneurie. Ils commençarent à nous y servir du sel en masse, duquel on en prend come du sucre. Il n'y a pouint moindre foison de viandes qu'en France, quoyqu'on aïe acoutumé de dire, & de ce qu'ils ne lardent pouint leur rosti,[1] ne lui oste guiere de saveur. Leurs chambres, à faute de vitres & closture des fenestres, moins propres qu'en France; les licts sont mieux faicts, plus unis, à tout force de materas; mais ils n'ont guiere que des petits pavillons mal tissus, & sont fort espargnans de linsuls [2] blancs. Qui iroit sul, ou à petit trein, n'en auroit pouint. La cherté, comme en France, ou un peu plus. C'est là la ville de la naissance du bon Célius qui s'en surnomma *Rodoginus*:[3] elle est bien jolie, & y a une très-belle place; la riviere d'Adisse passe au milieu. Mardy au matin, 15ᵉ de Novembre, nous partismes

---

[1] * *Cela cependant.*
[2] * *Draps;* — ital: *lenzuoli.*
[3] Luigi Ricchieri, che si fece chiamare *Celio Rodigino*, nacque in Rovigo verso il 1450. Studiò a Ferrara presso il Leoniceno, poi andò in Francia, e nel 97 fu professore in patria. Bandito da essa nel 1505, aprì scuola a Vicenza, poi a Padova e a Reggio. Francesco I nel 15 lo chiamò a professare lettere a Milano, donde dopo la disfatta dei francesi, tornò nel 21 a Padova. Richiamato solennemente in patria, morì, dicesi, dal dolore di sapere Francesco I prigioniero. Scrisse gli *Antiquarum lectionum libri XVI*, stampati dall'Aldo nel 1516, e riprodotti nel 17 a Parigi. L'opera intera in XXX libri, comparve postuma a Basilea nel 1550. Queste lezioni sono una quantità di note e osservazioni di vario genere e varia dottrina su passi di scrittori antichi.

de là, & aprés avoit faict un long chemin sur la chaussée, come celle de Blois, & traversé la riviere d'Adisse, que nous rancontrames à nostre mein droite, & après, celle du Po, que nous trouvames à la gauche, sur des pons pareils au jour precedant, sauf que sur ce planchier il y a une loge qui s'y tient, dans la quelle on paie les tribus[1] en passant, suivant l'ordonnance qu'ils ont là imprimée & prescripte; & au milieu du passage arrêtent leur bateau tout court, pour conter[2] & se faire paier avant que d'aborder. Après estre descendus dans une pleine basse, où il samble qu'en temps bien pluvieus le chemin seroit inaccessible, nous nous randimes d'une trete, au soir, à

FERRARE, vint milles. Là pour leur foy & bollette[3] on nous arresta longtemps à la porte: & ainsi à tous.[4] La ville est grande comme Tours, assise en un païs fort plein;[5] force palais; la pluspart des rues larges & droites; fort peu peuplée.[6] Le Mercredy au matin, MM. d'Estissac & de Montaigne alarent baiser les meins au Duc.[7] On lui fit enten-

---

[1] * *Les droits de péage.*
[2] * *Compter.*
[3] La *bolletta* di sanità.
[4] * *Les autres endroits.*
[5] * *Plain, uni.*
[6] La città non era stata sempre così deserta è spopolata, come apparve al Montaigne nel 1580, e come è ai dì nostri. Nel 1497, scrive il Diarista ferrarese (*Rer. italic.*, XXIV, 347) "per il popolo ch'era tanto moltiplicato el non si trovava case da dare a pigione, seu ad affitto.„ Eppure dal 1492, Ercole aveva fatto cominciare l'ampliamento della città, con quella parte di essa che fu detta *terranova*, o *addizione erculea*.
[7] Alfonso II d'Este, secondo duca di Ferrara, figlio di Ercole II e Renata di Francia.

dre leur dessein: il envoya un seigneur de sa cour les recueillir, & mener en son cabinet, où il étoit avec deux ou trois. Nous passames au travers de plusieurs chambres closes, où il y avoit plusieurs jantils-homes bien vétus.[1] On nous fit entrer. Nous le trouvames debout contre une table, qui les attendoit. Il mit la mein au bonnet, quand ils entrarent, & se tint tous-iours descouvert tant que M. de Montaigne parla à lui, qui fut assés longtems. Il lui demanda premieremant, s'il entendoit la langue? & lui ayant esté respondu que *oui*, il leur dit en italien très-eloquent, qu'il voïoit très volantier les jantils-homes de cette nation, étant serviteur du Roy très chrestien, & très-obligé. Ils eurent quelques autres propos ensamble, & puis se retirarent; le Seigneur Duc ne s'étant jamais couvert.[2]

---

[1] " La Corte di S. A.... di nobilissimi signori e valorosissimi cavalieri è tutta piena „ : ROMEI, citato dal SERASSI, *Vita del Tasso*, I, 176.

[2] Più che la visita al Duca, è memoranda quella fatta dal Montaigne al povero Tasso, allora a S. Anna, della quale possiamo, nel silenzio del *Voyage* riferire ciò che il Montaigne scrisse negli *Essais*, II, 12: " Qui ne sçait combien est imperceptible le voisinage d'entre la folie avecques les gaillardes eslevations d'un esprit libre, et les effects d'une vertu supreme et extraördinaire?.... Infinis esprits se treuvent ruynez par leur propre force et soupplesse: quel sault vien de prendre, de sa propre agitation et alaigresse, l'un des plus judicieux, ingenieux, et plus formez à l'air de cette antique et pure poësie, q'aultre poëte italien ayt jamais esté? n'a il pas de quoy sçavoir gré à cette sienne vivacité meurtriere? à cette clarté qui l'a aveuglé? à cette exacte et tendue apprehension de la raison, qui l'a mis sans raison? à la curieuse et laborieuse queste des sciences, qui l'a conduict à la bestise? à cette rare aptitude aux exercices de l'ame, qui l'a rendu sans exercice et sans ame? J'eus plus de despit

Nous vismes en un' eglise, l'effigie de l'Arioste,[1] un peu plus plein de visage qu'il n'est en ses livres; il mourut eagé de cinquante neuf ans le 6 de Juing 1533.[2] Ils y servent le fruit sur des assietes. Les rues sont toutes pavées de briques. Le portiques, qui sont continuels à Padoue & servent d'une grande commodité pour se promener en tous temps à couvert & sans crotes, y sont à dire.[3] A Venis le rues & pavés de mesme matiere, & si pandant,[4] que il n'y a jamais de boue. J'avoy obliè à

encores que de compassion, de le veoir à Ferrare en si piteux estat, survivant à soy mesme, mescognoissant et soy et ses ouvrages, lesqueles, sans son sceu, et toutesfois à sa veue, on a mis en lumiere, incorrigez et informes. „

[1] Nella Chiesa di S. Benedetto, ove il gran poeta fu modestamente tumulato. Nel 1573, Agostino Mosti gli eresse un piccolo monumento; ma uno assai più suntuoso gli fu dedicato dal pronipote Lodovico Ariosto nel principio del secolo XVII, quello stesso che nei primi anni del nostro secolo, dopo che fu sconsacrata la Chiesa, venne trasportato nella Biblioteca, ove ancora si vede.

[2] Dell'Ariosto il Montaigne parla negli *Essais*, II, 10, ma non si potrebbe dire che ne parli rettamente. Al che ha forse due scuse: prima, la sua confessione che " cette vieille ame poisante ne se laisse plus chatouiller „: secondo, che per confutar non sappiam chi, che aveva paragonato Vigilio al Ferrarese, anch'egli si lascia cogliere all'amo, ed è ingiusto con messer Lodovico, ragguagliandolo coll'autor dell'Eneide, e disconoscendone la inesauribile varietà e fecondità: " celuy là on le veoit aller à tire d'aile, d'un vol hault et ferme, suyvant tousjours sa poincte: cettuy cy voleter et saulteler de conte en conte, comme de branche en branche, ne se fiant à ses ailes que pour une bien courte traverse, et prendre pied à chasque bout de champ, de peur que l'haleine et la force luy faille „.

[3] * *Manquent à Ferrare.*

[4] * *En talus, ou pente.*

dire de Venise, que le jour que nous en partimes, nous trouvames sur nostre chemin, plusieurs barques, aïant tout leur vantre chargé d'eau douce: la charge du bateau vaut un escu randue à Venise, & s'en sert-on a boire ou à teindre les draps. Estant à Chaffousine, nous vismes comment à tout des chevaus, qui font incessamment tourner une rouë, il se puise de l'eau d'un ruisseau & se verse dans un canal, duquel canal lesdits bateaus la reçoivent, se presantans audessous. Nous fumes tout ce jour-là à Ferrare, & y vimes plusieurs belles églises, jardins & maisons privées, & tout ce qu'on nous dît être remerquable: entre autres, aux Jésuates, nu pied de rosier qui porte fleur tous les mois de l'an, & lors mesmes s'y en trouva une qui fut donnée à M. de Montaigne. Nous vismes aussi le Bucentaure [1] que le Duc avoit faict faire pour sa

---

[1] Il SARDI, *Delle hist. ferraresi*, lib. 2º, Ferrara, Gironi, 1646, scrive: "Il nostro Duca havendo prima fatto fabricare un bellisimo Bucintoro, con spesa di 4 mila e più scudi fu a levare Madama Margherita Gonzaga, figlia di Guglielmo duca di Mantova, sino a Viadana, luogo nobilissimo del Mantovano posto sul Po, all'incontro di Brescello, fortezza di esso duca Alfonso. Nel qual luogo essendo venuto con madama sua figlia il duca Guglielmo, dopo i soliti complimenti se ne ritornò a Mantova, avendo quivi lasciata col Duca suo genero, la duchessa sua figlinola, che insieme con la corte a Reggio se ne passarono, ove per alquanti giorni si trattennero in grandissime feste.... Fornite queste feste con acclamazioni grandissime di quel popolo, quelli principi furono a Modena, nella qual città poco tempo si trattennero, essend osi incaminato il Duca con madama sua sposa nel suo Bucintoro, che sul Po l'aspettava, inverso Ferrara ove giunse alli 22 febbrajo di quest'anno 1578. „ Tre anni dopo il viaggio del Montaigne, nell'anno 1583, la superba nave fu rimessa in uso per trasportare per il Po a Ferrara, la sorella del re Filippo di Spagna, duchessa di Parma.

nouvelle fame,⁴ qui est belle & trop jeune pour lui, à l'envi de celui de Venise, pour la conduire sur la riviere du Po. Nous vismes aussi l'arsenal du Duc, où il y a une piece² longue de trente cinq pans,³ qui porte un pied de diametre.⁴ Les vins nouveaus troubles que nous beuvions, & l'eau tout ainsi trouble qu'elle vient de la riviere, lui faisoit peur pour sa colicque. A toutes les portes des chambres da l'hostelerie, il y a escrit: *Ricordati della boletta*. Soudein qu'on est arrivé, il faut en-

---

¹ Margherita Gonzaga, figlia di Guglielmo duca di Mantova.

² * *C'est-à-dire une couleuvrine.*

³ * *Le pan de France est de neuf pouces deux lignes, comme la palme de Gênes.*

⁴ Alfonso I, avolo del principe regnante ai tempi del Montaigne, fu intendentissimo di armi da fuoco, e gran fonditore di cannoni: inventò anche una macchina idraulica per la fabbricazione e granitura della polvere. Fra le sue artiglierie si ricordano la Colubrina *Giulia*, fusa nel 1512 col bronzo, che Alfonso acquistò dal reggimento di Bologna, della statua di Giulio 2°, opera di Michelangelo, atterrata e infranta l'anno antecedente, e su di essa è da vedere l'epigramma del Calcagnini: *Julii statua in tormentum conflata*: poi, il *Gran Diavolo* del calibro di 125, così menzionato dall'Ariosto: *Il gran diavolo, non quel dell'inferno, Ma quel del mio signor che va col fuoco, Che a terra, a cielo, a mar si fa dar loco*; e che con altre bombarde fu lasciato da Cesare d'Este al papa per la convenzione faentina: la *Regina*, colubrina doppia sforzata da 125, fusa da Annibale Borgognoni nel 1556, e che fu distrutta nello scorso secolo, ma della quale fortunamente rimase un disegno, rinvenutosi nel 1863, e riportato a pag. 314 dei *Documenti inediti sulle armi da fuoco italiane* del Maggiore A. Angelucci, che dice di cotesta colubrina esser " tale cui nessun altra delle conosciute, tanto italiane quanto straniere, potrebbe starle a pari „. La colubrina menzionata dal nostro autore è forse una di queste tre: probabilmente la *Regina*.

voyer son nom au magistrat & le nombre d'homes, qui mande qu'on les loge: autremant on ne les loge pas. Le jeudy matin nous en partimes, & suivimes un païs plein & très fertile, difficile aus jans de pied en tamps de fange, d'autant que le païs de Lombardie est fort gras, & puis les chemins etant fermés de fossés de tous costés, ils n'ont de quoy se garantir de la boue à cartier:[1] de maniere que plusieurs du païs marchent à-tout ces petites echasses d'un demy pied de haut. Nous nous randismes au soir, d'une trete, à

BOULONGNE, trante milles. Grande & belle ville, plus grande & puplée de beaucoup que Ferrare.[2] Au logis où nous logeames, le jeune seigneur de Montluc[3] y étoit arrivé une heure avant, venant de France, & s'arresta en ladite ville pour l'escole des armes et des chevaus. Le vendredy nous vismes tirer des armes le Vénitian qui se vante d'avoir trouvé des inventions nouvelles en cet art là, qui commandent à toutes les autres ; come de vray, sa mode de tirer est en beaucoup de choses differante des communes.[4] Le meilleur de ses escoliers estoit

---

[1] * *En se détournant du chemin battu.*

[2] L'anagrafi fatta nel 1569 constatò 71,731 abitanti nella città: ora sono 97,200.

[3] Si tratta qui probabilmente di un pronipote del guerriero e scrittore, Biagio di Montluc: forse di Carlo, morto all'assedio d'Ardres nel 1593. Del figlio di Biagio, ucciso a Madera, si fa menzione negli *Essais*, II, 8.

[4] Per quante ricerche abbiamo fatto non siamo riusciti a scoprire chi fosse questo maestro d'armi, veneziano ma dimorante a Bologna, che aveva fatto notevoli innovazioni nell'arte sua. Verso i tempi del Montaigne troviamo in Bologna Lelio de' Tedeschi, che si vantava di nuove invenzioni in materia, e che mise a stampa in Bologna nel 1605 gli attestati in favor suo dei migliori schermidori

un jeune home de Bordeaus, nomé Binet. Nous y vismes un clochier carré, antien, de tele structure, qui est tout pandant & samble menasser sa ruine.[1] Nous y vismes aussi les escoles des sciences, qui est le plus beau batiment que j'aye jamais veu pour ce service.[2] Le samedy après disner nous vismes des Comediens,[3] de quoi il se contenta fort, & y print, ou de quelque autre cause, une doleur de teste, qu'il n'avoit senti il y avoit plusieurs ans; & si, en ce tems là, il disoit se trouver en un indolence de ses reins, plus pure qu'il n'avoit acoustumé il y avoit longtasn, & jouissoit d'un benefice de vantre, tel qu'au retour de Banieres: sa doleur de teste lui passa la nuict. Cest une ville tout enrichie de beaus & larges portiques, & d'un fort grand nombre de beaus palais. On y vit comme à Padouë, ou environ, & a très-bonne raison; mais la

---

bolognesi, chiedendo un premio. Ma nel titolo stesso, che riferiamo per intero, egli si qualifica *bolognese: Raccolta delle fedi d'alcuni principi e signori italiani, che hanno conosciuto et provato il secreto di Lelio de' Tedeschi, cittadino bolognese, dichiarato primo inventore del vero et sicuro modo di levar nell'atto del ferire o del parare la spada di mano all'avversario. Dedicata al potentissimo et catolico Re di Spagna. In Bologna per Vittorio Benacci 1605.* — Potrebbe essere questo il maestro ricordato dal Montaigne, salvochè o egli equivocò qualificandolo veneziano, o si tratta di un veneziano che consegui la cittadinanza bolognese.

[1] La celebre torre gentilizia della *Garisenda*, che però non fu mai un *clocher*.

[2] L'Archiginnasio, cominciato nel 1563 con architettura del Terribilia, mentre era Legato il card. Carlo Borromeo, e dove le scuole universitarie rimasero sino alla fine del secolo scorso.

[3] Probabilmente la Compagnia dei *Confidenti*, che in questi anni fu di frequente a Bologna, raccomandata dal Duca di Mantova al Card. Cesi.

ville un peu moins paisible pour les parts antienes, qui sont entre des partis d'aucunes races [1] de la ville, desqueles l'une a pour soy les Francés de tout tamps, l'autre les Espaignols qui sont là en grand nombre.[2] En la place, il y a une très-belle fon-

[1] * *Maisons ou familles.*

[2] Nessuno fra gli storici bolognesi da noi riscontrati, nè alcuno fra i viventi eruditi nelle patrie memorie che interrogammo, ricorda che circa il 1580 vi fossero in Bologna fazioni che s'intitolassero da Francia e Spagna. Può essere, come afferma il Montaigne, che in Bologna fossero numerosi gli Spagnuoli: non tanto però da costituire un nucleo, che spalleggiasse una parte di cittadini. I giovani studenti del Collegio Spagnuolo, secondo i registri dell'istituto, per noi consultati dal dott. Lodovico Frati, danno per l'anno 1580 solo 9 alunni, nè certo questi, e pel numero esiguo e per l'età e per le loro occupazioni, potevano fomentare o favorire le ire civili. Che altri spagnuoli vi fossero, può essere. Notevole è però che fra i banditi, che avevano sempre aderenze in città e traevano alimento dalle dissensioni interne, si trovino allora appunto degli Spagnuoli: un bando riferito nella *Cronaca* ms. del GHISELLI nomina ai 14 maggio 1580 un Battista di Luca da Toledo e un Giov. Giacomo di Benedettino da Toledo: e può esser che da ciò, o da qualche cosa di simile, abbia origine e ragione ciò che il M. ha scritto. Scrittori del tempo parrebbero alludere a rivalità fra i Pepoli e i Malvezzi, e a fazioni che ne sarebbero sorte: ma il Senat. G. GOZZADINI (*Giovanni Pepoli e Sisto V*, Bologna, Zanichelli, 1879, pag. 342) osserva che quando accadde la catastrofe di Giovanni Pepoli, Pirro Malvezzi e i suoi gli offersero il loro patrocinio. I nomi dei quali più spesso si coprivano i banditi, erano quelli di Guelfi e Ghibellini. Nè facciano meraviglia alla fine del sec. XVI queste antiche e celebri denominazioni, colle quali si coprivano e si illustravano quasi, recenti e misere gare di famiglie e asprezze di sangue e caldezze di animi, riottosi e mal dirizzati dalle mani dei preti: dacchè le ritroviamo anche più tardi, nè solo in Bologna, ma in tutta Romagna, che *non è e non fu mai senza guerra*: guerra di fazioni, e izze di tiranni, che, secondo i tempi, sono o patrizi o plebei, ma tiranni sempre. E giova ri-

tene.¹ Le dimanche, il avoit délibéré de prandre son chemin à gauche vers Imola, la marche d'Ancone & Lorette, pour jouindre à Rome; mais un alemant lui dict qu'il avoit esté volé des bannis sur le duché de Spolete.² Einsin il print à droite vers Flo-

ferire questo curioso passo di una lettera di RICCARDO SADO a Cassiano del Pozzo, da Ravenna: " La città è divisa, come lei sa, in Guelfi et Ghibellini, et talmente, che l'uno non va alla Chiesa dell'altro, et cosi in piazza ognuno ha il suo quartiero: un sartore che serva una di queste parti non ha mai da sperare di servir l'altra, et cosi di tutte l'arti: il portare i capelli, il cappello, fettucce più in un modo che nell'altro, distingue l'una e l'altra fatione. Li giorni passati andai a caccia con la parte Guelfa, et questa settimana che viene spero andare con i Ghibellini, per camminar neutrale con queste genti (LUMBROSO, *Not. e Lett. del Card. del Pozzo*, Torino, 1875, pag. 155). „ E colla data della lettera siamo al 27 Gennajo 1633!

¹ La bella fontana, costrutta durante la legazione del Borromeo, fu architettata dal siciliano Laureti, e Gian Bologna vi fece la statua in bronzo del *Nettuno*. " Alla santificazione del Borromeo, scrive il GOZZADINI, *op. cit.* p. 194, fu ostacolo e per poco non fece impedimento il gruppo giambolognano del *Nettuno,* di paffute sirene e di putti, innalzato con gran sparagno di vesti durante la legazione nominale di lui, in una piazza e dinanzi al palazzo, che si diceva apostolico. Il che certo non era da imputare al verecondo Borromeo assente, ma sì bene al gusto troppo plastico del giovane prelato che ne teneva le veci (Pierdonato Cesi) „.

² Dei banditi del territorio di Spoleto, parla più innanzi il nostro autore; ma senza andare tanto in giù, il territorio bolognese tutto quanto era in preda ai banditi. Lo storico VIZZANI riferito dal GOZZADINI (*Op. cit.* pag. 19), scrive a questo modo: " Nel 1580 furono per la maggior parte del tempo non solamente Monte Valenti governatore ed i suoi officiali e sbirri, ma i soldati di palazzo e quei delle battaglie del contado, i cittadini ed i contadini, tutti occupati a contrastare coi banditi assassini e ladri di campagna, che in grossissime squadre sotto diversi capi, che sono indegni d'esser nominati, cosi di Guelfi come di Ghi-

rance. Nous nous jettames soudin dans un chemin aspre & païs montueux, & vinmes coucher à

Loyan, sese milles, petit village assés mal commode. Il n'y a en ce village que deus hosteleries, qui sont fameuses entre toutes celles d'Italie, de la trahison qui s'y fait aus passans, de les paistre de belles promesses de toute sorte 'de commodités, avant qu'ils mettent pied à terre, & s'en mocquer quand ils les tiennent à leur mercy: de quoy il y a des proverbes publiques.[1] Nous en partimes bon

bellini, sotto pretesto d'avere gravi inimicizie fra loro, infestavano il paese, rubando, assassinando ricchi e poveri, uccidendo grandi e piccoli, bruciando case e ville, taglieggiando i passeggeri, così paesani come forestieri, e facendo mille altre ribalderie, alle quali, con tutto che ogni giorno si fosse con essi alle mani, e che assai volte fosse premiato largamente chi uccidendoli portava le loro teste a Bologna, e che le loro case fossero saccheggiate e abbruciate, non era però possibile di riparare, onde ne restava tutto il contado afflitto ed i cittadini di mala voglia. „ · Fra i più pericolosi banditi che in quel tempo infestavano il contado bolognese, il Gozzadini ricorda il dottore Antonio Sassomolare, Mario Cirone, Annibale Machiavelli, Fortunio Boldrini, Giammaria Brunetti, Gregorio della Villa, Battistino del Tolè, Grazino da Scanello, che fu causa o pretesto della rovina di Giovanni Pepoli: e fra i patrizi bolognesi, il Conte Antonio de' Rossi, uno degli Orsi, e princpalissimo il *Conte Aloisio*, figlio naturale di Guido Pepoli. La sola masnada dei Sassomolari ammontava a quattro o cinquecento banditi (*Op. cit.* pagg. 25-33).

[1] Se non buona era la fama di Lojano e de' suoi osti, un viaggiatore de' tempi stessi del Montaigne, Lodovico Principe di Anhalt ci ha lasciato buon attestato dell'onestà dell'albergatore di Firenzuola: " Dopo il rinfresco nella terra di Lojano, fu continuato il viaggio fino a Firenzuola, dove passammo la notte. Qui mi accadde cosa, che mi pare degna di essere raccontata. Avevo una borsa piena di dubloni: erano ottanta pezze d'oro, per sopperire alle spese

matin lendemein, & suivismes jusques au soir un chemin qui, à la verité, est le premier de notre voïage qui peut se nommer incommode, & parmi les montaignes plus difficiles qu'en nulle autre part de ce voïage: nous vismes coucher à

SCARPERIE, vint & quattre milles. Petite villete de la Toscane, où il se vend force estuis & ciseaus, & semblable marchandise.[1] Il avoit là tous les plesirs qu'il est possible, au debat des hostes. Ils ont cete coustume d'envoïer audevant des etrangers sept ou huicet lieuës, les éconjurer de prandre leur logis. Vous trouverez souvent l'hoste mesme à cheval, & en divers lieus plusieurs homes biens vestus qui vous guetent; & tout le long du chemin, lui qui les vouloit amuser, se faisoit plai-

---

di viaggio. Tutt'ad un tratto il servo dell'oste venne correndo ed esclamando: Chi di voi ha perduta una borsa, alzi la voce! Toccando colla mano la tasca, e non trovandoci più nulla, dissi: Son io! Allora egli mi presentò la borsa chiusa, aggiungendo: Contate il danaro, per assicurarvi che non manca nulla. Così feci, e ritrovando tutto, regalai dieci dubloni all'onesto garzone, il quale, per non aggravar la sua coscienza, aveva voluto rendermi il mio, quantunque non ne fosse richiesto, nè si sapesse averlo egli trovato „: REUMONT, *Descrizione di Firenze nell'anno 1598 di Lodovico principe di Anhalt*, nell'*Accademia della Crusca*, l'Acceso; nell'*Arch. St.*, nuova serie, vol. x, pag. 104.

[1] Scarperia del Mugello, già Castel San Barnaba; terra costruita d'ordine della Repubblica fiorentina fin dal 1306, e che adottò per arme il giglio rosso come la madre patria. Anche al dì d'oggi durano a Scarperia in Mugello fabbriche di oggetti e strumenti in acciajo. Il principe di ANHALT così ne parla: " Pranzammo a Scarperia, dove si fa gran commercio di coltelli, di forbici e di stili, che ivi si fabbricano. In quel luogo il Granduca possiede delle acque, nelle quali si nutriscono molte pèrsiche, ivi portate dalla Carinzia, non trovandosene in altre parti della Toscana."

sammant entretenir des diverses offres que chacun lui faisoit, & il n'est rien qu'ils ne promettent. Il y en eut un qui lui offrit en pur don un lievre, s'il vouloit seulemant visiter sa maison. Leur dispute & leur contestation s'arreste aus portes des villes, & n'osent plus dire mot. Ils ont cela en général, de vous offrir un guide à cheval à leurs despans, pour vous guider, & porter partie de votre bagage jusques au logis où vous allez; ce qu'ils font toujours, & païent leur despense. Je ne scay s'ils y sont obligés par quelque ordonnance à cause du dangier des chemins. Nous avions faict le marché de ce que nous avions à païer & à recevoir à Loïan, dès Boulongne. Pressés par les jans de l'hoste où nous logeames & ailleurs, il envoioit quelqu'un de nous autres, visiter tous les logis, & vivres & vins, & santir les conditions, avant que descendre de cheval, & acceptoit la meilleure ; mais il est impossible de capituler si bien qu'on échape à leur tromperie : car où il vous font manquer le bois, la chandelle, le linge, ou le fouin que vous avez oblié à spécifier. Cete route est pleine de passans ; car c'est le grand chemin & ordinere à Rome. Je fus là averty d'une sotise que j'avois fait, ayant oblié à voir, à dix milles deça Loïan, à deus milles du chemin, le haut d'une montaigne, d'où en tamps pluvieus & orageus & de nuict,[1] on voit sortir de

---

[1] Si tratta del piccolo vulcano, detto più comunemente *i fuochi di Pietramala*.... Occupano, scrive il REPETTI, uno spazio di circa quattro braccia di diametro su di una pianeggiante pendice, fra mezzo a una roccia, spettante a una varietà di arenaria palestrina. Nel luogo circoscritto dalle fiamme i sassi di quell'arenaria subiscono una cottura, e dal grigio si cangiano in color di mattone, come se fossero esposti al fuoco lento di una fornace. La terra

la flâme d'une extrême hauteur ; & disoit le rapporteur qu'à grandes secousses il s'en regorge par fois des petites pieces de monnoie, qui a quelque figure. Il eût fallu voir que c'étoit que tout cela.

Nous partimes lendemein matin de Scarperia ayant notre hoste pour guide, & passames un beau chemein entre plusieurs collines peuplées & cultivées. Nous détournames en chemin sur la mein droi e environ deus milles, pour voir un palais que le Duc de Florence y a basti depuis douse ans, où il amploïe tous ses cinq sens de nature pour l'ambellir. Il samble qu'exprès il aïe choisy un'assiete incommode, stérile & montueuse, voir & sans fontenes, pour avoir cet honneur des les aler querir à cinq milles de là, & son sable & chaus à autres cinq milles. C'est un lieu, là, où il n'y a rien de plein.[1] On a la veue de plusieurs collines, qui est la forme universelle de cete contrée. La maison s'apelle *Pratellino*.[2] Le

---

che contorna lo spazio ardente appartiene alla stessa specie di roccia stratiforme di tinta nerastra, leggermente untuosa e quasi sciolta in renischio. Le fiamme sono costanti, meno il caso di un vento impetuoso che le soffoghi: poco apparenti di giorno, si mostrano visibilissime anche da lungi di notte. Esse si alzano ordinariamente da terra circa un piede, ma in tempi piovosi o umidi prendono maggior forza e accrescimento., Che queste fiamme ascendano a grande altezza e che gettino pezzi di metallo coniato sono fiabe da lasciarsi alla credulità popolare. Vero è però che spesso, e anche al dì d'oggi, in quei contorni si rinvengono pezzi di antiche monete, ma certo non escono dalle fiamme!

[1] * *Planum; d'uni.*

[2] *Pratolino*. Sopra un terreno acquistato da messer Benedetto degli Uguccioni e da altri, il Granduca Francesco I de' Medici incominciò nel 1573 la fabbrica della celebre villa di Pratolino, nota nella storia dell'arte toscana, ma della quale non rimane di presente che il parco

bastimant y est méprisable à le voir de louin, mais de près il est très-beau, mais non des plus beaus de notre France. Ils disent qu'il y a six. vints chambres mublées; nous en vismes dix ou douse de plus beles. Les meubles sont jolis, mais non magnifiques. Il y a de miraculeus, une grotte à

grandioso, posseduto dal principe Demidoff. Il BALDINUCCI nella *Vita del Buontalenti* lasciò scritto di aver trovato " in alcuni ricordi degni di fede, esser costata la fabbrica di Pratolino con suoi annessi, fino alla somma di 782 mila scudi. „ Architetto del bel palazzo, stoltamente atterrato nel nostro secolo per non spendere a restaurarlo, fu Bernardo Buontalenti. Lavorarono per adornare il parco e il giardino, Gian Bologna, Bartolommeo Amannati, G. B. Foggini e Antonio Ferri, il quale nel 1697 costruì al terzo piano della villa un bel teatro. Le amenità di questa bellissima villa medicea vennero descritte da FRANCESCO VIERI detto il VERINO, nel suo libretto: *Discorsi delle meravigliose opere di Pratolino* (Firenze, 1585), da BERNARDO SANSONE SGRILLI, nella *Descrizione della regia villa, fontane e fabbriche di Pratolino,* corredata di dodici tavole intagliate in rame, sei delle quali, le vedute scenografiche, sono opera di Stefano della Bella (Firenze, 1742, in fol.), e da altri di minor conto; lo cantò più volte TORQUATO TASSO, e GIOVANNI ROSINI vi dedicò parecchie pagine della sua *Monaca di Monza*. Alla descrizione del Montaigne accompagniamo quella del PRINCIPE DI ANHALT: " A piè dell'Apennino siede il palazzo di Pratolino, con giardino ricco di bellissimi giuochi d'acqua. La casa è costruita di pietra serena, e ben ripartita, quantunque abbia sale e stanze che servono solamente nel tempo estivo, quando si cerca di fuggire il caldo. Sopra una scala due fontane trovansi disposte in modo da far apparire, allorchè i raggi del sole le percuote, un arcobaleno coi suoi meravigliosi colori. Non meno ingegnosa è una grotta, che i forestieri vanno a vedere. Nel muro è incastrata una testa scolpita: a chi la tocca, una bacchetta di ferro dà sulla mano, non forte, ma si da ammonirlo di non provarsi una seconda volta. „

plusieurs demures[1] & pieces: cete partie surpasse tout ce que nous ayons jamais veu ailleurs.[2] Elle est encroutée[3] & formée partout de certene matiere qu'ils disent estre apportée de quelques montagnes,[4]

[1] * *Demeures ou niches.*
[2] Questa grotta grandiosa, divisa in sei compartimenti, messi artificiosamente in comunicazione fra loro, per l'ardita invenzione, per la ricca e felicissima esecuzione e per le macchine ingegnose che l'adornavano, dava prova splendidissima della singolare valentia del Buontalenti in cosifatto genere di costruzioni. Era situata dal lato di mezzogiorno, sotto il ballatoio o ringhiera che circondava il palazzo. Ciascuno dei sei compartimemti formava una grotta speciale: quella *della Spugna, della Galatea, della Stufa, dei Tritoni, e della Samaritana*, e la maggiore di tutte detta *del Diluvio*, per la gran quantità d'acque che da ogni lato e dallo stesso pavimento scaturivano, di maniera che i visitatori, senza addarsene, a un cenno del padrone o a piacere dei fontanieri, potevano esserne ricoperti. Nel Parco inferiore poi, erano altre tre grotte: *di Pane, della Fama e di Cupido*, non meno belle delle prime, nè meno ricche d'acque, ma più piccole assai. Questi ingegnosi giuochi d'acqua erano opera del celebre maestro Lazzaro, detto perciò *delle Fontane*, il quale aveva già diretto quelle del giardino di Boboli, e fece poi le altre delle ville di Castello e della Petraja. Quando nel 1582 il duca d'Urbino chiese al medico un maestro per condurre la sua fontana di Mirafiori, gli fu mandato senz'altro questo egregio artefice.
[3] * *Revêtue.* In Ital.: *incrostata.*
[4] Le spugne ond'erano principalmente incrostate queste grotte si trovano in quantità in Toscana. Ma non di sole spugne era composta la bizzarra e ingegnosa copertura delle mura e delle volte, bensì di madreperle, di coralli, di nicchi marini, di chiocciole, di pietre a più colori, di vetri, di pitture: insomma di tutto quanto la fantasia ferace dell'architetto seppe trovare per ottenere i desiderati effetti. Spugnoni poi di singolar grandezza per le principali fontane si fecero venire appositamente dalla Corsica.

& l'ont cousue à tout des clous imperceptiblemant. Il y a non-sulemant de la musicque & harmonie, qui se faict par le mouvemant de l'eau,[1] mais encore le mouvemant de plusieurs statues & portes à divers actes, que l'eau esbranle, plusieurs animaus qui s'y plongent pour boire, & choses samblables. A un sul mouvemant, toute la grotte est pleine d'eau, tous les sieges vous rejallissent l'eau aus fesses; &, fuiant de la grotte, montant contremont les eschaliers du cheteau, il sort d'eus en deus degrés de cet escalier, qui veut donner ce plesir, mille filets d'eau, qui vous vont baignant jusques au haut du logis. La beauté & richesse de ce lieu ne se peut représenter par le menu. Audessous du chasteau il y a, entre autres choses, une allée large de cinquante pieds, & longue de cinq cens pas ou environ,[2] qu'on a rendu quasi égale, à grande despanse; par les deus costés il y a des longs & trés beaus acoudouers de pierre de taille, de cinq ou de dix en dix pas; le long de ces acoudouers, il y a des surjons

---

[1] Anche questi organi ad acqua, che producevano gradevoli suoni nelle diverse grotte, erano opera del Buontalenti e di Lazzaro.

[2] Cinquecento braccia fiorentine. Lo stradone scendeva dolcemente, ornato di pietrami, con piccole vaschette e fontane, che gettavano acqua in copia. Da terra poi, di qua e di là, scaturivano, sol che si volesse, spessi e alti zampilli, che s'incrociavano in curva, componendo una gran parabola in forma di delizioso viale coperto, di acqua, sotto il quale si passava senza bagnarsi. Lo stradone esiste tuttavia nel parco Demidoff; del rimanente un simile viale vedesi anche di presente a Collodi, magnifica villa del march. Garzoni-Venturi in Valle Ariana sulla Pescia minore, e può dare una sufficiente idea di questi giuochi d'acqua di Pratolino, che il tempo e l'incuria distrussero.

de fontenes dans la muraille, de façon que ce ne sont que pouintes de fontenes tout le long de l'allée. Au fons, il y a une belle fontene qui se verse dans un grand timbre[1] par le conduit d'une statue de marbre, qui est une fame faisant la buée.[2] Ell' esprint une nape de marbre blanc, du degout de laquelle sort cet'eau, & au dessous, il y a un autre vesseau, où il samble que ce soit de l'eau qui bouille, a faire buée. Il y a aussi une table de mabre en une salle du chasteau, en laquelle il y a six places, à chacune desqueles on soubleve de ce mabre un couvercle à tout un anneau, audessous duquel il y a un vesseau qui se tient à ladite table. Dans chacun desdits six vesseaus, il sourd un tret de vive fontene, pour y refreschir chacun son verre, & au milieu un grand à mettre la bouteille.[3] Nous y vismes aussi des trous fort larges dans terre, où on conserve une grande quantité de nège toute l'année, & la couche lon sur une lettiere de herbe de genet, & puis tout cela est recouvert bien haut en forme de piramide de glu, come une petite grange. Il y a mille gardoirs,[4] & se bâtit le corps d'un geant,

---

[1] * *Bassin.*

[2] * *La lessive.* In Ital.: *il bucato.*

[3] Questa tavola di marmo misto a otto facce, e non sei come dice il Montaigne, aveva da ciascun lato un incavo ovale a guisa di rinfrescatorio, e nel mezzo un tondo similmente incavato, che con diversi ordigni formava molti e vaghi scherzi d'acqua. Quei fori poi per conservare la neve, dei quali è detto appresso, erano allora assai in uso, costumandosi alle mense bevere vini gagliardi e frizzanti sempre diacciati. Questa tavola però che il nostro autore pone in una sala della villa, da altre descrizioni parrebbe, ed è più probabile, che fosse nel parco, tra le ombre fitte di un artificiale boschetto.

[4] *Réservoirs.*

qui a trois coudées de largeur à l'ouverture d'un euil; le demurant proportionné de mesmes, par où se versera une fontene en grande abondance.[1] Il y a mille gardoirs & estancs,[2] & tout cela tiré de deus fontenes, par infinis canals de terre. Dans une très-belle & grande voliere nous vismes des petits oiseaus, come chardonerets, qui ont à la cuë[3] deus longues plumes, come celles d'un grand chappon. Il y a aussi une singuliere etuve. Nous y arrestames deus ou trois heures, & puis reprimes notre chemin, & nous randimes par le haut de certenes colines, à

---

[1] Qui si parla del famoso colosso, detto l'*Appennino*, opera di Gian Bologna, maestrevolmente restaurato nel 1877 di comissione del principe Demidoff, dal bravo artista fiorentino Rinaldo Barbetti. Il colosso sta seduto, e preme con la mano sinistra la testa d'un mostro, che versa abbondantissima acqua in una gran vasca sottoposta, o lago che voglia dirsi. Se questa figura fosse in piedi, non sarebbe minore di cinquanta braccia fiorentine. Il piede che rimane in prospettiva, e che il Barbetti dovette rifare per intiero, è lungo tre braccia. Tutta l'opera si compone di pietrami e di spugne, che sebbene appariscano gettate a caso sulla persona dell'*Appennino*, formandone la lunga e ispida barba e la chioma scarmigliata, sono disposte con tanto accorgimento e con tanto gusto, da lasciare scoperti perfino i muscoli di quelle membra gigantesche, modellate con la maggior bravura. Riferisce il BALDINUCCI, (*Vita di Gian Bologna*) che ad alcuni dei discepoli dello scultore " che eransi adoperati in quel lavoro, ciò fu di notabil danno, mercè l'aver eglino, per così dire, persa la mano, perchè dovendo poi lavorare in sulle statue d'ordinaria proporzione, pareva lor sempre di lavorare sopra muscoli dell'*Appennino*. „

[2] * *Étangs*.

[3] * *Queue*.

FLORENCE, 17 milles. Ville moindre que Ferrare [1] en grandeur, assise dans une plene, entournée de mille montaignettes fort cultivées. La riviere d'Arne passe au travers, & se trajette à tout des pons. Nous ne trouvasmes nuls fossés autour des murailles. Il fit ce jour là deus pierres & force sable, sans en avoir eu autre resantimant, que d'une legiere dolur au bas du ventre. Le mesme jour nous y vismes l'escurie du grand Duc,[2] fort grande, voutée, où il n'y avoit pas beaucoup de chevaux de prix: aussi n'y estoit-il pas ce jour-là. Nous vismes là un mouton de fort etrange forme; aussi un chameau, des lions, des ours, & un animal de la grandeur d'un fort grand mâtin de la forme d'un chat, tout martelé de blanc & noir, qu'ils noment un tigre. Nous vismes l'église St. Lau-

---

[1] Anche dentro alla quarta ed ultima cerchia delle sue mura, cadute ai giorni nostri, Firenze non era certo più piccola di Ferrara.

[2] Le *stalle* medicee erano state fabbricate nel 1515 da Lorenzo duca d'Urbino, in Piazza di S. Marco dal lato della via del Maglio, precisamente ov'è oggi l'Istituto di Studi superiori. Cosimo I e i suoi figliuoli Francesco I e Ferdinando I le ampliarono e le abbellirono assai. Francesco vi teneva da centocinquanta cavalli delle sue razze. Annesso a queste stalle era il serraglio delle fiere, fattovi trasferire da Cosimo nel 1550, quando per ingrandire Palazzo Vecchio, gli fu mestieri disfare l'antico serraglio de' Leoni della Repubblica, posto nella via che anche ora ne porta il nome. L'ANHALT cosi parla del serraglio: "Anche il serraglio dei leoni è da osservarsi in questo luogo, con intorno un'alta galleria di legno, dalla quale si vedono i combattimenti di questi animali. Talvolta si spinge contro ad essi un drago dipinto, con ale a rote, o si perseguitano con fiaccole, o si dà ai medesimi la caccia con porcospini, i quali si difendono col rizzare tutto all'intorno le loro punte. Spaventevole suona il ruggito dei leoni, quando sono irritati e tremanti dell'intero corpo."

rent, où pandent encore les enseignes¹ que nous perdismes sous le Mareschal Strozzi, en la Toscane.² Il y a en cete eglise plusieurs pieces en plate peinture & très-beles statues excellentes, de l'ouvrage de Michel Ange. Nous y vismes le Dôme, qui est une très-grande eglise, & le clochier tout revestu de mabre blanc & noir: c'est l'une des beles choses du monde & plus sumptueuses. M. de Montaigne disoit jusque lors n'avoir jamais veu nation, où il y eût si peu de beles fames que l'Italiene.³ Les logis, il les trouvoit beaucoup moins

[1] Queste bandiere francesi, prese dai cosimeschi a Scannagallo in numero di cento, dopo essere state per tre giorni esposte capovolte ai merli di Palazzo Vecchio, furono appese lungo il cornicione della maggior navata della Basilica di S. Lorenzo, e vi stettero finchè il tempo riducendole in brani, costrinse a torle via.

[2] Pietro Strozzi, del quale l'autore cercò e vide la tomba ad Epernay (v. pag. 8). Di esso dice negli *Essais*, II, 18: " Les plus notables hommes que j'aye jugé par les apparences externes (car, pour les juger à ma mode, il les fauldroit esclairer de plus prez) ce ont esté, pour le fait de la guerre et suffisance militaire, le Duc de Guyse, qui mourut à Orleans, et le feu mareschal Strozzi: pour gents suffisants et de vertu non commune, Olivier et l'Hospital, chanceliers de France. „ E nel cap. 34, parlando degli autori favoriti di illustri guerrieri, loda lo Strozzi " qui avoit prins Cesar pour sa part. „

[3] Negli *Essais*, III, 5, è meno severo, dicendo degli italiani: " Ils ont plus communement des belles femmes, et moins de laides que nous: mais de rares et excellentes beaultez, j'estime que nous allons à pair. „ E nel libro II, cap. 12, osserva che il tipo della bellezza italiana è la grossezza e grassezza: " Les Italiens la façonnent grosse et massifue: les Espaignols, vuidee et estrillee: et, entre nous, l'un la fait blanche, l'autre brune: l'un molle et delicate, l'autre forte et vigureuse: qui y demande de la mignardise et de la doulceur, qui de la fierté et majesté. „ Ma la varietà di giudizj e di gusti che l'autore attribuisce

commodes qu'en Francè & Allemaigne; car les viandes n'y sont ny en si grande abondance à moitié qu'en Allemaigne, ny si bien appretées. On

alla Francia, come più pratico d'essa, è invero d'ogni paese. Del resto di simili affrettati e parziali giudizj sul bel sesso e suoi costumi e prerogative, non si potrebbe far carico soltanto all'autor nostro, ma a molti altri, antichi e moderni. Odasi ad es. quello che un autore già altrove citato e dei tempi quasi del Montaigne, il LANDO, *Le Forciane questioni, nelle quali i vari costumi degli italiani e molte cose non indegne a sapersi si spiegano*, ecc., traduzione Paoletti, Venezia, Martinengo, 1857, dice delle donne delle diverse città d'Italia, sì rispetto all'aspetto fisico, come alle inclinazioni e costumi. Le Lucchesi, ei dice, sono " rinomate per pudicizia e ottime madri di famiglia, ed aggiugni espertissime nello allestire de' pranzi." Le Senesi " di bella presenza, di lodatissimi costumi, gravi ed anche dotte: si dilettano specialmente della lettura del Petrarca, di Dante e di altri scrittori di simil fatta." Le Fiorentine " delicatissime ed assai esperte nel persuadere: trattano con più indulgenza delle altre i figli, i servi, e tutta la famiglia." Le Pistojesi " di lingua facondissime, ma.... spesso a' mariti fanno mille curiosi imbrogli." Le Perugine " di bellissimo aspetto e di non ispregevoli costumi, non del tutto lontane dagli amori: il loro studio principale sta nel ben lavarsi e pulirsi le mani." Le Comasche " fanno i mariti beatissimi, quando piantano sulla testa loro dei diademi di montone." Le Romane " hanno molta gravità e religione." Quelle di Gaeta " sono sì dedite agli amori, che spesso abbandonano i mariti." Le Capuane " sono superbe, arroganti, e non attraggono nè per presenza, nè per costumi, nè per dovizie." Le Cosentine " ostinate e bugiarde, ma di gran penetrazione e talento." Le Napoletane " conducono seco uno stuolo di domestiche, costudiscono assai bene la propria casa, e rispettano religiosamente i loro mariti,". Le Beneventane " sono di un'aspetto rozzo:" quelle di Brindisi " di presenza ingenua, ma molto inerti." Le Picene " riescono difficili a giudicarsi, poichè troppo diligentemente vengono costudite." Le Bolognesi " hanno il corpo picnotto, il colore alquanto bruno, alle lacrime e ai so-

y sert sans larder & en l'un & en l'autre lieu; mais en Allemaigne elles sont beaucoup mieus assesonnées, & diversité de sauces & de potages. Les

spiri assai facili. „ Le Ferraresi " spogliano, smozzicano, lacerano i loro mariti: „ le Modenesi " d'ingenua e corrente natura. „ Le Ravennati " non vogliono che i loro amanti si disperino del tutto, sono piene di cortesia, ed hanno colore di mustella. „ Le Cesenati " incantano poco. „ Le Pesaresi e Urbinati, sebbene sembrino alquanto rozze " accolgono i forestieri con cortesia. „ Le Parmigiane e le Piacentine " sono di cuore avaro, duro e difficile. „ Le Pavesi " fanno mostra di gran castità, ma ridono a chi abbia la borsa piena di danaro. „ Le Milanesi " se non prevalgono alle altre per la forma del volto, non la cedono a veruna per la sodezza dei fianchi, pel movimento del corpo e per la fecondità dell'ingegno: ne ritroverai pochissime la cui pudicizia tu possa vincere per monti d'oro. „ Sono inoltre " peritissime ne' ricami a colori, econome assai, gradita è la loro conversazione, civilissime e ripiene di facezie, ed inclinate verso coloro che emergono nelle scienze e nella milizia. „ Le Piemontesi " cupide: „ le Lodigiane " superstiziose „; assai " dedite al lusso „ le Cremonesi. Le Vercellesi " amanti si degli stranieri, che de' loro connazionali. „ Le Genovesi " lascive, loquaci, piene di confidenza, ma di bella presenza, molto obbedienti a' desiderj de' loro amanti, che regalano di frequenti presentuzzi e di rado pelano: non facilmente soffrono di venire rinchiuse; abbracciano più di buon grado i proprj che gli stranieri: portano in giro con piacere rose e altri fiori olezzanti: salutano cortesemente quanti incontrano per via. „ Le Veneziane " amano avere biondi i capelli, e con molto artificio si fanno candida la cute; di bella presenza, ma nei gesti e costumi tengono delle meretrici: hanno le gambe piuttosto corte. Inoltre si prostituiscono per guadagno, molte ancora per solo amore, e per una certa inclinazione di buon grado ti compiacciono: sfoggiano soverchio lusso, sono inclinatissime ai piaceri: se si lasciano vincere dall'amore, il che avviene sovente, non fanno differenze, sia egli bello o brutto, di illustre o d'oscuro casato. „ Le Trivigiane " come le Vene-

logis en Italie, de beaucoup pires; nulles salles; les fenétres grandes & toutes ouvertes, sauf un grand contrevant de bois qui vous chasse le jour, si vous en voulez chasser le soleil ou le vent: ce qu'il trouvoit ben plus insupportable & irrémédiable que la faute des rideaus d'Alemaigne. Ils n'y ont aussi que des petites cahutes à tout des chetifs pavillons: un, pour le plus, en chaque chambre, à tout une carriole [1] au-dessous; & qui haïroit à coucher dur, s'y trouveroit bien ampesché. Egale ou plus grande faute de linge. Les vins communéemant pires; & à ceus qui en haïssent une douceur lâche,[2] en cete seson insupportable.[3] La cherté, a la vérité, un peu moindre. On tient que Florence soit la plus chere ville d'Italie. J'avoy faict marché avant que mon maistre arrivât,

ziane, ma sommamente gelose, quando hanno cominciato ad amare uno. Le Vicentine " amano con prudenza e costanza „: le Cremasche e Bergamasche, " ingannano e burlano gli amanti. „ Le Veronesi " abbastanza pudiche, sostenute e graziose „: le Bresciane " meglio di tutte governano la famiglia, e filano assai bene. „ Le Aretine " amano costantemente, e spesso celebrano con canzoni le lodi dei loro amanti. „ " Bravissime tessitrici „ le Faentine e Friulane: " amano ardentemente quelle di Gubbio: „ le Anconetane sono " avare „: " tranquillissime „ le Astigiane: " di molta intelligenza „ le Tortonesi e Novaresi. Ognuno vede quanto sieno arbitrarj questi giudizj, che abbiamo riferito come curiosità, non pei loro intrinseco ed assoluto valore.

[1] * *Lit à roulettes.*
[2] * *Fade, doucereuse.*
[3] Si faceva allora gran conto in Firenze della Malvagia e dell'Aleatico, vini piuttosto gravi e dolci, che, a quanto pare, non incontrarono il gusto del nostro autore: ma non difettavano già quelli crudi e frizzanti, e già i vini toscani avevano rinomanza,

à l'hostelerie de l'*Ange*,[1] à sept reales pour home & cheval par jour, & quatre reales pour home de pied. Le mesme jour nous vismes un palais du Duc, où il prant plesir à besouigner lui-mesmes, à contrefaire des pierres orientales & à labourer le cristal:[2] car il est Prince souingneus un peu de l'archemie & des arts méchaniques, & surtout grand architecte.[3] Landemein M. de Montaigne monta le premier au haut du Dôme, où il se voit une boule d'airain doré, qui samble d'embas de la grandur d'une bale, & quand on y est, elle se treuve capable de quarante homes.[4] Il vit là que le mabre de quoy cete eglise est encroutée, mesme le noir, co-

---

[1] L'albergo dell'*Agnolo*, fra più antichi di Firenze, era in Borgo S. Lorenzo, precisamente dove fu fino quasi ai dì nostri la Posta *della Campana*.

[2] Qui si allude al Casino di S. Marco in Via Larga, dove Francesco aveva raccolte le sue famose officine, che dopo il 1582, passarono nelle stanze ove poi fu collocata la Galleria degli Uffizj. Se riuscirono vani i tentativi alchimistici, non passarono senza lode quelli fatti dal principe Francesco per la formazione delle porcellane, la fabbrica delle così dette pietre o gemme false, dei cristallami, delle acque distillate e odorifere, e anche di medicinali, veleni e contravveleni, tenuti allora in gran conto.

[3] Che Francesco, allievo nel disegno del Buontalenti, s'intendesse di belle arti in genere, è ammissibile: che fosse e passasse per grand'architetto, non diremmo. Per tale fu poi tenuto suo fratello Don Giovanni, figliuolo della Eleonora degli Albizzi, che dette il disegno della Cappella medicea di S. Lorenzo.

[4] Non fu contento di esservi salito ed entrato il *Principe di Anhalt:* " Trovandomi sull'alto della cupòla, volli salire alla lanterna e finanche dentro la palla, per vedere come tutto fosse ben disposto. Entrai di fatto, ma con poco mio piacere non ne potei più uscire. Le maniche della giubba essendo troppo larghe per ripassare per l'apertura, e per occupare meno posto ad uscire da

mance deja en beaucoup de lieus à se demantir, & se font¹ à la gelée & au soleil, mesmes le noir; car cet ouvrage est tout diversifié & labouré, ce qui lui fit creindre que ce mabre ne fût pas fort naturel.² Il y voulsit voir les maisons des Strozzes & des Gondis,³ où ils ont encore de leurs parans. Nous vismes aussi le palais du Duc, où Cosimo son pere a faict peindre la prinse de Siene & nostre bataille, perdue.⁴ Si est-ce qu'en divers lieus de cete ville, & notammant audit palais aus antiennes murailles, les fleurs-de-lis tiennent le premier rang d'honnur.⁵ MM. d'Estissac & de Montai-

---

quelle tenebre, dovetti spogliarmi fino alla camicia. Mi bastò quel tentativo, non essendo affare per me, e così fuggii la solitudine e il pericolo. „ Se il racconto del principe pare un po' strano, ciò che il M. asserisce è assolutamente esagerato. Il diametro della palla di rame è di m. 2,40, e possono a fatica capirvi otto persone.

¹ * Se gerse, ou lézarde.
² È naturalissimo: ma questi marmi toscani, in specie il verde di Prato, vengono facilmente danneggiati dalle intemperie, e non sono di lunga durata.
³ Famiglie fiorentine, trapiantate in Francia. I Gondi vi divennero de Retz.
⁴ Le pitture della guerra di Siena, e in specie quella della rotta di Scannagallo, furono per ordine del duca Cosimo dipinte da Giorgio Vasari nelle pareti del gran salone.
⁵ Le armi gigliate o a fiordaliso che veggonsi dipinte fra quelle della Repubblica sotto gli sporti del Palazzo della Signoria, appartennero a Carlo e Roberto d'Angiò, reali di Napoli. Ricorda la prima di esse il dominio della città offerta dai Guelfi a Carlo nel 1267, la seconda la stessa offerta fatta a Roberto nel 1313, per la venuta di Arrigo VII. Gli stemmi poi coi gigli che vedonsi in più luoghi sopra monumenti, rammentano il prepotere in Firenze di parte guelfa, e le varie vicende che legarono i Fiorentini e i Medici alla casa di Francia.

gne furent au disner du grand Duc: car là on l'appelle ainsi. Sa fame estoit assise au lieu d'honnur; le Duc audessous; audessous du Duc, la belle-seur de la Duchesse; audessous de cete-cy, le frere de la Duchesse, mary de cete-cy. Cete Duchesse est belle à l'opinion italienne, un visage agréable & imprieux,[1] le corsage gros, & de tetins à leur souhait. Elle lui sambla bien avoir la suffisance d'avoir angeolé[2] ce prince, & de le tenir à sa dévotion long-tamps. Le Duc est un gros home noir, de ma taille,[3] de gros mambres, le visage & contenance pleine de courtoisie, passant tous-iours descouvert au travers de la presse de ses jans, qui est belle. Il a le port sein, & d'un homme de quarante ans. De l'autre costé de la table étoint le Cardinal,[4] & un autre june de dix-huict ans: les deus freres du Duc.[5] On porte à boire à ce Duc

[1] * *Impérieux, imposant.*
[2] * *Enjollé.*
[3] Della *taille* di chi? del Montaigne, o dei segretario? Certo del Montaigne, che qui senza dubbio dettava: nè il segretario era stato al pranzo granducale. Quanto alla *taille* del nostro autore, egli stesso negli *Essais*, II, 17, la dice: "un peu au-dessous de la moyenne.... forte et ramassée." E ciò conviene anche con quello che scrive dell'aspetto di Francesco I.
[4] Ferdinando de' Medici nato nel 1549, fu fatto cardinale da Pio IV nel 1563. Fu protettore di Spagna e dei minori osservanti. Assistè ai conclavi di Pio V, Gregorio XIII e Sisto V, e fu tra i porporati di maggior autorità, per la famiglia a cui apparteneva e per proprio valore. Nel 1588 alla morte del fratello, spogliò la porpora e gli successe come Granduca, sposando Cristina di Lorena.
[5] Qui si parla, oltrechè del Cardinale, di Bianca Cappello veneziana, già favorita del principe, e poi da lui sposata e fatta granduchessa nel 1579. Il fratello e la

& à sa fame dans un bassin, où il y a un verre plein de vin descouvert, & une bouteille de verre pleine d'eau; ils prennent le verre de vin & en versent dans le bassin autant qu'il leur samble; & puis le ramplissent d'eau eus-mesmes, & rasséent[1] le verre dans le bassin que leur tient l'échanson. Il metoit assés d'eau; elle quasi pouint.[2] Le vice cognata che le stavano appresso, sono Vettor Cappello ed Elena sua moglie, anch'essa di casa Cappello, che allora si trovavano in Firenze. L'altro fratello di Francesco è evidentemente Don Giovanni, figliuolo della Eleonora Albizzi: Don Pietro era allora in Spagna ai servigj di Filippo II.

[1] * *Remettent, ou posent.*

[2] Sul modo di mangiare e bere del granduca, trovansi curiosi particolari nella Lettera di GIAN VITTORIO SODERINI sulla morte del medesimo, pubbl. dal GUERRAZZI, *Isabella Orsini*, nota al cap. v., e nella quale si assegnano le cause della morte di Francesco: " troppa continua beuta d'elisir, e suo aquerello, et acqua arzente, e da mezzi minerali alchimiata e alterata: immoderata e nociva familiarità con l'olio di vetriolo, e uso troppo frequente di acqua di cannella stillata; e mangiare paste e composizioni calide, torte con tutta sorte di speziarie, giangiovi, noce moscada, garofani e pepe, polpe di capponi, fagiani, francolini, pernici, starne e passere minutamente tritate, intrise con rossi d'uova, crusca di zucchero e farina inzaffranata: sorbire prima di pasto, fra pasto e dopo pasto continuamente uova con pepe lungo di Spagna pesto: empirsi sempre di cibi grossi triviali, e di robaccia dura a smaltire, come agli d'India con pepe nero, cipolle, porri, scalogne, aglietti, malige crude, ramolacci, radici, rafani tedeschi, raponzoli, carciofi, cardoni, gobbi, sedani, nuchette e nasturzi indiani, castagne, pere, funghi, tartufi, e in istraboccchevole quantità sorte di ogni formaggio: bere vini crudi, frizzanti, raspanti, indigesti, grechi fumosi e gagliardi, e vino di Spagna, di Portercole e di Reno, lacrima, chiarello, vino di Cipro, malvagia, Candia, vino secco di Spagna, di Corsica, di Pietra nera con la neve, avendo lo stomaco frigidissimo e il fegato caldissimo.... Questo e altro faceva. „

des allemans de se servir de verres grans outre mesure, est icy au rebours de les avoir extraordinairemant petits.[1] Je ne scay pourquoy cete ville soit surnommée belle par privilege; elle l'est, mais sans aucune excellence sur Boulogne, & peu sur Ferrare, & sans compareson au dessous de Venise. Il faict à la vérité beau decouvrir de ce clochier, l'infinie multitude de maisons qui ramplissent les collines tout a tour, à bien deus ou trois lieues à la ronde, & cette pleine où elle est assise qui samble en longur avoir l'étandue de deus lieuës; car il semble qu'elle se touchent, tant elles sont dru semées.[2] La ville est pavée de pieces de pierre plate sans façon & sans ordre.[3] L'après disnée eus quatre jantilshommes & un guide, prindrent la poste pour aller voir un lieu du Duc qu'on nome *Castello*. La maison n'a rien qui vaille; mais il y a diverses pieces de jardinage, le tout assis sur la pante d'une coline, en maniere que les allées droites sont toutes en pante, douce toutefois & aisée: les transverses sont droites & unies. Il

---

[1] Poteva qui il Montaigne illustrare questa differenza nella capacità dei bicchieri con ciò ch'ei scrisse negli *Essais*, II, 2: „Les Allemands boivent quasi egualment de tout vin avecques plaisirs: leur fin c'est l'avaller, plus que le gouster."

[2] Ricorre qui alla mente ciò che l'ARIOSTO cantò di Firenze:

    Se dentro un mur, sotto un medesmo nome
Fosser raccolti i tuoi palagi sparsi,
Non ti sarian da pareggiar due Rome.

[3] Questo lastrico quantunque irregolare, era un pregio di Firenze, quando in specie le primarie città d'Italia avevano vie male ammattonate, o ciottolate, o anche, le più, sterrate assolutamente.

s'y voit-là plusieurs bresseaux[1] tissus & couvers
fort espès: de tous abres odoriferans, come ce-
dres, ciprès, orangiers, citronniers, & d'oliviers,
les branches si jouintes & entrelassées, qu'il est
aisé a voir que le soleil n'y sauroit trouver antrée en sa plus grande force. Les tailles de cyprès,
& de ces autres abres, disposés en ordre si voisins
l'un de l'autre, qu'il n'y a place à y passer que
pour trois ou quatre.[2] Il y a un grand gardoir,
entre les autres, au milieu duquel on voit un rochier contrefaict au naturel, & samble qu'il soit
tout glacé audessus, par le moïen de cete matiere
de quoi le Duc a couvert ses grottes à Pratellino.
& audessus du roc une grande medalle de cuivre,
representant un home fort vieil, chenu, assis sur
son cul, ses bras croisés: de la barbe, du front &
poil duquel coule sans cesse de l'eau goutte à
goutte de toutes parts, représentant la sueur & les
larmes, & n'a la fontene autre conduit que celui là.
Ailleurs ils virent, par très-plesante expérience,
ce que j'ai remerqué cy dessus: car se promenant
par le jardin, & en regardant les singularités, le
jardinier les aïant pour cet effect laissé de compagnie, come ils furent en certin endroit à contempler
certenes figures de mabré, il sourdit sous leurs
pieds & entre leurs jambes, par infinis petits trous,
des trets d'eau si menus, qu'ils étoint quasi invisi-
bles, & représentans souverenemant bien le dégout [3]

---

[1] * *Berceaux.*
[2] Di questa maniere di tenere i boschi e i giardini vi
hanno tuttora vecchi esempj in Italia: in Firenze basterà
ricordare il Giardino di Boboli.
[3] * *Le distillement: stillicidium.*

d'une petite pluïe, de quoy ils furent tout arrosés, par le moïen de quelque ressort souterrin, que le jardinier remuoit à plus de deux çans pas de là, avec tel art que de là en hors, il faisoit hausser & baisser ces élancemens d'eau, come il lui pleisoit, les courbant & mouvant à la mesure qu'il vouloit: ce mesme jeu est là en plusieurs lieux. Ils virent aussi le maistresse fontene qui sort par le canal de deus fort grandes effigies[1] de bronse, dont la plus basse prant l'autre entre les bras, & l'étrint de toute sa force; l'autre demy pasmée, la teste ranversée, samble randre par force par la bouche cet'eau, & l'elance de tele roideur, que outre la hauteur de ces figures, qui est pour le moins de vint pieds, le tret de l'eau monte à trante-sept brasses au delà.[2] Il y a aussi un cabinet entre les branches d'un abre tous-iours vert, mais bien plus riche que nul autre qu'ils eussent veu: car il est tout etoffé des branches vifves & vertes de l'abre, & tout-partout ce cabinet est si fermé de cete verdure, qu'il n'y a nulle veuë qu'au travers de quelques ouvertures qu'il faut praticquer, faisant escarter les branches çà & là; & au milieu, par un cours[3] qu'on ne peut deviner, monte un surjon d'eau jusques dans ce cabinet, au travers & milieu d'une petite table de mabre.[4] Là se faict aussi la

---

[1] * *Statues.*

[2] La famosa fonte a otto facce di Niccolò detto *il Tribolo*, che passa meritamente per una delle più belle d'Italia. Però il gruppo in marmo dell'Ercole che soffoca Anteo, dalla bocca del quale sgorga cosi gran copia di acqua, è opera di Bartolommeo Ammannati.

[3] * *Par des tuyaux chachés, ou masqués.*

[4] Il lettore può farsi una idea di questa stanzina, incavata artificiosamente in una quercia, esaminando una

musicque d'eau, mais ils ne la peurent ouïr; car il étoit tard à jans qui avoint à revenir en la ville. Ils y virent aussi le timbre[1] des armes du Duc tout au haut d'un portal, très-bien formées de quelques branches d'abres nourris & entretenus en leur force naturelle par des fibres qu'on ne peut guiere bien choisir. Ils y furent en la seison la plus ennemie des jardins, qui les randit encore plus emerveillés.[2] Il y a aussi là une belle grotte, où il se voit toute sorte d'animaus represantés au naturel, randant qui par bec, qui par l'aisle, qui par l'ongle ou l'oreille ou le naseau, l'eau de ces fontenes.[3] J'obliois qu'au palais de ce prince en l'une des sales il se voit la figure d'un animal à quatre pieds, relevé en bronse sur un pilier, représanté au naturel, d'une forme étrange, le devant tout écaillé, & sur l'eschine je ne sçay quelle forme de mambre, come des cor-

---

dolle tavole di Stefano della Bella, nell'opera sopra ricordata dello Sgrilli, avendone Don Francesco de' Medici fatta cavare una simile in Pratolino per entro una quercia smisurata. Vi si ascendeva per due rustiche scale che l'attorniavano, e poteva contenere otto persone comodamente sedute a tavola.

[1] * *L'écusson des Médicis.*
[2] Il Principe di Anhalt scrive di Castello quanto segue: " Si andò a vedere il giardino con tutte le sue belle cose. In un lago circolare sorge un' isoletta con in mezzo Nettuno, figurato in un vecchio con lunga barba. Traversando un sotterraneo si giunge alla statua, dalla quale, quando ti avvicini, ti viene incontro una pioggia fina d'acqua fresca: se poi si chiude la porta del sotterraneo, uno si trova bagnato in modo da dover cambiare le vesti. Nel giardino fiorisce un albero di pistacchi selvatici, coi rami accomodati con molt'arte, grande abbastanza per dar luogo a venti tavole all'ombra sua, di cui godemmo fuggendo il sole. „
[3] Anche quest'altra fontana è opera del Tribolo.

nes.¹ Ils diseut qu' il fut trouvé dans une caverne de montaigne de ce païs, & mené vif il y a quelques années. Nous vimes aussi le palais où est née la Reine mere.² Il vousit, pour essayer toutes les commodités de cete ville, come il faisoit des autres, voir des chambres à louër, & condition des pansions; il n'y trouva rien qui vaille. On n'y trouve à loeur des chambres qu'aus hosteleries, à ce qu'on lui dît, & celes qu' il vit, propres & plus cheres qu'à Paris beaucoup, & qu'à Venise mesme; & la pansion chetisve, à plus de douze escus par mois pour maistre. Il n'y a aussi nul exercice qui vaille, ny d'armes ny de chevaux ou de lettres.³ L'estein est rare en toute cete con-

¹ La famosa *Chimera* in tanti modi da tanti illustrata, che verso il 1554 si rinvenne nel cavar fossi e apprestar fortificazioni attorno le mura di Arezzo, è tenuta anche oggidì per uno dei singolari ornamenti del museo Etrusco di Firenze. Rispetto poi ad essere immagine di un animale trovato vivo, è cosa data a intendere al Montaigne, che troppo facilmente vi credette.
² Caterina de' Medici, nata nel Palazzo Medici di Via Larga il 13 Aprile 1519.
³ Questo giudizio del Montaigne a niuno apparirà conforme al vero. È una delle solite affrettate sentenze di frettolosi viaggiatori. Che non vi fosse in Firenze esercizio di arti cavalleresche, non par possibile. A buon conto, diciotto anni dopo, il ricordato principe di ANHALT troyava in Firenze parecchi dei suoi connazionali che ve le imparavano: un conte di Wied che apprendeva il ballo e il suono della tiorba da un dottor Capio " dottore in medicina, non in diritto, abilissimo ed esperto anche in geometria, nella scherma e nel cavalcare:,, un Jacopo Bellin, gentiluomo della marca di Brandeburgo " venuto da Dresda a Firenze per imparar bene l'arte della cavallerizza, in cui da parecchi anni si esercitava:,, un nobile di Misnia, Gioacchino di Loss, " intento ad imparare l'arte del liuto, in cui impiegava quasi tutto il tempo, volendo re-

trée. & n'y sert-on qu'en vesselle de cete terre-peinte, assés mal propre.[1] Judy au matin, 24° de Novembre, nous en partismes,[2] & trouvames un païs médiocremant fertile, fort peuplé d'habitations. & cultivé partout, le chemin bossu & pierreus;

carla a perfezione. „ Che poi a Firenze, in quei tempi, non vi fosse niuno studio di lettere, è inutile fermarsi e confutarlo: già dal 1540 era sorta l'*Accademia fiorentina*, e un anno dopo la visita del Montaigne si fondava quella *della Crusca*.

[1] Se lo stagno difettava in Firenze, presso i benestanti erano in uso vasellami di rame ed anche d'argento. E quelle terre colorate che il nostro autore disprezza, erano molto migliori di certe che si adoperano comunemente oggidì, e talune ricercate adesso e tenute care per bontà della materia e bellezza di lavoro.

[2] E par che ne partisse senza troppo rammarico, nè troppa viva ammirazione per la città de' fiori. La quale viene invece esaltata dal Principe tedesco nella citata sua relazione, dalla quale togliamo questo cenno della vita e delle consuetudini fiorentine, nella stagione estiva: " Alle undici della mattina i signori solevano far convegno in piazza del Duomo, per trattenersi ivi fino al suono della campana di mezzogiorno, che chiamava ognuno a casa a far colazione. Anche verso sera, alle ventiquattro, radunavansi, passando cosi un'ora, e tornando poi a pranzo. Di nuovo si usciva la notte, per goder del fresco in alcune strade e piazze..... Il Palazzo vecchio ha davanti alla facciata una ringhiera, che si alza d'alcuni piedi sul suolo, sulla quale la sera per mezz'ora si suonano le più grate e allegre sinfonie. Gran folla di popolo sta li ascoltando con piacere, e nel tempo medesimo si fa conversazione, e si sentono le nuove della corte e della città, e dei fatti d'ognuno. Di lì poi si torna in Piazza del Duomo, dove la conversazione continua fino a notte avanzata. La mattina, all'avemaria di mezzogiorno, molta gente suole adunarsi anche in Mercato Nuovo, dove si trova un'altissima loggia: luogo assegnato a mercanti, i quali fanno ivi ogni giorno gli affari loro. „

& nous randimes fort tard, d'une tre'e qui est fort longue, à

SIENE, trante deus milles, quatres postes; ils les font de huict milles plus longues qu'ordinairemant les nostres. Le Vandredy il la reconnut curieusemant, notamant pour le respect de nos guerres. C'est une ville inégale, plantée sur un dos de colline, où est assise la meilleure part des rues; ses deus pantes sont par degrès ramplies de diverses rues, & aucunes vont encore se relevant contre-mont, en autres haussures.[1] Elle est du nombre des belles d'Italie, mais non du premier ordre, de la grandur de Florance: son visage la tesmoigne fort antienne. Elle a grand foison de fontenes, desqueles la pluspart des privés desrobent des veines, pour leur service particuliers.[2] Ils y ont des bones caves & fresches. Le Dôme, qui ne cede guiere à celui de Florance, est revetu dedans & dehors quasi partout, de ce mabre ci: ce sont des pieces carrées de mabre, les unes espesses d'un pied, autre moins, de quoi ils encroutent, come d'un lambris, ces batimans faicts de bricques,

---

[1] * *En différentes gradations.*

[2] Le acque che alimentano le pubbliche fonti e molte fonti di privati sono raccolte dai diversi stillicidj dei colli circostanti alla città, e quivi condotte per mezzo di lunghe e spaziose gallerie o acquedotti sotterranei praticabili, chiamati volgarmente *bottini*, che diramandosi portano le acque in più punti della città. Credono alcuni che questi bottini esistessero fin da quando Siena era colonia romana: certo si è che la Repubblica fin dal sec. XIII, e forse prima, cominciò a spendere somme assai considerevoli per questi lavori sotterranei, che sono veramente un'opera grandiosa ed ammirabile d'ingegneria del medio evo. Anche oggi molti privati godono di queste vene d'acqua per loro uso particolare, ma essi " *ne les desrobent pas* „: bensì le pagano al Comune.

qui est l'ordinere matiere de cette nation. La plus bele piece de la ville, c'est la place-ronde, d'une très-bele grandur, & alant de toutes parts se courbant vers le palais, qui faict l'un de visages de cete rondur, & moins courbe que le demurant.¹ Vis-à-vis du palais, au plus haut de la place, il y a une très-belle fontene, qui par plusieurs canals, ramplit un grand vesseau, où chacun puise d'une très-belle eau.² Plusieurs rues viennent fondre en cete place par des pavés tissus en degrés.³ Il y a tout plein de rues, & nombres très antiennes: la principale est cele de Piccolomini, de celle-là,⁴ de Tolomei, Colombini, & encore de Cerretani.⁵ Nous vismes des

---

[1] Ed invero la piazza di Siena, detta in antico *Piazza del Campo* oggi *Vittorio Emanuele,* non è rotonda; ha la forma d'una conchiglia, o piuttosto d'un mantello disteso. Nella parte più bassa di questa piazza è situato il bellissimo palazzo della Repubblica, oggi del Comune, colla sua svelta ed elevata torre detta del *Mangia.* Questo palazzo fu costruito sulla fine del sec. XIII e ai primi del XIV.

[2] È questa la così detta *Fonte Gaia,* bellissima opera di scultura di Giacomo della Quercia, che la eseguì dal 1412 al 1419. Quest'opera, essendo assai deperita, fu rifatta ai tempi nostri, sull'antica forma, dal valente scultore senese Tito Sarrocchi.

[3] Le strade che mettono nella piazza sono undici: in origine erano dodici, ma una fu chiusa in tempi piuttosto lontani da noi: oggi son tre sole le strade a scalinata.

[4] * *Et après celle-là.*

[5] Qui probabilmente s'intende parlare dei palazzi di queste famiglie, non di strade, chè di strade con quei nomi non si ha memoria che siano esistite in Siena. Due sono gli antichi palazzi *Piccolomini* che si ammirano anche oggi tra gli edifizj più belli della città: quello di Via Rinaldini presso la piazza Vittorio Emanuele, il quale appartiene al Governo e dove sono collocati gli uffici di finanza e l'Archivio di Stato; l'altro in Via di Città, detto in antico delle *Papesse,* passato poi in proprietà dei Ne-

tesmoignages de trois ou quatre çans ans. Les armes de la ville qui se voient sur plusieurs piliers, c'est la Louve qui a pandus à ses tetins Romulus & Remus.[1] Le Duc de Florance trete courtoisement les grans qui nous favorisarent, & a près de sa personne, Silvio Piccolomini,[2] le plus suffisant

rucci, ed oggi della Banca Nazionale. Il primo fu costruito nel corso di 40 anni tra il 1461 e il 1500 circa, a spese di Pio II e dei suoi nipoti Jacopo e Andrea Piccolomini Todeschini: il secondo fu costruito fra il 1468 e il 1471 a spese di Caterina Piccolomini sorella minore del detto Pontefice. Si credono ambedue disegnati da Bernardo Rossellino; ed in vero nello stile si rassomigliano molto, quantunque il primo, a comparazione dell'altro, sia assai più grandioso e veramente magnifico. — Il palazzo *Tolomei*, dinanzi alla piazza dello stesso nome, fu fabbricato nel 1205: ammirabile nella sua severa semplicità, è il solo tra i molti edifizj senesi del Medio Evo, che si sia conservato fino a noi quasi intatto nella sua forma originale. Simile a questo era il palazzo e torrione dei *Cerretani*, sulla detta piazza del *Campo* oggi *Vittorio Emanuele:* ma nel secolo scorso, minacciando rovina, fu in parte demolito, in parte restaurato e rifatto; sicchè oggi non restano che pochi avanzi della sua antichità. Il palazzo *Colombini* passato nel secolo scorso, coll'estinguersi di questa casata, nella famiglia Della Ciaia, appartiene oggi ai signori Costantini. È un edifizio elegantissimo del Rinascimento, di cui da qualcuno vuolsi autore Francesco di Giorgio Martini.

[1] Nel Medio Evo, tra il xiv e il xv sec. fu volgare credenza che Siena avesse avuto comune con Roma l'origine: di qui la lupa coi gemelli, adottata come insegna della città.

[2] Questo Silvio Piccolomini discendente diretto di Caterina sorella minore di Pio II, appartiene al ramo dei Piccolomini signori di Sticciano, terra di Maremma, e fu figliuolo di quell'Enea Piccolomini detto *delle Papesse*, il quale si acquistò bella fama nella storia degli ultimi tempi della libertà senese, per la parte che ebbe nella famosa cacciata delli Spagnoli, e pel suo valor militare. Silvio

jantilhome de notre tamps à toute sorte de science
& d'exercice d'armes. Come celui qui a principalement à se garder de ses propres sujects, il aban-
donne à ses villes le souin de les fortifier, & s'atache
à des citadelles qui sont munitionnées & guardées

Piccolomini datosi fin da giovanetto al mestiere delle armi,
seppe procacciarsi un nome assai segnalato tra gl'italiani
che, nelle lunghe guerre onde fu travagliata l'Europa nel
XVI e nel XVII secolo, si acquistarono all'estero sul campo
di battaglia onori e gloria. Combattè da prima in Fiandra, come capitano di fanteria; poi in Ungheria e in Transilvania contro i Turchi, dove, nel 1589, raggiunse il grado
di Sergente Maggiore Generale di tutte le milizie italiane
combattenti in quella guerra. Ritornato in patria ed eletto
dal Granduca Ferdinando I Cavaliere Stefaniano col titolo
di Gran Connestabile, prese parte a più spedizioni contro
i Barbareschi, nelle quali riportò nuovi allori, specialmente nella presa di Bona in Africa nell'anno 1607, dovuta in gran parte alla sua prontezza e al suo ardire. In
seguito a quest'impresa di Bona, lo stesso G. D. lo elesse
generale d'artiglieria. Il Piccolomini aggiunse alle rare
virtù militari le più perfette qualità del gentiluomo;
onde godè molto favore alla corte medicea sotto Francesco I e più ancora sotto Ferdinando I, che, insieme agli
altri ufficj ed onori confertigli, affidò a lui l'educazione
del suo figlio Cosimo, il quale, successo poi nel granducato, tenne sempre il Piccolomini come suo più favorito
ministro. Egli aggiunse, per eredità, a quello di Piccolomini il cognome d'Aragona; morì in Firenze il 21 Giugno
1614 e fu sepolto in Siena nella chiesa di S. Agostino.
Ebbe più figliuoli: uno di questi fu il Cardinale Ascanio,
amico del Galilei, il quale (com'è volgare tradizione) fu
suo ospite in Siena nel 1633; e del Galilei fu amico e protettore anche lo stesso Silvio e l'altro suo figlio Enea,
come si ha da una lettera pubblicata dall'Albèri (GALILEI,
Opere, T. VI. 71, e seg.). Ma dei figliuoli di Silvio quello
che illustrò maggiormente il suo casato fu il Generale
Ottavio Piccolomini celebre nella guerra dei Trent'anni.
Questo ramo dell'illustre famiglia Piccolominea si estinse
nel 1758.

avec toute despance & diligeance, & avec tel supçon qu'on ne permet qu'à fort peu de jans d'en aprocher. Les fames portent des chapeaus en leurs testes, la pluspart. Nous en vismes qui les ostoint par honeur, come les homes, à l'endret de l'élevation de la Messe. Nous etions logés à *la Couronne*,[1] assés bien, mais tousiours sans vitres & sans chassis. M. de Montaigne étant enquis du concierge de Pratellino, come il étoit étonné de la beauté de ce lieu, après les louanges, accusa fort la ledur des portes & fenestres de grandes tables de sapin, sans forme & ouvrage, & des serrures grossieres & nieptes,[2] come celes de nos villages, & puis la couverture des tuiles creus; & disoit, s'il n'y avoit moyen ny d'ardoise ni de plomb ou airin, qu'on devoit au moins avoir caché ces tuiles par la forme du batimant: ce que le concierge dit qu'il le rediroit à son maistre. Le Duc laisse encore en estre[3] les antiennes marques & divises de cete ville, qui sonent partout LIBERTÉ; si est-ce que les tumbes & épitaphes des francès, qui sont morts, ils les ont emportées de lurs places & cachées en certein lieu de la ville, sous coleur de réformation du batimant & forme de leur église.[4]

---

[1] L'Albergo della *Corona* si trovava nella via.... ora *Via Cavour*, alla casa oggi segnata di N°. 32: e rimase in vita fin verso il 1850. Negli ultimi tempi avevano recapito in quest'albergo le diligenze che, prima della costruzione della via ferrata, facevano servizio postale tra Siena e le provincie limitrofe; ma nei tempi antichi era il pincipale albergo della città, dove prendevano alloggio gli stessi Ambasciatori presso la Repubblica ed altri pezzi grossi che capitassero in Siena.

[2] * *Ineptes, peu sûres.*

[3] * *Laisse subsister.* Ital.: *in essere.*

[4] Quanto vi sia di vero in quest'accusa che il Montaigne pare rivolga ai Senesi, d'avere, per paura o per met-

Le Samedy 26, aprés disner, nous suivismes un pareil visage de païs, & vinsmes souper à

BUONCOUVENT, douze milles,[1] *Castello* de la Toscane : ils appellent einsin des villages fermés, qui pour leur petitesse ne méritent pouint le nom de ville. Dimenche bien matin nous en partismes, & parce que M. de Montaigne desira de voir

MONTALCIN, pour l'accouintance que les françois y ont eu, il se destourna de son chemin à mein droite, & avec MM. d'Estissac, de Mattecoulon & du Hautoi, ala audict Montalcin, qu'ils disent estre une ville mal-bastie, de la grandur de Saint-Emilion,[2] assise sur une montaigne des plus hautes de toute la contrée, toutefois accessible. Ils rancontrarent que la grand'messe se disoit, qu'ils ouïrent. Il y a, à un bout, un chateau où le Duc tient ses garnisons; mais à son avis tout cela n'est guiere fort, etant ledict lieu commandé d'une part par une autre montaigne voisine de çant pas. Aus terres de ce Duc, on meintient la mémoire des françois en si grande affection, qu'on ne leur en faict guiere souvenir, que les larmes ne leur en viennent aus yeux, la guerre mesmes leur samblant plus douce, avec quelque forme de liberté, que la paix qu'ils jouis-

tersi in grazia dei nuovi signori, rimossi e nascosti gli epitaffi dei Francesi morti in Siena, non saprei dire: ciò che può notarsi è questo, che dei Francesi, durante l'ultima guerra, ne morirono di certo, ma ignorasi in quale chiesa si seppellissero, nè rimane, che si sappia, delle loro sepolture, nessun epitaffio.

[1] Cioè dodici miglia da Siena, presso il confluente dell'Arbia coll'Ombrone. In questo castello moriva, com'è noto, nel 1313, Arrrigo VII di Luxemburgo.

[2] * *Bourg de l'élection de Bordeaux.*

sent sous la tyrannie¹. Là, M. de Montaigne s'informant s'il n'y avoit point quelques sepulchres des françois, on lui respondit qu'il y en avoit plusieurs en l'église S. Augustin, mais que par le commandemant du Duc on les avoit ensevelis.² Le chemin de cete journée fut montueus & pierreus, & nous randit au soir à

LA PAILLE,³ vint trois milles. Petit village de cinq ou six maisons au pied de plusieurs montai-

---

¹ Quando la Città di Siena, dopo lunga ed eroica difesa contro le armi spagnuole, stretta dalla fame, dovette capitolare e darsi in mano a Carlo V, (17 Aprile 1555), molti cittadini Senesi, 435 popolani e 242 gentiluomini, tutti armati, colle loro mogli e figliuoli, anzichè sottostare alla perdita della libertà della patria, lasciarono il luogo nativo, e si ritirarono, com'è noto, in Montalcino, città ben munita e che, per essere situata sur un alto e ripido monte, ben si prestava alla difesa: insieme con loro si ritirarono in Montalcino anche le poche milizie francesi che stavano alla difesa di Siena, sotto il comando del Maresciallo di Monluc. Colà ordinarono una nuova repubblica, che prese il nome di *Repubblica senese ritirata in Montalcino*, e che difesero per quattro anni valorosamente contro le armi cesaree: ma, per la pace di Castel Cambresis, i Senesi furono abbandonati da Francia alla mercè di Cosimo de' Medici, ed anche Montalcino fu costretta a capitolare. Al tempo del Montaigne, essendo decorsi poco più di venti anni dalla pace di Castel Cambresis, doveva essere tuttora molto viva nei montalcinesi la memoria della perduta libertà. Dei sepolcri francesi nella chiesa di S. Agostino, di cui parla il nostro autore, non si conoscono memorie.

² * *Chachés, enfouis.*

³ Non si comprende di che luogo voglia qui parlare il Montaigne; forse ha egli scambiato il nome d'un luogo con quello di un fiume: ovvero allora quelle poche case prendevano nome dal fiume. La *Paglia*, confluente del Tevere nasce dalla pendice orientale del Mont'Amiata, e bagna nel suo corso superiore l'estremità meridionale del l'antico Stato e dell'attuale provincia Senese.

gnes steriles, & mal plaisantes. Nous reprimes notre chemin lendemein bon matin le long d'une fondriere fort pierreuse, où nous passames & repassames çant fois un torrant qui coule tout le long. Nous rancontrames un grand pont[1] basti par ce pape Gregoire, où finissent les terres du Duc de Florance, & entrames en celes de l'Eglise. Nous rancontrames

ACQUAPENDENTE,[2] qui est une petite ville, & se nome je crois einsin à cause d'un torrant, qui tout jouignant de là, se précipite par des rochiers en la pleine. Delà nous passames

S. LAURENZO qui est un Castello, & par

BOLSENO[3], qui l'est aussi, tournoïant autour du lac qui se nome Bolseno, long de trante milles & large de dix milles, au milieu duquel se voit deus rochiers come des isles, dans lesquels on dict estre

---

[1] Ponte Centino, del quale cosi parla l'ambasciatore GIOVANNI CORRARO: " Ha fatto (il Papa) anco un ponte sopra il fiume Paglia sul cammino della Toscana, a beneficio dei viandanti, che ogni anno prima vi se ne affogavano molti „: (*Relaz. Venete*, X, 274).

[2] Ha questo nome dalla sua posizione sul pendio di una montagna silvestre, donde cadono, offrendo un bellissimo punto di vista, le acque di un piccolo torrente. Fu feudo degli Sforza, donde ritornò alla Chiesa. Conta circa 4 mila abitanti: è celebre per aver dato la nascita al medico Girolamo Fabrizi, detto più comunemente Fabrizio d'Acquapendente.

[3] Bolsena, l'antica *Volsinium*, sul margine del *lacus Vulsiniensis*. Le isole del lago hanno nome *Bisentina*, e Marta o Malta o Martana. Nella prima fu imprigionata Amalasunta. La seconda serviva di prigione ai chierici delinquenti. Dante la ricorda, come anche *le anguille di Bolsena in la vernaccia*, di che era ghiotto papa Martino di Tours.

des monasteres, nous nous randismes d'une trete par ce chemin montueus & sterile à

MONTEFIASCON, vint-six milles. Villette assise à la teste de l'une des plus hautes montaignes de toute la contrée. Elle est petite, & monstre avoir beaucoup d'antienneté.[1] Nous en partimes matin, & vinmes à traverser une bele pleine & fertile, où nous trouvames

VITERBO,[2] qui avoit une partie de son assiette couchée sur une croupe de montaigne. C'est une belle ville, de la grandur de Sanlis. Nous y remercames beaucoup de belles maisons, grande foison d'ouvriers, belles rues & plesantes; en trois endroits d'icelle, trois très-beles fontenes. Il s'y fût arresté pour la beauté du lieu, mais son mulet qui aloit devant, etoit desja passé outre. Nous commenceames là à monter une haute côte de montaigne, au pied de laquelle au deça, est un petit lac qu'ils

---

[1] Il Montaigne avrebbe potuto ricordare il singolare monumento colla iscrizione *Est Est Est*. Vogliono alcuni che questa appartenga ad un Giovanni Deuc vissuto nel XII secolo, che per amore del moscadello bevuto in Montefiascone, e già segnalatogli da un suo servo colle celebri parole, lasciò, morendo, alla città tutto il suo. " Dura tuttora quel bene, dice il MORONI, *Dizion.*, ad voc., e riuniti i fondi lasciati dal Deuc al Comune per un atto di concordia stipulato tra il card. Barbarigo ed i comunisti, fruttano oltre il mantenimento dell'ospedale a sollievo dei poveri della città, quattro posti gratuiti ai figli de' cittadini patrizi per essere educati tra i convittori del seminario. „ Altri invece vogliono che il monumento spetti a un Giovanni de Foucris, forse dei Fugger di Augusta.

[2] Antica città etrusca, ricostruita dai Longobardi, ben fabbricata, con strade regolari lastricate di lava, con bella piazza e portici, belle fontane, eleganti palazzi, e molti giardini intorno. Fa circa 10000 abitanti.

noment de Vico.¹ Là, par un bien plesant vallon, entourné de petites collines, où il y a force bois (commodité un peu rare en ces contrées-là) & de ce lac, nous nous vinmes rendre de bonne heure à
ROSSIGLIONE,² dix-neuf milles. Petite ville & chateau au Duc de Parme, comme aussi il se treuve sur ces routes plusieurs maisons & terres appartenans à la case Farnèse. Les logis de ce chemin sont des meilleurs, d'autant que c'est le grand chemin ordinere de la poste. Ils prennent cinq juilles³ pour cheval à courre, & à louer deux juilles pour poste; & à cete mesme reisons, si vous les voulés pour deus ou trois postes ou plusieurs journées, sans que vous vous mettés en nul souin du cheval: car de lieu en lieu les hostes prennent charge des chevaux de leurs compaignons; voire, si le vostre vous faut, ils font marché que vous en puissiés reprandre un autre ailleurs sur vostre chemin. Nous vismes par experience qu'à Siene, à un flamant

---

¹ Il lago *Cyminius*, ricordato da Virgilio nel VII dell'*Eneadi*.

² RONCIGLIONE, a 34 miglia da Roma, di circa 4 mila abitanti, è posto in amena situazione, con case fabbricate quasi tutte di tufo e grandioso castello. Insieme con Castro e Caprarola, villa signorile, architettata dal Vignola e dipinta dagli Zuccaro, formava il ducato dei Farnesi, eretto per essi da Paolo III. È celebre la comica guerra a cui il ducato servì di pretesto ai tempi di Urbano VIII e dei Barberini. Il ducato finì ai tempi di Innocenzo VIII colla distruzione di Castro e l'incorporamento dello stato nel dominio ecclesiastico (1650), non senza qualche altro episodio guerresco ai tempi di Alessandro VII, e finanziario a quelli di Clemente X.

³ Giuli, moneta coniata da Giulio III, onde ebbe il nome, che, dice il VARCHI, equivaleva a 13 soldi e 4 danari. Cinque giulj verrebbe circa L. 2, 80.

qui estoit en nostre compaignie, inconnu, estrangier, tout sul, on fia un cheval de louage pour le mener à Rome, sauf qu'avant partir, on païe le louage; mais au demeurant le cheval est à vostre mercy, & sous vostre foy que vous le metrés où vous prometés. M. de Montaigne se louoit de leur coustume de disner & de souper tard, selon son humeur: car on n'y disne, aus bonnes maisons, qu'à deus heures après midy, & soupe à neuf heures; de façon que, où nous trouvames des comédians, ils ne comançent à jouer qu'à six heures aus torches,[1] & y sont deus ou trois heures, & après on va souper. Il disoit que c'estoit un bon païs pour les paresseux, car on s'y leve fort tard. Nous en partîmes lendemein trois heures avant le jour, tant il avoit envie de voir le pan de Rome. Il trouva que le serein donnoit autant de peine à son estomac le matin que le soir, ou bien peu moins, & s'en trouva mal jusqu'au jour, quoyque la nuit fût sereine.[2] A quinse milles nous découvrimes la ville de Rome, & puis la reperdismes pour longtems. Il y a quel-

---

[1] *Aux lumières.*

[2] Abbiamo già visto (p. 111) l'A. lagnarsi della guazza mattutina e serotina. Anche negli *Essais*, III, 13: "Combiens des nations, et a trois pas de nous, estiment ridicule la creinte du serein, qui nous blece si apparement! et nos bateliers et nos païsans s'en mocquent.... J'avois toujours apprains que le serein ne s'espandoit qu'à la naissance de la nuict: mais, hautant ces annees passees familierement et long temps, un seigneur imbu de cette creance, que le serein est plus aspre et dangereux sur l'inclination du soleil une heure ou deux avant son coucher, lequel il evite soigneusement, et mesprise celuy de la nuict, il a cuidé m'imprimer, non tant son discours que son sentiment."

ques villages en chemin, & hostelleries. Nous rancontrames aucunes contrées de chemins relevés & pavés d'un fort grand pavé, qui sambloit à voir, quelque chose d'antien, & plus près de la ville, quelques masures évidemmant très antiques, & quelques pierres que les Papes y ont faict relever pour l'honneur de l'antiquité. La plus part des ruines sont de briques, tesmoings les Termes de Diocletian, & d'une brique petite & simple, come la nostre; non de cete grandur & espessur qui se voit aus antiquités & ruines antienes en France & ailleurs. Rome ne nous faisoit pas grand' monstre à la reconnoistre de ce chemin. Nous avions louing sur nostre main gauche, l'Apennin, le prospect du païs mal plaisant, bossé, plein de profondes fandasses, incapable d'y recevoir nulle conduite de gens de guerre en ordonnance: le terroir nud sans abres, une bonne partie stérile, le païs fort ouvert tout autour & plus de dix milles à la ronde, & quasi tout de cete sorte, fort peu peuplé de maisons. Par là nous arrivames sur les vint heures, le dernier jour de Novembre, feste de Saint André, à la porte del Popolo, à

ROME, trante milles. On nous y fit des difficultés, come ailleurs, pour la peste de Gennes.[1] Nous vinmes

[1] La peste, detta di Genova, cominciò, come si rileva dalla *Lettera del signor* BARTOLOMEO PASCHETTA *scritta al chiariss. signor Paolo Loredano a Vicenza, nella quale si ragiona della peste di Genova, ecc.* (Genova, Guasco, 1656), ad apparire coll'agosto del 1579 a Pontedecimo, introdottavi, a quanto taluno affermò, dagli Spagnuoli, che nel gennaio v'erano sbarcati per andare a Milano, e de' quali parecchi erano già per via soggiaciuti al morbo. In città principiò alla fine di agosto, e presto vi inferocì specialmente fra il popolo. Le vittime furono 28 mila, e il male durò anche l'anno appresso, incutendo timore a tutta la

penisola. Le provvisioni di Gregorio XIII per preservarne i suoi stati risalgono al 79. Egli ordinò che sì in Civitavecchia, come negli altri luoghi marittimi, si usassero tutti quei preservativi creduti atti a difendersene, deputando inoltre guardie a cavallo e a piedi, che invigilassero su chi veniva: " ma, scrive il MAFFEI (*Annali di Gregorio XIII*, Roma, Mainardi, 1742, II, 462), principalmente si armò con orazioni, limosine e digiuni, quali furono il vero propugnacolo di un sì grave pericolo „.

Negli *Essais*, III, 12, il n. a. fa un vivo ritratto della Peste: " La veue de ma maison m'estoit effroyable: tout ce qui y estoit, estoit sans garde et à l'abandon de qui en avoit envie. Moy, qui suis si hospitalier, feus en trespenible queste de retraicte pour ma famille: une famille esgaree, faisant peur à ses amis et à soy mesme, et horreur où qu'elle cherchast à se placer: ayant à changer de demeure, soubdain qu'un de la troupe commenceoit à se douloir du bout du doigt; toutes maladies sont alors prinses pour peste; on ne se donne pas le loisir de les recognoistre. Et c'est le bon, que, selon les regles de l'art, à tout dangier qu'on approche, il fault estre quarante jours en transe de ce mal: l'imagination vous exerceant ce pendant à sa mode, et enfiebvrant vostre santé mesme „. E così descrive la condizione della povera gente del contado: " Generalement, chascun renonceoit au soing de la vie: les raisins demeurerent suspendus aux vignes, le bien principal du païs: touts indifferemment se preparants et attendants la mort, à ce soir ou au lendemain, d'un visage et d'une voix si peu effroyee, qu'il sembloit qu'ils eussent compromis à cette necessité, et que ce feust une condemnation universelle et inevitable.... J'en veis qui craignoient de demeurer derriere, comme en une horrible solitude: et n'y cogneus communement aultre soing que des sepultures; il leur faschoit de veoir les corps espars emmy les champs, à la mercy des bestes, qui y peuplerent incontinent.... Tel, sain, faisoit desja sa fosse: d'aultres s'y couchoient encores vivants; et un manoeuvre des miens, avecques ses mains et ses pieds, attira sur soy la terre en mourant. „ Quanto a sè, il Montaigne non temeva, ma stava in continue sollecitudini pe' suoi: " Tout cela m'eust beaucoup moins touché, si je n'eusse eu à me ressentir de la peine d'aultruy, et servir six mois miserablement

loger à l'*Ours*,¹ où nous arrestames encore lendemein,
& le deuxieme jour de décembre primes des cham-

de guide à cette caravane: car je porte en moy mes pre-
servatifs, qui sont: resolution et souffrance. L'apprehension
ne me presse gueres, laquelle on craint particulierement
en ce mal; et si, estant seul, je l'eusse voulu prendre,
c'eust esté une fuyte bien plus gaillarde et plus esloin-
gnee: c'est une mort qui ne me semble des pires: elle est
communement courte, d'estourdissement, sans douleur,
consolee par la condition publicque, sans cerimonie, sans
dueil, sans presse „.

¹ La locanda *dell'Orso* era nella via già detta *Sistina*,
da Sisto IV che la fece lastricare (V. RUFINI, *Dizionario
etimologico-storico delle strade, piazze, borghi e vicoli della
città di Roma*, Roma, Salviucci, 1847, pag. 154), e che poi
fu detta *dell'Orso* dalla figura di quest'animale, scolpito
in marmo all'angolo di *Via del Soldato* o *dei Soldati*.

„ Les hommes de qualité... allaient descendre à *l'Ours*,
l'hôtellerie à la mode depuis longtemps, probablement
depuis Sixte IV, car les piliers octogones de la vieille ma-
sure ont le caractère de l'époque. Ce vénérable établis-
sement existe toujours. Il ne reçoit plus que des marchands de la campagne et des rouliers. Mais, pendant
son existence quatre fois séculaire, il a vu de meilleurs
jours. Ses petites chambres pourraient raconter une bonne
partie de l'histoire secrète de Rome. Les grands personnages, les cardinaux étrangers qui voulaient garder l'in-
cognito pendant deux ou trois jours, les voyageurs de distinction, les jeunes prélats, ceux qui cherchaient fortune
à Rome, les premiers touristes connus, Montaigne est du
nombre, descendaient à *l'Ours*. Le cardinal André d'Autriche l'habitait pendant un voyage d'agrément, espérant
se soustraire ainsi aux ennuis de la vie officielle. Mais il
fut découvert à la fenêtre par un cardinal qui passait, et
obligé d'accepter l'hospitalité du Vatican. C'est là qu'il
mourut entre les bras de Clement VIII, enlevé par une
courte maladie. Un voyageur français assiste à son en-
terrement, et voit les patriarches et les archevêques suivre
à cheval le cercueil du prince „: HUBNER, *Sixte-Quint*, II, 82.

Nel 1881 fu decretata, ma non posta, questa iscrizione,

bres de louage chés un espaignol, vis-à-vis de Santa Lucia della Tinta.[1] Nous y estions bien accommodés de trois belles chambres, salle, garde manger, escuirie, cuisine, à vint escus par mois, sur quoi l'hoste fournit de cuisinier & de feu à la cuisine. Les logis y sont communéemant meublés un peu mieus qu'à Paris, d'autant qu'ils ont grand foison de cuir doré, de quoi les logis qui sont de quelque pris, sont tapissés. Nous en pusmes avoir un à mesme pris que du nostre, *au Vase d'or* [2] assés près

la quale meriterebbe piuttosto esser collocata davanti a S. Lucia della Tinta, ove il Montaigne dimorò più a lungo:

S. P. Q. R.
IN QUESTA ANTICHISSIMA LOCANDA DELL'ORSO
ALLOGGIAVA NELL'ANNO MDLXXX IL MORALISTA FRANCESE
MICHELE MONTAIGNE
AUTORE DEL LIBRO DEI SAGGI
CHE MOLTO CONTRIBUÌ AI PROGRESSI DELLA NUOVA FILOSOFIA
IL SENATORE DI ROMA
CON DECRETO DEL MDLXXXI
CONFERIVAGLI
LA CITTADINANZA ROMANA.

[1] La casa abitata dal Montaigne in Via Monte Brianzo, poichè da lui è descritta dirimpetto alla Chiesa di S. *Lucia della Tinta*, dev'essere quella segnata al presente col n°. 25.

La chiesa evidentemente si chiamò a quel modo perchè la strada era abitata da tintori, come si disse *S. Carlo ai Catinari, S. Caterina ai Funari, S. Angelo in Pescheria*, ecc.

[2] Non riesce trovar memorie di questa osteria *al Vaso d'oro*. Nel sec. XVI si trova bensì ricordata in Banchi, vale a dire non molto lungi dall'*Orso*, un'osteria della *Testa d'oro*, tenuta da Giovanni Ricuart e Appollonia sua moglie, ambedue tedeschi (V. AMATI, *Dei prezzi delle derrate a Roma ai tempi di Raffaello*). Vi era anche in quei tempi la locanda di *Monte d'oro*, che diede il nome alla piazza tuttora cosi chiamata.

de là, mublé de drap d'or & de soie, come celui des rois; mais outre ce que les chambres y estoint sujettes,[1] M. de Montaigne estima que cete magnificence estoit non-sulemant inutile, mais encore pénible pour la conservation de ces meubles, chaque lict estant du pris de quatre ou cinq çans escus. Au nostre, nous avions faict marché d'estre servis de linge, à peu près come en France; de quoi, selon la coustume du païs, ils sont un peu plus espargneus. M. de Montaigne se faschoit d'y trouver si grand nombre de françois, qu'il ne trouvoit en la rue quasi personne qui ne le saluoit en sa langue.[2] Il trouva nouveau le visage d'une si grande court, & si pressée de prélats & gens d'église, & lui sambla plus puplée d'homes riches & coches & chevaus, de beaucoup que nulle autre qu'il eût jamais veue. Il disoit que la forme des rues en plusieurs choses, & notammant pour la multitude des homes, lui represantoit plus Paris, que nulle autre où il eût jamais esté. La

---

[1] * *À trop de soins, assujétissantes, ou trop dépendantes les unes des autres.* — L'ultimo è il vero significato: è ciò che in italiano dicesi: *schiave*.

[2] " J'ay honte de veoir nos hommes enyvrez de cette sotte humeur, de s'effaroucher des formes contraires aux leurs; il leur semble estre hors de leur element, quand ils sont hors de leur village: où qu'ils aillent, ils se tiennent à leurs façons, et abominent les estrangieres. Retrouvent ils un compatriote en Hongrie, ils festoient cette adventure; les voilà à se rallier, et à se recoudre ensemble, à condamner tant de moeurs barbares qu'ils voeyent: pourquoy non barbares, puis qu'elles ne sont françoises?.... Au rebours, je peregrine tressaoul de nos façons; non pour chercher des Gascons en Sicile: j'en ay assez laissé au logis: je cherche des Grecs plustost, et des Persans: j'accointe ceulx là, je les considere: c'est là où je me preste, et où je m'employe. „: *Essais*, III. 9.

ville est, d'à-cette-heure, toute plantée le long de la riviere du Tibre, deça & dela. Le quartier montueus, qui estoit le siege de la vieille ville, & où il faisoit tous les jours mille proumenades & visites, est scisi [1] de quelques églises & aucunes maisons rares, & jardins des Cardinaus. [2] Il jugeoit par bien claires apparences, que la forme de ces montaignes & des pantes estoit du tout changé de l'antienne, par la hauteur des ruines, & tenoit pour certin qu'en plusieurs endroits nous marchions sur le feste des maisons toutes antieres. Il est aisé à juger, par l'arc de Severe, que nous somes à plus de deus picques au dessus de l'antien planchier: & de vrai, quasi partout, on marche sur la teste des vieus murs, que la pluye & les coches decouvrent. Il combattoit ceus qui lui comparoint la liberté de Rome à celle de Venise, principalement par ces argumens: que les maisons mesmes y estoint si peu sûres, que ceus qui y apportoint des moïens un peu largemant, estoint ordineremant conseillés de donner leur bourse

---

[1] * *Coupé:* de scissus.

[2] I quartieri *dei Monti,* che ora cominciano a ripopolarsi di case e di abitanti, erano ai tempi del Montaigne quasi deserti, od occupati solo da poche ville e vigne, specialmente di Cardinali. Citiamo, ad esempio, la nota dei possessori del Quirinale dal 1550 al 1600, cavata da un documento contemporaneo: " *Cardinale di Carpi — Patriarcha Aquileiae — Leonardus Boccacius — Card. Ferrariae* (Villa d'Este, poi palazzo estivo e giardini pontificj del Quirinale: cominciò la fabbrica Gregorio XIII, la compiè Sisto V) — *Episcopus Interamnae — Domus Pomponii Attici — Iacobattius — Ascanius de Cornea* (Palazzo e giardini Rospigliosi) — *Episcop. Mutius.* „ E più giù Bandini e Colonna: il giardino del Quirinale del card. Ottavio Bandini era rinomatissimo. Sul pendio nord, la Villa Sforza, poi Palazzo Barberini.

en garde aus banquiers de la ville, pour ne trouver leur coffre crocheté, ce qui estoit avenu à plusieurs: *Item*, que l'aller de nuit n'estoit guiere bien assuré[1]: *Item*, que ce premier mois, de décembre, le

---

[1] Mai forse come durante il pontificato di Gregorio, si trovarono meno sicure le persone e le cose degli abitanti di Roma e dello stato: e merita in proposito di esser letta la efficace narrazione fatta dal GUALTIERI nel proemio alle sue *Effemeridi*, così ben tradotto dal GIORDANI (*Op. edite ed ined.* VI. 64). Già abbiamo accennato ai fuorusciti che infestavano Bologna e la Romagna. Le città e il contado erano preda di bande armate, capitanate spesso da violenti d'illustre casato, come Alfonso Piccolomini duca di Montemarciano, un Del Monte della famiglia di Giulio 3°, Lamberto Malatesta, Marco Sciarra, Evandro Campello, Ottavio Avogadro, il conte Lionello, ecc. (V. GOZZADINI, *op. cit.*, pag. 12). Il Piccolomini, che confessava di aver già a 25 anni commesso 370 omicidi, dette lungamente da fare al Papa; nell'81 si impadronì di Montalboddo, e fece ballare i suoi sulla pubblica piazza (MAFFEI, *op. cit.*, II, 213): poi si avvicinò a Roma dalla parte di Corneto, e nell'Agosto era tra Ponte Molle e Prima porta, tre in quattro miglia dalle mura, con più di duecento seguaci, parte a cavallo parte a piedi, egregiamente armati e vestiti. "Vien detto da persone che sanno assai, scriveva l'oratore veneto LEONARDO DONADO, che la sua intenzione era di passare un giorno armato all'improvviso per mezzo a Roma da porta a porta (MUTINELLI, *Storia arcana e anedott. d'Italia, raccontata dai veneti ambasciatori*, Venezia, Narratovich, 1855, I, pag. 130)„. Nell'84, il Piccolomini, che era protetto dal granduca di Toscana, per intermezzo del card. di Como, fu perdonato ed assoluto, e passò in Francia, dove " introdotto alle due maestà, fu molto ben veduto, ed ebbe carezze straordinarie (MAFFEI, II, 389)„. Altro celeberrimo bandito fu il prete Guercino, che intitolavasi Re della provincia di Campagna, e la trinciava anche da papa; " arrivò tant'oltre la sua malizia e l'ardimento, che non dubitava di contrafare la dignità pontificia, nell'assoluzione dei peccati e nelle concessioni di grazie (MAFFEI, II, 357)„. Nell'84, mercè l'intercessione di Mons. Ode-

general des Cordeliers fut demis soudenemant de sa charge & enfermé, pour en son sermon, où estoit le

scalchi, Gregorio stava per assolverlo "da 44 omicidi commessi, ma mentre si faceva l'espedizione, è venuta nova che il ribaldo ha ammazzato quattro suoi inimici in un castello (MUTINELLI, pag. 155)". La sua banda fu distrutta soltanto ai tempi di Sisto V. Celebri anche erano il bandito Giacomo del Gallo, che si faceva chiamare *Papa dei banditi*, vestiva da principe e portava un'aurea collana con medaglione d'oro, sopravi inciso: *Jacobus Gallus princeps Romandiolae* (GOZZADINI, pag. 13); Marianaccio l'antropofago, l'Uomo selvatico, Giovanni Valenti, detto il *Prete ardentino*, che vantavasi *Re delle maremme*, Sacripante, la Morte, Checco da Fabriano, Fabrizio della Ripa, Antonello da Sora, Curcieto da Sambuco, ed altri assai. I provvedimenti del pontefice erano inefficaci. Nel 79 il commissario Rhetica marciava con 400 fanti contro i banditi di Campagna (MAFFEI, II, 72): nell'80 Gregorio "deputava con piena potestà e forze bastanti due legati di valore, l'uno per Bologna che fu il Card. Cesi, l'altro che fu il card. Sforza per l'Umbria, Camerino, Marche e Romagna... ma non si puotè però tagliar la mala erba in modo che non tornasse incontinente a germogliare (IDEM, pag. 156)"; nell'81 contro il Piccolomini furono spediti Jacopo Vitelli e Latino Orsini, e posta sul capo del bandito la taglia di 4 mila scudi (IDEM, pag. 212); e contro Lamberto Malatesta e Alessandro Amici, armati uomini e galee (IDEM, 215). Nell'82 i carcerati nelle prigioni di Corte Savella, Campidoglio e Tordinona, senza tener conto delle carceri di Castello, di Borgo e del S. Uffizio, erano, secondo rilevasi da una nota degli *Avvisi di Roma*, ben 6450, dei quali 36 furono puniti nel capo (GNOLI, *Vittoria Accoramboni*, Storia del sec. XVI, Firenze, Succ. Le Monnier, 1870, pag. 220). Nell'83 fra l'Umbria e le Marche si trovavano cinquecento banditi, e Ascoli era in mano loro, sicchè genti armate furono spedite in tutte le parti dello stato (MAFFEI, pag. 357). Nell'84, durando la infestazione di molti scellerati, il papa nominò una congregazione di quattro cardinali, coll'aggiunta del Duca di Sora e di Mario Sforza, e assoldò genti, pur dando piena autorità alla congregazione di rimettere tutti i banditi, eccetto i colpevoli di eresia e di lesa mae-

Pape & les Cardinaus, avoir accusé l'oisiveté & pompes des prelats de l'Eglise, sans en particulari-

sta in primo capo (IDEM, pag. 389). Contuttociò calcolavasi che negli ultimi anni del regno di Gregorio i banditi attingessero una cifra fra i 12 e i 27 mila (HUBNER, II, 271): e questa grande diversità nel determinare il numero forse deriva da ciò, che non si sapeva bene se le soldatesche mandate contro i banditi dovessero porsi fra i fautori dell'ordine o fra quelli del disordine. " Le devastazioni dei banditi venivano accresciute e perfino sorpassate da quelle delle milizie inviate di quando in quando a combatterli. Imperocchè i banditi erano più disciplinati delle milizie, meglio nutriti e meno infesti alle popolazioni rurali, del cui appoggio talvolta abbisognavano: sicchè, per esempio, i soldati del duca di Sora, figlio del Papa, di Prospero Colonna e di Mario Sforza, che avrebbero dovuto tutelare le persone e le sostanze, spargevano più terrore degli stessi banditi ed erano detti *gli ammazzatori* „ (GOZZADINI, pag. 13). Il disordine dello stato si ripercuoteva, per così dire, anche nella metropoli: e delitti di sangue e violenze e soprusi la turbavano di frequente. Ecco alcune notizie spigolate per entro gli *Avvisi di Roma* del 1581: " 18 Gennajo: Sabato passato fu assalito uno da tre armati in mezzo di Ponte Sisto, che pigliatolo di peso, il buttarono in fiume, senza finirlo o altro. — 1 Febbrajo: Questa mattina è stato trovato alla chiavica di S. Lorenzo in Lucina un giovane di 22 anni, nominato Giovanni di Varez, scrittore apostolico, spagnuolo, tutt'armato, morto d'una stoccata, che principia in bocca e uscì in gola, col ferraiuolo tutto tagliato e la spada nuda accanto, senza sapersi da chi nè per che causa. — 1 Febbrajo: Domenica per il Corso si fecero molte questioni, e ne restarono due morti. — 4 Febbrajo: Quelli che furono ammazzati Domenica sera per il Corso, ve n'è uno che stava col Scottino, già gentiluomo del Card. Altemps.... Giovedì sera in Piazza S. Apostoli, circa le 6 ore di notte, fu ammazzato un aiutante di camera dell'Ill°. Alessandrino, non sapendosi la causa, nè da chi. — È memorabile il fatto dell'83, quando Roma stette tre dì in tumulto, perchè il bargello era entrato nel Palazzo Orsini a prendervi due famosi banditi, e imbattutosi in una frotta di giovani patrizi ro-

ser autre chose, & se servir sulemant, avec quelque
aspreté de voix, de lieus communs & vulgaires sur
ce propos [1]: *Item,* que ses coffres avoint esté visités

mani, Orsini, Savelli, Rusticucci, Capizucchi, quelli tentarono ritorglieli. Di cotesti giovani alcuni morirono nella zuffa: ma il Bargello, che volle ricondurre un po' d'ordine nella città sconvolta, fu decapitato, e Lodovico Orsini fece assalire di notte ed uccidere Vincenzo Vitelli, luogotenente di Jacopo Buoncompgni (MAFFEI, II, pag. 358; MUTINELLI, pag. 140). In cotesto tafferuglio del bargello, su cui puoi vedere la bella e minuta descrizione fattane dallo GNOLI, *op. cit.*, pag. 152 e segg., poco mancò non fosse ucciso il card. Montalto, che poi, divenuto Sisto V, purgò lo stato dai banditi, e dopo un anno di pontificato ne distrusse intanto, e deplorava fosser pochi, settemila: sicchè poi, nell'87, si faceva coniar la medaglia coll'epigrafe *Perfecta securitas*, con un viandante che sdraiato a tutt'agio dorme sicuro sotto un'albero, avendo in mano una borsa aperta piena di danaro (GOZZADINI, p. 81).

[1] Non trovo negli storici contemporanei schiarimento alcuno al fatto qui accennato dal n. a., che evidentemente però si deve riferire al 1579, e forse a Cristoforo Capodifonte, generale de' minori osservanti, " uomo, a detta del MAFFEI (*op. cit.*, II, 46) astuto, ambizioso ed avaro„ . Giunto al fine del suo ufficio, egli procurava di aver un successore di sua scelta, e aveva fatto in modo che nel prossimo Capitolo indetto per l'elezione " alcuni anche inquisiti ed infami si ritrovassero ad ajutarlo „. Ma gli Spagnuoli e gl'Italiani cercarono si tenesse il Capitolo o in Barcellona o in Roma, " dove sotto gli occhi di Sua Beatitudine si potrebbero insieme punire i falli passati e prevenire i futuri„ . Gregorio non volle di troppo scontentare il re di Francia che insisteva per Parigi, e ordinò che ivi si tenesse il Capitolo, ma mandò a sorvegliarlo e a maneggiare l'elezione il protonotario Anselmo Dandino, che fece cadere la scelta nella persona di Francesco Gonzaga. Può essere che l'avversione del Pontefice e della Curia al Capodifonte originasse anche da discorsi imprudenti fatti da lui, quali sono accennati dal Montaigne, ma nulla se ne sa di preciso, e nulla, ad esempio, ne dice il MELCHIORRI nella continuazione degli

à l'entrée de la ville pour la doane, & fouillés jusques aus plus petites pieces de ses hardes; là où en la pluspart des autres villes d'Italie, ces officiers se contentoint qu'on les leur eût simplement presanté: qu'outre cela, on lui avoit pris tous les livres qu'on y avoit trouvé pour les visiter, à quoy il y avoit tant de longur, qu'un home qui auroit autre chose à faire, les pouvoit bien tenir pour perdus; joing que les regles y estoint si extraordinaires, que les heures de Nostre-Dame, parce qu'elles estoint de Paris, non de Rome, leurs estoint suspectes, & les livres d'aucuns docteurs d'Allemaigne contre les hérétiques, parce qu'en les combatans ils faisoint mantion de leurs erreurs. A ce propos il louoit fort sa fortune, de quoy n'estant aucunement adverty que cela luy deut arriver, & estant passé au travers de l'Allemaigne, veu sa curiosité, il ne s'y trouva nul livre défandu. Toutfois aucuns seigneurs de là luy disoint, quand il s'en fût trouvé, qu'il en fût esté quitte pour la perte des livres.

Douze ou quinze jours après nostre arrivée, il se trouva mal; & pour une inusitée défluxion de ses reins, qui le menassoit de quelque ulcere, il se depucela,[1] par l'ordonnance d'un medecin françois du Cardinal

---

Annales fratr. minor. del Wadding, dove anzi si legge che il Capodifonte, cessato il generalato, fu eletto vescovo cesariense. Ad ogni modo, l'allusione del Montaigne non potrebbe riguardare il Gonzaga. Potrebbe anch'essere che l'autore nostro equivocasse da un generale dei minori ad un altro di altr'ordine. Ma forse è meglio concludere col dire che egli raccolse una voce popolare, la quale trovava conforto negli urti verificatisi fra la Curia e il Capodifonte.

[1] * *C'est-à-dire, se détermina pour la première fois.*

Rambouillet,[1] aydé de la dextérité de son appoticaire, à prendre un jour de la casse à gros morceaus, au bout d'un cousteau trampé premieremant un peu dans l'eau, qu'il avala fort ayséemant, & en fit deus ou trois selles. Landemein il print de la térebentine de Venise, qui vient, disent-ils, des montaignes de Tirol, deus gros morceaus enveloppés dans un oblie,[2] sur un culier d'argent, arrosé d'une ou deus gontes de certin sirop de bon goust; il n'en sentit autre effaict que l'odur de l'urine à la violette de mars. Après cela, il print à trois fois, mais non tout de suite, certene sorte de breuvage, qui avoit justemant le goust & couleur de l'amandé: aussi lui disoit son medecin, que ce n'estoit autre chose: toutefois il panse qu'il y avoit des quatre semances froides. Il n'y avoit rien en cete derniere prise de malaysé & extraordinaire, que l'heure du matin : tout cela, trois heures avant le repas. Il ne santit non plus à quoi lui servit cet almandé; car la mesme disposition lui dura encore après, & eut depuis une forte colicque, le vint & troisieme decembre; de quoi il se mit au lict environ midy, & y fut jusques au soir, qu'il randit force sable, & après une grosse pierre, dure, longue & unie, qui arresta cinq ou six heures au passage de la verge. Tout ce temps, depuis ses beings, il avoit un benefice de ventre, par le moyen duquel il pansoit estre défandu de plusieurs pires accidans. Il déroboit[3]

---

[1] Carlo d'Angennes, più noto col nome di Cardinale di Rambouillet, ambasciatore di Francia presso Pio V, fu ad istanza del suo re fatto Cardinale da cotesto pontefice nel maggio 1570. Nel 1587 finì la sua vita in Corneto, essendovi governatore. Prelato abilissimo al maneggio degli affari, aveva avuto parte cospicua nel Concilio di Trento.

[2] * *Oublie.*

[3] * *Esquivoit.*

lors plusieurs repas, tantost à disner, tantost à souper.

Le jour du Noel, nous fumes ouir la messe du Pape à S. Pierre,[1] où il eut place commode pour voir toutes les cerimonies à son ayse.[2] Il y a plu-

[1] " Montaigne, osserva il CHATEAUBRIAND (*Mémoires d'outre-tombe*, Bruxelles, 1850, IV, 376,) accoutumé à la vastité sombre de nos cathédrales gothiques, parle plusieurs fois de Saint-Pierre sans le décrire, insensible ou indifférent qu'il paraît être aux arts. En présence de tant de chefs-d'oeuvre, aucun nom ne s'offre au souvenir de Montaigne, sa mémoire ne lui parle ni de Raphaël ni de Michel-Ange, mort il n'y a pas encore seize ans. Au reste, les idées sur les arts, sur l'influence philosophique des génies qui les ont agrandis ou protégés, n'étaient point encore nées..... L'auteur des *Essais* ne cherchait dans Rome que la Rome antique. „ Anche lo STENDHAL (*Promenades dans Rome*, Paris, Lévy, 1873, II, 237), rileva questa indifferenza o inintelligenza del Montaigne a riguardo dei monumenti più insigni dell'arte: " En 1580, quand Montaigne passait à Florence, il y avait seulement dix-sept ans que Michel-Ange était mort: tout retentissait encore du bruit de ses ouvrages. Les fresques divines d'André del Sarto, de Raphaël et du Corrége étaient dans toute leur fraîcheur. Eh bien, Montaigne, cet homme de tant d'esprit, si curieux, si désoccupé, n'en dit pas un mot. La passion de tout un peuple pour les chefs-d'oeuvre des arts l'a sans doute porté à les regarder, car son génie consiste à deviner et à étudier attentivement les dispositions des peuples; mais les fresques du Corrége, de Michel-Ange, de Léonard de Vinci, de Raphaël ne lui ont fait aucun plaisir „ ; e conclude coll'affermare che *l'esprit*, proprio del carattere francese, non è fatto per sentire l'arte. E qui se la strighino i francesi: a noi basta aver fatto notare, collo Chateaubriand e collo Stendhal, questa strana lacuna, se non nell'animo e nell'intelletto, nel giornale almeno del nostro autore.

[2] " Die igitur sequenti, XXV Decembris, in festo Navi-
" tatis D. N. J. C., S.^{mus} D. N. hora XVI venit in aulam
" Consistorij, ubi, acceptis paramentis, benedixit ensem,
" quem genuflexus sustinebat Corneus, camerae apostolicae
" clericus, more solito; deinde, Cardinalibus paratis et Prae-

sieurs formes particulieres: l'évangile & l'espitre s'y disent premierement en latin & secondemant en grec,

" latis post crucem pracedentibus, descendit processionali
" ritu, sub baldachino a nobilioribus proceribus susten-
" tato, sede vectus, ad Basilicam: ubi cum solitis cerimoniis,
" solemnem missam celebravit. Evangelium latinum canta-
" vit R.^{mus} D. Card.^{lis} Gonzaga, Epistolam D. Joannes Ba-
" ptista Perottus subdiaconus apostolicus; duo alii diaconi
" assistentes fuere Medices et Carrafius; ad librum cardi-
" nalis Farnesius, Ep.^{us} ostiensis. Aquam manibus praebue-
" runt, primo Ill.^{mus} D. Federicus Cesius: 2° Latinus Ursi-
" neus: 3° et 4° Orator bononiensis. Ill.^{mus} Dux Sorae non
" adfuit. Aliquando tardius dicti nobiles ducebantur ad lo-
" tionem manuum Papae, culpa nostra: sed difficile est in
" hujusmodi missis, in quibus plures actiones eodem tem-
" pore occurrunt, dum animus ad plura intentus est, omnia
" adamussim servari, nisi unusquisque in officio sibi assi-
" gnato sit diligens. Evenit casus, ut cerei aurati, praepa-
" rati pro altari, antequam imponerentur candelabris, per
" lapsum cujusdam scalae portatilis, majori ex parte fran-
" gerentur, adeo ut necesse fuerit pro brevitate temporis
" alios sufficere non auratos in locum confractorum: quod
" a multis pro magno errore fuit notatum, cum nescirent
" casum. Itaque fuerunt super altare cerei partim albi,
" partim aurati. Cardinales interfuerunt num. 30. Finita
" missa, ac data per Pontificem benedictione et publicata
" plenaria indulgentia per R. D. Cardinalem Farnesium,
" statim idem Cardinalis, deposito pluviali, accepit plane-
" tam super rochettum, et genuflexus in latere Evangelii,
" ante Papam stantem cum bireto albo. petiit sibi tradi
" et assignari Pallium de corpore Beati Petri sumptum pro
" sua Ecclesia ostiense, in forma. S.^{mus} vero D. N. adhuc
" stans, sed detecto capite, legit ex libro nostro verba so-
" lita *Ad honorem* usque in finem, et statim capto pallio,
" quod per totam missam super altare manserat, de manu
" R.^{mi} D. Card.^{is} Carrafii, qui tamquam primus diaconus,
" cum Medices non esset in sacris, eo munere fungebatur,
" illud super humeros D. Rev.^{mi} Card. Farnesij imposuit,
" qui Card.^{is} statim osculatus fuit pedem, inde manum
" Pontificis, et ab eo sublatus ad osculum oris: et tunc
" Sanctitas sua deposito suo pallio super altare, et accepta

comme il se faict encore le jour de Pasques, & le jour de S. Pierre. Le Pape¹ donna à communier à

"in sedia gestatoria Tyara, sive Regno, rediit ad aulas
"superiores. Cardinales autem omnes, ibi deposuerunt
"paramenta, exceptis Diacono Evangelij et duobus aliis
"supradictis diaconis assistentibus, qui cum pontifice sic
"parati redierunt. Major pars Cardinalium extra portam
"Ecclesiae, impetrata licentia a S.ᵐᵒ D. N., redierunt ad
"propria„: FRANCISCI MUCANTII, Romani, I. V. D. et caerimo-
"niarum apostolicarum Magistri, *Diariorum Caerimonia-*
"*lium*, tomus secundus, a festivitate S.ᵃᵉ Trinitatis anni
"MDLXXV exordiens, pag. 91. (Cod. Corsiniano, n° 987.) „

¹ Era in questo tempo Sommo Pontefice col nome di Gregorio XIII, Ugo Boncompagni nato in Bologna il 7 gennaio 1502. Si laureò in leggi nella patria università nel 1530, e nel 31 vi divenne lettore d'instituta, e nel 36 giudice del foro dei mercanti e del magistrato degli Anziani. Divenuto professore ordinario ebbe, fra gli altri, a suoi discepoli Alessandro Farnese, Cristoforo Madrucci, Ottone Truchses, Reginaldo Polo, Carlo Borromeo, tutti poi cardinali. Recatosi nel 38 a Roma, chiamatovi dal card. Parisio, fu subito da Paolo III fatto collaterale di Campidoglio, e nel 40 abbreviatore del Parco maggiore e refendario di Segnatura. Nel 45 venne inviato a Trento, e quando due anni appresso il Concilio si trasferì a Bologna, egli pure vi si recò, e nel 48 fu spedito a Roma per concertare col Papa il ritorno a Trento. Nel 49 fu luogotenente civile dell'Uditore di Camera, nel 51 capitano delle appellazioni. Nel 55 il card. Cicala lo volle seco come vicelegato di Marittima e Campagna. Durante il Pontificato di Paolo IV, seguì il card. Carafa nelle legazioni di Francia e Spagna. Nel 58 fu eletto uditore della Camera e Vescovo di Viesti, e allora celebrò la sua prima messa il dì di S. Lorenzo nella sagrestia della Basilica Vaticana. Non prese però possesso della sua sedia episcopale e la rinunziò dopo tre anni. Pio IV lo diede per consigliere al proprio nipote Carlo Borromeo, e quando si riaprì il Concilio di Trento, il Boncompagni vi fu rimandato, e vi restò fino alla chiusura, avendovi grandissima autorità, e incoraggiando il Papa a confermarne le deliberazioni. Ai 12 marzo 1565 fu eletto Cardinale, e pronunziandone il

plusieurs autres; & officioint avec lui à ce service les

nome il Papa aggiunse: *Hic est in quo dolus inventus non est*, alludendo alla sua innocenza nelle faccende dei Carafa, dei quali era stato intrinseco. Nel 66 fu inviato in Spagna, donde ritornò pel Conclave di Pio V, col quale non trovandosi d'accordo, lasciò Roma. Tornatovi alla morte di codesto Pontefice, il dì dopo del suo ingresso in conclave, ai 13 maggio 1572, essendo ormai settuagenario, fu eletto papa, e prese il nome di Gregorio XIII. Morì il 10 aprile 1585.

A lui si deve la grand'opera del Bollario, contenente tutte le Bolle pontificie da Gregorio VII in poi, che fece cominciare nel 79: poi la raccolta di tutte le leggi canoniche, ch'egli affidò al Pamelio; indi, nell'82, la riforma del Calendario Ecclesiastico, alla quale lavorò principalmente Luigi Lilio, e la correzione del Martirologio romano. Della riforma del Calendario così parla il nostro autore negli *Essais* III, 10: " L'eclipsement nouveau des dix jours du Pape m'ont prins si bas, que je ne m'en puis bonnement accoustrer: je suis des annees ausquelles nous comptions aultrement. Un si ancien et long usage me vendique et rappelle a soy; je suis contrainct d'estre un peu heretique par là: incapable de nouvelleté, mesme correctifve. Mon imagination, en despit de mes dents, se jecte tousjours dix jours plus avant ou plus arriere, et grommelle a mes aureilles: Cette regle touche ceulx qui ont à estre. „

Fra le altre cose buone che fece papa Gregorio, fu l'istituzione in Bologna, la cui sedia innalzò a dignità archiepiscopale, del Magistrato detto *della Concordia*, avanti al quale le parti dovessero esporre le loro ragioni prima di entrare in lite e in giudizio: ma alla sua morte, gli avvocati che non vi trovavano il loro tornaconto, la fecero abolire.

Ai suoi tempi avvenne la famosa strage di S. Bartolommeo, che in Roma fu festeggiata con fuochi e processioni, e che taluno sostenne esser stata da lui incoraggiata, o almeno conosciuta preventivamente. La cosa è dubbia: è ben certo invece che resistè alle pressioni della Lega, che gli chiedeva un breve in favor proprio, e la scomunica di Enrico III.

Come sovrano temporale non riuscì a liberare lo stato

Cardinaus Farnese,¹ Medicis,² Caraffa³ & Gonzaga.⁴
Il y a un certin instrumant à boire le calisse, pour

dalle piaghe dei Baroni prepotenti e dei banditi. Aboli nel proprio palazzo l'immunità dei malfattori, ma non riusci a toglierla alle residenze baronali e monastiche.

La storia del suo pontificato fu scritta dal FABRICI, *Delle allusioni, imprese ed emblemi sopra la vita di Gregorio XIII*, Roma, Grassi, 1588: dal CIAPPI, *Vita di G. XIII*, Roma, 1596: dal BOMPIANI, *Historia pontificatus G. XIII*, Roma, 1865 ecc. Noi ci varremo sopratutto degli *Annali di G. XIII, p. m. scritti dal P.* GIAMPIETRO MAFFEI *d. C. d. G. e dati in luce da* Carlo Coquelines sotto gli auspicj della S. di N. S. Benedetto XIV, Roma, Mainardi, 1742, 2 vol., 4.° Che vi siano dubbj assai fondati circa l'esser veramente il Maffei autore dell'opera, non è dissimulato neanche dall'editore nella prefazione, sebbene egli concluda affermativamente: ma sappiamo che la questione fu ripresa in esame testè da un dotto ecclesiastico, il quale si accinge a dimostrare che gli *Annali* non furono scritti dal celebre gesuita.

¹ Alessandro Farnese fu nipote e creatura di Paolo III. Nacque nel 1519. Studiò nell'università di Bologna, e di 14 anni fu da Clemente VII fatto amministratore della chiesa di Parma, e nel 34 da Paolo, cardinale col titolo di S. Angelo, poi vicecancelliere di S. R. Chiesa, governatore di Tivoli, arciprete della basilica vaticana ecc. Ebbe anche l'amministrazione della chiesa di Giaen in Spagna, di Visen in Portogallo, di Erbipoli ed Avignone in Francia, e gli episcopati di Monreale in Sicilia, di Tours, Cahors, Benevento, Montefiascone, Ostia, Velletri, Ancona, e titolo di Patriarca di Gerusalemme. Fu incaricato di uffıcj politici presso Carlo V e Francesco I, negoziando la pace e la convocazione del Concilio. Fu protettore dei regni di Sicilia, Aragona, Portogallo, Polonia, Germania, di Genova, Ragusa ecc., dell'ordine dei Benedettini e dei Serviti. Fondò in Roma il tempio del Gesù, la cappella di S. Maria di Scalaceli nella Chiesa delle Tre Fontane, e fece dipingere la basilica di S. Lorenzo in Damaso. Nella guerra fra Giulio III e Ranuccio Farnese si ritirò

da Roma, abitando Firenze, Avignone, Caprarola. Morì nel 1589.

² Ferdinando de' Medici, figlio di Cosimo, nato nel 1549, fu da Pio IV fatto Cardinale nel 1563. Fu protettore di Spagna e de' Minori Osservanti. Assistè ai Conclavi di Pio V, Gregorio XIII, e Sisto V, avendo grande autorità nel Collegio per la nascita principesca e l'aderenza spagnuola. Nel 1588 spogliò la porpora, e successe al fratello Francesco nel granducato, sposando Cristina di Lorena. L'ambasciatore veneto TOMMASO CONTARINI ce ne dà il seguente ritratto, quando era divenuto granduca. (*Relaz. ven.*, xv. 276): " È il Granduca d'età d'anni 45, di complessione che in qualche parte ha dell'igneo, che lo rende vivace e pronto in tutto quello che pensa e che opera; è alquanto corpulento ed inabile alla fatica. È di spirito alto, ed esquisito conservatore di quella dignità nella quale è costituito, nè patiria alcuna cosa che gli fosse di pregiudizio. Ha vissuto lungamente nella Corte di Roma, nella quale per molti successi visti e provati, ha conosciuto l'incostanza della fortuna e le vicissitudini delle cose, onde conosce e stima le persone e le cose secondo le qualità e il merito di esse... È d'ingegno acuto... Tratta gravemente e dolcemente i negozj. È affabile nel conversare.... È perito negli artifizi che si sogliono usare ne' negozi, essendo stato erudito dalla lunga esperienza che ne ha avuto in Roma, onde riesce nel negoziare non solo cauto, ma sicuro. Vive con riputazione e con grandezza.... Non gli dispiacciono i trattenimenti piacevoli... Si diletta della caccia, e siccome negli apparati di questo esercizio spendeva molto in Roma, così adesso, avendo maggior comodità farà maggior spesa.... Ha accresciuto le spese della casa, e accresce quelle della stalla, facendosi venir cavalli eccellenti da diverse parti, de' quali altrettanto si diletta quanto dal predecessore erano disprezzati. Procura di dar satisfazione al popolo, facendo castigare i ministri odiosi, e ordinando che sia scemato il prezzo del frumento. Non si serve di gentiluomini fiorentini, giudicando che sia pericoloso avvezzarli a cose grandi, e che sia più utile che attendano alle loro industrie,, .

³ Antonio Caraffa nato nel 1538, sotto Paolo IV fu coppiere, ma sotto Pio IV, involto nelle disgrazie della fami-

glia, venne perfino privato d'un canonicato di S. Pietro e costretto ad uscire di Roma. Studiò legge a Padova e si ritirò in Abruzzo; ma succedendo Pio V, fu restituito al suo ufficio, e nel 68 eletto Cardinale del titolo di S. Eusebio, e quindi di S. Giovanni e Paolo. Gregorio poi lo fece bibliotecario della Vaticana, che accrebbe di preziosi codici, e prefetto della congregazione del concilio: e Sisto V, prefetto di quella della correzione del Breviario, Messale e Bibbia. Tradusse cose sacre dal greco, ed emendò la Bibbia del Settanta. Assistito da S. Andrea Avellino, morì in Roma nel 1591, in fama di dotto e pio.

Il Montaigne, se non conobbe il cardinale, conobbe e intrattenne " un italien... qui a servy le feu cardinal Caraffe de maistre d'hostel jusques à sa mort. Je lui faisais conter de sa charge: il m'a faict un discours de cette science de gueule, avecques une gravité et contenance magistrale, comme s'il m'eust parlé de quelque grand poinct de theologie; il m'a dechifré une difference d'appetits: celuy qu'on a à jeun, qu'on a aprez le second et tiers service; les moyens tantost de luy plaire simplement, tantost de l'esveiller et picquer: la police de ses saulces: premierement en general, et puis particularisant les qualitez des ingredients et leurs effects; les differences des salades selon leur saisons, celle qui doit estre reschauffee, celle qui veult estre servie froide: la façon de les orner et embellir pour les rendre encore plaisantes a la veue. Aprez cela, il est entré sur l'ordre du service, plein de belles et importantes considerations... et tout cela enflé de riches et magnifiques paroles, et celles mesures qu'on employe à traicter du gouvernement d'un empire ecc. „: *Essais*, I, 51.

⁴ Gianvincenzo Gonzaga, fratello del Card. Francesco e nipote del card. Ercole, n. nel 1540 a Palermo da Don Ferrante. Fu dapprima cavaliere di Malta, e nel 1575 venne fatto cardinale da Gregorio XIII. Prese parte a quattro conclavi, e morì nel 1591.

prouvoir¹ la sureté du poison. ² Il lui sambla nouveau, et en cete messe & autres, que le Pape & Cardinaus & autres prelats y sont assis, &, quasi tout le long de la messe, couverts, devisans, & par-

¹ * *Pourvoir*, providere: *se précautionner contre le poison.*

² Questo *certin instrumant* è quello che per antico uso serve al Papa per sorbire il calice nella comunione, e il CANCELLIERI, *Descrizione dei tre pontificali che si celebrano per le feste di Natale, di Pasqua e di S. Pietro* ecc., Roma, Bourliè, 1814, pagg. 66 e 119, così ne parla: " Il diacono si accosta col calice: Monsignor sagrista consegna la *fistola* al cardinal vescovo assistente, che, baciata la mano, la dà al Papa, il quale mettendola nel calice, sorbisce con essa una parte del sangue.... La *fistola* è d'oro formata di tre cannelli, legati insieme da capo e da piedi. Quello di mezzo, con cui il Papa sorbisce il sangue, è più lungo degli altri due, e nella parte superiore ha una tazzetta con altri due buchi, che servono per purificarla. Nel mezzo ha il pomo con piccioli rubini e smeraldi, e colla iscrizione:

CLEM. VII PONT. MAX. AN. VI.

Lo stilo, ossia embolo è pure d'oro, con uno zaffiro da capo. La *fistola* ch'era comune a tutti i preti, quando si usava la comunione sotto le due specie, è stata ora di stagno, ora di avorio, ora d'argento e anche d'oro. Il Du Cange parla di tutti i nomi diversi co' quali è stata chiamata, essendo stata detta *Calamus, Pugillaris, Siphon, Arundo, Canna, Pipa, Virgula, Cannolus, Cannadella, Nasus*, come dimostra anche Mons. Giorgi, il quale ha confutato il Dalleo, che crede introdotto quest'uso da' cisterciensi verso la fine dell'XI secolo, quando fu proibito da Urbano II di distribuire l'eucarestia intinta nel sangue per impedirne l'effusione. L'abate di Monte Cassino anticamente succhiava il sangue del calice per mezzo della *fistola*, che si usava ancora da' certosini.... Mons. Rocca ha creduto che con questa *fistola* si ricordi la canna, sopra di cui fu accostata alle labbra del moribondo Gesù una spunga, inzuppata di fiele e di aceto: lo dichiara espressamente il Li-

lans ensamble. Ces ceremonies samblent estre plus magnifiques que devotieuses.[1]

Au demourant, il lui sambloit qu'il n'y avoit nulle particularité en la beauté des fames, digne de cete préexcellance que la réputation donne a cete ville sur toutes les autres du monde; & au demurant, que, come à Paris, la beauté plus singuliere se trouvoit entre les meins de celles qui la mettent en vante.[2]

Le 29 de decembre M. d'Abein,[3] qui estoit lors ambassadur, jantil home studieus & fort amy de longue mein de M. de Montaigne, fut d'avis qu'il baisât les pieds au Pape. M. d'Estissac & lui se

---

dano, in *Panopl. Eccles.*, IV, 56. „ Quanto a ciò che dice il n. a. circa il premunirsi contro il veleno, è da notare che *la prova* o pregustazione la fa Monsignor sagrista e poi il Bottigliere: IDEM, pagg. 55-61.

[1] Il Montaigne si scandalizzava del contegno dei cardinali in chiesa, come già, a Verona, di quello dei fedeli durante le cerimonie religiose: ma quanto ai cardinali già le cose erano molto migliorate da quello che erano state al principio del secolo. L'oratore veneto PAOLO TIEPOLO già dal 1576 osservava che " ha estremamente importato al beneficio della Chiesa santa che due pontefici l'uno dopo l'altro siano stati di buona e irreprensibil vita nel pontificato loro, perciocchè gli altri coll'esempio loro o sono veramente divenuti, o almeno appaiono molto migliori, e i cardinali e i prelati della Corte in grandissima parte frequentano il dir la messa: e col viver essi, e far vivere modestamente le loro famiglie si astengono di dare in alcuna cosa scandalo (*Relaz. Venete*, X, 313) „.

[2] Vedi qui addietro pag. 134, nota 1, e pag. 168, nota 3.

[3] Alessandro Del Bene, nato a Lione di famiglia fiorentina nel 1554, e morto nel 1613. Fu militare e diplomatico, e ricevè una ferita all'assedio della Roccella. Seguì Enrico III in Polonia, e nel 1575 fu da lui, re di Francia, inviato a Roma (v. MAFFEI, I, 181). Più tardi portò ad Enrico IV, accampato a la Fère, l'assoluzione papale. Enrico IV lo fece cavaliere di S. Michele.

mirent dans le coche dudict ambassadur. Quand il[1] fut en son audiense, il les fit appeller par le camerier du Pape. Ils trouvarent le Pape, & avecque lui l'ambassadur tout sul, qui est la façon; il a près de lui une clochette qu'il sonne, quand il veut que quelcun veingnes à lui. L'ambassadur assis à sa mein gauche, descouvert; car le Pape ne tire jamais le bonnet à qui que ce soit, ny nul ambassadur n'est près de lui la teste couverte. M. d'Estissac entra le premier, & après M. de Montaigne, & puis M. de Mattecoulon, & M. du-Hautoi. Après un pas ou deus dans la chambre, au couin de laquelle ledict Pape est assis, ceus qui antrent, qui qu'ils soyent, mettent un genouil à terre, & atendent que le Pape leur donne la benediction, ce qu'il faict; après cela ils se relevent & s'acheminent jusques environ la mi-chambre. Il est vray que la pluspart ne vont pas à luy de droit fil, tranchant le travers de la chambre: eins, gauchissant un peu le long du mur, pour donner, après le tour, tout droit à lui. Etant à ce mi chemin, ils se remettent encor un coup sur un genouil, & reçoivent la seconde benediction. Cela faict, ils vont vers luy jusques à un tapis velu, estendu à ses pieds; sept ou huict pieds plus avant. Au bord de ce tapis ils se mettent à deus genous. Là l'ambassadur qui les presantoit, se mit sur un genouil à terre, & retroussa la robe du Pape sur son pied droit, où il y a une pantouffle rouge, à tout une croix blanche audessus. Ceus qui sont à genous se tienent en cete assiete jusques à son pied, & se panchent à terre pour le baiser. M. de Montaigne disoit qu'il

---

[1] * *L'ambassadeur.*

avoit haussé un peu le bout de son pied. Ils se firent place l'un à l'autre, pour baiser, se tirant à quartier, tousjours en ce pouint. L'ambassadur, cela fait, recouvrit le pied du Pape, & se relevant sur son siege, luy dict ce qu'il luy sambla pour la recomandation de M. d'Estissac & de M. de Montaigne. Le Pape, d'un visage courtois, admonesta M. d'Estissac à l'estude & à la vertu, & M. de Montaigne de continuer à la devotion qu'il avoit tousjours porté à l'Eglise & service du Roi très-chrestien, & qu'il les serviroit volantiers où il pourroit: ce sont services de frases italiennes.[1] Eus, ne lui dirent mot; eins, aiant là reçeu une autre benediction, avant se relever, qui est signe du congé, reprindrent le mesme chemin. Cela ce faict selon l'opinion d'un chacun: toutefois le plus commun est de se sier[2] en arriere à reculons, ou au moins de se retirer de costé, de maniere qu'on reguarde tous-iours le Pape au visage. Au mi chemin, come en allant, ils se remirent sur un genou, et eurent une autre benediction, & à la porte, encore sur un genou, la derniere benediction.[3] Le langage du Pape est italien, santant son ramage boulognois, qui est le pire idiome d'Italie, & puis de sa nature il a la parole mal aysée. Au demourant, c'est un très-beau vieillard, d'une moyenne taille & droite, le visage plein de majesté, une longue barbe blanche, eagé lors de plus de quatre-vins ans, le plus sein

---

[1] * On peut ajouter: et françoises
[2] * De se tenir
[3] Il cerimoniale qui descritto dall'a., con piccole differenze è quello che si usa anche ai dì nostri, nelle visite al Papa ed anche ai cardinali, specialmente al fine di non volgere loro le spalle. E su tutto ciò vedi il lungo e minuto articolo *Udienze* nel *Dizionario* del MORONI.

pour cet eage, & vigoureus qu'il est possible de desirer, sans goute, sans colicque, sans mal d'estomach, & sans aucune subjection :[1] d'une nature douce,

---

[1] " È il Papa di complessione sanguigna e gagliarda, in modo che da tutti gli viene prognosticata vita lunga, ed esso sopra tutti ancora se lo persuade, credendo di avere a passare l'età del padre e dell'avo, l'uno dei quali arrivò agli ottanta, e l'altro ai novant'anni: nè per questo effetto manca punto a sè stesso, perciocchè vive regolatissimo nella quantità e nella qualità dei cibi, senza fare nel resto disordine che lo possa molto aggravare.... Nel primo aspetto, a chi lo mira, per certa sua natural gravità appare assai severo, ma a chi intrinsecamente lo pratica, riesce dolce e benigno: „ PAOLO TIEPOLO, *Relazione* letta in Senato il 3 maggio 1576, in *Relazioni venete*, Firenze, 1857, X, 212.

" È di complessione collerica e malinconica, robusto, svelto e asciutto della persona, ed aiutante in maniera, che camminando le tre e quattro miglia in campagna, stanca i più giovani: e vive in tal modo regolato, che può ben assicurarsi non poter per disordine alcuno ammalarsi. Pare che sia soggetto a due indisposizioni, di strettezza di petto e di flusso di ventre, ma questo finora gli ha servito in luogo di purga, e all'altra rimedia con l'esercizio e col goder l'aria: e però ha udito spesso la Serenità Vostra lui uscir fuori e andare quando alla villa, che è un luogo d'ottima aria dell'illustrissimo Altemps, quando in altri luoghi, secondo le stagioni e i tempi, ben spesse fiate, non curando nè il vento nè la pioggia, tanto si promette della sua gagliardezza „. ANTONIO TIEPOLO, *Relazione* ecc. del 1578, in *Relaz. venete*, X, 253.

" È nell'ottantesimo anno dell'età sua: ma è di complessione tanto robusta, che supera di gran lunga in gagliardezza quelli che ne hanno molto meno di lui. Gli giova d'esser di razza d'uomini che vivono assai, per il che scorre con molta fiducia e con speranza di passar sempre più oltre, e gli mette conto la regola del vivere, non facendo disordini di sorta alcuna „: GIOVANNI CORRARO, *Relazione* ecc. del 1581, in *Relaz. ven.*, X, 273.

peu se passionant des affaires du monde, [1] grand bâtissur, & en cela il lairra à Rome & ailleurs un singulier honneur à sa mémoire; [2] grand aumosnier:

[1] .... " E, quello che grandemente importa alla conservazione della vita, non dà molto luogo a gravi e nojosi pensieri, perchè facilmente da sè li discaccia.... Quanto alle cose di stato, il Papa ne è pochissimo intelligente, e in nessun modo ad esse inclinato, onde non si diletta d'intenderle nè di trattarle molto profondamente, e abborrisce i pensieri e i travagli necessari a chi ne ha da aver cura; onde da qualcuno ragionevolmente viene dubitato che questo abbia finalmente da causargli pensieri e travagli maggiori „: P. TIEPOLO, Relaz. Ven., ioid., p. 212, 215.
.... " Ma più d'ogni altra cosa lo conferma in questa sua buona disposizione, la tranquillità d'animo colla quale se la passa in tutte le cose, non lasciandosi occupare o stringere molto da pensieri che potessero travagliarlo, non già che non vegli e non consideri i bisogni, perchè li vede, ed opera quanto può: ma fatto ciò che gli pare se gli convenga, riesca o non riesca, non se ne prende dispiacere più che tanto. Se questo lo fa Sua Beatitudine per elezione, è senza dubbio risoluzione di gran prudenza: se anco gli succede cosi per natura, bisogna chiamarla gran grazia d'Iddio „: G. CORRARO, Ibid., p. 273.
" Desideravano alcuni in Gregorio maggior cognizione di storie e di precetti politici, senza la qual scienza mal si comprende il corpo di uno stato, e meno si discernono le infermità che patisce, e per conseguenza non si accerta nè i medicamenti, nè quanto alla lor proprietà ed al tempo di applicarli. Ma non curonne molto Gregorio, ben sapendo che questi, qualora non siano temperati colle massime del Vangelo, apportano l'estrema ruina alla religione, senza di cui mal può reggersi uno stato ecc. „: COQUELINES, in MAFFEI, op. cit., II, 455.

[2] Anche negli Essais, III, 6: " L'employte (delle ricchezze) me sembleroit bien plus royale, comme plus utile, juste et durable, en ports, en havres, fortifications et murs, en bastiments sumptueux, en eglises, hospitaux, colleges, reformation des rues et chemins: en quoy le

je dis hors de toute mesure.¹ Entre autres tesmoingnages de cela, [il n'est nulle fille à marier à la-

pape Gregoire treziesme laissa sa memoire recommendable à long temps. „

Si debbono a Gregorio molte e magnifiche opere pubbliche: il ponte senatorio sul Tevere (1573), il ponte del Centino sulla Paglia, e quello del Montone presso Forli: i pubblici granaj (1575), il disseccamento di molte paludi nel ravennate (1579) ecc. E inoltre in Roma, la gran strada da Laterano alla Basilica liberiana, la Cappella gregoriana in S. Pietro, la cappella del SS. Sacramento in S. Giov. laterano, il proseguimento del palazzo del Quirinale, il quartiere della Contessa Matilde al Vaticano ecc. Compi inoltre la Sapienza, rifece in S. Maria Maggiore il portico, in Araceli continuò la doratura dei soffitti ecc. Vedi in proposito delle fabbriche di Gregorio, il COQUELINES, in MAFFEI, II, 449, 457. " Si compiace, scrive il CORRARO, grandemente nelle fabbriche e pub)liche e private.... Mi soleva dire S. S. che anco il fabbricare era specie di lemosina, perchè con quel danaro si nutrivano molti poveri vergognosi (*Relaz. ven.*, X, 274). „

¹ " Fu Gregorio parcissimo nelle spese per la propria persona: nel pranzo non volea che si eccedesse la somma di mezzo scudo, e ne' primi anni del pontificato non fu speso in abiti e in altre cose attinenti alla persona più di 300 Ducati, andando egli per ordinario nella guardarobba a scegliere le robbe che erano servite a' suoi antecessori, per farle accomodare al suo dosso, mostrando scrupolo di spendere intorno a se stesso quello che era da convertirsi nella sostentaziona de' poveri..... Procurò la nota di tutte le famiglie povere di Roma, e ad ognuna provvedeva di conveniente provisione ogni mese..... Pagava infiniti debiti alli carcerati, riscuoteva pegni innumerabili a poveri bisognosi, e ad oneste famiglie vergognose soccorreva con larga mano, al qual fine teneva egli stesso alcuni sacchetti di scudi in uno scabelletto nella camera del suo studio, non guardando mai qual somma dasse, nè quale ne restasse pei futuri bisogni: „ COQUELINES, in MAFFEI, op. cit., II, 437-39. Il MAFFEI ricorda, I, 105, che impiegò gran somma alla redenzione dei Cipriotti schiavi de' Turchi: che diede rilevanti somme ai Gesuiti: e all'ospedale di Venezia 10 m.

quelle il n'eide pour la loger, si elle est de bas-lieu,[1] & conte l'on en cela sa libéralité pour arjant contant].[2] Outre cela, il a basti des collieges pour les Grecs,[3] pour les Anglois,[4] Escossois,[5] François,[6] pour

---

scudi. Nell' Epidemia detta del *Castrone*, che invase Roma nel 1580, soccorse largamente di letti e di viveri gli infermi: II, 157. Trovando nell'erario un avanzo di 500 m. scudi volle fosse destinato ai poveri: II, 440. Soccorse di grano e di danaro il monastero delle povere orfanelle nel Monte Celio, e ai Catecumeni donò 24 m. scudi. Del vino che giungeva per la casa pontificia la prima parte volle sempre destinata agli ospedali: II, 442. L'anno del giubileo all'archiconfraternita dei Convalescenti della SS. Trinità largì 5 m. scudi: II, 443. Insomma, " non sapeva negare a chi gli domandava per l'amor di Dio, in tanto che molte volte restò bisognoso, avendo dato quanto aveva „: II, 442.

[1] " Manteneva numero infinito di zittelle ne' monasteri, somministrando loro il bisognevole anche per il vestito, e levandole in tal guisa da ogni pericolo sì dell'anima che del corpo, e quando erano nubili dava loro la dote, ciò che praticava con quelle che volevano monacarsi, nè accadde mai che zittella alcuna ricorresse al medesimo in una di queste due circostanze, e non provasse in abbondanza gli effetti di quell'ardente amore che nei poveri egli nutriva „: COQUELINES in MAFFEI, op. cit., II, 439.

[2] * *Ce qui est enfermé entre deux crochets, est ajouté en marge de la main de Montaigne.*

[3] Il Collegio greco venne da Gregorio XIII fondato con bolla dei 13 gennaio 1577, in via del Babbuino e dedicato insieme colla chiesa attigua a S. Atanasio. Ebbe per fine di promuovere il ritorno dei greci alla chiesa latina, ma il papa ordinò che nelle funzioni ecclesiastiche e nelle sacre ordinazioni si osservasse l'antico rito greco. La direzione degli studi affidò ai Gesuiti, sotto la direzione di quattro cardinali, assegnando al Collegio, sino a miglior dotazione, cento scudi al mese e le rendite di una chiesa derelitta di Candia.

Vi furono accolti anche alcuni giovani ruteni, monaci di S. Basilio, la cui opera fu specialmente destinata a cattolicizzare le popolazioni russe, polacche e lituane.

Uno degli allievi di questo collegio fu Leone Allacci, primo custode della Vaticana, la cui biblioteca si conserva tuttora in esso.

⁴ Il Collegio inglese fu fondato di Gregorio XIII con Bolla dei 23 aprile 1579 presso la chiesa e ospizio della stessa nazione in Via di Monserrato, assegnando ad esso le rendite dello stesso ospizio, tremila scudi annui ed una ricca libreria. Primo rettore fu Maurizio Clenoch e protettore il card. Moroni, maestri i padri gesuiti. Ebbe per scopo di allevare missionarj per l'Inghilterra, e alcuni di essi suggellarono la propria fede col martirio: anzi già nel 1647 quaranta ne erano morti in tal modo.

⁵ Il Collegio scozzese fu fondato da Clemente VIII ai 5 dec. 1600: Gregorio non fece altro che restaurare la chiesa e ospedale di cotesta nazione, che erano nel luogo dove poi fu fabbricato S. Andrea delle Fratte. Promosse bensì Gregorio nel 1581 un Collegio Scozzese, principiato già in Parigi, e poi trasferito a Ponte a Mossone in Lorena.

⁶ Non trovo che Gregorio fondasse uno speciale Collegio francese, e neanche uno pollacco. Ma se questi sono di troppo nella enumerazione del Montaigne, altro vi è da aggiungere, sebbene si tratti di fondazione posteriore alla data del viaggio, e sarebbe il Collegio dei Maroniti, eretto nell'84 nel rione di Trevi. Di questo stesso anno è una Bolla per un Collegio degli Armeni, che però non ebbe esecuzione. Era anche intenzione di Gregorio di fondare un Collegio Irlandese, ma l'idea ne fu messa ad effetto soltanto più tardi dal card. Ludovisi. Notevole accrescimento deve però a lui, fin dal 76, il Collegio dei Neofiti, al quale donò poi nell'82 la nuova Chiesa della Madonna de' Monti. E può dirsi che fondasse il Collegio Romano, cominciato è vero dal terzo generale de' Gesuiti nel 1551, ma da Gregorio fatto edificare in area più ampia col disegno dell'Ammannati, nel gennaio dell'82, assegnangli rendite sufficienti a duecento alunni d'ogni parte del mondo. Fuori di Roma si debbono a Gregorio questi Collegi: "uno per gli Illirici in Loreto, altro in Milano per la nazione elvetica, uno in Vienna d'Austria, altro in Gratz della Stiria, in Praga di Boemia, in Olmutz nella Moravia, in Brunsberga in Prussia, in Musipont nella Scozia, quei di Vilna in Lituania, di Claudiopoli o Temesvar nella Transilvania, di Dilinga nella Svevia, di

les Allemands,[1] & pour les Polacs, qu'il a dotés de plus de dix mille escus chacun de rante à perpétuité; outre la despanse infinie des bastimens. Il l'a faict pour appeller à l'église les enfans de ces nations-là, corrompues de mauvaises opinions contre l'église; & là les enfans sont logés, nourris, habillés, instruicts, & accommodés de toutes choses, sans qu'il y aille un quatrin[2] du leur, à quoy que ce soit. Les charges publiques penibles il les rejette volantiers sur les espaules d'autrui, fuīant à se donner peine. Il prête tant d'audiences qu'on veut.[3] Ses responses

Fulda nell'alto circolo del Reno, di Rems in Champagna, di Ponte Musson in Lorena, e finalmente due nel Giappone, l'uno in Arima, l'altro in Auzucci: quali Seminarj tutti e Collegi fondati a sue spese, dotò ancora di ricche rendite, non ad altro fine che di estirpare le diverse sette, l'eresie, lo scisma, il gentilesimo, e per propagare la vera religione „: Coquelines, in Maffei, II, 479.

[1] Il Collegio germanico era stato fondato da S. Ignazio nel 1552, ma quando Gregorio salì al pontificato esso era come disciolto, e gli alunni distribuiti nei varj collegi dell'ordine gesuitico. Gregorio confermò e qua i rifondò il Collegio con la costituzione del 6 agosto 1573, assegnandogli l'annua rendita di diecimila scudi, a cui via via aggiunse le rendite dell'Abazzia di S. Sabba e quelle della Chiesa di S. Stefano al Celio. Diede anche al Collegio la Chiesa di S. Apollinare, il palazzo e le case annesse, e se ne dichiarò protettore, frequentemente recandosi a visitarlo. Le rendite furono destinate al mantenimento di 158 giovani tedeschi, tra i quali fossero compresi 30 ungheresi, onde il nome di Collegio germanico-ungarico. La bolla di fondazione del collegio ungarico è del 22 febb. 77, quella d'unione al germanico del 13 aprile 80: la costituzione del 1 aprile 84 regolò gli studi degli alunni, affidandoli ai Gesuiti.

[2] * *Liard*—. ital.: *Quattrino*.

[3] " Affinchè ciascuno potesse più facilmente ricorrere a lui, e significarli i suoi bisogni ed aggravi, deputò un giorno della settimana per l'udienza pubblica „: Maffei,

sont courtes & resolues,[1] & perd on temps de lui combattre sa response par nouveaus argumans.[2] En

I, 24 —. " Uscito di cappella, e masticati pochi grani di ginepro, che preparavasi colle proprie mani, ponevasi alla udienza, prolungandola fino all'ora del pranzo, quale differiva a comodo di quelli che volevano presentarglisi, solendo dire che " finalmente il Pontefice non è altro che un servo onorato „: e fu sua costante regola di non si partire, se prima non avesse mandato i camerieri alla bussola a dimandare se vi fosse ancora chi volesse udienza „: COQUELINES, in MAFFEI, II, 433.

[1] " Nel trattare era laconico e breve assai, dando poca soddisfazione in fatti ed in parole, delle quali era parchissimo, come era duro nelle sue opinioni, tanto che bisognava vincerlo molte volte per importunità: e per essere ottimo giureconsulto, credeva grandemente a se stesso „: LOR. PRIULI, in *Relaz. Ven.*, X, 304.

[2] " La natura di S. S. per sè stessa è poco soave, e piuttosto inclinata al no che al sì nelle dimande che gli vengono fatte; onde il cardinal di Trento soleva dire: *Habemus papam negativum*. Questo procede perchè essendo Sua Beatitudine dottore di legge, tira ogni cosa *ad punctum juris*: e sono le sue negative tanto più spiacevoli, quanto che vengono fatte secche secche e senza addolcimento di nessuna sorte di cortesi parole. Ma vero è che l'istesso fa quando anco concede alcuna grazia, lasciandole passare languidamente, senza mettere il supplicante, si può dire, in obbligo nessuno: dal che si vede che per natura è saturnino, e del tutto abborrisce le cerimonie: e quando pur vuole, come con me gli è occorso molte volte, corrispondere a qualche offizio, e dimostrarsi grato con parole, pare proprio che se gli spicchino dal petto a viva forza „: CORRARO, in *Relaz. ven.*, X, 279.

E PAOLO TIEPOLO: " Quanto più cerca acquistarsi nome di giusto, tanto più lo perde di grazioso; perciocchè concede molto manco grazie estraordinarie di quel che abbia fatto altro pontefice da molti anni in qua, conoscendo molto bene che le grazie, per necessità, toccano l'interesse d'altri o il suo, e bene spesso disordinano la giustizia e il governo: la qual cosa aggiunta al mancamento ch'è in lui di certi offici grati ed accetti, per la difficoltà mas-

ce qu'il juge juste, il se croit; & pour son fils mesme,[1]

simamente naturale che ha nel parlare, e per le pochissime parole che in ciascuna occasione usa, fa ch'egli in gran parte manca di quella grazia, appresso le persone, che alcuni altri sono soliti d'acquistarsi „: *Relaz. ven.*, X, 214.

E ANTONIO TIEPOLO: " Tornando alla natura del Papa, diremo lui non essere affezionato a niuno, non essere di natura grazioso ad alcuno, nè manco inclinato a far benefizio „: *Rel. Ven.*, X, 260.

[1] Il figlio di Gregorio XIII è Jacopo Boncompagni. Esiste un documento del 1552 di mano di Gregorio, che attesta come a lui tornato dal Concilio di Trento, nacque Jacopo l'8 Maggio 1548 in Bologna. Desiderando egli aver prole, perchè non fosse deserta la casa toccatagli di eredità paterna, mentr'egli voleva fissarsi in Roma, pose gli occhi sopra una giovane che stava al servizio di madama Laura moglie del fratello suo Girolamo, e che non era quella "noble dame bolonaise „ che dice l'HUBNER, *op. cit.*, I, 134. Ugo non nascose ch'egli era l'autore di quel fanciullo nato d'illegittimo amplesso, e che venne allevato in casa Boncompagni a cura e spese del padre. Il quale poi afferma che "pubblicamente„ sapevasi in Bologna il fatto: cita tutti coloro che ne erano a certa cognizione, nota con compiacenza che il fanciullo aveva i tratti di famiglia, e conclude che vuole sia da tutti tenuto e riconosciuto per suo figliuolo. Poco di poi la madre fu congiunta ad uomo di bassa condizione, ma dotata dal Boncompagni. Avendo fatto fare ricerche in proposito dall'amico Dott. Lodovico Frati, fu trovato nell'Archivio notarile fra i contratti rogati dal notaro Vitale de' Buoi, l'atto del matrimonio, in data 13 Novembre 1548. Esso è così concepito: *Promissio dotis domine Magdalene de Fulchinis L. 400, uxoris Magistri Simonis. Honorabilis vir Hieronimus quondam Christophori de Boncompagnis bon. civis de Capella ad presens S. Genisii* (qui la scrittura è illeggibile: forse dev'esserci un *declaravit* o simili) *se destinasse et in matrimonium collocasse Magdalenam filiam quondam Melchioris de Fulchinis..., solitam habitare in domo dicti Hieronimi, cum Symone quondam Antonii de Scamnis (?) de Mediolano, muratore bon. de Capella S. Lutie, et pro dote dicte Magdalene, eidem M.º Sy-*

moni promisit scutos centum auri, valoris in totum librarum quadringentarum bon.... ultra, et suas mobilias, et apparatus ipsius Magdalene etc. La qual dote fu effettivamente sborsata con successivo rogito del 6 Maggio 1551, rogato dallo stesso notaio, e assicurata sopra una casa acquistata il 9 gennaio da un *Theodosius q. Magistri Johannis*, e posta in strada S. Stefano. E quell'atto menziona anche il futuro papa: *Suprascriptus Hieronimus q. Christofori de Boncompagnis bon. civ. agens suo proprio et principali nomine, et vice Rev. Ugonis ejus fratris, qui prout infrascripto instrumento fuit et est debitor suprascripti M. Symonis in suprascripta quantitate librarum quadrigentarum, ratione dotis suprascripte domine Magdalene ecc.*

Regolarmente legittimato, forse nel 1552, ai 26 di Agosto del 72 Jacopo fu nominato Castellano di S. Angelo, mentre ancora terminava i suoi studj. Nel 73 divenne generale di S. Chiesa, e fu spedito in Ancona a difesa dei luoghi marittimi dello Stato: nel 74 andò a Ferrara incontro ad Enrico 3°; nel 75 ebbe da Filippo 2° il grado di Capitan generale in Lombardia e Piemonte. Nel 76 il Senato veneto, designandolo quale *stretto parente* di S. S., lo ascrisse coi discendenti al patriziato veneto. Quello romano gli era già stato conferito innanzi. Nel 77 comprò per 75 m. scudi romani da Alfonso d'Este il marchesato di Vignola, e nel 79 dal duca d'Urbino per 110 m. ducati il ducato di Sora e Arce in Terra di Lavoro, e l'anno appresso ne ebbe l'investitura dal Re di Spagna. Così fu ascritto anche alla nobiltà di Napoli, nel sedile di Capuana. Nell'82 divenne cavaliere di Calatrava e gran cancelliere dell'ordine. Nell'85 comprò da Alfonso d'Avalos per 140 m. ducati la signoria d'Arpino e Roccasecca e la contea d'Aquino. Quantunque figlio del papa, incorse nell'ira di Gregorio per aver voluto sottrarre un suo servo alla giustizia (1576). Gregorio lo confinò a Perugia, nè egli tornò a Roma se non per autorevoli ed insistenti interposizioni. Alla morte di Gregorio, Sisto V lo confermò generale di S. Chiesa, ma poi, col dargli il governo di Fermo, venne allontanato da Roma, e nell'86 uscì dallo stato della Chiesa nè più vi ritornò, soggiornando ora a Sora ora a Milano, dove, come capo delle genti d'arme, aveva seggio nel consiglio segreto. Morì in Isola presso Sora nel 1612 ai 26 giugno. Nel 76 sposò con 50 m. scudi di dote

qu' il eime furieusemant,¹ il ne s'esbranle pas contre cete siene justice.² Il avanse ses parens, [mais sans

Costanza di Sforza Sforza contessa di S. Fiora, che morì il 22 gennaio 1617. Le nozze furono celebrate con gran solennità ed assistenza di tutto il sacro collegio, e tutti i principi di Europa mandarono doni cospicui. Vedi la descrizione delle sontuose nozze nei dispacci di PAOLO TIEPOLO, riferiti dal MUTINELLI, nella *Storia arcana ed anedottica d'Italia, raccont. dai veneti ambasciatori*, Venezia, Narratovich, 1855, I, 112-120. Dal matrimonio nacquero 12 figli: e così fu fondata la principesca casa romana dei Boncompagni.

Jacopo fu protettore delle lettere e dei letterati, e il il Mureto in una Elegia al medico Gissaferro, lo chiama il solo mecenate che alle une e agli altri restasse. Il Sigonio pose sotto il suo patrocinio le sue dotte scritture, e il Foglietta lo introdusse, con molti elogj, interlocutore del dialogo *De ling. latin. usu et praestantia*.

ANTONIO TIEPOLO lo dice " soggetto di natura generosissima, d'ingegno capace di tutti i negozj, avvezzo agli studj delle belle lettere, che lo rendono affabile ed officioso con tutti „: *Relaz. ven.* X, 260. E PAOLO TIEPOLO: " giovane di belle lettere, graziose maniere, grande e liberale animo, e d'un ingegno attissimo a tutte le cose dov'egli l'applicasse „: *ibid.*, 219.

¹ " Il figliuolo è amato da lui, quanto padre possa amar figliuolo „: ANT. TIEPOLO, in *Relaz. ven.*, X, 263.

² ANTONIO TIEPOLO: " Stando fermo alla severità del giusto, qualsivoglia principe o privato sente le sue risposte dure e non graziose, e i parenti più stretti non possono ottenere con facilità grazia alcuna: e l'ill.mo Sig. Giacomo, che è solo il diletto, e degnamente diletto, sente con le prime e le seconde risposte sempre la negativa, misurando il Papa le azioni sue con quella stretta misura, che sogliono misurare gli ottimi ma semplici giudici, in modo che, quantunque si affanni e si adoperi assai Sua Eccellenza per gli amici suoi, e perchè anco di sua mano esca qualche deliberazione a favore de' principi che lo richiedono, poche sono nondimeno le volte che esso ne resti contento. Talchè, sendogli io fatto assai familiare, confidando meco qualche sua cosa, mi si mostrava addo-

aucun interest des droits de l'église, qu'il conserve

loratissimo veggendo di avere il Papa così contrario ai suoi giustissimi desiderj, che quantunque a lui importi assai più che il Papa lo gratifichi con dargli maggior grandezza e più ricchezza, nondimeno perchè questo è conosciuto non potersi fare si agevolmente, è tollerato da lui con molta prudenza; ma il vedersi in certo modo sprezzato dal Papa, sì che il mondo conosca non poter lui a favore d'alcuno, lo ha posto alcuna volta in notabilissima disperazione, stando molti giorni senza voler praticare, e nè pur lasciarsi vedere „: *Relaz. ven.*, X, 259.

E PAOLO TIEPOLO: " Non bisogna negare che il primo, e si può dire solo affetto del Papa non sia verso il Sig. Giacomo, come è anco ragionevole che sia: tanto che nel principio del pontificato, quando egli operava più secondo il suo senso, lo creò prima Castellano, e dappoi Governatore di santa Chiesa, con assegnargli per questo conto provvisione di circa 10 m. ducati all'anno, e con pagargli un luogotenente, colonnelli e capitani, acciocchè egli tanto più onoratamente potesse comparire: ma dappoi, come si fosse pentito d'esser passato tant'oltre verso un suo figliuolo naturale, mosso da avvertimenti, come si afferma, di persone spirituali, che gli mettevano questa cosa a coscienza e a punto d'onore, incominciò a ritirarsi, con negargli i favori e le grazie che gli erano da lui domandate, e con far in tutte le cose manco stima di lui di quello che prima avea fatto; anzi, come che dopo di averlo palesato volesse nasconderlo al mondo, separandolo da sè, lo fece partir da Roma e andar in Ancona, dove, sotto specie di fortificar quella città, per un tempo lo intertenne senza mai provvederlo d'una entrata stabile e sicura, colla quale egli dopo la morte del padre avesse potuto con qualche dignità vivere e sostentarsi: onde il povero signore dolendosi della sua fortuna, che lo avesse voluto inalzare per doverlo poi abbandonare, più volte si mise in tanta disperazione, che, fuggendo la pratica e conversazione di ognuno, si ritirò a vivere in casa solitario, continuando in questo per molti giorni, onde far venire ancora all'orecchie del padre, com'egli era assalito da fieri e pericolosi accidenti, per vedere se con questo avesse potuto muovere la sua tenerezza verso di lui. In

inviolablemant.¹ Il est très-magnifique en bastimans publicques & réformation des rues de cete ville]; & à la vérité, a une vie & des mœurs, ausquels il n'y a rien de fort extraordinere, ny en l'une ny en l'autre part, [toutefois inclinant beaucoup plus sur le bon].

fine troppo può l'amor naturale e paterno, per spegnere o dissimulare il quale indarno l'uomo si adopera. Vinto finalmente e commosso il Papa, dappoi passato l'anno santo, volse l'animo a dargli satisfazione, e prima si risolse di maritarlo ecc. „: *Relaz. ven.*, X, p. 259.

¹ Nel 1572 fece cardinale il nipote Filippo Boncompagni, e nel 74 l'altro nipote di sorella, Filippo Guastavillani. Ma quando nel 77 il fratello Boncompagno s'incamminò verso Roma colla moglie Cecilia Bargelini per vederlo e godere della grandezza fraterna, Gregorio lo fece con severo comandamento fermare in Otricoli, e gl'ingiunse di tornare a Bologna, contentandosi del grado che gli aveva ottenuto da Pio V nel reggimento della città, e dell'avergli fatto l'uno dei figli, Filippo, cardinale, l'altro, Cristoforo, arcivescovo di Ravenna. Due nepoti furono poi maritate in casa Pepoli e in casa Malvezzi, con dote di dieci mila scudi a ciascuna. " Si narra, dice PAOLO TIEPOLO, che di ciò sia causa la mala satisfazione che ancora il Papa conserva verso il fratello per rispetto della moglie, la quale imprudente ed insolente trattò malissimo di parole e di fatto il Sig. Giacomo, mentre che giovinetto stava appresso di lei „: *Relaz. ven.*, X, 221.

Quanto alle entrate concesse ai parenti, ecco che cosa dice ANT. TIEPOLO: "Col suo sangue è andato sì parco, che non tengono i due nipoti cardinali nulla più di 10 m. scudi di entrata, e l'ill.ᵐᵒ Sig. Giacomo, ch'è figliuolo, ed amato quanto possa esser amato figliuolo, non tiene al presente (1578) non computando le provvisioni del Re Cattolico per il generalato degli uomini d'arme, e quelle che tiene per il generalato di Santa Chiesa e per i due carichi di Castellano e della guardia del Papa, che possono in tutto importare 14 m. scudi all'anno, 8 m. de' quali finiscono con la vita del Pontefice, più di 7 m. scudi d'entrata; la qual ricchezza se si paragonerà con altre di altri

Le dernier de Decembre eus deus [1] disnarent chez M. le Cardinal de Sans,[2] qui observe plus des cerimonies romeines que nul autre françois. Les Benedicite & les Grâces fort longues y furent dites

nipoti non che figliuoli di Papa, si vedrà esser pochissima, tanto poco si lascia il Pontefice governare dall'amore, e tanto fugge che sia creduto, ch'egli sia più volto ai pensieri de' suoi più cari, che a quelli della grandezza di Santa Chiesa „: *Relaz. ven.*, X, p. 266.

E il CORRARO nel 1581: " Non trovasi il Sig. Giacomo sino adesso più di 9 m. scudi in circa d'entrata, e forse 40 m. tra gioie, argenti ed altre sorte di mobili. È stato in grande speranza d'esser provvisto dal Re Cattolico di qualche grossa commenda ovvero d'altro, ma sinora non se n'è veduto segno alcuno. E vien detto che il Re vorrebbe che S. S. si lasciasse intendere di desiderarlo: ma lei non ne vuol far altro, per non mettersi in obbligo con questo mezzo di concedere a quel Re maggiori cose, massime con i dispareri che al presente sono in piedi tra loro per conto di giurisdizioni „: *Relaz. ven.*, X, p. 280.

[1] *MM. d'Estissac et Montaigne*, annota l'editore; ma parrebbe piuttosto, anche per quello ch'egli stesso dice più sotto, che si debba intendere l'ambasciatore e il Montaigne.

[2] Niccolò di Pellevé o Pelvé nacque a Jouy nella diocesi di Rouen: fu professore a Bourges, senatore a Parigi, poi vescovo di Amiens (1555). Divenne guardasigilli e precettore del duca di Alençon, indi presidente del regio consiglio e vice cancelliere del regno. Nel 1563 fu trasferito all'arcivescovato di Sens. Purgatosi dall'accusa di eresia, nel 70 fu assunto al cardinalato, col titolo di S. Giovanni e Paolo, e divenne protettore di Scozia, d'Irlanda, e dei Girolamini, come è qui addietro accennato. Gregorio lo occupò in gravi negozj: ma egli, procuratore della lega di Francia, invano sollecitò da lui la scomunica del navarrese. Nel 92 passò all'arcivescovato di Reims, e recatosi a Parigi per l'assemblea del clero, vi si infermò, mentre Enrico si impadroniva della città: e questi per onorarlo e preservarlo da ogni insulto, pose guardie alla casa ov'egli abitava. Morì nel 94 di anni 77.

par deus chapelins, s'antrerespondans l'un l'autre, à la façon de l'office de l'église. Pandant son disné, on lisoit en italien une perifrase[1] de l'évangile du jour. Ils lavarent avec lui, & avant & après le repas. On sert à chacun une serviette pour s'essuïer; & devant ceus à qui on vëut faire un honneur particulier, qui tient le siege à costé, ou vis-à-vis du maistre, on sert des grans quarrés d'argent qui portent leur saliere, de mesme façon que ceus qu'on sert en France aus grans. Audessus de cela, il y a une serviette pliée en quattre; sur cete serviette, le pein, le cousteau, la forchette, & le culier. Audessus de tout cela une autre serviette, de laquelle il se faut servir, & laisser le demeurant en l'estat qu'il est; car après que vous estes à table, on vous sert, à costé de ce quarré, une assiette d'arjant ou de terre, de laquelle vous vous servez. De tout ce qui se sert à table, le tranchant[2] en donne sur des assietes à ceus qui sont assis en ce rang-là, qui ne metent point la mein au plat, & ne met-on guiere la mein au plat du mestre. On servit aussi

---

[1] *Paraphrase.*
[2] *Trinciante* era quegli che tagliava le carni. "Chi crederebbe, dice il Priscianese, *Governo della Corte d'un Signore in Roma*, Città di Castello, Lapi, 1883, pag. 75, che insino al tagliare a tavola, che cortigianamente è detto *trinciare*, potesse parer cosa sì bella e dilettevole a vedere, quanto ella è? Chè sono alle volte stupito, quando sono stato a vedere un poco con che destrezza, con che velocità di mano e di coltello, che pare che voli, con che bella attitudine trinciano alcuni un pollo, un fagiano, o un pomo, che non si vide mai tal gentilezza. Per tanto io giudico che anco questo sia ufficio degno e bello, massimamente essendo da persona eccellente esercitato. La cui principal importanza, com'e' dicono, è di sapere come questa o quella o quell'altra cosa o in che parte o in qual guisa trinciata, esser voglia o non voglia, secondo massi-

à M. de Montaigne, comme on faisoit ordineremant chés M. l'Ambassadur, quand il y mangeoit, à boire en cette façon : c'est qu'on lui presantoit un bassin d'arjant, sur lequel il y avoit un verre avec du vin & une petite bouteille, de la mesure de celle où on met de l'ancre, pleine d'eau. Il prend le verre de la mein droite, & de la gauche cete bouteille, & verse autant qu'il lui plaît d'eau dans son verre, & puis remet cete bouteille dans le bassin. Quand il boit, celui qui sert, lui presante ledit bassin au dessous du menton, & lui remet après son verre dans ledict bassin. Cete cerimonie ne se faict qu'à un ou deux pour le plus au dessous du maistre. La table fut levée soudein après les grâces, & les chaises arrangées tout de suite le long d'un costé de la salle, où M. le Cardinal les fit soir après lui. Il y survint deus homes d'église, bien vetus, à tout je ne scay quels instrumans dans la mein, qui se mirent à genouil devant lui, & lui firent entendre je ne scay quel service qui se faisoit en quelque église : il ne leur dît du tout rien, mais come ils se relevarent après avoir parlé & s'en alloint, il tira un peu le bonnet. Un peu après il les mena [1] dans son coche à la sale du Consistoire, où les Cardinaus s'assemblarent pour aller à vespres. Le Pape y survint, & s'y revetit pour aller aussi à vespres.[2] Les

namente il gusto del Signore : e tutto con somma pulitezza e leggiadria e prestezza. „ Sull'ufficio del *Trinciante* vi è un trattato del cav. Reale Fusoritto da Narni, Roma, 1593.

[1] * *L'ambassadeur et Montaigne.*

[2] " Die ultima Decembris in vigilia Circumcisionis, vespera celebrata sunt in capella, Papa veniente et redeunte in sede. Interfuerunt Cardinales XXVII. Assistentes, diaconi Medices et Carrafius, presbyster Jesualdus, Dux Sorae et orator Bononiae in suis locis. Finitis

Cardinaus ne se mirent point à genou à sa benediction, come faict le peuple, mais la receurent avec une grand inclination de la teste.

Le troisieme de Janvier 1581, le Pape passa devant nostre fenestre: marchoint devant lui environ deus çans chevaus de personnes de sa court, de l'une & de l'autre robbe. Auprès de lui estoit le Cardinal de Medicis, qui l'entretenoit couvert, & le menoit disner chez lui. Le Pape avoit un chapeau rouge, son accoustrement blanc, & capuchon de velours rouge, come de coustume, monté sur un hacquenée blanche, harnachée de velours rouge, franges & passemants d'or. Il monte à cheval sans secours d'escuyer; & si court son 81e an.[1] De quinse en quinse pas, il donnoit sa benediction. Après lui marchoint trois Cardinaus,[2] & puis environ çant homes d'armes, la lance sur la cuisse, armés de toutes pieces, sauf la teste. Il y avoit aussi une autre hacquenée de mesme parure, un mulet, un beau coursier blanc, & une lettiere qui le suivoint, & deus porte manteaus, qui avoint à l'arson de la selle des valises. Ce mesme jour, M. de Montaigne print

vesperis, novi officiales Populi Romani jurarunt, licet aliquanto tardius ante Pontificem accesserint. R.^{mus} Card.^{lis} Maffeus, loco Rev.^{mi} Camerarj, venit in plano solij et sedit, dum juramenta praestarent, et ibidem stetit Gubernator urbis „: MUCANT., *op. cit.*, II, 93.

[1] Il CICCARELLI, *Vita Greg. XIII:* " *Voluptas illi erat equitare per urbem aut agros suburbanos; in ascendendo equum tam agilis erat, ut nullius ope indigeret.* ".

[2] Probabilmente anch'essi a cavallo, dacchè, " Pie IV, contraire à l'innovation des carosses, avait enjoint aux cardinaux de venir au Vatican à cheval, selon l'ancienne coutume, en leur disant que Charles-Quint avait beaucoup admiré les cavalcades solennelles du sacré collège „: HÜBNER, *op. cit.*, I, 78.

de la terebentine, sans autre occasion, sinon qu'il estoit morfondu, & fit force sable après.

L'onsieme de janvier, au matin, come M. de Montaigne sortoit du logis à cheval pour aller *in Banchi*, il rancontra qu'on sortoit de prison Catena, un fameus voleur & capitaine des banis, qui avoit tenu en creinte toute l'Italie, & duquel il se contoit des murtres enormes, & notammant de deus capucins, ausquels il avoit fait renier Dieu, promettant sur cete condition leur sauver la vie, & les avoit massacrés après cela, sans aucune occasion, ny de commodité,[1] ny de vanjance.[2] Il s'arresta pour voir ce spectacle.[3] Outre la forme de France, ils font

---

[1] * *D'avantages pour lui.*

[2] Del fatto l'a. fa ricordo anche, come vedremo, negli *Essais*, II, 11. Il MAFFEI, *op. cit.*, II, 216, registra la morte di questo malfattore e lo chiama "il Catena del Monte S. Giovanni „. Gli *Avvisi di Roma* dell' 11 Gennajo recano: " In questa mattinata si è giustiziato il Catena, sendo stato condotto in carrozza e attanagliato per la città con capestro d'oro e gran concorso di gente, perchè ognuno desiderava vedere per la fama che avea: era giovane di 30 anni e ha fatto 54 omicidj, ed è stato 12 anni fuoruscito. „ E altri *Avvisi* in data del 14: " Mercordi il Catena fu finalmente giustiziato e attanagliato per Roma, sopra un carro, col capestro dorato, essendo stato trattenuto sino a quel di per confrontarlo con Giacomo da Veroli suo compagno preso a Palestrina, non meno famoso di lui. Tre altri compagni d'esso Catena sono stati ammazzati all'Isola da alcuni di Sora per guadagnare la taglia. Et a questo spettacolo del Catena sono concorse più di 30 mila persone „.

[3] " Ces pauvres gents qu'on veoid, sur l'eschaffaud, remplis d'une ardente devotion, y occupants touts leurs sens autant qu'ils peuvent, les aureilles aux instructions qu'on leur donne, les yeulx et les mains tendues au ciel, la voix à des prieres haultes, avecques une esmotion aspre et continuelle, font, certes, chose louable et convenable à une telle necessité ; on les doibt loüer de religion, mais

marcher devant le criminel un grand crucifix couvert d'un rideau noir, & à pied un grand nombre d'homes vetus & masqués de toile, qu'on dict estre des jantils homes & autres apparans de Rome, qui se vouent à ce service de accompaigner les criminels qu'on mene au supplice & les cors[1] des trespassés, & en font une confrerie. Il y en a deus de ceus là, ou moines, ainsi vetus & couvers, qui assistent le criminel sur la charette & le preschent, & l'un d'eus lui faict baiser sans cesse un tableau, où est l'image de Nostre Seigneur. Cela faict que on ne puisse pas voir le visage du criminel par la rue. A la potence, qui est une poutre entre deus appuis, on lui tenoit tous-iours cete image contre le visage, jusques à ce qu'il fut élancé.[2] Il fit une mort commune, sans mouvemant & sans parole; estoit home noir, de trante ans ou environ. Après qu'il fut estranglé, on le detrancha en quattre cartiers. Ils ne font guiere mourir les homes que d'une mort simple, & exercent leur rudesse après la mort. M. de Montaigne y remerqua ce qu'il a dict ailleurs,[3]

non proprement de constance; ils fuyent la luicte, ils destournent de la mort leur consideration, comme on amuse les enfants pendant qu'on leur donne le coup de lancette. J'en ay veu, si par fois leur veue se ravaloit à ces horribles appressts de la mort qui sont autour d'eulx, s'en transir, et rejecter avecques furie ailleurs leur pensee: à ceulx qui passent une profondeur effroyable, on ordonne de clorre ou destourner leurs yeulx „: *Essais*, III, 4.

[1] * *Corps.*
[2] * *Jetté hors de l'echelle, et suspendu.*
[3] Ecco che cosa dice il MONTAIGNE al luogo sopra indicato, circa i supplizj: "Je me compassionne fort tendrement des afflictions d'aultruy... Les morts je ne les plains gueres, et les envierois plustost: mais je plains bien fort les mourants... Les executions mesmes de la justice, pour

combien le peuple s'effraïe des rigurs qui s'exercent sur les cors mors; car le peuple, qui n'avoit pas santi de le voir estrangler, à chaque coup qu'on donnoit pour le hâcher, s'écrioit d'une voix piteuse. Soudein qu'ils sont morts, un ou plusieurs jésuistes ou autres, se mettent sur quelque lieu hault, & crient au peuple, qui deça, qui delà, & le preschent pour lui faire gouster cet exemple.

raisonnables qu'elles soient, je ne puis veoir d'une veue ferme... En la justice mesme, tout ce qui est au delà de la mort simple me semble pure cruauté: et notamment à nous, qui debvrions avoir respect d'envoyer les ames en bon estat: ce qui ne se peult, les ayant agitees et desesperees par torments insupportables.... Je conseillerois que ces exemples de rigueur, par le moyen desquels on veult tenir le peuple en office, s'exerceassent contre les corps des criminels, car de les veoir priver de sepulture, de les veoir bouillir et mettre à quartiers, cela toucheroit quasi autant le vulgaire, que les peines qu'on fait souffrir aux vivants... Je me rencontrai un jour à Rome sur le poinct qu'on desfaisoit Catena, un voleur insigne: on l'estrangla sans aulcune esmotion de l'assistance: mais, quand on veint à le mettre à quartiers, le bourreau ne donnoit coup, que le peuple ne suyvist d'une voix plaintifve et d'une exclamation, comme si chascun eust presté son sentiment à cette charongne. Il fault exercer ces inhumains excez contre l'escorce, non contre le vif (II, 11) „.

E altrove: "Tout ce qui est au delà de la mort simple me semble pure cruauté. Nostre justice ne peult esperer que celuy que la crainte de mourir et d'estre descapité ou pendu, ne gardera de faillir, en soit empesché par l'imagination d'un feu languissant ou des tenailles ou de la roue. Et je ne sçais ce pendant, si nous les jectons au desespoir: car en quel estat peult estre l'ame d'un homme, attendant vingt quatre heures la mort, brisé sur une roue, ou, à la vieille façon, cloué à une croix? „: II, 27.

Su questi sensi del nostro autore, che antecedono di gran lunga quelli del suo secolo, vedi BIGORIE DE LASCHAMPS, *Michel de Montaigne, sa vie, ses oeuvres et son temps*, Paris, Didot, 1860, p. 266 e segg.

Nous remerquions en Italie, & notammant à Rome, qu'il n'y a quasi pouint de cloches pour le service de l'église, & moins à Rome qu'au moindre village de France;[1] aussi qu'il n'y a pouint d'images, si elles ne sont faites de peu de jours. Plusieurs antiennes églises n'en ont pas une.

[1] RABELAIS che fu a Roma nel 1536, descrivendola sotto il nome di *Isle Sonnante*, attesterebbe invece che le campane non vi mancassero: " et entendismes un bruit de loing venant, frequent et tumultueux, et nous sembloyt a louyr que ce fussent cloches grosses, petites et mediocres, ensemble sonnantes, comme l'on faict a Paris, a Tours, Gergeau, Nantes et ailleurs, es jours des grandes festes: plus approchions, plus entendions ceste sonnerye renforcee. Nous doubtions que feust Dodone avecques ses chaulderons, ou le porticque dict Hectaphone en Olympie, ou bien le bruict sempiternel du colosse erigé sus la sepulture de Memnon en Thebes d'Egypte ecc.... Approchans dadvantaige entendismes, entre la perpetuelle sonnerye des cloches, chant infatigable des hommes ia residens, comme estoit nostre adviz .... Puys demandasmes qui mouvoyt ces oyzeaulx ainsi sans cesse chanter. Editue nous respondist, que cestoyent les cloches pendentes on dessus de leurs caiges (*Oeuvres*, Bruxelles, Tencé, v, 10, 16) „ .

Fra le due asserzioni, teniamo più vera quella del Rabelais: forse solo è credibile che in Roma le campane suonassero meno che in Francia, attenendosi più rigorosamente alle prescrizioni canoniche. E forse anche in Francia le campane davano miglior suono: e anche il RUCELLAI, viaggiando colà una cinquantina d'anni dopo che il nostro viaggiava in Italia, lodava le " campane squisite „ della chiesa di S. Germano in Parigi, aggiungendo esser le buone campane "cosa ordinaria a tutte le chiese della Francia „: vedi *Diario*, edito da G. Temple-Leader e G. Marcotti, Firenze, Barbèra, 1884, p. 103.

Quanto alle immagini, le chiese di Roma a quel tempo erano più ch'altro ricche di marmi e mosaici, e le tele dipinte crebbero nel secolo della devozione, cioè nel XVII

È opportuno ricordare qui i sentimenti e le impressioni del nostro autore circa le chiese cristiane: „ Il n'y a ame si

Le quatorsieme jour de janvier, il reprint encor de la terebentine, sans aucun effect apparent. Ce mesme jour je vis[1] deffaire deus freres, antiens serviteurs du secrétaire du Castellan, qui l'avoint tué quelques jours auparavant de nuict en la ville, dedans le palais mesme dudict seigneur Jacomo Buoncompagno, fils du pape.[2] On les tenailla, puis coupa le pouing devant ledict palais, & l'ayant coupé, on

revesche, qui ne se sente touchee de quelque reverence à considerer cette vastité sombre de nos eglises, la diversité d'ornements et ordre de nos cerimonies, et ouïr le son devotieux de nos orgues, et l'harmonie si posee et religieuse de nos voix: ceulx mesmes qui y entrent avecques mespris sentent quelque frisson dans le coeur, et quelque horreur, qui les met en desfiance de leur opinion „: *Essais*, ii, 12.

[1] * *Ici parle le secrétaire de Montaigne.*

[2] " Heri (5) sive nudus tertius, in Palatio Sanctorum Apostolorum in quo inhabitat Ill.^{us} Dux Sorae, suspicatum fuit occisum fuisse D. Adrianum Inauratum ejus secretarium, cum non reperiretur jam per duos dies, prout re vera postea cognitum est, occisum esse ab ejus famulis, qui eidem subtraxerant quaedam suppelectilia, vasa argentea et pecunias, qui comprehensi fuerunt extra urbem duorum dierum intervallo, ac paulo post in urbe abscissis manibus ante Palatium praedicti Ducis fuerunt more bidentium a carnifice jugulati, ac digno supplicio affecti. Deus unumquemquem fidelem ab hujusmodi casu liberet „: Mucant., *op. cit.*, ii, 94. Il Maffei, ii, 216, dice che erano due piemontesi, e che ucciso l'Indorato ne avevano gettato il cadavere nel fiume. Gli *Avvisi di Roma*, del 7 Gennajo riferiscono anch'essi il fatto come avvenuto " l'altra notte „ vale a dire appunto il 5; notano che l'Inaurati era carissimo al Duca perchè " avea forse pochi pari dello stile italiano e castigliano „: e agli 11 fanno sapere che " quei due fratelli piamontesi, che hanno ammazzato il segretario del signor Giacomo sono stati presi a S. Lorenzo delle Grotte, e jersera furono condotti qua, havendo già confessato l'assassinio, e Lunedi al più, sebbene alcuni dicono Sabato prossimo, faranno il loro spettacolo di giustizia „.

leur fit mettre sur la playe des chappons, qu'on tua
& entr'ouvrit soudenement. Ils furent deffaicts sur
un échaffaut, & assommés à tout une grosse massue
de bois, & puis soudein esgorgés. C'est un supplice
qu'on dict par fois usité à Rome. D'autres tenoint
qu'on l'avoit accommodé au meffaict, d'autant qu'ils
avoint einsi tué leur maistre.

Quant à la grandur de Rome, M. de Montaigne
disoit " que l'espace qu'environnent les murs, qui
est plus de deus tiers vuide, comprenant la vieille
& la neufve Rome, pourroit égaler la cloture qu'on
fairoit autour de Paris, y enfermant tous les fau-
bourgs de bout à bout. Mais si on conte la grandur par nombre & presse de maisons & habitations,
il panse que Rome n'arrive pas à un tiers près de
la grandur de Paris. En nombre & grandur de
places publicques & beauté des rues & beauté de
maisons, Rome l'amporte de beaucoup. „

Il trouvoit aussi la froidur de l'hyver fort approchante de celle de Guascogne. Il y eut des ge-
lées fortes autour de Noel, & des vans frois insup-

E ai 13: " In questa mattina sono stati condotti in carrozza
e tagliate le mani nella Piazza di S. Apostoli a quei due
servitori piamontesi, che hanno assassinato il segretario
del sig. Castellano, et dipoi condotti in Ponte li hanno
dato un maglio in testa e squartati subito, senz'appiccarli
altrimenti „. Altro avviso del 14 corregge S. Lorenzo con
Tivoli, e dice che furono scoperti " per cagione di un bacile e boccale d'argento che uscì dalla valigia nel correr
la posta, il che pose in sospetto il postiglione et l'hoste,
che li diede in mano del podestà di quel luogo... et essendo stati esaminati, dissero che il loro padrone era andato in Spagna per acqua, havendo loro mandati per
terra ecc. „

portablemant. Il est vray que lors mèsme il y tonne, gresle, & esclaire fort souvent.[1]

Les palais ont force suite de maimbres[2] les uns après les autres. Vous enfilés trois & quatre salles, avant que vous soyés à la maistresse. En certeins lieus où M. de Montaigne disna en cerimonie, les buffets ne sont pas où on disne, mais en un'autre premiere salle, & va-t-on vous y querir à boire, quand vous en demandés; & là est en parade la vesselle d'arjant.

Judy, vint-sixieme de janvier, M. de Montaigne étant allé voir le mont Janiculum, delà le Tibre, & considerer les singularités de ce lieu là, entre autres, une grande ruine du vieus mur avenue deus jours auparavant,[3] & contempler le sit de toutes les parties de Rome, qui ne se voit de nul autre lieu si cleremant; & delà estant descendu au Vatican, pour y voir les statues enfermées aus niches de Belveder, & la belle galerie que le Pape dresse des peintures

---

[1] Sull'invernata di quest'anno, ecco cosa dicono gli *Avvisi di Roma*, in data del 18 Gennajo: " Domenica notte venne tanta gran tempesta che si alzò la grandine grossissima in alcuni luoghi della città doi palmi, restandovi tutto il giorno seguente „. E il 18 Febbrajo: "Da Novembre in qua non ha fatto mai altro che piovere, essendo stati pochi giorni di buon tempo, e questa settimana ha piovuto talmente che il Tevere è stato già due volte per uscir quasi del letto, essendo arrivato sin sulle strade vicino alla riva „.

[2] * *De chambres ou appartemens de plein pied.* — È noto che in Piemonte le stanze si dicono *membri*.

[3] Negli *Avvisi di Roma* in data 14 Gennajo si legge: " L'altra notte cascarono quattro case all'improvviso in questa città, onde per il gran rumore che si levò, la città si mise quasi tutta in armi dubitandosi di tradimento „. Ma non parrebbe che fosse questa la rovina andata a vedere dal Montaigne.

de toutes les parties de l'Italie, qui est bien près
de sa fin [1]; il perdit sa bourse & ce qui estoit dedans,
& estima que ce fût que, en donnant l'aumone
à deus ou trois fois,[2] le tems estant fort pluvieus &
mal plesant, au lieu de remettre sa bourse en sa
pochette, il l'eût fourrée dans les découpures de sa
chausse. Touts ces jours là, il ne s'amusa qu'à
étudier Rome. Au commancemant il avoit pris un
guide françois; mais celui-là, par quelque humeur
fantastique, s'estant rebuté, il se pica, par son propre
estude, de venir à bout de cete sience, aidé de
diverses cartes & livres qu'il se faisoit lire le soir,
& le jour alloit sur les lieus mettre en pratique

[1] Queste pitture sono cosi descritte da ANT. CICARELLI
nella *Vita Greg. XIII*: " *In parietibus, primo Italia antiqua,
deinde nova, artificiosissime suis spatiis et geometricis quantitatibus
est delineata: inde singulae provinciae separatae.
Quia vero Pontifex Gregorius multa oppida et arces Ecclesiae
recuperârat, jussit ea omnia adjecto dracone suo signari:
idem fecit et in iis locis quae Pius V recuperaverat, illius
insigniis appositis. In frontispicio porticus hujus legitur inscriptio
elegantibus typis depicta, quae quia obiter res memorabiliores,
quae in ea depictae sunt, operisque totius absolutionem
et perfectionem continet, nos eam hic quoque adiicere
volumus*: ITALIA REGIO TOTIUS ORBIS NOBILISSIMA, ET NATURA
AB APPENNINO SEPTA EST: HOC ITIDEM AMBULACRO IN DUAS
PARTES, ALTERAM HINC ALPIBUS ET SUPERO, ALTERAM HIC INFERO
MARI TERMINATAS DIVIDITUR: A VAROQ. FLUM. AD EXTREMOS
USQUE BRUTIOS AC SALENTINOS REGNIS, DITIONIBUS, INSULIS
INTRA SUOS UT NUNC SUNT FINES DISPOSITIS, TOTA IN TABULIS
LONGO UTRINQUE TRACTU: FORNIX PIA SANCTORUM VIRORUM FACTA,
IN QUIBUS GESTA SUNT EX ADVERSUM RESPONDENTIA OSTENDIT:
AC NE IUCUNDITATI DEESSET EX RERUM ET LOCORUM COGNITIONE
UTILITAS, GREGORIUS XIII PONTIF. MAX. NON SUAE MAGIS, QUAM
ROMANORUM PONTIFICUM COMMODITATI, HOC ARTIFICIO ET SPLENDORE
A SE INCHOATA PERFICI VOLUIT. ANNUS CIƆ.IƆ.LXXXI „.

[2] Negli *Essais* III, 5, ricorda lo " style auquel j'ay veu
quester en Italia: *Fate bene per voi* „.

son apprentissage: si que en peu de jours il eût ayséemant reguidé son guide.[1]

---

[1] Del resto, il Montaigne era familiare colle grandezze e i monumenti di Roma: " Le soing des morts nous est en recommendation : or, j'ay esté nourry, dez mon enfance, avecques ceulx icy; j'ay eu cognoissance des affaires de Rome, long temps avant que je l'aye eue de ceulx de ma maison: je sçavois le Capitol et son plan, avant que je sçeusse le Louvre, et le Tibre avant la Seine. J'ay eu plus en teste les conditions et fortunes de Lucullus, Metellus et Scipion, que je n'ay d'aulcuns homme des nostres: ils sont trespassez; si est bien mon pere aussi entierement qu'eulx, et s'est esloingné de moy et de la vie, autant en dix huict ans, que ceulx là ont faict en seize cents... J'ay attaqué cent querelles pour la deffense de Pompeius et pour la cause de Brutus... Me trouvant inutile à ce siecle, je me rejecte à cet aultre: et en suis si embabouïné, que l'estat de cette vieille Rome, libre, juste et florissante (car je n'en aime ny la naissance ny la vieillesse) m'interesse et me passionne : par quoy je ne sçaurois reveoir si souvent l'assiette de leurs rues et leurs maisons, et ces ruynes profondes jusques aux antipodes, que je ne m'y amuse. Est ce par nature ou par erreur de fantaisie, que la veue des places que nous sçavons avoir esté hantees et habitees par personnes desquelles la memoire est en recommendation, nous esmeut aulcunement plus qu'ouïr le recit de leurs faicts, ou lire leurs escripts? *Tanta vis admonitioni inest in locis!... Et id quidem in hac urbe infinitum: quacumque enim ingredimur, in aliquam historiam vestigium ponimus* (Cic. *de finib.* v, 1, 2). Il me plaist de considerer leur visage, leur port et leurs vestements; je remasche ces grands noms entre les dents, et les fois retentir à mes aureilles: *Ego illos veneror, et tantis nominibus semper assurgo*: (Senec., *Epist.*, 64). Des choses qui sont en quelque partie grandes et admirables, j'en admire les parties mesmes communes: je les veisse volontiers diviser, promener et souper. Ce seroit ingratitude de mespriser les reliques et images de tant d'honnestes hommes et si valeureux, lesquels j'ay veu vivre et mourir, et qui nous donnent tant de bonnes instructions par leur exemple, si nous les sçavions suyvre „: *Essais*, III, 9.

"Il disoit,[1] qu'on ne voïoit rien de Rome que le ciel sous lequel elle avoit esté assise, & le plant de son gite :[2] que cete science qu'il en avoit, estoit une science abstraite & contemplative, de laquelle il n'y avoit rien qui tumbat sous les sens; que ceus qui disoint qu'on y voyoit au moins les ruines de Rome, en disoint trop; car les ruines d'une si espouvantable machine rapporteroint plus d'honneur & de reverence à sa mémoire; ce n'estoit rien que son sepulcre.[3] Le monde, ennemi de sa longue domination,

---

[1] L'AMPÈRE (*Portraits de Rome à différents âges*, in *La Grèce, Rome et Dante*, Paris, Didier, 1870, pag. 152) giudica severamente il brano che segue: " Il y a pourtant un morceau assez ambitieux, qui tranche sur le ton général par un tour légèrement déclamatoire; on voit que Montaigne, se trouvant à Rome, a voulu dire sur Rome quelque chose de beau, et que dans un moment d'enthousiasme un peu forcé, il a dicté à son secrétaire cette tirade, où il y a assez d'enflure, et où l'on rencontre quelques traits assez frappants, mais un peu étrangement jetés dans son journal, entre le récit de sa bourse perdue et celui de quelques accidents de santé, qu'il ne manque jamais d'enregistrer „. Ma altrimenti il SAINTE-BEUVE, e, secondo noi, più giustamente: " Rome inspire Montaigne et l'élève jusqu'à elle. Quel langage auguste et magnifique! quelle haute idée! On ne voit pas même les ruines de Rome: ces ruines sont ensevelies: à peine si quelques-unes surnagent et dépassent le niveau de ce vaste cimetière qui est la Rome d'aujourd'hui. Tout cela, c'est du Sénèque, du bon Lucain; c'est de l'Horace dans les grands odes. Par ce que ces hommes, comme Horace et Montaigne, sont aimables, on les croit incapables de génerosité et de sentir la grandeur. Mais le gôut et une mâle pensée embrassent tout „: *Nouv. Lundis*, Paris, Lévy, 1875, II, 174.

[2] ERASMO nel *Ciceronian.* I, dice: " Postremo Roma, Roma non est, nihil habens praeter ruinas, ruderaque, priscae calamitatis cicatrices ac vestigia „.

[3] Si ricordi quello che scrissero alcuni poeti italiani

avoit premieremant brisé & fracassé toutes les pieces de ce corps admirable, & parce qu'encore tout mort, ranversé, & desfiguré, il lui faisoit horreur, il en avoit enseveli la ruine mesme.¹ Que ces petites montres de sa ruine, qui paressent encores au dessus de la biere, c'étoit la fortune qui les avoit conservées, pour le tesmoingnage de cete grandur infinie que tant de siécles, tant de fus,² la conjuration du monde reiterées à tant de fois à sa ruine, n'avoint peu universelemant esteindre. Mais qu'il estoit vraisamblable que ces mambres desvisagés qui en restoint, c'estoint les moins dignes: & que la furie des ennemis de cete gloire immortelle, les avoit portés, premieremant, à ruiner ce qu'il y avoit de plus beau & de plus digne; que les bastimans de

---

di cotest'età circa; il TESTI ad esempio:

> Ronchi, tu forse a piè dell'Aventino
> O del Celio t'aggiri: ivi fra l'erbe
> Cercando i grandi avanzi e le superbe
> Reliquie vai de lo splendor latino;
> E fra sdegno e pietà, mentre che miri
> Ove un tempo s'alzar templi e teatri
> Or armenti muggir, strider aratri,
> Dal profondo del cor teco sospiri.
> Ma de l'antica Roma incenerite
> Ch'or fian le moli, all'età ria s'ascriva,
> Nostra colpa ben è ch'oggi non viva
> Chi dell'antica Roma i figli imite ecc.

E in una poesia contro la Corte di Roma recata dal PERRERO, *F. Testi alla Corte di Torino*, Milano, Daelli, 1865, pag. 15:

> Roma in Roma è sepolta, e quel ch'avanza
> Del suo gran corpo, oggi è corrotto e pute.

¹ Ricorda quel di LUCANO, IX, 969:

> *Jam silvae steriles et patres robore trunci*
> *Assarici pressere domos, et templa Deorum*
> *Jam lassa radice tenent, at tota teguntur*
> *Pergama dumetis; etiam periere ruinae.*

² * *De feux.*

cete Rome bastarde, qu'on aloit asteure atachant à ces masures antiques, quoi qu'ils eussent de quoi ravir en admiration nos siecles presans, lui faisoint resouvenir propremant des nids, que les moineaus & les corneilles vont suspandant en France aus voutes & parois des eglises que les Huguenots viennent d'y démolir. Encore creignoit-il, à voir l'espace qu'occupe ce tumbeau, qu'on ne le reconnût pas tout, & que la sépulture ne fût elle mesme pour la pluspart ensevelie. Que cela, de voir une si chetifve descharge, come de morceaus de tuiles & pots cassés, estre antiennemant arrivée à un monceau de grandur si excessive, qu'il egale en hauteur & largeur plusieurs naturelles montaignes [1] [car il le comparoit en hauteur à la mote de Gurson,[2] & l'estimoit double en largeur], c'étoit une expresse ordonnance des destinées, pour faire sàntir au monde leur conspiration à la gloire & préeminance de cete ville, par un si nouveau & extraordinere tesmoingnage de sa grandur.[3] Il disoit ne pouvoir aiséemant faire convenir, veu le peu d'espace & de lieu que tiennent aucuns de ces sept mons, & notammant les plus fameus, comme le Capitolin & le Palatin, qu'il y ranjat un si grand

---

[1] Il Monte Testaccio ha circa mille passi di circuito, e s'innalza m. 50 sul livello del mare: Vedi DRESSEL, *Ricerche sul Monte Testaccio*, Roma, Salviucci, 1878.

[2] Gurson, castello nel Périgord, appartenente a Gastone de Foix, marchese di Trans, il cui figlio, intimo amico dell'autore e conte di Gurson, fu ucciso a Moncrabeau.

[3] Si direbbe che qui l'a. alludesse alla nota favola sull'origine del Testaccio, formatosi coi vasi che i varj popoli, i cui nomi si troverebber scritti ancora sui cocci, portavano in tributo a Roma: tradizione nella quale v'ha solo questo di vero, che cioè esso si sia composto di rottami dei vasi di trasporto, che giungevano specialmente dalla Spagna e anche dall'Affrica, agli scali situati sulle sponde del Tevere, sotto ed oltre l'Aventino: v. DRESSEL, *op. cit.*, § VI.

nombre d'édifices. A voir sulemant ce qui reste du Tample de la paix, le long du Forum Romanum, duquel on voit encore la chute toute vifve, come d'une grande montaigne, dissipée en plusieurs horribles rochiers : il ne samble que deus tels batimans peussent tenir en toute l'espace du mont du Capitole, où il y avoit bien 25 ou 30 tamples, outre plusieurs maisons privées. Mais, à la vérité, plusieurs coujectures qu'on prent de la peinture de cete ville antienne, n'ont guiere de verisimilitude, son plant mesme estant infinimant changé de forme ; aucuns de ces vallons estans comblés, voire dans les lieus les plus bas qui y fussent : come, pour exemple, au lieu du Velabrum, qui pour sa bassesse recevoit l'esgout de la ville & avoit un lac, s'est tant eslevé des mons de la hauteur des autres mons naturels qui sont autour delà, ce qui se faisoit par le tas & monceaus des ruines de ces grans bastimans ; & le Monte Savello n'est autre chose que la ruine d'une partie du teatre de Marcellus. Il croioit qu'un antien romain ne sauroit reconnoistre l'assiete de sa ville, quand il la verroit. Il est souvent avenu qu'après avoir fouillé bien avant en terre, on ne venoit qu'à rencontrer la teste d'une fort haute coulonne, qui estoit encor en pieds au dessous. On n'y cherche point d'autres fondemens aux maisons, que des vieilles masures ou voutes, come il s'en voit au dessous de toutes les caves, ny encore l'appuy du fondement antien ny d'un mur qui soit en son assiete. Mais sur les brisures mesmes des vieus bastimans, come la fortune les a logés, en se dissipant,[1] ils ont planté le pied de leurs palais nouveaus,

---

[1] *Pendant leur dégradation.*

come sur des gros loppins de rochiers, fermes & assurés. Il est aysé à voir que plusieurs rues sont à plus de trante pieds profond au dessous de celles d'à-cete-heure „ ¹.

Le 28ᵉ de Janvier, il eut la culicque, qui ne l'empescha de nulle de ses actions ordineres, & fit une pierre assés grossette, & d'autres moindres. Le trantiesme, il fut voir la plus antienne cerimonie de religion qui soit parmy les homes, & la considera fort attentivemant & avec grande commodité: c'est la Circoncision des Juifs.² Il avoit des-ia veu une autrefois leur synagogue, un jour de samedy le matin, & leurs prieres, où ils chantent désordonnéemant, comme en l'église calvinienne, certenes leçons de la bible en hebreu, accommodées au tems. Ils

---

¹ In un bel passo degli *Essais*, III, 9, unisce insieme le lodi di Roma antica e di Roma moderna: " Et puis, cette mesme Rome que nous veoyons, merite qu'on l'aime: confederee de si long temps, et par tant de tiltres, à nostre couronne: seule ville commune et universelle: le magistrat souverain qu'y commande est recognu pareillement ailleurs: c'est la ville metropolitaine de toutes les nations chrestiennes: l'Espaignol et le Français, chascun y est chez soy: pour estre des princes de cet estat, il ne fault qu'estre de chrestienté, où qu'elle soit. Il n'est lieu çà bas que le ciel ayt embrassé avecques telle influence de faveur, et telle constance: sa ruyne mesme est glorieuse et enflee: *laudandis pretiosior ruinis*: encores tetient elle, au tumbeau, des marques et images d'empire „.

² Di essa cerimonia, dice negli *Essais,* III, 5: " Sommes nous pas bien brutes, de nommer brutale l'operation qui nous faict? Les peuples, ez religions, se sont rencontrez en plusieurs convenances, comme sacrifices, luminaires, encensements, jeusnes, offrandes; et entre aultres, en la condemnation de cette action: toutes les opinions y viennent, outre l'usage si estendu des circoncisions, qui en est une punition „.

ont les cadences du son pareilles, mais un désaccord extreme, pour la confusion de tant de vois de toute sorte d'eage : car les enfans, jusques au plus petit eage, sont de la partie, & tous indifferammant entendent l'hebreu. Ils n'apportent non plus d'attention en leurs prieres que nous faisons aus nostres, devisant parmy cela d'autres affaires, & n'apportant pas beaucoup de reverence à leurs mysteres. Ils lavent les mains à l'entrée, & en ce lieu là ce leur est execration de tirer le bonnet; mais baissent la teste & le genous où leur dévotion l'ordonne. Ils portent sur les espaules ou sur la teste certains linges, où il y a des franges attachées:[1] le tout seroit trop long à déduire. L'après-disnée tour à tour leurs docteurs font leçon sur le passage de la bible de ce jour là, le faisant en italien. Après la leçon, quelque autre docteur assistant choisit quelcun des auditeurs, & par fois deus ou trois de suite, pour argumenter contre celui qui vient de lire, sur ce qu'il a dict. Celui que nous ouïmes, lui sembla avoir beaucoup d'éloquence & beaucoup d'esprit en son argumentation. Mais, quant à la circoncision, elle se faict aus maisons privées, en la chambre du logis de l'enfant, la plus commode & la plus clere. Là où il fut, parce que le logis estoit incommode, la cerimonie se fit à l'entrée de la porte. Ils donnent aus enfans un parein & une mareine, comme nous:

[1] *Questo rito ha la sua origine in ciò che è detto nei Numeri*, xv, 37-40: *Dixit quoque Dominus ad Moysem: Loquere filiis Israel, et dices ad eos ut faciant sibi fimbrias per angulos pelliorum, ponentes in eis vittas hyacinthinas. Quas cum viderint, recordentur omnium mandatorum Domini, nec sequantur cogitationes per res varias fornicantes. Sed magis memores praeceptorum Domini facient ea, sintque sancti Deo suo.*

le pere nomme l'enfant. Ils les circoncisent le huitiesme jour de sa naissance. Le parein s'assit sur une table, & met un orillier sur son giron: la mareine lui porte là l'enfant, & puis s'en va. L'enfant est enveloppé à nostre mode; le parein le développe par le bas, & lors les assistans, & celui qui doit faire l'opération commancent trestous à chanter, & accompaignent de chansons toute cete action, qui dure un petit quart d'heure. Le ministre peut estre autre que rabbi, & quiconque ce soit d'antre eus: chacun desire estre appellé à cet office, parce qu'ils tiennent que c'est une grande benediction d'y estre souvent employé: voire ils achettent d'y estre conviés, offrans qui un vestemant, qui quelque autre commodité à l'enfant, & tiennent que celui qui en a circoncy jusques à certain nombre qu'ils sçavent, estant mort, a ce privilege, que les parties de la bouche ne sont jamais mangées des vers.[1] Sur la table où est assis ce parein, il y a quant & quant un grand appret de tous les utils qu'il faut à cet'operation. Outre cela, un home tient en ses meins une fiolle pleine de vin & un verre. Il y a aussi un brazier à terre, auquel brazier ce ministre chauffe premieremant ses meins, & puis trouvant cet enfant tout destroussé, comme le parein le tient sur son giron la teste devers soy, il lui prant son mambre, & retire à soy la peau qui est au-dessus, d'une mein,

---

[1] Interrogata persona esperta del rito, vengo assicurato che nulla di simile si trova nei libri che trattano della materia, e che, oggi almeno, quella credenza a cui il Montaigne accenna, non vive neanche come superstizione volgare: il che non toglie che potesse essere ai tempi dell'a. Ben è vero che tra i seguaci del rito giudaico, tiensi come opera meritoria l'aver operato molte circoncisioni.

poussant de l'autre la gland & le mambre audedans. Au bout de cete peau qu'il tient vers ladite gland, il met un instrumant d'arjant, qui arreste là cete peau, & empesche que la tranchant, il ne vienne à offenser la gland & la chair. Après cela, d'un couteau il tranche cete peau, laquelle on enterre soudein dans la terre, qui est là dans un bassin parmy les autres apprèts de ce mystere. Après cela le ministre vient à belles ongles à froisser encor quelque autre petite pellicule, qui est sur cete gland, & la deschire à force, & la pousse en arriere au-delà de la gland. Il samble qu'il y ait beaucoup d'effort en cela & de dolur; toute fois ils n'y trouvent nul dangier, & en est tousiours la plaie guerie en quatre ou cinq jours. Le cry de l'enfant est pareil aus nostres qu'on baptise. Soudein que cete gland est ainsi descouverte, on offre hastivemant du vin au ministre qui en met un peu à la bouche, & s'en va ainsy sucer la gland de cet enfant, toute sanglante, & rand le sang qu'il en a retiré, & incontinant reprent autant de vin jusques à trois fois. Cela faict, on lui offre, dans un petit cornet de papier, d'une poudre rouge, qu'ils disent estre du sang de dragon,[1] de quoy il sale & couvre toute cete playe, & puis enveloppe bien propremant le mambre de cet'enfant à tout des linges taillés tout exprès. Cela faict, on lui donne un verre plein de vin, lequel vin, par quelques oreisons qu'il faict, ils disent qu'il benit. Il en prant une gorgée, & puis y trampant le doigt en porte par trois fois à tout le doigt quelque goutte à sucer en la bouche de l'enfant; & ce verre après,

---

[1] *Sanguis draconis*, in it. *Sangue di drago:* sugo gommoso congelato, ma facile a stritolarsi, di color rosso, che si trae per via d'incisione da un albero dell'India, chiamato *Draco:* così la Crusca.

en ce mesme estat, on l'envoye à la mere & aux fames qui sont en quelque autre endroit du logis, pour boire ce qui reste de vin. Outre cela, un tiers prant un instrumant d'argent, rond come un esteuf, qui se tient à une longue queue, lequel instrumant est percé de petits trous come nos cassolettes, & le porte au nés, premieremant du ministre, & puis de l'enfant, & puis du parein:[1] ils présuposent que ce sont des odeurs pour fortifier & éclaircir les esprits à la dévotion. Il a toujours cependant la bouche toute sanglante.

Le 8, & depuis encore le 12, il eut un ombrage de colicque, & fict des pierres sans grand doleur.

Le quaresme-prenant qui se fit à Rome cet'année là, fut plus licentieus, par la permission du pape,[2] qu'il n'avoit esté plusieurs années auparavant: nous trouvions pourtant que ce n'estoit pas grand'chose. Le long du Cours, qui est une longue rue de Rome, qui a son nom pour cela, on faict courir à l'envi, tantost quatre ou cinq enfans, tantost des Juifs, tantost des vieillards tout nuds, d'un bout de rue

---

[1] Generalmente invece di un astuccio odoroso, come qui descrive l'autore, si distribuiscono a tutti gli assistenti dei piccoli ramoscelli di qualche pianta odorifera. La ragione che i ritualisti ebrei ne assegnano è per aver pronto un rimedio in caso di svenimento per parte di qualche assistente più delicato, trattandosi di una cerimonia cruenta. Del resto tutta questa descrizione della circoncisione è molto esatta, e corrispondente a ciò che infatti sono in questo punto i riti ebraici: cfr. BUXTORFIUS, *Synagoga Judaica*, cap. IV.

[2] " Hoc anno S. D. N. permisit ad exhilarandum populum, paucis quibusdam diebus, hoc est a 2ª feria post sexagesimam, personatos per urbem incedere, et bravia consueta velocius currentibus elargiri, exceptis tamen diebus dominicis et festivis ac sexta feria et Sabbato, prout a tempore Pii p. V. nimiam priorem libertatem restringendo,

à autre.[1] Vous n'y avés nul plesir que de les voir passer davant l'endret où vous estes. Autant en font-ils des chevaus, surquoi il y a des petits en-

---

introductum fuit „ : Mucant., *op. cit.* II, 96. Gli *Avvisi di Roma* recano sotto il 21 Gennajo: "Li SS. Conservatori di questa città mercordì ottennero grazia da N. S. che in questo carnovale si corrino i soliti palj, et per quanto dicono, di far maschere ancora, se ben finora non se ne sono viste, non parendo che sia di carnevale „. Altro *avviso* dice che i palj furono concessi a istanza del Marchese S. Croce.

[1] Gli *Avvisi di Roma* in data del 28 Gennajo: "Il Lunedì li Giudei daranno principio al correre li palj soliti. „ E il 1 Febbrajo: " Domenica si diede principio a' carnevali, vedendosi il corso frequentato secondo il solito... Lunedì poi si corse il pallio delli Ebrei, et si corse la quintana in Piazza Colonna. Oggi si sono corsi li palj delli vecchi, giovani et putti „. E in data del 4: " Il giorno di Lunedì si diede principio alli baccanali di carnevale, correndosi i pallj delli Giudei, e facendosi maschere, però positivamente. Mercordì sera si corsero i palj delli vecchi, giovani et putti „.

Il programma dei palj carnevaleschi può dirsi esser stato stabilito nel 1466 a tempo di Paolo II, quando furono trasferiti nella *Via lata,* che ne prese il nome di *Corso:* ed era a questo modo, come si ricava dagli Statuti di Roma stampati in cotest'anno: Il 10, Lunedì di carnevale, si corre il palio degli Ebrei: il martedì quello de' putti: il mercoledì quello dei giovani; il Venerdì quello dei sessagenarj. Ai palj de' bipedi si aggiungevano quelli dei quadrupedi; il 10, quello dei palj di drappi d'oro e di seta pei cavalli romani *(equi romanorum),* poi l'altro dei cavalli forestieri *(equi forensium),* il terzo degli asini *(ad tertium vero currant jumentarii more solito),* e finalmente l'ultimo dei bufali. Nel 1580 i nuovi Statuti di Roma si occuparono ancora al l. 3. c. 88 di questa materia dei ludi carnevaleschi e dei palj, i quali ultimi sono così annoverati: " Unum pro Judeis currentibus die Lunae, Dominicum carnisprivii praecedente. Aliud pro pueris christianis die Martis: aliud pro asinis die Mercurii sequentis, aliud pro

fans qui les chassent à coups de fouet, & des ânes
& des buffles poussés à tout des éguillons par des
jans de cheval. A toutes les courses, il y a un pris

sexagenariis, aliud pro asinis die Lunae carnisprivi, aliud
pro bubalis die Martis carnisprivii „.

Il pallio dei Giudei era sempre il primo, anzi si può dire
col BELLI che

>anticamente era l'ebreo
>Er barbero de cuelli carnovali....
>Pé ffàlli curre, er popolo romano
>Je sporverava intanto er giustacore,
>Tutti, co' un nerbo o una bbattecca in mano.
>E sta curza, abbellita da sto pisto,
>L'inventò un Papa, in memoria e in onore
>Della fraggellazion de Ggesucristo.

La Comunità israelitica di Roma, come osserva il Mo-
RANDI (*Sonetti romaneschi* di G. G. BELLI, vol. II, 339, Città
di Castello, Lapi, 1886) era tenuta a pagare 1130 fiorini —
trenta in memoria dei trenta denari di Giuda, coi quali
si diceva una messa — che si spendevano nei giuochi carnevaleschi, ai quali gli ebrei dovevano prender parte anche
come corridori. Il PLATINA dice che, a maggior strazio, " li
facevano prima ben saturare, perchè meno veloci corressero „. Il nostro autore non dice chiaramente che anch'essi
corressero nudi, ma espressamente lo dicono gli *Avvisi di
Roma* di pochi anni dopo, cioè del 16 Febb. 1583: " Lunedì
i soli 8 ebrei corsero ignudi il palio loro, favoriti da pioggia, vento et freddo, degni di questi perfidi, mascherati
di fango al dispetto delle gride. Dopo queste bestie bi-
pede correranno le quadrupedi dimani (GNOLI, *op. cit.*,
p. 146) „; e quasi un secolo appresso, ai tempi di Alessandro VII, lo SPRENGER anch'egli ricorda " Judaei nudi,
inguina solum fascia cincti... cursum peragunt „.

La corsa dei giudei è descritta, cogli altri ludi carnevaleschi, nel poemetto di maestro G. J. PENNI, *Magnifica et
sumptuosa festa facta dalli S. R. per il Carnovale M. D. XIII*,
ristampata dall'ADEMOLLO, *Alessandro VI, Giulio II e Leone X nel carnevale di Roma*, Firenze, Ademollo, 1868,
pag. 45. Vedi anche per particolari in proposito lo scritto
del medesimo autore, *Il Carnevale di Roma nel sec. XVII
e XVIII*, Roma, Sommaruga, 1883.

Il Montaigne qui ricorda, fra le corse di animali quella

proposé, qu'ils appellent, *el palo:*[1] ce sont des pieces de velours ou de drap. Les jantils homes, en certein endret de la rue où les dames ont plus de veue,[2] courent sur des beaus chevaus la quintaine, & y ont bonne grâce: car il n'est rien que cete noblesse sache si communéemant bien faire que les exercices de cheval.[3] L'eschaffaut que M. de Montaigne fit faire leur cousta trois escus. Il estoit aussi assis en un très-beau endret de la rue. Ces jours-là toutes les belles jantifames de Rome s'y virent à loisir: car en Italie elles ne se masquent pas come en France, & se monstrent tout à descouvert.[4] Quant degli asini, bufali e cavalli con fantino. Anche di queste ultime l'uso era assai antico: l'ADEMOLLO nella prima scrittura delle sopra citate (pag. 26) ne riferisce un esempio del 1499.

[1] Correggi: *Palio.*
[2] * *Où ils peuvent être mieux vus des Dames.*
[3] Il Montaigne era gran cavallerizzo: " Je ne desmonte pas volontiers quand je suis à cheval: car c'est l'assiette en la quelle je me trouve le mieulx *(Ess.*, I, 48)... À cheval sont mes plus larges entretiens *(Id.* III, 5)... Je choisirois à passer ma vie le cul sur la selle. *(Id.* III, 9) „. Del buon cavalcare dava il vanto ai francesi: " Je n'estime point qu'en suffisance et en grace à cheval, nulle nation nous emporte *(Id.*, I, 48) „ ; e ricordava l'osservazione del Tasso " que nous avons les jambes plus grailes que les gentilommes italiens „ perchè " nous sommes continuellement à cheval *(Id.* III, 11) „. C'è dunque da tenersi della sua testimonianza favorevole ai Romani. Anche altrove loda un gentiluomo napoletano: " En mon enfance, le Prince de Salmone, à Naples, maniant un rude cheval de toute sorte de maniements, tenoit subs ses genouils et subs ses orteils, des reales, comme si elles y eussent este clouees, pour montrer la fermeté de son assiette *(Id.* I, 48) „.
[4] Al tempo dei Valois era invalso l'uso fra le donne di coprirsi il viso con una maschera. Il QUICHERAT, *Hist. du costume en France,* Paris, Hachette, 1876, p. 408, riferisce questo passo del Segretario dell'ambasciatore veneziano

à la beauté parfaite & rare, il n'en est, disoit il, non plus qu'en France, & sauf en trois ou quattre, il n'y trouvoit nulle excellence: mais communéemant elles sont plus agréables, & ne s'en voit point tant de ledes qu'en France. La teste, elles l'ont sans compareson plus avantageusement accommodée, et le bas audessous de la ceinture. Le cors est mieux en France: car ici elles ont l'endret de la ceinture trop lâche, & le portent comme nos fames enceintes; leur contenance a plus de majesté, de mollesse, & de douceur.[1] Il n'y a nulle compareson de la richesse de leurs vêtemans aus nostres: tout est plein de perles & de pierreries. Partout où elles se laissent

---

Lippomano, scritto verso il 1577: " La femme de condition porte sur la tête le chaperon de velours noir ou l'escofion, qui est une coiffe de réseau en ruban d'or ou de soie, souvent orné de bijouterie. Elle a un masque sur le visage. Les bourgeoises ont le chaperon de drap, parce qu'il est défendu de se coiffer de soie, ainsi que de porter le masque„. Il QUICHERAT aggiunge: " Le masque était de velours noir. Il avait remplacé le touret de nez (pièce carrée attachée aux oreillettes du chaperon, qui couvrait le bas du visage au dessous des yeux, comme une barbe de masques). On le portait le jour pour se préserver du hâle, et la nuit pour tenir plaquées sur le visage des compositions propres à entretenir la fraîcheur du teint, ou plutôt à combattre les ravages du fard „. Quanto alle borghesi, cui era vietata la maschera, si ponevano sul viso " une pièce de satin noir percé de deux trous, qui couvrait une partie du front et les yeux „. L'uso durò a lungo: " les masques etaient encore de mode en 1692 (*ibid.* p. 534) „.

[1] Il Visc. DI CHATEAUBRIAND, *Mémoires d'outre tombe*, Bruxelles, 1850, IV, 377, recato questo passo del Montaigne, aggiunge: "N'est-il pas singulier que saint Jerôme remarque la démarche des romaines, qui les fait ressembler à des femmes enceintes: *Solutis genibus fractus incessus...* à pas brisés, les genoux fléchissants? „.

voir en public, soit en coche, en feste, ou en théatre, elles sont à part des homes: toutefois elles ont des danses entrelassées assés libremant, où il y a occasion de deviser & de toucher à la mein. Les hommes sont fort simplemant vetus, a quelque occasion que ce soit, de noir & de sarge de Florence; & parce qu'ils sont un peu plus bruns que nous, je ne say comment ils n'ont pas la façon de Ducs, de Contes & de Marquis, comme ils sont, ayant l'apparence un peu vile:[1] courtois au demurant, & gracieus tout ce qu'il est possible, quoique die le vulgaire des François, qui ne peuvent appeller gracieus ceux qui supportent mal-ayséemant leurs débordemans & insolence ordinere. Nous faisons, en toutes façons, ce que nous pouvons pour nous y faire décrier. Toute fois ils ont une antienne affection ou reverance à la France, qui y faict estre fort respectés & biens venus ceux qui meritent tant soit peu de l'estre, & qui sulemant se contiennent sans les offenser.

Le jour du Jeudy-Gras, il entra au festin du Castellan. Il y avoit un fort grand apprêt, & notammant un amphiteatre très-artificiellemant & richemant disposé pour le combat de la barriere,[2] qui

---

[1] "Nous ne sommes pas de l'avis de Montaigne. A en juger par les nombreux portraits du temps qui se sont conservés dans les familles romaines, nous leur trouvons grand air. Ils ont le type aristocratique „: HÜBNER, *Op. cit.*, II, 108.

[2] "Ill.^{mus} et Exc.^{mus} Dux Sorae diem antedictam (2) sequenti nocte, Hastiludium, quo singulari certamine nobilissimi juvenes pedibus stantes, armati ac splendide superinducti, primo hastis, deinde gladiis seu macharis, alter adversus alterum congrediuntur, quod ludi genus vulgo *Barreriam* vocant, magnifico apparatu, mox caenam lautissimam iisdem bellatoribus, illustribusque mulieribus et matronis ac aliis, hilarissime praebuit. Qua de re mire

fut faict de nuict avant le soupper, dans une grange quarrée, avec un retranchemant par le milieu, en forme ovale.¹ Entre autres singularités, le pavé y

commendatus fuit ob ejus humanitatem, magnificentiam et generositatem, cum ipsemet unus ex defensoribus seu substentaribus certaminis, strenue in primis dimicaverit, magnam dexteritatem et laboris tollerantiam prae se ferens „: MUCANT., *op. cit.*, II, 96.

¹ Intorno a questo festino e alla *barriera* del Duca di Sora, ecco le notizie che ne danno gli *Avvisi Romani*.

" *Roma 21 Gennajo 1581*. — Il Cardinal Guastavillani lunedi sera banchettò tutti li Cherici di Camera, Auditori di Rota et altri uffitiali principali della corte. Et il S.ʳ Duca di Sora ha mandato a Napoli per molti drappi, et fioretti di seta et d'oro per servirsene in un Torneo belliss.º che S. E. disegna fare dimane a otto, con un belliss.º banchetto ancora; per il qual Torneo si fanno da questi Baroni et signori principali molti superbi vestimenti per poter comparire, dicendosi che ne prepara un altro il S.ʳ Pavol Giordano ancora.

" *28 Gennaio 1581*. — In molte botteghe de sarti di questa città si vedono lavorare livree per la Barriera che farà il S.ʳ Duca di Sora un giorno di quest'altra settimana nella sala dell' Ill.ᵐᵒ Alessandrino et molti SS.ʳⁱ et Cav.ʳⁱ s'essercitano per riuscire nel fatto, et li mantenitori saranno il detto S.ʳ Duca di Sora et il Marchese suo cognato. Poi havrà da fare il medesimo il S.ʳ Paulo Giordano nel suo palazzo di Campo di fiore.

" *1° febbraio 1581*. — Hoggi si sono corsi li Palij dalli Vecchi, Giovani, et Putti, et domani di certo si farà la Barriera dal S.ᵒʳ Duca di Sora nella Sala dell' Ill.ᵐᵒ Alessand.º come si scrisse, et un Banchetto splendissimo, nelle quali cose spenderà il detto S.ᵒʳ Duca, dicesi, intorno a 5. m. scudi, et vi sarà per Impresa all'uscir della Porta, delli Cav.ʳⁱ ch' hanno da combattere da una banda un Drago, et dall'altra un Leone, significando il Drago l'arma del S.ᵒʳ Duca, et il Lione quella di casa Sforza.

" *4 Febbraio*. — E Giovedi sera l'Ecc. Sig. Duca di Sora fece la sua festa nella sala grande del S.ʳ M. Antonio Colonna, apparata superbissimamente, et in essa fatti li palchi per 2 m. persone, sedendo li gentiluomini da una

fut peint en un instant de divers ouvrages en rouge, aiant premieremant enduit le planchier de quelque plâtre ou chaus, & puis couchant sur ce blanc une

banda et le dame dall'altra, le quali erano al n° di 60, primarie di Roma. Finita la bariera et il correre delle lanze, nelle quali furono mantenitori il S.ʳ Duca e il Marchese Santa Fiora, havendo per padrini il S.ʳ Paolo Giordano e il Marchese d'Alcaniz, si pose la gente a tavola, che se bene erano diverse tavole et il numero grande, non di meno furono servite in un medesimo tempo, sedendo il Duca con li cavalieri e le dame in una tavola appartata, come anche in una camera li cardinali Farnese, Medici e Alessandrino, et finito il mangiare e levate le tavole, cominciò il ballo, che durò quasi sino al giorno seguente.

" *4 febbralo 1581* — L'istessa sera il S.ʳ Duca di Sora fece in casa sua il Banchetto avvisato che fu sontuoss.° et tale che veramente ha di magnificenza avanzato tutti gl'altri, che da molti anni in qua sono stati fatti in Roma, et vi sono state le prime et più belle Gentil' donne di questa Città, et alla Guardia della Porta erano li SS.ʳⁱ Honorato Gaetano, et Latino Orsino. Si fece anche la Barriera, che rese a tutti grandiss.° stupore, così per l'apparato ricchissimo fatto a guisa di Teatro, come per lo sfoggiato vestire de' Cavalieri, i quali furono da 23 Venturieri. Et S. E. come Mantenitore, comparso (sic) in steccato vestita (sic) tutta di veluto bianco raccamato d'Argento et oro, il Marchese suo cognato parimente Mantenitore vestito di veluto cremesino, racamato d'oro, i quali SS.ʳⁱ hebbero per loro Adiutori li SS.ʳⁱ Camillo Capizzucco vestito da Ninfa di tocca d'oro et d'Argento, et Cecco di Somma con altro vestito belliss.°. Li lor Giudeci erano li SS.ʳⁱ Paolo Giordano et Marchese d'Alcaniz, il quale alquanto fece resistenza in accettar tal' carico, et Padrini il S.ʳ Giulio Rangone et Ciriaco Mattei, i quali tutti si portorno egregiamente: ma sopra tutto il S.ᵒʳ Duca di Sora, che si fece valere con honore mirabile; il marchese di Riano hebbe la scimitarra gioielletta dell'Honore, lo scudo il S.ᵒʳ Appio Conti, et il S.ᵒʳ Pietro Gaetano una Banda, sendo comparso più leggiadramente dell'altri Cavalieri Venturieri, com'anche il S.ᵒʳ Roberto Altaemps, et il fig.ˡᵒ del S.ᵒʳ Latino Orsino, ch' hebbero un paro di guanti per

piece de parchemin ou de cuir, façonnée à piece levée des ouvrages qu'on y vouloit; & puis, à-tout une epoussette[1] teinte de rouge, on passoit par dessus cette piece & imprimoit-on au travers des ouvertures ce qu'on vouloit sur le pavé, & si soudeinemant, qu'en deus heures la nef d'une église en seroit peinte. Au souper, les dames sont servies de leurs maris, qui sont autour d'elles & leur donnent à boire & ce qu'elles demandent. On y servit force volaille rôtie, revêtue de sa plume naturelle comme vifve; des chappons cuits tout entiers dans des bouteilles de verres; forces lievres, connils,[2] & oiseaus vifs (emplumés) en paste;[3] des plientes de

uno, doppo la qual Barriera et Banchetto si ballò fin a giorno: non vi furono più che tre Car.li, cioè l'Ill.mi Farnese, Alessand.o et Medici, quali mangiarono separatamente, et il S.or Duca sopradetto mangiò con i Cavalieri, et le Dame con la S.ra Duchessa, et al cominciar dell'abbatimento si sparò una bella salva di Mortaletti nel Cortile del Palazzo di S. E., et alle prime porte stava la Guardia de' Svizzeri di S. S.tà. Et nel combattere è successo, che un Gentil'huomo degl'Alberini restò ferito d'un colpo di stocco malamente sul fronte; et la sera istessa in Piazza di S.to Apostolo circa le 6 hore di notte fu ammazzato un Aiutante di Camera dell'Ill.mo Alessandrino, non sapendosi la causa, nè da chi.

"*18 febbraio 1581* — È passato anco a miglior vita il Sig.r Tiberio Alberino, dicono per il dolore che ha avuto del figliolo che giocando fu ferito dal S.r Jacomo, il quale anch'esso stà molto aggravato„.

[1] * *Une brosse ou gros pinceau.*
[2] * *Lapins:* — ital.: *conigli.*
[3] " Dans les grands dîners il y avait quatre services: le premier consistait en fruits confits, et on y voyait des pâtés représentant les armes du pape ou contenant des petits oiseaux: les autres services se composaient d'une multitude de plats de tout genre, la volaille avec son plumage, des chapons cuits en bouteille, les viandes, les poissons, le gibier, les plats sucrés alternant de façon à bou-

linge admirables.¹ La table des dames, qui estoit de quattre plats, se levoit en pieces, & au dessous de celle-là il s'en trouva un'autre toute servie & couverte de confitures.

Ils ne font nulles masquarades pour se visiter. Ils en font, à peu de frais, pour se promener par la ville en publicq, ou bien pour dresser des parties à courre la bague. Il y en eut deus belles & riches compagnies de cette façon le jour du Lundy-Gras, à courre la quintaine : surtout ils nous surpassent en abondance de très-beaus chevaus. ²

Aïant doné congé à celui de mes jans qui conduisoit cete bele besouigne, et la voïant si avancée, quelque incommodité que ce me soit, il faut que je la continue moi-mesmes.

Le 16 Fevrier, revenant de la station, je rancontray, en une petite chapele, un prêtre revêtu,

leverser toutes nos idées culinaires. Il y avait des mets préparés à l'eau de rose, et les substances les plus hétérogènes se rencontraient souvent dans le même plat. Le disparat passait pour le sublime du genre. Avant le dessert, la nappe etait enlevée, on se lavait les mains, et l'on chargeait la table de plats sucrés, fortement parfumés, d'oeufs confits et de sirops: au moment où les convives allaient se lever, ou leur distribuait des bouquets de fleurs. En temps de carneval, les soupers étaient fort à la mode „: Hübner, *op. cit.* II, 97.

¹ * *Le linge de table admirablement plié.*

² * *Chevaux barbes ou* napolitains, *vulgairement dits autrefois en Italie et en France, chevaux du regne par excellence, c'est-à-dire, du Royaume de Naples.* Voyez Bayle, *Réponse aux questions d'un provincial,* I, 15, p. 102-4, edit. 1704.

ambesouigné à guerir *un spiritato*[1] : c'étoit un home melancholique & come transi. On le tenoit à genous davant l'autel, aïant au col je ne sçai quel drap, par où on le tenoit ataché. Le prêtre lisoit en sa présance force oresons & exorcismes, comandant au diable de laisser ce cors, & les lisoit dans son breviaire. Après cela il détournoit son propos au patiant, tantost parlant à lui, tantost parlant au dia-

[1] Per gli esorcismi vedi gli autori che a lungo e di proposito ne hanno trattato, e fra gli altri MARTINO DEL RIO, *Disquisit. mag.*, III, 6, e VI, 3. Gli esorcismi, dice il MORONI, Art. *Esorcismo*, riassumendo le dottrine dei sapienti su tal argomento, "producono infallibilmente il loro effetto, a meno che non incontrinsi ostacoli da parte dello esorcista o delle persone in favore delle quali si fanno„: il che equivale a dire, che riescono bene se non riescono male. Il nostro autore ci descrive un esorcismo romano del 1581: noi recheremo la narrazione di un esorcismo parigino del 1770 : "Une cérémonie merveilleuse, qui s'exécute de temps immémorial à la Sainte-Chapelle, la nuit du vendredi au samedi saint, a eu lieu à l'ordinaire, avec une affluence prodigieuse de spectateurs. C'est à minuit que se rendent en cette église tous les possédés qui veulent être guéris du diable qui les tourmente. M. l'abbé de Sailly, grand chantre de cette collégiale, les touche avec du bois de la vraie croix. Aussitôt leurs hurlements cessent, leur rage se calme, leurs contorsions s'arrêtent, et ils entrent dans leur état naturel. Les incrédules pretendent que ces énergumènes sont des mendiants qu'on paye pour jouer un pareil rôle et qu'on y exerce de longue main; mais on ne peut croire que des ministres de la religion se prêtassent à une comédie si indécente. Tout au plus, peut-être, à défaut de vrais possédés aurait-on recours à ce pieux stratagème, pour ne pas laisser interrompre la croyance des fidèles à un miracle subsistant depuis tant de siècles et si propre à les raffermir dans leur foi. Heureusement les possédés sont si communs que, sans doute, il n'est pas besoin d'en préparer de factices„: BACHAUMONT, *Mémoires secrètes*, Paris, Garnier, 1883, p. 414.

blé en sa personne, & lors l'injuriant, le battant à grans coups de pouin, lui crachant au visage. Le patient repondoit à ses demandes quelques reponses ineptes: tantost pour soi, disant come il santoit les mouvemans de son mal; tantost pour le diable, combien il creignoit Dieu, & combien ces exorcismes agissoint contre lui. Après cela, qui dura longtams, le prêtre, pour son dernier effort, se retira à l'autel & print la custode[1] de la mein gauche, où étoit le *Corpus Domini*; en l'autre mein tenant une bougie alumée, la teste ranversée contre bas, si qu'il la faisoit fondre & consomer, prononçant cependant des oresons, & au bout des paroles de menasse & de rigur contre le diable, d'une vois la plus haute & magistrale qu'il pouvoit. Come la premiere chandele vint à défaillir près de ses doits, il en print un'autre, & puis une seconde,[2] & puis la tierce. Cela faict, il remit sa custode, c'est-à-dire, le vaisseau transparant où etoit le *Corpus Domini*, & vint retrouver le patiant; parlant lors à lui come à un home, le fit détacher & le randit aus siens pour le ramener au logis. Il nous dict que ce diable là etoit de la pire forme, opiniatre, & qui couteroit bien à chasser, & à dix ou douze jantil'homes qui etions là, fit plusieurs contes de cete sciance, & des experiances ordineres qu'il en avoit, & notammant que le jour avant il avoit deschargé une fame d'un gros diable, qui, en sortant, poussa hors cete fame par la bouche, des clous, des epingles & une touffe de son poil[3]. Et parce qu'on lui respondit, qu'elle n'é-

---

[1] * *Le Saint-Ciboire.*

[2] * *Il y a ici du mécompte. Ce doit être une troisième, puis une quatrième.*

[3] I diavoli, si sa, entrano preferibilmente in corpo alle donne, e manifestano la loro dimora là dentro, cacciando

toit pas encores du tout rassise, il dit que c'étoit une autre sorte d'esprit plus legier & moins malfaisant, qui s'y etoit remis ce matin-là; mais que ce janre (car il en sçait les noms, les divisions, & plus particulieres distinctions), etoit aisé à esconjurer. Je n'en vis que cela. Mon home ne faisoit autre mine que de grinser les dents & tordre la bouche, quand on lui presantoit le *Corpus Domini*, & remachoit par fois ce mot: *Si fata volent;* car il étoit notere, & scavoit un peu de latin.

Le premier jour de Mars, je fus à la station à S. Sixte. A l'autel principal, le prestre qui disoit la messe, étoit audelà de l'autel, le visage tourné vers le peuple: derriere lui il n'y avoit personne. Le Pape y vint ce mesme jour[1]: car il avoit quelques jours auparavant faict remuer de cete église les noneins qui y etoint, pour être ce lieu là un peu trop escarté, & y avoit faict accomoder tous les

fuori spille, aghi, capelli ecc. Merita d'esser ricordato un sonetto del BELLI (vol. II, p. 124) in proposito:

> Tu ffatte lègge er libbro che ccià er frate.
> Che pporta er venardì la misticanza;
> E ssentirai si cquante sce so' state
> Che jj' è entrato er demonio in de la panza.
>   Cueste so', bbella mia, storie stampate,
> Vite de Santi; e cc' è ttanto ch'avanza
> De donne che, ccredenno gravidanza,
> S'aritrovòrno in cammio affatturate:
>   Perchè, ar fine der gioco, a mmill' a mmille
> Vommitòrno li diavoli a lleggione,
> Sotto forma de nottole e di' inguille.
>   Bbasta che ppòzzi datte uno stregone
> A ingozzà ddu' capelli e un par de spille.
> Te sce schiaffa, si vvò, ppuro Prutone.

[1] "Die prima Martii, ferie IV, cum esset statio ad S. Sixtum, S.ᵐᵘˢ D. N. statim a prandio illuc equitavit, comitantibus eum aliquot cardinalibus, ac visitavit locum praedictum ac pauperes, quibus, ut audivi, reliquit aureos mille per eleemosina„: MUCANT., *ibid.*, II, 103.

povres qui mandioint par la ville, d'un très-bel ordre.[1] Les Cardinaus donarent chacun vint escus pour ache-

[1] Ciò accadde il 27 Febbrajo, e questa è la descrizione che ce ne da il MUCANZIO: " Hora 16, Confratres et Sodales S.^{mae} Trinitatis Convalescentium congregati apud eorum ecclesiam et oratorium, et coadunatis ibidem omnibus pauperibus mendicis utriusque sexus, caecis, claudis ac leprosis, quotquot sparsi per urbem stipem seu elemosinam quaeritabant, edicto prius publicato et poenis appositis, inceperunt saccis induti eorum processionem dirigere versus Ecclesiam S.^{ti} Sixti papae et martyris, non longe a thermis Antonini Caracallae sitam, apud quam Monasterium monialum paulo ante erat, olim a D. Dominico institutum, quae cum ibi non admodum benigno coelo fruerentur, sed continue aegrotarent, et immatura morte deficerent, ad montem Magnanapolis vulgo vocitatum translatae sunt, constructo novo monasterio et Ecclesia sub invocatione D. Dominici, non mediocriter adjuvantibus f. r. Pio V et S.^{mo} D. N. Gregorio, qui diu eisdem ea de causa concesserunt annulos Cardinalium morientium, pro quibus in eorum morte debentur Camerae Apostolicae duc. aurei de camera quingenti. Igitur praecedentes Confratres bini, et praeeunte Crucifixi imagine, juxta eorum morem, dictos pauperes secum ducebant, qui cum satis numerosi essent, nempe septingenti aut amplius, quatuor aut quinque horas procedendo compsumpserunt, magno populi concursu... Incedebant ipsi mendici sordidis ac laceratis attritisque vestibus obsiti, ac multi ex ipsis fere nudi, et diversis morbis ac plagis exulcerati, longo ordine: post quos sequebantur quamplures alii debiles ac membris diminuti, pueri, mulieres et senes, quorum pars parvis carrucis, manibus hominum trahebantur, pars vero plaustris et carris vehebantur„: *ibid.*, II, 101.

Più particolarmente questa processione è stata descritta dal FANUCCI, *Trattato delle opere pie di Roma*, Roma, 1601: " Precedeva uno stendardo rosso su cui era dipinta la SS. Trinità, accompagnato da due lanternoni: andavano appresso molti prelati e signori vestiti tutti di sacco rosso, con mazze rosse in mano, secondo l'uso di essa confraternita. Di poi era portato il SS. Crocifisso da persone vestite pure di sacco rosso et scalze, accompagnato da gran

miner ce trein, & fut faict des ausmosnes extremes par autres particuliers. Le Pape dota cet hospital

numero di torce di cera bianca accesa, da grandissima quantità di fratelli della Compagnia vestiti del medesimo sacco rosso, et diversi Cori cantando inni e salmi di buona musica et canto fermo. Finito quest'ordine, seguiva quello dei poveri mendicanti con accomodamento e destinazioni necessarie, e si vedevano andare quelli che erano liberi accoppiati, i ciechi guidati, et quelli che erano stroppiati tirati in carrozza dai medesimi mendicanti. Seguivano 14 carrozze cariche di molti talmente storpi ed infermi, che non si potevano condurre altrimenti. Spettacolo veramente pietoso, meraviglioso, e forse non mai più visto il simile. Ultimamente erano il Primicerio, guardiani et altri ufficiali di detta confraternita con infinita quantità di gente accorsa non solo alla meraviglia del fatto, ma alla indulgenza, la quale aveva concesso N. S. a quelli che l'accompagnassero. Erano i poveri mendicanti 850 fra maschi et femine, piccoli et grandi, quali, salendo et calando il Campidoglio con maggior trionfo che non fecero mai gli antichi romani, finalmente giunsero al disiato porto di S. Sisto, ove furono ricevuti con gran pietà et carità „.

I mendicanti vi andarono di mala voglia, come notano ai 18 Febbrajo gli *Avvisi di Roma*: " Per Roma s'intende una mano di questi poveri che stridono, e dicono voler piuttosto patire che andare in tal luogo, con tutto che avessero ad esser governati. Però si tien per certo che ci sarà una gran fatica a condurceli, e bisognerà venire alla forza „. E Giov. Corraro: " Dispiacque sommamente ai poveri questa risoluzione di S. S., e per farla ritirare dall'impresa si diedero in nota più di 3000; ma poi vedendo che la cosa andava pur innanzi, non ne comparvero al giorno destinato più che 800 in circa. E questi ancora sono diminuiti assai, perchè come i piagati sono guariti, e che sieno buoni da lavorare, vogliono che si mettano a qualche mestiere. Così segue anche de' putti, dispersandoli qua e là, a tal che vi restano soltanto gli impotenti e gli stroppiati „: *Relaz. Ven*, X, 275. E il MAFFEI, II, 227: " Come contro voglia vi andarono, dolendosi della perduta libertà e della mal'aria, che molti ne uccise, cosi ottennero in breve licenza di uscirne, almeno fin tanto che si trovasse alloggiamento migliore „.

de 500 écus par mois.¹ Il y a à Rome force particulieres devotions & confreries, où il se voit plusieurs grans tesmoingnages de pieté. Le commun me samble moins devotieus qu'aus bones villes de France,² plus serimonieus bien: car en cete part là ils sont extremes. J'écris ici en liberté de consciance: en voici deus examples. Un quidam etant avecques une courtisane, & couché sur un lit & parmi la li-

---

Cosi a poco giovarono le cure di Gregorio e le sue Bolle *Quamvis infirma* e *Postulat ratio*, e neanche fece miglior prova contro la piaga dell'accattonaggio la ferrea volontà di Sisto V, che fondò il grandioso ospizio pei poveri al Ponte Sisto. Dopo la morte di questo papa, i mendicanti tornarono a infestar la città, e il mendicare divenne una arte, della quale curiosi ragguagli dà un documento del 1595 sull'organizzazione di essi in compagnie con diversi nomi, pubblicato dal sig. AUG. MASSONI, *Gli Accattoni in Londra nel sec. XIX e in Roma nel sec. XVI*, Roma, Tipografia romana, 1882 —. Per gli accattoni in Roma ne' tempi a noi più vicini, v. BONSTETTEN *Latium*, p. 22, 67; AMPÈRE, *Hist. Rom.*, IV, 64; G. D'ESTE, *Costumi di Roma* p. 41.

¹ " Et per questa buona opera S. S. oltre li 200 scudi al mese, li dà 1000 sc. per questo principio, et il Card. San Sisto 100 et promessa di 12 al mese; et altri cavalieri et altre persone non mancheranno di contribuire qualch'altra somma, et si dice che il Card. de' Medici ha dato 100 letti „: *Avvisi di Roma*, 22 Febbrajo

² Una cinquantina d'anni dopo, l'ab. G. RUCELLAI, (*Diario*, pubbl. da G. Temple-Leader e G. Marcotti, Firenze, Barbèra, 1884) notava che in Francia nelle chiese si sta " con grandissima devotione „: e doveva con ciò pensare alla poca che si usava in Italia. Osservava anche che se i curati vedessero in chiesa a Parigi " parlare uomini e donne insieme, li vanno a gridare e farli correzione „, e che " l'unica chiesa di Parigi dove si poteva zerbinare un poco „ era quella dei Minimi di Piazza Reale, ma appunto a quei giorni era accaduto che uno di quei Padri aveva fatto " una solenne bravata ad alcuni signori e principi, che poco modestamente si portavano, quali obbedirono con gran puntualità, e si rimessono in devozione „.

berté de cete pratique-là, voila sur les 24 heures,
l'*Ave Maria* soner: elle se jeta tout soudein du lit
à terre, & se mit à genous pour y faire sa priere.
Etant avecques un'autre, voila la bone mere (car
notammant les jeunes ont des vieilles gouvernantes,
de quoi elles sont des meres ou des tantes,) qui
vient hurter à la porte, & avecques cholere & furie
arrache du col de cette jeune fille un lasset qu'elle
avoit, où il pandoit une petite Notre-Dame, pour ne
la contaminer de l'ordure de son peché: la jeune
santit un'extreme contrition d'avoir oblé à se l'oster
du col, come ell'avoit acostumé.

L'Ambassadur du Moscovite[1] vint aussi ce jour-là
à cete station, vetu d'un manteau d'escarlate, & une

[1] Quest'ambasciatore aveva nome Tommaso Severigeno
(MAFFEI, II, 182) e fu inviato da Ivan IV detto il *Terribile*, perchè il Papa s'interponesse fra lui e Stefano Batory
re di Polonia, che d'ogni parte lo premeva e più volte lo
aveva vinto in battaglia. Giunse, come si rileva dagli *Avvisi di Roma*, il 25 febbraio, di notte, incontrato per ordine
di S. S. e alloggiato dal Duca di Sora. "Le dimande (dicono gli *Avvisi di Roma* dell'11 Marzo 1581) contenute
nella lettera portata dall'ambasciatore del moscovita sono
che N. S. voglia interporre la sua autorità per la pace
tra esso Signore e il re di Polonia con li suoi collegati,
acciò si possa fare una lega contro il Turco, nella quale
offerisce entrare con mantenere 100 m. cavalli per terra
per tutto il tempo che dalli principi collegati sarà terminato: che S. B. mandi un Prelato alla Corte d'esso moscovita, come tiene appresso gli altri Principi cristiani,
ch'egli similmente manderà ambasciatore a risiedere di
continuo in questa corte con splendore e magnificenza
onoratissima. Dimanda ancora l'ambasciatore che S. S.
dia titolo d'imperatore di quei paesi al suo Signore". La
presentazione al Papa ebbe luogo il 26 febb., e così è riferita dal MUCANZIO: "Eadem die, hora XXI, venit ad Palatium ductus ab Exc. Duce Sorae, quidam Orator Regis
seu Principis aut Ducis Moschorum seu Moschovitarum,
nomine Thomas Cosmingen Severingen, qui biduo ante

soutane de drap d'or, le chapeau en forme de bonnet de nuit de drap d'or fourré, & au-dessous une calote de toile d'arjant. C'est le deusieme ambassadur de Moscovie qui soit venu vers le Pape. L'autre fut du tamps du Pape Pol 3e. On tenoit là que sa charge portoit d'emouvoir le Pape à s'interposer à la guerre que le roy de Polouigne faisoit à son maistre, allegant que c'etoit à lui à soutenir le premier effort du Turc; & si son voisin l'affoiblissoit, qu'il demeureroit incapable à l'autre guerre, qui seroit une grand fenestre ouverte au Turc, pour

venerat ad urbem et hospitabatur in Palatio Ill.mi D. Marci Antonij Columna, ubi ad praesens inhabitat praedictus Dux apud templum SS. Apostolorum. Habitus ejus est secumdum morem patriae et regionis suae, videlicet chlamys manicata protensa ad media crura, ex panno laneo coccineo, et subtus illam altera aliquanto longior ac duplex ex tenui serico ejusdem coloris, lineo gossipino seu bambacio facta consutaque; pedes et crura cothurnis ex tenui ac lucido corio orientali ejusdem coloris induebantur; in capite pileum cebellinis pellibus extrinsecus coopertum gerebat; vestis interior circa collum margaritis contexta et ornata. Comitem seu asseclam eodem fere habitu inductum habebat, qui litteras seu mandatum sui Principis manu portabat. Introductus fuit per aulam Constantini ad cubiculum secretum Pontificis, una cum ejus comite praedicto et duobus interpretibus, a praedicto Duce Sorae, ubi S.mus D. N. morabatur solus, nec alius prorsus quispiam illuc introivit, sed nec ipsi quidem secretiores Cubicularij, licet quamplurimi usque ad eum locum Ducem cum praedicto Oratore comitati essent. Non ergo de visu referre possum quid intus actum sit: tamen audivi ab ipsomet Duce illum pedes S.tis S. deosculatum fuisse ac genuflessum mansisse donec mandatum et literas sui Principis interpretarentur: tum quaedam dona nomine praedicti sui Principis Pontifici obtulisse, videlicet nonnullas pelles cibellinas, quas portabat puer quidam ejusdem nationis, et habitus, sed diversi coloris. Postmodum exeuntes a cubiculo pontificis

venir à nous; offrant encore se reduire en quelques différences de religion qu'il avoit avecq l'Eglise Romaine. Il fut logé ches le Castellan, come avoit été l'autre du tamps de Pape Pol, & nourri aus despans du Pape. Il fit grand instance de ne baiser pas les pieds du Pape, mais sulemant la main droite, & ne se vousit randre qu'il ne lui fût tesmoingné que l'ampereur mesme etoit sujet à cete serimonie:

cum eodem Duce, curru reducti sunt ad easdem aedes, compluribus curris sectantibus. Biduo ante, S.^{us} D. N. mandaverat per nos cerimoniarum magistros perquiri, num in nostris aut antecessorum nostrorum Diarijs annotatum esset, venisse alios ad Urbem Oratorem aliquem Moscovitarum ad Summum Pontificem, et quo ritu receptus esset: quod cum diligenter a nobis perquisitam esset, nihil invenire potuimus. Et cum a nonnullis diceretur, tempore Clementis VII missum fuisse similem Oratorem ad ipsum Clementem, idque per Paulum Jovium, celeberrimum historiarum scriptorem, memoriae proditum esse, reperij tandem libro XIII historiarum ejusdem de hoc mentionem fieri: videlicet, venisse ad Clementem legatum Basilij regis Moschorum, nomine Demetrium: quo tamen ordine, ritu, aut pompa receptus auditusque esset non esprimit, nec puto aliter receptum fuisse nisi prout modo receptum fuit a S.^{mo} D. N., tum quia non venit, tunc nec modo, pro obedientia praestanda, quo casu non solent recipi Oratores cum pompa, nec mitti eis obviam familiae Papae et Cardinalium, nec in Consistorium publicum introduci, quod etiam per decretum consistoriale Julii papae secundi fuit ordinatum, et a Leone papa X ejus successore comprobatum, ut notavit Paris Crassus Ep. Pisaurensis et Cerimoniarum Magister tempore praedicti Leonis X, anno Domini 1517 post diem Epiphaniae, licet aliquando pro arbitrio Pontificum aliter servatum sit; tum, et quia Princeps seu Rex Moschorum et ipsi Moschovitae, licet Christi legem profiteantur et colant, tamen non consensentiunt in omnibus cum Ecclesia Romana, sed vivunt more graecanico, et sic extra gremium et schismatici „: *Ibid.*, II, 100.

car l'example des rois ne lui suffisoit pas[1]. Il ne savoit parler nulle langue que la siene, & etoit venu sans truchemant. Il n'avoit que trois ou quatre homes de trein, & disoit estre passé avecq grand dan-

---

[1] Ciò dovette accadere nell'udienza pubblica, e non in quella privata descritta dal MUCANZIO, e anche nella seconda ambasceria del Settembre dell'82, di che era capo Giacomo Malvanino, e accompagnatore e guida il p. Possevino. L'ambasciator veneto DONADO così ne riferisce in un dispaccio in data 25 settembre 1582: " L'ambasciatore di Moscovia... Dominica dopo disnare... fu ricevuto da S. S. nella sala del Palazzo di S. Marco, che si chiama del Mappamondo, et hebbe audientia pubblica con qualche concorso di gente et con non poca confusione: furono chiamati ad assistere a S. S. per questo ricevimento sedici Cardinali in abito purpureo... Nell'ingresso l'Ambasciatore si cavò il cappello, et fece segno di reverentia, ma non si ginocchiò et tuttavia per persuasione del Possevino pose un ginocchio in terra, et come fu inanti S. S. li basciò anche il piede, et esposta brevemente la commissione che fu notoria a tutti, subito si levò et si pose il cappello in testa, come parimenti fecero tutti li suoi, et per ben che il Possevino et li servitori del Papa lo ammonissero a levarselo di capo, egli se ben lo cavò, se lo ripose anche tre, quattro volte con qualche segno d'insolita alterezza, non essendo ciò di costume nelle persone che si presentano inanti al Papa; et perchè il segretario suo nel dar la lettera non lo servì così presto come forse voleva, gli diede alla presentia del Papa un pugno nella schiena. Parve che restasse mal contento della confusione che nell'audienza ci fu, et dell'esser fatto aspettare in una antisala prima che fusse admesso (MUTINELLI, op. cit., pagina 176) „. Ma dopo, in altra udienza, nota il DONADO che " par pure che per le essortationi del Possevino habbia usato un poco di miglior creanza del solito (ibid., pag. 137) „. Anche il CICCARELLI, Vit. Pont. Greg.: " Initio legatus hic pedes pontificis exosculari diu recusavit; sed cum postea intellexisset id fieri debere, neque aliter Pontifices quempiam admittere consuevisse aut etiam Romano jure posse, sententiam mutavit, et pedes Pontificis osculatus est „.

gier travesti, au travers de la Polouigne. Sa nation est si ignorante des affaires de deça, qu'il apporta à Venise des lettres de son maistre adressantes au grand gouvernur de la Seigneurie de Venise. Interrogé du sans de cete inscription,[1] qu'ils pansoint que Venise fût de la dition du Pape, & qu'il y envoïat des gouvernurs, com'à Boulouigne & ailleurs.[2] Dieu sache de quel gout ces magnifiques reçeurent cet'ignorance. Il fit des presans & là & au Pape, de subelines [3] & renars noirs, qui est une fourrure encores plus rare & riche.[4]

Le 6 de Mars, je fus voir la librerie du Vatican,[5] qui est en cinq ou six salles tout de sui-

---

[1] Manca: *il répondit*.

[2] Anche gli *Avvisi di Roma* in data 18 febbraio hanno questa notizia da Venezia: " L'ambasciatore del Moscovito vidde le sale del Consiglio dei X, l'arsenale e altre cose belle di questa città, restando stupefatto, e dicendo che il suo Signore non sa la grandezza di questo dominio, anzi crede che li Veneziani sieno sottoposti al Pontefice, tanto in spirituale come in temporale „. E il DONADO: " Si dice anco che li passaporti che egli ha portato a S. S. per quelli che vorranno negoziare nelli suoi stati servono a tutta l'Italia, o sia perchè quel Signore abbia pensato così di far bene, overo che per la poca cognitione habbia creduto che l'Italia sia per la maggior parte, o come alcuni dicono, tutta di S. S. (MUTINELLI, pag. 137) „.

[3] * *De martes zibelines*.

[4] Gli *Avvisi di Roma* da Venezia 16 febbraio: " Gli ambasciatori del Moscovita portano a donare a S. S. dei bellissimi zebellini, che tali non furono mai visti in questi paesi, e costano 500 talari l'uno „.

[5] L'insigne biblioteca, fondata veramente da Niccolò V e accresciuta notabilmente da Sisto IV, del quale l'ARIOSTO scrisse:

> De' libri antichi anco mi puoi proporre
> Il numer grande, che per publico uso
> Sisto da tutto il mondo fe' raccorre.

era ai tempi del Montaigne nel locale detto della *Floreria*,

te.¹ Il y a un grand nombre de livres atachés sur plusieurs rangs de pupitres ; il y en a aussi dans des coffres, qui me furent tous ouverts ; force livres écris à mein & notammant un Seneque & les *Opuscules* de Plutarche.² J'y vis de remercable la statue du bon Ari-

"in quel piccolo cortile di Palazzo che è ai piedi della scala, per la quale dalla banda delle logge si ascende nella sala Regia.... nella porta della quale si leggono ancora queste parole: SIXTI IIII BIBLIOTHECA (PANSA, *Della libraria vaticana*, Ragionamenti, Roma, Martinelli, 1590, pag. 31). Fu al luogo presente trasportata da Sisto V. Su questa Biblioteca celeberrima, vedi DOM. ZANELLI, *La Bibl. vatic. dalla sua orig. sino al presente*, Roma, Belle Arti, 1857, e G. B. DE ROSSI, *La bibl. della sede apost. e i cataloghi dei suoi manoscritti*, Roma, Cuggiani, 1884.

¹ Ai tempi del PANSA, vale a dire nove anni dopo la visita del Montaigne alla Biblioteca, i libri erano ragguagliati " a ventidue mila, e quel ch'è più mirabile, la maggior parte di essi sono scritti a penna, per lo che si giudica che siano i veri originali ovvero i più corretti transunti di quei primi scrittori. Questi erano nella libraria vecchia di Sisto IV in diverse stanze collocati, altri in archivj di legno a quest'uso fabbricati, altri nei plutei o banchi che chiamano, sì dentro come fuora, sopra di essi, e la maggior parte con catene di ferro legati, acciocchè non si potessino levar dal proprio loco, a capo de' quali si vedevano alcune tavolette, dove erano registrati tutti quei libri che in quel banco si contenevano.... Ve ne erano di tutte le professioni, da' libri heretici in fuori.... E quel che accresce più la meraviglia si è, che ve ne sono di tutte i linguaggi: greci, armeni, arabi, caldei, hebrei, egizj, frigj, fenici, jacobiti, indiani, goti, turcheschi, germanici, anglici, poloni, francesi, spagnoli, italiani, latini, e finalmente di tutte le lingue di tutte le nazioni, ecc. (IBID., pag. 319) „.

² I due autori favoriti del Montaigne. "Ils ont touts deux cette notable commodité pour mon humeur, que la science que j'y cherche y est traictee à pieces descousues, qui ne demandent pas l'obligation d'un long travail, de quoy je suis incapable... Ces auteurs se rencontrent en

stide à tout une bele teste chauve, la barbe espesse, grand front, le regard plein de douceur & de magesté: son nom est escrit en sa base très antique;[1]

le pluspart des opinions utiles et vrayes: comme aussi leur fortune les feit naistre environ mesme siecle: touts deux precepteurs de deux empereurs romains: touts deux venus de païs estrangiers: touts deux riches et puissants. Leur instruction est de la cresme de la philosophie, et presentee d'une simple façon et pertinente ecc. „: *Essais*, II, 10).

Quanto al Plutarco, si tratta probabilmente del bel codice greco n.° 1309, che fu da Ciriaco anconetano comprato *magno aere* al Monte Athos.

[1] La statua veduta dal Montaigne nella Biblioteca Vaticana non è il ritratto del *buon Aristide* ateniese, ma di Elio Aristide, il famoso retore di Smirne, vissuto nel secondo secolo dell'êra cristiana, al tempo dell'imperatore Marco Aurelio. È singolare che il Montaigne non abbia letta tutta l'iscrizione incisa nel lato sinistro del plinto ΑΡΙΣΤΙΔΕΣ ΣΜΥΡΝΕΟΣ, ed abbia tenuto conto del nome del personaggio rappresentato, senza badare all'aggiunto, che ne determina la patria.

Questa statua esprime il retore seduto su di uno scanno, indossante un ampio pallio, che gli lascia scoperto tutto il petto e l'omero sinistro. Fu scoperta verso la metà del secolo XVI sotto il pontificato di Pio IV, e collocata nella Biblioteca Vaticana, ove si trova tuttora (nella stanza detta Museo Cristiano). Venne pubblicata dal BELLORI (*Vet. illustrium philosoph. poet. rhet. et orat. imagines*, tav. 71) e dal GRONOVIUS (*Thes. ant. Graec.*, III, iiii). ENNIO QUIRINO VISCONTI pubblicò e illustrò la sola testa (*Iconogr. greca*, vol. I, tav. XXXI, n. 4, 5).

L'iscrizione è certamente antica, comecchè il MASSON (*Collect. hist. ad Arist.*, § 1 e 3) avesse per ragioni ortografiche sollevato dei dubbj sulla sua autenticità: dubbj che furono rimossi da GIUSEPPE BARTOLI *(Dissertaz. due sul Museo Veronese*, pag. 199) e dal VISCONTI (op. cit.) L'iscrizione fu data in ultimo nel *Corpus Inscriptionum Graec.*, vol. II, n. 6026.

Lo stile della scultura è sufficientemente buono, ma il lavoro molto mediocre, spettando all'età degli Antonini.

un livre de China,[1] le charactere sauvage, les feuilles de certene matiere beaucoup plus tendre & pellucide[2] que notre papier; & parce que elle ne peut souffrir la teinture de l'ancre, il n'est escrit que d'un coté de la feuille, & les feuilles sont toutes doubles & pliées par le bout de dehors, où elles se tienent. Ils tienent que c'est la membrane de quelque abre. J'y vis aussi un lopin de l'antien papirus, où il y avoit des caracteres inconnus: c'est un écorce d'abre. J'y vis le Breviaire de S. Gregoire écrit à mein: il ne porte nul tesmoingnage de l'année, mais ils tienent que de mein à mein il est venu de lui. C'est Missal à peu-près come le nostre, & fut aporté au dernier Concile de Trante pour servir de tesmoingnage à nos serimonies. J'y vis un livre de S. Thomas d'Aquin, où il y a des corrections de la mein du propre autheur, qui ecrivoit mal, une petite lettre pire que la mienne. Item, une Bible imprimée en parchemin, de celes que Plantein vient de faire en quatre langues,[3] laquelle le roy Philippes a envoïée à ce Pape, come il dict en l'inscription de la relieure; l'original du livre que le roy Henry d'Angleterre composa contre Luter, lequel il envoïa, il y a environ cinquante ans, au Pape Leon dixiesme,[4] soubscrit de sa propre mein, avec ce beau distiche latin, aussi de sa mein:

Una testa conservata nel Museo Capitolino (stanza dei filosofi n. 9) offre il ritratto dello stesso personaggio al tutto affine alla statua vaticana (Confr. *Nuova Descriz. del Museo Capit.*, pag. 201).

[1] * *Un livre chinois.*

[2] * *C'est-à-dire, plus mince et plus lisse que notre papier le plus fin.*

[3] La Bibbia *poliglotta* stampata da Cristoforo Plantin in Anversa nel 1569, in otto vol. in folio.

[4] L'opera *Assertio septem sacramentorum*, che taluno col

*Anglorum Rex Henricus, Leo decime, mittit
Hoc opus, & fidei testem & amicitiæ.*[1]

Je leus les prefaces, l'une au Pape, l'autre au lectur: il s'excuse sur ses occupations guerrieres & faute de suffisance; c'est un langage latin bon pour scholastique. Je la vis [2] sans nulle difficulté; chacun la voit einsin, & en extrait ce qu'il veut; & est ouverte quasi tous les matins, & si fus conduit partout, & convié par un jantilhome d'en user quand je voudrois. M. notre ambassadur s'en partoit en mesme tamps, sans l'avoir veue, & se pleignoit de ce qu'on lui vouloit faire faire la cour au Cardinal Charlet,[3] maistre de cete librerie pour cela; & n'a-

---

Ciacconio crede essere stata scritta dal Card. Fischer per conto di Enrico VIII, e che fu solennemente dall'ambasciatore inglese presentata al Pontefice il 2 ottobre 1521, nel manoscritto vaticano ha questa nota: " Anno Dm. 1520, die 12 Oct. sanctiss: in xto p. et dux Leo divina Providentia Papa decimus consignavit nobis, Laurentio Parmenio et Romulo Mammecino pontificiae Bibliothecae custodibus, hunc librum in eadem Bibliotheca cum aliis asservandum et custodiendum ". Nel sacco del 27 ne fu dai soldati dell'Orange strappata la ricca legatura originale in oro, e adesso non ha se non una modesta legatura in cartapecora (ZANELLI, *op. cit.*, pag. 26).

[1] * *Les gens de lettres remarqueront bien la faute de quantité qui gâte un peu ce distique* (decime): *mais Montaigne n'y regardoit pas de si près, et puis les poëtes couronnés ont bien des priviléges. Peut-être aussi faut-il lire:* maxime.

[2] * *La Bibliothéque.*

[3] Il card. Guglielmo Sirleto, nato nel 1514 a Guardavalle presso Stilo in Calabria. Fatti studj profondi di lingue e di filosofia fu in Roma ammesso fra i suoi famigliari dal card. Cervini, che arrivato al papato, lo scelse a precettore dei suoi nipoti, e lo fece segretario dei memoriali. Morto Marcello II, Paolo IV diede al Sirleto lo stesso ufficio presso i proprj nipoti Caraffa, e lo fece inoltre protono-

voit, disoit il, jamès peu avoir le moïen de voir ce Seneque ecrit à la mein, ce qu'il desiroit infiniment.¹ La fortune m'y porta, come je tenois sur ce tesmoingnage la chose pour desesperée. Toutes choses sont einsin aisées à certeins biais, & inaccessibles par autres. L'occasion & l'opportunité ont leurs privilieges, & offrent souvant au peuple ce qu'elles refusent aus rois. La curiosité s'ampeche souvant elle mesme, come faict aussi la grandur & la puissance. J'y vis aussi un Virgile ecrit à mein, d'une lettre infiniemant grosse, & de ce caractere long & etroit que nous voïons ici aus inscriptions du tamps des ampereurs, come environ le siecle de Constantin, qui ont quelque façon

---

tario apostolico: e al modo stesso Pio IV gli affidò l'educazione di Carlo Borromeo, e poi lo creò cardinale ai 12 marzo 1565. Nel 70 fu fatto Bibliotecario di S. Chiesa: e per ordine di Pio V si applicò alla riforma del Breviario e del Messale e alla compilazione del Catechismo romano, come per ordine di Sisto V alla edizione vaticana della Bibbia. Morì nel 1585 lasciando di sè gran reputazione per dottrina e pietà, sicchè a buon dritto sul suo sepolero in S. Lorenzo *in panisperna* è chiamato *Eruditorum et pauperum patronus*. Di lui parla ampiamente il prof. C. DEJOB nel suo libro *De l'influence du Concile de Trente sur la littérature et les beaux-arts chez les peupl. catholiq.* etc., Paris, Thorin, 1884, offrendo anche nell'*Append. A* una indicazione dei manoscritti romani che contengono la sua importante corrispondenza coi dotti del tempo, quali Baronio, Bellarmino, Possevino, Ben. dell'Uva, Fulvio Orsini Ligorio, Pigafetta, Vettori, ecc. Due curiose lettere di quest'ultimo riguardano la correzione ed espurgazione del Boccaccio e del Machiavelli (pag. 393).

¹ Il cardinale non era sempre corrivo a rispondere ai desiderj e alle voglie degli eruditi: e al Mureto, ad esempio, negò sempre comunicazione di un manoscritto di Zosimo, come di libro "empio e scelerato„: v. DEJOB, *op. cit.*, pag. 69, che aggiunge altri esempj di tal rigore del cardinale bibliotecario.

gothique, & ont perdu cete proportion carrée, qui
est aus vieilles escritures latines. Ce Virgile me
confirma en ce que j'ai tousiours jugé, que les
quatre premiers vers qu'on met en l'*Æneide* sont
amprunté*s*: ce livre ne les a pas.[1] Il y a des
Actes des Apostres escrits en très belle lettre d'or
grecque, aussi vifve & recente que si c'étoit d'aujourd'hui.[2] Cete lettre est massive, & a un cors
solide & eslevé sur le papier, de façon que si vous
passés la mein pardessus, vous y santés de l'espessur. Je croi que nous avons perdu l'usage de cete
escriture.

Le 13 de Mars, un vieil Patriarche d'Antioche,
arabe, très-bien versé en cinq ou six langues de
celes de delà, & n'aïant nulle connoissance de la
grecque & autres nôtres, avecq qui j'avois pris beaucoup de familiarité, me fit present d'une certene
mixtion pour le secours de ma gravelle, & m'en prescrivit l'usage par escrit. Il me l'enferma dans un
petit pot de terre, & me dit que je la pouvois conserver dix & vint ans, & en esperoit tel fruit, que
de la premiere prinse je serois tout à fait guéri de

---

[1] Questo codice parrebbe dovesse essere il Virgilio denominato *Romanus* da Pier Valeriano, e che già verso il 1454 il Poliziano aveva visto e consultato *in intima vaticana bibliotheca*, dacchè degli altri tre codici di Virgilio di antica lettera da questa posseduti, il *Vaticanus* e l'*Augusteus* vi entrarono solo nel 1600 per testamento di Fulvio Orsini, e il *Palatinus* nel 1622. Questo manoscritto è, come ben si conosce, ornato di pitture riprodotte da Santo Bartoli, dal Mai, dal D'Agincourt, e più esattamente ma in parte, per processo eliotipico, dal sig. DE NOLHAC, *Les peintures des ms. de Virgile*, in *Mélanges d'Archeol. et d'hist.*, IV anno (1884), pag. 305.

[2] Bel codice donato da Carlotta regina di Cipro a Innocenzo VIII.

mon mal. Afin que si je perdois son escrit, je le retreuve ici, il faut prandre cete drogue s'en alant coucher, aïant legieremant soupé, de la grossur de deus pois, la mesler à de l'eau tiede, l'aïant froissée sous les dois; & laissant un jour vuide entre deus, en prandre par cinq fois.

Disnant un jour à Rome avecq nostre ambassadur, où estoit Muret[1] & autres sçavans, je me mis sur le propos de la traduction françoise de Plutarche, & contre ceus qui l'estimoint beaucoup moins que je ne fais[2], je meintenois au moins cela: " Que où le traductur a failli le vrai sans de Plutarche,

---

[1] Negli *Essais* I, 25, il Montaigne ricorda M. Ant. Mureto insieme cogli altri suoi " precepteurs domestiques „, vale a dire insieme con Nicolas Grouchy, Guillaume Guarente, e George Buchanan, e dice di lui "que la France et l'Italie (le) recognoist pour le meilleur orateur du temps„. Di Marcantonio Mureto è superfluo, come di uomo celeberrimo, riassumer qui la vita e le opere: rimandiamo piuttosto al bel lavoro del prof. Ch. DEJOB, *Marc-Antoine Muret: un professeur français en Italie dans la seconde moitié du XVI siècle*, Paris, Thorin, 1881. Il Montaigne giovinetto, fra il 1546 e il 47, ebbe parte in Bordeaux alla recita di un *Jules César*, tragedia del Muret. Alcune curiose conformità di opinioni fra il Mureto e il Montaigne, per es. su certa inferiorità dei moderni rispetto agli antichi, sull'educazione dei fanciulli, sulla soverchia ossequiosità ai potenti ecc., sono segnalate dal DEJOB, *op. cit.*, pagg. 327, 382, 409, ecc.

[2] Della molta stima che il Montaigne faceva della traduzione di Plutarco, che l'Amyot aveva pubblicato fin dal 1567, si trovano testimonianze anche negli *Essais*. Nel libro I, c. 46 gli sa grado dell'aver lasciato " dans le cours d'une oraison françoise les noms latins touts entiers, sans les bigarrer et changer pour leur donner une cadence françoise. Cela sembloit un peu rude au commencement, mois desjà l'usage, par le credit de son Plutarque, nous en a osté toute l'estrangeté „. E comincia il c. 4 del lib. II con queste lodi all'Amyot: "Je donne avecques raison, ce me semble, la palme à Jacques Amyot sur touts nos escrivains françois, non seulement pour la naïfveté et pureté du lan-

il y en a substitué un autre vraisamblable, & s'entretenant bien aus choses suivantes & précédentes. „ Pour me montrer qu'en cela mesme je lui donnois trop, il fut produit deus passages: l'un, duquel ils

gage, en quoy il surpasse touts aultres, ny pour la constance d'un si long travail, ny pour la profondeur de son sçavoir, ayant peu developper si heureusement un aucteur si espineux et ferré (car on m'en dira ce qu'on vouldra, je n'entends rien au grec, mais je veois un sens si bien joinct et entretenu par tout en sa traduction, que, ou il a certainement entendu l'imagination vraye de l'aucteur, ou ayant, par longue conversation, planté vifvement dans son ame une generale idee de celle de Plutarque, il ne luy a au moins rien presté qui le desmente ou qui le desdie): mais, sur tout, je luy sçais bon gré d'avoir sceu trier et choisir un livre si digne et si à propos, pour en faire présent à son païs. Nous aultres ignorants estions perdus, si ce livre ne nous eust relevé du bourbier: sa mercy, nous osons à cett' heure et parler et escrire: les dames en regentent les maistres d'eschole: c'est nostre breviaire. Si ce bon homme vit, je luy resigne Xenophon, pour en faire autant: c'est une occupation plus aysee et d'autant plus propre à sa veillesse: et puis, je ne sçais comment il me semble, quoyqu'il se desmele bien brusquement et nettement d'un mauvais pas, que toutesfois son style est plus chez soy, quand'il n'est pas pressé et qu'il roule à son ayse „.

Sulle benemerenze dell'Amyot nella lingua e nella cultura francese è da vedere uno scritto del SAINTE-BEUVE, *Causeries du Lundi*, vol. IV. Ivi si riferisce questa conversazione avuta dal n. a. in Roma, e si ricorda che nel 1635 il DE MÉZIRIAC nel suo *Discours de la Traduction* rilevò le inesattezze e gli errori di vario genere dell'Amyot, enumerando *plus de deux milles passages* ove si rinvengono. Ciò non ostante, il sommo critico riconosce col Vaugelas, col Boileau, col Racine e con tutti i più grandi scrittori francesi i molti vantaggi recati alla lingua e allo stile francese dal vecchio traduttore di Plutarco, concludendo con questa sentenza del JOUBERT: "Toute l'ancienne prose française fut modifiée par le style d'Amyot et le caractère de l'ouvrage qu'il avait traduit. En France, la traduction d'Amyot est devenue un ouvrage original„.

attribuent l'anidmadversion[1] au fils de M. Mangot, avocat de Paris,[2] qui venoit de partir de Rome, en la vie de Solon environ sur le milieu, où il dict que Solon se vantoit d'avoir affranchi l'Attique, & d'avoir osté les bornes qui fa soint les separations des hæritages. Il a falli, car ce mot grec signifie certenes marques, qui se metoint sur les terres qui etoint engagées & obligées, affin que les acheturs fussent avertis de cete hypoteque. Ce qu'il a substitué des *limites*, n'a point de sans accommodable; car ce seroit faire les terres non libres, mais communes. Le latin d'Estiene[3] s'est aproché plus près du vrai. Le secont, tout sur la fin du Treté de la nourriture des enfans, " d'observer, dict il, ces regles, cela se peut plustost souhaiter que conseiller „. Le grec, disentils, sone: " cela est plus desirable qu'esperable „; & est une forme de proverbe qui se treuve ailleurs. Au lieu de ce sans cler & aisé, celui que le traductur y a substitué est mol & etrange; parquoi recevant leurs presuppositions du sans propre de la langue, j'avouai de bone foi leur conclusion.

Les églises sont à Rome moins belles qu'en la pluspart des bones viles d'Italie, & en general en Italie & en Allemaigne encore communéemant moins belles qu'en France. A S. Pierre, il se voit à l'entrée de la nouvelle église, des enseignes pandues pour trophées: leur escrit porte, que ce sont, ensei-

---

[1] * *L'observation et la critique.*

[2] Si tratta certamente di un figlio di Claude Mangot, *subtil jurisconsulte*, come lo chiama il DUVAIR, *Traité de l'éloq. franç.*, e che mori verso il 1579, lasciando due figli, Jacques morto nel 1587, e Claude, che nel 1616 fu fatto guardasigilli in sostituzione del Du Vaer, ma nel 17 cadde col Concini: v. FROMENT, *Essais sur l'éloq. judiciaire en France avant le XVII s.*, Paris, Thorin, 1874.

[3] * *De Henri Estienne.*

gnes gaignées par le roy sur les Huguenots; il ne spécifie pas où & quant[1]. Auprès de la chapelle Gregoriane, où il se voit un nombre infini de veux atachés en la muraille, il y a entr'autres un petit tableau carré, assés chetif & mal peint, de la bataille de Moncontour.[2] En la salle, audavant la

---

[1] Questi trofei probabilmente sono andati perduti, o furono tolti in tempi meno tristi e di meno ardenti passioni. Che del resto Gregorio si allietasse alla strage degli Ugonotti, è posto in sodo da uno scrittore, cattolico sincero ed imparziale, lord ACTON, (*La strage di S. Bartolomeo, monograf. stor. critica*, dalla North British Review, con introduzione e aggiunta di docum. ined. dell'arch. di Venezia (per T. GAR), Venezia, Antonelli, 1870), se anche sia falso ch'egli consigliasse il fatto. Ma, giunta che glie ne fu la notizia, commise all'ambasciatore francese di scrivere al Re " que cest évenement luy a esté cent fois plus agrèable que cinquante victoires semblables à celles que ceulx de la ligue obtindrent l'année passée contre le Turcq „. E come ricordò il nostro MUCANZIO, le cui parole sono riferite nello scritto sopra menzionato, p. 71: " quia D. N. Papa certior factus fuerat, Colignium Franciae ammiralium a populo parisiensi occisum fuisse, et cum eo multos ex ducibus et primioribus Ugonotarum haereticorem ejus sequacibus, rege ipso Franciae approbante... idcirco Sanctitas Sua, expleto consistorio, descendit ad Ecclesiam S. Marci, praecedente cruce et sequentibus cardinalibus, et genuflexus ante altare majus, ubi positum fuerat Sanctissimum Sacramentum, oravit, gratias Deo agens, et inchoavit cantando hymnum *Te Deum* „. Inoltre ordinò fuochi per le vie e luminarie, fece sparare il cannone di castel S. Angelo, si recò processionalmente coi cardinali alla chiesa di S. Luigi de' Francesi, proclamò un giubileo per rammemorare il fatto e ringraziarne il cielo, coniò una medaglia, che è riprodotta dal MISSON, II, 133, e ordinò pitture del fatto, le quali dice l'Acton, " insultano ogni pontefice che entri nella Cappella Sistina „.

[2] * *Ville du Poitou, près de laquelle l'armée des Huguenots, commandée par l'amiral de Coligny, fut battue par l'armée du Roi Charle IX, le 3 octobre 1569.*

chapelle S. Sixte, ou en la paroi, il y a plusieurs peintures des accidans mémorables qui touchent le S. Siege, comme la bataille de Jan d'Austria, navale[1]. Il y a la represantation de ce Pape, qui foule aus pieds la teste de cet Amperur, qui venoit pour lui demander pardon & les lui baiser: non pas les paroles dictes, selon l'histoire, par l'un & par l'autre[2]. Il y a aussi deus andrets, où la blessure de M. l'amiral de Chatillon est peinte & sa mort, bien authantiquemant[3].

[1] In un grande affresco della sala regia, contigua alla Cappella Sistina, è infatti rappresentata l'armata di mare raccolta presso Messina nel 1571 per andare contro al Turco. Il Vasari dipinse l'ordinanza navale, e le figure furono condotte da Lorenzino di Bologna. Vi è anche la pittura della battaglia stessa, opera pur del Vasari, e non dello Zuccari come taluno crede erroneamente.

[2] Il quadro della sala regia dirimpetto alla Cappella Sistina rappresenta la riconciliazione di Federico 1° colla Chiesa, e l'obbedienza da lui resa a Alessandro III. L'iscrizione sottoposta dice: *Alexander papa III Friderici imperatoris iram et impetum fugiens, addidit se Venetiis: cognitum et a Senatu perhonorifice susceptum, Othone imperatoris filio, navali praelio a Venetis victo, captoque, Fridericus, pace facta, supplex adorat, fidem et obedientiam pollicitus: ita Pontifici sua dignitas venetae reipublicae beneficio restituta* MCLXXVII. La pittura è di Giuseppe Porta, scolaro di Cecchin Salviati. — Le parole, che il n. a. nota non essere state riferite nel quadro, sono le notissime del Salmo 902 *Super aspidem et basiliscum* ecc., che vuolsi fossero pronunziate allora dal Pontefice, calcando il piede sul collo all' Imperatore.

[3] Di queste due pitture in che il Vasari per ordine del Pontefice, espresse " la cosa degli Ugonotti (v. sua Lett. al Principe Francesco, in GAYE, *Carteggi. Artist.*, III, 341) ,, l'una rappresenti l'uccisione del Coligny e l'altra la strage degli eretici. Gli scolari del Vasari condussero un altro quadro sui suoi cartoni, in che si vede Carlo IX seduto in Parlamento in atto di approvare l'uccisione del-

Le 15 de Mars, M. de Monluc¹ me vint trouver à la pouinte du jour, pour executer le dessein que nous avions faict le jour avant, d'aler voir Ostia. Nous passames le Tibre sur le pont Notre-Dame, & sortismes par la porte *del Porto*, qu'ils nomoint antienemant *Portuensis;* delà nous suivimes un chemin inégal & mediocremant fertile de vins & de bleds; & au bout d'environ huit milles, venant à rejouindre le Tibre, descendimes en une grande pleine de preries & pascages, au bout de laquelle etoit assise une grande ville², de quoi il se voit là plusieurs belles & grandes ruines qui abordent au lac de Trajan, & qui est un regorgemant de la mer Tyrrehene, dans lequel se venoint randre les navires; mais la mer n'y done plus que bien peu, & encore moins à un autre lac, qui est un peu audessus du lieu, qu'on nomoit l'Arc de Claudius. Nous pouvions diner là avecq le Cardinal de Peruse³ qui y estoit; & il n'est à la vérité rien si courtois que ces seigneurs-là &

l'ammiraglio. Sotto la prima fu scritto: *Gaspar Colignius Amirallius accepto vulnere domum refertur. Greg. XIII. Pontif. Max. 1572;* sotto la seconda: *Caedes Colignii et sociorum ejus;* sotto la terza: *Rex Colignii necem probat.*

[1] Non può trattarsi del celebre maresciallo Biagio di Montluc, amico del Montaigne, ma morto nel 1577, nè del fratello, Giovanni, morto nel 79, nè di Pietro o Peyrot, figlio del primo, che perì nel 1568 presso a Madera, e la cui fine è ricordata negli *Essais*, II, 8. Potrebbe forse trattarsi di Giovanni signore di Balagny, figlio naturale del maresciallo, legittimato nel 67 e morto nel 1603.

[2] Porto, rimpetto ad Ostia, alla destra del Tevere, distante da Roma 14 miglia e mezzo. Al porto di Claudio, non arco, come dice il Nostro, aggiunse Trajano un porto interno, detto perciò anche lago, di un miglio e mezzo di circonferenza.

[3] Fulvio della Cornia, nato in Perugia nel 1517, nipote di Giulio 3°. Fu cavaliere di Malta, poi arciprete, indi vescovo di Perugia, e nel 51 fu fatto dallo zio cardinale

leurs serviteurs; & me manda ledict Sr. Cardinal, par l'un de mes jans qui passa soudein par là, qu'il avoit à se pleindre de moi; & ce mesme valet fut mené boire en la sommellerie dudict Cardinal, qui ne avoit nulle amitié ny connoissance de moi, & n'usoit en cela que d'une hospitalité ordineire à tous etrangiers qui ont quelque façon; mais je creignois que le jour nous faillit à faire le tour que je voulois faire, aïant fort alongé mon chemin pour voir ces deus rives du Tibre. Là nous passames à bateau un petit rameau du Tibre,[1] & entrâmes en l'isle Sacrée, grande d'environ une grande lieue de Gascouigne, pleine de pascages[2]. Il y a quelques ruines & colonnes de mabre, com' il y en a plusieurs en ce lieu de Porto, où estoit cete vieille ville de Trajan; & en fait le Pape désenterrer tous les jours & porter à Rome. Quand nous eusmes traversé cet' isle, nous rancontrames le Tibre à passer, de quoi nous n'avions nulle commodité pour le regard des chevaus, & estions à mesmes de retourner sur nos pas; mais, de fortune, voilà arriver à l'autre rive les sieurs du Bellai[3], Baron de Chasai, de Ma-

di S. Maria in Via, nonchè legato della Marca, amministratore della Chiesa di Lucera e vicario pontificio nell'Umbria. Paolo IV sospettandolo fautore degli Spagnuoli, lo imprigionò. Gregorio nell'8) lo aveva fatto vescovo di Porto, ove restaurò l'episcopio e la cattedrale. Morì nel 1583.

[1] Nell'edizione in 4° per un *pesce* tipografico, mancano queste parole, e ciò che segue si riattacca a *Tibre* antecentemente ricordato.

[2] Tratto di terra, che dopo l'apertura del *Fosso trajano* diventò isola e fu detta *Sacra*, che si trova circoscritta fra i due rami del fiume e il mare. Vi stanno soltanto numerose mandre di bufali semiselvaggi.

[3] Non si tratta certamente nè del Cardinale, nè del cugino suo, poeta, che fu anch'egli in Roma e ne vantò

rivau, & autres: surquoi je passai l'eau, & vins faire troque avec ces jantilshomes, qu'ils prinsent nos chevaus & nous les leurs. Einsin ils retournarent à Rome par le chemin que nous etions venus, & nous par le leur, qui estoit le droit d'Ostia.

OSTIA[1], quinse milles, est assise le long de l'antien canal du Tibre; car il l'a un peu changé, & s'en esloingne tous les jours. Nous dejunasmes sur le pouin[2] à une petite taverne; audelà no s vismes *la Rocca*, qui est une petite place assés forte où il ne se fait nulle garde[3]. Les Papes, & notammant celui-ci, ont faict en cete coste de mer dresser des grosses tours ou védettes, environ de mille en mille, pour prouvoir[4] à la descente que les Turcs y faisoint souvant, mesme en tamps de vandange, & y prenoint betail & homes. De ces tours, à tout un coup de canon, ils s'entravertissent les uns les autres d'une si grande soudeineté, que l'alarme en est soudein volée à Rome[5]. Autour d'Ostia sont les salins[6], d'où toutes les terres de l'Eglise sont proveues[7]: c'est une grande plene de marets, où la mer se desgorge.

---

le grandezze e le rovine (v. AMPÈRE, *op. cit.*, 154), ma morì nel 1560.

[1] Già prospero emporio commerciale, ora povero e disabitato villaggio. Le antichità scopertevi, specialmente dal 1855 in poi, la fanno scopo a speciale viaggio.

[2] * *Tout debout, à la hâte* – Oggi: *sur le pouce.*

[3] Probabilmente la fortezza costruita da Giulio II, quando era Vescovo d'Ostia, col disegno del Sangallo.

[4] * Providere, *s'opposer.*

[5] Anche nel 1579 venticinque legni di corsari barbareschi si accostarono ad Ostia e Fiumicino, e predarono e fecero prigionieri. Gregorio edificò ivi una torre di guardia, che ancora si chiama Gregoriana o di S. Ippolito.

[6] Le saline d'Ostia risalgono ai tempi di Anco Marzio. e anche oggi sono in esercizio.

[7] * *Pourvues.*

Ce chemin d'Ostia à Rome, qui est *Via Ostensis*, a tout plein de grandes merques[1] de son antienne beauté, force levées, plusieurs ruines d'aqueducs, & quasi tout le chemin semé de grandes ruines, & plus de deus parts dudict chemin encore pavé de ce gros cartier noir, de quoi ils planchoint[2] leurs chemins. A voir cete rive du Tibre, on tient aiséemant pour vraïe cete opinion, que d'une part & d'autre tout étoit garni d'habitations, de Rome jusques à Ostie. Entr'autres ruines, nous rancontrâmes environ à mi chemin sur notre mein gauche, une très-bele sepulture d'un Prætur[3] romein, de quoi l'inscription s'y voit encore entiere. Les ruines de Rome ne se voient pour la pluspart que par le massif & espais du bastimant. Ils faisoint de grosses murailles de brique, & puis ils les encroutoint[4] ou de lames de mabre, ou d'autre pierre blanche, ou de certein simant, ou de gros carreau enduit par dessus. Cete croute, quasi partout, a éte ruinée par les ans, sur laquelle etoint les inscriptions : par où nous avons perdu la pluspart de la connoissance de teles choses. L'écrit se voit où le bastimant estoit formé de quelque muraille de taille espoisse & massifve.

Les avenues de Rome, quasi par tout, se voient pour la pluspart incultes & steriles, soit par le défaut du terroir, ou, ce que je treuve plus vraisamblable, que cete ville n'a guiere de maneuvres & homes qui vivent du travail de leurs meins. En chemin je trouvai, quand j'y vins, plusieurs troupes d'homes de villages, qui venoint des Grisons

---

[1] * *De vestiges, de restes.*
[2] * *Pavoient.*
[3] * *Préteur.*
[4] * *Incrustoient.*

& de la Savoïe gaigner quelque chose en la saison du labourage des vignes & de leurs jardins; & me dirent que tous les ans c'etoit leur rante.[1] C'est une ville toute cour & toute noblesse: chacun prant sa part de l'oisifveté ecclesiastique. Il n'est nulle rue marchande, ou moins qu'en une petite ville; ce ne sont que palais & jardins. Il ne se voit nulle *Rue de la Harpe* ou *de St. Denis;* il me samble tousiours estre dans la *Rue de Seine*, ou sur le *Cai des Augustins* à Paris. La ville ne change guiere de forme pour un jour ouvrier ou jour de feste. Tout le Caresme il se faict des stations; il n'y a pas moins de presse un jour ouvrier qu'un autre. Ce ne sont en ce temps que coches, prélats & dames. Nous revinmes coucher à

---

[1] P. PARUTA nella sua Relazione del 1595 al Senato osservava anch'esso che " nella Campagna di Roma non vi sono proprj abitatori che coltivino i terreni, essendo il paese, oltra quelli che stanno nelle terre, tutto disabitato. Questi terreni per lo più sono di baroni romani, i quali sogliono affittarli a mercanti, persone ricche e di gran faccende in quest'esercizio, chiamato da loro l'arte del campo: per la quale tengono grandissima quantità d'animali, e per coltivar la terra si vagliono dell'opera d'uomini montanari, che vengono da più parti in Roma per quest'oggetto, e non pur dallo Stato della Chiesa, ma da altri stati ancora. Si lavorano questi terreni solo la terza parte di essi, lasciandoli, da poi fatto un raccolto, che è sempre di formento, riposarsi due anni (*Relaz. Ven.*, x, 390) „. — E nella *Relazione di Roma* che si contiene nel *Tesoro Politico*, Colonia, 1598, pag. 19: " Il paese intorno trenta miglia della città è fertilissimo.... ma è quasi del tutto disabitato, onde per coltivarlo e per fare il raccolto e la vendemmia, vanno ogni anno da diverse parti, fin di Lombardia, intorno a quaranta mila lavoranti, i quali, finita l'opera, ritornano con qualche guadagno a casa, chi resta vivo: perciò che sempre ne rimane una gran parte di loro estinta, o per l'insolito calor del sole o per la malignità de' venti marini „.

Rome, quinze milles. Le 16 de Mars, il me print envie d'aler essaïer les eteuves de Rome, & fus à celes de St. Marc, qu'on estime des plus nobles; j'y fus tresté d'une moïenne façon, sul[1] pourtant, & aveq tout le respect qu'ils peuvent. L'usage y est d'y mener des amies, qui veut, qui y sont frotées aveq vous par les garçons. J'y appris que de chaus vifve & orpimant, démeslé à-tout de la lessifve, deus part de chaus & la tierce d'orpimant, se faict cete drogue & ongant de quoi on faict tumber le poil, l'aïant appliqué un petit demi quart d'heure.

Le 17, j'eus ma cholique cinq ou six heures supportable, & randis quelque tamps après une grosse pierre come un gros pinon[2] & de cete forme.

Lors nous avions des roses à Rome & des artichaus; mais pous moi je n'y trouvois nulle chaleur extraordinere, vestu & couvert come chés moi. On y a moins de poisson qu'en France; notammant leurs brochets ne valent du tout rien, & les laisse t'on au peuple.[3] Ils ont rarement des soles & des trui-

---

[1] *Seul. Montaigne écrivoit comme il prononçoit.

[2] *Pignon.

[3] I *Brochets* sono i lucci (*Esox Lucius*, Linneo), pesci di fiume. Del *luccio* cosi ragiona il Giovio, *De' pesci romani*, trad. di C. Zancaruolo, Venezia, Gualtieri, 1560, pag. 173: "Il luccio non si trova mai in mare, e negli stagni e nei laghi per tutto con le tinche in gran copia. Per la qual una ragione sono manifestamente convinti coloro che stimano che anticamente egli fosse il Lupo. Similmente Ausonio fa menzione del Luccio con la tinca, affermando però che per la puzza, che spira quando si rosta, non è troppo buono a mangiare. Per questo io non posso cosi facilmente giudicar s'egli è quel che in Italia è chiamato Luccio e in Francia *Broscetto*, perchè questo in Fiandra è tenuto nel secondo luogo de' buoni pesci di fiume, e in Inghilterra gli Inglesi lo vendono

tes, des barbeaus fort bons,[1] & beaucoup plus grans qu'à Bourdeaus, mais chers. Les daurades y sont

d'ogni tempo vivo, che nuota ne' vivai di legno, e per mostrare la sua grossezza, che si vede alle ferite, gli aprono con i coltelli la pancia, acciocchè i compratori si allettino dalla vista di quel buon grasso: nè si muoiono, con tuttochè siano rifiutati, perchè le ferite si restringono col toccar le tinche, le quali, quasi che con una certa medicina viscosa, con quella lor tenace bruttura le risaldano tutte. Il lago di Perugia n'ha di questa specie di molto buoni e grandi, perciocchè alcuna volta passano la grandezza di due cubiti. Dopo i lucci di questo lago, quelli del Lago Cimino, che oggi si chiama Lago di Ronciglione (fu questo villaggio anticamente la villa di Silla) s'hanno assai più buoni in Roma, perciocchè quelli che si pescano nel Lago di Bracciano, che già fu il Lago Sabatino, sono per grandezza e per sapore loro inferiori.... Questo pesce per parere di tutti i medici è riputato molto sano; tuttavia per una certa ispida secchezza delle polpe, non ha mai avuto alcuna lode o pregio alla tavola de' signori, di maniera che i nostrali non sono punto da essere paragonati a' francesi; e voi, reverendissimo signor mio (Card. Lodov. di Borbone) e i vostri commensali se ne sono ingannati alcuna volta, mentre gli spenditori francesi nel comprarli, non conoscendo ancor bene il loro vile sapore, erano solamente tirati dalla grandezza e bellezza loro ecc."— Il pregio onde erano in Francia tenuti i lucci, maravigliava anche l'ambasciatore veneto GIOV. MICHIEL (1575) che scriveva: "E non mi par da tacer questo particolare, che ne' giorni di magro, fra i molti pesci nobili che venivano serviti, tanto di fiume quanto di mare, non lasciavano mai di servire dei *brocchetti*, come lor chiamano, e noi diciamo *lucci*, stimati grandemente in Francia, servendo ordinariamente di quelli che costavano quindici scudi d'oro l'uno (*Relaz. Ven.*, XII, 350)".

[1] Sogliole, Trote e Barbi. Delle prime dice il GIOVIO, che " oggidì nelle più suntuose tavole, ancor che ci sia copia grande di tutti gli altri pesci, si tengono in sommo onore (p. 135)"; delle seconde dice, che son tenute "di quanti pesci nascono nelle acque dolci, per comun giudicio di ogni nazione, nobilissime", e nota che " i fiumi sotto Roma

en grand pris¹, & les mulets plus grands que les nostres & un peu plus fermes². L'huile y est si excellante, que cete picure qui m'en demure au gosier en France, quand j'en ai beaucoup mangé, je ne l'ai nullemant ici. On y mange des resins frès tout le long de l'an, & jusques à cet'heure il s'en treuve de très-bons pandus aus treilles. Leur mouton ne vaut rien, & est en peu d'estime.

Le 18, l'ambassadur de Portugal fit l'obédiance au Pape du royaume de Portugal, pour le roy Philippes: ce mesme ambassadur qui estoit ici pour le roy

---

d'ogni tempo ne danno gran copia, come si vede tutto di di quelle di Rieti, di Subiaco e del Teverone di Tivoli (p. 161) „. Del barbo osserva che "è famigliarissimo ai lidi nostri, e in Venezia non si trova. In Roma egli si chiama *Capone*, in Genova *Organo* e in Francia *Roschetto* (p. 135)„. Come si rileva dalla *Tabella* allegata al *Regolamento sulla Pesca*, del 13 Giugno 1880, questo pesce si chiama nel Veneto *Barbo, Barbio*, in Lombardia *Balb, Barb, Verù*, in Piemonte *Barb, Barb-truté*, in Liguria *Barbo, Sbarbo*, nell'Emilia *Bèlber*, in Toscana *Barbo*, nelle Marche, Umbria e Lazio, *Albo, Barbo, Barso, Sbalzo*, nelle Provincie meridionali *Barbo*, in Sicilia *Barbitta*: nomi quasi tutti derivati da quella specie di barba che gli pende dal mento.

¹ Delle *Orate* dice il Giovio, p. 96, che "sono tra tutti i pesci per peculiar lor dote, di singolar sapore, e sanissime per parere di Cornelio Celso, che le giudicò nel darle agl'infermi di leggerissimo alimento. Galeno c'insegna, a volerle ben cuocere, ch'elle si pongano sopra la graticola, e tirate lor sotto lente bragie, si bagnino con olio, aceto e sale„.

² Lat. *Mulus*. "In Roma, dice il Giovio, p. 115, si chiama oggi questo pesce, per essere di già mancato il nome latino di *mulo*, con voce greca *triglia*.... Presso di noi sono lodati quei muli, che si pescano nel mar sotto Roma. Quelli che s'hanno a Genova, a Venezia, e a Napoli non tengono la medesima bontà di sapore, benchè si pongano molte volte assai grandi in tavola„.

trespassé[1] & pour les Etats contrarians au roy Philippes[2]. Je rancontrai au retour de Saint Pierre un home qui m'avisa plesammant de deus choses : que

[1] * *Don Henri, cardinal de Portugal, mort le 31 Janvier 1580: après sa mort, Philippe II s'empara du Portugal.*

[2] " Die Sabbati, 18 ejusdem mensis, Consistorium publicum in aula regia Vaticani: in quo receptus fuit ad obedientiam praestandam, Ill. vir Don Joannes Gomesius de Silva, nomine Ser.mi. Regis Philippi, nuper in Regno Portugalliae suffecti, post mortem Henrici regis et cardinalis, tamquam propinquioris in successione regis defuncti. Praefatus D. J. Gomesius fuerat dudum a Sebastiano Portugalliae rege, qui postea in bello contra Mauritanos mortuus est, ad urbem legatus missus ad S.um D. N., ejusdem obedientiae causa, anno Domini 1574, et continuo in urbe hucusque permansit... Idcirco non fuerant missae obviam familiae Papae et Cardinalium, quemadmodum fieri solet cum novus quispiam legatus sive orator pro obedientia mittitur ad urbem in ejus ingressu...... Quamprimum ad domum praedicti Oratoris, Capitanei custodiae cum suis militibus pervenerunt, cum etiam fere omnium cardinalium familiae, compluresque viri illustres et Barones illuc jam accessissent, ipse Orator, quotidiano suo habito indutus, ascendit equum, stragula holoserica villosa nigri coloris aureo limbo circumdata tectum, et pulchre ornatum. Ordo autem et via equitationis fuit talis. Praeibat Tubicen, et post eum Equites levis armaturae, sed sine lanceis: deinde Familiares R.um Card.ium mixti longo ordine: post eos multi Provinciales Lusitani et Familiares Oratoris, et prope ipsos nonnulli nobiles Milites, portantes signum crucis rubeae aurata in vestibus, vocant Equites Jesu Christi, quos tali honore et insignibus hornat Rex Portugalliae. Mox quator vel quinque Tubicines ad viarum angulos tuba canentes. Istos sequebantur duo praedicti Duces seu Capitanei pontificis, et post eos multi Barones et quidem ex primariis urbis, et inter eos Oratoris filius, puer decennarius, sumptuosissime indutus, gemmis et auro fulgens. Post Barones equitabam ego, medius inter duos mazerios Papae, cum solito habitu, et caputio circum spatulas. Deinde Orator ipse, multis pedestribus famulis, novis uniformibus vestibus et palliis pulchre indutis circumdatus, praecedebat solus. Post ipsum equitabant

les Portuguais faisoint leur obédiance la semmene de la Passion, & puis que ce mesme jour la station estoit à Saint Jean Porta Latina, en laquelle Eglise

plures Prelati bini, licet ego ejus Secretarium admonuissem magis convenire ut ipse Orator equitasset medius inter duos digniores Praelatos ex his qui eum comitabantur: sed ita sibi placuit. A lateribus, Helvetii milites de custodia S^{mi}. D. N. copiose aderant cum solitis eorum armis hastatis; Tympanistas autem plures praeibant ante familiam Oratoris. Hoc ordine aequitatum est ab aedibus ipsius Oratoris per viam rectam, quae tendit ad plateam Turris Sanguineae, transeundo ante Ecclesiam D. Augustini, deinde vertendo ad sinistram ante templum Divae Mariae Theotonicorum sive de Anima, usque ad plateam Pasquini seu Palatii R^{mi}. D. Card. Ursini, tum ad dexteram per viam Parionis, plateam Montis Jordani, viam Argentariorum ac Trapezitarum seu Campsorum, quas Banchos vocant. Transacto ponte Aelio, quem hodie S. Angeli dicunt, ingens bombardarum sonitus, quasi tonitruum, ex mole Adriana ibi proxime reboavit: inde ingressus fuit Civitatem Leoninam, quam regionem Burgum vocant: et pervenimus ad Palatium, pluribus per via acclamantibus et vitam Philippo Portugalliae et Hispaniarum Regi Catholico precantibus.

Ingressus Palatium, in tertio atrio descendit ex equo, ascenditque per scalas Aulae Regiae usque ad habitationem R^{mi}. D. Card. Maffei, comitatus continue a suis et aliquot praelatis, ubi parumper substitit, donec vocaretur. Interim S^{us}. D. N. oportune advenerat paludamento rubro auriphrisiato, quod fuerat Julii p. tertii, et mitra pretiosa ornatus, et sede vectus in aulam praedicti Consistorii, et praestita ei per omnes R^{mos}. Cardinales reverentia solita, duo Cardinales diaconi Assistentes, videlicet Medices et Carrafius, relicta S^{te}. Sua, venerunt ad sedendum in eorum bancho cum aliis diaconis cardinalibus, et statim Advocatus Astallius incipit proponere quamdam comissionem, et post pauca verba per eum prolata, vocavi quatuor primos assistentes Praelatos, ex his qui ibi aderant, videlicet RR. PP. DD. Jo. Antonium Fachinettum patriarcham Hierosolimitanum, Philippum Mocenigum Archiepiscopum Cypri, Antonium de Lorea archiepiscopum turritanum et Antonium Mariam de Salviatis episcopum S. Pauli, qui,

certains Portuguais, quelques années y a, étoint antrés en une étrange confrerie. Ils s'espousoint masle à masle à la messe, aveq mesmes serimonies

facta Papae reverentia, iverunt me ducente ad locum ubi Orator praedictus expectabat, qui antecedentibus omnibus Mazeriis cum eorum argenteis clavis erectis, venit medius inter duos primos ex praedictis Praelatis assistentibus in Consistorium, aliis duobus sequentibus. Sed licet praedicti Mazerii pro eorum ambitione, vel potius adulatione quadam, nostro tempore hoc usurpent, ut omnes simul comitentur Oratores in Consistorium ingredientes, non videtur conveniens nec decens: cum tantum duo, aut ad summum quatuor sufficerent, ut si eorum Principes et Domini personaliter venirent, possit numerus augeri: ad hoc ut, in omnibus circumstantiis, habeatur ratio majoritatis et minoritatis, maxime cum de hujusmodi accessu Mazeriorum nulla fiat mentio in Libro Cerimoniali ordinario: quod hic volui obiter tangere, ut alias considerare possit quid magis deceat. Statim igitur ingressus quadraturam R.^{rum} DD. Cardinalium, dictus Orator simul cum assistentibus genuflexit ante faciem Papae, et iterum in medio et demum ante gradus solii pontificalis: tum, remanentibus ibi Praelatis assistentibus, ipse Orator, ascendens gradus, genuflexus iterum in plano solii ante pedes Papae osculatus fuit ejus pedem dexterum, deinde manum, et a Pontifice sublatus ad osculum oris, deinde pariter genuflexus, porrrexit Papae litteras Regis, illas osculando, dicens pauca verba, quas quidem litteras Sanctitas Sua consignavit in manibus Antonii Buccapadulii secretarii. Orator vero recedens a solio Pontificis, facta illi reverentia, inclinavit hic inde caput reverenter versus Cardinales, et venit ad locum praeparatum retro sedile Presbyterorum Cardinalium: tunc Papa mutavit mitram capiendo levem, et bene, quia veniente ad se prima vice oratore, debuit esse cum pretiosa. Lectis alta voce litteris regiis per secretarium Pontificis, cum jam propositio advocati esset finita nec esset alius qui proponeret, Achilles Statius, vir doctus et eloquens, stans capite detecto ad dexteram praedicti Oratoris, brevem sed luculentam orationem habuit, declarans optimam voluntatem Regis sui ergo S.^{um} D. N. et Sanctam Ecclesiam apostolicam, more aliorum Portugalliae regum ejus prae-

que nous faisons nos mariages, faisoint leur pasques ensamble, lisoint ce mesme évangile des nopces, & puis couchoint & habitoint ensamble. Les esperis romeins disoint que, parce qu'en l'autre conjonction de masle & femelle, cete sule circonstance la rand legitime, que ce soit en mariage, il avoit samblé à ces fines jans que cet'autre action

decessorum, et ejus nomine obedientiam praestans. Qua finita, idem secretarius respondit nomine Pontificis pauca verba ad rem accomodata, licet aliquantulum in responsione memoriae lapsu vacillarit, nam et bonus quandoque dormitat Homerus: collegit tamen se, et explicavit inchoatum responsum. Quo facto, convocati fuerunt R.^{mi} D. Cardinales ab ipso Oratore prius nominati ad assistendum coram S.^{mo}, tamquam benevoli et amici Regis: videlicet Farnesius, Perusinus, S.^{ti} Georgij, Jesualdus, Aragonius, Comensis, Alexandrinus, S.^{ti} Sixti, Deza, Medices, Carrafius, Gonzaga, nam Sabellus et Ursinus nominati, ob legitimum impedimentum non venerant. Igitur adstantibus jam praedictis Cardinalibus coram S.^{mo}, ipse Orator rediit ad ejus pedes ac denuo pedem illius dexterum osculatos fuit, cui Pontifex nonnulla grata verba dixit, laudando Regem et ei diuturnam vitam exoptando. Tunc Orator surgens petiit a Papa osculum pedis pro suis familiaribus, amicis et compatriotis, qui fuerunt multi. Tandem in reditu Pontificis, idem Orator detulit caudam pluvialis Papae, usque quo in sede positus per parafrenarios suos gestatus est, et in aula lecti seu Consistorii exuto Pontifice, portavit caudam ejus usque in parvum cubiculum. Et sic finis hujus actus: omnia rite processerunt, sed per oblivionem non fuit in reditu mutata mitra Papae, sed rediit cum mitra simplici aurea, prout reperiebatur, cum debuisset capere preciosam. Orator rediit curru, cum paucis ejus domesticis, et in ejus domo praebuit nobile convivium quampluribus Cardinalibus: invitaverunt enim omnes, sed non iverunt nisi xv. Nobis vero cerimoniarum Magistris, sequenti die donavit ducatos auri quinquaginta, licet Regii Oratores consueverint dare centum: sed accipiendum est ab eis quod dant, cum totum proveniat ex eorum liberalitate, non ex obligatione. MUCANT., *op. cit.*, 104-8.

deviendroit pareillemant juste, qui l'auroit authorisée de serimonies & misteres de l'Eglise. Il fut brûlé huit ou neuf Portuguais de cete bele secte[1].

Je vis la pompe espaignole[2]. On fit une salve de canons au chateau St. Ange & au palais, & fut l'ambassadur conduit par les trompettes & tambours & archiers du Pape. Je n'entrai pas audedans voir la harangue & la serimonie. L'ambassadur du Moscovite, qui étoit à une fenestre parée pour voir cete pompe, dict qu'il avoit été convié à voir une grande assamblée : mais qu'en sa nation, quand on parle de troupes de chevaus, c'est tousiours vint & cinq ou trante mille, & se moqua de tout cet appret, à ce que me dict celui mesmes qui étoit commis à l'antretenir par truchemant[3].

[1] ANTONIO TIEPOLO in un dispaccio dei 2 Agosto 1578: "Sono stati presi undeci fra Portoghesi et Spagnuoli, i quali, adunatisi in una chiesa ch'è vicina S. Giovanni in Laterano, facevano alcune lor cerimonie, et con horrenda scelleraggine bruttando il sacrosanto nome di matrimonio, si maritavano l'uno coll'altro congiungendosi insieme come marito con moglie. Vintisette si trovavano et più insieme, il più delle volte; ma questa volta non ne hanno potuto cogliere più che questi undeci, i quali anderanno al fuoco, et come meritano „ : MUTINELLI, op. cit., p. 121.

[2] * C'est-à-dire, la cérémonie de l'obédience pour le royaume de Portugal.

[3] "Per viam Burgi legatus Moschorum erat ad quamdam fenestram, ex qua vidit totam equitationis seriem, deinde in Consistorio pubblico accomodatus ei fuerat locus in porta Capellae Sixti, videlicet quoddam parvum tabulatum pannis aureis compositum, ut recte omnia contemplari posset „ : MUCANT., loc. cit., 108. Gli Avvisi di Roma assai diversamente, ma forse men rettamente del Montaigne, dicono che l'Ambasciatore "mostrò gran meraviglia e stupore, massime nel sparare tant'artiglieria in Castello, quando l'Ambasciatore di Portogallo passò Ponte con bellissimo ordine e numero di cavalli, et di tanto concorso di popolo „.

Le Dimanche des Rameaus, je trouvai à vespres en un'église, un enfant assis au costé de l'autel sur une chese, vestu d'une grande robe de taffetas bleu neufve, la teste nue, aveq une courone de branches d'olivier, tenant à la mein une torche de cire blanche alumée. C'étoit un garçon de 15 ans ou environ, qui, par ordonnance du Pape, avoit été ce jour là délivré des prisons, qui avoit tué un autre garçon.

Il se voit à St. Jean de Latran du mabre transparant.

Landemein le Pape fit les sept Eglises[1]. Il avoit des botes du costé de la cher, & sur chaque pied une crois de cuir plus blanc. Il mene tousiours un cheval d'Espaigne, une haquenée & un mulet & une lettierre, tout de mesme parure; ce jour là le cheval en étoit à dire. Son escuier avoit deus ou trois peres d'esperons dorés en la mein, & l'attendoit au bas de l'eschele Saint Pierre; il les refusa & demanda sa lettierre, en laquele il y avoit deus chapeaus rouges quasi de mesme façon, pandans, atachés à des clous.

Ce jour au soir me furent randus mes *Essais*, chatiés selon l'opinion des docturs moines. Le *Maestro del sacro palazzo* n'en avoit peu juger que par le rapport d'aucun Frater françois, n'entandant nullemant notre langue[2]; & se contantoit tant des excuses que je faisois sur chaque article d'animadversion que lui

---

[1] " Die sequenti, 2) Martij, hora 16, Papa cum sua familia privata equitavit ad 7 Ecclesias antiquas, ut solet singulis annis in principio majoris hebdomadae „ : MUCANT., *loc. cit.*, 108.

[2] Questa volta almeno all'ignoranza del padre Maestro aveva potuto supplire un frate francese: ma spesso uomini pii e dotti si lagnavano che i loro libri fossero dati in esame a persone del tutto inette. Vedi ad esempio un richiamo del 1584 del Cappellano di Fi-

avoit laissé ce françois, qu'il remit à ma consciance
de rabiller ce que je verrois être de mauvès gout. Je
le suppliai, au rebours, qu'il suivît l'opinion de celui
qui l'avoit jugé, avouant en aucunes choses, come d'a-
voir usé de mot de *Fortune*[1], d'avoir nommé des poëtes
hæretiques[2], d'avoir excusé Julian[3], & l'animadversion
sur ce que celui qui prioit, devoit être exampt de
vitieuse inclination pour ce tamps[4]; *item*, d'estimer
cruauté ce qui est audelà de mort simple[5]; *item*,
qu'il falloit nourrir un enfant a tout faire[6], & autres
teles choses, que c'etoit mon opinion, & que c'etoit
choses que j'avois mises, n'estimant que ce fussent
erreurs; à d'autres, niant que le correctur eût entendu ma conception. Ledict *Maestro*, qui est un
habill' home, m'excusoit fort, & me vouloit faire santir qu'il n'étoit pas fort de l'avis de cete reformation, & pledoit fort ingénieusement pour moi en ma

lippo 2', Bartolomeo da Valverde, che si lamenta col card.
Sirleto dell'essere spesso la censura affidata ad uomini
" graecarum et hebraicarum literarum prorsus imperiti,
nec ullo judicio aut artibus instructi „: i quali, non essendo
pagati, e per scansar fatica e intanto darsi aria di dottrina,
senz'altro propongono l'abolizione dei libri al loro esame
sottomessi. Vedi DEJOB, *De l'influence du Concile de Trente
sur la littérat. et les beaux arts* etc., Paris, Thorin, 1884,
pag. 77.

[1] Vedi fra gli altri il capit. 33 lib. i degli *Essais: La
Fortune se rencontre souvent au train de la raison.*

[2] Fra gli altri Teodoro Beza, posto negli *Essais*, II,
17, fra i migliori poeti del tempo. A questa censura allude
evidentemente nel l. III, c. 10, dove scrive: " Et ne con-
ceday pas au magistrat mesme qu'il eust raison de condamner un livre, pour avoir logé entre les meilleurs poëtes de ce siecle un heretique „.

[3] Vedi il panegirico di Giuliano negli *Essais*, II, 19.

[4] Vedi il cap. 56 del l. I degli *Essais.*

[5] Vedi l. II, c. 11, e II, 97: passi recati già qui addietro,
pag. 232, nota 3, e 233, nota 3.

[6] Vedi l. I, c. 25.

presance, contre un autre qui me combatoit, italien aussi. Ils me retindrent le livre des *Histoires de Souisses* traduit en françois[1], pour ce sulemant que le traductur est hæretique, duquel le nom n'est pourtant pas exprimé; mais c'est merveille combien ils connoissent les homes de nos contrées : & le bon[2], ils me dirent que la préface étoit condamnée.

Ce mesme jour en l'église Saint Jean de Latran, aulieu des pœnitenciers ordineres, qui se voient faire cet office en la pluspart des églises, Monseignur le Cardinal St. Sixte[3] estoit assis à un couin, & donoit sur la teste de une baguette longue qu'il avoit en la mein, aus passans, & aus dames aussi, mais d'un visage sousriant & plus courtois, selon leur grandur & beauté.

Le Mercredi de la semmene seinte, je fis les sept églises aveq M. de Foix[4], avant disner, & y mismes

---

[1] Probabilmente il SIMLER, *La répulique des Suisses, mise en françois*, Paris, Du Puy, 1577.

[2] * *C'est-à-dire: ce qu' il y a de plus singulier.*

[3] Filippo Boncompagni, Cardinale dal titolo di S. Sisto, nipote di Gregorio, nato nel 1548 e da lui insignito della porpora nella prima promozione del 1573. Nel 79 fu fatto penitenziere maggiore, e nell' 81 arciprete di S. Maria Maggiore, ove fu seppellito, essendo morto nel 1586.

[4] Paolo de Foix nacque nel 1528: fu dapprima magistrato, e nel 1559 avendo in Parlamento alla presenza di Enrico II consigliato la tolleranza verso i protestanti, venne da lui chiuso nella Bastiglia. Ritornato in grazia di Caterina de' Medici, fu inviato ambasciatore in Inghilterra, e nel 1535 a Venezia. Scampato per miracolo alla strage di S. Bartolommeo, fu ai servigj di Enrico III, e nel 76 andò al Re di Navarra per indurlo a farsi cattolico. Divenne poi arcivescovo di Tolosa, e fu nel 79 inviato a Roma, dove morì nel 1584: e la sua perdita è ricordata con dolore negli *Essais*, III, 9, come " importante à nostre couronne ". E accompagnandolo con Monsieur de Pibrac, morto pur allora, il n. a. esclama: " Je ne sçais s' il reste à la France de

environ cinq heures. Je ne sçai pourquoi aucuns se scandalisent de voir libremant accuser le vice de quelque particulier prelat, quand il est connu & publicq; car ce jour là, & à S. Jean de Latran, & à l'église Ste. Croix en Jerusalem, je vis l'histoire, escrite au long en lieu très apparant, du Pape Silvestre second, qui est la plus injurieuse qui se puisse imaginer.

quoy substituer une aultre couple pareille à ces deux gascons, en sincérité et en suffisance, pour le conseil de nos roys. C'estoient ames diversement belles, et certes, selon le siècle, rares et belles, chascune en sa forme: mais qui les avait logees en cet âge, si disconvenables et si disproportionnees à nostre corruption et à nos tempestes?„ Fra le poche lettere del Montaigne ve n'ha una diretta a lui, " conseiller du roy en son conseil privé et ambassadeur de Sa Majesté prez la Seigneurie de Venise„, per dedicargli i versi del La Boëtie. Di lui trovo queste notizie negli *Avvisi di Roma:* " 29 Aprile 1581. Avendo Mons. di Foys preso il palazzo che teneva l'ambasciatore di Francia, si va congetturando che il re Cristianissimo voglia diputarlo suo Ambasciadore ordinario presso S. S., intendendosi massimamente che la causa sua col S. Officio si definirà assai bene „. E il 20 Maggio: " Monsignor di Foys ambasciatore di Francia Domenica giorno di Pentecoste in capella ebbe luogo sopra tutti li prelati et l'Ambasciatore di Polonia, et è molto ben visto da S. S. et ora attende a far le visite „. Le sue lettere diplomatiche furono nel 1628 raccolte e pubblicate da Mauléon.

[1] RAIMONDO BESOZZI nella *St. della Basilica di S. Croce in Gerusalemme,* Roma, Salomoni, 1750, pag. 73, scrive: " Alla cappella di S. Gregorio si cala per una porta e cordonata.... Nel lato diritto di questa cordonata, come abbiamo da Lorenzo Schradero nel suo libro intitolato *Monumenta Italiae,* e nelle memorie di questo monistero, vi era una iscrizione che cominciava *Anno Domini* MIII etc. Ma siccome conteneva una mera favola intorno la morte di Silvestro II, riconosciuta per tale dagli eretici stessi, come appare dalla Storia Augusta di Romani Imperadori, stampata in Amsterdam l'anno 1710, nella vita di Ottone, per ciò fu le-

Le tour de la ville que j'ai faict plusieurs fois du côté de la terre, depuis la porte *del Popolo* jusques à la porte *S. Paulo*, se peut faire en trois bones heures ou quatre, alant en trousse, & le pas; ce qui est delà la riviere se faict en une heure & demie, pour le plus.

Entr'autres plesirs que Rome me fournissoit en caresme, c'étoint les sermons. Il y avoit d'excellans precheurs, come ce Rabi renié, qui preche les juifs le Sammedi après dîner, en la Trinité. Il y a tousjours 60 Juifs, qui sont tenus de s'y trouver. Cetui étoit un fort fameus doctur parmi eus; & par leurs argumans, mesmes leurs rabis & le texte de la bible, combat leur creance. En cete sciance

vata, ed io pure ho creduto di non doverla inserire, e che basti l'averla accennata „. Lo SCHRADER, nell'*op. cit.*, Helmaestadii, MDXCII, c. 128, r°, così riferisce l'iscrizione: "Anno domini MIII tempore Otthonis III Sylvester Papa Secundus qui fuerat ante Otthonis praeceptor, non satis rite forsan Pontificatum adeptus, a Spiritu praemonitus qua die Hierusalem accederet se fore moriturum, nesciens forte hoc sacellun esse Hierusalem secundum, sui Pontificatus anno quinto, statuta die rem hic divinam faciens, ipsa die moritur. Eo tamen divina gratia ante communionem, cum se jam tunc moriturum intellexisset, propter dignam poenitudinem et lacrymas ac loci sanctitatem ad statum verisimilem salutis reducto: reseratis enim post divina populo criminibus suis et ordinatione praemissa, ut in criminum ultionem exanime corpus suum ab indomitis equis per urbem quaqua versum discurrentibus traheretur, et inhumatum dimitteretur, nisi Deus sua pietate aliud disponeret, equisque post longiorem cursum intra Lateranam aedem moratis, isthic ab Otthone tumulatur. Sergiusque IIII successor mausoleum deinde expolitius reddidit„. In S. Giovanni Laterano conservasi invece il non breve Epitaffio in distici composto da Sergio IV tutto in lode di Silvestro, ed è strano che il Montaigne non noti la differenza fra questo e la iscrizione in S. Croce.

Rispetto a Silvestro e alle favole che corsero sul suo conto, vedi fra gli altri HOCK, *Silvestro II e il suo tempo*.

& des langues qui servent à celà, il est admirable ¹.
Il y avoit un autre prechur qui prechoit au Pape

¹ Nel 1576 Gregorio " desiderando grandemente la conversione degli Ebrei, oltre molti mezzi ed industrie dei quali a tal fine si valeva, ordinò che un eccellente dottore di quella setta, già fatto cristiano, spiegasse loro ogni sabbato in Roma pubblicamente i profeti e la vecchia legge, e quindi apertamente mostrasse la verità del Messia già venuto (MAFFEI, op. cit. I, 250) „. Queste prediche già fin dai tempi di Pio V si facevano nella chiesa di S. Benedetto in *Arenula*, da un rabino battezzato per mano di Giulio III, ma poiché gli Ebrei non vi accorrevano spontaneamente, ed è naturale, Gregorio ne impose loro l'obbligo, ordinando che almeno una terza parte di essi vi dovesse concorrere con donne e fanciulli sopra i dodici anni: anzi volle che gli uomini dovessero essere almeno cento, e cinquanta le donne. Un individuo invigilava che si osservasse il silenzio e non si dormisse, e un altro registrava i nomi dei non intervenuti, e chi mancava era multato. La predica ebbe luogo in cotesta chiesa sino al 1614, e di poi fu fatta nella Chiesa di S. Angelo in Pescheria, come più prossima al ghetto. Notisi che Sisto V ridusse l'obbligo degli Ebrei all'assistenza della predica a sei volte l'anno, tre per invito degli Oratori e tre per invito degli Ordinarj: sotto Leone XII si ritornò, come in tante altre cose, all'antico (v. MORONI, *Dizion.* ecc., vol. XXI). Non si conosce il nome di quel rabino battezzato di cui parla il Montaigne: il prof. DEJOB in un curioso scritto intitolato *Documents tirès des papiers du Card. Sirleto* ecc. *sur les juif des états pontificaux*, 1884, opina potesse essere un Andrea de Monti, argomentandolo da ciò che in una lettera a lui diretta si dice: " Li Giudei vi hanno malissimo animo addosso, e quantunque dicano che siate loro servo a predicarli et insegnarli la legge santa di Dio senza salario alcuno da loro, pure il vostro magisterio non gli è grato, et vogliono piuttosto udire gli discorsi et dottrina da qual si voglia altro cristiano, che da voi „. La qual cosa potrebbe alludere ad animosità contro di lui per essersi convertito: ma potrebbe anche originare da altre cause.

& aus Cardinaus, nomé Padre Toledo[1]; en profondur de sçavoir, en pertinance & disposition,

[1] Il padre Francesco Toledo nato in Cordova, fu professore di filosofia nell'Università di Salamanca, poi nel 1558 vestì l'abito di gesuita, e da Francesco Borgia fu chiamato a Roma, e destinato all'insegnamento nel Collegio romano. Venuto in fama di oratore esimio, Pio V lo elesse predicatore apostolico, e in quest'ufficio perseverò sotto sei papi per oltre vent'anni, conseguendo grande riputazione. Fu anche teologo della penitenzieria, e consultore del S. Uffizio. Pio V lo accompagnò al card. Commendone nella legazione di Germania e Polonia, e Gregorio XIII lo inviò nelle Fiandre, ove convertì Michele Bajo dell'università di Lovanio. Ritornato in Roma, Gregorio volle che abitasse il Vaticano, e lo sciolse dall'obbedienza ai suoi superiori. Clemente VIII lo prescelse a suo teologo e confessore, e lui repugnante invano, lo fece cardinale nel 93, talchè fu il primo cardinale dell'ordine di Gesù. L'ebbe inoltre a suo privato consigliere negli affari più ardui, ed egli confortò il pontefice all'assoluzione di Enrico IV. Lasciando gran fama di sè per dottrina e pietà, venne a morte nel 1596 in età di 64 anni. Il TIEPOLO così ne parla: " Quest'uomo è grandissimo filosofo ed eccellentissimo teologo, ed è trattenuto alle spese del Papa in palazzo, con carico di sermoneggiare a certi tempi dell'anno alcuni giorni dinanzi alla S. S., dove concorrono molti cardinali ed altri che si lasciano entrare: il quale ufficio fa egli con incredibile dilettazione e meraviglia di tutti, e però è distinto ed amato dal Pontefice grandemente, il qual comunica con lui spesse volte confidentemente molte cose, ed esso con quella sincerità e libertà che ad ottimo religioso si conviene, ragiona e risponde quel che gli pare (*Relaz. ven.* x, 269) „. Il MAFFEI riferisce che Gregorio " in tutti i Mercoledì e Venerdì della quadragesima e dell'avvento lo faceva predicare nella gran sala di Costantino (II, 436) „. Il MUCANTIO ricorda spesso queste prediche del P. Toledo: fra le altre a pag. 84: " Die Dominica sequenti incepit denuo sermones habere in aula Constantini venerabilis Pr. Franciscus Toletanus, ut consuevit annis praeteritis, vir eminentis scientia, et in sacris litteris nostra aetate singularis, omnibus gratus et acceptus. Interfuere aliquot R.^{mi} C.^{les}, et ipsemet S.^{mus} D. N. reclusus in bussola „.

c'est un home très rare; un autre très-eloquent & populere, qui prechoit aus Jesuistes, non sans beaucoup de suffisance parmi son excellance de langage: les deus derniers sont Jesuistes. C'est merveille combien de part ce colliege tient en la chretianté; & croi qu'il ne fut jamais confrerie & cors parmi nous qui tint un tel ranc, ny qui produisit enfin des effaicts tels que fairont ceus ici, si leurs desseins continuent. Ils possedent tantost toute la chretianté: c'est une pepiniere de grands homes en tou'e sorte de grandur. C'est celui de nos mambres qui menasse le plus les hæretiques de notre tamps[1]. Le mot d'un prechur fut que nous faisions les astrolabes de nos coches[2].

Le plus commun exercice des romeins, c'est se promener par les rues, & ordineremant l'entreprinse de sortir du logis se faict pour aler sulemant de rue en rue, sans avoir ou s'arreter; & y a des rues plus particulieremant destinées à ce service. A dire vrai, le plus grand fruit qui s'en retire, c'est de voir les dames aus fenetres, & notammant les courtisanes, qui se montrent à leurs jalousies aveques un art si traitresse, que je me suis souvant esmerveillé come elles piquent ainsi notre veue; & souvant etant descendu de cheval sur le champ, & obtenu d'être ouvert,[3] je admirois cela, de combien elles se montroint plus beles qu'elles n'etoint. Elles sçavent se presanter par ce qu'elles ont de plus

---

[1] Sull'opera e autorità dell'ordine di Gesù in questo tempo, e particolarmente durante il pontificato di Gregorio XIII, vedi Hübner, *op. cit.*, II, 37 e segg., Ranke, *St. del pap. nei sec.* XVI e XVII, l. v, c. unico, § III, ecc.

[2] * *C'est-a-dire que nous faisions un instrument à observer, ou un observatoire de nos voitures.*

[3] * *Ayant obtenu qu'on m'ouvrit.*

agréable; elles vous presanteront sulemant le haut de visage ou le bas ou le costé; se couvrent ou se montrent, si qu'il ne s'en voit une sule lede à la fenêtre¹. Chacun est là à faire des bonetades² & inclinations profondes, & à recevoir quelque euillade en passant³. Le fruit d'y avoir couché la nouict pour un ecu ou pour quatre, c'est de leur faire einsin landemein la court en publiq⁴. Il s'y voit aussi quelques dames de qualité: mais d'autre façon & con-

¹ È press'a poco ciò che osservava sulla fine del secolo scorso la pittrice LEBRUN:.. "On le voit à leur fênetres.... coiffées avec des fleurs, des plumes, fardées de rouge et de blanc: le haut de leur corsage, que l'on aperçoit, annonce une fort grande parure; en sorte qu'un amateur novice, qui veut faire connaissance avec elles, est tout surpris, quand il entre dans leurs chambres, de les trouver seulement vêtues d'un jupon sale „: *Souvenirs* etc., Paris, Charpentier, I, 173.

² * *Des saluts en se découvrant la tête, en ôtant le bonnet ou la barette.*

³ Sarà una dama davvero o una cortigiana quella di cui così poetò OLIVIER DE MAGNY? (FAVRE, *Olivier de Magny*, (1521-1561, Paris, Garnier, 1885, p. 100):

 Je me figure une dame romaine
 Qui parmy Rome en coche se pourmaine,
 Et m'est advis que je voy cependant
 Quelque seigneur en fenestre attendant
 Que ceste dame avecques son escorte
 En sa faveur passe devant sa porte.
 Le coche passe, et le seigneur baisant
 Sa dextre main, et sa teste baissant,
 D'un chant d'amour ayant l'ame saysie,
 Luy faict honneur parmy sa jalousie,
 Et ne la perd, ou qu'elle ne soit loing
 Ou jusqu'àtant qu'elle ait passsé le coing.

⁴ A Roma sempre affluirono le meretrici, e sempre, ad onta di ordini severi contro di esse, vi furono in gran numero. Percorrendo il curioso *Censimento di Roma sotto*

tenance, bien aisée à discerner. A cheval on voit mieus; mais c'est affaire ou aus chetifs come moi, ou aus jeunes homcs montés sur des chevaus de service, qui manient.

il *Pontificato di Leone X*, pubblicato da M. Armellini (Roma, Befani, 1832) si nota con stupore quante ve n'era, e come fossero mescolate a tutta la popolazione. Già anteriormente l'INFESSURA nel suo *Diario* ne fa salire il numero a 6800, escluse le clandestine (ECCARD., *Corp. hist. med. aev.*, II, 1997). Ai tempi di Paolo III i cardinali incaricati di proporre le riforme opportune, lamentarono che in Roma le meretrici fossero superbamente alloggiate, passeggiassero sopra magnifiche mule, fossero accompagnate da famigli di cardinali e da chierici. Pio V. santo uomo, volle rimediare al male, ma non vi riuscì. Nel 1566 il card. Savello per ordine suo ingiunse alle cortigiane che dovessero partire entro sei giorni da Roma, e entro dodici da tutto lo stato pontificio. " Ne nacque un grandissimo rumore et confusione per diversa sorta di interessi che ne avevano gli uomini, et molti perchè si trovano grossi creditori di loro per robbe date in credenza da esser pagate in tempo. Però li Conservadori di Roma hanno tenuti diversi mezzi con S. S.; sì che par che si metti tempo di mezzo a questa esecuzione, nel qual si abbia ad ogni modo da trovare uno o più lochi separati dal resto della città per l'abitazione di queste donne ,,. Così PAOLO TIEPOLO ambasciatore veneziano (MUTINELLI, *op. cit.*, I, 51) ai 26 Luglio: e ai 3 Agosto: " Fornito il tempo della sospensione data alle Cortesane di questa città, che incominciorno a partirsi in grandissima prescia, massimamente quelle che si ritrovavano aver acquistata alcuna cosa, sì che in poche ore se ne andorno molte, et di mano in mano doveano seguir altre, segondo che si andava facendo l'intimazione: onde questi del governo della città dubitando che ella in gran parte non si disabitasse, chiamorno Marti il Consiglio del popolo, et dopo aver discorso questa materia, elessero forse quaranta di loro che andassero a parlarne a S. S. per rimoverla da questo pensiero: ma essa si mostrò prima risentita che avessero chiamato il Consiglio, parendole che questo fosse atto di sedizione: et poi anche maggiormente si alterò per la

Les persones de grade ne vont qu'en coche, & les plus licentieus, pour avoir plus de veüe contremont[1], ont le dessus du coche entr'ouvert à clairvoises[2]; c'est ce que vouloit dire le prechur de ces astrolabes.

istanza che faceano, rispondendo in conclusione, che se essi voleano nella lor città le meretrici et li vizj, lasciaria che si compiacessero: ma che essa andrebbe a metter la sedia sua in qualche altro loco, che fosse più libero et lontano dalli peccati. In fine, con grandissima difficultà, ottennero la sospensione del partir di queste altre, che sono state intimate per tutto il presente giorno. Andate via queste principali, si vede che per le altre si concederà qualche loco nella città, che separatamente dall'altra gente possano stare, perchè a mandarle via tutte saria troppo gran cosa, affermandosi che, fra loro ed altri che per diversi rispetti le seguiriano, partiriano di questa città più di venticinque mille persone; et già questi che hanno li dazj di Roma si lasciavano intender, ovvero di renonziar i dazj, ovvero voler aver ventimila ducati all'anno di restoro. Questa cosa anco preme tanto a' Romani quanto qualsivoglia altra che si trattasse, per molti rispetti: ma principalmente per diverse utilità che ne cavano (ID., p. 53) „. E ai 17: " Nella partita, o piuttosto fuga delle corteggiane di questa città, sono seguiti molti accidenti a maleficio loro, perchè alcune sono state morte in strada, altre annegate nel Tevere da gente mossa dall'avarizia e dall'avidità del guadagno di quei denari che portavano con loro, et qui ancora si sentivano romori di ferite et d'altri disordini. Ora il Papa, mosso da questo, come si afferma, ha data intenzione di voler permetter loro, a richiesta del popolo romano, che le ha presentata una scrittura in questo proposito, che possino habitar in certe strade della città (ID., p. 54) „. Sotto Gregorio si vede che non si riuscì a tanto, e Sisto che ritornò ai propositi di Pio V, " se ne ritrasse per contrasti tanto gagliardi, che il card. vicario n'ebbe a temer della vita: ordinò che tutte fossero relegate nell'Ortaccio, ma il luogo si conobbe angusto al bisogno. Finalmente le lasciò in pace, cacciandole solo dalle vie principali e da presso ai conventi e alle chiese (GNOLI, op. cit., p. 276) „.

[1] * *Pour mieuc voir en haut, aux fenêtres.*
[2] * *Claires-voies.*

Le Judy-saint au matin[1], le Pape en pontifi-

[1] " Die 23 ejusdem, Feria V in Coena Domini, celebravit in Capella R.^mus D. Cardinalis Farnesius Episc. ostiensis et Sacri Collegi decanus, et optime se habuit tamquam veteranus et praticus. Papa venit pedes, Cardinales fuerunt n.° 29, ex quibus Medices et Carrafius diaconi, et Jesualdus presbyter servierunt in officio assistentiae. Omnia secundum debitum ritum in Libro Cerimoniali ordinario contentum, servata fuere. Ill.^mus Dux Sorae detulit caudam pluvialis quoties opus fuit, cum non adessent alii nobiles laici, praeter Oratorem bononiensem. Sacramentum fuit depositum in cappella Paulina, quae hoc anno sumptuosius et pulchrius exornata et accomodata fuit pro sepulchro, quam umquam alias. Nam inter alia multa magnificaque opera et fabricas a S.^mo D. N. vel a fundamentis erectas, vel jam ab aliis inceptas, ab ipso ad finem perductas, magno sumptu et artificio, quae alias Deo dante describemus, hoc Paulinum sacellum, ubi electio Summi Pontificis fit, olim a Papa Paulo III inceptum, ac Michaelis Angeli Bonaroti pictoris sculptorisque eminentissimi picturis exornatum, non immerito S. Sua ad exitum perducere studet, prout jam illud nonnullis aliisque piis nobilissimisque imaginibus manu pictorum nostra aetate insignium depictis, signis, ornamentisque multo auro delineatis et affabre compositis, fere ad suam perfectionem redegit, et in ea continue a peritis artificibus magna diligentia laboratur. Deposito igitur S.^mo Sacramento super altare dicti sacelli in capsa christallina, Papa stans imposuit incensum in thuribolo absque benedictione, et genuflexus sacramentum triplici ductu incensavit, mox sine mitra ambulavit, donec exiret ab ipso sacello; tum sumpta preciosa mitra, gestatus fuit in sede sub baldachino seu umbraculo, cujus hastas anteriores Ill.^mus Dux Sorae et Orator bononiensis sustinebant, alias vero alii nobiles vires et milites S. Petri usque ad locum benedictionis, ubi more solito fuerunt lecti processus, praestita prius reverentia per Cardinales, et mutatis Papae paramentis. Sed non tenuerunt Cardinales candelas accensas, prout in Cerimoniali Libro cavetur, quod in hac parte jam abivit in desuetudinem, sicut et multa alia. D. J. B. Perottus subdiaconus apostolicus legit processus latine; R. D. Cardinalis Gonzaga vulgari sermone. Papa dedit benedictionem more solito, deinde

cat² se met sur le premier portique de S. Pierre, au second etage, assisté des Cardinaus, tenant, lui, un flambeau à la mein. Là, d'un costé, un chanoine de St. Pierre lit à haute vois une bulle latine, où sont excommuniés une infinie sorte de jans, entre autres les Huguenots, sous ce propre mot, & tous les princes qui détiennent quelque chose des terres de l'Eglise: auquel article les Cardinaus de Medicis & Caraffe, qui etoint jouignant le Pape, se rioint bien fort. Cete lecture dure une bone heure & demie; car à chaque article, que ce chanoine lit en latin, de l'autre costé le Cardinal Gonsague, aussi descouvert,

indulgentiam plenariam publicaverunt RR. DD. Cardinales Medices latine, Carrafius vulgari idiomate. Orator moschovita fuit hac usque praesens. Mox ad mandatum, R. D. Cardinalis Vastavillanus cantavit Evangelium, stantibus paucis Cardinalibus, qui remanserunt in gyrum. Papa lavit pedes XII pauperibus, linteo praecinctus ac deposito pluviali: fimbrias anteriores faldae portabant duo Cubicularij assistentes, posteriores vero Dux Sorae. Sed meo judicio magis conveniret, ut aliquis privatus Capellanus S. S.^{tis} deferret, cum praesertim non deferat pluviale, et sit actus humilitatis, in quo convenit Pontificem deponere honores solitos. Finita lotione, idem Dux Sorae dedit aquam manibus Papae, sedentis cum pluviali. Linteum vero habui ego, cum ad nos ex antiqua consuetudine spectet, quod alternatis singulis annis Lodovicus collega et ego capimus: ipse habuit anno praeterito. His peractis, Papa rediit ad aulam lecti, quae jam erat denudata pannis, ubi se exuit, et ivit ad quiescendum. Nos vero invitati a R. Card. Farnesio fuimus cum eo in prandio, refecti non solum cibo copiosisque epulis, sed multo magis, ejus singulari benignitate et mansuetudine, gratissimoque colloquio et voluntate erga nos. Eadem die, ora XXI, fuerunt caelebratae in cappella Matutinae tenebrosae: cappella autem, altare, credentia et omnia erant prorsus spoliata pannis et consuetis ornamentis, unico pulvino violaceo in sede pontificis, et altero simili in faldistorio genuflexionis „: MUCANT., *l. cit.*, p. 110.

¹ * *En habit pontifical.*

en lisoit autant en italien. Après cela, le Pape jeta
cete torche alumée contre bas au peuple, & par jeu
ou autremant, le Cardinal Gonsague, un'autre; car
il y en avoit trois alumées.[1] Cela choit sur le peuple; il se faict en bas tout le trouble du monde à
qui ara un lopin de cete torche, & s'y bat-on bien
rudement à coup de pouin & de bâton. Pandant
que cete condamnation se lit, il y a aussi une grande
piece de taffetas noir, qui pant sur l'accoudoir dudict portique, davant le Pape. L'excommunication
faite, on trousse ce tapis noir, & s'en descouvre un
autre d'autre colur; le Pape lors done ses benedi-
ctions publiques. Ces jours se montre la Veronique,
qui est un visage ouvrageus, & de colur sombre &
obscure, dans un carré come un grand miroir. Il se
montre aveq serimonie du haut d'un popitre, qui a
cinq ou six pas de large. Le prestre qui le tient
a les meins revetuẽs de gans rouges, & y a deus ou
trois autres prestres qui le soutienent.[2] Il ne se

[1] L'uso di questa cerimonia risale assai addietro, probabilmente a Martino V: Urbano IV volle si eseguisse,
oltre che il giovedi santo, anche il giorno dell'Ascensione
e il di della dedica della Basilica vaticana. Le censure
di cui davasi pubblica lettura andarono via via moltipli-
cando, per aggiunte fatte da Paolo II, Sisto IV, Leone X,
Paolo III, Giulio III, Paolo IV, Pio IV, Pio V, Gregorio XIII
ed altri. La cerimonia è cosi descritta dal p. GATTICO,
Acta coerimonialia, I, rubrica 51: " Circa ultimum verbo-
rum, habens aliquot torticios accensos in manu, projicit
ipsos d. Papa versus populum ad terram dicendo: *Prae-
dictos omnes exommunicamus*, et tunc campanae insimul
sine ordine compulsantur..... Hoc idem faciunt singuli
cardinales et praelati tenentes tantummodo singuli unum
torticium in manu nihil dicendo „.

[2] " Le reliquie della Croce, del Volto Santo e della
Lancia si mostrano da un canonico della basilica colla
stola e co' guanti rossi, assistito da due altri canonici in
cotta e rocchetto „: CANCELLIERI, *Descrizione de' tre pontificali*, ecc. Roma, 1814, p. 82.

voit rien aveq si grande reverance, le peuple prosterné à terre, la pluspart les larmes aus yeux, aveq de ces cris de commiseration. Une fame, qu'on disait estre *spiritata*, se tampetoit, voïant cete figure, crioit, tandoit & tordoit ses bras. Ces prestres se promenans autour de ce popitre, la vont presantant au peuple, tantost ici, tantost là; & à chaque mouvemant, ceus à qui on la presante s'escrient. On y monstre aussi en mesme tamps & mesme serimonie, le fer de lance, dans une bouteille de cristal. Plusieurs fois ce jour se faict cete montre, aveq une assamblée de peuple si infinie, que jusques bien louin au dehors de l'église, autant que la veue peut arriver à ce popitre, c'est une extreme presse d'homes & de fames [1]. C'est une vraie Cour Papale: la pompe

---

[1] C. F. PERANTA in certe *Lettere* al card. Caetaiii, pubblicate nel giornale romano il *Saggiatore* (vol. II, p. 65), cosi parla della cerimonia della mostra delle reliquie, riferendosi evidentemente a quest'anno, benchè la lettera manchi di data: " Domenica di Pasqua N. S. calò in S. Pietro pontificalmente accompagnato dagli Ill. card. con la mitra e paramenti, dove S. S. cantò la messa ed il card. Caraffa l'evangelio, e poi della loggia solita diede la benedizione al popolo, nonostante che fosse un poco di pioggia, la quale però cessò subito arrivando S. B. alla detta loggia, e vi concorse assai più gente, e ci fu anche l'ambasciatore del Moscovita, che osservò minutamente tutte queste cerimonie, come fece le altre della Settimana santa, con molta sua meraviglia e particolarmente restò soddisfatto della devozione che ha conosciuto in questo popolo; e l'istesso giorno dopo desinare egli cogli suoi fu in S. Pietro a vedere le reliquie dopo Vespro, le quali furono mostrate dal Maestro di Camera di N. S. come canonico di S. Pietro; e perchè v'era grandissima calca di gente, volendo uno svizzero far far largo, con la sua alabarda ferì uno per disgrazia, onde la chiesa restò profanata, e fu necessario però ribenedirla dal Vescovo di Savona vicario di S. Pietro, e vi furono presenti molti Cardinali a veder mostrare le suddette reliquie „.

de Rome & sa principale grandur, est en apparance de devotion. Il faict beau voir l'ardur d'un peuple si infini à la religion ces jours-là. Ils ont çant confrieries & plus, & n'est guieres home de qualité qui ne soit ataché à quelcune : il y en a aucunes pour les étrangiers. Nos roys sont de celé du Gonfalon. Ces sociétées particulieres ont plusieurs actes de communication religieuse, qui s'exercent principalemant le Caresme; mais ce jour-ici ils se promenent en troupes, vetus de toile : chacune compaignie a sa façon, qui blanche, rouge, bleue, verte, noire : la pluspart les visages couvers. La plus noble chose & magnifique que j'aie vue, ny ici ny ailleurs, ce fut l'incroiable nombre du peuple espars ce jour là par la ville aus devotions, & notammant en ces compaignies. Car outre un grande nombre d'autres, que nous avions veu le jour, & qui etoint venues à S. Pierre, come la nuict commança, cete ville sambloit être tout'en feu; ces compaignies marchant par ordre vers S. Pierre, chacun portant un flambeau, & quasi tous de cire blanche.[1] Je croi que il passa davant moi douse mille torches pour le moins; car despuis huit heures du soir jusques à minuit, la rue fut tousiours plene de cete pompe, conduite d'un si bon ordre & si mesuré, qu'encore que ce fussent diverses troupes, & parties de divers lieus,

---

[1] "In sero (23) processiones Confraternitarum urbis in magno numero, secum disciplinantes quamplurimos cum magna funalium copia, ut moris est, Palatium ingressae sunt, transeuntes per aulam regiam, ante sepulchrum praedictum, inter quas Bononiensium splendor caeteris apparuit: singuli enim album intorticium gerebant, ac duos choros musichorum inter omnes urbis praecellentium habebat. Quae omnia moschovita ille inspexit ex quadam fenestra prope Palatium non sine stupore „": Mucant., loc cit. p. 111.

il ne s'y vit jamès de breche ou interruption : chaque cors aiant un grand cheur de musique, chantant tousiours en alant; & au milieu des rancs, une file des Poenitanciers qui se foitent à-tout des cordes; de quoi il y en avoit cinq çans, pour le moins, l'eschine toute escorchée & ensanglantée d'une piteuse façon. C'est un'œnigme que je n'entans pas bien encores ;[1] mais ils sont tous meurtris & cruelemant blessés, & se tourmantent & batent incessammant. Si est-ce qu'à voir leur contenance, l'assurance de leur pas, la fermeté de leur paroles, (car j'en ouis parler plusieurs), & leur visage (car plusieurs estoint descouvers par la rue), il ne paroissoit pas sulemant qu'ils fussent en action penible, voire ny serieuse, & si y en avoit de junes de douse ou trese ans. Tout contre moi, il y en avoit un fort june, & qui avoit le visage agréable; une june fame pleignoit de le voir einsin blesser. Il se tourna vers nous, & lui dit, en riant: *Basta, disse che fo questo per li lui peccati, non per li miei.*[2] Non sulemant ils ne montrent nulle destresse ou force à cete action, mais ils le font aveq allegresse, ou pour le moins avec tele nonchalance, que vous le voiés s'entretenir d'autres choses, rire, criailler en la rue, courir, sauter, come il se faict à une si grand presse, où les rancs se troublent. Il y a des homes parmi eus qui portent du vin, qu'ils leur presantent

---

[1] Negli *Essais* I, c. 11: "Mais ne veoid on encores touts les jours, au vendredi sainct, en divers lieux, un grand nombre d'hommes et de femmes se battre jusques à se deschirer la chair et percer jusques aux os? Cela ay je veu souvent et sans enchantement: et disoit on (car ils vont masquez) qu'il y en avoit qui pour de l'argent entreprenoient en cela de garantir la religion d'aultruy, par un mespris de la douleur d'autant plus grand, que plus peuvent les aiguillons de la devotion que de l'avarice „.

[2] Forse: *Basta, disse, che fo questo per li tui peccati* ecc.

à boire: aucuns en prennent une gorgée. On leur
done aussi de la dragée, & plus souvant ceus qui
portent ce vin en metent en la bouche, & puis le
soufflent, & en mouillent le bout de leurs foits,[1] qui
sont de corde, & se caillent & colent du sang, en
maniere que, pour le demesler, il les faut mouiller;
à aucuns ils soufflent ce même vin sur leurs plaïes.
A voir leurs souliers & chausses, il parêt bien que
ce sont persones de fort peu, & qui ce vandent pour
ce service, au moins la pluspart. On me dict bien
qu'on gressoit leurs espaules de quelque chose; mais
j'y ai veu la plaïe si vive, & l'offance si longue, qu'il
n'y a nul medicamant qui en sceût oster le santi-
mant; & puis ceus qui les louent, à quoi faire, si ce
n'étoit qu'une singerie? Cete pompe a plusieurs autres particularités. Come ils arrivoint à S. Pierre, ils
n'y faisoint autre chose, sinon qu'on leur venoit à
montrer *el Viso Santo*, & puis ressortoint & faisoint place aus autres. Les dames sont ce jour
là en grande liberté; car toute la nuite les rues en
sont pleines, & vont quasi toutes à pied. Toutes fois,
à la vérité, il samble que la ville soit fort reformée,
notammant en cete desbauche.[2] Toutes euillades &

---

[1] *Fouets.*

[2] Sul miglioramento del costume pubblico in Roma ai tempi di Gregorio, dice il MAFFEI, *op. cit.* I, 103: " Andava egli esortando secondo le occorrenze con paterna carità i Prelati ed i Cardinali a regolare le loro persone e famiglie loro con tal modestia, che nè alla plebe nè agli emoli e persecutori della Chiesa Romana si porgesse materia di mormorazione e di scandolo ". E GIOV. CORRARO: " Si dice che in Roma al presente sotto questo pontificato ci sia un buon vivere, e questo perchè S. S. bene spesso ammonisce i Cardinali a vivere modestamente colle loro famiglie, e invita ciascun altro al medesimo con l'esempio della vita propria, alla quale certo non si può opporre

apparances amoureuses cessent. Le plus beau sepulchre, c'est celui de *Santa Rotunda*, à cause des lumineres. Entr'autres choses, il y a un grand nombre de lampes roulant & tournoiant sans cesse de haut en bas. La veille de Pasques, je vis à S. Jean de Latran, les chefs S. Pol et S. Pierre, qu'on y montre, qui ont encore leur charnure, teint & barbe, come s'ils vivoint: S. Pierre, un visage blanc un peu longuet, le teint vermeil & tirant sur le sanguin, une barbe grise fourchue, la teste couverte d'une mitre papale; S. Pol, noir, le visage large & plus gras, la teste plus grosse, la barbe grise, espesse. Ils sont en haut dans un lieu exprès. La façon de les montrer, c'est qu'on apele le peuple au son des cloches, & que à secousses, on devale contre bas un rideau, au derriere duquel sont ces testes, à costé l'une de l'autre. On les laisse voir le tamps de dire un *Ave Maria*, & soudein on remonte ce rideau: après on le ravale de mesmes, & cela jusques à trois fois: on refaict cete montre quatre ou cinq fois le jour. Le lieu est élevé de la hautur d'une pique, & puis de grosses grilles de fer, au travers lesqueles on voit. On alume autour par le dehors, plusieurs sierges; mais il est mal aisé de discerner bien cleremant toutes les particularités; je les vis à deus ou trois fois. La polissure de ces faces avoit quelque rassemblance à nos masques[1].

cosa alcuna, non però inquirisce poi quello che faccia questo e quello: onde pare che il vivere di Roma al presente sia uno stato medio tra la licenza e il rigore, e conseguentemente di satisfazione universale (*Relaz. ven.*, x, 277)*n*.

[1] Veda, chi ne avesse vaghezza, in proposito, CANCELLIERI, *Memorie istor. delle sagre teste dei SS. Apostoli P. e P. e della loro ricognizione nella basilica Lateranense* ecc., Roma, 1806, e nel *Dizionario* del MORONI, l'artic. *Teste dei SS. Pietro e Paolo*.

Le Mercredi après Pasques, M. Maldonat,[1] qui étoit lors à Rome, s'enquerant à moi de l'opinion que j'avois des mœurs de cete ville, & notammant en la religion, il trouva son jugemant du tout conforme au mien: que le menu peuple étoit, sans compareson, plus devot en France qu'ici; mais les riches, & notammant courtisans, un peu moins[2]. Il me dict davantage, qu'à ceus qui lui allegoint que la France etoit toute perdue de heresie, notammant aus Espaignols, de quoi il y en a grand nombre en son Colliege, il maintenoit qu'il y avoit plus d'homes vraimant religieus en la sule ville de Paris, qu'en toute l'Espaigne ensamble.

Ils font tirer leurs bâteaus à la corde contremont la riviere du Tibre, par trois ou quatre paires de buffles.

Je ne sçai come les autres se trouvent de l'air de Rome[3]; moi je le trouvois très-plesant & sein. Le Sr. de Vielart disoit y avoir perdu sa

---

[1] V. nota a pag. 8.
[2] Si confronti quanto qui asserisce il n. a., concorde col p. Maldonato, con quello che Lorenzo Priuli, ambasciatore veneto in Francia riferiva al Senato nel 1582: " Molto dobbiamo meravigliarci, umanamente parlando, che le cose non siano in peggior stato di quello che si trovano, poichè, per grazia di Dio, con tutto il poco pensiero che vi è stato messo e che vi si mette è sminuito il numero degli Ugonotti il settanta per cento, ed è grande lo zelo ed il fervore che mostrano i cattolici nelle cose della religione, frequentandosi le chiese, massime in Parigi, le feste dalla mattina alla sera con tanto concorso, che è uno stupore. La qual devozione però si vede nelle genti minute e basse, e non ne' grandi: de' quali non si ha, per dire il vero, universalmente quella buona opinione che bisognerebbe (*Relaz. Ven.*, XII, 413) „.
[3] " Il celebratissimo card. Stefano Borgia, nel t. 2° delle *Memorie di Benevento* pag. 198, dimostra che non prima del sec. XI si trovano lagnanze dell'insalubrità del clima

subjection à la migrene: qui étoit aider l'opinion du peuple, qu'il est très-contrere aus pieds, & commode à la teste. Je n'ai rien si enemi à ma santé, que l'ennui & l'oisifveté: là, j'avois tousiours quelque occupation, sinon si plesante que j'eusse peu desirer, au moins suffisante à me desennuïer; comme à visiter les antiquités, les Vignes, qui sont des jardins & lieus de plesir, de beauté singuliere, & là où j'ai aprins combien l'art se pouvoit servir bien à pouint d'un lieu bossu, montueus, & inégal; car eus ils en tirent des graces inimitables à nos lieus pleins,[1] & se prævalent très-artificielemant de cete diversité. Entre les plus beles sont celes des Cardinaus d'Este, à Monte-Cavallo; Farnese, al Palatino; Ursino, Sforza, Medicis; cele du Pape Jule; cele de Madama; les jardins de Farnèse, & du Cardinal Riario à Transtevere, de Cesio, *fuora della porta del populo*.[2] Ce sont beautés ouvertes à quiconque s'en veut servir, & à quoi que ce soit, fut ce à y dormir & en com-

---

romano. Innanzi di esso leggesi solamente rammentato l'eccessivo caldo, che si cercava di evitare con andare in campagna: ma in quel secolo si incomincia ad aggiungere eziandio la nocevolezza dell'aria „: cosi il CANCELLIERI, *Sopra il Tarantismo, l'aria di Roma e della sua campagna* ecc., Roma, Bourlié, 1817, pag. 17, dove sono raccolte molte notizie storiche sul clima di Roma ecc.

[1] * *Plains, unis, plats.*
[2] La *Villa d'Este*, che fu chi dice comprata, chi avuta in dono da Gregorio XIII, occupava lo spazio ove ora sorgono i palazzi e il giardino del Quirinale. La *Villa Farnese* al Palatino era dove sono i celebri orti farnesiani, fondati da Paolo III sulle rovine del Palazzo de' Cesari, valendosi dell'opera di Michelangelo, e poi del Vignola: dai Farnesi passò ai Borboni di Napoli, indi a Napoleone III. che la cedè allo stato italiano. Gli Orsini anticamente avevano vigne al Quirinale, al Pincio, sull'Aventino. Gli Sforza, una verso Testaccio, l'altra, che è quella probabilmente a cui allude il n. a., ove è adesso il giardino Bar-

paigne,¹ si les maistres n'y sont, qui n'aiment guiere; ou aller ouir des sermons, de quoi il y en a en tout tamps, ou des disputes de theologie; ou encore, par fois, quelque fame des publiques, où j'ai trouvé cet'incommodité, qu'elles vandent aussi cher la simple conversation (qui étoit ce que j'y cherchois, pour les ouïr deviser & participer à leurs subtilités), & en sont autant espargnantes que de la négociation entiere. Tous ces amusemans m'embesouignoint assés: de melancholie, qui est ma mort, & de chagrin, je n'en avois nul'occasion, ny dedans ny hors

---

berini, dietro il palazzo. La *Villa Medici* fu fabbricata nel 1540 dal card. Ricci, indi la comprò il card. Alessandro dei Medici, poi Leone XI, dal quale passò alla corte di Toscana, che la fece residenza del suo inviato a Roma: ne' primi anni del secolo fu comprata dal governo francese, che vi collocò la sua Accademia di Belle Arti. È celebre pel soggiorno che vi fece Galileo nel 1633. La *Villa di Papa Giulio* è fuori di Porta del Popolo: la fondò Giulio III occupando tra le altre quella dei Cesi d'Acquasparta, il cui palazzo, opera elegantissima del Peruzzi, resta sulla via Flaminia: quello assai maggiore, eretto per Giulio dal Vignola, rimane in dentro, verso Arco Scuro. Questa villa, donde solevano muovere le cavalcate degli ambasciatori nei solenni ingressi in Roma, è descritta da G. STERN, *Piante .... della villa suburb. di Giulio III* Roma, 1784. La *Villa Madama* è sul declivio di Monte Mario. La edificò Giulio de' Medici, poi Clemente VII, verso il 1520, coll'opera di Giulio Romano, Giov. da Udine, e forse Raffaello. Fu poi di Margherita d'Austria, onde tolse il nome di *Madama*; da essa passò ai Farnesi, e da questi ai Reali di Napoli. I *giardini Farnese* a Trastevere sono la *Farnesina*, costruita tra il 1515 e il 20 da Agostino Ghigi col disegno del Peruzzi, e poi comprata dal card. vicecancelliere Alessandro Farnese. La *Villa Cesi* fuori di Porta del Popolo è quella a cui accennammo, parlando della Villa di Giulio III.

¹ * *C'est-à-dire, même en la compagnie d'une femme, d'une courtisanne, ou de toute autre espece.*

la maison.¹ C'est einsin une plesante demure, & puis argumanter par-là, si j'eusse gouté Rome plus privéemant, combien elle m'eût agréé; car, en vérité, quoique j'y aïe emploïé d'art & de souin, je ne l'ai connue que par son visage publique, & qu'elle offre au plus chetif etrangier.²

Le dernier de Mars, j'eus un accés de cholique, qui me dura tout la nuit, assés supportable; elle m'ement le ventre, avec des tranchées, & me dona un'acrimonie d'urine, outre l'accoutumée. J'en randis du gros sable & deus pierres.

Le Dimanche de Quasimodo, je vis la serimonie de l'aumôme des pucelles.³ Le Pape a, outre sa pompe ordinere, vint cinq chevaus qu'on mene

---

¹ A Roma lo spirito del Montaigne e l'immaginazione posavano. "De Rome en hors, je tiens et regente ma maison, et les commoditez que j'y ai laissé: je veois croistre mes murailles, mes arbres et mes rentes, et descroistre, à deux doigt prèz, comme quand s'y suis (*Essais*, III, 9) „.

² "Il n'y a rien à ajouter à cette peinture si bien sentie de la vie indolente et occupée, calme et variée, paisible sans ennui, et remplie sans fatigue, qu'on mène a Rome, et qu'on ne mène que là. Enfin Montaigne avait bien raison de dire qu'il eût encore aimé davantage Rome s'il l'eût connue plus *privément,* car son charme devient d'autant plus profond et plus pénétrant qu'on le savoure plus longtemps. On peut ne pas se plaire à Rome: mais qui s'y est plu quelque temps s'y plaira toujours davantage: qui s'y est attaché une fois ne s'en détachera jamais„: AMPÈRE, *op. cit.*, pag. 155.

³ "Die dominica, 2 Aprilis S.ᵐᵘˢ D. N. cum Sacro Collegio R. DD. Cardinalium, mane, hora XII, equitavit ad ecclesiam B. Mariae prope Minervam, ubi triduo vel quatriduo ante preparari feceram a deputatis societatis Annunciatae, solium Papae cum sedilibus Cardinalium ante faciem altaris majoris versus corpus ecclesiae, eadem forma et modulo prout anno proxime praeterito, tum quia fornix retro dictum altare minatur ruinam, tum etiam quia commodius et decentius ac majori cum populi satisfactione, ibi divina

devant lui, parés & houssés de drap d'or, fort richemant accommodés, & dix ou douze mulets, houssés de velours cramoisi, tout cela conduit par ses estaffiers à pied: sa lettiere couverte de velours cramoisi. Au davant de lui, quatre homes à cheval portoint, au bout de certeins batons, couverts de velours rouge, & dorés par le pouignet & par les bouts, quatre chapeaus rouges: lui étoit sur sa mule. Les Cardinaus qui le suivoint étoint aussi sur leurs mules, parés de leurs vetemans pontificaus; les cuhes [1] de leurs robes étoint attachées à-tout un'eguillette, à la tetiere de leurs mules. Les pucelles étoint en nombre çant & sept; elles sont chacune accompaignée d'une vieille parante. Après la Messe, elles sortirent de l'église & firent une longue procession. Au retour de là, l'une après l'autre passant au cueur de l'église de la Minerve, où se faict cete

res celebratur.... In fine venerunt puellae maritandae n.° 100 vel 107, quibus singulis Sanctitas Sua tradidit crumenas. Elemosinam vero dedit scutorum aureorum mille, ut solet quotannis „ : MUCANT,. *op. cit.*, pag. 114.

L'Arciconfraternita dell'Annunziata risale al 1460. Da Pio II venne addetta alla chiesa della Minerva, e fu arrichita dal Card. Turrecremata, che in cotesto tempio edificò la cappella pegli uffici della Confraternita, composta di 200 cittadini romani. Era cura di essa sin da principio di provvedere al matrimonio di fanciulle povere, dotandole di sessanta scudi per ciascuna, una veste di panno bianco e un fiorino per le pianelle. Pio V diede a questa confraternita 5 m. scudi. Urbano VII le lasciò l'intero suo patrimonio in 30 m. scudi. Il Papa si recava alla messa pontificale in questa chiesa il giorno dell'Annunziata, dando cento scudi d'oro ai deputati della Arciconfraternita, e uno ogni cardinale. Le dotate da principio si recavano tutte processionalmente ai piedi del trono pontificio, dove ricevevano i brevetti della dotazione dai deputati: poi quest'uso venne abbandonato.

[1] *Les queues.*

sérimonie, baisoint les pieds au Pape; & lui leur aïant doné la benediction, done à chacune, de sa mein, une bourse de damas blanc, dans laquelle il y a une cedule. Il s'entant qu'aïant trouvé mari, elles vont querir leur aumosne, qui est trante-cinq escus pour tête, outre une robe blanche qu'elles ont chacune ce jour là, qui vaut cinq escus. Elles ont le visage couvert d'un linge, & n'ont d'ouvert que l'endret de la veue.

Je disois des commodités de Rome, entr'autres, que c'est la plus commune ville du monde, & ou l'etrangeté & differance de nation se considere le moins; car de sa nature c'est une ville rappiecée d'etrangiers; chacun y est come chés soi. Son prince ambrasse toute la chretianté de son authorité; sa principale jurisdiction obligé[1] les etrangiers en leurs maisons, come ici, à son election[2] propre; & de tous les princes & grans de sa Cour, la consideration de l'origine n'a nul pois.[3] La liberté de la police de Venise & utilité de la trafique la peuple

[1] * *Soumet, assujetit.*
[2] * *A sa volonté.*
[3] Negli *Essais*, III, c. 9, ripete queste lodi di Roma: " Cette mesme Rome que nous veuyons, merite qu'on l'aime confederee de si long temps, et par tant de tiltres, à nostre couronne; seule ville commune et universelle: le magistrat souverain qui y commande est recogneu pareillement ailleurs: c'est la ville metropolitaine de toutes les nations chrestiennes: l'Espaignol et le François, chascun y est chez soy: pour estre des princes de cet estat, il ne fault qu'estre de chrestienté, où qu'elle soit „.

E l'autore della *Relazione di Roma* nel *Tesoro Politico*, ediz. cit., pag. 8: " I forastieri vi concorrono in tanto numero quasi a patria comune, dove poca differenza si fa da persona a persona e da nazione a nazione, et ognuno in breve spazio di tempo viene riconosciuto per cittadino e può partecipare, anzi facilmente partecipa dei primi onori della città, e dove ciascuno può forse più che in

d'étrangiers; mais ils y sont come chés autrui pourtant. Ici ils sont en leurs propres offices & bien & charges; car c'est le siege des personnes ecclesiastiques. Il se voit autant ou plus d'étrangiers à Venise (car l'affluance, d'étrangiers qui se voit en France, en Allemaigne, ou ailleurs, ne vient pouint à cete compareson), mais de resseans & domiciliés beaucoup moins. Le menu peuple ne s'effarouche non plus de notre façon de vetemans, ou espaignole ou tudesque, que de la leur propre, & ne voit-on guiere de belitre qui ne nous demande l'aumosne en notre langue.

Je recherchai pourtant, & amploiai tous mes cinq sans de nature pour obtenir le titre de Citoyen Romein, ne fut-ce que pour l'antien honur, & religieuse memoire de son authorité. J'y trouvai de la difficulté; toutefois je la surmontai, n'y ayant amploïé nulle faveur, voir ny la sciance sulemant d'aucun françois. L'authorité du Pape y fut amploïée, par le moïen de Philippo Musotti, son Maggiordomo, qui m'avoit pris en singuliere amitié, & s'y pena fort; & m'en fut depeché lettres *3° Id. Martii 1581*, qui me furent randues le 5 d'Avril, très-autantiques, en la mesme forme & faveur de paroles que les avoit eues le Seigneur Jacomo Buoncompagnon, Duc de Sora, fils du Pape. C'est un

altro luogo sperare il premio dell'ingegno e dell'industria sua, et può aspirare infine colla fortuna e virtù sua alla maggior dignità della Corte e della Chiesa, e al supremo grado ancora, più volte conseguito da persone bassissimamente nate: le quali in altro luogo per avventura malamente averiano potuto sollevare pur un poco la sua fortuna: oltrechè vi sono tirati d'andarvi, o per divozione, o per negozj di giustizia e di grazia, che in grandissimo numero ogni giorno si spediscono, e molti altri ancora sono astretti starvi per l'obbligo degli officj e carichi loro „.

titre vein; tant-y-a que j'ai receu beaucoup de plesir de l'avoir obtenu.[1]

[1] Negli *Essais*, III, c. 9 scrisse: "Parmy ces faveurs vaines, je n'en ay point qui plaise tant à cette niaise humeur qui s'en paist chez moy, qu'une bulle authentique de bourgeoisie romaine, qui me feut octroyee dernierement que j'y estois, pompeuse en sceaux et lettres dorees, et octroyee avecques toute gracieuse liberalité. Et parce qu'elles se donnent en divers style, plus ou moins favorable, et qu'avant que j'en eusse veu, j'eusse esté bien ayse qu'on m'en eust montré un formulaire, je veulx, pour satisfaire à quelqu'un, s'il s'en treuve malade de pareille curiosité à la mienne, la transcrire ici en sa forme:

— Quod Horatius Maximus, Marcius Cecius, Alexander Mutus, almae urbis Conservatores, de Ill.mo viro Michaeli Montano, equite Sancti Michaelis, et a cubiculo regis Christianissimi, Romana civitate donando, ad Senatum retulerunt; S. P. Q. R. de ea re ita fieri censuit.

"Quum, veteri more et instituto, cupide illi semper studioseque suscepti sint, qui virtute ac nobilitate praestantes, magno Reipublicae nostrae usui atque ornamento fuissent, vel esse aliquando possent: Nos, majorum nostrorum exemplo atque auctoritate permoti, praeclaram hanc consuetudinem nobis imitandam ac servandam fore censemus. Quamobrem quum Ill.mus Michael Montanus, eques Sancti Michaelis et a cubiculo Regis Christianissimi, et familiae laude atque splendore, et propriis virtutum meritis dignissimus sit, qui summo Senatus Populique Romani judicio ac studio in Romanam civitatem adsciscatur; placere Senatui P. Q. R. Ill.mum Michaelem Montanum, rebus omnibus ornatissimum, atque huic inclyto Populo carissimum, ipsum posterosque in Romanam civitatem adscribi, ornarique omnibus et praemiis et honoribus, quibus illi fruuntur, qui cives patriciique Rom.ni nati, aut jure optimo facti sunt. In quo censere Senatum P. Q. R., se non tam illi jus civitatis largiri, quam debitum tribuere, neque magis beneficium dare, quam ab ipso accipere, qui, hoc civitatis munere accipiendo, singulari civitatem ipsam ornamento atque honore affecerit. Quam quidem S. C. auctoritatem iidem Conservatores per Senatus P. Q. R. scribas in acta referri, atque in Capitolii cura servari,

Le 3 d'Avril je partis de Rome bon matin, par la porte S. Lorenzo *Tiburtina*. Je fis un chemin assés plein, & pour la pluspart fertile de bleds, & à la mode de toutes les avenues de Rome, peu ha-

privilegiumque hujusmodi fieri, solitoque urbis sigillo communiri curarunt. Anno ab urbe condita cxc ccc xxxi, post Christum natum m.d.lxxxi, iii idus Martii.
      Horatius Fuscus, sacri S. P. Q. R. scriba.
      Vinc. Martholus S. P. Q. R. scriba. „ —
N'estant bourgeois d'aulcune ville, je suis bien ayse de l'estre de la plus noble qui feut et qui sera oncques „.

I Registri capitolini, osserva il GREGOROVIUS, *Alc. cenni storici sulla cittadinanza romana*, Roma, Salviucci, 1877, p. 30, fanno menzione della cittadinanza accordata al Montaigne. della quale com'unico documento sinora noto resta il testo stesso del diploma riferito negli *Essais* e accennato nel *Voyage*. Ma, secondo mi fa notare il cav. Alessandro Moroni, della concessa cittadinanza è fatta menzione anche nel cod. vatic. 9693, aggiungendo al nome del Montaigne l'appellativo di " Socrate della Francia „.

Quanto al modo di conferire la cittadinanza, il cit. GREGOROVIUS, pag. 32, ci fa sapere che per il conferimento *honoris causa*, era necessario, secondo un decreto del 1515, che candidati si rivolgessero con supplica al consiglio ordinario, e che quattro gentiluomini s'informassero delle qualità dei proposti, riferendone al consiglio segreto. Per ottenere la cittadinanza sarebbe stato necessario, per decreto del 1547 che avessero beni stabili in Roma o vi esercitassero qualche dignità: ma si vede che a ciò, come nel caso nostro, si derogava qualche volta. Era poi " di regola „ che il cittadino novello si portasse in persona davanti il consiglio comunale, e nei tempi più remoti il privilegiato era anche tenuto di prestar giuramento di fedeltà nelle mani dei conservatori. Egli rendeva poi pubblicamente grazie al popolo romano: usanza bellissima e dignitosa, perocchè l'atto di presentazione dovesse lasciare nell'animo della persona un'impressione di solennità. Difatti nella seduta del Consiglio dell'8 febbraio 1574 venne decretato espressamente: Che lo *scriba senatus* non dovesse mandare il privilegio neppure ai nobili, se prima non si fossero gli insigniti della cittadinanza pre-

bité. Je passai la riviere del *Teverone*, qui est l'antien *Anio*, premieremant au pont de *Mammolo*, secondemant, au pont *Lucan*, qui retient encore son

sentati al pubblico consiglio " ad effectum obedientiae et gratiae referendae. „ Per ciò nei registri di deliberazione di quel tempo trovansi alle volte notati i ringraziamenti fatti a proposito; per. es.: " Comparuit Ioannis Henriquez civis als. creatus et Populo publice gratias egit. „ Quantunque il Montaigne non lo ricordi, sembra difficile ch'egli abbia potuto sottrarsi a tal cerimonia.

Quanto alle *litterae civilitatis* ci fa sapere il GREGOROVIUS, pag. 35, che erano di tre sorta, come si rileva da una notizia dell'Arch. capitolino: " Li diplomi che si concedono dagli Ill.^{mi} et Ecc.^{mi} Signori Conservatori di Roma sono di tre gradi, cioè il primo che si concede a persone titolate e di nobil conditione volgarmente sono chiamati Patritii, quali vanno spediti per decoro del Popolo Romano in libretto di carta pecora rasa dorata in cartella di cordovan cremisi di levante tutta rabescata d'oro con arme del P. R. ed arme della casa di quel soggetto, che ne resta aggratiato, dentro detto libretto vi si pone l'arme di detto Popolo con l'arme dell'aggratiato coi suoi fregi e rabeschi per tutti li fogli del privilegio, scritto il frontespitio di lettere d'oro con carattere antico tondo, e il detto privilegio con carattere formatello con il sigillo di detto Popolo pendente con cordon d'oro, e seta cremisi con suo fiocco simile, e scattola d'argento con dentro il sigillo del detto Popolo in cera rossa, sopra e sotto della scattola, inciso con bulino, e il libretto viene adornato con fettuccie cremisi brocatate, creandosi con detto diploma il titolato forastiere che n'impetra la gratia, cittadino nobile dell'ordine de Patritii romani. La spesa per il quale ascenderà com'è solito circa li 35 scudi. „

Essendo il Montaigne titolato, e mancando agli altri diplomi l'oro, ch'ei ricorda nel suo, egli certo lo avrà ricevuto, qual'è qui sopra descritto.

Del personaggio che ottenne al Montaigne tale onoranza, certo è sbagliato il nome, non però il cognome. Il COQUELINES (in MAFFEI, II, 433) ricorda un Musotti bolognese, segretario dei brevi a tempo di Gregorio, ma che aveva nome Alessandro, non Filippo. Anche il MORONI (XXIII, 77) gli dà tal

antien nom. En ce pont il y a quelques inscriptions antiques, & la principale fort lisable. Il y a aussi deus ou trois sepultures romeines le long de ce chemin ; il n'y a pas autres traces d'antiquités & fort peu de ce grand pavé antien, & est *Via Tiburtina*. Je me randis à disner à

TIVOLI, quinse milles: c'est l'antien *Tiburtum* [1] couché aux racines des monts, s'etandant la ville le long de la premiere pante, assés roide, qui rant son assiete & ses veues très-riches: car elle comande une pleine infinie de toutes parts, & cete grand Rome. Son prospect est vers la mer, & a derriere soi les monts; cete riviere du *Teverone* la lave, & près de là prant un merveilleus saut, descendant des montaignes & se cachant dans un trou de rochier, cinq ou six çans pas, & puis se randant à la pleine où elle se joue fort diversemant, & se va joindre au Tibre un peu au dessus de la ville. Là se voit ce fameus palais & jardin du Cardinal de Ferrare: c'est une très-bele piece, mais imparfaite en plusieurs parties, & l'ouvrage ne s'en continue plus par le Cardinal presant. J'y considerai toutes choses fort particulieremant; j'essaïerois de le peindre ici, mais il y a des livres & peintures publiques de ce sujet. [2] Ce rejallissemant d'un infinité de surjons d'eau bri-

---

nome e l'ufficio di tesoriere segreto (1572), e poi quello di vescovo d'Imola, e prefetto del Palazzo apostolico (1579), indi di nunzio a Venezia: e ne registra infatti la biografia fra quelle dei più illustri maggiordomi (XXXIV, 103: XLI, 260.)

[1] * *Il falloit dire* Tibur: *c'est le nom appellatif latin, non* Tiburtum.

[2] FULVIO TESTI cosi descrive le bellezze del giardino del Card. d'Este in una Lettera al duca di Modena: " L'entrata è in piano; ma di subito si rappresenta all'occhio la prospettiva del palagio, quale sta cosi in alto, che par quasi ch'egli abbia i fondamenti nell'aria. A questo si sale per

dés & eslancés par un sul ressort, qu'on peut remuer de fort louin, je l'avoi veu ailleurs en mon voïage, & à Florance & à Auguste, come il a été dict ci dessus. La musique des orgues, qui est une vraïe musique & d'orgues natureles, sonans tousiours toutefois une mesme chose, se faict par le moïen de l'eau qui tumbe aveq grand violance dans une cave ronde, voutée, & agite l'air qui y est, & le contreint de gaigner, pour sortir, les tuyaus des orgues & lui fournir de vent. Un'autre eau poussant une roue, à-tout certeines dents, faict batre par certein ordre le clavier des orgues; on y oit aussi le son de trompetes contrefaict. Ailleurs on oit le chant des oiseaus,

alcune strade ombrose d'antichissime piante: e quattro sono i piani ove si può trar fiato. Ma nè pure in questi alternati riposi l'occhio sa stare ozioso: imperocchè la quantità delle statue e delle fontane con oggetti sempre nuovi affaticano lo sguardo e stancano l'ingegno. I boschi che formano spalliere sono immensi, ma i scherzi dell'acqua sono infiniti. Un fiume perpetuo diviso in mille torrenti è giocondissimo spettacolo a chi passeggia. Due fontane però sono quelle che eccedono la meraviglia. Una ve n'ha che suona un organo, ed a voglia di chi 'l comanda varia concento. Gli antichi non arrivarono a questa isquisitezza di delizie, nè seppero mai far l'acque armoniose, nè dar lo spirito alle cose insensibili. L'altra imita quell'ordigno fatto di razzi che si chiama girandola, e che nelle feste ed allegrezze de' grandi è solito di rappresentarsi. L'acque tumultuariamente si rintrecciano e si raggirano: lo strepito non è diverso da quello che fa la polvere allora che scoppia: l'ingegno umano ha sconvolti gli elementi ed ha saputo attribuire all'acqua l'effetto del fuoco„.

La villa d'Este fu opera del Card. Ippolito d'Este juniore, col disegno del celebre Pirro Ligorio, e costò circa un milione di scudi. Oggidì è come uno scheletro, priva affatto della passata pompa e grandezza.

Vedi una esatta descrizione della villa e giardino in ANT. DEL RE, *Antichità Tiburtine* (trad. in lat. nel BURMAN., VIII, part. IV); e MANAZZALE, *Viaggio da Roma a Tivoli*, Roma, 1790, ecc.

qui sont des petites flutes de bronse, qu'on voit aus
regales, & randent le son pareil à cés petits pots de
terre pleins d'eau, que les petits enfants souflent par
le bec: cela par artifice pareil aus orgues; & puis
par autres ressorts on faict remuer un hibou, qui, se
presantant sur le haut de la roche, faict soudein
cesser cete harmonie, les oiseaus étant effraïés de
sa presance, & puis leur faict encore place: cela se
conduit einsin alternativement, tant qu'on veut.¹ Ailleurs
il sort come un bruit de coups de canon; ailleurs
un bruit plus dru & menu, come des harquebusades:
cela se faict par une chute d'eau soudeine dans
des canaux, & l'air se travaillant en mesme tamps
d'en sortir, enjandre ce bruit.² De toutes ces invantions
ou pareilles, sur ces mesmes raisons de nature,
j'en ai veu ailleurs. Il y a des estancs, ou des gardoirs,
aveq une marge de pierre tout au tour, aveq
force piliers de pierre de taille haus, audessus de cet
accoudoir, esloignés de quatre pas environ l'un de
l'autre.³ A la teste de ces piliers sort de l'eau aveq

¹ La fontana detta *della Civetta*.
² " Nel mezzo di ampia conchiglia, dentro cui stanno
quattro draghi alati, si spinge all'altezza di palmi 50 un
cilindro di acqua di notabile diametro, la quale nel ricadere
frange sè stessa e diviene come spuma di latte, ed
ora replicatamente scopppia, come se fossero mille archibusi
che si scaricano a più riprese, ed ora si allarga attorno
a foggia di padiglione, che fa insieme sentire una
dirotta pioggia: cosicchè quest'acqua rappresenta in pochi
momenti un latteo fonte, un attacco guerresco ed un orrido
temporale „: CABRAL e DEL RE, *Delle Ville e dei più
notabili monum. antichi di Tivoli* ecc., Roma, 1779, p. 4.
³ " Nel piano della villa sono singolari tre grandi peschiere,
capaci ciascuna a sostenere parecchie barchette:
i muri che le circondano in forma di quadro bislungo, sono
interrotti a proporzione da pilastrini, sopra de' quali posano
altrettanti vasi, d'onde zampilla in alto l'acqua e
ricade nella peschiera „: ID. *ibid.* p. 5

grand force, non pas contre-mont, mais vers l'estanc. Les bouches étant einsi tournées vers le dedans & regardant l'une l'autre, jetent l'eau, & l'esperpillent dans cet estanc, avec tele violance, que ces verges d'eau viennent à s'entrebatre & rancontrer en l'air, & produisent dans l'estanc une pluïe espesse & continuelle. Le soleil tumbant là-dessus enjandre, & au fons de cet estanc & en l'air, & tout autour de ce lieu, l'arc du ciel si naturel & si apparant, qu'il n'y a rien à dire de celui que nous voïons au ciel. Je n'avois pas veu ailleurs cela. Sous le palais, il y a des grans crus,[1] faits par art, & soupiraus, qui randent une vapur froide, & refrechissent infinimant tout le bas du logis: cete partie n'est pas toutefois parfaicte. J'y vis aussi plusieurs excellantes statues,[2] & notammant une Nymphe dormante, une morte; & une Pallas celeste; l'Adonis, qui est chés l'éveque d'Aquino; la Louve de bronse, & l'Enfant qui s'arrache l'espine, du Capitole; le Laocoon & l'Antinoüs, de Belvedere; la Comedie, du Capitole; le Satyre, de la vigne du Cardinal Sforza; & de la nouvelle besouigne, le Moïse, en la sepulture de S. Pietro in Vincula; la belle fame qui est aus pieds du Pape Pol tiers en la nouvelle église de S. Pierre.[3] Ce sont les statues qui m'ont le plus agréé à Rome. Pratolino est faict justemant à l'envi de ce lieu. En richesse & beauté des grottes, Florance surpasse

[1] * *Creux.*
[2] Le statue, quasi tutte estratte dalla prossima villa Adriana, e che un giorno ornavano il palazzo e il giardino, furono nel 1780 in parte vendute, in parte trasportate dal duca Ercole III a Modena: altre rimasero in Roma, e fanno parte della raccolta capitolina.
[3] La statua della Giustizia, di Guglielmo della Porta, che si dice riprodurre le belle fattezze e il corpo formoso di Giulia Farnese, e della quale il Bernini copri la nudità procace.

infinimant; en abondance d'eau, Ferrare; en diversité de jeus & de mouvemans plesans tirés de l'eau, ils sont pareils; si le Florantin n'a quelque peu plus de mignardise en la disposition & ordre de tout le cors du lieu. Ferrare en statues antiques & en palais; Florence en assiete du lieu, beauté du prospect, surpasse infinimant Ferrare, & dirois en toute faveur de nature, s'il n'avoit ce malheur extreme que toutes ses eaus, sauf la fontene qui est au petit jardin tout en haut, & qui se voit en l'une de salles du palais, ce n'est qu'eau du Teveron, duquel il a desrobé une branche, & lui a donné un canal à part pour son service. Si c'étoit eau clere & bone à boire, come elle est aucontraire trouble & lede, ce lieu seroit incomparable, & notammant sa grande fontene,[1] qui est la plus belle manufacture & plus belle à voir, aveq ses despendances, que null'autre chose ny de ce jardin ny dailleurs. A Pratolino, au contrere, ce qu'il y a d'eau est de fontene & tirée de fort louin. Parce que le Teveron descent des montaignes beaucoup plus hautes, les habitans de ce lieu s'en servent come ils veulent, & l'example de plusieurs privés rant moins esmerveillable cet ouvrage du Cardinal. J'en partis landemein après disner, & passai à cete grande ruine à mein droit du chemin de nostre retour, qu'ils disent contenir six milles, & être une ville, come ils disent être le *Prœdium* d'Adrian, l'ampereur.[2] Il y a sur ce chemin de Tivoli à

---

[1] La gran fontana detta *dell'Ovato*, ove sbocca l'acquedotto che conduce nella Villa l'acqua dell'Aniene, chiamata da Michelangelo la *Regina delle fontane*.

[2] Vedi per questi mirabili avanzi, ANT. DEL RE, in BURMANN., tomo VIII, p. 4.ª e GIOV. DE BARDI, *della Villa Adriana* ecc., pubbl. dal can. Moreni, Firenze, Magheri, 1825.

Rome, un ruisseau d'eau souffreuse qui le tranche.[1] Les bors du canal sont tout blanchis de souffre, & rand un odur à plus d'une demie lieue de là : on ne s'en sert pas de la medecine. En ce ruisseau se trouvent certeins petits corps bastis de l'escume de cete eau, ressamblant si propremant à notre dragée, qu'il est peu d'homes qui ne s'y trompent, & les habitans de Tivoli en font de toutes sortes de cete mesme matiere, de quoi j'en achetai deux boîtes 7 s. 6 d. Il y a quelques antiquités en la ville de Tivoli, comme deus Termes, qui portent une forme très antique, & le reste d'un Tample, où il y a encore plusieurs piliers entiers : lequel Tample ils disent avoir été le Tample de leur antiene Sybille. Toutefois sur la cornice de cet'église, on voit encore cinq ou six grosses lettres, qui n'étoint pas continuées ; car la suite du mur est encore entiere. Je ne sçais pas si au davant il y en avoit, car cela est rompu ; mais en ce qui se voit, il n'y a que : CE....ELLIUS L. F. Je ne sçai ce que ce peut estre.[2] Nous nous randimes au soir à

ROME, quinse milles, & fis tout ce retour en coche sans aucun ennui, contre ma costume. Ils ont

---

[1] Le acque *Albule*, forse non usate a cura del corpo ai tempi del Montaigne, ma adesso ritornate in voga, o delle cui virtù mediche parlarono Plinio e Svetonio, e nel sec. xv il celebre Bacci.

[2] I cit. CABRAL e DEL RE, p. 14, dicono che nel tempio alcuni vollero ravvisare il sepolcro di L. Cellio per leggersi sul cornicione a grandi caratteri l'iscrizione L. CELLIO. I., F., ma non esservi dubbio che si tratti di un tempio, e quanto all'iscrizione, il p. Alessandro Legleo scoprì innanzi alle parole su citate la lettera E, e la tenne come facente parte della parola *Curante* o *Curatore*, la quale potrebbe supplire l'iscrizione stessa. La congettura è plausibile, tanto più che questo L. Cellio è nominato come deputato alle opere pubbliche in altra iscrizione riportata dagli stessi autori.

un observation ici beaucoup plus curieuse qu'ailleurs: car ils font differance aus rues, aus cartiers de la ville, voir aus departemens de leurs maisons, pour respect de la santé; & en font tel estat, qu'ils changent de habitation aus sesons; & de ceus mesmes qui les louent, qui¹ tient deus ou trois palais de louage à fort grand despance, pour se remeuer aux sesons, selon l'ordonance de leurs medecins. ²

Le 15 d'Avril je fus prandre congé du Maistre del Sacro Palazzo & de son compaignon, qui me priarent " ne me servir pouint³ de la censure de mon livre en laquelle autres françois les avoint avertis qu'il y avoit plusieurs sotises; qu'ils honoroint & mon intention & affection envers l'Eglise & ma suffisance, & estimoint tant de ma franchise & consciance, qu'ils remetoint à moi-mesmes de retrancher en mon livre, quand je le voudrois réimprimer, ce que j'y trouverois trop licentieus, & entr'autres choses, les mots de *Fortune.* „ Il me sambla les laisser fort contans de moi; & pour s'excuser de ce qu'ils avoint einsi curieusemant veu mon livre & condamné en quelques choses, m'allegarent plusieurs livres de notre tamps, de Cardinaus & Religieus de très-bone

---

¹ * *Tel* — Ital: *chi.*

² Probabilmente ciò avranno fatto i più facoltosi. I Pontefici dimorarono a S. Maria Maggiore, a SS. Apostoli, a Santa Pudenziana, a Santa Maria in Cosmedin, a Santa Maria Rotonda, a S. Sabina, a S. Prassede, a S. Crisogono, al Laterano, al Vaticano, al Quirinale ecc. " Questa varietà di abitazione, dice il CANCELLIERI, *op. cit.*, p. 38, in tanti diversi rioni della città, chiaramente dimostra che introducendosi sospetto di aria cattiva ora in un sito ora in un altro, soleano i Sommi Pontefici cambiare dimora, per trovare aria migliore e abbandonare la trista e sospetta, se pure talvolta non vi è concorsa qualche altra ragione „. Del resto, anche al dì d'oggi vi sono in Roma quartieri e strade rinomati per buona aria, ed altri tenuti per malsani.

³ * *C'est-a-dire: n'y avoir aucun égard.*

réputation, censurés pour quelques teles imperfections, qui ne touchoint nulemant la reputation de l'authur ny de l'euvre en gros; me priarent d'eider à l'église par mon éloquance (ce sont leurs mots de courtoisie), & de faire demure en cete ville paisible & hors de trouble aveques eus. Ce sont persones de grande authorité & cardinalables.

Nous mangions des artichaus, des fèves, des pois, environ la mi-Mars. En Avril il est jour à leur dix heures,[1] & crois aus plus longs jours, à neuf.[2]

En ce tamps là je prins, entr'autres, connoissance à un polonois, le plus privé ami qu'eût le Cardinal Hosius, lequel me fit presant de deus examplaires du livret qu'il a faict de sa mort, & les corrigea de sa mein.[3]

---

[1] * *C'est-à-dire, environ à quatre heures et demie, ou cinq heures du matin.*

[2] * *Environ à trois heures du matin.*

[3] Stanislao Hosio (Hozyusz) nácque in Cracovia d'illustre famiglia, studiò in patria e a Padova, dove ebbe a compagno Reginaldo Polo, poi cardinale, e a Bologna. Tornato in patria, re Sigismondo lo fece cancelliere del regno e canonico di Cracovia: poi Giulio III lo fece vescovo di Calma. Fu indi ambasciatore, e vescovo di Wannia. Introdusse i gesuiti in Polonia e mostrò zelo ardentissimo contro gli eretici. Pio IV lo spedì all'imperatore Ferdinando per trattare il proseguimento del Concilio di Trento, indi nel 1561 lo fece cardinale sotto il titolo di S. Sabina, e lo mandò legato a latere al Concilio, indi in Polonia. Tornato a Roma, vi fondò pei suoi connazionali l'ospedale e chiesa di S. Stanislao. Gregorio lo fece penitenziere maggiore. Consumato dalle fatiche e dalle penitenze, morì in Capranica nel 1579 di 76 anni. Sulle sue opere, v. CIAMPI, *Bibliograf. delle corrispond. dell'Italia colla Russia, Polonia* ecc. Firenze, Allegrini e Mazzoni, I. 162.

Quel familiare suo, che divenne amico del Montaigne, è, come mi avverte l'egregio scrittore polacco G. MALINOWSKY, prof. a Cahors, Stanislao Reskke, che scrisse ap-

Les douceurs de la demure de cete ville s'estoint de plus de moitié augmentées en la praticant ; je ne goutai jamais air plus tamperé pour moi, ny plus commode à ma complexion.

Le 18 de Avril j'alai voir le dedans du palais du Sig. Jan George Cesarin, où il y a infinies rares anticailles, & notamant les vraies testes de Zenon, Possidonius, Euripides & Carneades, come portent loeurs inscriptions græques très antienes. Il a aussi les portrets dès plus belles dames romeines vivantes, & de la seignora Clœlia-Fascia Farnèse, sa fame, qui est, sinon la plus agréable, sans compareson la plus eimable fame qui fût pour

---

punto un Commentario sulla vita del cardinale. Il Reskke ha lasciato manoscritto un giornale di viaggio, del quale, secondo mi avvisa il sullodato professore, fu reso conto ultimamente in un periodico polacco, e che contiene preziosi ragguagli di cose e di uomini, del tempo appunto al quale si riferisce anche l'autor nostro. Egli dice di aver distribuito il suo scritto sul cardinale a tutti gli uomini notevoli che conobbe a Roma e in altre città di Italia: ma non ricorda espressamente il Montaigne.

Lo scritto dato al Montaigne dev'essere dunque quello intitolato: *Oratio funebris in exequiis domini Stanislai Hosii*, Roma, 1579, in 4°. Più tardi il Reskke scrisse e stampò: *Stanislai Hosii Cardinalis Vita*, Roma, 1587, che tradotta in tedesco fu nel 1591 riprodotta in Ingolstadt. Havvi anche un *Theatrum virtutum Cardinalis Hosii*, Roma, 1588, di 100 stampe riguardanti le principali azioni della sua vita. L'autore è TEOD. TETER, un cui discendente, di nome Matteo, nel 1685 le ristampò, aggiungendovi a spiegazione 100 odi.

Il Reskke divenne poi ambasciatore di Sigismondo III alla corte di Napoli, e fu amico e ammiratore del Tasso, che scrisse di sua mano una ottava nell'esemplare della *Conquistata*, che a lui donò: v. SERASSI, *Vita di T. T.*, Firenze, Barbèra, 1858, II, 302. — Per altre notizie sul Reskke, vedi CIAMPI, *op. cit.*, III, 21..

lors à Rome, ny que je sçache ailleurs.¹ Celui ci
dict être de la race des Cœsars, & porte par son

[1] Clelia o Crelia, figlia del card. Alessandro Farnese:
del quale si diceva, aver egli fatto tre belle cose nel
mondo: il palazzo Farnese, la Chiesa del Gesù e la bella
Clelia. Costei a 14 anni sposò in prime nozze Gian
Giorgio, figlio di Giuliano Cesarini e di Giulia Colonna.
Un ALESSANDRO GUARNELLI cantò queste nozze, che " Giungono insieme i Cesari e i Farnese „: e un GIOV. ANDREA
PALAZZI augurò prole che " Rechi gioia e vaghezza e pace
al mondo Quali i famosi e degni Padri e 'l grand'avol
vostro Che sostenne del ciel poc'anzi il pondo „. (v. *Per
Donne romane*, Rime di diversi raccolte e dedicate al
Sig. Giacomo Buoncompagni da Mutio Manfredi, Bologna, Benacci, 1575). Altri poeti cantarono la bellezza
della Farnese: il GONZAGA nel *Fido amante* la dice *Terrena dea, che col soave riso Apre a sua voglia in terra un
paradiso;* e il TASSO: *Chi vide mai quaggiù più bella imago
D'angelica beltà, più chiaro esempio D'avere a scherno il
mondo e i suoi diletti?* Ma essa non aveva a schifo il
mondo e i suoi diletti, e si faceva pubblicamente corteggiare dal cardinal de' Medici, tanto che, morto il Cesarini
nell'85, il cardinal padre volle togliere via lo scandalo,
dandole un secondo marito, e le propose Marco Pio di Savoia signore di Sassuolo. Ma essa vi si rifiutò, o perchè le
spiacesse lasciar Roma e perdere la sua libertà, o perchè
invischiata in altri amori, forse di un Alfonso Vitelli. Il
padre allora la fece tradurre a forza in Ronciglione, terra
de' Farnesi: e quivi le convenne accettare il partito propostole da lui. Le nozze si celebrarono suntuosamente,
e il Cav. Guarini compose espressamente un Prologo
l'*Imeneo*, premesso al *Sacrifizio* del Beccari, in tal occasione rappresentato dal Verato e da altri insigni attori:
ma fra tanti guai vi era anche questo, che lo sposo aveva
una diecina d'anni meno della sposa, la quale era giunta al
suo trentunesimo. Questo matrimonio non fu lieto nè di
felicità coniugale nè di prole. Marco di natura irrequieta,
ma a cui è lode l'essere stato amico del Tasso, che lo
lasciò erede di ogni sua facoltà, e certo non si sarà per
tal via arricchito, morì d'archibugiata in Modena nel 1599.
La moglie ritiratasi a Parma, e di là a Civitanuova nelle
Marche, feudo dei Cesarini, passò poi a Roma presso il

droit le confalon de la noblesse romeine; il est riche, & a en ses armes la colonne avec l'ours qui y est ataché, & au dessus de la colonne un'egle eploiée.[1]

C'est une grande beauté de Rome que les vignes, & leur seson est fort en estè.

Le Mercredy, 19 d'Avril, je partis de Rome après disner, & fumes conduits jusques au pont de Mole [2] par MM. de Marmoutiés [3] de la Trimouille, du Bellay, & autres jantils homes. Aïant passé ce pont, nous tournames à mein droite, laissant à mein gauche le grand chemin de Viterbe, par lequel nous etions venus à Rome, & à mein droite le Tibre & les monts. Nous suivimes un chemin decouvert & inégal, peu fertile & pouint habité; passâmes le lieu qu'on nome *prima porta*, qui est la premiere porte à sept milles de Rome, & disent aucuns que les murs antiens de Rome aloint jusques là, ce que je ne treuve nullemant vraisamblable. Le long de ce chemin, qui est l'antiene *via Flaminia*, il y a quelques antiquités inconnues & rares; & vinmes coucher à

CASTEL-NOVO, sese milles. Petit castelet qui est de la case Colonne, enseveli entre des montaignetes, en un sit qui me represantoit fort les avenues

figlio Giuliano, e vi morì l' 11 Sett. 1613. Vedi CAMPORI, *Mem. stor. di Marco Pio di Savoia, signore di Sassuolo*, Modena, Vincenzi, 1871.

[1] Allude a quest'arme la pasquinata fatta nel 1513. contro il Card. Cesarini:

> Redde aquilam imperio, Columnis redde columnam,
> Ursam Ursiis: remanet sola catena tibi.

[2] Ponte Molle.

[3] Invece di *Marmoutiés* dovrà leggersi *Noirmoutier*, che erano dei *La Tremouille*. Forse si tratta di François de la Tremouille, marchese di Noirmoutier nel 1584, morto nel 1608.

fertiles de nos montagnes Pirenées sur la route d'Aigues-Caudes. Landemein, 20 d'Avril, nous suivimes ce mesme païs montueus, mais très-plesant, fertile & fort habité, & vinmes arriver à un fons le long du Tibre à

BOURGUET, petit castelet apartenant au Duc Octavio Farnèse. Nous en partismes après disner, & après avoir suivi un très plesant vallon entre ces collines, passames le Tibre à Corde,[1] où il se voit encore des grosses piles de pierre, reliques du pont qu'Auguste y avoit faict faire pour atacher le païs des Sabins qui est celui vers lequel nous passâmes, aveq celui des Falisques, qui est de l'autre part. Nous rancontrâmes après

OTRICOLI, petite villette appartenant au Cardinal di Peruggi.[2] Au davant de cete ville, il se voit en une belle assiete, des ruines grandes & importantes; le païs montueus & infinimant plesant, presante un prospect de region toute bossée, mais très fertile partout & fort peuplée. Sur ce chemin se rancontre un escrit, où le Pape dict avoir faict & dressé ce chemin, qu'il nome *viam Boncompaignon,*[3] de son nom. Cet usage de mettre einsi par escrit & laisser tesmouignage de tels ouvrages, qui se voit en Italie & Allemaigne, est un fort bon eguillon; & tel qui ne se soucie pas du publiq, sera acheminé par cet'esperance de reputation, de faire quel-

[1] Leggi *Orte*, ove sono veramente i resti di un ponte edificato da Augusto, di sotto al quale Sisto V fece costruire il ponte da lui detto *felice.*

[2] Di Perugia: vedi su di lui pag. 281 nota 3.

[3] *Via Boncompagna.* " Per comodo de' devoti che portansi alla visita della S. Casa di Loreto fece (Gregorio)spianar monti, alzar valli e ponti, appareggiar rupi, stagnar paludi, far ponti, drizzar campagne, tagliar selve, per render la strada piana, dritta e sicura „: COQUELINES, in MAFFEI, II, 458.

que chose de bon. De vrai, ce chemin étoit plus la pluspart mal aisé, & à presant on l'a randu accessible aus coches mesmes, jusques à Lorette. Nous vinmes coucher à

NARNI, dix milles, *Narnia* en latin. Petite ville de l'Eglise, assise sur le haut d'un rochier, au pied duquel roule la riviere Negra, *Nar* en latin ; & d'une part ladite ville regarde une très plesante plene, où ladicte riviere se joue & s'enveloppe estrangement. Il y a en la place une très-belle fontene. Je vis le dôme, & y remercai cela, que la tapisserie qui y est, a les escrits & rimes françoises de notre langage antien. Je ne sçeus aprendre d'où cela venoit ; bien aprins je du peuple qu'ils ont de tout tamps grand'inclination à notre faveur. Ladicte tapisserie est figurée de la passion, & tient tout l'un costé de la nef. Parceque Pline dict qu'en ce lieu là se treuve certeine terre qui s'amollit par la chaleur & se seche par les pluies,[1] je m'en enquis aus habitans, qui n'en sçavent rien. Ils ont a un mille près de là, des eaus fredes, qui font mesme effaict des nôtres chaudes ; les malades s'en servent ; mais elles sont peu fameuses.[2] Le logis, selon la forme d'Italie, est des bons, si est-ce que nous n'y avions pouint de chandelle, eins par tout de la lumiere à huile. Le 21, bon matin, nous descendismes en une trèsplesante vallée, où court ladicte riviere Negra, laquele riviere nous passâmes sur un pont aus portes de

---

[1] "Dice Plinio che M. Tullio fra le cose meravigliose scrisse che nel territorio di Narnia è una terra, che con la secca si fa luto, e con la pioggia si fa polve „ : BIONDO DA FORLÌ, *Roma ristaur. e Ital. illustr.*, Venetia, 1548, pag. 191.

[2] "Appresso la Negra veggonsi molte sorgive e fontane d'acqua, che hanno diverse virtù, fra le quali da una esce l'acqua in tanta abbondanza da una caverna, che incontinente potrebbe rivolgere ogni grand'artificio

TERNI, que nous traversames, & sur la place vismes une colonne fort antique, qui est encore sur ses pieds. Je n'y aperçus nulle inscription, mais à côté il y a la statue d'un lion relevée, audessous de laquelle il y a en vieilles lettres une dédicace à Neptune, & encore ledict Neptunus insculpé en mabre, à-tout son equipage.[1] En cete mesme place il y a une inscription, qu'ils ont relevée en lieu eminant, à un A. Pompeius A. F.[2] Les habitans de cete ville, qui se nome *Interamnia*, pour la riviere de Negra qui la presse d'un côté & un autre ruisseau par l'autre, ont erigé une statue pour les services qu'il a faict à ce peuple; la statue n'y est pas, mais je jugeai la vieillesse de cet escrit, par

da macinar il grano, ma è di tanta freddezza che appena si può toccarla con le mani „ : ALBERTI, *Descritione di tutta l'Italia*, Venetia, Leni, 1577, p. 102.

[1] Simulacro di Nettuno col tridente e delfini, scavato nel territorio ternano presso il Lago Velino. L'iscrizione, secondo l'ANGELONI, *Storia di Terni*, Pisa, Nistri, 1878, p. 19, porta:

NEPTUNO SACRUM
L. VALERIUS NIGRI LIB. MENANDER
PORTITOR OCRISIVA.

[2] L'iscrizione, collocata nella parete della pubblica piazza di Terni, è, secondo l'ANGELONI, pag. 25, la seguente:

A. POMPEJO A. F.
CLU. Q. PATRONO
MUNICIPI INTERAMNAT.
NAHARTIS. QUOD EJUS
OPERA UNIVERSUM
MUNICIPIUM EX SUMMIS
PERICULIS, ET DIFFI-
CULTATIBUS EXPEDITUM
ET CONSERVATUM EST EX
TESTAMENTO L. LICINI T. F.
STATUA STATUTA EST.

la forme d'escrire en diptonge *periculeis*, & mots semblables. C'est une belle villete en singuliremant plesante assiete. A son cul, d'où nous venions, ell'a la pleine très fertile de cete valée, & au delà, les coteaus les plus cultivés, habités. Et entr'autres choses, pleins de tant d'oliviers, qu'il n'est rien de plus beau à voir, attandu que parmi ces couteaus, il y a quelquefois des montaignes bien hautes, qui se voient jusques sur la sime labourées & fertiles de toutes sortes de fruis.[1] J'avois bien fort ma cholique, qui m'avoit tenu 24 heures, & étoit lors sur son dernier effort; je ne lessai pourtant de m'agreer de la beauté de ce lieu là. Delà nous nous engajames un peu plus avant en l'Appennin, & trouvasmes que c'est à la verité une belle, grande & noble reparation, que de ce nouveau chemin que le Pape y a dressé, & de grande despanse & commodité. Le peuple voisin a été contreint à le bâtir; mais il ne se pleint pas tant de cela, que de ce que, sans aucune recompanse, où il s'est trouvé des terres labourables, vergiers, & choses samblables, on n'a rien espargné pour cete esplanade. Nous vismes à nostre mein droite une tête de colline plesante, sesie d'une petite villete. Le peuple la nome COLLE SCIPOLI: ils disent que c'est anticnemant *Castrum Scipionis*. Les autres montaignes sont plus hautes, seches & pierreuses; entre lesquelles & la route d'un torrant d'hyver, nous nous randismes à

SPOLETO, dix-huit milles. Ville fameuse & commode, assise parmi ces montaignes & au bas. Nous fumes contreins d'y montrer notre bollette, non

---

[1] "Sono questi vaghi colli per la maggior parte ornati di viti, olivi, fichi, e d'altri alberi producevoli di frutto „: ALBERTI, *op. cit.*, p. 103.

pour la peste, qui n'estoit lors en nulle part d'Italie, mais pour la creinte en quoi ils sont d'un Petrino, leur citoïen, qui est le plus noble bani volur d'Italie, & duquel il y a plus de fameus exploits, duquel ils creignent, & les villes d'alentour, d'être surpris.[1] Cete contrée est semée de plusieurs

[1] Petrino Leoncilli, uno dei più famosi banditi dei tempi di Gregorio, le cui gesta cominciano dal 1577. "Conviene, dice l'egregio storico di Spoleto, barone ACHILLE SANSI, *St. del Comune di Spoleto*, Foligno, 1884, parte II, pag. 251, conviene cercare tra le iperboli dei poemi eroici, per trovare fatti da porre a paragone con ciò che fecero Petrino ed alcuni de' suoi compagni „. Bandito per inimicizia con altro fuoruscito, di nome Antonio Martani, fu insieme col suo avversario il terrore dell'Umbria specialmente. Nel 78 entrò in Spoleto, e vi uccise in letto un suo nemico: vi ritornò nel 79 e vi commise altri misfatti. Andò a Terni coi suoi, vi commise tre omicidj, e ne uscì impunito. Il papa mandò un Commissario Apostolico, che prese un aderente del Leoncilli, e fidandosi delle costui denunzie fece condannare cinquanta cittadini, " alcuni dei quali perchè falsamente accusati, erano assassinati da chi veniva a liberarli dagli assassini „. Le cose giunsero a tale che " alla festa d'ognissanti in duomo non ci fu alcuno „. Nell'80 Petrino prese il bargello e la corte mandati contro di lui, e " fattili legare e messili in mezzo alla sua masnada, si portò con essi in città: ed essendo la notte già inoltrata, venne alla porta della rocca, dove fattosi credere il bargello di un commissario pontificio, che era spesso nella valle umbra, disse: Aprite, chè meniamo prigionieri d'importanza. Come fu aperto, s'impadronì della porta, e avuto in mano il carceriere e rinchiusi gli sbirri, si fece condurre ove erano i padri de' suoi avversarj Giovangeronimo Martani e Sigismondo Benedetti „ e altri due cittadini che uccise, ponendone le teste sulla fonte di piazza: indi uscì, portando seco denari e cavalli predati. Fu posta su Petrino una taglia e la scomunica: ma egli di lì a poco entrò in Cascia, rubò le migliori case, compreso quelle del governatore e del tesoriere, che condusse seco. Gli fu mandato contro il card. Sforza, con dugento archibugieri a cavallo, e questi lo battè a Castel

tavernes; & où il n'y pouint d'habitation, ils font

di lago, e prese ed uccise qua e là molti suoi fautori. Allora Petrino propose di capitolare, e il 27 Agosto 1580 fu firmata la pace fra lui ed il Martani, ma coll'obbligo a tutti due di star fuori del contado di Spoleto. Il Sansi dice: " il Montaigne essendosi trattenuto in Spoleto poche ore, se ne partì con idee confuse, talchè riferisce al tempo del suo viaggio, cose accadute l'anno innanzi „. Ma il vero è che anche nell'81, Petrino non aveva cessato d'incuter terrore a popoli e governanti, come si ricava dalle seguenti notizie degli *Avvisi di Roma*. (Cod. Vat. Urb. Lat. 1049.):

" Roma 14 Gennaio 1581. Si dice che Petrino da Spoleti famoso bandito sia morto in Fiandra d'infirmità, confessato et pentito delli tanti homicidij et assassinamenti da lui commessi.

Roma 18 Gennaio 1581. Mons. Belluccio Governatore di Spoleti ha mandato una lettera al Cardinale San Sisto scrittale di Brescia da un frate di quelle parti, con aviso per cosa certa che Pietrino era morto in Brescia in una casa di certi de Martinenghi, et di ciò hauendone scritto detto Bell.º al Cardinale Sforza ancora, S. S. Ill.ma come anco il Card.le Orsino et Sig.r Govern.re tengono essere una finta, per qualche suo mal disegno.

Roma 21 Gennaio 1581. S'è detto da alcuni Spoletini che Petrino è morto di malattia in una fortezza del Duca di Sansisto, dove secretamente staua retirato: se sarà uero si uerificarà certo.

S'intende anche che Petrino si trattiene tutt.a su quel di Brescia, et che il legato detto (della Marca) habbia scritto alla Signoria di Venetia che saria ben fatto che quei SS.ri mandassero fuori otto o x capi per estirpare li banditi del loro dominio, poichè potrino (sic) col tempo ancora a essi dar danno, come hanno fatto nello stato Ecclesiastico.

22 Marzo 1581. Da Brescia s'intende per cosa certa che era stato preso un certo Masino con un altro fuoruscito compagno di Pietrino, quali subito sono stati appiccati, et esso per la spia havuta a gran pena si era saluato, se ben hora si crede che non sia per tardar troppo a peruenire nelle mane della Corte, mediante le gran diligenze che si fanno.

15 Aprile. Non fu vera la presa di Petrino da Spoleti in Porthercole, come si scrisse, ma li ritenuti furono un Li-

des ramées, où il y a des tables couvertes & des

gurgo Tibaldesco Nipote del Card. di Perugia, et un Pietro Lauoratore, ambo Nobili Perugini, che per essere assicurati iui con doi seruitori dal Gran Duca di Toscana non uerranno altrimenti qua come si diceua. Il detto Petrino s'è fatto sentire uerso Pitigliano con dissegno di ammazzare il Conte Alessandro, si com'haueua fatto d'un suo fattore e d'alcuni altri ad un passo, ove l'aspettaua, non hauendo potuto coglier il Conte, per auer dato la madre in poter del Card. Sforza, et per queste parti della Tolfa et Ciuitauecchia non si può praticare dal molto numero de' banditi, hauendo Petrino da 60 compagni seco che fanno molto male.

Roma 15 Aprile 1581. Fu uero quel ch'è stato scritto che Petrino auesse hauuto la Caccia dalli Galeotti de Corsari venendo in q.^{te} marine da Piombino sopra le due faluche in compagnia di 22 altri forcssiti, molto ben prouisti d'Archibusi lunghi et corti, con le quali dopo esser stato a contesa fu finalmente prevalso da Turchi, hauendone prima ammazzati molti, et fatto prigione una di dette faluche, che fu constretto con l'altra di ritirarsi in terra, ma con tutto ciò seguitato dalle Galeotte che sbarcò Turchi in terra, combattette con loro gran pezzo facendone molta stragge, et uedendosi priuo di monitione di poluere et palle, caricò di nouo gli archibusi con quel poco che gli restaua, sendo uicino ad un bosco, con gli suoi compagni che non erano restati più che otto, si gittò in terra come morto, ond'andando i Turchi per pigliarli, saltorno in piedi, et dopo hauerne ammazzati alcuni, gli altri impauriti dubitando che non li fosse gionto soccorso, si cacciorono a fuggire alla uolta della Galeotta, et intanto Petrino pigliò il camino della banda di Pitigliano, dove anco essendo scoperto, hebbe caccia dalli Commissari Apostolici, et sforzato a restringersi in un boschetto, gli fu bisogno smontare da cauallo, che tolse per strada, et saluarsi a piedi pigliando il camino uerso la terra detta il Monte, doue sono molte macchie nelle quali si nascose, et così ha campata questa volta la vita.

17 Giugno 1581. Non fu vero che Petrino da Spoleti abbia ammazzato il Conte Landi, ma s'intende ch'essendo egli andato per far questo effetto uestito da Pecoraio co' suoi com-

eufs cuits & du fromage & du vin. Ils n'y ont pouint de burre, & servent tout fricassé de huille. Au partir de là, ce mesme jour après disner, nous nous trouvasmes dans la vallée de Spoleto, qui est la plus bele pleine entre les montaignes qu'il est possible de voir,[1] large de deus grandes lieues de Gascouigne. Nous descouvrions plusieurs habitations sur les croupes voisines. Le chemin de cette pleine est de la suite de ce chemin que je vien de dire, du Pape, droit à la ligne, come une carriere faicte à poste.[2] Nous laissâmes force villes d'une part & d'autre; entr'autres sur la mein droite, la ville de TREVI. Servius dict sur Virgile, que c'est *Oliviferaeque Mutiscae*, de quoi il parle Liv. 7. Autres le nient, & argumantent au contrere:[3] tant-y-a que c'est une ville pratiquée sur une haute montaigne, & d'un

pagni fingendo di uoler pigliare ad affitto herbaggi, non essendoli riuscito il disegno, ammazzò alcuni seruitori del detto Conte „.

Petrino, secondo narra il SANSI, pag. 258, " se ne andò in Spagna, donde tornò già vecchio nel 1640, nè la gente lo credeva il vero Petrino, sebbene fosse stato ben riconosciuto da' suoi congiunti. Acquistato il favore dei Farnesi, per introduzione del can. Paolo Leoncilli, maestro di casa di quel cardinale, non solo, essendo scorso più di mezzo secolo, potè assai facilmente acconciare i fatti suoi colla giustizia, ma al Farnese duca di Parma parve cosi savio e valente uomo, che gli diede il governo de' suoi feudi di Leonessa e di Civitavecchia, dov'egli, quantunque vecchio, si riammogliò, e mori di 84 anni il 28 di Giugno del 1650 „.

[1] Il Montaigne è d'accordo con S. Francesco che disse: *Nil jucundius vidi valle mea Spoletana.*

[2] * *Exprès.* — Ital.: *a posta.*

[3] " Trivio, il cui nome e sito, mi fa credere che questa fosse quella terra che Virgilio chiamò *Mutusca*, piena di olive, e che Servio dice che fu poi chiamata *Trebia* e al tempo suo *Trebula*, della quale fa menzione più volte Mar-

endret étandue tout le long de sa pante jusques à mi montaigne. C'est une très-plesante assiete, que cete montaigne chargée d'oliviers tout au tour. Par ce chemin là, nouveau & redressé depuis trois ans, qui est le plus beau qui se puisse voir, nous nous randismes au soir à

FOLIGNO, douze milles. Ville bele, assise sur cet pleine, qui me representa à l'arrivée le plan de Sainte-Foi,[1] quoiqu'il soit beaucoup plus riche, & la ville beaucoup plus bele & peuplée sans compareson. Il y a une petite riviere ou ruisseau, qui se nome Topino. Cete ville s'appelloit antienemant *Fulignium*, autres *Fulcinia*, bastie au lieu de *Forum Flaminium*.[2] Les hosteleries de cete route, où la pluspart, sont comparables aux françoises, sauf que les chevaus n'y treuvent guiere que du foin à manger. Ils servent le poisson mariné et n'en ont guiere de frais.[3] Ils servent des fèves crues par toute l'Italie, & des pois & des amandes vertes, & ne font guiere cuire les artichaux. Leurs aires sont pavés de carreau. Ils atachent leurs beufs par le muffle, à-tout un fer, qui leur perce l'entredeus des naseaus come des buffles. Les mulets de bagage, de quoi ils ont foison & fort

---

ziale, oggi è questo *Trivio* molto pieno d'olivi, ed è negli antichi confini de' Sabini, dove Virgilio pone *Mutusca*„: BIONDO, *op. cit.*, pag. 115.

[1] * *Sainte-Foix en Périgord près du château de Montaigne.*

[2] Foligno viene da *Fulginea* o *Fulginium* o *Fulcinia*: ma *Forum Flaminium* era sulla sinistra del Topino, laddove Foligno fu sempre sulla destra.

[3] L'autor nostro non rammenta il prodotto, per cui anche allora andava rinomata questa città. Il SANSOVINO, *Ritratti delle più nob. e famose città d'Italia*, dice: "Ha nome per tutta Europa, per conto di quella confezione di zuccaro così minuta, che si chiama *fulignata*„. Vedi anche ALBERTI, *op. cit.*, pag. 90.

beaus, n'ont leurs pieds de davant ferrés à notre mode, eins d'un fer ront, s'entretenant tout au tour du pied, & plus grand que le pied. On y rancontre en divers lieus les moines, qui donent l'eau benite aus passans, & en atandent l'aumône, & plusieurs enfans qui demandent l'aumône, prometant de dire toute leur disene de pati-nôtres, qu'ils montrent en leurs meins, pour celui qui la leur aura baillée. Les vins n'y sont guiere bons.

Landemein matin, aïant laissé cete bele pleine, nous nous rejetâmes au chemin de la montaigne, où nous retrouvions force beles pleines, tantost à la teste, tantost au pied du mont. Mais sur le comancemant de cete matinée, nous eusmes quelque tamps un très-bel object de mille diverses collines, revetues de toutes pars de très-beaus ombrages, de toute sorte de fruitiers & des plus beaus bleds qu'il est possible, souvant en lieu si coupé & præcipitus,[1] que c'étoit miracle que sulemant les chevaus puissent avoir accès. Les plus beaus vallons, un nombre infini de ruisseaus, tant de maisons & villages par-ci par-là, qu'il me resouvenoit des avenues de Florance, sauf que ici il n'y a nul palais ny maison d'apparance; & là le terrein est sec & sterile pour la pluspart, là ou[2] en ces collines il n'y a pas un pousse de terre inutile.[3] Il est vrai que la seson du printamps les favorisoit. Souvant, bien louin, au-dessus de nos

[1] * *Précipiteux, escarpé.*
[2] * *Au lieu que.* — Ital.: *laddove.*
[3] " Presso Fuligno v'ha una campagna, la più ampia e e la più amena di tutta l'Umbria „ : BIONDO, *op. cit.*, p. 115. E l'ALBERTI, *op. cit.*, pag. 90: " Passato Fuligno, seguita per la via Flaminia la vaga pianura, che trascorre da Foligno insino a Spoleto, di lunghezza di dodici miglia e circa di quattro in larghezza. Veggonsi da ogni lato della via Flaminia per questa bella pianura fruttiferi campi,

testes, nous voions un beau village, & sous nos pieds, come aus antipodes, un'autre, aïant chacun plusieurs commodités & diverses: cela mesme n'y done pas mauvès lustre, que parmi ces montaignes si fertiles, l'Apennin montre ses testes refrouignées & inaccessibles, d'où on voit rouller plusieurs torrans, qui aïant perdu cete premiere furie, se randent là tost-après dans ces valons des ruisseaus très-plesans & très-dous. Parmi ces bosses, on descouvre & au haut & au bas plusieurs riches pleines, grandes par fois à perdre de veue par certein biaiz du prospect. Il ne me samble pas que nulle peinture puisse representer un si riche païsage. De-là nous trouvions le visage de notre chemin tantost d'une façon, tantost d'un'autre, mais tousiours la voïe très-aisée; & nous randismes à disner à

LA MUCCIA,[1] vingt milles. Petite villote assise sur le fluve de Chiento. De-là nous suivismes un chemin bas & aisé, au travers ces mons, & parceque j'avoi donné un soufflet à notre vetturin, qui est un grand excès selon l'usage du païs, temouin le vetturin qui tua le Prince de Trésignano,[2] ne me voiant plus suivre audict vetturin, & en étant tout à part moi un peu en humur,[3] qu'il fit des informations

ornati di diversi ordini di alberi dalle viti accompagnati, con molti ruscelletti di chiare acque. E non meno scorgesi una gran moltitudine di mandorli e di olivi..... Produce questa amena pianura grano e altre biade, e se ne cavano buoni vini e altri frutti. Certamente cosi per la bellezza come eziandio per la fertilità sua, essa si può annoverare fra i belli e fruttiferi luoghi d'Italia„. E il MISSON, *op. cit.* I, 329: "Cette ville est située dans un Paradis terrestre„.

[1] Comune prossimo a Camerino, quasi distrutto nel 1436 da Francesco Sforza, oggi di 1500 abitanti, che ha per stemma una mano sopra una fiamma, con evidente allusione a Muzio Scevola.

[2] L'edizione in 4°: *Tresignado*

[3] * *C'est-à-dire, inquiet.*

ou autres choses, je m'arretai contre mon dessein (qui étoit d'aler à Tolentino) à souper à

VALCHIMARA,[1] huit milles. Petit village, & la poste, sur ladicte riviere de Chiento. Le Dimanche landemein, nous suivimes tousiours ce valon entre des montaignes cultivées & fertiles, jusques à

TOLENTINO, petite villete, au travers de laquele nous passames, & rancontrames après le païs qui s'applanissoit, & n'avions plus à nos flancs que des petites cropes[2] fort accessibles, raportant[3] cete contrée fort à l'Agenois, où il est le plus beau le long de la Garonne; sauf que, come en Souisse, il ne s'y voit nul chateau ou maison de gentilhome, mais plusieurs villages ou villes sur les côteaus. Tout cela fut, suivant le Chiento, un très-beau chemin, & sur la fin, pavé de brique: par où nous nous randismes à disner à

MACERATA, dix-huit milles. Belle ville de la grandur de Libourne, assise sur un haut en forme aprochant du ront, & se haussant de toutes pars egalemant vers son vantre. Il n'y a pas beaucoup de bastimans beaus. J'y remercai un palais de pierre de taille, tout taillé par le dehors en pouinte de diamans carrée; come le palais du Cardinal d'Este à Ferrare; cete forme de constructure est plesante à la veue.[4] L'antrée de cete ville, c'est une porte neufve, où il y a descrit: *Porta Boncompaigno*, en lettres d'or;[5] c'est de la suite des chemins que ce

[1] *Valcimarra.*

[2] * *Croupes, colines, buttes, monticules.*

[3] * *Ressemblant.*

[4] Questa palazzina, ora Mignardi, già Ferri, e forse fabbricata dai Carboni, con facciata a punte di diamante, esiste ancora: è a due piani oltre il terreno, con tre finestre per piano.

[5] Ora *Barriera di Porta Romana*, essendo stata atterrata l'antica Porta.

Pape a redressés. C'est ici le siege du Legat pour le païs de la Marque.[1] On vous presante en ces routes la cuiton du cru, quand ils offrent leurs vins: car ils en font cuire & bouillir jusques au dechet de la moitié, pour le randre meilleur.[2] Nous santions bien que nous etions au chemin de Lorette, tant les chemins etoint pleins d'alans & venans; & plusieurs, non homes particuliers sulemant, mais compagnies de personnes riches, faisant le voïage à pied, vestus en pelerins, & aucunes avec un'enseigne & puis un crucifix, qui marchoit davant, & eus vetus d'une livrée. Après disner, nous suivismes un païs commun, tranchant[3] tantost des pleines & aucunes rivieres, & puis aucunes collines aisées, mais le tout très-fertile, & le chemin pour la pluspart pavé de carreau couché de pouinte.[4] Nous passames la ville de

RECANATI, qui est une longue ville assise en un haut, & etandue suivant les plis & contours de sa colline; & nous randismes au soir à

LORETTE, quinze milles. C'est un petit village clos de murailles, & fortifié pour l'incursion des

---

[1] Macerata fino al 1623 fu sede di un legato, che avea giurisdizione su tutta la Marca. Negli ultimi tempi però, Ancona, Fermo e qualche altra città avevano ottenuto un governatore speciale, dipendente direttamente da Roma. Abolita nel detto anno la legazione, rimase in Macerata il Governatore Generale della Marca, fino al 1808.

[2] La manipolazione del vino quale l'accenna qui il n. a., va sempre più in disuso. Il vino per tal maniera manipolato è detto *vin cotto*, ed era ed è preferito dal volgo come più spiritoso. Si fa bollire il vino perchè le uve sono scarse di glucosio, e la bollitura si prolunga finchè il vino sia ridotto a un terzo, o alla metà. Ora, per più razionale cultura della vite e miglior scelta delle uve, il *vin cotto* va lentamente sparendo.

[3] * *Coupant.*

[4] * *Ou, comme on dit, posé de champ.*

Turcs,[1] assis sur un plant un peu relevé, regardant
une très-bele pleine, & de bien près la mer Adriatique ou golfe de Venise;[2] si qu'ils disent que, quant
il fait beau, ils descouvrent au delà du golphe les
montaignes de l'Esclavonie: c'est enfin une très-bele
assiete. Il n'y a quasi autres habitans que ceus du
service de cete devotion,[3] come hostes plusieurs, (&
si les logis y sont assés mal propres), & plusieurs
marchans: sçavoir est, vandurs[4] de cire, d'images, de
patenostres, agnus Dei, de salvators, & teles danrées, de quoi ils ont un grand nombre de beles
boutiques & richemant fournies. J'y lessai près de
50 bons escus pour ma part. Les prestres, jans
d'église, & colliege de Jesuites, tout cela est rassemblé en un grand palais,[5] qui n'est pas antien, où
loge aussi un gouverneur, home d'église, à qui on

---

[1] Dacchè i Turchi solevano scorrere l'Adriatico e avevano abbruciato il porto di Recanati, regnando Leone X, Loreto fu cinta di mura casamattate e di fossa, e munita di due torrioni tondi, uno a levante l'altro a ponente, tuttora esistenti, e che fino al 1797 furono armati di artiglierie di bronzo, fuse a Venezia a tempo di papa Leone.

[2] In linea retta l'Adriatico dista da Loreto quasi due miglia e mezzo.

[3] Ai tempi del nostro a. il fabbricato di Loreto si restringeva soltanto dentro la cinta murata, e quindi poteva contenere una popolazione di circa mille anime, ma aveva già il titolo di Castello. Sisto V gli diede quello di Città, aggiungendovi quanto sta al lato nord-ovest.

[4] * *Vendeurs.*

[5] Il Palazzo di S. Casa, che dapprima si chiamò Maggiore, ora è costituito di due bracci, uno ad ovest, ch'è il più corto, e l'altro più lungo, a nord. Di tale fabbrica, veramente grandiosa e di bell'architettura, le cui fondamenta cominciarono a gettarsi poco dopo il 1510 col disegno di Bramante, al tempo del n. a. doveva appena essere terminato il braccio al nord. I Gesuiti, i quali allora formavano il collegio dei Penitenzieri apostolici della

s'adresse pour toutes choses, sous l'autorité du Legat & du Pape. Le lieu de la devotion c'est une petite maisonete fort vieille & chetifve, bastie de brique,¹ plus longue que large. A sa teste, on a faict un moïen², lequel moïen a à chaque costé, une porte de fer³; à l'entredus une grille de fer: tout

chiesa loretana, abitavano l'ultimo piano del Palazzo, come lo abitano tuttora i Penitenzieri dell'ordine dei conventuali di S. Francesco, sostituiti nell'ufficio ai gesuiti da Clemente XIV.

¹ La S. Casa non è fatta di mattoni, ma di lastre di pietra.

² *Nous n' avons pû deviner ce que Montaigne appelle un moyen. Est-ce un mur de face, ou une espèce de portail?* Così l'edit. fr. Noi crediamo che l'a. abbia così senza altro tradotto il vocabolo *tramezzo*, che è quel muro proprio alle antiche chiese, del quale così parla il BORGHINI, *Discorsi*, Firenze, 1755, II, 432: " Generalmente erano in tre parti divise le chiese antiche.... Vicino al mezzo della chiesa era un tramezzo, diviso da cappelle e da muri, ed avea le sue porte, e queste si chiamavano le *Reggi*... come chiamò Dante: *Gli spigoli di quella regge sacra*. E in questo spazio era lecito non solo ai catacumeni, ma ancora agl'infedeli mescolatamente entrare, e fino a un certo termine vedere le cerimonie ed udire le lezioni e le predicazioni, onde chiamarono alcuni questa parte *Auditorio*.... Era perciò in tutti questi tramezzi il pulpito, o come noi diciamo, il Pergamo, onde comodamente si potea predicare al popolo in questa prima parte adunato: ma procedendosi poi a più segreti misteri, che a quella parte che si dice Offertorio cominciavano, erano gl'infedeli e catacumeni licenziati, o pure, chiuse le reggi, se ne restavan fuora e si restringevano i puri cristiani nella seconda parte, ch'era tra le reggi, o vogliam dire questo tramezzo e l'altare: e quivi si celebrava quietamente il resto dei sacri ufizi. Ma quivi aveva altra nuova divisione che chiudeva il Coro e l'Altare, e divideva tutto il Clero e tutti i ministri sacri dal popolo ecc „.

³ Le due porticelle, che a tempo del n. a. erano di ferro, oggi sono di legno dorato davanti, e dietro coperte di lastra metallica.

cela grossier, vieil, & sans aucun appareil de richesse. Cete grille tient la largeur¹ d'une porte à l'autre; au travers d'icelle, on voit jusques au bout de cete logette, & ce bout, qui est environ la cinquieme partie de la grandur de cete logette qu'on renferme, c'est le lieu de la principale relligion. Là se voit au haut de mur, l'image Notre Dame, faicte, disent-ils, de bois²; tout le reste est si fort paré de *vœux* riches de tant de lieus & princes, qu'il n'y a jusques à terre pas un pousse vuide, & qui ne soit couvert de quelque lame d'or ou d'arjant. J'y peus trouver à toute peine place, & avec beaucoup de faveur, pour y loger un tableau dans lequel il y a quatre figures d'arjant attachées: cele de Notre-Dame, la miene, cele de ma fame, cele de ma fille. Au pieds de la miene, il y a insculpé sur l'arjant: *Michael Montanus, Gallus Vasco, Eques Regij Ordinis,* 1581; à cele de ma fame: *Francisca Cassaniana uxor;* à cele de ma fille: *Leonora Montana filia unica;* & sont toutes de ranc à genous dans ce tableau, & la Notre-Dame au haut au devant. Il y a un'autre antrée en cete chapelle que par les deus portes de quoi j'ai parlé, laquelle antrée respont au dehors. Entrant donc par là en cete chapelle, mon tableau est logé à mein gauche contre la porte qui est à ce couin, & je l'y ai laissé très curieusement ataché & cloué. J'y avois faict mettre une chenette & un aneau d'arjant, pour par icelui le pandre à quelque clou; mais ils aimarent mieus l'atacher tout à faict³. En ce petit lieu est la cheminée de

¹ Intendi della lunghezza, non grandezza.
² Vuolsi che sia di cedro del Libano.
³ Naturalmente oggi non vi è, nè trovasi menzionato fra gli oggetti preziosi della S. Casa nella Relazione del Murri stampata nel 1792, innanzi cioè alle depredazioni

cete logette, laquelle vous voiés en retroussant certeins vieus pansiles¹ qui la couvrent. Il est permis à peu d'y entrer; voire par l'escriteau de devant la porte, qui est de metal très-richemant labouré", & encore y a-t-il une grille de fer audavant cete porte, la defance y est que, sans le congé du Gouvernur, nul n'y entre. Entr'autres choses, pour la rarité, on y avoit laissé, parmi d'autres presans riches, le cierge qu'un Turc frechemant y avoit envoïé,³ s'étant voué à cete Nostre-Dame, estant en quelque extreme necessité, & se voulant eider de toutes sortes de cordes. L'autre part de cete casete⁴, & la plus grande, sert de chapelle, qui n'a nulle lumiere du jour⁵, & a son autel audessous de la grille, contre ce moïen duquel j'ai parlé. En cete chapelle, il n'y a nul ornemant, ny banc, ny accoudoir, ny peinture⁶ ou tapisserie au mur: car de soi-mesmes il sert de reliquere. On n'y peut porter nulle espée, ny armes,

francesi. Nella quantità di *voti* che si successero dal 1581, non è difficile a intendersi che quello del Montaigne andasse a raggiungere tanti altri, accumulandosi con essi.

¹ * *Rideaux: pensilia, panni pensiles.*
² Fino a dopo la metà del secolo scorso, il luogo fra l'Altare e il *Santo Camino* non era accessibile, come avvertiva un cartello sopra la porta, se non alle persone munite di permesso del governatore o di chi legittimamente lo rappresentava, sotto pena di scomunica ai contravventori.
³* *Sur ce vœu d'un turc à la sainte Vierge, voyez le Paradis ouvert du p.* Paul de Barri, *j. ch. 9, dévot. 4, p. 231 de la seizième édition, Lyon, 1658.*
⁴ * *Petite maison.* — Ital.: *casetta.*
⁵ La finestra di forma ovale e guernita d'inferriata, che ora esiste sulla volta, vi fu praticata parecchi anni dopo il cominciare del sec. XVIII, per servire allo sfogo del calore e al rinnovamento dell'aria.
⁶ Veramente vi sono sulle mura alcuni avanzi di antiche pitture.

& n'y a nul ordre ny respect de grandur. Nous fismes en cete chapelle-là nos pasques, ce qui ne se permet pas à tous; car il y a lieu destiné pour cet effaict, à cause de la grand'presse d'homes qui ordineremant y communient. Il y a tant de ceus qui vont à toutes heures en cete chapelle, qu'il faut de bon'heure mettre ordre qu'on y face place. Un Jésuite[1] allemant m'y dît la messe, & dona à communier. Il est défendu au peuple de rien esgratigner de ce mur; & s'il etoit permis d'en amporter, il n'y en auroit pas pour trois jours. Ce lieu est plein d'infinis miracles, de quoi je me raporte aus livres; mais il y en a plusieurs & fort recens de ce qui est mésavenu à ceus qui par devotion avoint amporté quelque chose de ce batimant, voire par la permission du Pape; & un petit lopin de brique, qui en avoit été osté lors du concile de Trante, y a été raporté.[2] Cete casete est recouverte & appuiée[3]

---

[1] Ai gesuiti, Gregorio XIII aveva affidato la direzione del Collegio Illirico, da lui fondato in Loreto appunto nel 1531, per raccogliervi trenta alunni delle rive adriatiche e delle provincie danubiane.

[2] È una pietra della grandezza di un mattone ordinario. Conservasi ancora la lettera di Giovanni Soarez, vescovo di Coimbria, colla quale rimandò cotesta pietra, ottenuta per decreto di Pio IV, quando colpito da fiero male fu persuaso da pie persone che ciò era in pena dell'aver tolto parte delle sacre mura.

[3] Veramente la S. Casa non è appoggiata nè collegata con ferri od altro alla marmorea fodera che la circonda, e neanche la volta che la ricopre. È credenza riferita anche dall'ALBERTI, *Descritione di tutta l'Italia*, Venetia, 1577, p. 283, che " le mura non è stato possibile che si siano potute congiungere insieme con quelle di detta cameretta, come chiaramente si vede, dimostrando non esser degne di toccare quelle mura, che sono state toccate dalla madre di Dio „.

par le dehors en carré, du plus riche bastimant, le plus labouré¹ & du plus beau mabre qùi se peut voir; & se voit peu de pieces plus rares & excellantes². Tout autour & audessus de ce carré, est une belle grande église, force beles chapelles tout au tour, tumbeaus, & entr'autres celui du Cardinal d'Amboise³, que M. le Cardinal d'Armaignac⁴ y a mis. Ce petit carré est come le cœur des autres églises; toutefois il y a un cœur, mais c'est dans une encouignure. Toute cete grande église est couverte de tableaus,

[1] * *Travaillé.* — Ital. *lavorato.*
[2] È noto che le sculture eseguite nella fodera marmorea appartengono a Girolamo Lombardo, a Guglielmo della Porta, al Tribolo, al Sansovino, al Rondinelli, al Sangallo, a Raffaele da Montelupo ecc.
[3] Lodovico d'Amboise, nato circa il 1479 dalla famiglia degli altri due porporati dello stesso nome. Giulio II lo fece cardinale col titolo de' SS. Pietro e Marcellino. Morì giovane assai nel 1517 in Ancona, e il suo congiunto d'Armagnac ne fece trasferire il corpo a Loreto. Innanzi all'altare, che sta di prospetto alla porta maggiore della chiesa, al di sotto de' gradini dell'altipiano, circondato dal basamento della cupola, si vede sul pavimento una grand'arma rilevata in bronzo, sostenuta da due leoni di rosso di Verona e decorata d' insegne cardinalizie, pure in bronzo. L'epigrafe sottoposta non è più leggibile: ma forse è questo il sepolcro del cardinale d'Amboise.
[4] Giorgio d'Armagnac nacque in Guascogna nel 1500 di famiglia principesca. Clemente VII gli conferì la chiesa di Rodez, Paolo III l'amministrazione della diocesi di Vabres. Il cristianissimo, che ne faceva gran conto, lo inviò ambasciatore a Venezia ed a Roma, dove Paolo lo elesse cardinale ai 19 dec. 1544. In seguito, Paolo IV gli affidò la chiesa di Lescar, e Pio IV lo trasferì all'arcivescovado di Tolosa: Enrico III lo elesse governatore di tutta l'occitania. Fervente contro gli eretici, e dopo essersi adoperato a ridurne molti e cospicui alla fede, e riconquistato alla chiesa parecchie terre del contado avignonese, nel 1577 fu chiamato al governo della chiesa di Avignone, ove morì nel 1585.

peintures & histoires.[1] Nous y vismes plusieurs riches ornemans, & m'étonai qu'il ne s'y en voïoit encore plus, veu le nom fameus si antienemant de cete église. Je croi qu'ils refondent les choses antienes, & s'en servent à autres usages. Ils estiment les aumones en arjant monoïé à dix mille escus[2]. Il y a là plus d'apparance de relligion, qu'en nul autre lieu que j'aïe veu. Ce qui s'y perd, je dis de l'arjant ou autre chose, digne, non d'être relevée sulemant, mais desrobée, pour les jans de ce metier, celui qui le treuve, le met en certein lieu publique & destiné à cela; & le reprant là, quiconque le veut reprandre, sans connoissance de cause. Il y avoit, quand j'y etois, plusieurs teles choses, patenostres, mouchoirs, bourses sans aveu, qui etoint au premier occupant. Ce que vous achetés pour le service de l'église & pour y laisser, nul artisan ne veut rien de sa façon, pour, disent-ils, avoir part à la grâce : vous ne païés que l'arjant ou le bois, d'aumone & de liberalité bien, mais en verité ils le refusent. Les jans d'église, les plus officieus qu'il est possible à toutes choses, pour la confesse, pour la communion & pour nulle autre chose, ils ne prenent rien. Il est ordinere de doner à qui vous voudrés d'entre eus de l'arjant, pour le distribuer aus pauvres en vostre nom, quand vous serés parti. Come j'étois en ce sacrere, voilà arriver un home qui offre au premier prestre rancontré, une coupe d'arjant en

---

[1] Pitture murali non ve ne sono nè ve ne furono mai, salvo sulla cupola e sulle interne pareti e volte delle cappelle e di due piccole antiche sagrestie, non che sulle volte della nave maggiore, ove lavorò il Signorelli. Ma certamente l'a. vuole parlare degli *ex voto*.

[2] Ai nostri tempi, spesso le elemosine e i doni preziosi hanno raggiunto e talvolta superato le lire 50 mila annue.

disant en avoir faict veu ; & parceque il l'avoit faict de
la despanse de douse escus, à quoi le calice ne revenoit pas, il paya soudein le surplus audict prestre,
qui pleidoit du païemant & de la monnoïe, comme
de chose due très-exactemant, pour eider à la parfaicte & consciantieuse execution de sa promesse;
cela faict, il fit entrer cet home en ce sacrere, offrir
lui-mesme ce calice à Nostre-Dame, & y faire une
courte oreson, & l'arjant le jeta au tronc commun.
Ces examples, ils les voient tous les jours, & y
sont assés nonchalans. A-peine est reçu à doner
qui veut, au moins c'est faveur d'être accepté.

J'y arretai Lundi, Mardi & Mercredi matin; après
la messe, j'en partimes. Mais, pour dire un mot de
l'experience de ce lieu, où je me plus fort, il y avoit
en mesme tamps là Michel Marteau, seigneur de
la Chapelle, parisien,[1] june home très-riche, aveq
grand trein. Je me fis fort particulieremant & curieusemant reciter & à lui & à aucuns de sa suite
l'evenemant de la guerison d'une jambe, qu'il disoit
avoir eüe de ce lieu; il n'est possible de mieus
ny plus exactemant former l'effaict d'un miracle.
Tous les chirurgiens de Paris & d'Italie s'y étoint
faillis. Il y avoit despandu plus de trois mille escus:
son genou enflé, inutile, & très-dolureus, il y avoit
plus de trois ans, plus mal, plus rouge, enflammé,
& enflé, jusques à lui doner la fievre ; en ce mesme

---

[1] *Ce nom de Marteau ne se trouve point dans une* Nomenclature alphabétique des nobles de Paris et provinces voisines *d'environ 15000 noms, manuscrit de la fin du* XVI *siècle.
Ce jeune homme miraculé étoit peut-être fils de quelque homme nouveau, riche maltotier de ce tems-là: car Paris en foisonnoit déja, suivant* Montand et la Chasse aux larrons.
L'abbé Lebeuf *n'en fait non plus aucune mention dans la
notice des quatre villages du nom de la Chapelle, que comprend son* Histoire de la ville et du diocèse de Paris.

instant, tous autres médicamans & secours abandonés, il y avoit plusieurs jours; dormant, tout à coup, il songe qu'il est gueri, & lui samble voir un escler; il s'eveille, crie qu'il est gueri, apele ses jans, se leve, se promene, ce qu'il n'avoit faict onques depuis son mal; son genou désenfle, la peau fletrie, tout autour du genou & come morte, lui tousiours despuis en amandant, sans null'autre sorte d'eide. Et lors il étoit en cet etat d'entiere guerison, etant revenu à Lorette; car c'étoit d'un autre voïage d'un mois ou deus auparavant qu'il étoit gueri, & avoit eté cepandant à Rome aveq nous. De sa bouche & de tous les siens, il ne s'en peut tirer pour certein que cela.[1]

Le miracle du transport de cete maisonete, qu'ils tienent être celle là propre où en Nasaret nasquit Jesus-Christ, & son remuemant premieremant en Esclavonie, & depuis près d'ici, & enfin ici, est attaché à de grosses tables de mabre[2] en l'église, le long des piliers, en langage italien, esclavon, françois, alemant, espaignol. Il y a au cœur, un'anseigne de nos rois pandue, & non les armes d'autre roy.

Il disent qu'ils y voïent souvant les Esclavons[3] à grans tropes venir à cete devotion, aveq des cris,

---

[1] Il sig. de Querlon si maraviglia che lo scrittore degli *Essais* facesse luogo in questa sua descrizione di Loreto a divozioni e miracoli: l'autore di un buon articolo sul Montaigne nella *Revue britannique* del 1859 osserva, a proposito della miracolosa guarigione del giovane parigino " comme il s'agissait d'une guérison et que Montaigne à ce moment n'était pas très-bien portant, il ne serait pas absolument impossible que cet accès de foi ne fût, en somme, qu' un vague besoin d'espérance „.

[2] Queste iscrizioni esistono tuttora.

[3] Non i soli schiavoni, ma pellegrini d'ogni regione, specialmente italiana, traevano a frotte al Santuario di Loreto. Nel sec. XVII così scriveva il LETI, *Italia regnante*,

d'aussi loin qu'ils descouvrent l'église de la mer en hors, & puis sur les lieus tant de protestations & promesses à Nostre-Dame, pour retourner à eus, tant de regrets de lui avoir doné occasion de les abandoner, que c'est merveille. Je m'informai que de Lorette il se peut aler le long de la marine, en huit petites journées, à Naples, voiage que je desire de faire. Il faut passer à Pescara & à la *città* de Chieti, où il y a un *Procaccio*[1] qui part tous les Dimanches pour Naples. Je offris à plusieurs prestres de l'arjant; la pluspart s'obstina à le refuser, & ceus qui en acceptarent, ce fut à toutes les difficultés du monde. Ils tienent là & gardent leur

---

II, 506: " Vi vanno le migliaia di processioni, a segno che il Turcelino scrive che da Pasqua fino a Pentecoste, il concorso è maggiore di 500 mila anime, e un giorno per l'altro se ne comunicano più di 20 mila il giorno in tempi simili: certo è che vi concorre ogni anno più di un milione di persone alla visita di questo tempio „. Uno di questi devoti pellegrinaggi del sec. XVII è descritto con molti particolari dal FILICAJA, *Pellegrinaggio della vener. Compagnia di S. Benedetto bianco alla S. Casa di Loreto*, che nel 1821 fu pubblic. dal Moreni (Firenze, Magheri).

[1] Il *procaccio* o *procaccia* o *procaccino*, portatore di lettere, di robe, e anche di persone da un luogo all'altro, era uno dei mezzi di comunicazione e di trasporto più usitato nei secoli scorsi, e non è del tutto cessato qua e là per brevi distanze, neanche coll'accrescersi delle relazioni postali. Il viaggio coi procacci non era del resto senza diletto, perchè si andava in compagnia, e questa poteva esser varia e buona. Recentemente (per nozze Torlonia-Belmonte) il dott. Navone ha tolto e pubblicato da un cod. del secolo XVII, una poesia spagnola intitolata *Un perchacho que parte de Napoles a Roma*, dove sono introdotti a cantare canzonette del proprio paese, un francese, un portoghese, un veneziano, uno spagnuolo, un napoletano, alleviando per tal modo i disagi del viaggio.

grein dans des caves sous la rue[1]. Ce fut le 25 d'Avril que j'offris mon veu. A venir de Rome à Lorette, auquel chemin nous fumes quatre jours et demi, il me couta six écus de monnoïe, qui sont 50 sols piece, pour cheval, & celui qui nous louoit les chevaus les nourissoit & nous. Ce marché est incommode, d'autant qu'ils hastent vos journées, à cause de la despanse qu'ils font, & puis vous font treter le plus escharsemant[2] qu'il peuvent.

Le 26, j'allai voir le Port à trois milles delà, qui est beau, & y a un fort qui despant de la communauté di Recanati. Don Luca-Giovanni *Beneficiale*[3], et Giovanni-Gregorio da Cailli[4], *Custode de la Sacrestia*, me donnarent leurs noms, affin que, si j'avois affaire d'eus ou pour moi ou pour autrui, je leur escrivisse: ceus-là me firent force courtoisies. Le premier comande à cete petite chapelle, & ne vousit rien prandre de moi. Je leur suis obligé des effaicts & courtoisies qu'ils m'ont faictes de parole.

Ledict Mercredi après disner, je suivis un païs fertile, descouvert, & d'une forme meslée, & me randis à souper à

ANCONA, quinze milles. C'est la maitresse ville de la Marque: la Marque etoit aus latins *Picœnum*. Elle est fort peuplée, & notammant de grecs, turcs,

---

[1] I granaj sotterranei erano specialmente attorno al torrione grande, ora detto *Baluardo del Comune*.

[2] * *Mesquinement.* — Ital: *scarsamente*.

[3] Anche prima che Sisto V erigesse in cattedrale la chiesa di Loreto, oltre i canonici ufficiavano in coro altri sacerdoti detti *Beneficiati*, i quali siedevano e siedono ancora al di sotto degli stalli canonicali e al di sopra degli allora detti *Chierici di coro*, ora *Chierici beneficiati*.

[4] Probabilmente *Cagli*.

& esclavons,[1] fort marchande, bien bastie, costoiée de deus grandes butes, qui se jetent dans la mer, en l'une desqueles est un grand fort par où nous arrivasmes.[2] En l'autre, qui est fort voisin, il y a

[1] Ancona fu sempre per cagione di commercio frequentata da Turchi, Greci e Schiavoni, ossia popoli della Dalmazia. GIULIANO SARACINI, *Notitie historiche della città di Ancona*, Roma, Tinassi, 1675, cosi scrive sotto l'anno 1519: " Venne in Ancona ad abitare gran gente forestiera particolarmente di mercanti Fiorentini, Lucchesi, Senesi, Romani, Veneziani et Urbinati con le loro famiglie; et di Levante vennero Sciotti et altri Greci diversi, mercanti Marani, Hebrei, Levantini, Turchi, Armeni, et dall'isola di Sicilia diverse famiglie, come anco dalla Dalmatia, d'Alemagna, di Francia e di Fiandra.... Li Turchi similmente habitavano in essa città senz'alcun dubbio, andando, stando, tornando nella medesima con più sicurezza che non facevano nelli loro paesi, come lo stesso faceva ancora ogni altra Natione, che in Ancona dimorava, essendo in quel tempo, de' Greci solamente, sopra duecento famiglie venute quivi a stantiare, sustentandosi esse con mercantie, sensarie et altre loro industriose operationi „. Lo stesso autore narra che nel 1529 il Sultano con un suo comandamento diretto a tutti i mercanti del suo regno, impose che per l'avvenire essi andassero direttamente con le loro mercanzie e navili a sbarcare nel porto d'Ancona, e non più nella spiaggia e porto di Recanati, durante ancora la fiera di questa città.

[2] Il Colle Astagno, o Capodimonte, è la cittadella o fortezza. Fino dagli antichissimi tempi in cima a questo monte esisteva una rocca, detta di Santa Caterina. Nel 1348 venne restaurata dai Malatesta; nel 1519 Egidio de' Pistorii da Cortona la circondò di fossati; nel 1521 il Card. Bibbiena vi aggiunse un bastione. Ma i lavori maggiori furono incominciati circa il 1530 per ordine di Clemente VII, sotto pretesto che occorresse alla città una difesa contro i Turchi, e furono continuati e compiuti nel 1532 e 34 per ordine dello stesso pontefice, dopo che questi ebbe a tradimento nel 32 occupato la città e assoggettatala direttamente al governo pontificio, mentre prima si reggeva a Comune sotto l'alto dominio della S. Sede. Sicchè

un'église[1] entre ces deus butes[2]: & sur les pandans d'icelles, tant d'une part que d'autre, est plantée cete ville: mais le principal est assis au fons du vallon & le long de la mer, où est un très-beau port,[3]

l'attuale fortezza, che fu sempre restaurata e migliorata ed ampliata dai pontefici e dai varj governi, che si successero in Ancona sino ai nostri giorni, e intorno alla quale lavorarono il Sangallo, il Pelosi da Siena, il Paciotto, il Tibaldi da Bologna, il Fontana d'Ancona, si ritiene comunemente come fondata da Clemente VII. Ai tempi del Montaigne, si entrava in città, salendo per il Capodimonte, dalla porta che si chiamava, come anche oggi, porta di Capodimonte. L'attuale ingresso per una via spaziosa e piana, lungo il mare, è opera compiuta nel sec. passato sotto Pio VI, e la porta, oggi per l'ampliamento della città diventata un'arco monumentale, si chiamava *Porta Pia*.

[1] La chiesa cattedrale di S. Ciriaco, ch'è posta in cima al colle Guasco, domina la città ed il mare. È una chiesa monumentale di prim'ordine, che risale secondo alcuni al sec. v, secondo altri al ix, e fu ridotta allo stato presente da Margaritone. S. Ciriaco, vescovo di Ancona, martire sotto Giuliano l'Apostata, era il rabino Giuda, che indicò ov'era la croce di Cristo, quando fu ricercata e trovata da S. Elena: e battezzatosi, assunse questo nome. Esso è patrono della città.

[2] La città è fra i due colli estremi, il Guasco sul mare, e l'Astagno che la congiunge col sistema degli Appennini. Fra i due, v'è l'altro detto di S. Cataldo, o de' Capuccini, sicchè si dice che Ancona é fondata su triplice collina. La città è piana verso il mare, ma nella massima parte è in salita.

[3] Il porto, da prima naturale, formato da' due contrafforti del Guasco e dell'Astagno, avanzantisi nel mare assai più che oggi non facciano, fu munito di grandi opere dall'imperatore Trajano, sicchè fu detto essere da lui stato costruito. Il senato e il popolo romano, in segno di grato animo fecero innalzare un arco, disegno di Apollodoro, là dove il nuovo porto incominciava. È un lavoro di disegno e di stile purissimo, un' opera d'arte antica veramente preziosa, che ancora si conserva intatta, essendo

où il se voit encores un grand arc à l'honur de l'amperur Trajan, de sa feme, & de sa seur. Ils disent que souvant en huit, dix, ou douse heures, on trajecte en Esclavonie.¹ Je croi que pour six escus ou un peu plus, j'eusse treuvé une barque qui m'eût mené à Venise. Je donai 33 pistolets pour le louage de huit chevaus jusques à Lucques, qui sont environ huit journées. Doit le vetturin nourrir les chevaus, & au cas que j'y sois quatre ou cinq jours plus que de huit, j'ai les chevaus, sans autre chose que de paier les despans des chevaus & garçons.

Cete contrée est pleine de chiens couchans excellans, & pour six escus il s'y en trouveroit à vandre. Il ne fut jamais tant mangé de cailles, mais bien maigres.

J' arrestai le 27 jusques après disner, pour voir la beauté & assiete de cete ville: à St. Ciriaco,² qui est l'église de l'une des deus butes, il y a plus de reliques de nom, qu'en église du monde, lesqueles nous furent montrées³. Nous ave-

l'Arco spogliato soltanto dei fregj di bronzo dorato e delle statue di Trajano e sua moglie e sorella, che erano sopra l'attico: guasto avvenuto nella invasione saracenica dell'839.

¹ È il tempo che impiega presso a poco un piccolo legno a vela se il vento spira propizio: e quello che poco più, poco meno, impiega oggi un vapore per andare a Venezia.

² La stampa qui e più sotto porta *Creaco*; e negli antichi libri è scritto indifferentemente *S. Ciriaco, Criaco e Creaco*.

³ Nella chiesa cattedrale di S. Ciriaco si conservano molte reliquie di sante e santi, e di cose riguardanti Cristo, come un pezzo del legno della croce, la punta della lancia, un pezzo d'uno de' chiodi della croce ecc. Le dette reliquie si conservano nella parte superiore della Cappella detta della madonna di S. Ciriaco, e si espongono al publico nelle festività della Pasqua, di Natale, e d'Ognis-

rasmes [a] que les cailles passent deça de la Sclavonie à grand foison, & que toutes les nuits on tand des rets au bord de deça, & les apele-t-on à tout cete leur voix contrefaicte, & les rapele-t-on du haut de l'air, où elles sont sur leur passage; & disent que sur le mois de Septambre elles repassent la mer en Sclavonie.[1]

santi. In via di eccezione, e col permesso dell'autorità ecclesiastica, si mostrano ai forastieri di riguardo, come fu fatto al n. a.

[a] *Reconnûmes ou apprîmes avec certitude.*

[1] Anche oggi si fa con gran passione da molti la caccia delle quaglie. Questi volatili vengono dalla Dalmazia e si gettano pei campi di grano. Il gran passaggio nella venuta è nel mese di maggio, e si cacciano con reti, o meglio col fucile; il cane sente l'odore della quaglia, che intimorita *si leva*, ossia si alza a volo, ed è colpita. Raccolto il grano, nel mese di Luglio e anche nell'Agosto, le quaglie riprendono la via del mare, e ritornano in Dalmazia. Nel mese di Settembre la partenza è compiuta, e con essa la caccia.

Oltrechè col fischio e la rete, che è il modo qui ricordato dal n. a., vi sono molti altri modi di far la caccia alle quaglie. "Il primo, dice il SAVI, *Ornitologia italiana*, Firenze, Succ. Le Monnier, 1875, II, 259, è quello del fucile. Il secondo modo è la *lanciatoja*, usandola come per prendere le pernici e le starne. Terzo, la *paratella:* si usa per prendere le quaglie nell'aprile, poco dopo il loro arrivo. È questa una tripla rete, lunga dieci od undici braccia, alta un mezzo braccio o poco più: la rete intermedia è di maglia mezzana, e l'altre due di maglia larghissima, costruita insomma nel modo stesso della *ragna*. Il cacciatore munito di un fischio da quaglie, detto *quagliere*, va poco dopo il levar del sole alla campagna aperta fra i seminati o ne' prati, ed imitando con quel fischio la voce della quaglia femmina, scuopre ove sono i maschi, giacchè immediatamente essi rispondono. Il cacciatore, trovato in tal modo un maschio, con la maggior celerità, ed in silenzio, ficca in terra i due bastoncelli a cui sono attaccate le estremità della rete, così che stia verticale e che il suo lato inferiore tocchi perfettamente la terra. Egli allora

J'ouis la nuit un coup de canon de la Brusse¹, au roiaume & audelà de Naples. Il y a de lieuë en lieuë une tour; la premiere qui descouvre une fuste² de corsere, faict signal à-tout du feu à la seconde vedette, d'une tele vitesse, qu'ils ont trouvé qu'en une heure du bout de l'Italie l'avertissemant court jusques à Venise.³

ritirasi dodici o quindici passi lontano da quel lato della rete opposto al sito, ove sa essere la quaglia maschio, e là, disteso in terra, incomincia nuovamente a fare il fischio della femmina, ad uguali intervalli e colla maggior perfezione; corre il maschio, attraverso le erbe del prato o per i solchi, e pieno del desiderio di trovare questa supposta bella, da cui crede essere invitato, v'incappa e vi resta prigione. Quarto, il *quaglierajo:* comincia questa caccia alla metà d'Agosto. È necesario, per poterla fare, l'aver delle quaglie ingabbiate e che cantino.... Il quinto modo finalmente di prender le quaglie, è quello de' lacci, che si tendono d'ogni stagione „.

Il n. a. disse di aver mangiato gran quaglie; e invero in certi tempi se ne fa gran caccia. " È tremenda, dice il GIGLIOLI, *Avifauna italica*, Firenze, Succ. Le Monnier, 1886, p. 342, la strage che si fa di questi uccelli sulle nostre coste all'epoca del loro arrivo in primavera, allorquando ogni caccia di tal genere andrebbe proibita; dai rivenditori presso il Pantheon di Roma fu detto al Salvatori che fino a 16,000 quaglie erano capitate loro in una mattina; il Buonaparte assserisce che il mercato di questa città ne ha ricevute 20,000 in un sol giorno, e a me risulta che queste non sono cifre massime „.

¹ Dell'Abruzzo.
² *Fuste* si chiamavano le navi dei corsari barbereschi.
³ Tutta la costa dell'Adriatico era infatti munita di torri e fortezze, che la difendevano dalle scorrerie dei barbareschi, e si comunicavano via via i segnali per mettersi in guardia, quando scorgessero le navi o fuste di quelli sul mare. Vedi su ciò il GUGLIELMOTTI, *Storia delle fortificazioni della spiaggia romana*, Roma, Monaldi, 1880. Il sig. D. GASPARI (*Arch. stor. per le Marche e per l'Umbria*, III, art. sulle *Fortezze Marchig. ed Umbre*) così enumera le torri dalla foce del Tronto a Venezia: " In somma nella

Ancone s'apeloit einsin antienemant du mot grec, pour l'encouignure que la mer faict en ce lieu¹; car ses deus cornes s'avancent & font un pli enfoncé, où est la ville couverte par le davant de ces deus testes & de la mer, & encore par derriere d'une haute bute, où autrefois il y avoit un fort.² Il y a encores une église grecque, & sur la porte, en une vieille pierre, quelques lettres que je pense sclavones.³ Les fames sont ici communemant beles,

riviera dell'Adriatico troviamo cinque fortezze principali: Ancona, Fano Pesaro, Comacchio e Ferrara, accerchiate da una quarantina di torri littoranee, cosi per ordine, cominciando dalla foce del Tronto. Prima la torre d'Ascoli, poi di S. Benedetto, di Grottammare, di S. Andrea di Massignano, di Pedoso, di Palma, di porto di Fermo, di S. Elpidio, di Civitanuova, di Montesanto, del porto di Recanati, dell'Aspio, di Umana, di Sirolo, del Cònero, di Portonuovo, dell'Osteria di Fiumasino, la Marzocca, la Bastiona la Marotta, la Guardia, la Castellana, la Fiorenzuola, il Cabicco, la Conca, la Fontanella, la Trinità, la Pedriera, la Bellaria, del Cesenatico, la Candiana, la Primaria, del Bellocchio, del Volano, e finalmente la torre di Goro „. I segnali, dice lo stesso scrittore, " consistevano in fuochi, fumi, antenne, bandiere, spari, a seconda di ciò che erasi convenuto, e a seconda del giorno o della notte „.

¹ La città fu fondata dai Siculi, fu poi ampliata dai greci, sicché qualcuno la disse da essi originata. Certamente ebbe dai greci religione, civiltà, arti, lingua, e forse il nome, da *cubito*. Il PERUZZI nelle *Disertaz. anconet.*: " Io inclino a credere che Akun o Akunum fosse il nome dato da prima alla nostra Ancona dai Siculi fondatori.... pronunziato di poi e vòlto alla loro maniera dai Greci, che sopravvennero. „

² Questo forte era la rocca detta *papale*, fatta costruire dal card. Albornoz, e che venne distrutta a furia di popolo nel 1348, come si narra da ODDO DI BIAGIO nella sua *Chronica de la edificatione et destructione del cassaro anconitano*.

³ I Greci uniti, dimoranti in Ancona per traffico, e formanti come una colonia, chiesero ed ebbero per concessione di Clemente VII nel 1524 la chiesa di S. Maria di

& plusieurs homes honêtes & bons artisans. Après disner, nous suivismes la rive de la mer, qui est plus douce & aisée que la nôtre de l'Ocean, & cultivée jusques tout jouignant de l'eau, & vinmes coucher à

SENIGAGLIA, vint milles. Bele petite ville, assise en une très-bele pleine tout jouignant la mer, & y faict un beau port; car une riviere descendant des mons la lave d'un costé.[1] Ils en font un canal garni & revestu de gros pans[2] d'une part & d'autre, là ou les bateaus se metent à l'abri, & en est l'entrée close. Je n'y vis nulle antiquité;[3] aussi logeames-nous hors la ville, en une belle hostelerie, qui est la seule de ce lieu.[4] On l'apeloit antienemant Porta Cipriana, detta anche di S. Anna, per uso loro, e per officiarla col rito greco. Ed oggi, sebbene non sia più loro, e qualche volta venga officiata col rito latino, comunemente si chiama S. Anna greca. Al di d'oggi non resta l'iscrizione ricordata dal n. a.

[1] Prima che si costruissero i due moli che ora vi si vedono, e, finché lo sbocco della Misa era volto verso Fano, il porto si apriva quasi in forma di piccolo golfo. Ai tempi del n. a. il Rione Porto, ossia la parte di là dal ponte levatojo odierno, non era ancora cinto di mura, e quindi non era compreso nella città, che perciò egli vide circondata d'acque da un solo lato.

[2] Bisogna intendere *pans de bois*, perchè in questi tempi le sponde del canale erano rivestite soltanto di grossi pali o palizzate, le quali dal card. Marazzani nel 1670 furono sostituite con opere in materiale. L'entrata, come in molti porti, era realmente chiusa con catene.

[3] Il n. a. non poteva vedervi antichità, perchè la città primitiva fu distrutta, nè le rovine romane erano state diseppellite. " Non restano a Senigaglia, dice il MARGUTTI, *Senigaglia e i suoi contorni*, Fano, Lana, 1877, pag. 41, dell'età romana che poche iscrizioni, alcune delle quali si veggono murate nel palazzo comunale „.

[4] L'albergo *della Posta* una volta era compreso nel

Senogallia, de nos ancetres qui s'y plantarent, quand Camillus les eut batus;[1] elle est de la juridiction du Duc d'Urbin.[2] Je ne me trouvois guiere bien. Le jour que je partis de Rome, M. d'Ossat[3] se promenant aveq moi, je vousis saluer un autre jantilhome: ce fut d'une tele indiscretion,[4] que de mon pousse droit j'allai blesser le couin de mon euil droit, si que

rettangolo dell'antichissime mura (1264); poi fu lasciato fuori, per le fortificazioni fatte da Sigismondo Malatesta nel 1454 e poi da Guidubaldo II, e vi si accedeva per una porta aperta da quest'ultimo.

[1] Ma Senigaglia molto probabilmente esisteva prima di cotesti tempi.

[2] Guidubaldo II della Rovere fortificò Senigaglia e cinse di mura il borgo del Porto.

[3] Arnaldo d'Ossat nacque in bassa fortuna nel 1536 a Laroque in Magnoac. Rimasto orfano fu allevato ed educato per carità, e fece ben presto progressi tali negli studj a Parigi e a Bourges, da meritarsi l'attenzione di Paul de Foix consigliere del parlamento, ch'egli accompagnò nella sua missione in Italia; ed essendo stata messa in dubbio l'ortodossia di lui, il d'Ossat lo difese con una sua scrittura indirizzata al Pontefice. Nell'81 tornando il De Foix ambasciatore al papa, scelse a suo segretario il D'Ossat, che forse aveva già avuto gli ordini sacri, e che intanto prese gran pratica negli affari di stato. Morto il suo protettore, entrò nelle grazie del card. d'Este e poi in quelle del card. de Joyeuse, e rimasto in Roma, servì fedelmente Enrico III e poi Enrico IV, sollecitando la riconciliazione di quest'ultimo colla Santa Sede, avvenuta la quale ei fu nominato consigliere di Stato e Vescovo di Rennes. Ebbe gran parte in affari e negcziazioni diplomatiche in servizio del suo re, e il più delle volte riuscì a condurle felicemente a termine. Conseguì il cappello cardinalizio nel 1599, e poi il Vescovado di Bayeux, ma fu odiato e perseguitato da Sully. Morì il 13 Marzo 1604. Le sue *Lettere* diplomatiche furono un tempo come il manuale degli ambasciatori e politici, e conservano tuttavia importanza storica.

[4]* *C'est-a-dire, étourderie ou vivacité.*

le sang en sortit soudein, & y ai eu longtamps une rougeur extreme; lors elle se guerissoit: *Erat tunc dolor ad unguem sinistrum.*

J'obliois à dire, qu'à Ancone, en l'Eglise de St. Ciriaco, il y a une tumbe basse d'une *Antonia Rocamoro, patre: matre, Valletta: Galla, Aquitana: Paciocco Urbinati, Lusitano nupta,* qui est enterrée depuis dix ou douze ans.[1]

Nous en partismes bon matin, & suivismes la marine par un très-plesant chemin jouignant nostre disnée; nous passames la riviere Metro, *Metaurus*, sur un grand pont de bois, & disnames à

FANO, quinze milles. Petite ville en une bele & très-fertile pleine, jouignant la mer, assés mal bastie, bien close. Nous y fumes très bien tretés de pein, de vin & de poisson; le logis n'y vaut guiere. Ell'a cela sur les autres villes de cete coste, come Senigaglia, Pesaro & autres, qu'elle a abondance d'eaus douces, plusieurs fontenes publiques & puis particulieres, là où les autres ont à chercher leur eau jusques à la montaigne. Nous y vismes un grand arc antien, où il y a un' inscription sous le nom d'Auguste, *qui muros dederat.*[2] Elle s'apelloit *Fanum*, & étoit *Fanum Fortunae.*

[1] L'iscrizione non esiste più in duomo; però venne conservata da un antico ms., che contiene le iscrizioni sparse per la città, e che trovasi nell'arch. della cattedrale. Trascriviamo da esso l'iscrizione così come vi è riferita: " *Antoni a Rocamoro Patre Valeta Matre Clarissimi etiam aves majoribus ortuque Aquitane Franciscus Paciotto Urbinati Lusitanoque Cristi Ordinis equiti nupsit continenterque Annis* XI *masculos unde nos enixit* XXVII *aetatis Anconae occubuit. Uxori casti ac frugi maestus gratusque vir posuit* MDLXXII „. È la moglie del celebre ingegner militare F. Paciotto.

[2] Eretto ad onore di Augusto, restaurato ed ampliato a' tempi di Costantino, ed a lui parimenti dedicato. Federigo da Montefeltro, duca di Urbino, stringendo d'assedio

Quasi en toute l'Italie, on tamise¹ à tout des roues, où un boulanger fait plus de besouigne en un'heure que nous en quatre. Il se treuve quasi à toutes les hosteleries des rimeurs, qui font sur le champ des rimes accommodées aus assistans. Les instrumans sont en toutes les boutiques, jusques aus ravaudurs des carrefours des rues.

Cete ville est fameuse sur toutes celes d'Italie, de belles fames:² nous n'en vismes nulle, que très-ledes; & à moi qui m'en enquis à un honête-home de la ville, il me dit que le siecle en estoit passé. On païe en cete route environ dix sous pour table, vint sous par jour pour home, le cheval pour le louage & despans environ 30 s.: sont 50 s. Cete ville est de l'Eglise. Nous laissames sur cete mesme voïe de la marine, à voir un peu plus outre, Pesaro, qui est une bele ville & digne d'être veuë, & puis Rimini, & puis cet'antiene Ravenne; & notammant à Pesaro un beau bastimant & d'étrange assiete, que faict faire le Duc d'Urbin, à ce qu'on m'a dict³: c'est le chemin de Venise contre bas. Nous

---

per comando di Pio II, la città di Fano, nel 1463, cagionò orribili guasti a quest'arco, specie atterrandone colle artiglierie la parte superiore, innalzata ad onore di Costantino. L'ingegnere POMPEO MANCINI pubblicò nel 1829 una *Illustrazione dell'Arco di Augusto in Fano*, con una *Lettera archeologica del Sig.* B. BORGHESI *al Sig. March. Antaldo Antaldi*, Pesaro, Nobili.

¹ * *La farine.*

² Proverbiale è la bellezza delle donne di Fano, e anche il SANSOVINO scrive: " Le donne, secondo la fama, vi sono belle e formose „.

³ Certamente la villa della *Vedetta*, così chiamata perchè da essa si domina l'Adriatico. La fece edificare il duca Francesco Maria, in modo che avesse, come dice l'AGOSTINI nelle *Giornate Soriane* (cod. oliveriano, 191), " quattro eguali prospettive „. La fabbrica che costò

laissames la marine, & primes à mein gauche, suivant une large pleine, au travers de laquele passe *Metaurus*. On descouvre partout d'une part & d'autre des très-beaus couteaus, & ne retire pas mal le visage de cete contrée à la pleine de Blaignac à Castillon.¹ En cete pleine, de l'autre part de cete riviere, fut donée la bataille de Salinator & Claudius Nero contre Asdrubal, où il fut tué.² A l'antrée des montaignes qui se rancontrent au bout de cete pleine, tout sur l'antrée, se treuve

FOSSOMBRONE, quinze milles, appartenant au Duc d'Urbin: ville assise contre la pante d'une montaigne, aïant sur le bas une ou deus beles rues fort droites, égales & bien logées; toutefois ils disent que ceus de Fano sont beaucoup plus riches qu'eus. Là il y a sur la place un gros piédestal de mabre, aveq une fort grande inscription, qui est du tamps de Trajan, à l'honur d'un particulier habitant de ce lieu³,

---

36 m. scudi, fu ideata e forse cominciata nel 1572: nell'84, come si ricava dal cit. autore, non era ancora finita: forse ne fu architetto il pesarese colonnello Girolamo Arduino, noto per la parte che come soldato e ingegnere ebbe nelle guerre di Fiandra. Oggi è distrutta.

¹ * *Dans le Périgord, non loin de la Dordogne.*

² Ciò concorda colle conclusioni, cui dopo un accurato esame della narrazione di Tito Livio e d'altri scrittori, come de' luoghi dai medesimi descritti, giunge il MARCOLINI nella sua *Lettera al Can. D. Alessandro Billi da servire di Appendice al Ricordo storico di Saltara e Bargni* (Fano, Lana, 1886), cioè che il combattimento seguisse, nella parte più importante e decisiva, tra Fano e Fossombrone, e precisamente intorno alle colline di Montemaggiore e Montebello.

³ Cajo Edio Vero. Eccone i titoli, tolti all'iscrizione ricordata dal n. a. Fu della tribù Clustumina e godè l'onore dell'*equo publico*, cioè del cavallo mantenuto a pubbliche spese: prefetto dell'ala indiana, tribuno della seconda legione traiana, prefetto della seconda legione

& un'autre contre le mur qui ne porte nulle enseigne du tamps.[1] C'étoit antienemant *Forum Sempronij*; mais ils tienent que leur premiere ville étoit plus avant vers la pleine,[2] & que les ruines y sont encores en bien plus bele assiete. Cete vile a un pont de pierre[3] pour passer le *Metaurus, per viam Flaminiam*. Parceque j'y arrivai de bon'heure, (car les milles sont petites, & nos journées n'étoint que de sept ou huit hures à chevaucher), je parlai à plusieurs honetes jans, qui me contarent ce qu'ils savoint de leur ville & environs. Nous vismes là un

---

dei Lingoni, duumviro, duumviro quinquennale, questore, flamine patrono del suo foro di Sempronio: cosi quatuorviro quinquennale, quatuorviro edile, pontefice di Pitino Mergente. Gli fu eretta una statua a spese dei duumviri e decurioni fossombronesi. Il piedistallo ricordato dal n. a. non ha una sola iscrizione, ma due, più volte stampate nelle raccolte epigrafiche. Il piedistallo trovasi ora a piè delle scale della pubblica Biblioteca Passionei.

[1] Non possiamo congetturare a quale iscrizione precisamente accenni il Montaigne, essendone più d'una, fin dal sec. XV, posta sulla pubblica piazza.

[2] Sorgeva a un miglio dall'attuale città, a oriente, verso Fano, nella pianura detta di S. Martino. LEANDRO ALBERTI che visitò Fossombrone nel 1530, vide le ruine del *Forum Sempronii*, secondo egli riferisce nella sua opera. Più tardi le vide, fra gli altri, il CIMARELLI e ne discorse nelle *Historie dell'Umbria Senonia*, Brescia, Sabbi, 1643, p. 118. Nel 1879 e nel 1880 si fecero scavi in quell'antica area per cura del Ministero della Pubblica Istruzione: de' quali vedi la Relazione nelle *Notizie degli Scavi d'Antichità* (marzo e ottobre 1879, decembre 1880). Nel fascic. del decembre 1880 si pubblicò una parte d'iconografia dell'antica città.

[3] Questo ponte di cinque arcate, eretto nel 1292 da Palmulo, podestà di Fossombrone, rovinò per una piena nel 1765. Ne fu costruito un altro, di un solo arco e di snellissima architettura: opera del Marchionni.

jardin du Cardinal d'Urbin,[1] & force pieds de vigne entés d'autre vigne. J'entretins un bon home faisur de livres, nomé Vincentius Castellani,[2] qui est de là. J'en partis landemein matin, & après trois milles de chemin, je me jetai à gauche, & passai sur un pont *la Cardiana*,[3] le fluve qui se mesle à *Metaurus*,

[1] Giulio, figlio di Francesco Maria I della Rovere e di Eleonora Gonzaga, nato nell'aprile del 1533. Non ancora compiti 13 anni, il 27 Luglio 1547 fu da Paolo III creato cardinale; di 15 ebbe il titolo di legato nell' Umbria, che sostenne sotto Paolo III, Giulio III e Pio IV. Nel 60 fu fatto arcivescovo di Vicenza, dove si mostrò molto severo coi sospetti di eresia. Dalla chiesa di Vicenza fu trasferito a quella di Urbino, poi a quella di Ravenna, e nel 73 alla suburbicaria di Sabina; finalmente l'anno dopo a Palestrina. Fatto nel 73 protettore della basilica lauretana, fondò a Loreto una biblioteca, vi edificò un ampio spedale, e alla sua morte lasciò alla famosa sagrestia tutta la sua privata suppellettile sacra. Mori in Fossombrone ai 3 settembre del 1578, e fu sepolto nella Chiesa di S. Chiara in Urbino.

[2] Elegante latinista, scrisse e pubblicò: *De officio regis* (Marburgi, apud Paulum Egenolphum, 1597), *De Bello melitensi* (Pisauri, ap. Hieron. Concordiam, 1566), *in C. Sallustii librum de Conjuratione Catilin. Commentarius* (Bononiae, 1544), *in Bellum jugurtinum* (Bononiae, 1554, ristamp. a Basilea, 1564). Hannosi pure alle stampe alcuni suoi versi latini, ed una sua dissertazione *de Foro Sempronio* fu nel passato secolo pubblicata dal Colucci nelle sue *Antichità Picene*. Alcuni suoi manoscritti sono serbati nella Bibl. Passionei. Viaggiò in Italia e fuori, insegnò belle lettere in Ancona e in patria, ove morì nel 1601.

[3] Scorre in mezzo alle gole del Furlo (lat. *Forulus*) e chiamasi *Candiano* o *Candigliano*, detto anche *Gauno* dal Card. Adriano nella descrizione del viaggio di Giulio II:

Hinc ad aquas lanias (Aqualagna) *perreximus, unde Metaurus
   Confusus Gauno foruli spectacula praebet,*

e dall' Ariosto (c. XLIII) laddove dice che Rinaldo

*Pel monte che il Metauro e il Gauno fende
   Passa Apennino, e più non l'ha a man dritta.*

L'Ariosto è incerto nell'attribuire il vero nome al fiume

& fis trois milles le long de aucunes montaignes & rochiers sauvages, par un chemin etroit & un peu mal' aisé, au bout duquel nous vismes un passage de bien 50 pas de long, qui a été pratiqué au travers de l'un de ces haus rochiers [1]; & parceque c'est une grande besouigne, Auguste, qui y mit la mein le premier, il y avoit un'iscription en son nom,[2] que

---

del Furlo (trascorso il quale si mescola col Metauro), perchè in antico, *Metauro* è stato detto, e lo stesso Card. Adriano lo ripete, anche il fiume che bagna lo stesso Furlo, trovandosene esempio in CLAUDIANO al v. 501 del panegirico del sesto consolato di Onorio:

Despiciturque vagus praerupta valle Metaurus,
Qua mons arte patens vivo se perforat arcu,
Admisitque viam sectae per viscera rupis.

[1] È il passo del *Furlo*, ov'è indirizzata la Via Flaminia; a cinque miglia da Fossombrone, a dieci circa da Cagli. Negli antichissimi tempi traverso la roccia fu aperta una piccola galleria che, quantunque otturata, tuttavia si vede: la quale poscia si abbandonò per girare, sebbene con gravi pericoli, attorno alla rupe. L'Imperatore Vespasiano nell'anno 73 dell'e. v., come raccogliesi dall'iscrizione incavata nella roccia dal lato di Fossombrone, aprì una nuova galleria, che ha m. 38,30 di lunghezza. m. 5,35 di larghezza media, m. 5,31 d'altezza. Da questa galleria venne alla montagna l'appellativo di *Petra pertusa;* in questo modo è ricordata, fra i più antichi, da Sesto Aurelio Vittore; e nell'Itinerario gerosolimitano e nella tavola peutingeriana una stazione *(mutatio)* al Furlo è così significata: *Ad intercisa* (saxa). L'ARIOSTO pure ricordò il Furlo nel Capitolo: *Del bel numero vostro* ecc.

[2] Dal lato di Cagli sulla roccia è un incavo destinato ad accogliere un'iscrizione: questa, di cui non havvi memoria, suppone il Montaigne fosse dedicata ad Augusto, forse perchè quest'imperatore ebbe cure speciali per restaurare la via Flaminia. Poichè, mentre commise ad uomini pretorj il restauro delle altre vie d'Italia, si tolse su di sè l'incarico di riattare la Flaminia: *desumpta sibi Flaminia Arimino tenus*, come narra SVETONIO (*Vit. Aug., 30*).

le tamps a effacée, & s'en voit encores un'autre à l'autre bout, à l'honur de Vespasien. Autour de là il se voit tout plein de grans ouvrages des bastimans du fons de l'eau,¹ qui est d'une extreme hautur, audessous du chemin, des rochiers coupés & aplanis d'une espessur infinie, & le long de tout ce chemin, qui est *via Flaminia*, par où on va à Rome, des traces de leur gros pavé, qui est enterré pour la pluspart, & leur chemin qui avoit 40 pieds de large n'en a plus que quatre.² Je m'étois détourné pour voir cela, & repassai sur mes pas pour reprandre mon chemin, que je suivis par le bas d'aucunes montaignes accessibles & fertiles. Sur la fin de notre trete, nous comançames à monter & à descendre, & vinmes à

URBIN, seize milles. Ville de peu d'excellence, sur le haut d'une montaigne de moïene hautur, mais se couchant de toutes parts selon les pantes du lieu, de façon qu'elle n'a rien d'esgal, & partout il y a à monter & descendre. Le marché y estoit, car c'étoit Sammedi. Nous y vismes le Palais qui est fort fameus pour sa beauté³: c'est une grand'masse, car

---

¹ Veggonsi ancora queste antiche muraglie, di varia altezza, e in varj luoghi, lungo la gola del Furlo. Quella presso la galleria ha da 16 a 20 m. d'altezza.

² Ora si è molto allargata la via, e ne' lavori condottivi a tale scopo, sono riapparse le tracce dell'antico lastricato, del quale tocca l'a. n.

³ Il palazzo ducale eretto da Federigo da Montefeltro coi disegni, principalmente, di Luciano di Laurana. Par certo che anche Baccio Pontelli avesse parte in quella costruzione, dacchè in una lapide posta sopra le sue ossa, e già esistente in S. Domenico d'Urbino, egli era appellato architetto del palazzo ducale. La fabbrica costò un 200 m. scudi, e il PROMIS, *Tratt. di Architett. di G. Martini*, 1, 24, dice che "se non fu il più bel palazzo del suo secolo,

elle prant jusques au pied du mont. La veue s'étant
à mille autres montaignes voisines[1], & n'a pas beaucoup de grace. Come tout ce bastimant n'a rien de
fort agreable ny dedans ny autour[2], n'aïant qu'un
petit jardinet de 25 pas ou environ[3], ils disent qu'il
y a autant de chambres que de jours dans l'an[4]; de
vrai, il y en a fort grand mombre, & à la mode de
Tivoli & autres palais d'Italie. Vous voiés au travers d'une porte souvant 20 autres portes, qui se
suivent d'un sans, & autant par l'autre sans, ou
plus. Il y avoit quelque chose d'antien, mais le principal fut basti en 1476[5], par Frederic Maria de la
Rovere[6], qui a leans plusieurs titres & grandurs de ses

fu il più lodato „. Di esso vi ha una bella descrizione di
B. BALDI: vedila in *Versi e prose*, Firenze, Le Monnier, 1859,
pag. 538 e segg.

[1] " Vi sono fughe di porte e rincontri bellissimi e vedute di finestre molto vaghe, dalle quali si sguarda, per
la comodità del sito, la campagna e le montagnette non
molto lontane „: BALDI, *op. cit.*, p. 550.

[2] " Ha questo palazzo ornamenti non barbari nè gotici,
nè meno capricciosi e moderni, ma simili agli antichi e
fra gli antichi, non ha quelli che s'usavano da' capricciosi,
ma da' buoni, e che nelle buone fabbriche erano comunemente in uso. Di qui nasce una certa maestà ed un certo
decoro, del quale i giudiziosi godono, ed i capricciosi medesimi non hanno di che dolersi „: BALDI, p. 573.

[3] Trattasi forse del giardino pensile, descritto e magnificato dal BALDI, p. 567.

[4] Fiaba ripetuta d'altri palazzi, e, ad esempio, per non
andar molto lungi da Urbino, del palazzo dei Conti di
Carpegna.

[5] Il diploma pubblicato dal GAYE, con cui Federigo nomina Luciano architetto del palazzo ducale, è degli 11
Giugno 1468, ma per testimonianza d'altri scrittori, sembra che anteriormente a quel tempo se ne fosse cominciato il lavoro.

[6] Ognun sa che Federigo, e non Federigo Maria, era da
Montefeltro e non della Rovere. È nota la vita che ne
scrisse il BALDI.

charges & exploits de guerre[1]; de quoi ses murailles sont fort chargées, & d'une inscription qui dict que c'est la plus bele maison du monde.[2] Ell'est de brique, toute faicte à voutes, sans aucun planchier, come la pluspart des bastimans d'Italie[3]. Cetui-ci est son arriere neveu[4]; c'est une race de bons princes & qui sont eimés de leurs sujets. Ils sont de pere en fis tous jans de lettres, & ont en ce palais une bele librairie[5]; la clef ne se treuva pas. Ils ont

[1] Nel cortile e precisamente nel cornicione superiore leggesi a grandi caratteri: *Federicus Urbini Dux, Montis Feretrii ac Durantis Comes, Sanctae Romanae Ecclesiae Gonfalonerius, atque Italicae Confederationis Imperator, hanc domum a fundamentis erectam gloriae ac posteritati suae exaedificavit.* E nel cornicione inferiore: *Qui bello pluries depugnavit, sexies signa contulit, octies hostes profligavit, omniumque praeliorum victor dictionem auxit. Ejusdem justitia, clementia, liberalitas et religio, pace victorias aequarunt ornaruntque.*

[2] Quest'iscrizione non si sa che abbia mai esistito, ma codesta era comune e vulgata lode, onde il CIMABELLI chiama il palazzo d'Urbino " l'ottava meraviglia del mondo „ al quale " ogni altra struttura d'Italia cede „.

[3] Sulla fabbrica del palazzo e sui materiali adoperati, così il BALDI; "Egli è fabbricato tutto di mattoni e calce perfettissima: e de' mattoni, le parti di fuori sono arrotate e pulite di maniera, che fanno parere la muraglia quasi tutta d'un pezzo, e bellissima a vedere.... Le logge, le sale, le camere tutte sono in volte di mattoni e doppie, e fatte con artifizio così mirabile, che non si vede in una fabbrica così grande pure una chiave di legno o di ferro.... Non si vedono in questo palazzo soffittati di legno, come quelli che presto si affumano, si tarlano e sono soggetti a mille pericoli di fuoco „: *op. cit.*, p. 549-50

[4] Francesco Maria II della Rovere, sesto ed ultimo duca d'Urbino (1549-1631).

[5] La libreria fu fondata con spesa di oltre 30 m. ducati da Federigo. Di essa dice VESPASIANO DA BISTICCI, che ebbe gran parte a formarla: " In questa libreria tutti i libri sono belli, tutti iscritti a penna e non ve n'è ignuno

l'inclination espaignole¹. Les armes du roy d'Espaigne se voient en ranc de faveur, & l'ordre d'Engleterre & de la Toison, & rien du nôtre. Ils produisent eus mesmes, en peinture, le premier Duc d'Urbin, june home qui fut tué par ses sujets pour son injustice: il n'etoit pas de cete race². Cetui-ci a épousé la sur de M. de Ferrare, plus vieille que lui de dix ans. Ils sont mal ensamble & séparés, rien que pour la jalousie d'elle, à ce qu'ils disent. Einsin, outre l'eage d'elle, qui est de 45 ans, ils ont peu d'esperance d'enfans: qui rejetera, disent-ils, cete duché a l'église, & en sont en peine³. Je vis là

a stampa, che se ne sarebbe vergognato, tutti miniati elegantissimamente.... Di tutti quei scrittori così sacri come gentili non ci manca una carta sola delle opere loro, che non sia finita (*Vite di uom. ill. del sec. XV*, Firenze, Barbéra e Bianchi, 1859, p. 95 e seg.) „. Il Valentino trasportò la libreria nella rocca di Forlì: Giulio II la fece ritornare in Urbino. L'ultimo duca lasciò gli stampati al Convento de' Minori in Casteldurante, i manoscritti alla città d'Urbino. Alessandro VII se li fece donare per la Vaticana, e al Comune, indebitato, diede 10 m. scudi. Il Catalogo portava 1704 manoscritti latini e 165 greci. La libreria urbinate fu così aggregata alla Vaticana nel 1658 *ad tutiorem custodiam et perpetuitatem*. Vedi in proposito ANT. VALENTI, *Memorie Critiche sul trasferimento della Bibl. ducale d'Urbino a Roma*, Urbino, Rocchetti, 1878.

¹ Francesco Maria era tutto Spagnuolo. Nel 1582 ebbe dal Cattolico una condotta di 12 m. scudi d'oro l'anno, e il Toson d'oro nell'85.

² Oddantonio di Montefeltro, creato duca nel 1443 da Eugenio IV, fu ucciso ancor diciottenne nel 44 per la sua dissolutezza e tirannia, per opera principalmente d'un Serafini cui aveva insidiato la moglie. Gli successe Federigo, suo fratello naturale, che fu gran principe e gran capitano.

³ Lucrezia d'Este, nata il 16 decembre 1535, sposata nel gennaio 1570 al principe Francesco Maria, " con poco gusto di esso Francesco, dice egli stesso in certe sue Memorie della propria vita, manoscritte nella Nazionale di Firenze,

l'effigie au naturel de Picus Mirandula. Un visage

poichè l'età di lei era tale che potevagli esser madre,,. Vi erano infatti tra loro dodici anni di differenza. Sposatala per ubbidire il padre, Francesco Maria le mostrò subito l'avversione che nutriva per lei, lasciandola a Ferrara pochi giorni dopo il matrimonio, tanto che, non tornando egli a riprenderla, un anno dopo Lucrezia si fece accompagnare dallo zio a Pesaro. Poco appresso il principe andò in Levante a combattere i Turchi, e Lucrezia ritornò a Ferrara, dove anche negli anni successivi fece replicati e lunghi soggiorni. Pare che cercasse ristoro dalla freddezza del marito nella corte assidua che le faceva il ferrarese Ercole Contrari, di nobilissima famiglia: sicchè il fratello duca Alfonso, nell'agosto del 75, fattosi venire innanzi cotesto gentiluomo, senz'altro lo fece strangolare. Della qual cosa molto si dolse Lucrezia, e ne portò vivo e durevole rancore allo zio Don Alfonso, che sospettò aver della tresca istruito il duca. Tornò poi a Pesaro, ma ivi l'attendeva altro vitupero. Il marito, o a caso o per vendetta, le comunicò un male vergognoso, del quale guarì per le cure del Brasavola, restando però infermiccia sempre, e desiderosa di vendetta. I conjugi separati di fatto, nel 78 si separarono di diritto per accordo conchiuso da tre cardinali. Ma la corte di Ferrara ove si ritirò, non fu soggiorno quieto e piacevole a Lucrezia, cui le sventure avevano inacerbito l'indole altera. La cognata l'odiava, non l'amava il fratello, contro lo zio e il figlio d'esso, Don Cesare, aveva antico astio. Alternò il tempo fra gli svaghi, le pratiche di devozione e le macchinazioni contro il probabile successore del fratello. Forse temeva che, venendo il potere ducale a Don Alfonso o a Don Cesare, le sarebbe stato necessario tornare a Pesaro. Preparò dunque la via alla dominazione ecclesiastica. Alfonso morì quasi improvvisamente nel 97, e Lucrezia ch'era a Reggio tornò precipitosa a Ferrara. Don Cesare fu, dicesi, consigliato di farla morire, ma nol fece; anzi quando si mossero le armi papali confortate dalla scomunica, si pose nelle mani di lei, da lei sperando, se non altro, migliori condizioni. A lei invece parve giunto il momento di vendicarsi, e quantunque malata e disfatta e nel cuor del verno, si recò in Faenza presso il card. Aldobrandini, e con lui conchiuse quella convenzione (13 genn. 1598) che spogliò

blanc, très-beau, sans barbe, de la façon de 17 ou
18 ans, le nés longuet, les yeus dous, le visage
maigrelet, le poil blon, qui lui bat jusques sur les
espaules, & un estrange acoutremant[1]. Ils ont en
beaucoup de lieus d'Italie cete façon de faire des vis[2],
voire fort droites & etroites, qu'à cheval vous pouvés
monter à la sime; cela est aussi ici avec du carreau
mis de pouinte. C'est un lieu, disent-ils, froid, & le
Duc faict ordinere[3] d'y estre sulement l'esté[4]; pour
prouvoir à cela, en deus de leurs chambres, il s'y voit
d'autres chambres carrées en un couin, fermées de
toutes pars, sauf quelque vitre qui reçoit le jour de

la casa d'Este del dominio di Ferrara, e fece tornar questa
città alla Chiesa. Restituitasi a Ferrara, vi mori quasi subito, ai 12 di Febbraio, lasciando per testamento erede di
tutti i suoi beni d'Italia il card. Aldobrandini, il che diede
argomento e legittimo pretesto a supposizioni non ono-
revoli nè per lui nè per lei. Il marito nel suo diario
scrive: " Intesi come alle 11 era morta in Ferrara Lucrezia
d'Este mia moglie „: non altro. Mori a 62 anni, lunge ormai da quella matura bellezza, che il Tasso cantò splendidamente in un suo sonetto: dopo una vita non lieta, e
che forse neppure la vendetta allegrò. " Non sappiamo,
dice ottimamente il CAMPORI nel suo scritto a lei dedicato
(*Torquato Tasso e gli Estensi* § III, in *Atti e Memorie della
Deputaz. di St. patr. moden. e parm.*; 1884), qual altra
principessa sia riuscita al pari di Lucrezia funesta alle
famiglie alle quali appartenne per nascita e per matrimonio: imperocchè la mancanza in lei della prole fosse
cagione che si estinguesse la casa della Rovere, come le
arti da essa adoperate, agevolarono notabilmente la devo-
luzione del Ducato di Ferrara „.

[1] Forse questa immagine di Pico era nella sala chiamata
dagli illustratori del Palazzo ducale *lo studio dei ritratti*.

[2] * *Des escaliers*. — V. anche p. 69.

[3] * *Est dans l'usage*.

[4] Il duca stava l'estate in Urbino; l'inverno a Pesaro
o a Castel Durante.

la chambre; au dedans de ces retranchemans est le lit du maistre.[1]

Après disner je me destourni encores de cinq milles, pour voir un lieu que le peuple de tout tamps apele *Sepulcro d'Asdrubale*,[2] sur une colline fort haute & droite, qu'ils noment *Monte deci*. Il y a là quatre ou cinq mechantes maisonetes & une églisete,

---

[1] Il GALLI riferito dall'UGOLINI, *Storia dei conti e duchi d'Urbino*, Firenze, 1859, I, 451, ricorda " padiglioni e altri ornamenti di casa, necessarj e comodi in ogni tempo di pace e di guerra, d'estate e d'inverno „, che si trovavano nel palazzo, ma non questi casotti, o camerette entro le camere, qui notati dal n. a.

[2] B. BALDI nell'Egloga *il Metauro* cantava:

> Quella che vi si scorge antica tomba
> Sovra il monte de l'Elco, è pur la tomba
> Di quel guerrier che di Numidia venne
> Per soggiogar col frate Italia e Roma.

Monte d'Elce o Mondelce sorge presso Fermignano (circondario d'Urbino), e vi si vede un monumento, probabilmente sepolcrale, che misura m. 26,80 di cironferenza, m. 5 d'altezza. Ora ha quasi tutta la base interrata, e le ingiurie degli uomini, forse più che del tempo, lo hanno, specie nella parte superiore, grandemente danneggiato. Al dire del BALDI e del MACCI (*De bello Asdrubalis*, Venet., 1613, nella dedicatoria al Duca d'Urbino) antiche armi sono state ritrovate, in varj tempi, in quei dintorni: e gli annotatori dei *Versi e Prose Scelte* del BALDI, scrivono che " anche ai nostri tempi si è ritrovata in quei luoghi una corona d'argento incisa di caratteri punici „. Il che, ove fosse esatto, verrebbe in certa guisa a confortare la tradizione popolare. Senza entrare a discutere se quella sia conforme al vero, certo è che il monumento, al solo vederlo, si appalesa per essere indubbiamente preromano, ma sembra anche in sommo grado improbabile che i pochi cartaginesi, scampati all'eccidio romano, potessero, sul territorio della repubblica, erigere qualche mole sulla mutila spoglia di Asdrubale, o che i Romani, tanto baldi per quella vittoria, volessero supplire all'impotenza dei loro nemici. S'avverta che Mondelce, differentemente da

& se voit aussi un bastimant de grosse brique ou carreau, rond de 25 pas ou environ, & haut de 25 pieds. Tout au tour il y a des accoudoirs de mesme brique de trois en trois pas. Je ne sçai comant les massons apelent ces pieces, qu'ils font pour soutenir còme des becs.[1] On monta audessus, car il n'y a null'entrée par le bas. On y trouva une voute, rien dedans, nulle pierre de taille, rien d'escrit; les habitans disent qu'il y avoit un mabre, où il y avoit quelques marques, mais que de notre eage il a été pris.[2] D'où ce nom lui aïe été mis, je ne sçai, & je ne croi guiere que ce soit vraïmant ce qu'ils disent. Bien est-il certein qu'il [3] fut defaict, & tué assés près de là. Nous sui-

quello che fanno i succitati annotatori dal BALDI, p. 174, non deve esser confuso con Monte Asdruvaldo, che gli sta a poca distanza: monte, cui la tradizione diè pur questo nome dalla rotta di Asdrubale, e donde l'istesso grande architetto Bramante ebbe l'appellativo di *Asdruvaldino*, come leggesi nella medaglia coniata a suo onore dal Caradosso (*Bramantes Asdryualdinus*), o perchè nascesse in quei dintorni e vi passasse la fanciullezza, o perchè, come consta da atti pubblici (1430-1496), i suoi parenti dicevansi *da Monte Asdruvaldo*, ove possedevano un poderetto. (v. GEYMÜLLER, *Les projets primitifs pour la basiliq. de S. Pierre* ecc., Paris, Baudry, 1875).

[1] * *Eperons, arcs-boutants.*

[2] Il MACCI coll'audace franchezza che gli era famigliare, e che gli fu tanto rimproverata dall'Olivieri, scrive (*op. cit.*, lib. III p. 56) di aver trovato in un'antichissima iscrizione il nome dell'architetto del monumento, che fu un tal Fuficio, chiamato a bella posta da Urbino: " P. Fuficius P. filius urbinas architectus, non ignobilis apud antiquiores, fuit Urbino accersitus ad tam nobile opus tanto duci construendum. Isque Asdrubalis sepulcrum in eam formam, qua antea fuisse cognoscitur, inaedificavit. Horum omnium vetustissima ejus inscriptio satis luculente atque elegans, licet in multis exesa, effossa inter castelli rudera, fidem minime dubiam facit „.

[3] * *Asdrubal.*

vismes après un chemin fort montueus, & qui devint fangeus pour une sule heure qu'il avoit pleu, & repassames *Metaurus* à gué, come. ce n'est qu'un torrant qui ne porte pouint de bateau, lequel nous avions passé un'autrefois depuis la disnée, & nous randismes sur la fin de la journée par un chemin bas & aisé, à

CASTEL DURANTE, quinze milles.[1]. Villete assise en la pleine, le long de *Metaurus*, apartenant au Duc d'Urbin. Le peuple y faisoit fus[2] de joïe & feste de la naissance d'un fils masle à la Princesse de Besignano, sur de leur Duc.[3] Nos vetturins déselent leurs chevaus à mesure qu'ils les débrident, en quelqu'etat qu'ils soint, & les font boire sans aucune distinction. Nous bevions ici des vins sophistiqués, & à Urbin, pour les adoucir....[3]

Le Dimanche matin nous vinmes le long d'une pleine assés fertile & les couteaus d'autour, & passames premieremant une petite bele vile, S. Angelo[5]

---

[1] Casteldurante, oggi Urbania, così chiamata da Urbano VIII, che nel 1635 l'innalzò al grado di città. Sono celebri le maioliche durantine, grandemente promosse dai duchi d'Urbino. Questi eressero in Casteldurante un palazzo ed un parco, ed ivi lungamente dimorò e morì Francesco Maria II.

[2] * *Feux.*

[3] Isabella figlia di Guidobaldo II fu sposata a Niccolò Bernardino Sanseverino, principe di Bisignano, il quale dopo vita disordinata, morì il 21 ott. 1603. Essa morì in Napoli il 6 luglio 1619. Nell'Arch. urbinate di Firenze si trova un grosso fascicolo di carte riguardanti i tentativi del suocero e del cognato per rimettere sulla buona via quel principe e assestarne gl'interessi. Isabella dovè spesso rifugiarsi presso la famiglia, e l'ultima volta vi stette dal 94 al 95. Intanto nell'81 le era nato un figlio, Duca di S. Marco, che morì il 27 nov. 1595.

[4] * *Il manque ici quelque chose.*

[5] S. Angelo in Vado, l'antico *Tiphernum metaurense*, pa-

apartenant audit Duc, le long de *Metaurus,* aïant des avenues fort beles. Nous y trouvasmes en la ville des petites reines du micareme, parceque c'étoit la veille du premier jour de Mai.[1] De là, suivant cete pleine, nous traversames encores une autre villete de mesme jurisdiction, nomée MARCATELLO,[2] & par un chemin qui comançoit deja à santir la montaigne de l'Apennin, vinmes diner à

BORGO-a-PASCI, dix milles. Petit village & chetif logis pour une soupée, sur l'ancouignure des mons. Après disner nous suivismes premieremant une petite route sauvage & pierreuse, & puis vinmes à monter un haut mont de deus milles de montée & quatre milles de pante; le chemin escailleus & ennuïeus, mais non effroïable ny dangereus, les præcipices n'estant pas coupés si droit que la veue n'aïe ou se soutenir. Nous suivismes le *Metaurus* jusques à son gite, qui est en ce mont; einsi nous avons veu sa naissance & sa fin, l'aïant veu tumber en la mer à Senigallia. A la descente de ce mont, il se presentoit à nous une très belle & grande pleine, dans laquele court le Tibre, qui n'est qu'à 8 milles ou environ de sa naissance, & d'autres monts audelà: prospet representant assés celui qui s'offre en la Limaigne d'Auvergne, à ceus qui descendent le Pui de Domme à Clermont. Sur le haut de nostre mont

---

tria dei pittori Federigo e Taddeo Zuccari, e del canonista Prospero Fagnani.

[1] Si direbbe che fosse uso o rito mangiare le ranocchie per mezza quaresima, e che si rimangiassero il primo di Maggio. Ma di ciò non abbiamo trovato nessun cenno, né alcuno ha saputo rispondere alle nostre inchieste per sapere se fosse usanza generale o speciale dei luoghi di che qui discorre il n. a., e se per avventura si tratti di usanza antica, perduta ai di nostri.

[2] Mercatello.

se finit la jurisdiction du Duc d'Urbin, & comance cele du Duc de Florance, & cele du Pape à mein gauche. Nous vinmes souper à

BORGO S. SEPOLCRO[1], treize milles. Petite ville en cete pleine, n'aiant nulle singularité, audict Duc de Florance ; nous en partimes le premier jour de May. A un mille de cete ville, passames sur un pont de pierre la riviere du Tibre, qui a encores là ses eaus cleres & belles, qui est signe que cete colur sale & rousse, *Flavum Tiberim*, qu'on lui voit à Rome, se prant du meslange de quelqu'autre riviere. Nous traversames cete pleine de quatre milles, & à la premiere colline trouvames une villete à la teste. Plusieurs filles & là & ailleurs sur le chemin, se metoint au devant de nous, & nous sesissoint les brides des chevaus, & là en chantant certeine chanson pour cet effaict, demandoint quelque liberalité pour la feste du jour.[2] De cete colline, nous nous ravalames en une fondriere fort pierreuse, qui nous dura longtamps le long du canal d'un torrant, & puis eusmes à monter une montaigne sterile & fort pierreuse, de trois milles à monter & descendre, d'où nous descouvrimes une autre grande pleine, dans laquele nous passames la riviere de *Chiasso*,[3] sur un pont de pierre, & après la riviere

---

[1] Così detto perché nel secolo x due pellegrini reduci di Palestina vi si fermarono, sopraffatti da un miracolo, e vi costruirono un oratorio per riporvi certe reliquie, che seco avevano recato, del sepolcro di Cristo.

[2] Probabilmente cantavano *il Maggio*, per antica usanza delle popolazioni latine, conservatasi nel contado, specialmente toscano. Vedi MANNI, *Il Maggio*, ragionamento storico: D'ANCONA, *Le rappresentazioni drammatiche del contado toscano* (Orig. del Teatro, vol. II, Append.); REZASCO, *Maggio*, Genova, 1886, ecc.

[3] *Chiassa*, torrente che nasce sul monticello *Pala* del-

d'Arno, sur un fort grand et beau pont de pierre, au deça duquel nous logeames à

PONTE BORIANO, petite maisonete, dix-huit milles.[1] Mauvés logis, come sont les trois præcedans, & la pluspart de cete route. Ce seroit grande folie de mener par ici des bons chevaus, car il n'y a pouint de fouin. Après disner, nous suivismes une longue pleine toute fendue de horribles crevasses que les eaus y font d'une estrange façon, & croi qu'il y faict bien led en hiver; mais aussi est-on après à rabiller le chemin. Nous laissames sur nostre mein gauche, bien près de la disnée, la ville d'AREZZO, dans cete mesme pleine, à deus milles de nous, ou environ. Il samble toutefois que son assiete soit un peu relevée. Nous passames sur un beau pont de pierre & de grande hautur la riviere de *Ambra*[2], & nous randismes à souper à

LEVANELLA,[3] dix milles. L'hostellerie est audeça dudict village d'un mille ou environ, & est fameuse; aussi la tient-on la meilleure de Toscane, & a-t-on raison; car à la raison des hostelleries d'Italie, elle

l'Alpe di Catenaja e sbocca in Arno nel Casentino presso alla scogliera di Castel di Giovi.

[1] All'ingresso dello stretto di Monte presso Rondine, più noto col nome di *gola dell'Imbuto*, a 5 miglia da Arezzo. Il lungo ponte che trae il nome dal diruto casale di Buriano, fu riedificato dagli aretini sino dal 1179.

[2] Da non confondersi, come ha fatto il Querlon, coll'*Ambra* celebrata dal Poliziano e dal Magnifico, che è verso Poggio a Cajano, nel fiorentino. Quest'altra nasce dal Monte Luco, e dopo un corso di 20 miglia e una cascata da un balzo, entra in Arno presso Levanella. Il ponte indicato dal n. a. dev'essere il terzo e più grandioso, che la cavalca presso Levane.

[3] Il testo *Lavenelle*: il borgo è chiamato con un diminutivo per distinguerlo dal prossimo più grosso borgo di Levane.

est des meilleures. On en faict si grand feste, qu'on dict que la noblesse du païs s'y assamble souvant, come chés le More à Paris, ou Guillot à Amians.[1] Ils y servent des assietes d'estein, qui est une grande rarité. C'est une maison sule, en très bele assiete, d'une pleine qui a la source d'une fonteine à son service. Nous en partismes au matin, & suivismes un très beau chemin & droit en cete pleine, & y passames au travers quatre villetes ou bourgs fermés, Montevarchi, S. Giovanni, Figline & Ancisa[2], & vinmes disner à

PIAN DELLA FONTE,[3] douze milles. Assés mauvés logis, où est aussi une fonteine un peu au dessus ledict bourg d'Ancisa, assis au val d'Arno, de quoi parle Petrarca, lequel on tient nai dudict lieu Ancisa, au moins d'une maison voisine d'un mille, de laquelle on ne treuve plus les ruines que bien chetifves; toutefois ils en remerquent la place.[4] On semoit là lors des melons parmi les autres qui y etoint deja semés, & les esperoit-on recueillir en Aoust. Cete matinée j'eus une pesantur de teste & trouble de veue come de mes antienes migrenes, que je n'avois santi il y avoit dix ans. Cete valée où nous passames, a eté autrefois toute en

[1] Nulla rinvengo intorno al Guillot: quanto al ristoratore Le More si può citare questo passo del *Discours sur les causes de l'extrême cherté qui est aujourd' hui en France* (riferito dal DULAURE, *Histoire de Paris*, 1837, IV, 72, e dal BAUDRILLART, *Hist. du luxe*, Hachette, 1880, III. 506): " Chacun veut aujourd' hui aller diner chez Le More, chez Samson, chez Innocent, chez Havart, ministres de volupté et de profusion, et qui, dans un royaume bien policé, seroient bannis et chassés comme corrupteurs des moeurs ,, .

[2] Il testo, erroneamente: *Mantenarca, Fligline, Anchisa*.

[3] Vecchia mansione, dice il REPETTI, ed ospedale, presso l'Incisa.

[4] La casa paterna del Petrarca esiste ancora dentro il

marés,[1] & tient Livius, que Annibal fut contreint de les passer sur un elefant, & pour la mauvese seson y perdit un euil.[2] C'est de vrai un lieu fort plat & bas, & fort sujet au cours de l'Arno. Là je ne vousis pas disner, & m'en repantis; car cela m'eût eidé à vomir, qui est ma plus prompte guerison: autremant je porte cete poisantur de teste un jour & deus, come il m'avint lors Nous trouvions ce chemin plein du peuple du païs, portant diverses sortes de vivres à Florance. Nous arrivasmes a

castello sovrastante al borgo. ANTONIO BRUCALASSI, accacademico della Crusca, che n'era ultimamente possessore, vi pose questa iscrizione:

PERCHÈ
DELLA CASA PATERNA
DI
FRANCESCO PETRARCA
COLPA DI SECOLI INGRATI
MEGLIO CHE DALLE CURE DEGLI UOMINI
RISPETTATA DAL TEMPO
UNA MEMORIA RESTASSE
ANTONIO BRUCALASSI INCISANO
CORRENDO IL GIORNO SESTO D'APRILE
MDCCCXXXII
FRA LE ANTICHE RUINE
CONSACRÒ QUESTO MARMO.

[1] * *Marais.*
[2] " Hannibal, profectus ex hibernis..., propiorem viam per paludem petit, qua fluvius Arnus per eos dies solito magis inundaverat. Hispanos et Afros... primos ire jussit, sequi Gallos... Primi, qua modo praeirent duces, per praealtas fluvii ac profundas voragines hausti paene limo immergentesque se tamen signa sequebantur. Galli neque sustinere se prolapsi neque adsurgere ex voraginibus poterant, neque aut corpora animis aut animos spe sustinebant, alii fessa aegre trahentes membra, alii, ubi semel victis taedio animis procubuissent, inter jumenta et ipsa iacentia passim morientes. Maximeque omnium vigiliae conficiebant per quatriduum iam et tres noctes toleratae.

FLORANCE, douze milles, par l'un des quatre pons de pierre qui y sont sur l'Arno. Landemein, après avoir ouï la messe, nous en partismes, & biaisant un peu le droit chemin, allames pour voir Castello, de quoi j'ai parlé ailleurs; mais parceque les filles du Duc y etoint, & sur cete mesme heure aloint par le jardin ouïr la messe, on nous pria de vouloir atandre, ce que je ne vousis pas faire. Nous rancontrions en chemin force prossessions; la baniere va devant, les fames après, la pluspart fort belles, a tout des chapeaus de paille, qui se font plus excellans en cete contrée qu'en lieu du monde, & bien vetues pour fames de village, les mules & escarpins blancs. Après les fames, marche le curé, & après lui les masles. Nous avions veu le jour avant une prossession de moines, qui avoint quasi tous de ces chapeaus de paille.[1]

Cum omnia obtinentibus aquis nihil, ubi in sicco fessa sternerent corpora, inveniri possent, cumulatis in aqua sarcinis insuper incumbebant, aut iumentorum itinere toto prostratorum passim acervi tantum quod exstaret aqua quaerentibus, ad quietem parvi temporis necessarium cubile dabant. Ipse Hannibal, aeger oculis, ex verna primum intemperie variante calores frigoraque, elephanto, qui unus superfuerat, quo altius ab aqua exstaret vectus, vigiliis tamen et nocturno umore palustrique coelo gravante caput, et quia medendi nec locus nec tempus erat, altero oculo capitur. Multis hominibus iumentisque foede amissis cum tandem de paludibus emersisset, ubi primum in sicco potuit, castra locat ecc.: „ T. LIVII, XXII, 2-3.

[1] L'arte del tesser paglia per cappelli è antichissima in Firenze, e forse risale al sec. XIII; ma le notizie certe appartengono al sec. XVI, quando meglio fiorì, specie nel contado, e sopratutto a Signa. È naturale che trovasse incremento nell'uso di portar cotesti cappelli, che il n. a. notò in capo non solo alle donne, ma ai frati.

Divenne vera e propria industria e cominciò ad essere materia di commercio col di fuori al principio del se-

Nous suivismes une très bele pleine fort large;
& à dire le vrai, je fus quasi contreint de confesser
que ny Orleans, ny Tours, ny Paris mesmes, en leurs
environs ne sont accompaignés d'un si grand nombre de maisons & villages, & si louin que Florance;
quant à beles maisons & palais, cela est hors de
doubte. Le longe de cete route, nous nous randismes
à disner à

colo XVIII, e sembra che ricevesse massimo impulso da Francesco Naldi e poi da Domenico Michelacci bolognese, che principiò a commerciare coll'estero i cappelli di Signa, come fa fede la sua lapide sepolcrale nella chiesa di S. Miniato a Signa: *Hic jacet — Dominicus Sebastianus Michelacci de Bononia — qui omnium primus causias anglis vendidit — novoque instituto commercio paleis — se Signam finitimos ditavit — Anno d.* MDCCXXXIX *tertio nonas Augusti — Pro viro bene de hac terra merito Deum precate.* — Egli, ottenuta dalla sementa di grano marzuolo una paglia di fili sottilissimi, chiari e arrendevoli e rivestiti naturalmente di bella tinta zolfina, perfezionò la materia prima e il prodotto, fondando una industria che grandemente si estese, e durò in sua casa sino al 1765. Benchè soggetta ai capricci della moda, quest'industria prosperò tanto, specialmente quando Pietro Leopoldo abolì il dazio sulla paglia forestiera, che il LASTRI nel suo poema *Il Cappello di paglia*, disse che quest'ultimo veniva *trasportato agli ultimi Brittanni.* Lo stesso autore ragguagliava il profitto di quest'industria a 100 m. scudi. Da una relazione del Senator GIANNI si rileva che nel 1759 l'esportazione fu per 70 m. scudi. Soggiaciuta a varie vicende, decadendo cioè nel 1803 per l'invenzione dei cappelli di paglia di riso, rinata verso il 1810 per l'altra invenzione dei cappelli *fioretti* e dando allora campamento onesto a 60 m. persone, ricaduta di nuovo nel 26 per la concorrenza inglese, risalita nel 39 e producente fra i 15 e i 20 milioni di lire toscane, essa vive adesso specialmente sui colli fiesolani con minor lustro e guadagno, rimanendo tuttavia un ramo importante di lavoro e di commercio. Vedi in proposito F. MARIOTTI, *L'arte della paglia in Firenze*, Firenze, 1853.

PRATO, petite ville, dix milles, audict Duc, assise sur la riviere de Bisenzio,[1] laquelle nous passames sur un pont de pierre à la porte de ladicte ville. Il n'est nulle region si bien accommodée, entr'autres choses, de pons & si bien estoffés; aussi le long des chemins partout on rancontre des grosses pierres de taille, sur lesqueles est escrit ce que chaque contrée doit rabiller de chemin, & en respondre. Nous vismes là, au Palais dudict lieu, les armes & nom de Legat du Prat, qu'ils disent être oriunde de là.[2] Sur la porte de ce palais est une grande statue coronnée, tenant le

[1] Il testo, erroneamente: *Bisanzo*.
[2] Non si tratta del *Legat du Prat*, come dice il n. a., e tanto meno, come interpetra l'editore, del cancelliere cardinal Duperat; ma del Cardinal Niccolò, detto da Prato. Una buona e ricca biografia di lui inserì P. I. COLZI nel *Calendario Pratese* (1847-49-50). È ignoto di che gente nascesse, sebbene i più lo dicano degli Albertini: si sa soltanto che la madre era dei Bolsinghi. Vestì di buon ora l'abito domenicano, e andò a studiar tèologia a Parigi. Bonifacio VIII lo fece vescovo di Spoleto, e Vicario di Roma nel 1299: Benedetto XI nel 1303 vescovo di Ostia e di Velletri, e cardinale. In qualità di paciere fu nel 1304 mandato in Firenze, ma si sa quale fu l'esito della sua missione, e come le trame aperte e sorde dei Guelfi lo fecero accostare ai Ghibellini. A tempo della discesa di Arrigo VII stette al fianco di lui sotto Brescia e a Genova, come legato papale, e lo accompagnò anche a Roma. Alla morte di Arrigo, tornò in Avignone, dove da Giovanni XXII fu incaricato di esaminare la dottrina dei fraticelli, della quale propose la censura. Morì nel 1321 in Avignone, e vi fu sepolto nella Chiesa dei Frati predicatori. Nel salone del palazzo pubblico di Prato vi è l'effigie di Niccolò in abito cardinalizio, che vuolsi opera di Paolo Uccello: e certamente è quella veduta dal n. a., che però menziona solo il nome e le armi. Altro ritratto del cardinale è nella cattedrale, di mano di Agnolo Gaddi. Nel 1722 gli fu consacrato nella stessa Chiesa, un cenotàfio.

monde en sa mein, & à ses pieds: *Rex Robertus*.[1] Ils disent là que cete ville a été autreffois à nous; les flurs de lis y sont partout: mais la ville de soi porte de gueules semé de flurs de lis d'or.[2] Le dome y est beau, & enrichi de beaucoup de mabre blanc & noir.

Au partir de là, nous prismes un'autre traverse de bien 4 milles de destour, pour aller al *Poggio*,[3] maison de quoi ils font grand feste, apartenant au Duc, assis sur le fluve *Ombrone;* la forme de ce bastimant est le modele de Pratolino. C'est merveille, qu'en si petite masse il y puisse tenir çant très beles chambres. J'y vis entr'autres cho-

---

[1] Il QUERLON almanacca per sapere chi sia questo Roberto, se il *devoto*, figlio di Ugo Capeto, o il figlio di lui capo della stirpe dei duchi di Borgogna. Ma si tratta di Roberto d'Angiò, re di Puglia. Si sa che Prato si diede a lui nel 1313, nel 26 al figliuol suo Carlo di Calabria, indi di nuovo al padre, e nel 48 a Giovanna, la quale nel 1350, per opera del siniscalco Acciajuoli, vendè la terra per 17 500 fiorini d'oro ai fiorentini. Quando precisamente fosse posta in Prato la statua di Roberto, è ignoto. La statua, dice G. GUASTI, nel *Calendario Pratese*, Anno VII, p. 29, " stava in abito regale, sopra la porta d'ingresso del palazzo, corrispondente sul ballatoio, proprio ove ora è una finestra, intorno alla quale esistono tuttora i fregi di marmo che la circondavano. Nel 1785 vi era sempre, perchè trovo una deliborazione del dì 20 Luglio, con cui se ne ordinava il restauro: ma toltala, e il quando non so, fu forse distrutta, non essendomi riuscito trovarla in alcun luogo. Questa statua che il popolo chiamava con parola di spregio, che l'onestà ci vieta di scrivere, vi fu posta dopo che nel 1313 i pratesi, con i fiorentini, i pistojesi ed altri popoli della Toscana, si posero sotto la protezione del Re Roberto „.

[2] I gigli a cui accenna il n. a. non sono segno della dominazione francese: ma della protezione angiojna e del dominio fiorentino.

[3] *Poggio a Cajano*, villa di Lorenzo de' Medici, che la

ses, des lits grand nombre de très-bele etoffe, &[1] de nul pris : ce sont de ces petites etoffes bigarrées, qui ne sont que de leine fort fine, & les doublent de tafetas à quatre fils de mesme colur de l'estoffe. Nous y vismes le cabinet des distiloirs du Duc & son ouvroir du tour, & autres instrumans : car il est grand mechanique. Delà par un chemin très droit & le païs extrememant fertile, le chemin clos d'abres, ratachés de vignes qui faict la haie, chose de grande beauté, nous nous randismes à souper à

PISTOIE, quatorze milles. Grande ville sur la riviere d'Ombrone ; les rues fort larges, pavées, come Florance, Prato, Lucques, & autres, de grandes plaques de pierre fort larges. J'obliois à dire que des salles de *Poggio*, on voit Florance, Prato & Pistoia, de la table : le Duc etoit lors à *Pratolino*. Audict Pistoïe, il y a fort peu de peuple, les églises belles, & plusieurs belles maisons. Je m'enquis de la vante des chapeaus de paille, qu'on fit 15 s. Il me samble qu'ils vaudroint bien autant de francs en France. Auprès de cette ville & en son territoire, fut ancienemant deffaict Catilina.[2] Il y a à *Poggio*, de la tapisserie represantant toute sorte de

fece costruire da Giuliano da San Gallo. Leone X l'arricchì di dipinti di Andrea del Sarto, del Franciabigio, e del Pontormo.

[1] * *C'est-a-dire:* mais.

[2] Incerto è il luogo della rotta di Catilina. Fu creduto si trovasse in un punto tra il Reno e il Maresca, chiuso a sinistra dai monti, e a destra da una scoscesa rupe, come dice SALLUSTIO (cap. 59), e che sarebbe a dodici miglia da Pistoia sulla via modenese. Si chiama *Campo di Tizzoro* e non vi nasce erba, del che la tradizione popolare attribuisce la causa al molto sangue sparsovi. Uno degli Uberti da Cutigliano volle provare che Catilina combatté

chasses; je remercai entr'autres une, pante de la chasse des autruches, qu'ils font suivre à gens de cheval & enferrer à-tout des javelots. Les Latins apelent Pistoia, *Pistorium;* elle est au Duc de Florance. Ils disent que les brigues antienes des maisons de Cancellieri & Panciatici,[1] qui ont eté autrefois, l'ont einsi randue come inhabitée, de maniere qu'ils ne content que huit mille ames en tout; & Lucques, qui n'est pas plus grande, fait vint & cinq mille habitans & plus. Messer Tadeo Rospigliosi,[2] qui avoit eu de Rome lettre de recomman-

dieci miglia più avanti, sulla medesima via e precisamente nel *campo di Malarme* sul Sestajone. Gli eruditi pistojesi invece vogliono che la battaglia fosse data a due miglia dalla città, nel luogo detto *Vajoni*, dove ai tempi nostri Niccolò Puccini costrui una torre, a ricordo di Catilina: vedi VANNUCCI, *Storia d'Italia antica*, 1875, III, 389. G. TASSINARI nei *Monumenti del Giardino Puccini*, Pistoia, Cino, 1845, p. 177, fa notare che ai *Vajoni* si estrassero molte medaglie e armi romane, e che le denominazioni di *Campo scellerato* e *Terra sanguinaria*, date a' luoghi circostanti, confermano che ivi fu data la battaglia. La *Torre di Catilina* si vede anche dalla strada ferrata. L'iscrizione postavi dal Puccini è questa:

FULMINATO DALL'ELOQUENZA DI CICERONE
SOVERCHIATO DALL'ARMI DI ANTONIO
SONO VENTI SECOLI
CHE FRA QUESTI MONTI PERIVA COME LEONE
CATILINA CON L' ESERCITO
MA DAL SUO CADAVERE
SORGEVA LA DITTATURA DI CESARE
E POCO POI L'IMPERIO
PREPARAVA IL FUNERALE DELLA REPUBBLICA.

[1] Il testo, erroneamente: *Pansadissi*.
[2] Taddeo di Filippo Rospigliosi, e non Rospiglioni, come porta la stampa, resse il gonfalonierato nel 1º bimestre dell'anno 1565, nel 1571, e nel 5º del 1580. Era uno dei più cospicui cittadini, e come tale fu con altri tre, deputato nel 1569 ad incontrare e complire il Granduca Cosimo nella sua venuta a Pistoia.

dation en ma faveur, de Giovanni Franchini,[1] me pria à disner le landemein, & tous les autres qui etions de compaignie. Le palais fort paré, le service un peu faroche[2] pour l'ordre des mets, peu de viande, peu de valets; le vin servi encores après le repas, comme en Allemaigne. Nous vismes les églises: à l'élevation, on y sonnoit en la maitresse église les trompettes.[3] Il y avoit parmi les enfans de ceurs[4] des prestres revestus, qui sonnoint des saquebutes.[5] Cete poure[6] ville se païe de la libéralité perdue sur cete veine image de sa forme antiene.[7]

---

[1] Giovanni di Matteo Franchini, o più propriamente Taviani-Franchini, fu distinto legista, Conservatore di Roma, Provveditore di Castel S. Angelo nel 1582, nel qual anno in premio dei suoi servizi fu fatto cittadino romano: v. Capponi, *Biograf. pist.*, p. 198.

[2] * *Farouche, ou étrange, bisarre.*

[3] Al servizio dei Priori in ogni municipio toscano stavano alcuni trombetti. Da ciò che si è costumato a memoria nostra sotto i Gonfalonieri toscani, può inferirsi che, come nel sec. XIX, i *Trombetti* o *Trombi* suonavano i loro squilli quando il Magistrato usciva o rientrava in forma pubblica in palazzo, e così pure alle messe solenni e altre funzioni e precisamente all'elevazione, tanto più nel sec. XVI vigesse quest'ultima usanza avvertita dal n. a.

[4] * *Chocur.*

[5] " Espèce de trompette, à quatre branches qui se démontent, beaucoup plus longue que la trompette ordinaire: elle sert de basse en Allemagne, pour toutes sortes d'intruments à vent „: Littré.

[6] * *Pauvre.*

[7] Pistoia fu tenuta da Cosimo I con mano di ferro specialmente dal 1539 al 1547, nel qual anno egli restituì alla città tutte le sue magistrature e l'amministrazione delle pubbliche entrate. La libertà politica era perduta a Pisa, a Siena, a Firenze, come a Pistoia, e non ne restava effettivamente se non un ombra in certe forme di reggimento municipale.

Ils ont neuf premiers [1] & un Gonfalonier, qu'ils elisent de deus en deus mois. Ceus-ci ont en charge la police, sont nourris du Duc, com'ils étoint antienemant du publiq, logés au Palais, & n'en sortent jamais guiere que tous ensamble, y etant perpetuelemant enfermés.[2] Le Gonfalonier mar-

[1] Il n. a. così traduce la parola *Priori*.
[2] Il magistrato comunale era costituito per modo, che stava come in seduta permanente a sopravegliare agli interessi pubblici. Gli estratti all'ufficio, appena notificati, non potevano andar fuori di giorno, tranne a messa: assunto con pubblica cerimonia l'ufficio, era ingiunta loro vita collegiale in palazzo per due mesi: il vestiario, ufficiale: le sortite, obbligatorie: gli accompagnamenti, formali: senza licenza del gonfaloniere, i priori non potevano stare nelle loro case se non infermi: di notte, dopo i tocchi e sino allo squillo potevano uscire, ma con un tavolaccino o altro servo; non esercitare arte, ufficio o rogito, nè andare a sposalizi o mortorj, nè far mensa separata in palazzo ecc. Proibito assolutamente al Gonfaloniere e Priori di uscire di città, sotto pene gravissime: obbligati a trovarsi almeno in sei continuamente in palazzo: ivi proibiti i giuochi, salvo gli scacchi: vietato l'invito di estranei a pranzo, se non concordato dai due terzi; vietato l'ingresso di meretrici, sì di giorno che di notte ecc.
Il Gonfaloniere è capo del magistrato; ha il primo luogo, è il primo a parlare, proporre, rispondere, convocare, negoziare; dirige l'uscita in pubblico, dà gli ordini pel comune reggimento. Andando fuori prima del tocco della campana, dev'esser sempre accompagnato da due donzelli, non dà mai la dritta ad alcuno, non deve andar per luoghi vili, non render visite, salvo a molto cospicui personaggi. Con queste ed altre norme, risultanti dalle *Riforme degli uffizi* e dai *Cerimoniali* s'intendeva " mantenere le prerogative, nelle quali consiste il decoro e l'onorevolezza non solamente della nobiltà, ma della patria „.

che devant le Potestà que le Duc y envoïe,[1] lequel Potestà en effaict a toute puissance; & ne salue ledict Gonfalonier personne, contrefaisant une petite roïauté imaginere. J'avois pitié de les voir se paitre de cete singerie, & cependant le Grand-Duc a accreu les subsides des dix pars sur les antiens.[2]

La pluspart des grans jardins d'Italie nourrissent l'herbe aus maistresses allées & la fauchent. Environ ce tamps-là comançoint à murir les serises; & sur le chemin de Pistoie à Luques, nous trouvions des jans de village qui nous presentoint des bouquets de freses à vandre.

Nous en partismes Jeudi, jour de l'Ascension,[3] après disner, & suivismes premieremant un tamps cete pleine, & puis un chemin un peu montueus,

[1] Le due autorità spesso erano in conflitto per queste e simili prerogative; e nel 1569 il commissario Tedaldi si rifiutò all'osservanza dell'antico uso di accompagnare più oltre che la porta del Palazzo i signori Priori al loro ritorno da pubbliche funzioni.

[2] Non risulta che il Magistrato ricevesse sussidj dal Granduca. Per antiche costituzioni, i Gonfalonieri e Priori ricevevano un compenso *de pecunia Communis pro corum salario, luminibus, cartis, scripturis et aliis necessariis et consuetis* (Statuto del 1546, lib. IV rub. 4.). Forse il Montaigne vuol dire che questi assegnamenti, variabili secondo i tempi, erano stati accresciuti non molto innanzi, e potè supporre che ciò accadesse per ordine del Principe, che in realtà nulla aveva a che fare sui conti amministrativi. Abbiam detto che questi assegni erano variabili; infatti nei 1569 furono di sc. 810 più staia 60 di grano e libbre 50 di pepe: nel 1630 di sc. 1177, nel 1662, di sc. 928, ecc.

[3] Per la ricorrenza dell'Ascensione vi era servizio solenne, e in tale occasione dovè il n. a. vedere la pubblica uscita del magistrato civico. ⁴ La mattina dell'Ascensione, dice un Cerimoniale ms. della fine del sec. XVII, si va in duomo alla messa cantata, si entra dalla porta

& après une très-belle & large pleine. Parmi les champs de bled, ils ont force abres bien rangés, & ces abres couverts & ratachés de vigne de l'un à l'autre[1]: ces champs samblent être des jardins. Les montaignes qui se voïent en cete route sont fort couvertes d'abres, & principalemant d'oliviers, chataigniers, & muriers pour leurs vers à soïe. Dans cete pleine se rancontre

LUCQUES[2], vint milles. Ville d'un tiers plus petite que Bourdeaus, libre, sauf que pour sa foïblesse

principale, e si torna in palazzo finita la messa: poi, circa alle ore 15 il sig. Gonfaloniere piglia la chiavicina della SS. Vergine del *Letto*, e con il sig. Commissario e Priori va a detta chiesa, e quando non possa entrare per la moltitudine di popolo, entra per la porta di Sagrestia, dove sono li sig. Operai di S. Jacopo a ricevere il Magistrato, e va in Chiesa alla residenza solita, dalla parte che sta lo stendardo. Terminata la funzione si va via dalla porta principale, dove voltatosi il Magistrato in faccia alla porta della Chiesa, fa riverenza ai sig. Operai, e se ne ritorna a palazzo „.

[1] Da tempi assai remoti le vigne in Toscana sono raccomandate " ad un sostegno vivace che chiamano *Loppo*, e che per lo più è *acer campestre*, alcune volte il *fraxinus excelsior*, volgarmente *nocione*, e più raramente l'Olmo, *ulmis campestris*, o *ulmis suberosa*. Fra un loppo e l'altro si usa da alcuni porre alcune piante da frutto, ed ancor queste fansi servire di sostegno alle viti.... Salendo la collina, ai loppi s'intramezzano gli ulivi „: GINNANESCHI, *Stato dell'agricoltura nel comune di Sesto fiorentino* ecc., Firenze, Cellini, 1875, p. 55.

[2] Non spiacerà raffrontare ciò che il n. a. dice di Lucca col seguente panegirico di ORTENSIO LANDO, *Forciane questioni*, trad. Poletto, Venezia, 1857 pag. 8: " Essa quantunque piccola, mi parve non solo migliore di quelle della Toscana, ma eziandio, lo si dica con buona pace, di tutta Italia. Niuna di quelle cose che tornano ad ornamento di una città, colà puossi desiderare. Da prima m'incantò quel limpidissimo fiume, che in certo tempo dell'anno è gelato per modo, che quasi a piedi si può

elle s'est jettée sous la protection de l'ampereur
& maison d'Austriche¹. Elle est bien close & flanquée; les foscés peu enfoncés, où il court un petit
canal d'eaus, & pleins d'herbes vertes, plats & larges par le fons. Tout au tour du mur, sur le terreplein de dedans, il y a deux ou trois rancs d'abres
plantés qui servent d'ombrage, & disent-ils de fascines à la nécessité². Par le dehors vous ne voyés
qu'une forest qui cache les maisons.³ Ils font tou-

trapassare. Nè poco mi sorpresero i magnifici palagi con somma perizia edificati. Un uguale incantesimo mi destarono i marmorei templi riguardanti inverso oriente, e quegli edifizj che si abitano da tale ordine di persone, che dalla solitudine ne ricevettero il nome…. Se poi ti racconterò come mi sia rimasto alla vista delle piazze e strade tanto pulite, che anche a piedi ignudi puoi aggirarti per la città, ti sembrerò lungo di troppo?... Ma che dirò io di quel veneratissimo Senato? che del popolo lucchese? Forse io reputo più conveniente il tacermi, che favellarne con brevità; tuttavolta non posso trattenermi dal dirne qualche cosa. Io non vidi giammai tanto severamente regolarsi i costumi, così incorrottamente praticarsi la giustizia, e con tanta religione venerarsi Iddio. Colà non havvi chi tenda agguati al pudore delle donne, chi spergiuri, chi rubi, chi in gozzoviglie le paterne sostanze consumi. Giammai io non ho veduto usarsi cotanta sollecitudine, onde rifioriscano ognor più gli studj dell'arti belle. Per ogni dove, se fa di bisogno, vengono richiamati con generoso stipendio, di coloro che istituiscano la gioventù nei retti costumi, e la erudiscano nelle ottime discipline ecc. „

¹ A Lucca, osserva l'ambasciatore veneto T. CONTARINI (1583), " il Granduca porta rispetto per causa dell'imperio dal quale dipende, e del re di Spagna al quale è raccomandata (*Relaz Ven.*, xv, 292) „.

² * *Au besoin.*

³ " Altissime sono le mura, i terrapieni ornati di moltiplicate file d'alberi, che rassodando maggiormente il terreno, servono non solo a difesa dei recinti, ma con le loro frondose ombre nel calore dell'estate, di soavissimo

siours garde de trois cens soldats etrangiers[1]. La ville fort peuplée[3], & notammant d'artisans de soïe[2];

ricreamento a' cittadini „: C. GUALDO PRIORATO, *Relaz. delle città di Bologna, Firenze, Genova e Lucca*, Bologna, Monti, 1675, p. 178.

[1] Dell'ordinamento militare a Lucca in questo tempo, così il cit. ambasciatore CONTARINI: " Hanno i lucchesi descritto nel loro territorio, che è popolatissimo, 10,000 fanti buoni; e perfetti sono quelli della montagna; e hanno fatto scelta nella città di 2000 uomini, che sono persone civili, per la difesa sua. Tengono 200 soldati nella città, 100 sotto un capitano, deputati alla guardia del palazzo, e 100 sotto due capitani assegnati alla custodia delle porte, con quattro scudi al mese di paga per cadauno. Quei che guardano il palazzo sono forestieri, e gli altri del contado. (ID. ibid.)„ . E la *Relazione della Repubbl. lucch. l'anno 1583*, che si trova nel *Thesoro Politico*, II parte, Milano, Bordoni, 1601, p. 269: " La Signoria elegge cento soldati forestieri da cinquanta miglia per guardia del suo palazzo: di questi cento si cavano il Colonnello e Capitani: questi hanno pena la vita se si accostano alle muraglie in tempo di notte, nè accompagnati nè soli, ma stanno solamente alle guardie loro. La guardia poi delle mura la fanno gli artigiani della città, li quali abbino moglie e figliuoli, ed hanno questi tali, scudi tre di salario il mese. Alle porte stanno uomini della terra ecc. „

Dopo la sollevazione degli Straccioni (1532) si presero a soldo 100 fanti, destinati a custodire la sede del governo. Questi in principio furono italiani, non del territorio lucchese, e per la maggior parte banditi. Per oltre un secolo furono essi la guardia previlegiata del supremo magistrato della Repubblica, finchè nel 1653 fu fatta una convenzione col Gran Consiglio del Cantone di Lucerna, per aver 70 militi fra ufficiali e soldati, tutti di quel luogo e cattolici. Essi rimasero a guardia del Palazzo fin al 1806, quando questa milizia venne sciolta dal Baciocchi: v. CARINÀ, *Notiz. stor. sul contado lucchese*, Lucca, Giusti, 1871, p. 96 e segg.

[2] " Ella ha intorno ventiquattro mila persone dentro le sue mura. „: *Relaz.* cit., nel *Tes. polit.*, II, 262.

[3] " Gli uomini di questa città si trafficano assai nelle mercanzie, e massime nelle cose della seta, della quale

les rues étroites, mais belles, & quasi partout des belles & grandes maisons. Ils passent au travers

essi hanno fra cristiani non piccol nome, e nel tempo di Castruccio Castracani, che se ne fece signore, essendosene partite infinite famiglie, che non voleano obbedire al tiranno, portarono l'arte della seta, insieme con molte altre ricchezze, in diverse parti d'Italia, ed in Firenze portorno l'arte del fare il broccato, nella quale essi vagliono assai „: *Relaz.* cit., nel *Tes. Polit.*, II, 262.

" I particolari esercitano con fede e realtà l'arte del negozio, senza la quale non si potrebbero mantenere, e particolarmente il traffico della seta, non solo di quella che nasce nel loro paese, ma di quella ancora che fanno venire da altre parti a questo fine, ed i lucchesi effettivamente intendono il negozio della seta meglio degli altri italiani, onde i mercadanti forestieri dei luoghi più remoti amano meglio di trafficare con questi che con altri „: LETI, *L'Italia regnante*, Genova, 1675, II, 232.

Quanto all'origine di quest'industria in Lucca, osserva il BONGI, *Inventario del R. Archiv. di Stato in Lucca*, Lucca, Giusti, 1872, II, 245, essere impossibile assegnarla. Fu certo antichissima, molto fiorente sempre, ma spesso turbata dai casi civili. Al tempo degli Scaligeri, l'estrazione era di circa libbre 125 m. fra drappi e seta tinta e acconciata in più modi: ai tempi della dominazione pisana scese a libbre 50 m. Andò via via risorgendo, e ai principj del 1500 si spedivano annualmente da Lucca 1440 casse contenenti libbre 360 m. di seta lavorata con guadagno netto, venuto di fuori dallo stato, di scudi 500 m. Ma essendosi esteso a più parti d'Italia e d'Europa il lavorio della seta, l'arte andò via via decadendo. Le nuove leggi che nel 1531 si emanarono in materia di tessitori furono appiglio alla nota sollevazione *degli Straccioni:* poi vennero le persecuzioni religiose, e l'arte dai lucchesi stessi emigranti fu portata a Ginevra e Lione. Dal 1585 al 1645 i negozj di seta che si chiusero in Lucca furono oltre 80, e così sempre più fino ai dì nostri. Al principio del sec. XVIII rimanevano 700 telaj, che alla metà erano appena 300. I cittadini di case antiche si andarono ritirando via via dalla mercatura, specialmente dopo il gran fallimento dei Buonvisi nel 1629.

un petit canal[1] de la riviere Serchio[2]; ils batissent un palais de cent trente mille escus de despanse, qui est bien avansé[3]. Ils disent avoir six vins mille ames de sujets, sans la ville. Ils ont quelques chatelets[3], mais nulle ville en leur subjection. Leurs jantilshommes & jans de guerre font tous estat de marchandises: les Buonvisi y sont les plus riches. Les estrangiers n'y entrent que par une porte, où il y a une grosse garde[5]. C'est l'une des plus plesantes assietes de ville que je vis jamais, environnée de deus grans lieus de pleine, belle par excellance au plus étroit, & puis de belles montaignes & collines, où pour la pluspart ils se sont logés aus champs. Les vins y sont mediocremant bons; la cherté à vint sols par jour; les hosteleries à la mode du païs, assés chetives. Je receus force courtoisies de plusieurs particuliers, & vins & fruits & offres d'arjant[6]. J'y fus Vandredi, Sammedi & en partis

[1] Il condotto o fosso, derivato dal Serchio, che traversa la città.

[2] Qui e altrove, l'edizione originale ha erroneamente *Cerchio*.

[3] Il palazzo pubblico, che si alza sullo spazio occupato già dalla fortezza *Augusta*, costruita da Castruccio nel 1322, divenuto poi, gettandone giù le torri, residenza degli Anziani e del Consiglio generale, si andava allora rifacendo col disegno dell'Ammannato.

[4] * *Petits châteaux*.

[5] " Per buona regola si osserva di non lasciare entrare i forestieri per altra porta che per quella di S. Pietro; quivi devono fermarsi, dare il loro nome, cognome e patria, e pigliare un bollettino, senza del quale alcuno non può alloggiare stranieri „: GUALDO PRIORATO, *op. cit.* p. 179.

[6] "Gli uomini sono naturalmente cortesi e modesti molto, e di molta bontà perchè procedono liberamente nelle cose loro „: *Relaz. cit.*, nel *Tes. Polit.* p. 263. — "Sono i lucchesi di gentilissimi costumi, affabili coi forastieri,

le Dimanche après disner, pour autrui, non pas pour moi qui etois à jun. Les collines les plus voisines de la ville sont garnies de tout plein de maisons plesantes, fort espais; la plus part du chemin fut par un chemin bas, assés aisé entre des montaignes, quasi toutes fort ombragées & habitables partout, le long de la riviere de Serchio[1]. Nous

per onorare i quali non tralasciano alcuna parte di cortesia „: GUALDO PRIORATO, *op. cit.*, p. 190. — "Li lucchesi sono comunemente in concetto di gran bontà e d'un naturale cortese e modesto; procedono in tutti gli affari con cuor franco e libero, e hanno lo spirito sottile, chè però riescono molto bene in quello che intraprendono: ricevono gli stranieri con gentilissimo accoglio, e fanno gloria di servirli, essendo generalmente tutti soddisfatti della civiltà di quel popolo „: LETI, *op. cit.*, II, 9.

[1] " Verso il termine del XVII secolo essendo molto deteriorata la strada, che da Lucca andava ai Bagni, posta in gran parte sulla destra sponda del Serchio, ne venne tracciata ed aperta una nuova, giacente per intero sul lato sinistro. Fino a quel tempo, la via che da Lucca dirigevasi a Corsena giunta al Ponte a Moriano, sulla sinistra parte del nominato fiume, varcava alla destra per mezzo d'un ponte allora assai elevato e d'incomodo transito, e raggiunto da questo lato l'altro ponte della Maddalena, ripassava su di esso all'altra sponda che continuasi sino ai Bagni, incontrando presto l'orlo sinistro del torrente Lima, che col Serchio va quivi in breve a mescolarsi. Crescendo il bisogno di più facile comunicazione, facevansi più sensibili gli inconventi di tal modo di accesso, che al disgraziato passo de' due ponti aggiungeva l'estrema lunghezza del tracciamento, perocchè secondava le molte sinuosità delle falde de' monti, che scendono lungo il corso della valle. Il nuovo cammino invece fu tenuto per intero sul sinistro lato del ridetto fiume, e tuttochè alquanto disastroso, come la maggior parte delle vie montanine di quei tempi, poichè seguiva anch'esso i movimenti del terreno ed il piegarsi delle costeggianti pendici, riuscì pure assai più breve ed agevole dell'antico „: CARINA, *Dei Bagni di Lucca*, Notizie topogr. storiche e mediche, Firenze, Cellini, 1866, pag. 191.

passames plusieurs villages, & deus fort bourgs: Reci & Borgo¹, & au deça ladicte riviere, que nous avions à notre mein droite, sur un pont de hautur inusitée, ambrassant d'un surarceau une grande largeur de ladicte riviere; & de cette façon de pons nous en vismes trois ou quatre². Nous vinmes sur les deus heures après midi au

BEIN DELLA VILLA³, seize milles. C'est un païs tout montueus. Audavant du bein, le long de la riviere, il y a une pleine de trois ou quatre çans pas, audessus de laquele le bein est relevé⁴ le long de la côte d'une montaigne, mediocre, & relevé environ come la fontaine de Banieres, où l'on boit près de la ville. Le site où est le bein a quelque chose de plein, où sont trante ou quarante maisons très-bien accommodées pour ce service, les chambres jolies, toutes particulieres & libres qui veut, a-tout

---

[1] Percorrendo la vecchia via, il n. a. dovette passare per Decimo, che egli scrisse a orecchio *Reci*, e per Borgo a Mozzano.

[2] Il ponte di inusitata altezza è quello singolarissimo della Maddalena, sopra il Borgo a Mozzano, costruito in principio dalla Contessa Matilde, e finito, cosi com'è ora, da Castruccio. Gli altri che dovette vedere sono quelli di Monte S. Quirico, e di Moriano, allora costruiti a grandi archi, ora ambedue rinnovati.

[3] Questi bagni sono ricordati anche negli *Essais*, II, 37: „J'ay choisi jusques à cette heure à m'arrester et à me servir de celles où il y avoit plus d'amoenité de lieu, commodité de logis, de vivres et de compaignies, comme sont, en France, les bains de Banieres; en la frontiere d'Allemaigne et de Loraine, ceulx de Plombieres; en Souysse, ceulx de Bade: en la Toscane, ceulx de Lucques, et specialement ceulx *della Villa*, desquels j'ay usé plus souvent et à diverses saisons„.

[4] L'altezza del Bagno è, secondo il CARINA, *op. cit.*, p. 293, di 51 metri sul livello della Lima.

un retret[1] chacune, & ont un'entrée pour s'entreatacher[2], & un' autre pour se particulariser. Je les reconnus quasi toutes avant que de faire marché, & m'aretai à la plus belle, notammant pour le prospect[3] qui regarde (au moins la chambre que je choisis) tout ce petit fons, & la riviere de la Lima[4], & les montaignes qui couvrent ledict fons, toutes bien cultivées & vertes jusques à la sime, peuplées de chataigniers & oliviers, & ailleurs de vignes, qu'ils plantent autour des montaignes, & les enceignent[5] en forme de cercles & de degrés. Le bort du degré vers le dehors un peu relevé, c'est vigne; l'enfonceure de ce degré, c'est bled[6]. De ma chambre j'avois toute la nuit bien doucemant le bruit de

---

[1] * *Une garde-robe, ou lieu privé.*
[2] * *Pour communiquer.*
[3] * *La vue.* — Ital.: *il prospetto.*
[4] La *Lima*, fiumana che nasce all'Abetone nella montagna pistojese, passa sotto Cutigliano, e presso il castello di Lucchio entra nel territorio lucchese, incamminandosi verso i Bagni di Lucca, dove è traversata da due ponti, il *Nuovo* e quello *a Serraglio*. Dopo altre due miglia, entra nel Serchio.
[5] * *Les disposent circulairement.*
[6] L'a. n. ritorna anche più oltre su questo modo di coltivazione, che si mantiene identico anche ai dì nostri. "Ovunque si volga lo sguardo, scrive il cit. prof. CARINA, p. 3, si affaccia un nuovo prospetto della più pittoresca natura, ravvivato qua e là da rustiche e civili abitazioni leggiadramente distribuite, ed arricchito dalla più industre coltivazione: imperciocché i nostri campagnuoli abbiano saputo trar partito da ogni spazio di terra, che tra i vivi sassi e dirupati scogli han potuto trattenere. Laonde vedesi spesso l'olivo, il grano, la vite, laddove par prodigioso l'aver potuto ascendere; e siffatta coltura trovasi alternata da estese e rigogliose selve di castagni, che somministrano grato e nutritivo alimento, e pur anco un produttivo raccolto agli abitanti delle circostanti montagne.

cette riviere¹. Entre ces maisons est une place à
se proumener, ouverte d'un costé en forme de terrasse, par laquele vous regardés ce petit plein sous
l'allée d'une treille publique, & voiés le long de la
riviere dans ce petit plein, à deus cens pas, sous
vous, un beau petit village qui sert aussi à ces
beins, quand il y a presse. La pluspart des maisons neufves, un beau chemin pour y aler, &
une belle place audict village. La pluspart des
habitans de ce lieu se tienent là l'hiver, & y ont
leurs boutiques, notammant d'apotiquererie; car quasi
tous sont apotiqueres. Mon hôte se nome le Capitene Paulini², & en est un. Il me donna une salle,
trois chambres, une cuisine & encore un'apant³ pour
nos jans, & là dedans huit lits, dans les deus desquels il y avoit pavillon; fournissoit de sel, serviete
le jour, à trois jours une nape, tous utansiles de

Queste ed altre ombrose piante offrono altresì nella e-
stiva stagione, impenetrabile e confortevol riparo dai co-
centi raggi del sole „.

¹ Con questa semplice indicazione, quasi tutte le case
avendo il davanti o il didietro sulla Lima, ed il rumore
della Lima, che scorre fra' macigni e ha corso velocissimo,
sentendosi, specialmente di notte, anche dalle case più
lontane, è difficile identificare con precisione la casa a-
bitata dal nostro autore ai bagni di Lucca. Senza che
poi, tutto il borgo ha aspetto moderno. Quello soltanto
che può congetturarsi, si è che la casa da lui prescelta
fosse nel gruppo più basso, lungo il fiume, anzichè sulla
costa.

Il Montaigne venuto a cercar salute ai Bagni di Lucca
fu cantato da G. DE FILIPPIS DELFICÒ nei *Ricordi e Fantasie
sui Bagni di Lucca* (Firenze, Magheri, 1834), Ode IV, *La
Visita alla Villa.*

² Il capitano della Compagnia delle Ordinanze del
Borgo era allora Paulino di Cherubino o Cherubini. Il
Montaigne prese il nome per cognome.

³ * *Appentis.*

fer à la cuisine, & chandeliers, pour unse escus, qui sont quelques sous plus que dix pistolets, pour quinze jours. Les pots, les plats, assietes qui sont de terre, nous les achetions, & verres & couteaus; la viande s'y treuve autant qu'on veut, veau & chevreau; non guiere autre chose. A chaque logis on offre de vous faire la despanse, & croi qu'à vint sous par home on l'aroit par jour; & si vous la voulés faire, vous trouvés en chaque logis quelque home ou fame capable de faire la cuisine. Le vin n'y est guiere bon; mais, qui veut, en fait porter ou de Pescia ou de Lucques[1].

J'arrivai là le premier, sauf deus jantilhomes Bolonois, qui n'avoint pas grand trein; einsi j'eus à choisir &, à ce qu'ils disent, meilleur marché que je n'eusse eu en la presse, qu'ils disent y être fort grande; mais leur usage est de ne comancer qu'en Juin, & y durer jusques en Septambre[2]: car

---

[1] Dei vini, ritorna a discorrere più oltre. Sopra i vini dei Bagni di Lucca, cosi il CARINA, *op. cit.*, p. 59: " Le nostre uve non sono cosi dolci e zuccherine, quanto quelle delle più calde esposizioni, ma sono pur esse per lo più di gustoso sapore. Anche di questa pianta ne abbiamo moltissime varietà, e tutte vi allignano egualmente bene; ma tutte nel clima nostro producono uva men dolce. Il vino che se ne ottiene, tuttochè fatto in generale con metodi non buoni, riesce assai gradito a queste popolazioni e da esse preferito ad altri dei poggi più meridionali, cotalchè sostiene un prezzo assai elevato, e si suol vendere quasi al costo di quello delle basse colline lucchesi e della Toscana. Se però si usasse maggior diligenza nel piantare e coltivar la vigna, e sopra tutto poi si facesse il vino con le maniere suggerite dalla buona esperienza, se ne potrebbe ottenere di qualità assai delicate e di molto maggior valore „.

[2] Anticamente l'apertura della stagione balnearia si faceva il primo venerdì di Marzo, essendo allora accreditata opinione che nella notte antecedente a cotesto giorno

en Octobre ils le quittent, & s'y fait des assamblées souvant pour la sule recreation; ce qui se faict plustot, come nous en trouvasmes, qui s'en retournoint y aïant deja été un mois, ou en Octobre, est extraordinere. Il y a en ce lieu une maison beaucoup plus magnifique que les autres, des sieurs Buonvisi, & certes fort belle; ils la noment le Palais.[1] Elle a une fontene belle & vive dans la salle, & plusieurs autres commodités. Elle me fut offerte, au moins un appartement de quatre chambres que je voulois, & tout, si j'en eusse eu besouin. Les quatre chambres meublées come dessus, ils me les eussent laissées pour vint escus du païs pour quinze jours; j'en vousis doner un escu par jour pour la consideration du tamps & pris, qui change. Mon hoste n'est obligé à notre marché que pour le mois de May; il le faudra refaire, si j'y veus plus arrester.

Il y a ici de quoi boire, & aussi de quoi se beigner[2]; un bein couvert, vouté, & assés obscur, large

" scendesse dal cielo un angelo a benedire le sorgenti; d'onde riunivasi in quel dì, reputato sacro e miracoloso, sì gran concorso di bagnanti, che assai difficile riusciva il soddisfare l'esigenza di tutti quelli che chiedevano l'immersione (CARINA, *op. cit.*, p. 135) „. Le stagioni balnearie secondo lo Statuto del 1371 erano due: " la prima, che incominciava il giorno di Pasqua di Resurrezione, e finiva col dì di S. Pietro, cioè il 29 di Giugno: la seconda, che si apriva il 15 Agosto, giorno dedicato all'Assunzione di N. D., e terminava col primo Novembre. Per tal modo si escludevano i dì caniculari, riguardati, secondo i pregiudizj di quei tempi, come maletici. Questa distribuzione di tempo per la bagnatura non trovasi ripetuta negli statuti successivi, cioè in quello ms. del 1446 nè in quelli stampati del 1490 e del 1539 (ID., p. 161) „.

[1] Il Palazzo Buonvisi era sulla Piazza della *Villa*. Lo comprò Elisa Baciocchi, e poi lo fece demolire.

[2] " L'uso delle nostre acque per bagno, è raro che non

come la moitié de ma salle de Montaigne. Il y a
aussi certein esgout qu'ils noment *la Doccia*[1]; ce
sont des tuïeaus par lesquels on reçoit l'eau chaude
en diverses parties du cors & notamment à la teste,
par des canaus qui descendent sur vous sans cesse,
& vous vienent batre la partie, l'echauffent, & puis
l'eau se reçoit par un canal de bois, come celui des
buandieres, le long duquel elle s'ecoule. Il y a un
autre bein vouté de mesme & obscur, pour les
fames: le tout d'une fonteine de laquelle on boit,
assés mal plaisammant assise, dans une enfonceure
où il faut descendre quelques dégrés.

Le Lundi, huit de Mai, au matin, je pris à grande
difficulté de la casse que mon hoste me præsenta,
non pas de la grace de celui de Rome[2], & la pris de
mes meins. Je disnai deus heures après, & ne peus
achever mon disner; son operation me fit randre ce
ce que j'en avois pris, & me fit vomir encores despuis. J'en fis trois ou quatre selles avec grand
dolur de vantre, à cause de sa vantosité, qui me
tourmenta près de vint-quatre heures, & me suis
promis de n'en prandre plus. J'eimerois mieus un
accès de cholique, aiant mon vantre einsin esmeu,
mon gout altéré, ma santé troublée de cette casse:
car j'étois venu là en bon estat, en maniere que le
Dimanche après souper, qui étoit le sul repas que
j'eusse faict ce jour, j'alai fort alegremant voir le

debba congiungersi, non pur con quello della loro bevanda,
ma bensì con l'altro delle docce esterne o interne„: CARINA,
Op. cit., p. 323.

[1] Anche allora al Bagno alla Villa ci sarà stato modo
di docciarsi: ma la maggior rinomanza per quell'uso l'avevano le scaturigini del Bagno Rosso e del Bagno Caldo, o
di Corsena, cominciate quest'ultime ad adoperarsi in tal
maniera dal 1549: v. CARINA, p. 179.

[2] * *Avec la politesse et l'intelligence de l'apothicaire de
Rome* —. Vedi a pag. 203

bein de Corsena[1], qui est à un bon demi mille de là, à l'autre visage de cete mesme montaigne, qu'il faut monter & devaler après, environ à mesme hautur que les beins de deça. Cet autre bein[2] est plus

---

[1] Scavalcando il *Colle*, come si fa anch'oggi per agevole e amena strada, il n. a. si condusse dalla Villa al Bagno di Corsena, ora detto *Bagno Caldo*. Il nome di Corsena apparisce per la prima volta nelle carte del x secolo, come denominazione di una famiglia feudale, che forse era ramo dei Porcaresi. Aveva un castello, che nel 1245 il Comune di Lucca fece distruggere alla venuta di Federico II, temendo diventasse temibile arnese di guerra nelle mani dell'imperatore. Nel 1291 si trova menzione dei *Capitanei Societatis Sociorum balneorum dictorum de Corsena*, il che starebbe a indicare un'amministrazione indipendente se non altro pei bagni, e l'importanza ormai assunta da questi.

Sulla efficacia dei Bagni di Corsena, amenità del luogo ed agi della vita che ivi si trovavano, cosi si esprimeva nel xiv secolo il gajo novellatore mess. Fr. Sacchetti, indirizzando il suo dire al possente cittadino lucchese Michele Guinigi:

Michel mio caro, s'io ragguardo bene
   Il loco, e la virtù di questa fonte,
   I' credo che giammai sotto Fetonte
Non fosse bagno di sì dolci vene.
L'aere fino questo loco tene,
   Fiumi corsivi a piè di ciascun monte,
   Vostri costumi e vostre donne conte,
Con belli e dolci canti di sirene.
Vin, carne, pesci ed ogni frutto sano,
   E ciascun altra cosa che conforta,
   Che pare il paradiso deliciano.
Qui si purga ogni morbo o e' s'ammorta:
   Ed oltre a questo, quel ch'è più sovrano,
   Aver vostra virtù con amor scorta.

[2] Il Bagno di Corsena, ora Bagno Caldo, è a 53 m. sopra il Ponte a Serraglio, e viene alimentato da quattro sorgenti, la più abbondante delle quali e la più calda (53 gr. c.°) chiamasi Doccione. Queste acque servono

fameus pour le bein & *la doccia* ; car le nostre n'a
nul service receu communéemant ny par les medecins ny par l'usage[1], que le boire ; & dict-on que
l'autre est plus antienemant conu. Toutefois pour
avoir cete vieillesse qui va jusques au siecles des
Romeins, il n'y a nulle trace d'antiquité ny en l'un
ny en l'autre[2]. Il y a là trois ou quatre grans beins
voutés, sauf un trou sur le milieu de la voute, com'un
soupirail ; ils sont obscurs & mal plaisans. Il y a
un'autre fonteine chaude à deus ou trois çans pas
de là, un peu plus haut en ce mesme mont, qui se
nome de Saint Jan[3], & là on y a faict une loge à
trois beins aussi couverts ; nulle maison voisine,
mais il y a de quoi y loger un materas[4] pour y reposer quelque heure du jour. A Corsena on ne
boit du tout pouint. Au demeurant, ils diversifient
l'operation de ses eaus : qui refreche[5], qui eschauffe,
qui pour telle maladie, qui pour telle autre, & làdessus mille miracles ; mais en somme, il n'y a nulle
sorte de mal qui n'y treuve sa guerison. Il y a un
beau logis à plusieurs chambres, & une vintene

per bagno o per doccia : le doccie esterne vi si fanno in
due sale, una detta delle docce *temperate*, e l'altra, delle
docce *alte*. Vi è anche una Stufa per bagni a vapore
(CARINA, p. 288).

[1] * *C'est-à-dire : n'est pas communément ordonné par les
médecins, ni fréquenté par les malades.*

[2] Non v'ha nessuna prova che i Romani conoscessero
ed usassero queste acque, come rileva anche il CARINA,
p. 119.

[3] Il Bagno di S. Giovanni è 69 m. sul Ponte a Serraglio
e vien menzionato per la prima volta dal medico MATTEO
BENDINELLI nel suo *Tractatus de Balneis lucensibus Villae
et Corsenae* stampato nel 1483, che paragona l'efficacia di
queste acque a quelle della Villa.

[4] * *Matelas, c'est-à-dire, un lit de camp.* — Ital. : *materasso*.

[5] * *Soit pour refraichir, soit pour réchauffer, soit etc.*

d'autres non guiere beaus. Il n'y a nulle compareson en cela de leur commodité à la nostre, ny de la beauté de la veue, quoiqu'ils aïent nostre riviere à leurs pieds, & que leur veue s'étande plus longue dans un vallon, & si[1] sont beaucoup plus chers. Plusieurs boivent ici, & puis se vont beigner là. Pour cet'heure Corsena a la reputation.

Le Mardi, neuf de Mai 1581, bon matin, avant le soleil levé, j'alai boire du surjon mesme de notre fonteine chaude, & en beus sept verres tout de suite, qui tienent trois livres & demie: ils mesurent einsi. Je croi que ce seroit à douze, notre carton.[2] C'est un'eau chaude fort moderéemant, come celle d'Aigues-Caudes ou Barbotan, aïant moins de gout & saveur que nulle autre que j'aïe jamais beu. Je n'y peus apercevoir que sa tiedur, & un peu de douceur. Pour ce jour elle ne me fit null'operation, & si fus cinq heures despuis boire jusques au disner, & n'en randis une sule goute. Aucuns disoint que j'en avois pris trop peu: car là ils en ordonent un fiasque:[3] sont deus boccals, qui sont huit livres: sese ou dix sept verres des miens. Moi je pense qu'elle me trouva si vuide, à cause de ma medecine, qu'elle trouva place à me servir d'alimant.

Ce mesme jour je fus visité d'un jantil home Boulonois, Colonel de douse çans homes de pied, aus gages de cete Seigneurie, qui se tient à quatre milles des Beins; & me vint faire plusieurs offres, & fut aveq moi environ deus heures; comanda à mon hoste & autres du lieu de me favoriser de leur puissance. Cete Seigneurie a cete regle de se servir d'officiers etrangiers, & leur done un Colo-

---
[1] * *Et cependant.*
[2] * *À douze livres notre quarte.*
[3] Un fiasco; noto recipiente toscano.

nel à leur comander : qui a plus grande, qui moindre charge. Les Colonels sont païés ; les Capitaines, qui sont des habitans du païs, ne le sont qu'en guerre, & comandent aus compaignies particulieres, lors du besouin. Mon Colonel avoit sese escus par mois de gages, & n'a charge que de se tenir prest.[1]

[1] Dopo la sollevazione degli Straccioni, si ordinò, oltre che la forza armata della città, anche quella del di fuori, distinguendo la milizia del distretto (*Ordinanza delle sei miglia*) da quella del contado (*Ordinanza della montagna*). Lo Statuto in materia è del 17 maggio 1541. Con esso si confermarono le tre compagnie della campagna, già esistenti, cioè quella della Vicaria di Coreglia unita al Commissariato di Gallicano, quella della Vicaria di Val di Lima, e quella della Vicaria di Valdriana. Il Consiglio Generale eleggeva tre cittadini col nome di Commissarj dell'ordinanza di montagna per tempo indeterminato, i quali a loro talento adunavano la compagnia in qualsiasi parte del territorio, facevan riviste, cancellavano militi ecc. I capitani però dovevan essere forestieri, ed erano eletti e cassati dal Consiglio. Obbligo dei Commissarj era di non lasciar scorrere tre mesi senza far rassegne o delle compagnie riunite o di ciascuna separatamente. I militi potevano aver armi di proprio o somministrate dal governo, che erano archibugi o moschetti, ed erano obbligati a tenerle in buono stato. Niuno dei militi poteva uscir dallo stato senza licenza del Vicario da cui dipendeva. Tutti dovevano presentarsi all'appello, e in servizio ricevevano una paga adeguata.

I Capitani, dipendenti direttamente dal Consiglio Maggiore, poi dai Commissarj, e in certi casi dai Vicarj, risiedevano nella Vicaria e propriamente nel luogo loro assegnato dai tre Commissarj, nè potevano uscir dallo stato senza licenza del Consiglio. Ogni compagnia aveva le suddivisioni che poi ebbero i battaglioni, e constavano di 1500 uomini circa, buoni e ben addestrati. Ai tempi del Montaigne, se la sua attestazione è esatta, vi sarebbe stato un solo capitano nella val di Lima, residente a Borgo a Mozzano, e avente titolo di Colonnello. Troviamo che pochi anni dopo che il n. a. fu ai Bagni, il Colonnello aveva 15 scudi il mese (L. 84) e i tamburini 1 (L. 5 60):

Ils vivent plus sous regle en ces beins ici qu'aus nostres, & junent fort, notammant du boire. Je m'y trouvois mieus logé qu'en nuls autres beins, fut-ce à Banieres. Le sit du païs est bien aussi beau à Banieres, mais en nuls autres beins; les lieus à se beigner à Bade surpassent en magnificence & commodité tous les autres de beaucoup; le logis de Bade comparable à tout autre, sauf le prospet d'ici.

Mercredi bon matin, je rebeus de cet'eau, & etant en grand peine du peu d'operation que j'en avoi senti le jour avant; car j'avoi bien faict une selle soudein après l'avoir prise, mais je randois[1] cela à la medecine du jour præcedant, n'aiant faict pas une goute d'eau qui retirât[2] à celle du bein. J'en prins le Mecredi, sept verres mesurés à la livre: qui fut pour le moins double de ce que j'en avois pris pour l'autre jour, & croi que je n'en ai jamais tant pris en un coup. J'en santis un grand desir de suer, auquel je ne vousis nullemant eider, aïant souvant ouï dire, que ce n'etoit pas l'effaict qu'il me faloit; &, come le premier jour, me contins en ma chambre, tantost me promenant, tantost en repos. L'eau s'achemina plus par le derriere, & me fit faire plusieurs selles lâches & cleres, sans aucun effort. Je tien qu'il me fit mal de prandre cete purgation de casse, car l'eau trouvant nature acheminée par le derriere & provoquée, suivit ce trein-là; là où je l'eusse, à-cause de mes reins, plus desirée par le devant; & suis d'opinion, au premiers beins que je pranderai, de sulemant me preparer aveq quelque june le jour avant. Aussi

---

o questi erano i soli stipendiati. V. in proposito CARINA, *Not. storiche* cit., p. 97. e segg.

[1] * *J'attribuois.*
[2] * *Eût aucun rapport.*

crois-je que cet'eau soit fort lâche & de peu d'operation, & par conséquant sûre & pouint de hasard: les aprantis & delicats y seront bons. On les prant pour refrechir le foïe, & oster les rougeurs de visage: ce que je remerque curieusemant pour le service que je dois à une très vertueuse dame de France. De l'eau de Saint Ian, on s'en sert fort aus fars[1], car ell'est extrememant huileuse. Je voïois qu'on en emportoit à pleins barrils aus païs etrangiers, & de cele que je beuvois encore plus, à force asnes & mulets, pour Reggio, Modène, la Lombardie, pour le boire[2]. Aucuns la prenent ici dans le lit, & leur principal ordre est de tenir l'estomac & les pieds chaus, & ne se branler guieres[3]. Les voisins la font porter à trois ou quatre milles à leurs maisons. Pour montrer qu'elle n'est pas fort apéritive, ils ont en usage de faire aporter de l'eau d'un bein près de Pistoïe, qui a le goust acre & très chaude en son nid[3]; & en tienent les apo-

---

[1] * *Fards, ou pommades pour le tein.*

[2] La esportazione dell'acqua del Bagno alla Villa cominciò ad aver maggior entità quando ne venne autorevolmente raccomandato l'uso nel 1513 dal medico faentino Blanchelli. È curiosa questa lettera di Alfonso duca di Ferrara dell'11 maggio 1525, colla quale ne commette una spedizione al governator di Garfagnana, che era allora l'Ariosto:

"M. Ludovico. Noi volemo che subito voi ce mandiate per la via de vetturali diecj some d'acqua de' bagni da la Villa, facendola pigliare dal migliore loco e con quella più diligentia che sia possibile, et usando ogni sollecitudine perchè siamo servito bene et presto „.

L'esportazione di queste acque andò scemando via via che altre scaturigini vennero in fama, e, come accade, le sostituirono nella reputazione e nel commercio: v. CARINA, *op. cit.*, p. 177, 293.

[3] * *Faire peu d'exercice, ne se bouger.*

[4] * *À la source, à la fontaine.*

tiqueres d'ici, pour en boire avant celle d'ici un verre, & tienent qu'elle achemine cete ci, etant active & apéritive. Le segond jour je rendis de l'eau blanche, mais non sans quelque altération de colur, com'ailleurs, & fis force sable; mais il etoit acheminé par la casse, car j'en rendois beaucugp le jour de la casse.

J'appris là un accidant mémorable. Un habitant du lieu, soldat qui vit encore, nomé Giuseppe, & comande à l'une des galeres des Genevois[1] en forçat, de qui je vis plusieurs parans proches, etant à la guerre sur mer, fut pris par les Turcs. Pour se mettre en liberté, il se fit Turc, (& de cete condition il y en a plusieurs, & notammant des montaignes voisines de ce lieu, encore vivans), fut circuncis, se maria là. Estant venu piller cete coste, il s'elouigna tant de sa retrete, que le voilà, aveq quelques autres Turcs, attrapé par le peuple qui s'etoit soublevé. Il s'avise soudein de dire qu'il s'estoit venu randre à esciant[2], qu'il estoit chrétien, fut mis en liberté quelques ïours après, vint en ce lieu, & en la maison qui est vis-à-vis de cele où je loge: il entre, il rancontre sa mere. Elle lui demande rudemant qui il etoit, ce qu'il vouloit: car il avoit encore ses vestemans de matelot, & étoit estrange de le voir là. Enfin il se faict conètre, car il etoit perdu despuis dix ou douse ans, ambrasse sa mere. Elle aïant faict un cri, tumbe toute éperdue, & est jusques au landemein qu'on n'y conessoit quasi pouint de vie, & en étoint les medecins du tout désesperés. Elle se revint enfin, & ne vescut guiere depuis, jugeant chacun que cete secousse lui acoursit[3]

[1] * *Génois.*
[2] * *De bon gré.*
[3] * *Abrégea* —. Ital.: *accorciò.*

la vie. Nostre Giuseppe fut festoïé d'un chacun, receu en l'église à abjurer son erreur, reçeut le sacremant de l'éveque de Lucques, & plusieurs autres serimonies: mais ce n'etoit que baïes[1]. Il étoit Turc dans son ceur, & pour s'y en retourner, se desrobe d'ici, va à Venise, se remesle aus Turcs, reprenant son voïage. Le voilà retumbé entre nos meins, & parceque c'est un home de force inusitée & soldat fort entandu en la marine, les Genevois le gardent encore, & s'en servent, bien ataché & garroté.

Cete nation a force soldats, qui sont tous enregistrés, des habitans du païs, pour le service de la Seigneurie. Les Colonels n'ont autre charge que de les exercer souvant, faire tirer, escarmoucher, & teles choses, & sont tous du païs. Ils n'ont nuls gages, mais ils peuvent porter armes, mailles, harquebouses & ce qui leur plait; & puis ne peuvent être sesis au cors pour aucun debte, & à la guerre reçoivent païe. Parmi eus sont les Capitenes, Anseignes, Sarjans. Il n'y a que le Colonel qui doit estre de nécessité étrangier & païé. Le Colonel del Borgo, celui qui m'étoit venu visiter le jour avant, m'envoïa dudict lieu, qui est à quatre milles du bein, un home avec sese citrons & sese artichaus.

La douceur & foiblesse de cet'eau s'argumante encore de ce que elle se tourne si facilemant en alimant; car elle se teint & se cuit soudein, & ne done pouint ces pouintures des autres à l'appetit[2] d'uriner, come je vis par mon experiance, & d'autres en mesme tamps.

---

[1] * *Tromperies.* — Ital.: *baje.*
[2] * *Quand on veut* etc.

Encore que je fusse plesammant & très commodemant logé, & à l'envi de mon logis de Rome, si n'avois-je ny chassis ny cheminée, & encore moins vitres en ma chambre. Cela montre qu'ils n'ont pas en Italie les orages si frequans que nous; car cela, de n'avoir autres fenetres que de bois quasi en toutes les maisons, ce seroit une incommodité insupportable: outre ce, j'étois couché très-bien. Leurs lits, ce sont petits mechans treteaus, sur lesquels ils jetent des esses,[1] selon la longur & largeur du lit; là dessus une paillasse, un materas, & vous voilà logé très bien, si vous avés un pavillon. Et pour faire que vos treteaus & esses ne paroissent, trois remedes: l'un, d'avoir des bandes, de mesme le pavillon, come j'avois à Rome; l'autre, que votre pavillon soit assés long pour pandre jusques à terre & couvrir tout: qui est le meillur; le tiers, que la couverte, qui se ratache par les couins avec des boutons, pande jusques a terre, qui soit de quelque legere etoffe, come de futeine blanche, aïant audessous un'autre couverte pour le chaut. Au moins j'aprans pour mon trein cet'epargne pour tout le commun de chés moi, & n'ai que faire de chalits. On y est fort bien, & puis c'est une recette contre les punèses.

Le mesme jour, après disner, je me beignai, contre les regles de cete contrée, où on dict que l'une operation ampeche l'autre, & les veulent distinguer: boire tout de suite, & puis beigner tout de suite. Ils boivent huit jour, & beignent trante: boire en ce bein & beigner en l'autre. Le bein est très-dous & plesant; j'y fus demi heure, & ne m'esmeut qu'un peu de sueur:

---

[1] *Des tringles, ou des barres de bois.* — Ital.: *assi, assicelle.*

c'etoit sur l'heure de souper. Je me cochai[1] au partir delà, & soupai d'une salade de citron sucrée, sans boire; car ce jour je ne beus pas une livre,[2] & croi, qui eût tout conté[3] jusques au landemein, que j'avoi randu par ce moien à peu près l'eau que j'avoi prise. C'est une sotte costume de conter ce qu'on pisse. Je ne me trouvois pas mal, eins gaillard, come aus autres beins; & si etois en grand peine de voir que mon eau ne se randoit pas, & à l'advanture m'en etoit il autant advenu ailleurs. Mais ici, de cela ils font un accidant mortel, & dès le premier jour si vous faillés à randre les deus pars au moins, ils vous conseillent d'abandoner le boire, ou prandre medecine. Moi, si je juge bien de ces eaus, elles ne sont ny pour nuire beaucoup, ny pour servir: ce n'est que lâcheté & foiblesse, & est à craindre qu'elles eschauffent plus les reins qu'elles ne les purgent; & croi qu'il me faut des eaus plus chaudes & apéritives. Le Jeudi matin j'en rebus cinq livres, creignant d'en estre mal servi & ne les vuider. Elles me firent faire une selle, uriner fort peu, & ce mesme matin escrivant à M. Ossat, je tumbe en un pansemant si pénible de M. de la Boétie,[4] & y fus si longtamps sans me raviser, que cela me fit grand mal.

[1] * *Couchai.*
[2] * *D'eau.*
[3] * *Compté.*
[4] Si sa quanto il Montaigne amasse ed ammirasse Étienne de la Boëtie: "le plus grand homme que j'aye cogneu.... c'estoit vraiment un ame pleine, et qui montroit un beau visage à tous sens; un'ame à la vieille marque, et qui eust produict de grands effects si sa fortune l'eust voulu: ayant beaucoup adjousté à ce riche naturel par sciance et estude (*Essais* II, 17) „. Il capitolo *de l'Amitié* (I. 27) è un inno in lode del perduto amico: "Si on me

Le lit de cet'eau est tout rouge et rouillé, et le canal par où elle passe [1] : cela, meslé à son insipidité, me faict crère qu'il y a bien du fer, & qu'elle resserre. Je ne randis le Jeudi, en cinq heures que j'atandis à disner, que la cinquiesme partie de ce que j'avois beu. La vaine chose que c'est que la medecine ! [2] Je disois par rancontre, que me rapantois de m'estre tant purgé, & que cela faisoit que l'eau me trouvant vuide, servoit d'alimans, & s'arretoit.

Je vien de voir un medecin imprimé, parlant de ces eaus, nomé Donati, [3] qui dit qu'il conseille de

presse de dire pourquoy je l'aymoys, je sens que cela ne se peult exprimer qu'en respondant: Parce que c'estoit luy: parce que c'estoit moy... Nous nous cherchions avant que de nous estre veus... et à nostre premiere rencontre..., nous nous trouvasmes si prins, si cogneus, si obligez entre nous, que rien dez lors ne nous feut si proche que l'un à l'aultre... Si je compare toute ma vie, aux quatre annees qu'il m'a esté donné de jouir de la doulce compagnie et societé de ce personnage, ce n'est que fumee, ce n'est qu'une nuict obscure et ennuyeuse. Depuis le jour que je le perdis *quem semper acerbum Semper honoratum (sic, Dî, voluistis) habebo*, je ne foys que traisner languissant, et les plaisirs, mesmes qui s'offrent a moy, au lieu de me consoler, me redoublent le regret de sa perte : nous estions à moitié de tout: il me semble que je luy desrobe sa part „.

[1] Queste acque "lasciano infatti depositi rossi e bruni, e l'analisi ha dimostrato esser questi degli ossidi di ferro e di manganese, misti a solfato e carbonato di calce, con varia quantità d'argilla „: CARINA, *op. cit.*, p. 114, 360.

[2] È quasi superfluo ricordare quanta poca stima facesse il Montaigne dei medici e delle medicine. Vedi ad ogni modo, gli *Essais* I, 23, II, 37, III, 13 ecc.

[3] Allude qui all'opera di G. B. DONATI. *De acquis lucensibus, quae vulgo Villenses appellantur*, stampata la prima volta in Lucca dal Busdrago nel 1580: era dunque la più recente pubblicazione su cotesti Bagni. Il Donati era lucchese, e studiò medicina prima a Pisa, poi a Padova, indi

peu disner, & mieus souper. Come je continuai landemein à boire, je croi que ma conjecture lui sert: son compaignon Franciotti[1] est au contrere, come en plusieurs autres choses.[2] Je santois ce jour là quelques poisanteurs de reins, que je creignois que les eaus mesmes me causassent, & qu'elles s'y croupissent: si est-ce, qu'à conter tout ce que je randois en 24 heures, j'arrivois à mon pouint à peu près, atandu le peu que je beuvois aus repas. Vandredi je ne beus pas, & au lieu de boire, m'alai beigner au matin, & m'y laver la teste, contre l'opinion commune du lieu. C'est un usage du païs d'eider leur eau par quelque drogue meslée, come de sucre candi, ou manne, ou plus forte medecine, encore qu'ils meslent au premier verre de leur eau & le plus ordineremant, de l'eau *del Tettuccio*,[3] que je tâtai: elle est salée. J'ai quelque soupçon que les apotiqueres, au lieu de l'envoïer querir près de Pistoïe, où ils disent qu'elle est, sophistiquent quelque eau naturelle: car je lui trouvai la saveur extraordinaire, outre la salure. Ils la font rechaufer, & en boivent au comancemant un, deus, ou trois verres. J'en ai veu boire en ma presance, sans au-

si recò in Francia, dove ebbe contese scientifiche col Bottallo, medico di Enrico III. Nato verso il 1530, morì verso la fine del secolo.

[1] Giorgio di Sigismondo Franciotti, medico lucchese, richiesto da molti e illustri personaggi, fra i quali da una sorella del card. Madrucci, di ragguagli intorno alla natura ed efficacia delle acque del Bagno alla Villa, stampò un *Tractatus de Balneo Villensi in agro Lucensi posito*, Lucae, Busdracum, 1552. Morì nel 1570.

[2] Su queste diverse opinioni dei medici circa il modo di prendere i bagni e ber le acque, e sul mangiare più o meno a desinare e a cena, ritorna l'a. n. negli *Essais*, II, 37, concludendo: " Voylà comment ils vont bastelant et baguenaudant à nos despens en touts leurs discours „.

[3] Il testo erroneamente: *Testuccio*.

cun effaict. Autres mettent du sel dans l'eau au premier & second verre, ou plus. Ils y estiment la sueur quasi mortelle, & le dormir, aïant beu. Je santois grand action de cet'eau vers la sueur.

Assaggiamo[1] di parlar un poco questa altra lingua, massime essendo in queste contrade dove mi pare sentire il più perfetto favellare della Toscana, particolarmente tra li paesani, che non l'hanno mescolato & alterato con li vicini.

[1] A questo punto comincia la parte del viaggio che il Montaigne scrisse in italiano. Sono noti i consigli che negli *Essais*, II, 12 dà a chi voglia parlare italiano: consigli ch'ei probabilmente mise in pratica di qua dalle Alpi: " Je conseillois en Italie à quelqu' un qui estoit en peine de parler italien, que pourveu qu' il ne cherchast qu' à se faire entendre, sans y vouloir aultrement exceller, qu'il employast seulement les premiers mots qui luy viendroient à la bouche, latins, françois, espaignols ou gascons, et qu' en y adjoustant la terminaison italienne, il ne fauldroit jamais à rencontrer quelque idiome du pays, ou toscan, ou romain, ou venitien, ou piemontois, ou napolitain, et de se joindre à quelqu' une de tant de formes „. Il Montaigne però, scrivendo, volle addestrarsi al buon italiano, un poco ricorrendo alle forme auliche, e un poco porgendo orecchio al parlar vivo. Vedremo più oltre che volle esercitarsi anche nel pretto fiorentino, benchè non gli riuscisse facile. In questo italiano del Montaigne troveremo parecchie reminiscenze francesi, come nel suo francese si rinvengono non pochi italianismi: molti più che non ne abbia notati il sig. VOIZARD, *Étude sur la langue de M.*, Paris, Cerf, 1885, pag. 228 e 241.

Questa parte del manoscritto fu, come avverte l'editore primo, ricopiata ed annotata da Giuseppe Bartoli, professore a Torino, e celebre più ch'altro per le fiere dispute a proposito del *dittico Quiriniano*. La scrittura era difficilissima a leggere, ma non sappiamo se tutte le imperfezioni si debbano attribuire alla mano del Montaigne, o al trascrittore, o allo stampatore. Alcuni più evidenti errori abbiamo senz'altro rettificato, avvertendo però in nota qual era la lezione del testo originale.

Il Sabbato la mattina a bona ora andai a tôr l'acqua di Bernabò.[1] Questa è una fontana fra le altre di questo monte: & è maraviglia come ne ha tante, e calde e fredde.[2] Non è troppo alto. Ha forse tre

---

[1] " Nella seconda metà del sec. XVI, ignorandosene però l'anno preciso, venne elevata a grand'onore una quinta sorgente, fino allora abbandonata. Esisteva difatto una copiosa polla d'acqua termale, negletta dai bagnanti che venivano dal di fuori del paese, ma assai usata dai paesani per la cura delle malattie croniche della pelle. Or dunque accadde che in una delle bagnature del tempo suindicato, un pistoiese chiamato Bernabò, afflitto da schifoso morbo, che invadeva l'intera cute, dopo aver vanamente tentato ogni sorta di rimedi, si determinasse di recarsi ai nostri bagni, sperando da questi la sospirata guarigione. Ma dopo esservisi trattenuto oltre il tempo assegnatogli e compiuta la cura proposta senz'alcun buon successo, desolatissimo disponevasi a ritornarsene, quando conosciuta la cosa da alcuni abitanti di Corsena, gli suggerirono di provare la fonte da essi con vantaggio frequentemente usata. Accettò egli il consiglio, e fino dalle prime immersioni ne riconobbe notevol giovamento, e dopo un certo numero di bagni con meraviglia di tutti rimase interamente sanato. Questa pronta e inaspettata guarigione dette molto grido alla fonte che la produsse, ed a ricordo di colui che fu occasione del maggior divulgamento della sua particolar virtù, ricevette e ritiene anch'oggi il nome di *Bagno di Bernabò*.

" La notizia di questo fatto rimase per lungo tempo tradizionale in paese, non certificata da alcuna particolar memoria, stantechè ciò che ne diceva ARDIZZONE (*Ravvivamento delle acque minerali, singolarmente di Corsena*, Genova, 1680, p. 53) perdeva assai del suo credito per le molte fole che aveva introdotto nel suo racconto. Ma nel 1755 essendo venuto alla luce per la prima volta il *Journal du Voyage de Montaigne*, nel quale è registrato questo fatto, notato come accaduto da poco innanzi il di lui arrivo ai bagni di Lucca, tal pubblicazione assicurò della realtà dell'avvenimento „: CARINA, *op. cit.*, p. 189.

[2] Le varie scaturigini del monte sono queste: *Bagno caldo o di Corsena, Docce Basse o Bagno rosso, Bagno di*

miglia di circuito. Non si beve che della nostra fontana principale, e di questa altra che s'usa pochi anni fa. Un Bernabò leproso avendo assaggiato & acque e bagni di tutte le altre fontane, si risolse a questa abbandonato[1]: dove guarì. Di là è venuta in credito. Non ci è case intorno, e solamente una piccola coperta, e sedie di pietra intorno al canale: il quale essendo di ferro, e messo là poco fa, è la più parte mangiato di sotto. Si dice, ch'è la forza dell'acqua che lo consuma; & è molto verisimile. Questa acqua è un poco più caldetta che l'altra, e, per l'opinione publica[2], più grave e violenta. Ha un poco più d'odore di sulfine,[3] ma tuttavia poco: e dove cade, imbianca il loco di colore di cenere come le nostre, ma poco. Discosta del mio alloggiamento un miglio poco manco, girando il piede della montagna: suo sito è più basso assai che tutte le altre calde; è circa una lancia, o due, del fiume[4]; ne tolsi cinque libre con qualche disagio, perchè non stava troppo bene della persona questa mattina. Il giorno in-

---

S. *Giovanni, Bagno della Villa, e Bagno di Bernabò*, a cui si aggiungono i *Bagni Cardinali*, di proprietà privata: v. CARINA, *op. cit.*, p. 288 e segg.

[1] Il BARTOLI spiega: *lasciato andare senza ritegno*. Ma potrebbe anche voler dire: abbandonato dai medici, sfidato.

[2] È forse questa la prima volta che in italiano si scrisse *opinione pubblica*: della quale, dico della locuzione, tanto si usò e abusò da poi. I nostri vecchi, come il Machiavelli, dicevano *opinione universale*: salvo che quella che si dice o si spaccia per opinione *pubblica* non è sempre *l'universale*, e viceversa non sempre l'opinione *universale* si fa *pubblica*. In francese, il LITTRÉ non ne adduce esempio anteriore al Condorcet: gli scrittori più antichi dicevano *l'opinion*, senz'altro.

[3] * *Solfo*.

[4] Il testo: *le altre calde. E circa una lancia, o due, del fiume ne tolsi* ecc. Punteggiamo e correggiamo: *e calde; è circa*, mettendo punto e virgola dopo *fiume*; sembrandoci

nanzi avea fatto un grande esercizio di tre miglia circa di poi pranzo al caldo, e di poi cenare. Sentii l'effetto di questa acqua di qual cosa [1] più gagliardo; cominciai a smaltirla fra una mezz'ora. Presi una gran svolta come di due miglia, per tornare a casa. Non so se questo esercizio estraordinario mi portasse giovamento, perchè gli altri giorni tornava subito alla mia stanza, acciocchè l'aria mattutina non mi freddasse: e le case non sono trenta passi discoste del fonte. La prima acqua che buttai fuora, fu naturale con arenella assai: le altre, albe e crude. Flati infiniti. Circa la terza libra ch'io smaltii, cominciò di ripigliare non so che di rosso. Più della metà aveva messa giù innanzi il desinare. Voltante[2] questa montagna di tutti i versi, trovai molte polle di fontane calde. Et oltre a questo dicono ancora li contadini, ch'in certi lochi, l'inverno si vede ch'ella fuma[3]: argomento che ce n'è ancora d'altre. Mi paiono a me quasi calde a un modo, senza odore, senza sapore, senza fumo, al paragone delle nostre. Viddi un altro loco a Cor-

---

che qui, dopo aver indicato la distanza del bagno *Bernabò* dalla *Villa*, abbia voluto indicare la distanza della sorgente dalla Lima. Il Bagno Bernabò, dice il CARINA, *op. cit.*, p. 293: " guarda a Sud-Ovest, e sollevasi 25 m. sopra il Ponte a Serraglio. La sua situazione è delle più piacevoli del territorio di Corsena. La specie di terrazzo che sta dinnanzi ad esso domina la borgata del Ponte a Serraglio, la congiunzione del Camajone col torrente Lima, e la parte più amena e variata dalla valle del Lima, contenuta in questo paese, che quivi piegasi ad angolo retto per volgere ad occidente. Anche la fabbrica è di tutte le altre la meglio ordinata ed ornata „.

[1] * *Alquanto*.
[2] * *Girando*.
[3] " Alcune di queste fonti esalano densi vapori, visibilissimi specialmente in inverno „: CARINA, *op. cit.*, p. 114.

sena più basso assai che li bagni[1], dove sono gran numero d'altre doccie più comode che le altre. Dicono essi, che sono più fontane che fanno questi canali; che sono otto o dieci; & hanno in capo un scritto di diversi nomi a ogni canale: *la Saporita, la Dolce, la Innamorata, la Coronale, la Disperata* etc., accennando gli effetti loro. A la verità, sono certi canali più caldi l'un che l'altro.

Le montagne d'intorno sono quasi tutte fertili di grano & uva. E dove cinquanta anni per l'addietro erano piene di boschi e di castagni,[2] poche montagne pelate si vedono con la neve al capo[3], ma discoste assai. Il popolo mangia pane di legna: così dicono in proverbio pane di castagne, ch'è loro principale ricolta[4]: & è fatto come quel che si domanda

---

[1] Alludesi qui alle *Docce basse*, così descritte dal Carina, p. 291: " Le *Docce basse* è bagno che viene alimentato da gran numero di scaturigini. Ognuna di esse in antico veniva adoperata separatamente per doccia, col nome che le veniva assegnato, e credevasi che esercitasse una particolar virtù. Tali sorgenti sono in numero di undici, ed ebbero dagli antichi scrittori particolar celebrità quelle che ritengono tuttavia il nome di *Disperata*, di *Maritata*, di *Coronale*, di *Rossa*, di *Trastullina* ecc. Hanno un diverso grado di temperatura, ed alcuna lascia un copioso deposito di materia rossa, che Humphry Davy riguardò come un silicato di ferro, per la quale il Bagno ricevè la denominazione di *Bagno rosso*, rimastogli per lungo tempo, finchè non fu mutato in quello di *Docce basse*, per distinguerlo dalle *Docce alte* e di maggior forza, cioè di maggior impeto e calore, che vennero costruite al *Bagno caldo* „.

[2] Il testo: *castagne*.

[3] " Le cime dei nostri monti furono un tempo rivestite di folti boschi d'abeti (*abies excelsa*, L.) di faggi (*fagus sylvatica*, L.), di cerri (*quercus cerris*, L.), di querci (*quercus ruber*, L.) ecc. Ora l'abete è interamente scomparso ecc „: Carina, *op. cit.*, p. 61.

[4] Questo cibo dei montanini lucchesi, ricorda l'a. n. an-

in Francia *pein d'espisse*. Di bodde e biscie, non ne vidi mai tante. E per paura delle biscie li ragazzi non hanno l'ardire più volte di ricogliere le fragole: che ce ne fa grandissima abondanzia nella montagna, e fra le siepi[1].

Alcuni a ogni bicchiere d'acqua pigliano tre o quattro grani di coriandro confetto per far sventare. La domenica di Pasqua 14 Maggio presi dell'acqua di Bernabò cinque libre e più, perchè il vetro mio capiva più d'una libra. Le quattro principali feste dell'anno le chiamano Pasqua[2]. Buttai assai d'are-

---

che negli *Essais*, III, 13: " Allez croire que les chastaignes nuisent à un perigourdin ou à un lucquois! „. Che il M. udisse chiamare il pan di castagne, o come dicono i montanini, *i necci* col nome di *pan di legna*, può stare, se anche non sia noto altrimenti: e forse era così detto per scherzo, a causa del colore e della durezza.

[1] " Il nostro territorio non possiede che la specie di rettili comuni al rimanente della provincia toscana, e alla più gran parte dell'Italia. Primeggia per copia grande la comunissima lucertola de' muri (*podarcis muralis*, Wagl.), più raro è il ramarro (*lacerta viridis*, Dard.) Abbiamo ancora la tanto calunniata tarantola (*ascalobates mauritanicus*, Bonap.), Trovasi parimente la così detta *cecilia* (*anguis fragilis*, L.), fuggita come la tarantola a torto, qual rettile venefico. Degli *ofidiani* o serpi, incontrasi con qualche frequenza ne' terreni incolti la biscia o *biacco* (*coluber viridiflavus*, Lacep.). Assai più scarse sono le serpi notatrici o mangia-botte (*natrix torquata*, Bonap.) che quando sono giovani vengono scambiate colle vipere per la molta somiglianza, che hanno nell'abito esterno con quest'animale. Rarissime sono le serpi velenose, e non si trovano che assai difficilmente nei luoghi deserti ed umidicci delle montagne più alte. Abbiamo le due specie che ben s'incontrano in alcuni siti del resto della Toscana, cioè la vipera propriamente detta (*pelias berus*, Merr.) e l'aspide (*vipera aspis*, Merr.) ecc. „: CARINA, *op. cit.*, p. 72.

[2] E così è anche nell'uso di quasi tutta, o forse tutta Italia, ed è conforme all'antico uso liturgico, pel quale

nella la prima volta: & avanti che fusseno due ore, avea smaltito più di dui terzi dell'acqua, secondo che l'aveva presa con voglia d'orinare & appetito usato alli altri bagni. Mi tenne il corpo lubrico: e mi scaricai di quella banda assaissimo. La libra d'Italia non è che di 12 oncie.

Si vive qui a bonissimo mercato. La libra di carne di vitella bonissima e tenerissima, circa tre soldi Francesi. Ci fa assai trutte, ma piccole[1]. Ci sono buoni artigiani a far parasoli: e se ne porta di qui per tutto. Il paese è montuoso: e si trova poche strade pari[2]. Tuttavia ce ne sono d'assai piacevoli: e fino alli viali della montagna sono la più parte lastricati. Feci dopo pranzo un ballo di contadine, e ci ballai ancor io per non parer troppo ristretto[3]. In certi lochi d'Italia, come in tutta la Toscana & Urbino, fanno le donne gl'inchini alla francese delli ginocchi.

Darente[4] del canale di questa fontana della Villa c'è un marmo quadro, che ci è stato messo sono giusto 110 anni queste cal. di Maggio, dove sono scritte le virtù di questa fonte[5]. La lascio, perchè si trova

---

erano Pasque, il Natale, l'Epifania, l'Ascensione, l'Annotina, la domenica in Albis, la domenica delle palme (pasqua *florida*) e la Pentecoste (pasqua di *rose*).

[1] " La trota (*salmo trutta*, L.) è il pesce più gradito e più ricercato, e che pescasi sempre in sufficente quantità. Questa specie soggiorna di preferenza nei bacini profondi e ristretti delle parti più elevate e più fresche dei nostri torrenti „: CARINA, p. 75. Nel 1440 i Bagni furono dati in affitto a due barbieri o chirurghi, col solo onere di 12 libbre di trote da consegnarsi all'ospedale di Lucca due volte all'anno: CARINA, p. 169.

[2] * *Piane.*

[3] * *Per ritirato in me stesso. L'usa anco il Boccaccio.* — [O piuttosto, direi, *riguardoso, contegnoso, in sulle sue*].

[4] * *Vicino.*

[5] L'iscrizione posta nel 1471 da Domenico Bertini nel

questa scritta in assai libri stampati dove si parla de' Bagni di Lucca. A tutti li bagni si ritrovano assai orioli per il servizio comune. Ne aveva sempre due su la mia tavola, che mi furono prestati. Questa sera non mangiai altro che tre fette di pane arrostite con butirro [1], e succaro [2] senza bere.

Lunedì, giudicando che questa acqua avesse abbastanza aprito [3] la strada, ritornai a ripigliare quella della fontana ordinaria, e ne presi cinque libre. Non mi mosse a sudore, come avea usato fare. La prima volta ch'io smaltiva l'acqua, buttava delle arenella, che parevano in fatti pietre spezzate. Questa acqua mi parse, a comparazione di quella di Bernabò, come fredda; conciosiacosachè quella di Bernabò abbia una caldezza molto moderata, e non arrivi di gran lunga a quelle di Plomieres, nè all'ordinaria di Banieres. Fece buon effetto d'ambedue le bande: e così fu la mia ventura di non credere questi medici, ch'ordinavano d'abbandonare il bere subito ch'il primo giorno non succedeva.

vestibolo del Bagno *alla Villa*, dice così:
SACRI DE VILLA BALNEI HEC PRECIPVE SVNT VIRTVTES. CONFERT CVNCTIS CAPITIS MEMBRIS. CVRAT OMNES STOMACI MORBOS. APPETITVM EXCITAT. DIGESTIONEM PROCVRAT. VOMITVM RESTRINGIT. SANAT CVNCTA EPATIS VITIA. EPATIS ET VENARUM OPILATIONEM APERIT. COLOREM OPTIMUM FACIT. CONFERT PASSIONIBVS SPLENIS. SANAT VLCERA PVLMONIS. MVNDAT RENES. LAPIDEM MINVIT. ARENVLAS PROHIBET. MACROS IMPINGUAT. LEPRAM CVRAT NON CONFIRMATAM. BIBITA ANTIQUAS FEBRES EXPELLIT. ET MATRICIS ETIAM ANTERIVS CRISTERIZATA. TRIGINTA BALNEANTUR DIEBUS. OCTO VEL DECEM BIBITVR PVRGATIONE PREMISSA. A CONTRARIIS CAVEATVR. TOTO CORPORE VLCERA SANAT.
CVR. DO. BER. COMM.
VT   VI
MCCCCLXXI. KL. MAII

[1] Il testo ha *buturo:* ma l'a. potrebbe aver scritto rettamente *butirro*.

[2] Il testo: *succara*, ma anche qui potrebbe essersi letto male per *succaro*, o *zuccaro*.

[3] * *Aperto*.

Il Martedì 16 di Maggio, come è l'usanza di queste bande (e mi piace), intermessi il bere: e stetti al bagno un'ora e più, sotto la polla, perchè mi pare l'acqua fredda in altri lochi. Ebbi paura (sentendo durar tuttavia questi venti nel ventricolo & intestino, senza dolore, e pochi al stomaco) che l'acqua ne desse particulare causa: per questo l'intermessi. Mi piacque molto il bagno, sì che mi ci fussi[1] volentieri addormentato. Non mi mosse il sudore, sì bene il corpo. M'asciugai bene, e stetti un pezzo nel letto.

Si fanno le rassegne dei soldati d'ogni Vicariato ogni mese. Il Colonnello, nostro uomo, dal quale riceveva un mondo di cortesie, fece la sua. Erano 200 soldati piquieri & harquebusieri. Li fece combattere. Sono troppo pratichi per paesani. Ma questo è il suo principale carico di tenerli in ordine, & insegnare la disciplina militare. Il popolo fra sè è tutto diviso in la parte francese e spagnola: e tuttavia si fanno questioni d'importanza in questa briga. Di questo fanno publica dimostrazione. Le donne e gli uomini di nostra parte portano li mazzi di fiori sur l'orecchia dritta, la berretta, fiocchi di capelli & ogni tal cosa: gli Spagnuoli, dall'altra banda.[2]

---

[1] * Sarei.
[2] Abbiamo più addietro ricordato (pag. 157) questi segni esteriori di ire municipali, fra luogo e luogo e spesso fra genti dello stesso luogo, che si ammantavano di nomi superbi, Guelfi o Ghibellini, francesi o spagnuoli ecc, ma non erano se non manifestazioni di quella guerra civile che, secondo il d'Azeglio, sta nel fondo dei cuori italiani. Qui a ciò che dice l'a. n. ci piace soggiungere ciò che quasi un secolo dopo scriveva GREGORIO LETI nell'*Italia regnante*, Genova, 1675, vol. I, p. 209: " Si nodriscono in questi tempi in diversi luoghi non so ch'affetti, e si veg-

Questi contadini, e le lor donne, sono vestiti da gentiluomini. Non si vede contadina che non porti gono cento segni, quali rendono facile il mezzo da osservare e da distinguere i Guelfi da' Ghibellini: in quanto a me non sono stato de' più curiosi, tuttavia non ho lasciato nei miei viaggi di osservarne alcuni. Quando si va per le città o vero di fuori, si distinguono incontanente gli uni dagli altri, mediante il pennacchio o sia piuma del cappello, perchè i guelfi lo portano dalla parte destra, come quelli che seguono il partito del Papa, superiore nella precedenza all'Imperatore, e i Ghibellini nella sinistra: anzi quando s'incontrano in questa maniera se ne ridono gli uni cogli altri, stimando ognuno a somma gloria la propria inclinazione: e un ghibellino non metterebbe le piume alla destra o un guelfo alla sinistra per qualsivoglia tesoro del mondo. Nell'entrare in qualche casa di gentiluomo o d'altra persona considerabile, se sarà posta la tavola ed apparecchiata con tutti gli utensili necessari al pranzo, si potrà conoscere facilmente a qual partito gli abitanti traboccano, mentre nelle case de' Guelfi si sogliono mettere le forchette, cocchiarine e coltelli a parte destra del tondo, distesi a lungo, e i Ghibellini non li mettono nè a sinistra nè a destra, ma a traverso della parte del tondo, che riguarda il mezzo della tavola. Di più, li Guelfi rompono il pane dal fianco e i Ghibellini dalla parte di sotto o di sopra, ma ne' frutti sarà più facile ad osservarlo, perchè ordinariamente il Guelfo taglia il melorangio a traverso, e il Ghibellino a lungo, e al contrario il Guelfo taglia poi il pero o pomo dal mezzo della coda fin all'altra parte, e il Ghibellino lo taglia sempre dal mezzo. Questi segni si possono in qualche modo da' curiosi osservare in tutta l'Italia, e particolarmente nella Toscana, in Lucca, in Genova, e in altri luoghi della Lombardia e del Piemonte, che sono le parti dove regnarono maggiormente le fazioni. Nelle donne istesse si può ancora osservare qualche inclinazione a pendenze di partito, ancorchè per l'ordinario corrono dietro le tracce degli uomini, e ciò per non esser permesso a questo scopo di praticare liberamente e formar fazioni aperte... Nella Lombardia costumano quasi tutte le donne, sopratutto quelle di qualche qualità, di portare alcun mazzetto di fiori in testa, accomodato gentilmente, e in

le scarpe bianche, le calzette di filo belle, il grembiale d'ermesino di qualche colore: e ballano, fanno capriole e molinetti molto bene.

Quando si dice il Principe, in questa Signoria s'intende il Consiglio de' 120 [1]. Il Colonnello non può pigliar moglie senza licenzia del Principe, e l'ha con grande difficultà, perchè non vogliono che faccia

diversi luoghi se lo pongono in petto all'uso di Francia, ma però non tutte dalla stessa parte, costumando molte di metterlo dal lato destro e altre dal sinistro, con una certa maniera molto contraria di quello fanno gli uomini del loro pennacchio, perchè i Guelfi, come s'é detto, portano detto pennacchio dalla parte destra del cappello e i Ghibellini del sinistro, e al contrario le donne Guelfe accomodano il loro mazzetto di fiori sia nella testa sia nel petto sempre nel lato sinistro, e le Ghibelline dalla parte destra: capriccio bizzarro introdotto forse o a caso senza pensarvi o da qualche umore burlesco: ma questo poco importa: basta che l'uso è così, e non senza mestiere. Vi sono a dire il vero diversi altri segni per distinguere così le donne che gli uomini nelle loro fazioni Guelfe o Ghibelline, che io tralascio come cose superflue all'istoria, avendo fatta questa piccola trasgressione circa gli accennati usi, per sodisfare la curiosità di alcuni oltramontani, che tante volte mi hanno introdotto quistioni sopra tal materia „.

E a pag. 219 nota che a Venezia " le donne Castellane mettono i fiori da una parte, e le Niccolotte dall'altra „. Notisi infine che non molt'anni fa, questi segni duravano ancora colle antiche ire: e il REZASCO, *Dizionario del linguaggio storico ed ammin.* sub. voc. *Verde*, scrive: " Nei giorni della mia giovinezza chi capitava vestito di verde a Biarsa, villaggio anticamente Ghibellino e di gente fiera, presso la Spezia, non vi trovava accoglienze nè liete né oneste „.

[1] Il Consiglio generale, antico quanto la libertà lucchese, cadute le tirannidi, ultima quella del Guinigi, e ritornati gli antichi ordini di governo, fu restaurato nel 1430 col numero di 120 Consiglieri e 40 surrogati. E dopo alcune variazioni, si tornò a tal numero nel 1531, salvochè

amici e parentadi nella patria: e non può ancora comprar nissuna possessione. Nissun soldato parte della patria senza licenza: e ce ne sono molti mendicanti per povertà in queste montagne; e del guadagno comprano le arme loro.

Mercordì fui al bagno, e ci stetti più d'un'ora; sudai là un poco, mi bagnai la testa. Si vede là, che l'uso todesco è comodo l'invernata a scaldar panni & ogni cosa a queste loro stufe, perchè il bagnaiuolo nostro tenendo un poco di carbone sotto un focone, & alzandogli la bocca con un mattone, acciocchè riceva l'aria per nutrire il fuoco, scalda benissimo e subito li panni, anzi più comodamente ch'il fuoco nostro. Il focone è un bacino nostro.

Qui si domandano bambe le zitelle, e giovani da marito[1]: e putti li ragazzi fin alla barba.

Il Giobbia[2] fui un poco più sollecito, e presi il bagno più per tempo, sudai un poco al bagno, bagnai la testa sotto la polla. Sentiva le forze un poco indebolite del bagno, un poco di gravezza ai reni, buttando tuttavia le arenelle come del bere[3], e delle flegma[4] assai. Anzi mi pareva, che faccessino il medesimo effetto che bevute. Continuai Venerdì. Ogni giorno si vendeva infinite some di questo fonte,

---

la legge *martiniana* (1556) e la formazione del libro d'oro andarono sempre più restringendo il numero degli eligibili. Il Consiglio dei 120 fu nel 1795 distrutto dal generale Serrurier. La nomina del Consiglio si faceva ogni anno ai 15 marzo, e si diceva la funzione *delle tasche*: v. Bongi, *Inventar. del R. Arch. di St. in Lucca*, Lucca, Giusti, 1872, I. 132.

[1] O meglio: *bambore*, e i bambini: *bambori*: come tuttora nel vernacolo lucchese.

[2] Il testo *Gobbia*, ma se anche così scrisse l'a., evidentemente pensò che *go* facesse *gio*.

[3] * *Forse*: come se avessi bevuto.

[4] * *Flemme*.

e dell'altro di Corsena, per diverse parti d'Italia. Mi pareva che questi bagni mi rischiarassino il viso. Era travagliato sempre da questi flati circa il pettignone senza dolore, e per questo buttava nell'orine molta schiuma, e bulle, che non si sfacevano di molto tempo[1]. Qualche volta ancora de i peli negri, pochi. Mi sono accorto altre volte, che ne buttava assai. Per ordinario faceva l'orine torbide e cariche di roba. Sopra il suolo suo aveva l'orina del strutto[2].

Questa nazione non ha il nostro costume di mangiar tanta carne. Non si vende altro che carne ordinaria. Non ne fanno appena il prezzo. Un levoratto[3] bellissimo in questa stagione mi fu venduto alla prima parola, come di dire,[4] sei soldi nostri. Non se ne caccia, non se ne porta, perchè nissun li compra.

Il Sabbato, perchè faceva un tempo torbido, e vento tal che si sentiva il difetto di pannate[5] e vetri, mi stetti cheto senza bagnare e senza bere. In questo vedeva un grand'effetto di queste acque, ch'il fratello mio, che mai non s'era accorto di far arenella, nè da se nè nelli altri bagni dove aveva bevuto con esso me, ne buttava qui tuttavia infinite.

La Domenica mattina mi bagnai, non la testa: e feci dipoi pranzo un ballo a premi publici, come si usa di fare a questi bagni: e volsi dare il principio di questo anno[6]. Prima, cinque o sei giorni innanzi,

---

[1] Bolle che per molto tempo duravano: si mantenevano a lungo.
[2] La traduzione francese: *Chargés d'une matiere grasse ou comme huileuse.*
[3] * *Lepratto.*
[4] * *Sarebbe a dire.*
[5] * *Impannate.*
[6] Essere il primo a darne quest'anno.

feci publicare per tutti i lochi vicini la festa. Il giorno innanzi mandai particolarmente a invitare tutti li Gentiluomini e Signore, che si trovavano all'uno e l'altro bagno. Gli faceva invitar io al ballo, e poi alla cena. Mandai a Lucca per li premi. L'uso è che se ne danno più, per non parer scegliere una sola donna fra tutte, per schifare e gelosia e sospetto. Ce n'è sempre otto o dieci per le donne: per gli uomini due o tre. Fui richiesto da molte di non scordare chi se stessa, chi la nipote, chi la figliuola. Gli giorni innanzi Messer Giovanni da[1] Vincenzo Saminiati[2], secondo che gliene avea scritto, molto mio amico, mi fece portar di Lucca una cintura di corame & una berretta di panno nero per gli uomini. Per le donne, dui grembiali di tafetas, l'uno verde, l'altro pavonazzo (perchè bisogna avvertire, che ci sia sempre qualche premio più onorevole, per favorir una o due che volete), due grembiali di buratto[3], 4 carte di spille, 4 paia di scarpette (ma di queste ne diedi uno a una bella giovane fuora del ballo)[4], un paro di pianelle (il quale giunsi a un paro di scarpette, e ne feci di questi dui uno solo premio), 3 reti di cristallo, e 3 intrecciature,

---

[1] * *Di.*

[2] Giovanni di Vincenzo Saminiati, benchè dimenticato dal LUCCHESINI nella *Storia letter. di Lucca*, fu uomo culto e scrittore. Si ha di lui una *Cronaca lucchese* dall'origine della città fino al 1572, a quest'anno cessando il cod. originale che possiede la biblioteca dell'Archivio di Lucca, il quale però è incompiuto. Fu anche autore di un Trattato di Agricoltura, tuttavia inedito: ed anche di questo è l'autografo nella detta biblioteca.

[3] * *Tela rada e trasparente, della quale si fa il burrattello per abburrattar la farina.*

[4] Ah briccone d'un guasco!

che facevano tre premi; 4 vezzetti.[1] Furono premi 19 per le donne. Venne tutto a sei scudi, poco più. Ebbi cinque piffari.[2] Gli dava a mangiare tutto il giorno, & un scudo a tutti: che fu la mia ventura, perchè non lo fanno a questo prezzo. Questi premi s'appiccano a un certo cerchio molto adornato d'ogni banda, e si mettono alla vista del mondo.

Cominciammo noi il ballo con le vicine alla piazza: e temeva al principio che restassimo soli. Fra poco giunse gran compagnia di tutte le bande, e particolarmente parecchi Gentiluomini di questa Signoria, e Gentildonne, le quali io ricevetti, & intrattenni secondo la mia possa. Tanto è, che mi parve che ne restassino satisfatti. Perchè faceva un poco caldo, andammo alla sala del palazzo di Buonvisi, molto convenevole. Come il giorno cominciò a calare, sulle 22, m'indrizzai alle Gentildonne di più importanza: e dicendo, che non mi bastava l'ingegno e l'ardire di giudicar di tante bellezze e grazia e buon modi ch'io vedeva a queste giovani, le pregava pigliassino questo carico di giudicare esse, e premiare la compagnia secondo i meriti. Fummo là su le cerimonie, perchè esse rifiutavano questo carico, che pigliavano a troppa cortesia. In fine ci mescolai questa condizione, che se lor piacesse ricevermi ancora di consiglio loro[3], ne diria la mia opinione. Per effetto fu, ch'i' andava scegliendo con gli occhi or questa, or quella: dove non mancai a aver certo rispetto alla bellezza e vaghezza, proponendo che la grazia del ballo non dipendeva solamente del movimento de' piedi, ma ancora del gesto e grazia di tutta la persona, e

---

[1] Piccoli vezzi da collo: collanette.
[2] Il testo: *fiffari*, da *fifres* fr.
[3] Accogliermi nel loro seno, fra i consiglieri.

piacevolezza e garbo. Gli presenti furono così distribuiti, chi più chi manco, secondo il valore, questa signora offerendoli alle ballatrici da parte mia, & io al contrario rimettendo a lei questo obbligo tutto. Andò la cosa assai ordinatamente e regolatamente: fuora che una di queste rifiutò il premio. Ben mi mandò pregare, che io lo dessi per amor suo a un'altra: e questo non lo comportai. Questa non era delle più favorite. Si chiamava una per una dal suo loco, e veniva a trovare questa signora e me, ch'eramo a sedere darente l'un l'altro. Io dava il presente che mi pareva, alla signora, basciandolo: o lei, pigliandolo, lo dava alla giovane, dicendole con buon modo: "Ecco il Signor Cavaliere che vi fa questo bel presente: ringrazia. — Anzi n'avete l'obbligo a Sua Signoria, che vi ha indicato degna di premiarvi fra tante altre. Ben mi rincresce, che non sia il presente più degno di tale virtù vostra„: diceva[1], secondochè erano. Fu d'un tratto fatto il medesimo alli uomini. Non si mettono in questo conto li Gentiluomini nè Gentildonne, conciosiachè[2] abbino parte della danza. Alla verità, è bella cosa e rara a noi altri francesi, di veder queste contadine tanto garbate, vestite da signore, ballar tanto bene: & a gara di nostre Gentildonne le più rare in questa virtù, ballano altro. Invitai tutti alla cena, perchè li banchetti in Italia non è altro ch'un ben leggiero pasto di Francia. Parecchi pezzi di vitella e qualche paro di pollastri, è tutto. Ci stettero a cena il Colonnello di questo Vicariato, Sig. Francesco Gambarini gentiluomo bolognese, mio come fratello: un gentiluomo francese, non altri. Fuora che feci

---

[1] Cioè, diceva io, esprimendo le varie virtù, che avevan fatto questa o quella degna del premio.
[2] * *Tuttochè.*

mettere a tavola Divizia. Questa è una povera contadina, vicina duo miglia de i bagni, che non ha, nè il marito, altro modo di vivere che del travaglio di lor proprie mani: brutta, dell'età di 37 anni: la gola gonfiata: non sa nè scrivere nè leggere. Ma nella sua tenera età, avendo in casa del patre un zio che leggeva tuttavia in sua presenzia l'Ariosto & altri poeti, si trovò il suo animo tanto nato alla poesia, che non solamente fa versi d'una prontezza la più mirabile che si possa, ma ancora ci mescola le favole antiche, nomi delli Dei, paesi, scienzie, uomini clari, come se fusse allevata alli studi. Mi diede molti versi in favor mio. A dir il vero non sono altro che versi e rime. La favella, elegante e speditissima.[1]

[1] Fenomeno non raro è questo in Italia, di persone affatto analfabete, che improvvisano in poesia. Celebre fra tanti è Domenico Peri, contadino di Arcidosso, vissuto nel sec. XVII, e autore di parecchi poemi. Dello stesso tempo è Benedetto Virgilio, contadino abruzzese, scrittore di poemi sacri: e per ambedue è da vedere il TIRABOSCHI Fra le donne ricordiamo Aglaja Anasillide di Biadene nel veneto, figlia di un giardiniere, nata sul finire del secolo passato (vedi su lei TOMMASEO, *Dizionario estetico*, Milano, Reina, 1853, II, 8). Ai dì nostri e fino a poco fa, fu celebre la montanina Beatrice di Pian degli Ontani, di cui scrissero il Tommaseo, il Tigri, il Fucini, lo Zumbini ed altri. È morto da poco in Sicilia Pietro Puntrello, contadino di Mussomeli, autore di un poema ascetico *L'incredulo convertito* (Palermo, Montaina, 1877). Quando lavorando la terra gli prendeva l'estro, lasciava la zappa, e colla punta del coltello incideva i versi su foglie di fichi d'india, che infilzava in un bastone, tornandosene onusto la sera a casa.

La Valdilima, oltre questa Divizia gozzuta del Montaigne, ricorda un Francesco Puccini da Casori della metà del secolo XVIII, contadino analfabeta ed improvvisatore, mentovato dal LUCCHESINI, *Opere*, Lucca, Giusti, 1884, XX, 29:

La compagnia del ballo fu di cento persone forestiere e più, con questo che[1] il tempo fusse incomodo: che allora si fa la ricolta grande e principale di tutto l'anno, di seta: & in questi giorni s'affaticano senza rispetto di festa nissuna a coglier mattina e sera le foglie di mori, per loro bigatti e frugelli[2]: & a questo lavoro s'adoprano tutte queste giovani.

Il Lunedì la mattina fui al bagno un poco più tardi, perchè mi feci radere e tosare. Mi bagnai la testa, e la docciai più d'un quarto d'ora sotto la gran polla.

Del mio ballo fu tra li altri il Signor Vicario, che tiene la ragione[3]. Si domanda[4] un Magistrato semestre, che la Signoria manda a ogni Vicariato per iudicar delle cause civili in prima instanzia, e definisce a certa piccola somma[5]. C'è un altro Officiero[6] per le cause criminali. A costui diedi ad intendere, che mi pareva ragionevole, che la Signoria mettesse qualche regola (il che sarebbe molto facile: e li ne diedi gli modi che mi parevano più a proposito) che un numero infinito di mercanti, che vengono qua a pigliar di queste acque e le portano

---

il quale, detto di lui, soggiunge: " D'un contadino Lucchese improvvisatore chiamato Geremia, ho sentito parlare nella mia adolescenza, ed una giovane improvvisatrice contadina dei nostri Bagni, ho io conosciuta parecchj anni sono „.

[1] * *Tuttochè*.
[2] Può essere che così abbia scritto il M., ma certo voleva dire *filugelli*.
[3] Nel primo semestre del 1581 era Vicario della Val di Lima, cioè dei Bagni e luoghi prossimi, Francesco di Paolino Massei.
[4] * *Forse volea scrivere*: si domanda così.
[5] Cioè: *fino a certa* ecc.
[6] Alla francese: *officier*: ma più oltre: *ufficiale*.

per tutta l'Italia, portassino fede di quanta acqua si caricano, per levarli l'occasione di far qualche furfanteria. Di che gli dava una esperienza mia, ch'era tale. Uno di questi mulattieri venne a mio oste[1], uomo privato, e lo pregò darli una scritta, per testimonio che lui portava via 24 some di questa acqua: e non ne aveva che quattro. L'oste al principio lo rifiutò per questo[2]: ma l'altro soggiunse, che fra quattro o sei giorni era per tornare a cercarne venti some. Diceva io, che questo mulattiere non era tornato. Ricevette molto bene questo mio avviso il signor Vicario; ma s'ingegnò quanto potè a sapere chi era questo testimonio, e chi era il mulattiere, qual forma, qual cavalli. Nè l'uno nè l'altro mai non li volsi dire, mai. Li dissi ancora, ch'io voleva dar principio a questo costume, che si vede in tutti li bagni famosi d'Europa, che le persone di qualche grado ci lasciano le arme loro[3], pegno dell'obbligo c'hanno a queste acque: del che lui me ne ringraziò molto per la Signoria.

In questi giorni si cominciava in qualche lochi a segare il fieno. Il Martedì stetti al bagno due ore, e m'adocciai la testa un quarto d'ora poco più.

Ci venne ai bagni in questi giorni un Cremonese, mercante, abitante in Roma.[4] Pativa di molte infirmità estraordinarie. Parlava tuttavia, andava, e, da quel che si vedeva, assai allegro della vita. Il principal difetto era alla testa: per la debolezza della quale, dice ch'avea in modo perso la memoria, che mangiando mai non si ricordava di quel che li

---

[1] Cioè: *dal mio oste.*
[2] * Cioè, *perchè il mercante non ne avea che quattro.*
[3] Vedi su quest'uso qui addietro, pag. 23
[4] Lodovico Ferrari, come dirà più oltre.

era stato messo innanzi alla tavola. Se partiva di casa per andar per qualche suo servizio, dieci volte bisognava che tornasse a casa a domandar dove era per andare. Il *Pater noster* a pena lo poteva finire: dal fine veniva cento volte al principio, non s'avvedendo mai al fine ch'avesse cominciato, nè al ricominciare ch'avesse finito. Era stato sordo, cieco; e patito dolor di denti. Sentiva tanto calore alle reni, che bisognava che ci avesse sempre un pezzo di piombo intorno. Viveva sotto la regola de i medici con una religiosissima osservanza già più anni. Era cosa piacevole di veder le diverse ordinazioni de i medici di diverse parti d'Italia, tanto contrari, e particolarmente sul fatto di questi bagni e doccie: che, di venti consulte, non ci erano due d'accordo, anzi accusavano e dannavano l'una l'altra quasi tutte d'omicidio. Pativa costui un accidente per la cosa dei venti, mirabile: cioè che li uscivano con tanta furia gli flati per le orecchie, che il più delle volte non lo lasciavano dormire. Anzi quando sbadacciava[1] sentiva sentiva[2] subito uscire venti grandissimi per le orecchie. Diceva, per avviare il ventre, ch'il migliore rimedio che avesse era di metter quattro coriandri confetti grossi un poco nella bocca, e poi avendoli bagnati e levigati un poco, metterli nel buso: e che facevano un apparentissimo e subito effetto. A lui vidi il primo di questi cappelli grandi fatti di piume di pavone, coperti di tafetaso leggiero il buso del capo, alto d'un gran palmo, e

---

[1] * *O sbadigliava, o sbadacchiava. Questa seconda voce è usata dal Ruscelli.*

[2] * *Replicato forse per aggiungere maggior forza, e indicare maggior celerità.* [O fors' anche, direm noi, replicato per sbadataggine].

grosso: e là dentro una scuffia di ermesino, secondo la grandezza della testa, acciocch'il sole non penetri; e le ale intorno d'un piede e mezzo di larghezza, in iscambio de' nostri parasoli, che, a la verità, danno fastidio a portarli a cavallo.

Perchè mi sono altre volte pentito di non aver più minutamente scritto sul suggetto delli altri bagni, per pigliar regola & essempio ai seguenti, questa volta mi voglio stendere e slargare. Il Mercoledì andai al bagno. Sentii un calore nel corpo, e sudore oltra il solito, un poco di debolezza, siccità & asprezza nella bocca, e non so che stordimento all'uscire del bagno, come m'accadeva a tutti li altri per la caldezza delle acque: Plomieres, Banieres, Preissac[1]. A quelle di Barbotan & a questo, no, se no questo Mercordi; sia che ci era andato molto più per tempo che li altri giorni, non avendo ancora scaricato il corpo, sia che trovai l'acqua assai più calda del solito. Ci fui una ora e mezza, e circa un quarto d'ora m'adocciai la testa. Faceva molte cose contra la regola comune: d'addocciarmi nel bagno, perchè l'uso è di fare particolarmente l'uno, e poi l'altro: d'addocciarmi di quest'acqua, dove pochi sono che non vadano alle doccie dell'altro bagno, e là ne pigliano di questa polla o quella, chi prima, chi seconda, chi terza, secondo la prescritta[2] de' medici: di bere, e poi bagnare, e poi bere, mescolando così li giorni l'un fra l'altro, dove gli altri bevono certi giorni e poi d'un tratto si mettono in bagno: di non osservar il spazio del tempo, perchè li altri bevono dieci giorni al più, e bagnano 25 giorni al manco di mano in mano: di

---

[1] Tanto qui quanto a pag. 141 è scritto *Preissac*, ma deve dire *Prèchac* o *Precacq*.

[2] La prescrizione.

bagnarmi una sola volta il giorno, dove si bagna sempre due volte: d'addocciarmi così poco tempo, dove si stà sempre una ora al manco la mattina, e la sera il medesimo. Quanto al cherichare[1] che si fa da tutti, e poi si mette su questo loco un pezzettin di rasa con certe reti che la fermano su la testa, la mia testa leva non ne avea bisogno.

Questo medesimo giorno la mattina venne a visitarmi il signor Vicario, delli principali gentiluomini di questa Signoria, venendo appunto delli altri bagni dove alloggiava. Fra l'altre cose mi narrò una mirabile istoria di se stesso, che la puntura d'un scargioffolo[2] al polpastrello del pollice certi anni fa l'avea messo prima in tal termine, che fu per morirne d'un crudelissimo mancamento d'animo; e di là cascò in tal miseria, che fu cinque mesi al letto senza moversi, stando continuamente sopra li reni, li quali si essendo[3] scaldati di questo oltra modo, partorirono il calculo, del quale ha patito assai, più d'un anno, e di coliche. In fine il padre suo, Governator di Velitri[4], li mandò certa pietra verde, che li era venuta nelle mani per il mezzo d'un frate ch'era stato in India. La quale pietra, mentre l'ha avuta 'addosso, non ha mai sentito nè dolore nè corso d'arenella. Et in questo stato era dipoi[5] dui anni. Quanto alla puntura, li era rimasto il dito e quasi tutta la mano, inutile, e ancora il braccio

---

[1] Sembra che fosse uso dei bagnanti di farsi radere la testa per non bagnarsi i capelli, e coprirla poi con una specie di papalina: di che non ebbe bisogno il M. ch'era, a sua confessione, *levo*, cioè calvo.

[2] * *Carciofo.*

[3] *Essendosi.*

[4] * *Velletri.*

[5] *Da.*

tanto indebolito, ch'ogni anno viene ¹ a i bagni di Corsena, per adocciarsi questo braccio e mano, come faceva allora.

Il comune² qui è molto povero. Mangiavano in questi tempi delle more verdi, le quali coglievano delli arbori, che spogliavano della fronde per gli bigatti.

Perchè era rimaso dubbioso il mercato dell'affitto della casa per il mese di Giugno, volsi chiarirmene con l'oste, il quale sentendo come io era richiesto da tutti sui vicini, e particolarmente dal patrone del palazzo de' Bonvisi, che me l'avea offerto a un scudo d'oro per giorno, risolse di lasciarmelo quanto mi pareria a ragione di 25 scudi d'oro per mese, cominciando questo patto il primo di Giugno, e fin là il primo mercato ³.

Questo loco è pienissimo d'invidi fra li abitatori, e d'inimicizie occulte mortali, conciò che⁴ siano tutti parenti. Mi diceva qui una donna questo proverbio:

Chi vuol, che la sua donna impregni
*Mandila al bagno, e non ci vegni.*⁵

Questo nella mia casa fra l'altre cose m'era as-

¹ Il testo: *vienne*.
² Il testo ha *Comune*, quasi volesse dire il Municipio, la Comunità. Io intenderei: la comun gente, la generalità, i più ecc. Usando quasi la stessa frase, il LETI, *op. cit.* II, 235, dice tutto il contrario, ma parla della città, anzichè del contado: "Quasi tutto il comune del popolo è ricco nella città di Lucca „.
³ * *Si sottintende:* dovea durare.
⁴ * *Tuttochè*
⁵ Motto proverbiale, che si dice anche tuttora, e di parecchie stazioni balnearie, e che ho sentito ripetere in questa forma:

Chiunque vuol che la sua donna impregni,
E che del fatto suo non sia sicuro
Mandarla a questi bagni non isdegni.

sai grato, che per una via pari[1] mi veniva dal bagno al letto, e corta di 30 passi. Mi dispiaceva di veder questi mori spogliati di fronde, e far a mezza state viso d'invernata. Le arenelle ch'io buttava continuamente, mi parevano assai più rozze che del solito, e mi lasciavano non so che puntura al c....[2]

Ogni giorno si vedeva d'ogni banda portar a questo loco saggi di diversi vini in piccoli fiaschetti, acciò che a chi piacesse delli forestieri ch'erano qua, ne mandasse a recare[3], & erano pochissimi buoni vini: leggieri, agretti e crudi, bianchi, o veramente grossi, aspri, rozzi, se non chi mandasse a Lucca o a Pescia per il Trevisano[4] bianco, forte, maturo, e non per questo troppo delicato.

Il Giovedì, festa del Corpus Domini, presi il bagno un'ora e più, temperato; ci sudai pochissimo, e n'uscii senza alterazione alcuna: m'adocciai la testa mezzo quarto d'ora, & al ritorno al letto m'addormentai un pezzo. A questo bagnare & adocciare, pigliava più di piacere che altramente. Sentiva nelle mani & altre parti del corpo, della bruzzura[5], e m'accorgeva di più, che delli paesani di quà ce n'erano molti rognosi, e putti che pativano del lattime[6]. Si

---

[1] * *Piana*.

[2] Qui, e anche altrove, il n. a. scrive intera e perfetta una parola, che noi lasceremo colla sola iniziale. Si vede che aveva fatto progressi nella lingua toscana, e chiamava pane il pane, e ... ecc! E questo vocabolo gli piacque per modo, che lo usò, francesizzandolo alla meglio, anche negli *Essais*, I, 49, traducendo il *mentula* di un verso di Marziale.

[3] Secondo il Bartoli *recare* starebbe nel significato di *condurre di luogo in luogo*. Forse fu scorso di penna per *cercare*.

[4] * *Trebbiano*.

[5] * *Del bruciore*.

[6] Il testo *latine*: ma evidentemente l'a. volle scrivere *lattime*.

fa qui come altrove, che quel che cerchiamo noi con tanta difficultà, l'hanno gli paesani in dispregio: e ne vidi assai, che mai non avevano gustate queste acque, e ne facevano cattivo indizio. Con questo, ci sono pochi vecchi. Con le flegma ch'io buttava nell'orina (quel che mi accade di continuo) si vedevano delle arenella inviluppate e sospese. Mi pareva sentire questo effetto del bagno, quando sottoponeva il pettignone alla polla, che mi spingeva fuora i venti. E di certo ho sentito subito, e chiaramente, scemare il sonaglio mio dritto, se per caso l'aveva qualche volta gonfiato, come assai volte m'avviene. Di questo conchiudo quasi, che questa gonfiatura si faccia per mezzo de i flati che si rinchiudono.

Il Venerdi mi bagnai al solito, & adocciai la testa un pezzetto più[1]. La quantità estraordinaria ch'io buttava d'arenella di continuo, mi faceva dubitare che potesse essere stata rinchiusa nelle reni, perchè se ne fusse fatto[2], chi la ristringesse, una grossa palla: e che più presto fusse che l'acqua la facesse concepire, e di mano in mano partorire. Il Sabbato mi bagnai due ore, & adocciai più d'un quarto. La Domenica stetti cheto. Al qual giorno un Gentiluomo bolognese faceva la festa d'un altro ballo. Il mancamento d'oriuoli ch'è in questo loco, & in la più parte d'Italia, mi pareva molto discomodo[3]. Al bagno c'è una Madonna, e questi versi:

Auspicio fac, Diva, tuo, quicumque lavacrum
Ingreditur, sospes ac bonus hinc abeat.

---

[1] Un poco più di tempo.
[2] Se ne sarebbe ecc.
[3] Qui dietro ha detto che a tutti i bagni si trovavano assai oriuoli per servizio comune, e che ne aveva sempre due sulla sua tavola, che gli erano stati prestati. Forse

Non si può assai lodare, e per la bellezza e per l'utile, questo modo di cultivare le montagne fin alla cima, facendosi in forma di scaloni delli cerchi intorno d'esse, e l'alto di questi scaloni adesso appoggiandolo di pietre, adesso con altri ripari, se la terra di sè non sta soda; il piano del scalone, come si riscontra più largo o più stretto, empiendolo di grano; e l'estremo del piano verso la valle, cioè il giro e l'orlo, aggirandolo di vigna; e dove (come verso le cime¹) non si può ritrovar nè fare piano, mettendoci tutto vigne.

A questo ballo una donna si messe a ballare avendo sur la testa una anguistara piena d'acqua; e tenendola soda e ferma, non mancò di molti movimenti gagliardi².

qui vuol dire che ad ogni modo erano suppellettile non comune, sebbene fin dai tempi del Moro, il poeta Gasparo Visconti ricordi "orologi piccoli e portativi„ dai quali ei trae immagini poetiche: e nel 1587 il vicentino Capobianco avesse saputo incastonare un orologio in un anello, e celebri allora in sifatti lavori fossero il Barocci urbinate e il Griffi pesarese. Non crederemmo che volesse dire, esservi in Italia (passi forse pei Bagni di Lucca!) mancanza di oriuoli pubblici, dacchè l'uso di questi era fra noi assai antico, e fin dal sec. xv un Corrado tedesco ne aveva innalzato uno sulla torre del palazzo di Ferrara, Lorenzo della Volpaja ne aveva fatto uno per Lorenzo de' Medici, e già prima Giovanni e Girolamo Dondi in Pavia e Padova. Milano ne aveva già uno inalzato verso il 1330; e Bologna ebbe il primo orologio pubblico nel 1356, il secondo nel 1451 (v. PODESTÀ, *I primi oriuoli pubblici in Bologna*, Bologna, 1869). Vedi, fra gli altri, CANCELLIERI, *Le due nuove campane di Campidoglio ecc... con varie notizie sopra i campanili e sopra ogni sorta di orologi ecc.* Roma, Fulgoni, 1806.

¹ L'ediz. del 74: *le crime*; quella del 75: *le cime*. Resta dubbio se sia correzione arbitraria, o svista della prima stampa corretta nella seconda.

² Anche al dì d'oggi nel contado si fanno di questi esercizj, e specialmente corse di donne con brocche piene d'acqua in capo.

Si stupivano i medici di vedere la più parte di nostri francesi bere la mattina, e poi bagnarsi il medesimo giorno. Lunedì la mattina stetti al bagno due ore. Non mi ci adocciai, perchè presi tre libre d'acqua per capriccio, la quale mi mosse del corpo. Bagnava gli occhi ogni mattina, tenendoli aperti nell'acqua. Non ne sentiva effetto, nè d'un verso nè d'altro. Queste tre libre d'acqua credo che le smaltii al bagno, dove pisciai assai volte, e poi sudai un poco più del solito, e per il secesso. Sentendomi gli giorni passati il corpo stitico fuora dell'ordinario, usava delli sopraddetti grani di coriandro confetto, li quali mi scacciavano molte ventosità, donde era pienissimo: roba, poco. Con questo che io mi purgassi mirabilmente i reni, non lasciava di sentirci qualche punture: e giudicava che fusseno più presto ventosità che altro. Martedì stetti due ore al bagno: m'adocciai mezza ora, non bevvi. Mercoledì stetti una ora e mezza al bagno: m'adocciai mezza ora circa.

Fin adesso, a dir la verità, di quella poca pratica e domestichezza ch'io aveva con questa gente, non scorgeva questi miracoli d'ingegni e discorsi, che gliele dà la fama. Non ci vedeva veruna facultà straordinaria: anzi maravigliarsi e far troppo conto di queste piccole forze nostre. In modo che, questo giorno, avendo certi medici a fare una consulta importante per un signore giovane, signor Paulo de Cesis (nipote del Cardinal de Cesis)[1], ch'era in questi bagni, da parte sua mi vennero a pregare, che

---

[1] Pier Donato Cesi nato in Roma nel 1520, fu da Paolo III fatto segretario delle due Segnature, poi vescovo di Narni: da Paolo IV, preside di Ravenna: da Pio IV, vice legato di Bologna: fu mandato in Francia a tempo dei torbidi religiosi, e nel 1570 Pio V lo fece cardinale. Nel ponti-

mi piacesse d'intendere le loro opinioni e controversie, perchè lui era risoluto di stare del tutto al giudizio mio. Me ne rideva fra me stesso. M'accaddero assai di simili altre cose, e qui & in Roma.

Sentivami ancor tal volta abbagliar gli occhi quando mi affaticava o a leggere o a fissarli incontra a qualche obietto splendente e chiaro: e n'era in gran travaglio d'animo, sentendo continuarmi questo difetto dal giorno che mi pigliò la migrena[1] ultimamente presso a Firenze: cioè una gravezza di testa sur la fronte senza dolore, un certo annuvolar degli occhi, che non mi curtava[2] la vista, ma, non so come, me la turbava alle volte. Di poi la migrena, ci era ricascato due o tre volte: & in questi dì si fermava più, lasciandomi pure al restante le azioni libere. Ma dipoi questo addocciarmi la testa, mi ripigliava ogni giorno: e cominciai di avere li occhi bagnati, come anticamente, senza dolore e rossore: come ancora questo patire della testa erano più di dieci anni che non l'avea sentito, fino a questa migrena.

Temendo anco che quest'acqua non m'indebolisse la testa, per questo il Giovedì non volsi adocciarmi, e mi bagnai una ora.

ficato di Gregorio ebbe la legazione di Bologna, ove raddrizzò strade, alzò portici, aprì fontane ed eresse l'edifizio dello Studio, al quale chiamò il Papio, il Pendasio, i Sigonio ecc. Morì nell'85, e fu sepolto nella chiesa di S. Maria in Vallicella, cui egli aveva ornato di volta e tribuna. Fu raccoglitore di monumenti antichi, medaglie e manoscritti. Il nipote, conosciuto dal n. a., è Paolo Emilio, figlio di Pietro; fu, per dono di 70 m. scudi fattogli dallo zio cardinale, marchese di Riano, e anche Duca di Selce. Nel 1589 divenne cavaliere di S. Stefano. Sposò Porzia dell'Anguillara, nipote del celebre Renzo da Ceri. Morì in Todi nel 1611.

[1] * *Emicrania* — franc: *migrène*.
[2] Accorciava.

Il Venerdì, il Sabbato, la Domenica feci pausa a tutta sorte di cura per rispetto di questo, e che mi trovava assai men allegro della vita, scacciando sempre arenella in furia: ma la testa sempre ad un modo non si saldava in suo bono stato. A certe ore sentiva lì questa alterazione, ch'era augmentata del travaglio della fantasia.

Il Lunedì la mattina bevvi in 13 bicchieri, 6 libre e mezza d'acqua della fontana ordinaria. Ne smaltii circa 3 libre di bianca e cruda, innanzi il pasto; il resto, poco a poco. Questo mal di testa, con ciò che non fusse continuo nè molto molesto, m'impeggiorava assai la carnagione. Non ci sentiva difetto o debolezza, come anticamente alle volte, ma solamente peso su li occhi, con un poco di vista turbida. Questo giorno cominciarono al nostro piano a tagliare la segola [1].

Il Martedì al far del giorno andai alla fontana di Bernabò, e ci bevvi 9 libre in sei volte. Pioveva un poco. Sudai un poco. Mi mosse il corpo, e lavò gagliardamente le budella. Per questo non possi[2] giudicare quanto ne avea reso. Orinai poco, ma in due ore avea pigliato colore.

Si tiene qui a dozzina sei scudi d'oro, poco più, per mese uno alloggiato in camera particulare, comoda quanto volete: un servitore, altrettanto. Chi non servitore,[3] sarà ancor servito dall'oste di più cose a mangiare convenevolmente.

Innanzi che passasse il giorno naturale la smaltii tutta, e più che non avea bevuto di tutta sorte

---

[1] Segale.

[2] Forse volle scrivere *posso*, o, in forma togata, intese di dire: *puossi*, si può.

[3] *Ha* è rimasto evidentemente nella penna.

di bevanda. Non bevvi ch'una voltetta[1] per pasto mezza libra. Cenava poco.

Il Mercoledi, piovoso, presi 7 libre in 7 volte dell'ordinaria, e le smaltii, e quel ch'io avea bevuto di più.

Il Giobbia ne presi 9 libre, cioè d'un tiro[2] prima 7, e poi avendo cominciato di smaltirla, ne mandai a cercare altre due libre. La smaltii per ogni banda. Beveva pochissimo al pasto.

Venerdi e Sabbato, feci il medesimo. Domenica, mi stetti cheto.

Lunedì presi 7 bicchieri, 7 libre. Buttava sempre arenella, ma un poco manco che del bagno[3], del quale in questo effetto viddi ancora l'essempio in assai d'altri in un medesimo tempo. Questo di sentii un dolore al pettignone, come del cascar di pietre, e ne feci una picciola.

Il Martedi, una altra. E posso dire quasi affermatamente, essermi accorto che questa acqua ha forza di spezzarle, perchè d'alcune al calare ne sentiva la grossezza, e poi le buttava in pezzi più minuti. Questo Martedi ne bevvi 8 libre in 8 volte.

Se Calvino avesse saputo, che gli Frati Predicatori di qui si nominavano Ministri, senza dubbio avesse[4] dato altro titolo alli suoi.[5]

---

[1] * *L'autore formò questo diminutivo di* volta, *per accennare la poca quantità della bevanda.*

[2] * *In un tratto.*

[3] * *Cioè:* che quando io faceva uso del bagno.

[4] * *Avrebbe.*

[5] Più sotto sembra correggere questa generale asserzione limitando il titolo di *Ministro* ai soli provinciali francescani. Del resto, ministro è parola generica; ma, secondo il Moroni, ad voc., " prendono il titolo di ministri generali, i superiori generali de' Minori osservanti, de' Conventuali, dei Trinitarj del riscatto; e ministro nelle case de'

Mercordì presi 8 libre, 8 bicchieri. La smaltiva quasi sempre, fino alla mezza parte, cruda e naturale, in tre ore: poi, qualche mezza libra di rossa e tinta; il resto, di poi pasto e la notte.

In questa stagione si radunava la gente al bagno. E di quelli essempi ch'io vedeva, & opinione delli medici, medesimamente del Donato, scrittore di queste acque, io non avea fatto grande errore di bagnarmi la testa in questo bagno, perchè ancora usano, essendo al bagno, d'adocciarsi il stomaco con una lunga canna, attaccandola d'una banda alla polla, e dell'altra al corpo dentro il bagno; e poichè d'ordinario si pigliava la doccia per la testa di questa istessa acqua, e quel dì che si pigliava, si bagnavano, così per aver io mescolato l'uno & l'altro insieme, non potti[1] far grande errore, o in cambio della canna, d'aver presa l'acqua del proprio canale della fontana. E forse ch'io ho mancato in questo di non continuarla. E quel sentimento ch'io n'ho fin adesso, par essere[2] c'ho mosso gli umori, i quali col tempo si fussero[3] scacciati e purgati. Costui[4] permetteva ch'in un medesimo giorno si bevesse e bagnasse. Et io mi pento di non aver preso l'ardire, come ne aveva voglia, e con qualche discorso[5], di berla nel bagno la mattina. Bernabò la lodava molto[6];

Gesuiti è il secondo superiore„. E soggiunge: " Al nascere della pretesa riforma, i predicanti presero il titolo di *ministri* del santo evangelo e della parola di Dio: Calvino diè il nome di *ministri* ai pastori della sua chiesa„.

[1] * *Potei.*
[2] * *Questa parola non è ben chiara nel manoscritto. Forse si dee leggere* può, *e supplire al principio del periodo così*: e per quel sentimento ecc.
[3] * *Sarebbero.*
[4] Probabilmente il Donati.
[5] * *Discorrimento di tempo.*
[6] * *Cioè*: il Donato lodava molto l'acqua di Bernabò.

ma con queste ragioni & argomenti medicinali, l'effetto di queste acque sopra dell'arenella, che continuava in me tuttavia, non si vedeva in parecchi altri, liberi di questa infermità.[1] Il che dico, per non risolvermi ch'elle producessero l'arenella che buttano fuora.

Giovedì la mattina fui al bagno una ora senza bagnar la testa, e innanzi il giorno, per aver il primo loco. Di questo, credo, e dell'aver poi dormito al letto, mi sentii male: la bocca asciutta e sitibonda, e caldo in modo, che la sera andando al letto bevvi dui grandi bicchieri di quest'acqua rinfrescata. Del che non ne sentii altra mutazione.

Il Venerdì stetti cheto. Il Ministro frate di S. Francesco (così chiamano li Provinciali) valente uomo e cortese & erudito, che era al bagno con molti altri frati di diversa sorte, mi mandò un bel presente di vino bonissimo, massepanni[2], & altre cose da mangiare.

Il Sabbato non mi curai; andai a desinare a Menalsio[3], villaggio bello e grande alla cima dell'una di queste montagne. Portai del pesce, e fui ricevuto in casa d'un soldato ricco, che ha molto viaggiato in Francia & altri lochi, e preso moglie & arricchito in Fiandra. Signor Santo si domanda. Sono là infiniti soldati contadini, bella chiesa, e pochi che non

---

[1] Nelle edizioni originali dopo *medicinali*, v'è punto. Noi abbiam creduto che il discorso ed il senso corressero meglio, sostituendovi una virgola.

[2] * *Marzapani*.

[3] Il vero nome è *Menabbio* o *Benabbio*. Nel xiv secolo era feudo dei Lupari, alla famiglia dei quali appartiene quel Ser Luparo, che con Castruccio, nemico suo e de' suoi, contrastò oltrechè colle armi, colle rime, come si vede da Sonetti dell'uno e dell'altro, che tuttavia si leggono.

abbino viaggiato molto, divisissimi in queste parti di Spagna e Francia. Senza avvedermene, messi un fiore all'orecchia manca. Lo pigliavano a ingiuria li francesini[1]. Di poi pranzo salii al forte, ch'è un loco munito di mura grandi alla cima giusto del colle, ertissimo, ma per tutto cultivatissimo. E qui per li balzi straboccevoli, per li dirupi e lochi ripidi e scoscesi colli, si trova non solamente vigna e grano, ma prato ancora: e non hanno erba nel piano. Mi calai poi per un altro verso del monte, dritto.

La Domenica, la mattina andai al bagno con parecchi altri gentiluomini. Ci stetti mezza ora. Mi venne dal Sig. Ludovico Pinitesi[2] un bello presente d'un caval carico di frutti bellissimi, e fra gli altri de i fichi primi[3], de i quali non se n'era[4] ancora visti al Bagno, e dodici fiaschi di vino suavissimo. Et in medesimo tempo, il sopraddetto frate,[5] altre sorte di frutti in grande quantità: sì che ne poteva ancora io usar liberalità a i paesani.

Di poi pranzo fu il ballo, dove si radunarono parecchi gentildonne ben vestite, ma di bellezza comune, con ciò che fusson delle più belle di Lucca.[6]

La sera mi mandò il Sig. Ludovico di Ferrari cremonese, molto mio conoscente, un presente di scatole di cotognato[7] bonissimo e muschiato, e certi limoni, e delli melaranci di grandezza estraordinaria.

---

[1] * *I partigiani dei francesi.*

[2] Lodovico di Gerardo Penitesi fu il primo della sua casa che fosse insignito del gonfalonierato, onore massimo della Repubblica. I Penitesi furono nel sec. XVI assai illustri nella loro città, ma si spensero poco dopo.

[3] Primaticci.

[4] Il testo: *ce n'era.*

[5] * *Manca:* mi donò, *o cosa simile.*

[6] L'ediz. del 74: *fusson più belle:* quella del 75: *delle più.*

[7] Il testo: *cotognaro*, ma facilmente si sarà letto un *t* per *r.*

La notte mi prese un poco innanzi il far del giorno il grancio[1], alla polpa della gamba dritta con grandissimo dolore, non continuo ma vicendevole. Stetti in questo disagio una mezza ora. Non era molto tempo che n'avea sentito: ma mi passò in un baleno.

Il Lunedì andai al bagno, e ci fui una ora, il stomaco sotto la polla. Mi pizzicava sempre un poco questa vena della gamba.

Giusto ora cominciammo a sentir li caldi, e le cicale, niente di più ch'in Francia: e fin adesso mi parevano le stagioni più fresche ch'in casa mia.

Le nazioni libere non hanno la distinzione delli gradi delle persone come le altre: e fino alli infimi hanno non so che di signorile a' lor modi. Domandando l'elemosina, mescolanci sempre qualche parola d'autorità: *Datemi l' elemosina: volete? Datemi l' elemosina, sapete?* Come dice quest'altro in Roma: *Fate ben per voi*.[2]

---

[1] * *Granchio*.

[2] Anche negli *Essais*, III, 5, ricorda lo "style auquel j'ay veu quester en Italie: *Fate ben per voi* „. Circa i tempi del Montaigne era ben noto per Roma un Mastro Antonino, siciliano, " che va per Roma con la cassetta gridando: Fate bene per voi „. Il sig. BERTOLOTTI (*Archiv. stor. archeol. e letter. della Città e Prov. di Roma*, anno V (1879) vol. III, pag. 319), ha stampato una denunzia infamante di un Gariboldo sarto milanese contro questo " Antonio, alias *fate bene per voi*, siciliano „, del 1570. Il Governatore di Roma operò contro costui: ma nel 1571, nel corteggio trionfale di M. A. Colonna troviamo " un huomo solito ad andar per Roma gridando *fate bene per voi*, con una insegna turchesca grande in spalla, la quale strascinava per terra, con un crocifisso nella man destra ed una spada nuda nella sinistra (v. BERTOLOTTI, *La schiavitù in Roma dal sec. XVI al XIX*, Roma, 1887, pag. 7). Forse questo stesso siciliano era ancora vivo ai tempi del Montaigne, o aveva trovato imitatori e successori.

Il Martedì stetti al bagno una ora.

Il Mercordì 21 di Giugno a buona ora mi partii della Villa, avendo ricevuto della[1] compagnia che ci era, di donne & uomini, prendendo congedo, tutte le significazioni d'amorevolezza che potevo desiderare. Me ne venni per montagne erte, ma piacevoli pure e coperte, a

Pescia, 12 miglia, piccolo castello sopra il fiume Pescia, del fiorentino.[2] Belle case, strade aperte; vini famosi del Trebbiano; sito fra oliveti foltissimi; la gente affezionatissima alla Francia[3]: e per questo dicono che porta la lor città per arme un Delfino.

---

[1] * *Dalla*.

[2] Pescia seguì dapprima le vicende e i governi di Lucca: dal 1339 cominciò ad appartenere a Firenze, che la onorò col titolo di *oppidum valde fidele*. Nel 1693 da Cosimo III fu dichiarata città. Il *trebbiano* di Montecarlo, ricordato dal Nostro, era assai rinomato, ed i granduchi Medicei ne furono sì ghiotti, " che vollero imporre di questo un annuo tributo a quella Comunità, il quale tributo fu dopo qualche tempo pagato in denaro, ed abolito del tutto dal principe Leopoldo I (Ansaldi, *La Valdinievole illustrata*, Pescia, Vannini, 1879, I, 291) „. Anche di olivi è fertilissima tutta la valle, e le colline e i monti che la circondano. "L'olivo vi si coltiva ad alto fusto, essendo provato che, potandone i rami per renderlo più fertile e più elegante, intristisce e non fruttifica, per la mancanza dell'aria che gli para il dorso del colle. Questo frutto vive rigoglioso e feracissimo a preferenza sui colli che rinserrano la vallecola della Pescia maggiore, riparata dai venti freddi della plaga del Nord; e della sua feracità resero testimonianza le storie, quando registrarono insieme all'albero dei cento cavalli e al castagno dell'Alberona, pianta sovrana delle foreste di Lombardia, il colossale olivo di Pescia, ritenuto il più vecchio di tutta l'Italia (Id. *ibid.*, I, 312) „.

[3] Nulla sapremmo dire dell'inclinazione dei pesciatini a Francia. È però comune tradizione locale che l'arme del delfino in campo azzurro seminato di gigli d'oro, che forse è soltanto, come tant'altre, un'arme *parlante*, deri-

Dipoi pranzo riscontrammo una bella pianura molto popolata di castella e case. E per una mia trascuratezza mi scordai, come era il mio proposito e disegno risoluto, di veder il Monte Catino, dove è l'acqua salata e calda del Tettuccio,[1] la quale lasciai

vata dal nome stesso della città, fosse a questa donata per insegna da Carlo Magno (v. TORRIGIANI, *Le castella della Val di Nievole*, Firenze, Cellini, 1837, pag. 18.)

[1] La più antica menzione dell'*Acqua del Tettuccio*, celebratisssima fra quelle di Montecatini, è del 1370, quando la Repubblica fiorentina vi ordinò la edificazione di alcune fabbriche, più però colla mira di estrarre sal marino, che con quella di giovare agl'infermi. A ciò invece si provvide più specialmente nel 1470, quando si restaurarono le fabbriche cadute in rovina, e si volle giovare al territorio danneggiato da una pescaja fatta nel 1430, che aveva convertito la vasta pianura in un insalubre pantano. Nel 1550 erano in piedi, come si ricava da una pianta del tempo, i bagni del Tettuccio, del Bagnolo e dei Merli, tutti circondati da muraglia di figura ottagona. Nel 1583 il Comune ne faceva donazione al Granduca Francesco I, sperando da lui il risanamento di tutta la regione. La virtù delle acque e in ispecie di quella del Tettuccio, era già stata celebrata da Ugolino da Monte Catini, dal Savonarola, dal Bianchelli, dal Franciotti, dal Faloppio, dal Bacci: e così doveva esser nota anche al nostro autore. Il quale abbiamo visto che ne faceva uso anche ai Bagni di Lucca, per aiutar la virtù delle sorgenti locali, sebbene sospettasse fossero acque preparate dai farmacisti dei Bagni. La qualcosa potrebb'anche essere vera, perchè l'esportazione di quelle acque era certamente assai scarsa: un documento contemporaneo pubblicato dal BICCHIERAI, *Dei bagni di Montec.*, Firenze, Cambiagi, 1781, pag. 245, ci mostra che nel 1571 si cavò da coteste acque un profitto di L. 190, con aumento però negli anni successivi, fino al 1577, ultimo anno notato, quando produssero L. 330. Il vero benefattore delle Terme di Montecatini, e di tutta la Valle, per nuove fabbriche ed opportune bonifiche, fu Pietro Leopoldo di Lorena. Il *Tettuccio* resta sempre la sorgente più accreditata fra le altre della *Torretta*, delle *Tamerici*, della *Fortuna*, *Savi* ecc.

un miglio discosto della mia strada a man dritta, circa sette miglia di [1] Pescia, e non me n'avvidi che non fussi quasi giunto a

PISTOIA, 11 miglia. Fui alloggiato fuora la città, dove venne a visitarmi il figliuolo del Ruspigliosi. Chi va per l'Italia con altri cavalli che di vettura, non intende ben le cose sue. E di cambiarli di luoco in luoco mi pare più comodo, che di mettersi in mano di vetturini per lungo viaggio. Di Pistoia a Firenze, che sono 20 miglia, non costano i cavalli che 4 julli. [2] Di là passando per la città di

PRATO, venni a desinare a

CASTELLO, in una osteria dirimpetto al palazzo del Granduca, dove fummo di poi desinare a considerare più minutamente questo giardino. E m'avvenne là come in più altre cose: l'immaginazione trapassava l'effetto. L'avea visto l'invernata, ignudo e spogliato. Giudicava della sua bellezza futura nella più dolce stagione, più che non mi parve al vero. Castello, 17 miglia. Dipoi desinare venni a

FIRENZE, 3 miglia. Il Venerdì viddi le publiche processioni, e il Granduca in cocchio. [3] Tra l'altra pompa ci vedeva un carro in faccione [4] di teatro, do-

---

[1] Da.

[2] Il testo ha *iuilli*, come altrove. Questa moneta, così chiamata da Giulio II, equivaleva, dice il VARCHI, a 13 soldi e 4 danari. I nomi di *Giulio* e *mezzo Giulio* erano poco fa tutt'ora vivi in Toscana, sebbene più spesso si dicesse *Paolo* e *mezzo Paolo*. Il *Giulio* si ragguaglierebbe, come il *Paolo*, a 56 cent. di moneta odierna.

[3] Descrive qui il n. a. le feste di S. Giovanni, patrono di Firenze, sulle quali rimandiamo chi ne avesse vaghezza, al CAMBIAGI, *Mem. storiche riguardanti le feste solite farsi in Firenze per la natività di S. G. B.* ecc.. Firenze, stamp. granducale, 1763, e al GUASTI, *Le feste di S. G. B. in Firenze*, Firenze, Cirri, 1884.

[4] * *In sembianza*.

rato di sopra, où¹ erano quattro fanciullini, & un frate vestito, e che rappresentava S. Francesco, dritto, tenendo le mani come si vede dipinto, una corona sul cucullo ²: o frate, o uomo travestito da frate con una barba posticcia. Ci erano alcuni fanciulli della città armati, e fra loro uno per S. Giorgio. Li venne incontra alla piazza un gran drago, assai goffamente appoggiato e portato d'uomini, buttando foco per la bocca con rumore. Il fanciullo li dava della lancia e della spada, e lo scannava. ³

Fui accarezzato d'un Gondi, ch'abita a Lione: il quale mi mandò vini bonissimi, cioè trebisiano.

Faceva un caldo da stupire li medesimi paesani.

Quella mattina al spuntar del giorno ebbi la colica al lato dritto. M'afflisse tre ore circa. Mangiai allora il primo popone. Delli cetrioli, mandole, se ne mangiava in Firenze del principio di Giugno.

¹ * *Scappò al M. questa voce francese, che significa* dove.
² * *Cappuccio.*
³ Per la festa di S. G. Battista, fra le altre cose, andavano attorno Carri, alcuni dei quali, detti anche *Ceri*, portavano le offerte delle *Arti* e delle Terre del dominio, altri rappresentavano qualche *mistero*. Il M. qui rammenta soltanto la gran processione che precedeva le feste, il carro col S. Francesco e il mistero di S. Giorgio. Il carro col S. Francesco non era, come a dire, d'obbligo, che si presentasse cioè ogni anno, variandosi invece continuamente le figure o rappresentazioni dei carri; a tempo del Concilio, ad esempio, come riferisce una descrizione contemporanea di uno dei Greci intervenutivi, si rappresentò " un S. Agostino, per mezzo d'uno vestito da frate, e lo misero in alto venticinque braccia, e passeggiava intorno e predicava „. Il mistero di S. Giorgio rappresentavasi invece ogni anno, ed è pur ricordato in cotesta relazione del 1439. Il LASCA, *Rime*, Firenze, 1741, I, 201, indirizzandosi ai *Sangiorgini*, cioè ai componenti la Compagnia di S. Giorgio, ricorda loro *che il Drago avete ogni anno da mandare a pricissione.*

In su le 23 si fece il corso delli Cocchi [1] in una grande e bella piazza, intornata d'ogni banda di belle case, quadrata, più lunga che larga. A ognun capo della lunghezza fu messa un'aguglia di legno quadrata, e dall'una all'altra attaccato un lungo fune, acciò non si potesse traversare la piazza: & alcuni danno di traverso per stroppare [2] la detta canape.

[1] Cosimo I nel 1563 ordinò che ogni anno la vigilia di S. Giovanni si corresse un palio di damasco cremisi, da quattro cocchi, a due destrieri ciascuno, secondo costumavano nei circhi gli antichi romani. La piazza destinata per questo spettacolo fu quella nuova di S. Maria Novella. Le due guglie dove si fermava il canapo, da prima in legname, furono nel 1608 da Ferdinando I erette stabilmente in marmo mistio di Seravezza. Il *palio de' cocchi* si corse fino agli ultimi tempi lorenesi, ma ridotto nè più nè meno che una povera mostra. Una descrizione del 1797 riportata dal Guasti, *op. cit.* p. 92, ci dà un'esatta idea di questa pompa dei tempi granducali: " Dopo i Vespri della vigilia, sulla piazza di S. Maria Novella, circondata di palchi e ridotta in forma di anfiteatro, si dà lo spettacolo del palio de' Cocchi, istituito da Cosimo primo fino dal 1563. Comincia un tale spettacolo con il corso delle carrozze: un numero indicibile di persone occupa i palchi, e le finestre ed i terrazzi delle case riempionsi di spettatori. La Corte, intervenendo ad una tal festa, va a smontare ad un nobile palco coperto, situato alle logge di S. Paolo, ornato di damasco, con tappeto di velluto cremisi. Ad un'ora competente si fanno uscire le carrozze dalla piazza: una folla di popolo ne occupa il centro circondato da uno steccato: il rimanente essendo sbarazzato per mezzo dei soldati, compariscono quattro Cocchi, ciascheduno di un colore diverso dall'altro e tirato da due cavalli, guidato da un cocchiere vestito all'eroica, del colore del cocchio respettivo. Tirato il canapo e dato il segno della mossa, girano con velocità tre volte attorno allo steccato da una guglia all'altra, che sono le mète della corsa, e quegli che il primo compie le tre girate, riporta il premio „.

[2] Il Bartoli annota *chiudere*: ma allora sarebbe meglio leggere *stoppare*. La traduzione ci pare renda bene ciò che

Tutti gli balconi carichi di donne, & in un palazzo il Granduca, la moglie e sua corte. Il popolo, il lungo della piazza e su certi palchi, come io ancora. Correvano a gara cinque cocchi vuoti. E della sorte,[1] presero tutti il luogo ad un lato dell'una piramide. E si diceva d'alcuni, ch' il più discosto aveva[2] il vantaggio per dar più comodamente il giro. Partirono al suono delle trombe. Il terzo giro intorno la piramide donde si prende il corso, è quel che dà la vittoria. Quel del Granduca mantenne sempre il vantaggio fin alla terza volta. A questa, il cocchio del Strozzi, ch'era sempre stato il secondo, affrettandosi più che del solito a freno sciolto, e stringendosi, messe in dubbio la vittoria. M'avveddi ch' il silenzio si ruppe dal popolo quando viddero avvicinarsi Strozzi, e con gridi e con applauso darli tutto il favore che si poteva alla vista del Principe. E poi quando venne questa disputa e litigio a essere giudicato fra certi gentiluomini, gli Strozzeschi rimettendo all'opinione del popolo assistente, del popolo si alzava subito un crido uguale, e consentimento publico al Strozzi, il quale in fine lo ebbe, contra la ragione al parer mio. Valerà il palio cento scudi. Mi piacque questo spettacolo più che nissun altro che avessi visto in Italia, per la sembianza di questo corso antico.

Perchè quel giorno era la vigilia di S. Giovanni, furono messi certi piccoli fochi alla cima del Duomo in giro, a due o tre gradi, donde si lanciavano raggi[3]

il M. volle dire: *Plusieurs hommes même se mirent encore en travers, pour empêcher de passer par dessus la corde.*

[1] Il Bartoli: *secondo l'arbitrio della sorte.* Ma può essere un francesismo: *de la sorte*, di tal modo: cioè, vuoti.

[2] Il testo: *avevano.*

[3] * *Razzi.*

in aria.¹ Si dice ch'in Italia non è uso come in Francia, di far fuochi di S. Giovanni.²

Il Sabbato, S. Giovanni: ch'è la festa principale di Firenze, e la più celebrata, in maniera che fin alle zitelle si vedono quella festa al publico: e non ci vidi pure gran bellezza.³ La mattina, alla piazza

---

¹ "La sera medesima de' 23, dice la citata *Relazione* (GUASTI, p. 93), s'illumina la cupola del Duomo e la torre di Palazzo Vecchio, su la quale s'incendiano vari fuochi d'artifizio, incominciandosi precisamente col battere dell'un' ora dopo l'Avemaria. Un tale divertimento suole durare per lo spazio di tre quarti d'ora circa; e sulla piazza ed in tutto il vicinato concorre una immensa folla di popolo. E con questo spettacolo hanno compimento le feste della vigilia „.

² *Si dice*, o si disse allora al M.; ma non è esatto: e se è adesso, o almeno era poco fa, doveva essere anche ai tempi del n. a. Vedi in proposito uno scritto del DE GUBERNATIS, *I fuochi di S. Giovanni* (nella *Riv. Europea*, del Giugno 1871), seguito da altro del PITRÈ, *Usi popol. sicil. nella festa di S. G. Batt.*, donde si ricava che i *fuochi di S. Giovanni* usarono sempre in Italia come in tante altre parti di Europa.

³ Ai fiorentini invece in quel giorno parevano belle anche le brutte. Un poeta anonimo, ma della fine del 300 o al più dei primi del 400, così entusiasticamente descrive il numero e la bellezza delle donne:

> In questo giorno viddi tante genti,
>   Che mille volte venti
> Eran le donne solo a tal congiunto;
>   Ma per dir bene a punto,
> Eran gli uomini vie più che le donne,
>   Che parevan colonne,
> Tutte più vaghe dal Prato a san Piero,
>   Col loro abito altero.
> Viddi quel dì migliaia di reine....
>   Chè l'una più che l'altra mi piacia;
>   Piene di cortesia
> Parean tutte: e saziar di vederle
> Non mi potea, chè mi parevan perle.
>
>   Sopra le bionde trecce avean corone
> E grillande ricche e preziose,

del palazzo, il Granduca comparse su uno palco il lungo delle mura del palazzo, sotto un cielo,[1] ornate di ricchissimi tapeti, lui avendo a lato il Nunzio del Papa a man sinistra, e molto più di là l'Imbasciadore di Ferrara.[2] Là li passavano innanzi tutte le sue Terre e Castella, secondo ch'erano chiamate d'un araldo. Come per Siena si presentò un giovane vestito di velluto bianco e nero, portando alla mano certo gran vaso argenteo, e la figura della Lupa sanese. Fece costui sempre in questo modo una proferta al Granduca, ed orazione piccola.[3] Quando ebbe finito costui, secondo ch'erano nomi-

> Gigli, viole e rose
> Parevan tutte negli ornati visi.
> Tu non avresti detto: Son persone!
> Ne' lor costumi angeliche e vezzose,
> Soavi e amorose,
> Anzi parevan mille paradisi ecc.

[1] Baldacchino.

[2] Qui si parla della così detta Festa degli *Omaggi*, o della *Obbedienza degli Stati*, come si denominava nei primi tempi medicei. Il modo tumultuario e sconveniente notato dall'a. in alcune di queste rappresentanze, diede nell'occhio anche ad altri scrittori contemporanei, e in particolare al Muzio: ma Ferdinando I vi pose riparo esigendo decenza e ordine in cotesta mostra annuale. La quale si componeva di circa dugento uomini a cavallo, in uniforme, portanti ciascuno in segno di tributo e di offerta un *paliotto* o piccola bandiera, per prestar omaggio al sovrano in nome di tutta le città, terre, comunità, feudatarj ecc. del Granducato.

[3] I paliotti di Siena, dice la cit. *Relazione* " hanno una striscia bianca e nera, a differenza degli altri, che portano il giglio.... Alla testa dei paliotti di Siena, preceduto da trombe, va un uomo a cavallo, vestito di velluto bianco e nero guernito di trine, con bordatura simile, nella quale si vedono quattro armi di Siena, due con la Lupa, e due in campo bianco e nero. Il cavallo ha in testa un cappuccio di velluto bianco e nero, con l'arme del Gran-

nati venivano innanzi certi ragazzi mal vestiti su cattivissimi cavalli e mule, portando chi[1] una coppa d'argento, chi una bandiera rotta e ruinata. Questi in gran numero passavano il lungo, via, senza far motto, senza rispetto e senza cerimonia, in foggia di burla più ch'altramente, & erano le Castella e luohi particolari dipendenti del Stato di Siena. Ogni anno si rinova questo per forma.

Passò ancora là un carro, e una piramide quadrata di legno, grande, portando intorno certi gradi delli putti vestiti chi d'un modo, chi d'un altro, da Angeli o Santi: & alla cima, che veniva d'altezza a pari delle più alte case, un S. Giovanni,[2] uomo travestito a suo modo, legato a un pezzo di ferro. Seguivano questo carro gli officieri, e particolarmente quelli della Zecca.

duca in fronte, e rosa bianca e nera. Accompagna il cavallo uno staffiere, vestito di una casacca parimenti di velluto bianco e nero senza maniche. L'uomo che sta a cavallo porta in mano un vaso o boccale d'argento, in cui è cesellata una Lupa in atto di allattare Romolo e Remo, allusivo all'arme di Siena, e allorchè è chiamato per presentarsi al trono del sovrano, s'inchina davanti al medesimo, e con breve discorso presta il dovuto omaggio a S. A. R. in nome della città e stato di Siena (GUASTI, op. cit., pag. 93)„.

[1] Il testo: *qui*, alla francese.
[2] È questo il *Carro della Zecca*, che si chiamava anche di *S. Giovanni*, dall'uomo che vi legavano sopra a far da santo. Questo, dice la cit. *Relazione*, era " al pari degli altri quattro Carri, un Cero, che dapprima si offeriva in tale solennità: ma ridotto poscia a Carro, con quella magnificenza e ornamenti di pitture esprimenti le azioni più insigni del Santo, che oggi si vedono, ha sofferto in diversi tempi varie mutazioni. Nella sommità del Carro stava una volta, legato ad un grosso palo di ferro, un uomo vestito di pelle, come suol dipingersi S. Giovanni, con diadema in testa ed una croce in mano. Co-

Marciava all'estremo un altro carro, sul quale erano certi giovani che portavano tre palii per li corsi diversi, avendo a canto i cavalli barberi ch'erano per correre a gara quel giorno, e i garzoni che li dovevano cavalcare con le insegne de i padroni, che sono signori de' primi. Li cavalli, piccioli e belli.

Non mi pareva il caldo più violento ch'in Francia. Tuttavia, per schifarlo in queste stanze di osteria, era sforzato di dormire la notte su la tavola della sala, mettendovi materassi & lenzuola; non ci ritrovando a locare nissun alloggiamento comodo, perchè questa città non è buona a' forastieri; e per schifare ancora gli cimici, di che sono gli letti infestatissimi.

Non c'è quantità di pesci, e non si mangia di trote & altri pesci, che di fuora e marinati. Viddi

stui, che soleva esser dell'infima plebe, riceveva per sua mercede dall'Arte de' Mercatanti lire dieci: e da una casa di S. Maria in Campo, per consuetudine senza che vi fosse obbligo nessuno, gli si porgeva una colazione, consistente in una grossa ciambella di pane ed alcune confetture e paste con due caraffe di vino, ch'egli per ischerzo gettava al popolo. L'anno 1749, ricevendo i tributi per S. M. I. il conte Emanuele di Richecourt, fu tolto l'uso di porre l'uomo in cima al Carro, e vi fu sostituita una statua di legno. In tutte le nicchie, che si vedono nelle due facciate al prim'ordine del Carro, stavano una volta dei fanciulli in abito sacro. Nelle tre nicchie della parte anteriore, e precisamente nel mezzo, eravi uno che rappresentava S. Giovanni in età puerile, ed aveva a' due lati due ragazzi vestiti in tonacella da leviti. Nella parte posteriore eravi un fanciullo rappresentante Santo Stefano, in mezzo anch'esso a due ragazzi in tonacella. Sopra i quattro mensoloni del second'ordine stavano seduti, legati con forte cigna di cuoio, quattro giovinetti, anch'essi in tonacella, con un bastone in mano, nell'estremità del quale eravi uno scudo con l'arme del Granduca da una parte, e dall'altra l'insegna della Zecca (GUASTI, p. 93) „.

ch'il Granduca mandava a Giovan Mariano milanese,[1] alloggiato in la medesima osteria dove io era, un presente di vino, pane, frutti, pesci: ma gli pesci vivi piccoli dentro gli rinfrescatori di terra.

Aveva io tutto il giorno la bocca arida & asciutta, & un'alterazione non di sete, ma di caldezza interna, quale ho sentita altre volte ai caldi nostri. Non mangiava altro che frutti, e insalate con zucchero. In fine, non stava bene.

Quelli diporti che si pigliano al fresco in Francia di poi la cena, qui innanzi. E nelli più lunghi giorni cenano spesso di notte. Fra le sette & otto, la mattina, si fa il giorno.

Di poi pranzo si corse il palio[2] de i barberi.[3] Lo vinse il cavallo del Cardinale de' Medicis.[4] Vale questo palio scudi 200. È cosa poco dilette-

---

[1] Qui probabilmente deve leggersi Giovanni Marliani, milanese, che fu uomo di fiducia del granduca Francesco, e lo servì in Spagna come agente segreto.

[2] Anche DANTE (*Parad.*, XVI) ricorda *l'annual giuoco* della corsa per le feste di S. Giovanni, che facevasi da porta alla Croce a Porta al Prato " per una via diritta, come dice l'antico cronista GORO DATI, per lo mezzo della città, dove sono buon numero di abitazioni, e belle case ricche e di buoni cittadini più che in niuna altra parte, e dall'uno capo all'altro della città, per quella dritta via, piena di fiori, sono tutte le donne, e tutte le gioie e ricchi adornamenti della città, e con grande festa. E sempre vi sono molti signori e cavalieri gentiluomini forestieri, che ogni anno dalle terre circostanti vengono a vedere la bellezza e magnificenza di tale festa. Ed èvvi per detto corso tanta gente, che par cosa incredibile, di forestieri e cittadini, che chi non lo vedesse non lo potrebbe credere né immaginare (GUASTI, p. 7) ".

[3] Il testo: *barbi*.

[4] Ferdinando de' Medici allora Cardinale, poi Granduca, sul quale v. la nota a pag. 210.

vole, perchè, essendo su la strada, non vedete altro che passar in furia questi cavalli.

La Domenica viddi il palazzo de' Pitti, e fra l'altre cose una mula in marmo rappresentando un'altra mula ancora viva, per li lunghi servizi c'ha fatto a menar roba per questa fabbrica. Questo dicono i versi latini.[1] Al palazzo vimmo[2] quella Chimera c'ha fra le spalle una testa (con le corna & orecchie) che nasce, & il corpo di foggia d'uno piccolo leone.[3]

Il Sabbato era il palazzo del Granduca aperto, e pieno di contadini, ai quali era aperta ogni cosa:

---

[1] Nel superbo cortile del Palazzo Pitti si vede anche di presente, sotto la statua d'Ercole, in fondo l'ala sinistra del loggiato, il bassorilievo che rappresenta questa famosa mula, e sotto vi si legge il distico:

*Lecticam, lapides et marmora, ligna, columnas
Vexit, conduxit, traxit, et ista tu it.*

Il prestante animale v'è scolpito di marmo nero, su fondo di marmo bianco e co' finimenti indosso, come se lasciasse allora il lavoro. Il fondo del bassorilievo rappresenta il cortile in costruzione: il quale, come tutti sanno, fu fatto co' disegni dell'Ammannato, per ordine di Cosimo I, intorno al 1568. Ha dunque ragione il n. a. nell'asserire che la mula scolpita era sempre viva, e sbagliano l'ANGUILLESI (*Notiz. stor. de' Palazzi e Ville apparten. alla I. R. Corte di Toscana*, Pisa, Capurro, 1815) e gli altri più moderni che lo seguirono, dicendo che la mula aveva servito alla prima edificazione del palazzo, e che il ricordo le fu posto da Luca Pitti. E la maniera stessa della scultura sarebbe dovuta bastare a non cadere in simile abbaglio!

[2] * *Vedemmo.*

[3] Vedi pag. 180, n. 1. Ai tempi del n. a. la *Chimera* era in Palazzo Vecchio, e precisamente nella stanza di Leone X, presso il gran salone. Nel 1718 fu trasportata nella Galleria degli Uffizi; ora è al Museo Etrusco della Crocetta,

e la gran sala piena di diversi balli, chi di quà, chi di là. Questa sorte di gente credo che fusse qualche immagine della libertà perduta, che si rinfreschi a questa festa principale della città. [1]

Il Lunedì fui a desinare in casa del signor Silvio Piccolomini, molto conosciuto per la sua virtù, & in particolare per la scienzia della scherma. [2] Ci furono messi innanzi molti discorsi, essendoci buona compagnia d'altri gentiluomini. Dispregia [3] lui del tutto l'arte di schermare delli maestri italiani, del Veniziano di Bologna, Patinostraro, & altri. Et in questo loda solamente un suo criado [4] ch'è a Brescia, dove insegna a certi gentiluomini questa arte. Dice che non ci è regola nè arte in l'insegnare

[1] Ai tempi della Repubblica solevansi dai cittadini in questi giorni fare gran balli per le vie della città, e nel giorno di S. Giovanni anche in piazza, innanzi alla Signoria che sedeva in ringhiera. La più antica descrizione di questi siffatti balli è da vedere nel VILLANI all'anno 1283 (*Cron.*, VII, 89). Ai tempi del Principato l'uso del ballo rimase ai contadini che in gran folla traevano a Firenze: questi però non ballavano nè in piazza nè per le vie, ma erano lasciati salire con le loro donne nel gran salone di Palazzo, dove intrecciavano le loro danze al suono di strumenti musicali. Il baccano contadinesco durava tutto quel giorno e la notte ancora, e il Serenissimo padrone, perchè la baldoria fosse piena, somministrava a suoi fedeli sudditi rusticani, vino e dolci.

[2] Vedi su questo cavaliere, pag. 184, nota 2. Aggiungi quel che dice il GALLUZZI, V, 5, che mandato in Transilvania, " portava seco un piano di nuova milizia, da esso immaginato, consistente nel ristabilir l'uso dell'antica falange de' Macedoni. I componenti questa falange dovevano essere armati di targa e di picca, ed erano stati esercitati in forma, che volendo adoperare con due mani la picca restavano difesi e coperti dalla targa, ad oggetto di far fronte alle scimitarre turchesche ".

[3] Così ha l'edizione del 1775: quella anteriore: *dispargia.*

[4] * *Creato.*

volgare: e particolarmente accusa l'uso di spinger la spada innanzi, e metterla in possa del nimico; e poi, la botta passata, di rifar un altro assalto, e fermarsi; perchè dice, che questo è del tutto diverso di quel che si vede per esperienza delli combattenti. Lui era in termine di far stampar un libro di questo suggetto. Quanto al fatto di guerra, spregia assai l'artiglieria: e in questo mi piacque molto. Loda il libro *della Guerra* di Machiavelli, e segue le sue opinioni. Dice, che di questa sorte d'uomini che provvedono al fortificare, il più eccellente che sia si trova adesso in Firenze al servizio del Granduca serenissimo.[1]

Si costuma qui di metter neve nelli bicchieri di vino.[2] Ne metteva poco io, non stando troppo bene della persona, avendo assai volte dolor di fianchi,

[1] Dubitammo che qui si potesse parlare del famoso architetto militare Francesco Paciotto da Urbino, la sepoltura della cui moglie il M. vide in Ancona (v. qui addietro, p. 366); ma dalla vita scrittane da C. PROMIS (in *Miscell. di stor. ital.*, Torino, St. Reale, 1833, vol. IV), si rileva ch'egli nel 1581 non era in Firenze. Vi era però stato al servizio di Cosimo nel 72, per consigli circa l'edificazione di Livorno, e nell'86 ancora tornò in Toscana per visitare le fortezze, e poi di nuovo nell' 88 e nel 90. Salvo che il M. intendesse male che il Paciotto si trovava allora (*adesso*) in Firenze, mentre il Piccolomini parlava in generale. Certo il Paciotto era il maggior architetto militare del tempo.

[2] T. RINUCCINI (*Le usanze fiorentine del sec.* XVII, Firenze 1863) scrivendo a metà circa del 600, così dice sull'usandel ber fresco, con neve o ghiaccio, ormai antica in Firenze: "Cominciò nel principio del secolo, oppure si rinovò, la delizia del bere fresco, ma si procurava d'ottenerla dai pozzi col calarvi le boccie dal vino qualche ora innanzi il pasto, et il pozzo di qualche casa, che aveva concetto di fresco, serviva spesso anche per i vicini, che vi mandavano le loro bocce, che per lo più erano di terra. Si cominciò poi a riporre l'inverno il diaccio, per valersene l'estate a rinfrescare il vino, l'acqua, le frutta

e scacciando tuttavia arenella incredibile; oltre a questo non potendo riaver la testa, e rimetterla al suo primo stato. Stordimento, e non so chè gravezza sugli occhi, la fronte, le guancie, denti, naso, e parte d'innanzi. Mi messi in fantasia, che fussero gli vini bianchi dolci e fumosi, perchè quella volta che mi riprese prima la migrena ne avea bevuti gran quantità di Trebisiano, scaldato del viaggiare e della stagione, e la dolcezza d'esso non stancando la sete.

In fine confessai ch'è ragione che Firenze si dica *la bella*. [1]

Quel giorno andai solo, per mio diporto, a veder le donne che si lasciano veder a chi vuole. Viddi le più famose: niente di raro. Gli alloggiamenti raunati in un particolare della città, e per questo spregievoli, oltra ciò cattivi e che non si

---

et altro; et ha preso tanto piede questa delizia, che molti l'usano continuamente, anco l'inverno. Et è degno da notarsi l'augumento che ha fatto, perchè l'anno 1639 Antonio Paolini, aiutante di camera del Sereniss. Granduca, prese l'appalto del diaccio per scudi 400 l'anno, che poi lo comprò da lui Madama serenissima, e lo donò et applicò al mantenimento delle monache convertite, e quest'anno 1665 è appaltato per scudi 4300. E per dire qualche cosa ancora di fuora in Pisa, non si trovò l'anno 1605 chi volesse l'appalto per sc. 50, e oggi è sopra sc. 1950: ma è però vero che l'appaltatore serve ancora Livorno. Quando l'inverno non diaccia sono obbligati gli appaltatori, così di Firenze come d'altrove, di far venir la neve dalle montagne, e però procurano di conservarla a suo tempo nelle buche fatte a posta per conservarla all'estate. Usano le persone ricche e deliziose di far fare per ber fra giorno, acque conce di varie sorte, con odori di cedrato, di limoni, di gelsumini, di cannella et altro, raddolcite con zucchero: e ne' luoghi più frequentati della città ci sono botteghe dove si vendono in caraffine diacciate, che riesce all'universale una gran comodità „.

[1] C'è voluto un pezzo, ma alla fine l'ha riconosciuto e confessato!

fanno in nissun modo a quelli delle puttane romane o veneziane: nè anco esse in bellezza, o grazia o gravità. Se alcuna vuole starsi fuora di questi limiti, bisogna che sia di poco conto, e faccia qualche mestiere per celarsi.[1]

Viddi le botteghe di filattieri[2] di seta con certi instrumenti, gli quali spingendo in giro una sola donna, fa d'un tratto torcere e voltare cinquecento fusi.

---

[1] Non resulta veramente che a questi tempi le meretrici fossero tutte radunate in una particolar via o quartiere di Firenze. Il dott. I. GALLIGO in un curioso opuscolo intitolato *Circa ad alcuni antichi e singolari documenti ined. riguardanti la Prostituzione, tratti dall'Arch. Centr. di Firenze*, Milano, tipogr. Cooperativa, 1869, reca un documento dell'ufficio *dell'Onestà* del 1569 nel quale le vie *deputate* per accogliervi meretrici sono Via del Giardino, Via Pentolini, Via dei Pilastri, Borgo la Noce e Via Chiara, Alla Cella di Cardo, Palazzuolo, Coda rimessa, A' Quattro Pagoni, Boffi e Piazza Padella. E le meretrici sono in tutto, col nome, cognome e patria, cento trenta tre, obbligate a portare il segno giallo, e sottoposte alla tassa di L. 1. 18. 4. Ma altre 15 sono notate come abitanti per Firenze *alla spicciolata*: e altre 79, classate *libere* e *ricche*, stanno anch'esse per diverse vie, che sono indicate aggiuntovi il nome di ciascuna donna.

[2] Filatori o filatojai di seta. L'arte della seta, un giorno fiorentissima, era ormai in decadenza, sebbene Cosimo e Francesco facessero ogni sforzo per rialzarla, provvedendo però la materia prima in Calabria e Sicilia, con spesa di un 300 m. scudi, e facendola ivi caricare dalle galere di S. Stefano. Francesco poi, promosse, anzi ordinò la coltivazione dei gelsi, obbligando i possidenti a piantarne quattro per ogni podere. Altre sue leggi pongono gravi dazi all'esportazione delle sete crude, e all'importazione dei drappi forestieri (GALLUZZI, IV, 19). Verso questi tempi si calcola " che in Firenze si fabbricassero per 3 milioni di scudi fra drappi di seta, tele d'oro e d'argento e rasce, che si smerciavano in gran parte per l'Inghilterra direttamente, e di contrabbando in America (ID., V, 13) „.

Martedì la mattina spinsi fuora una pietrella rossa.

Mercordì viddi la cassina del Granduca.[1] E quel che mi parve più importante è una rocca in forma di piramide, composta e fabbricata di tutte le sorte di minere naturali, d'ogn'una un pezzo, radunate insieme. Buttava poi acqua questa rocca, con la quale si verranno[2] là dentro movere molti corpi, molini d'acqua e di vento, campanette di chiese, soldati di guardia, animali, caccie, e mille tal cose.

Giovedì non volsi restar a vedere correre un altro palio ai cavalli. Andai dipoi desinare a Pratolino, il qual rividdi molto minutamente. Et essendo pregato dal casiero del palazzo di dire la mia sentenzia di quelle bellezze e di Tivoli, ne discorsi non comparando questi luoghi in generale, ma parte per parte, con le diverse considerazioni dell'un e dell'altro, essendo vicendevolmente vittore[3] ora questo or quello.

Venerdì alla bottega di Giunti comprai un mazzo di Commedie, undeci in numero[4], e certi altri

---

[1] Vorrà dire il *Casino*, cioè quello che Francesco aveva fatto costruire dal Buontalenti in Via Larga, e che poi servì d'abitazione a Don Antonio de' Medici. Della *rocca in forma di piramide che buttava acqua*, non sapremmo dir nulla. Certo il Buontalenti era espertissimo artefice di siffatti ingegni, ma il Casino subì tante e tali variazioni in breve tempo, che è assai difficile rintracciare qualche cosa su codesta rocca, nè abbiamo trovato chi ne faccia menzione.

[2] Forse da *vedere*, anzichè da *venire*.

[3] Vincitore, superiore.

[4] Sarebbe molto difficile precisare quali furono le commedie acquistate dal M. presso i Giunti. Pochi anni dopo il 1581, cioè nel 1604, gli Eredi di Filippo Giunti pubblicarono in Firenze un Catalogo di libri, raccolti dal padre nel suo negozio, e che occupa 582 pagg., ove sono libri di

libretti. E ci viddi il testamento di Boccaccio stampato con certi Discorsi fatti sul Decamerone.[1] Questo testamento mostra una mirabile povertà e bassezza di fortuna di questo grand'uomo. Lascia delle lenzuola, e poi certe particelle di letti a sue parenti, e sorelle. Gli libri a un certo frate, al quale ordina, che gli comunichi a chiunque gliene richiederà. Fin a' vasi e mobili vilissimi gli mette in conto. Ordina delle messe, e sepoltura. C'è stampato come s'è ritrovato, di carta pergamena molto guasta e ruinata.

Come le puttane romane e veneziane si fanno alle finestre per i loro amanti, così queste alle porte delle lor case, dove si stanno al publico alle ore

---

edizione propria ed altrui. Le commedie sono molte, e perciò non può dirsi quali scegliesse il Montaigne. Di propria stampa, e anteriori al 1581, vi sono registrate la *Calandra* del 1558, il *Furto* del D'Ambra del 1564, la *Gelosia* del Lasca del 1564, i *Lucidi* del Firenzuola del 1549, gli *Inganni* del Secchi del 1562, il *Sacrificio* del Piccolomini del 1579, la *Spiritata* del Lasca del 1561, la *Trinuzia* del Firenzuola del 1549, la *Balia* del Razzi del 1560, la *Gostanza* pure del Razzi del 1565, l'*Ingratitudine* dell'Ottonajo del 1559, il *Servigiale* del Cecchi del 1561, la *Sporta* del Gelli del 1550, la *Vedova* del Buonaparte del 1568, la *Vedova* del Cini del 1569 e la Commedia *sine nomine* del 1554.

[1] Il Testamento del Boccaccio fu pubblicato in volgare da Filippo e Jacopo Giunti, dopo il *Proemio* delle famose *Annotazioni e Discorsi sopra alcuni luoghi del Decamerone, fatte dai Deputati*, Fiorenza, 1573. Il MANNI nella *Istoria del Decamerone*, Firenze, 1742, lo ristampò, e credette farlo sopra una bozza di un altro testamento, che il Boccaccio avesse preparata nel 1365. Ma la lezione latina di questo prezioso documento, secondo la pergamena originale, posseduta già dalla illustre famiglia Bichi-Borghesi di Siena, e dopo depositata nel R. Archivio di Stato di quella città, fu fatta di pubblica ragione soltanto nel nostro tempo, per cura del dotto cav. Gaetano Milanesi, Siena, 1859.

comode; e là le vedete, chi con più, chi con manco compagnia, a ragionare e a cantare nella strada, ne' circoli.

La Domenica 2 di Luglio partii di Firenze di poi desinare, & avendo varcato l'Arno sul ponte, lo lasciammo alla man dritta, seguendo il suo corso tuttavia. Passassimo delle belle pianure fertili, nelle quali sono le più famose poponaie di Toscana. E non sono maturi gli buoni melloni che sul 15 di Luglio. E particolarmente si nomina il loco, dove si fanno li più eccellenti, LEGNAIA, a 3 miglia di qua Firenze.

Andassimo una strada la più parte piana e fertile, e per tutto popolatissima di case, castellucci, villaggi quasi continui. Attraversassimo fra le altre una bellina terra, nominata

EMPOLI. Il suono di questa voce ha non so che d'antico. Il sito piacevolissimo. Non ci riconobbi nessun vestigio d'antichità, fuora che un ponte ruinato vicino sur la strada, c'ha non so che di vecchiaia.

Considerai tre cose: di veder la gente di queste bande lavorare chi a batter grano o acconciarlo, chi a cucire, a filare, la festa di Domenica. La seconda, di veder questi contadini il liuto in mano, e fin alle pastorelle l'Ariosto in bocca. Questo si vede per tutta Italia.[1] La terza, di veder come lasciano sul campo dieci e quindeci e più giorni il grano segato, senza paura del vicino. Sul buio, giunsimo a

SCALA, 20 miglia, alloggiamento solo, assai buono. Non cenai; e dormii poco, molestato d'un

---

[1] Parrebbe un'Arcadia! Ma la pace aveva rammorbidito e ingentilito i costumi, specialmente in Toscana.

dolor di denti sulla destra, il quale molte volte sentiva col mio mal di testa. Mi fatigava più nel mangiare, non potendo toccar nulla senza dolore grandissimo.

La mattina del Lunedì 3 Luglio seguitassimo la strada piana il lungo d'Arno, e sul fine una pianura ubertosa di biade. Capitassimo sul meriggio a

PISA, 20 miglia, città al Duca di Firenze [1], posta in questo piano su l'Arno, che li passa per mezzo, e di là a sei miglia si diffonde nel mare, e porta alla detta città parecchi sorte di navili.

Cessava in quel tempo la scuola, come è il costume tre mesi del grande caldo [2].

Ci riscontrassimo la compagnia delli *Disiosi*, di commedianti, buonissima [3].

Perchè non mi satisfece l'osteria, presi a pigione una casa con quattro stanze, una sala. Aveva l'oste

---

[1] Il Bartoli annota: " Si sottintende *ch' appartiene*". Ma piuttosto qui l'a. ha adoperato una forma francese: *au Duc de Florence*.

[2] Giusta gli *Statuti* di Cosimo, del 1543, le lezioni cessavano in Pisa il 22 Giugno, due giorni innanzi la festa di S. Giovan Battista, e, fatte le lauree, cominciavano le vacanze lunghe, sino cioè al Novembre: v. FABRONI, *Hist. Acad. Pisan.*, Pisis, 1792, II, 12.

[3] Questa dei *Desiosi* è, colle Compagnie dei *Gelosi*, dei *Confidenti* e dei *Fedeli* una delle più antiche. Nel 1588 li troviamo a Roma, dove recitavano nel palazzo dell'arciprete di S. Pietro alla presenza di donna Cammilla Peretti, sorella del papa, e nelle case Ridolfi, Orsini, Cesi, Cesarini, Rucellai e Sforza. Vi erano nuovamente chiamati nel 1590 dal card. Alessandro Peretti Damasceni, nipote di Sisto V, e vice cancelliere di S. Chiesa, più noto col nome di Cardinal Montalto. Nel 96 li troviamo a Mantova, e poi a Bologna. Principale ornamento di questa Compagnia comica era la *Signora* Diana Ponti, detta *Lavinia*, comica e poetessa, che nel 1601 andò in Francia. Del *Fargnoccola*, che doveva essere una specie di *Graziano*, non mi è riuscito trovar menzione.

a far la cucina, e dar mobili. Bella casa. Il tutto per otto scudi il mese. Perchè quel ch'avea promesso per il servigio di tavola di toaillie[1] e serviette era troppo scarso (atteso ch'in Italia s'usa pochissimo di mutar serviette[2], che[3] quando si muta la toaillia, e la toaillia due volte la settimana) lasciavamo gli servitori far per loro le spese: noi all'osteria, a 4 julli[4] ogni giorno.

[1] * *Tovaglie*.

[2] Parrebbe a prima vista che questa fosse una nota di biasimo agli Italiani per poca pulizia, ma il vero è che ho gran paura il nostro autore facesse molto uso della forchetta d'Adamo, *idest* della punta delle dita. Nel libro III, c. 13 degli *Essais* ei dice: " Je disnerois sans nappe, mais à l'allemande, sans serviette blanche, tres-incommodement; je les souilles plus qu'eulx et les italiens ne font; et m'ayde peu de cuillier et de fourchette. Je plainds qu'on n'ai suivi un train que j'ay veu commencer à l'exemple des rois: qu'on nous changeast de serviette selon les services, comme d'assiette „. Era naturale che, usando poco la forchetta, anzi anche il cucchiaio, al M. occorresse gran numero di salviette e di tovaglie: tanto più che delle prime si serviva anche a nettarsi i denti più volte: " J'ay apprins, dez l'enfances, à les frotter (les dents) de ma serviette, et le matin et à l'entree et yssue de la table *(ibid)* „. In Italia invece l'uso della forchetta, anche alle fine del sec. XVI, era più comune assai che in Francia: vedi LUMBROSO, *La forchetta da tavola in Europa*, Roma, Salviucci, 1882, pag. 8.
Quanto poi al cambiar tovaglie e tovaglioli, il PRISCIANESE, *Governo della Corte d'un Signore in Roma*, Città di Castello, Lapi, 1883, pag. 31, raccomanda che per le tavole dei gentiluomini adetti al Signore, si abbiano " tovaglie e tovagliuoli copiosamente, tanto che si potessero mutare almeno tre volte la settimana, e coltelli e forchette ecc. „ Nota che l'opera è scritta nel 1543. Già prima il PLATINA, *Le honesta volupt.*, raccomandava: *Albae sint mappae, candida mantilia: si secus fuerint, fastidium gererent et aviditatem edendi tollant.*

[3] Salvochè.

[4] Sul *giulio* o *pavolo*, vedi la nota 2 a pag. 455. I 4 giulj

La casa era in un bellissimo sito e veduta piacevole, riguardando il canale per il quale passa l'Arno e traversa la terra.

Questo fosso è molto largo, e lungo più di 500 passi, inchinato e piegato un poco, facendo una piacevole vista, scoprendo più agevolmente per questa sua curvità l'un capo e l'altro di questo canale, con tre ponti che là varcano l'Arno, pieno di vascelli e di mercanzie. L'una e l'altra proda di questo canale, edificate di belle mura, coll'appoggiarsi alla cima, come il canale delli Augustini in Parigi [1]. Di poi, all'una e l'altra banda, larghe strade: & all'orlo delle strade un ordine di case. Era posta là la nostra.

Mercordì 5 di Luglio viddi il Duomo, dove fu il palazzo d'Adriano imperatore [2]. Ci sono infinite colonne di marmo diverse; diversi lavori e forme;

verrebbero a raguagliare L. 2, 24. L'A. non dice se erano a testa, o per tutti insieme: ma evidentemente a testa, per ciò che dice anche a pag. 495.

[1] Ricorda a preferenza degli altri *quais* di Parigi, questo *des Augustins*, come il più antico, il più lungo (dal *Pont S. Michel* alla *Tour de Nesle*) e forse il più bello. Che fosse il più antico, lo attesta il DULAURE, *Histoire phis. civil. et mor. de Paris*, VI edit., II, 461, facendone risalire la fabbricazione ai tempi di Filippo il Bello, dopo una terribile innondazione della Senna. Ai tempi di Enrico IV, secondo cotesto autore, "non vi erano altri *quais*, salvo questo, sulla riva sinistra, e sulla destra quelli dei *Célestins*, del *Port au foin* e *de l'Ecole*: ma ei soggiunge, " ces quais en général se composaient de maçonneries irrégulières, d'ouvrages en bois, uniquement destinés à préserver les bords de la Seine de l'action destructive de ses eaux „.

[2] Anche lo storico pisano RAFF. RONCIONI segue questa opinione, che il Duomo fosse edificato sui fondamenti del palazzo di Adriano: altri, come il TRONCI, vorrebbero che fosse sui fondamenti delle Terme di cotesto stesso Impe-

porte bellissime di metallo. È ornata di diverse spoglie di Grecia e d'Egitto [1] & edificata di ruine antiche, di modo che si vedono delle scritte a rovescio, altre mezzo tagliate,[2] ed in certi luoghi caratteri sconosciuti, che dicono essere gli antichi toscani [3].

Viddi il campanile, d'una forma estraordinaria, inchinato di sette braccia, come quell'altro di Bologna & altri, intorniato di pilastri per tutto, e di corridori aperti.

Viddi la Chiesa S. Giovanni vicina, ricchissima anche lei d'opere famose di scoltura e pittura. Fra gli altri d'un pulpito di marmo con spessissime figure tanto rare, che questo Lorenzo ch'ammazzò il Duca Alessandro si dice che levò le teste d'alcune di queste statuette [4], e ne fece presente alla Reina. La forma della chiesa assomiglia la Rotonda di Roma.

---

ratore. Le terme però, secondo il Noris, *Cenotaf. pis.*, III, 2, si estendevano da Porta a Lucca al Campanile, nell'attuale *Via Torelli*, ove anni fa ne furono trovati alcuni avanzi.

[1] Allude a oggetti di antichità, che già erano in Duomo, e poi furono trasportati, e si conservano ancora in Camposanto.

[2] Frammenti d'iscrizioni antiche, che si possono vedere raccolte, integrate e ordinate da Cl. Lupi, *Le antiche iscrizioni del Duomo di Pisa*, Pisa, Mariotti, 1877.

[3] Questi caratteri sconosciuti sono quelli del sec. XII, che si vedono anch'oggi in alcune pietre dell'edifizio, specialmente dietro l'abside del Duomo.

[4] Anche il Roncioni, *Stor. pis.*, Firenze, Vieusseux, 1844, I, 284, ripete questo fatterello, dicendo che Lorenzino fece siffatto deturpamento "siccome io ho sentito dire da persone che vissero in quel tempo, per abballire ed adornare un suo studio ". Ma il Morrona, *Pisa illustrata*, Livorno, Marenigh, 1813, I. 400, " presta poca fede a questo racconto "; e parmi che ben s'apponga. Vi deve essere confusione con ciò che realmente Lorenzino fece a Roma,

Il figliuolo naturale del detto Duca vive qui, e lo viddi vecchio. Vive comodamente della liberalità del Duca, e non li cale d'altro[1]. Ci sono cacciagioni e pescagioni bellissime. A questo s'occupa.

Di sante reliquie e di opere rare, e marmi e pietre di rarità, grandezza e lavoro mirabile, qui se ne trova quanto in nissuna altra città d'Italia.

quando decapitò alcune statue dell'Arco di Costantino, e ne fu scusato dal Cardinal de' Medici come "desideroso, secondo il costume de' suoi maggiori, di cotali anticaglie„. Il Molza, che allora scrisse una violenta orazione contro Lorenzino, quando questi ebbe ucciso Alessandro, disse, ritrattandosi, in un famoso epigramma, che egli aveva odiato i tiranni anche nel marmo!

[1] Si tratta qui di Don Giulio, figlio spurio di Alessandro de' Medici, nato chi dice da una pratese, chi da una Angelica Malaspina, monaca. Alla morte del padre, il card. Cybo e Alessandro Vitelli avrebbero voluto farne un duca di Firenze, sperando aver essi la reggenza in nome del quinquenne giovinetto. Trionfò invece, Cosimo: ma Margherita, vedova di Alessandro, lo avrebbe voluto seco, più che per devozione alla memoria del marito, per ogni futura eventualità: Cosimo lo volle con sè e lo consegnò al Cybo. Questi però lo tirava su come pretendente, e accusò Cosimo di volerlo avvelenare. Cosimo se ne risentì, e l'imperatore ordinò al cardinale di allontanarsi da Firenze. Giulio trattato con rispetto, ma guardato a vista, fu mandato a Pisa agli studj. Quando nel 1562 fu istituito l'ordine di S. Stefano, ei vi fu ammesso, e l'anno dopo eletto Ammiraglio, e nel 65 andò con le galee toscane a Malta, assediata da Solimano. Indi fu spedito incontro a Giovanna d'Austria, sposa a Don Francesco, e nel 66 fatto contestabile dell'ordine. Nel 71 accompagnò Cosimo a Roma per l'incoronazione. Sposò una Lucrezia di Francesco Gaetani di Pisa. Di lui dice nel 1588 l'ambasciatore veneto T. Contarini: "ha d'entrata 5 mila scudi incirca, ed è persona dedita ai suoi appetiti„, presso a poco come dice il n. a. Morì nel 1600, e fu dal figlio Cosimo sepolto in S. Frediano, dov'è tuttora la sua tomba. Quest'illegittimo ramo mediceo, per matrimonio di una nipote di D. Giulio si spense negli Altemps duchi di Gallese.

Mi piacque sopra modo l'edificio del cimiterio, che domandano Camposanto, di grandezza inusitata, quadro, 300 passi di lunghezza, e 100 di larghezza. Coridore d'intorno intorno, largo di 40 passi, coperto di piombo, lastricato di marmo. Le mura piene di pitture antiche. Fra l'altre di Gondi fiorentino, autore di questa casa [1].

Gli nobili di questa città sotto questo corridore al coperto avevano gli sepolcri loro. Ci sono gli nomi & arme delle famiglie fin a 400 [2]: delle quali non ne sono appena adesso 4 casate, restate delle guerre e ruine di questa antichissima città: del popolo così poco è abitata, e posseduta di forestieri. Di queste nobili famiglie ce ne sono parecchi di Marchesi, Conti e Grandi in altre bande della Cristianità, ove [3] si sono traslate [4].

---

[1] Il testo: *Gondi Florentio*, che abbiamo corretto coll'ediz. del 75, in *fiorentino*. Ma vi dev'essere equivoco con Gaddi, dacchè, secondo il Vasari, a Taddeo Gaddi spetterebbero le pitture del Camposanto, che altri attribuisce a Giotto. Il M. potè facilmente imbrogliare Gaddi con Gondi, tanto più che quest'ultimo nome doveva essergli assai noto, essendosi sino dal 1523 trasportato a Parigi un ramo di questa famiglia fiorentina, donde nel 1614 doveva uscire il famoso card. de Retz, e avendo incontrato poco innanzi a Firenze uno della famiglia, dimorante in Lione.

[2] Secondo il Roncioni, che scriveva sui principj del secento, *op. cit.*, p. 589, il Camposanto avrebbe tutt'intorno 68 sepolture di rilievo, e circa 200 nel pavimento di marmo, "e poche famiglie si ritrovano in Pisa, che non abbiano quivi la sepoltura loro." Delle sepolture nel pavimento il Tronci, *Ann. Pis.*, Livorno, 1682, p. 234, ne annovera seicento trenta.

[3] Il testo *o*: e il Montaigne ricordò l'*ou* francese, o volle aulicamente e poeticamente scrivere *o'*.

[4] Verissimo è quello che dice qui l'a. n. sull'essere Pisa poco popolata, e uscitene le più cospicue famiglie, trapiantandosi qua e là, e specialmente nel Regno e in Sicilia. In una *Supplica della nobilissima nazione pisana*

Al mezzo di questo edificio è un luogo scoperto, dove si seppellisce di continuo. Si dice affermatamente da tutti, che gli corpi che vi si mettono, in otto ore gonfiano in modo che se ne vede alzar il

stabilita nella città di Palermo, scritta da un Dott. Fil. Coccolini, e stampata nel 1732, trovo detto che a Palermo " fioriscono non meno gloriose ed illustri che a Pisa stessa le ben degne prosapie degli antichi nostri memorabili eroi d'Alfea, adornate ed arricchite di copiosi beni di fortuna, e decorate di bellissimo distinto carattere di Principi, Duchi, Marchesi, Conti e Baroni. Ivi risplendono con detti titoli sempre cospicue, illustri e degne di eterna memoria, le famiglie Galletti, Agliata, Gaetani, Bonanno, Corvino, Da Settimo, Gambacorta, Upezzinghi, Palmerini, Vernagallo, Mastiani, Pandolfini, Grassolini, Vanni da Vecchiano, Bernardi, e molte altre ben note al mondo tutto „.

Pisa cominciò a risorgere con Cosimo I, sebbene, dice il Galluzzi, *Stor. del Granduc. di Tosc.*, lib. I, c. 9, " si opponessero alle sue ottime disposizioni l'insalubrità del clima, la mancanza dei comodi i più necessari in una città semidiruta, e la ferocia naturale degli abitanti, che non per anco risorti dal grado di disperazione in cui li aveva ridotti il duro e ostile governo della Repubblica, incrudelivano contro sè medesimi, e sdegnavano fino le stesse beneficenze del Principe „. Cosimo nel 1548 chiamò in Pisa i Cristiani nuovi e Ebrei perseguitati e cacciati dal Portogallo, e nel 60 i Greci: fece della città un ricco emporio di mercanzie, e vi eresse una raffineria di zuccheri. Nel 74 si contavano in Pisa " tredici case di mercanti fiorentini, nove di portoghesi, e molte altre di francesi, sardi, ragusei, genovesi.... La mercatura dei grani, quivi da esso stabilita, vi attirava il danaro da Lucca e da Genova (Galluzzi, III, 10)„. Gia prima, nel 42, aveva riordinato lo Studio, chiamandovi via via il filosofo Matteo da Corte, il Branda Porro, il Vegio, l'Ausuino, il Roncagalli, il gran Vesalio, il Falloppio, il Gorzio, il Robortello, lo Strozzi ed altri insigni (v. Galluzzi, I, 9), ed accordando privilegi a professori e scolari, pei quali nel 1544 fondò un collegio di 40 alunni. Con ciò la popolazione, che non arrivava a 7 m. anime, fu da Cosimo portata a 22 m., ma alla morte di Francesco, era tornata ad 8 m.

terreno; le otto di poi, scema e cala; le ultime otto si consuma la carne in modo, ch'innanzi le 24 non ci è più che le ossa ignude [1]. Questo miracolo è simile a quell'altro del cimitero di Roma, dove se si mette un corpo d'un romano, la terra lo spinge subito fuora [2]. Questo luogo è lastricato di sotto di marmo come il corridore, e gli è messa di sopra la terra della altezza d'un braccio o due. Dicono che

[1] L'esser stata questa terra del Camposanto portata un giorno da Gerusalemme era cosa che parlava alla fantasia per modo, da non meravigliarsi se nascesse e si diffondesse anche la credenza in tale portentosa sua proprietà. Di ciò si fa cenno anche nel Poemetto di MICHELAGNOLO DI CRISTOFORO DA VOLTERRA, trombetto del Comune di Pisa, che descrive in ottava rima *le mirabili et inaldite bellezze del Camposanto di Pisa*, del quale l'unico esemplare da me conosciuto conservasi nella Bibl. dell'Arsenale a Parigi:

> Trovasi un corpo in tre dì consumato
> Quando si mette in tal terra presente,
> Come di certo e chiaro io ò trovato,
> Per volontà di Cristo onnipotente.

Nel sec. passato invece parve cosa meravigliosa, secondo riferisce il MANNI (*Della natural incorruz. dei cadav.* in CALOGERÁ, IV) trovare nel Camposanto pisano alcuni cadaveri intatti anche nelle vesti.

Del resto questa era proprietà attribuita anche alla terra di altri cimiteri. I fratelli DE VILLIERS, *Journal d'un voyage à Paris en 1657-8*, Paris, Duprat, 1862, pag. 46, parlando del cimitero degl'Innocenti, dicono che " on attribue à la terre une certaine qualité, qui est qu'elle peut consumer en vingt-quatre heures de temps un corp mort; mais nous n'en avons pas veu l'effet „. Anteriormente si credeva che ci volessero nove giorni (v. in MONTAIGLON, *Ancienn. poés. franç.*, IX, 61).

[2] Quello che qui dice di una proprietà simile spettante a una terra di Roma, deve fondarsi su una credenza spenta, o fors'anche su uno scorso di memoria. Il chiariss. DE ROSSI, da me interrogato in proposito, non ricorda di aver trovato che si dicesse simil cosa di nessuna terra di cimitero romano.

fu portata di Gerusalemme questa terra, perchè furono gli Pisani con grande armata a quella impresa. Con licenza del vescovo si piglia un poco di questa terra e se ne sparge nelli altri sepolcri, con questa opinione che gli corpi abbino a consumare spacciatamente. Parve verisimile, perchè in un cimiterio di così fatta città si vedono rarissime ossa, e quasi nulle, e nissun loco dove si raccoglino e riserrino, come in altre città.

Le montagne vicine producono bellissimi marmi, de' quali ha questa città molti nobili artefici. In quel tempo lavoravano per il Re di Fez in Barberia.[1] una ricchissima opera d'un teatro, ch'egli disegna con 50 grandissime colonne di marmo.

In questa città si vede in luoghi infiniti le arme nostre, & una colonna ch'il re Carlo 8° diede al Duomo. Et in una casa al muro verso la strada è rappresentato il detto re al naturale, in ginocchione innanzi alla Madonna, la quale pare che li dia consiglio. Dice la scritta, che cenando il detto re in questa casa, per sorte gli cascò nell'animo di dare la libertà antica a' Pisani, vincendo in questo la grandezza d'Alessandro. Gli titoli del detto re ci sono, di Gerusalemme, di Sicilia ec. Le parole che toccano questa parte della libertà data, guaste a posta & a mezzo scancellate[2]. Altre case private

---

[1] Secondo il QUERLON si tratterebbe qui di Muley Amet, il vincitore di Don Sebastiano, che regnò dal 1578 al 1603, e fu dotto uomo e conoscente di matematiche. Ma che con quei marmi volesse proprio, egli seguace di Maometto, fare un teatro, sembra difficile. Del fatto, per quanto abbia cercato, non si rinviene alcuna memoria in carte pisane. Checchè ne sia, è certo che i Medici erano in buona relazione coi re di Fez, e nel 1604 si trattò di cedere alla Toscana il porto di Laracce (GALLUZZI, v, 11).

[2] Il palazzo qui indicato è quello dell'*opera del Duomo*. La pittura o scoltura qui ricordata, non esiste più: vi è

hanno ancora queste arme in fregio, per la nobiltà ch' il re gli diede[1].

Non ci sono molti vestigi d'edifici antichi. Ci è una ruina di mattoni bella, dove fu il Palazzo di Nerone, e ne ritiene il nome[2]: e una chiesa di San Michele, che fu di Marte[3].

Giovedì, ch'era festa di S. Pietro, dicono ch'anticamente era lor costume, ch'il vescovo andava alla

solo un arma reale di Francia, e una iscrizione rinnovata nel 1695 dall'operaio Giulio Gaetani, la quale ricorda che in codesta casa Carlo VIII *ex insperato comedit*. Essa è la seguente:

AEDILE JOANNE MARIANI
CHRISTIANISS. GALLORVM HIERVSALEM, ET SICILIAE — CITRA FARVM REX CAROLVS VIII IN HIS — DIVAE MARIAE AEDIBVS IDVS NOVEMB. — 1495 EX INSPERATO COMEDIT — PISANAE LIBERTATIS ARGVMENTVM NVNQVAM — TANTAM MAGNVS ALEXANDER LIBERALITATEM — OSTENDIT.
HANC INSCRIPTIONEM VETVSTATE FERME COMSVMPTAM — NE REI MEMORIA PERIRET — MARMORE INSCVLPENDAM CVRAVIT — JVLIVS GAETANVS AEDILIS AN. D. 1695.

Evidentemente in questa iscrizione, così come fu riprodotta nel 1695, v'è una lacuna prima o dopo *pisanae libertatis*, e saranno le parole che il n. a. fin dai suoi tempi notava *guaste a posta e mezzo scancellate*.

[1] Che dopo tre quarti di secolo di dominazione fiorentina restassero ancora intatte e visibili in Pisa le armi francesi, simbolo e ricordo della perduta e sospirata libertà, sembra un po' difficile a credersi. Che il M. abbia preso il giglio fiorentino, del quale qua e là si veggono tuttora alcuni avanzi, pel fioraliso francese?

[2] Avanzi delle Terme a porta a Lucca, detti comunemente *bagno di Nerone*. Furono queste Terme scoperte nel 1534: ma se ne conosceva già l'esistenza, e in un documento del 400 si legge: " dirimpetto al palagio di Nerone.... ove si dice essere il palazzo di Nerone: „ e in uno del 1504: *fundamenta palatii Neronis*. Nel 1548 Francesco Robortelli professore a Pisa descrisse le terme in una Lettera al Lottino di Volterra: v. GRAEVII,. *Thesaur.*, XII, 385. Recente illustrazione di questo monumento è il libro di CL. LUPI, *Nuovi studi sulle antiche terme pisane*, Pisa, Libreria Galileo, 1885.

[3] Che la Chiesa di S. Michele in Borgo fosse prima un

chiesa S. Pietro, a 4 miglia fuora della città in processione, e di là al mare, dove gettava un anello e sposava il mare, essendo questa città potentissima in la marina. Adesso ci va un mastro di scuola solo[1]. Ma gli preti in processione vanno a questa chiesa, dove sono gran perdonanze. Dice la bolla del Papa,[2] di 400 anni poco manco (pigliandone fede d'un libro di più di 1200) che fu edificata questa chiesa da[3] S. Pietro: e che S. Clemente, facendo l'ufficio su una tavola di marmo, li cascarono sopra tre gocciole di sangue del naso del detto Santo. Queste goccie si vedono, come impresse di tre giorni in qua. Gli Genovesi ruppero questa tavola; e portarono via una di queste goccie[4]. Per questo gli Pisani levarono il restante della detta tavola dalla detta chiesa, e portarono nella città loro. Ma ogni anno si riporta con processione al suo loco, al detto giorno S. Pietro. Il popolo ci va tutta la notte in barche.

Il Venerdì 7 di Luglio di buona ora andai a ve-

tempio di Marte, sostengono il RONCIONI, il DEMPSTER ed altri; negano il GRANDI, il MITTARELLI, il COSTADONI ecc. Vedi MORRONA, *Op. cit.*, III, 150.

[1] Non trovo nessuna memoria pisana di questo Sposalizio del mare, che si usava a Venezia, a Cervia e altrove, e anche in qualche lago, come quello di Chiusi ecc. Tuttavia coi particolari che il M. riferisce, qualche cosa di vero dovrebbe esserci.

[2] Probabilmente la bolla di Innocenzo VI da Avignone del 1354.

[3] Il testo *di:* ma anche il Bartoli nota che evidentemente deve dire *da*, conforme alla tradizione che S. Pietro giunto sul lido pisano, *ad gradora*, vi edificasse un altare: donde il nome della chiesa, S. Pietro *in grado*.

[4] Vedi RONCIONI, *op. cit.*, p. 29 e segg.: MORRONA, *op. cit.*, III, 391.

der le cascine di Don Pietro de' Medici[1], discoste di due miglia della terra. Egli ha là un mondo di possessioni, che tiene da per se, mettendoci di 5 in 5 anni nuovi lavoratori, con pigliarne la metà dei frutti. Terreno abondantissimo di grano. Pasture dove tiene d'ogni sorte d'animali[2]. Scavalcai per veder il particolare della casa. Ci sono gran numero di persone che travagliono a far ricotte,[3] butirro,[4] casci, e diversi instrumenti per questa opera.

Di là, seguendo il piano, capitai alla spiaggia del mar Tirreno, d'una banda scorgendo Lerici a man dritta, dall'altra Livorno più vicino, castello posto nel mare. Di là si scuoprono a chiaro[5] l'isola Gorgona; e più oltra Capraia, e più oltra Corsica. Diedi la volta a man manca il lungo della ripa, finchè giunsimo la bocca d'Arno, d'un'entrata malagevole alli navigli, attesochè di diversi fiumicelli che con-

---

[1] Don Pietro de' Medici, l'uccisore della propria moglie Eleonora di Toledo, aveva avuto dal padre i possessi pisani sino dal 1564. Questo bel mobile nel 1581 era in Portogallo a combattere per conto degli spagnoli. Morì di stravizi e nella miseria, dopo aver fatto disperare padre e fratelli, ed aver usurpato il nome di duca di Siena, il 25 aprile 1604. Aveva ordinato nel testamento, dice il GALLUZZI, v, 8; " d'esser depositato nella Chiesa de' Gesuiti, ma essi informati ch'era morto decotto, non l'accettarono „.

[2] Fra i tanti animali delle Cascine, l'a. n. non potè ammirare quelli che formano la maggiore curiosità della tenuta: cioè i cammelli introdottivi nel 1692.

[3] Le ricotte pisane sono celebrate anche da ORTENSIO LANDO, *Commentarii delle più notab. et mostruose cose d'Italia*, 1548: "Vattene a Pisa dove si fa un biscotto, che se di tal sorte se ne facesse per le galee, non vorresti far tua vita altrove; poco lontano da Pisa, in un luogo detto Val Calci, mangiai le migliori ricotte e le più belle, che mai si vedessero dal levante al ponente„.

[4] Anche qui, come addietro, *buturo*.

[5] * *Chiaramente*.

corrono all'Arno, si porta terra e fango che si ferma, & innalza la detta bocca. Ci comprai del pesce, che mandai poi alle donne commedianti. Il lungo di quel fiume si vedono parecchi macchie di tamarisci. Il Sabbato ne comprai un barile sei giuli, il quale feci cerchiare d'ariento [1]. Ci andò all'aurefice 3 scudi. Comprai di più una canna d'India a appoggiare [2], sei giuli. Un vasetto & un bicchiere di noce d'India, che fa il medesimo effetto per la milza e per la gravella che il tamarisco, 8 giuli.[3]

L'artista, uomo ingegnoso e famoso, da far belli instrumenti di matematica, m'insegnò che tutti arbori portano tanti cerchi e giri, quanti anni hanno durato: e me lo fece vedere in tutti quelli ch'avea nella bottega sua, essendo legnaiuolo. E la parte che riguarda il settentrione è più stretta, & ha gli circoli più serrati e densi, che l'altra. Per questo si dà vanto, qualche segno [4] che gli sia portato, di

---

[1] Che si faccessero barilotti di legno di tamerici, lo afferma anche il BAUHIN, *Pinax*, Basilea, 1671, pag. 484: " Ex hac ad Rhenum nata (la *Miricaria germ.* Dess.) doliola sextarium dimidium capacia, Francofurtum deferuntur „ .

[2] Per appoggiarcisi.

[3] Circa alla virtù del legno di tamerice, essa è ricordata anche da PLINIO, XXIV, 9, il quale dice perfino che se i porci bevono in un vaso di cotesto legno, si trovano senza milza! E afferma che si danno " agli spleneti il cibo e il bere in vasi di quello „. E il MATTIOLI, *Discorsi*, lib. 1, 97, così dice dell'estratto di tamerici e del bere in legno di cotesta pianta: " Il vino della decottione delle frondi bevuto assottiglia la milza, et tenuto in bocca et lavandone i denti, ne toglie il dolore.... Fansi del legno del tamarisco, bicchieri per uso di coloro che patiscono i difetti di milza, imperocchè si crede che loro giovi bevendo con essi „ .

[4] * *Qualunque.*

giudicare quanti anni avesse l'arbore, & in qual sito stasse [1].

Durava fatica, in questo tempo, della testa, che mi stava sempre d'un modo; con una tal stitichezza, che non moveva il corpo senza arte e soccorso di confetti; soccorso debole. Dei reni bene, secondo.[2]

Questa città era poco fa vituperata di cattiva aria. Ma avendo Cosimo Duca asseccati gli paduli che le sono d'ognintorno, sta bene [3]. Et era cattiva

---

[1] Quest'artefice sapeva sulle piante dicotiledoni ciò che già aveva osservato Leonardo da Vinci, e più tardi dovevano scoprire il Malpighi (1675) e il Grevv (1682). LEONARDO in vero così dice nel *Trattato della pittura*, p. 396: " La parte meridionale delle piante mostra maggior vigore e gioventù che le settentrionali... Li circoli delli rami degli alberi segati mostrano il numero delli suoi anni, e quali furono più umidi e più secchi, secondo la maggiore o minore loro grossezza. E così mostrano gli aspetti del mondo dov'essi erano volti, perchè più grossi sono a settentrione che a meridio, e così il centro dell'albero per tal causa è più vicino alla scorza sua meridionale che alla scorza settentrionale „. Vedi in proposito UZIELLI, *Sopra alc. osservaz. botan. di L. da V.*, in *Ricerche intorno a L. da V.*, serie II, Roma, Salviucci, 1884, pag. 12 e segg.

[2] * *Cioè, o secondo la mia usanza, o secondo i giorni.*

[3] I provvedimenti di Cosimo per risanar Pisa e il suo contado, sono del 1539 e del 1551. " Non può calcolarsi, dice il GALLUZZI, lib. 3, c. 8, il miglioramento fatto da Cosimo per tutto il dominio, e principalmente nella città di Pisa e suo territorio, per incanalar le acque, seccar paludi, dirigere il corso de' fiumi, innalzar argini, scavar ponti e finalmente risanare il clima, per invitar quivi nuova popolazione a coltivar le campagne e a esercitare la mercatura. Quando egli fu assunto al principato, trovò quella città semidiruta e insalubre, che appena conteneva settemila abitanti, oppressi dalle malattie e dalla miseria, e nel tempo della sua morte vi si contavano 22 mila abitanti: le fabbriche, gli edifizi, i giardini avevano mutato la forma della città, e il popolo che vi si moltiplicava, appena trovava abitazione vacante. Lo scalo o porto di Livorno vi forniva la mercatura „ .

a tal modo, che quando volevano confinare qualcuno e levarlo via, lo confinavano in Pisa, dove in pochi mesi la forniva [1].

Questo loco non fa pernici, con questo che [2] gli Principi ci hanno messo ogni cura.

Mi venne a visitare in casa parecchi volte Girolamo Borro medico, dottor della Sapienza [3]. Et essendo io andato a visitarlo il 14 di Luglio, mi fece

---

[1] La Repubblica di Pisa aveva sempre avuto cura di bonificare l'aria col regolare i corsi delle acque: ma i fiorentini "per spegnere in tutto le reliquie dei pisani, intermisero la cura di mantenere gli argini e i fossi del contado„ , come riconosce il GUICCIARDINI, *Storie*, lib. II. Di qui la malaria. Fra le altre testimonianze che si potrebbero arrecare del funesto soggiorno che era Pisa nel sec. XVI, scegliamo questa di L. CASTELVETRO in una lettera del 9 Maggio 1552 a G. B. Ferrari, che vi stava a studio: " Io vi ricordo che Pisa non è stanza da stare passato Maggio, se fate stima della vita vostra (*Alc. Lett. di illustri ital.* ecc. Modena, Vincenzi, 1827, pag. 16)„ . Il LANDO, *op. cit.*, riferisce quest'aforisma, che doveva essere comune nel secolo XVI: "Guardati dall'aria di Grosseto, di Piombino, di Pisa, di Senigallia, di Macerata, di Arimino, di Cervia e di Pesaro „. La cattiv'aria durò lungamente in Pisa, nè il miglioramento risale più oltre della metà del sec. XVIII. quando il medico LODOVICO BIANCONI poteva scrivere al principe Enrico di Prussia: " L'aria che una volta non passava per buona nell'estate, presentemente è sanissima, e molti vi soggiornano immobilmente senza il menomo incomodo„. Vi erano particolarmente certe parti della città dove era altra volta pericoloso dimorare nell'estate: così il *Seminario de' Chierici*, ora casa Rosini verso l'arcivescovado, si vuotava nell'estate, e gli alunni si recavano in una casa in via Tavoleria, come ricorda apposita iscrizione. Sulle varie vicende della salubrità dell'aria in Pisa, vedi PUCCIARDI, *Delle qualità dell'aria pisana*, Pisa, Prosperi, 1836.

[2] * *Tutto che*.

[3] Nacque in Arezzo, e fu fatto professore di Filosofia nel 1553: nel 59 partì da Pisa e vi ritornò nel 75, dopo un processo avuto dall'inquisizione, per cui fu tenuto

presente del suo libro del flusso e riflusso del mare, in lingua volgare: e mi fece vedere un altro libro latino ch'avea fatto, de i morbi de i corpi.

Quel medesimo giorno vicino a casa mia scamparono dell'arsenale 21 schiavi Turchi, avendo trovata una fregata colla sua guarnigione, che il signor Alessandro di Piombino avea lasciata, essendo ito alla pescagione.

Tranne l'Arno, e questo suo attraversarla con bellissimo modo, queste chiese e vestigi antichi e lavori particolari, Piśa ha poco di nobile e piacevole. Pare una solitudine. E in questo, e forma d'edifici & grandezza sua e larghezza di strade, si confà assai con Pistoia. Ha un estremo difetto d'acque cattive, e c'hanno tutte del paduloso[1].

in carcere. Perseguitato dai colleghi, fu dimesso nel 1586, dopo molte contenzioni, alle quali prese viva parte la scolaresca, e andò a Perugia, dove morì nel 1592: v. FABRONI, *Op. cit.*, II, 341. Una lettera sua, piena di giubilo per esser stato liberato dalla prigione con ordine espresso " non dell'Inquisizione, ma del Papa ", ha pubblicato il DEJOB, *M. A. Muret*, pag. 479. Certamente allude a lui il n. a. negli *Essais*, I, 25, laddove scrive: " Je veis priveement à Pise un honneste homme, mais si aristotelicien, que le plus general de ses dogmes est: Que la touche et regle de toutes imaginations solides et de toute verité, c'est la conformité à la doctrine d'Aristote: que hors de là ce ne sont que chimeres et inanité: qu'il a tout veu et tout dict. Cette sienne proposition, pour avoir esté un peu trop largement et iniquement interpretee, le meit aultrefois et teint longtemps en grande accesoire à l'inquisition à Rome ".

[1] Soltanto nel 1601 per opera di Ferdinando I, fu cominciato, e condotto a termine nel 1613, con spesa di 160 m. scudi, l'acquedotto che porta l'ottima acqua dal monte di Asciano a Pisa. Che ciò giovasse alla salute dei cittadini, notò il contemporaneo G. B. CARTEGNI, lettore di medicina dello Studio, nel suo *Trattato dei venti e del sito della città di Pisa*, Pisa, Zeffi, 1628, pag. 66, dicendo:

Uomini poverissimi, e non manco altieri, inimici e pochi cortesi ai forestieri, e particolarmente a' francesi [1] dopo la morte d'un Vescovo loro, Pietro Paulo Borbonio [2], che si dice di casa de i nostri principi, e ce n'è di questi una casata [3]. Costui era tanto amorevole a nostra nazione, e tanto liberale, che aveva messo ordine, che non ci capitasse nissun francese, che subito non li fusse menato in casa. Ha lasciato della sua bona vita e liberalità, onoratissima memoria ai Pisani. Sono cinque o sei anni solamente che morì.

Il 17 di Luglio mi messi con 25 altri, a un scudo per uno, a giocare alla riffa [4] certa roba del Fargnocola, di questi commedianti; prima si fa alla sorte

" poi che in Pisa si adoperano queste acque, non si sentono più, come si soleva già, milze grosse, e altri mali: ma le genti hanno buonissimo colore ,,.

[1] * L'autografo: *forestieri*; ma evidentemente, come notò anche il Bartoli, il M. volle scriver: *francesi*.

[2] Non Pietro Paolo, ma Pietro Jacopo dei March. Bourbon del Monte, che fu arcivescovo di Pisa dal 1574 al 75 avendo governato la diocesi per mesi diciotto. Fu sepolto in Duomo: v. MATTEI, *Eccl. pisan. histor.*, II, 196.

[3] Il cognome Bourbon, dato ai Marchesi del Monte di S. Maria si fonda sopra un preteso diploma di Carlo Magno ad un favoloso Ariberto. L'ATANAGI nel 1561 dedicando la sua raccolta *De le lettere facete et piacevoli* a Ranieri del Monte, ricorda cotesta tradizione, che dice confermata da Carlo IV. Essa fu poi riconfermata nel 1699 dall'imperatore Leopoldo. Ma i Del Monte sono famiglia antica italiana e toscana. La cosa curiosa notata dal Litta si è che quando, ormai assodato nella famiglia il titolo di Bourbon, vollero i Del Monte assumere lo stemma francese, copiarono quello dei Capeti anzi che quello dei Borboni!

[4] La Crusca definisce la *riffa* "una specie di lotto, il quale si fa tra i privati, e il cui premio non è già danaro, ma qualunque cosa di alcun valore ,,. Sembra fosse speciale ai comici e alle comiche. Di questo giuoco così parla infatti il p. G. D. OTTONELLI nella *Christiana moderatione del Thea-*

a chi tocca di giocar primo, e poi secondo, fin all'ultimo. Si segue questo ordine. Di poi essendo diverse cose a giocare, ne fecero due parti uguali. L'una guadagnava chi faceva più punti, l'altra chi ne faceva manco. Toccò a me di giocar il secondo.

Il 18 alla Chiesa di S. Francesco fra li preti del Duomo, e gli frati nacque un garbuglio grande. Un gentiluomo pisano, essendo seppellito alla soppradetta chiesa il giorno innanzi, volevano gli preti dir la messa. Ci vennero con li ferramenti[1] & apparecchi loro. Cotesti allegavano l'antico costume e privilegio loro. Li frati al contrario, che toccava a loro, non ad altri, dir la messa in chiesa loro. Volse un prete pigliare il marmo, accostatosi al grande altare. Un frate si sforzò a levarlo via. Al qual frate il Vicario, patrone di questa chiesa di

---

tro, parte I, Fiorenza, Bonardi, 1655, pag. 157: " Un gentil'huomo disse poco tempo fa ad un mio caro amico, che nella città ove egli habitava, molti quando vi erano i comici andavano a conversatione con la comica, e facevano varii giuochi di sollazzevoli trattenimenti: uno dei quali si nomina *la Riffa*, e si faceva con l'ordine seguente. La Signora pone in tavola qualche cosa del suo; per atto di esempio, un anello, acciocchè serva di premio a quello che, tirando la sorte, fa maggiore il punto e resta di tutti il vincitore; ma prima di cominciare il tiro, ciascuno deposita tanto danaro, quanto valore si chiude nell'anello, e per ordinario deposita anche più; et poi la somma di tutti quei depositi si presenta alla Signora, alla quale finalmente dopo il giuoco ritorna l'anello, ancora perchè il vincitore sarebbe stimato di poca gentilezza, se con esso non regalasse la comica gentilissimamente. E cosi l'acqua uscita dal fonte, torna con grosso tributo alla sua vena, e le moderne Comiche con i giochetti ritraggono buon guadagno dalla conversazione; e chi giuoca con loro sperimenta che il giuoco *fomes est et incendium omnium malorum.* „

[1] * Cioè *arredi*. E RABELAIS IV, 16, nomina *les ferrements de la Messe*.

preti¹, diede uno schiaffo. Di là in là, di mano in mano, la cosa passò con pugni, con bastonate, candelieri, torchi e simil cose: tutto fu adoprato. Fu il fine, che non fu detta la messa da nissuna parte. Fu questa stizza e tenzone di gran scandalo. Subito che ne fu sparsa la nuova, ci andai: e mi venne ragguagliata ogni cosa².

¹ * *Vale a dire:* del Duomo.
² Del fatto trovo questo ricordo in una Cronaca monastica pisana del tempo. "Nel medesimo anno 1581 avvenne un caso, degno che se ne faccia memoria. Alli 10 di Luglio in occasione di un funerale, il capitolo della Metropolitana venne alla nostra chiesa di S. Francesco, ove nacque tal disparere tra il clero et i frati, che, dalle parole venuti ai fatti, i preti fecero impeto contro i nostri frati, percuotendoli in guisa, che anche l'Inquisitore [Mᵣₒ. Francesco Pratelli da Montefiore nella Marca] ne restò molto maltrattato, e la chiesa per l'effusione del sangue rimase polluta, onde per lo spazio di 22 giorni non si potè officiare. Autori principali del disordine furono Cesare Nuti da Fossombrone vicario archiepiscopale, Giuseppe Bocca e Simone del Pitta, canonici e cittadini pisani. Inasprito l'inquisitore per l'ingiuria ricevuta, fece alli 29 di luglio per due frati intimare al predetto Vicario, che nel seguente giorno dovesse con tutto il suo Capitolo comparire alla nostra chiesa di S. Francesco dopo il Vespro, perchè egli voleva fare una general predica sopra l'officio della Inquisitione e pubblicare alcuni decreti secondo gli ordini di Papa Gregorio XIII. Il Vicario non solamente non ubbidì, ma altieramente rispose che se l'Inquisitore voleva da lui cosa veruna, andasse da sè a trovarlo. Predicò nondimeno l'Inquisitore alli 30, e dopo aver pubblicato molte Bolle e ordini pontifici, rivolto al popolo disse apertamente che i frati nel caso occorso non avevano dato causa alla rissa. Si ricominciò ad officiare la chiesa alli X di Agosto nella festa di S. Lorenzo, e i frati con suoni di campane fecero allegrezza, ma non stavano già così allegri i preti, perchè indi a poco il Vicario suddetto dalla Sacra Congregatione, che n'hebbe ordine dal Papa, fu citato a Roma, ove aspra-

Al 22 a l'alba arrivarono tre legni di corsari turcheschi al lito vicino, e levarono via quindeci o venti prigioni, pescatori e poveri pastori.

Il 25 andai a visitare in casa sua il Cornacchino medico famoso, e lettore di Pisa [1]. Vive costui a suo modo, molto diverso delle regole di sua arte. Dorme subito dopo aver desinato, beve cento volte il giorno ecc. Mi fece sentire certe sue rime piacevoli e villesche. Non fa gran conto de i bagni vicini di Pisa, ma bene di quelli di *Bagno acqua*, discosti di 16 miglia di Pisa [2]. Questo dice esser mirabile a levar le infirmità del fegato (e ne narrò

mente ripreso dell'insulto fatto all'inquisitore, hebbe ordine strettissimo di andare a chiederli perdono. Cosi esegui alli 6 d'ottobre nella nostra chiesa, ove accompagnato da' due canonici nominati di sopra, in nome proprio e di tutti i canonici e preti, addimandò perdono all'inquisitore se nel caso occorso egli havesse ricevuto alcuna ingiuria. Poscia in segno d'amichevole concordia, scambievolmente si abbracciarono e baciarono „.

[1] Tommaso Cornacchini d'Arezzo professò medicina per 27 anni a Pisa, ove morì nel 1584. Scrisse la *Medicina practica rationalis et empirica*, e le *Tabulae medicae*, pubblicate dal figlio Marco, inventore della famosa *polvere cornacchina*: v. FABRONI, *op. cit.*, II, 63, 272. Fu poeta, ma le sue rime italiane sono perdute; un'ode latina è stampata nella *Collect. poetar. italor.*, Florentiae, 1714, vol. III.

[2] I Bagni d'Acqui o a Acqua o ad Aqua, oggi più comunemente detti di Casciana. La tradizione, che vorrebbe rinfiancarsi dell'autorità di Ciriaco d'Ancona, come si vede da una iscrizione, indubitabilmente posteriore ai tempi di lui, che trovasi nel locale delle terme, attribuisce l'origine di questi bagni alla contessa Matilde, per un falco o merlo, privo di penne, che le rifece immergendosi in quelle acque, e cosi ne additò la virtù. Ma la contessa non possedeva queste terme, nè ebbe altre possessioni in luoghi vicini: li possedè invece ai tempi della Contessa, il conte Ugo di Guglielmo Bulgaro, che li donò ai frati della Badia di Morrona. E forse queste acque erano conosciute

miracoli assaissimi), alle pietre ancora, e colica: ma consiglia, primamente che s'usi, il bere di quelli *della Villa*. Si risolse, che di cavar sangue in fuori, medicina non è nulla a petto a i bagni, a chi bene servire e valere se ne sa. Disse di più, ch'in quel loco de i bagni *Bagno acqua* sono boni alloggiamenti, che si sta là comodamente e ad agio.

Il 26 resi la mattina le orine torbide e nere, più che non avessi ancora viste, con una pietrella: e non si fermò per questo il dolore ch'io aveva già patito circa venti ore sotto l'ombilico e nel membro, agevole tuttavia a comportare senza alterazione alcuna de i reni e del fianco. Da un pezzo in là, resi un'altra pietrella, e mi calò il dolore.

Il Giovedì 27 Luglio partimmo a buona ora di Pisa, molto satisfatto io delle cortesie & amorevolezze ch'io ci aveva ricevuto del Sig. Vintavinti [1], di Lorenzo Conti, del S. Miniato (abita in casa il Sig. Cavaliere Camillo Gatani: m'offrì il suo fratello per venire meco in Francia), del Borro, & altri ar-

molto più innanzi. La prima menzione però se ne trova in un documento del 1109, dove si parla di *acquis et aqueductibus*, e in altro del 1148 dove si menziona tal località col nome generico di Aqui od Acqui. Vedi sulla storia e sulla natura di queste acque MINATI, *Dei Bagni di Casciana*, Firenze, Barbèra, 1877.

[1] Molto probabilmente qui si vuol parlare di Guido Guidi, detto anche Vido Vidi, figlio al medico omonimo ricordato dal Cellini, che fu professore a Pisa nel 1548, e morì nel 69. Il figliuolo, dello stesso nome è detto perciò juniore, insegnò in Pisa medicina dal 75 all'83, e finì regio archiatro a Parigi. Fu letterato, e tradusse tragedie dal Greco e ne compose in italiano. Morì nel 1621: v. FABRONI, *op. cit.*, II, 270. Del resto, diamo questa per una congettura, e fors'anco potrebbe trattarsi di un Vintavinti o Vinta Vinti. È noto che ci fu una famiglia Vinta, della quale è specialmente ricordato Belisario segretario di Francesco I e di Ferdinando.

tigiani e mercanti, con cui avea preso pratica. E tengo per certo, che non mi ci fusse mancato fin a i denari, se n'avessi avuto bisogno, con questo che si tenga per città scortesissima, e gli uomini altieri [1]. Ma in ogni modo, chi è cortese ne fa altri.

Ella è fra le altre cose abbondantissima di piccioni [2] e nocciuole e funghi [3].

Passammo un pezzo la pianura, & al piè d'un monticello riscontrammo li Bagni che domandano di Pisa. Ce ne sono parecchi: & una scritta in mar-

---

[1] Non molto diversamente l'ambasciatore veneto T. Contarini: " Sono i Pisani protervi, nè ancora possono tollerare d'esser servi dei fiorentini, con i quali hanno cosi gagliardamente combattuto, per cui piuttosto si contentano di trasmigrare in altri paesi, che vivere in patria con tanta afflizione. Quei che sono in Pisa mostrano mal animo contro i fiorentini e contro il Principe, e ogni volta che viene occasione d'alloggiare forestieri di ordine pubblico si rendono difficili a farlo. La giustizia troppo rigorosa tiene lontani gli uomini, che non vi vengano ad abitare. Il poco rispetto che si ha agli scolari impedisce che lo Studio sia copioso. La povertà del popolo non lascia che vi si possano far molti negozi di mercanzia ecc. (*Relaz. Ven.*, x, 279)„. Meno male, che nel secolo passato il Goldoni trovava le cose assai cangiate, tanto che nelle sue *Memorie*, part. i, cap. 49, dice i Pisani " officiosissimi verso i forestieri „.

[2] Il testo: *piggioni*. E il Bartoli annota: *perchè spopolata*, ma non si può dire che una città spopolata abbondi di pigioni. Direi piuttosto, anche perchè menziona altre cose da mangiare, cioè nocciuole e funghi, che volesse scrivere, o intendere, *piccioni*.

[3] Pur troppo, allora non d'altro. Il vino le veniva da Candia e dalla Corsica: le valli di Buti e Calci, oggi feracissime d'ottimo olio, ne erano allora scarsissime, e parve un gran raccolto quando nel 1557 diedero seimila barili — la media odierna è di 40 mila — ; ma due anni dopo l'Arte della Lana di Firenze doveva provvedersi di olio in Provenza e Puglia (v. Galluzzi, ii, 10). A tal misero stato era venuta per le guerre e le devastazioni e per la susseguente mal aria, la campagna pisana!

mo, ch'io non potti¹ leggere affatto. Sono versi latini in rima, li quali fanno fede della virtù di queste acque: & è fatta la scritta il mille trecento, a quel ch'io indovinai².

Il bagno più grande degli altri & onorevole, è quadro, l'un lato fuori ben bene acconcio: scalini di marmo. Di grandezza di 30 passi ogni lato. A un cantone si vede la polla della fonte³. Io ne bebbi per giudicarla. Mi parse senza sapore e senza odore nissuno. Solamente sentiva un poco d'asprezza su la lingua. Caldezza molto mediocre. Agevolissima a bere.

M'avvidi in questa polla, che nell'acqua si ritrovavano quelli corpicelli, o atomi bianchi, i quali io biasimava ai bagni di Bada,⁴ e giudicava essere bruttura e sporcizia che venisse di fuora. Adesso penso più presto, che sia qualche qualità delle miniere. Tanto più che più spessi si vedono alla polla, e dove nasce l'acqua e dee per ragione esser più pura e netta: come ne feci sperienza più chiara a Bada. Loco ermo: cattivo alloggiamento. Sono queste acque quasi abbandonate⁵: e chi se ne serve, ci va la mattina di Pisa a quattro miglia, & torna a casa.⁶

¹ * *Potei*.
² L'iscrizione che il M. non potè leggere è certamente quella fatta porre dal C. Federico di Montefeltro nel 1312, e non è in rima; vedila riferita in Nistri, *S. Giuliano, le sue acque termali e i suoi dintorni*, Pisa, Nistri, 1875, p. 248.
³ Deve trattarsi del Bagno detto *della Regina*, che ha le polle entro la vasca.
⁴ Vedi pag. 40.
⁵ Invece, nel secolo scorso, il cit. medico Bianconi poteva scrivere: " Io conosco varj bagni, sì di Germania, che d'Italia e di Francia, ma non ne conosco veruno che abbia l'aria più allegra di questo „ e notava che vi concorrevano molti forestieri, e in special modo le dame genovesi.
⁶ Ci si andava fino a pochi lustri addietro in gondola

Quel grande bagno è scoperto: e non c'è che quello che porti nissun[1] segno d'antichità. Lo domandano bagno di Nerone.[2] Si dice per voce publica, che quell'Imperatore per mezzo d'acquidotti tirava questa acqua al suo palazzo a Pisa.[3]

Ce n'è un altro coperto, d'opera comune, del quale si serve il vulgo: acqua chiara e purissima. Dicono che giova al fegato, & alle rogne che produce il suo calore. S'usa là la medesima quantità di bere ch'agli altri bagni, e di camminare avendo bevuto, & andar dietro alla natura: voglia, o sudare o per altre parti adoperarla. Salito ch'ebbi quel monte, ci apparse una bellissima vista a considerare questa gran pianura, mare, isole, Livorno, Pisa. Calato ch'ebbilo, entrassimo nel piano di quà, nel quale è posta

LUCCA, 10 miglia. Quella mattina buttai un'altra pietra molto più grande, la quale si vedeva a chiaro essere stata spiccata d'un corpo più grande; lo sa Iddio. Sia come vuole lui. Eramo all'osteria come a Pisa, a 4 giuli per patrone, e 3 per servitore, un giorno.

Il 28, essendo io quasi sforzato per le cortesis-

---

pel fosso macinante, e il bacino in via Santa Marta dove doveva esser l'imbarco, porta ancora il nome *alle gondole*. Il BIANCONI dice: " V'è un bel canale per cui si va in barca dalla città al bagno e si ritorna; occasione di molti deliziosi diporti „.

[1] Forse per *qualche*.

[2] Forse, dice il NISTRI, *op. cit.*, p. 267, l'a: " confonde qui le acque del Bagno di Pisa colle acque prossime di Caldaccoli, le quali è a credersi che andassero alle terme, che ai tempi romani esistevano in Pisa dove sono adesso la Primaziale ed il Campo Santo, e che erano più comunemente conosciute sotto il nome di *Terme Adriane* „.

[3] Sull'antico acquidotto di Caldaccoli, vedi MORRONA, *op. cit.*, III, 474.

sime offerte del Sig. Ludovico Pinitesi, presi in casa sua un appartamento terreno molto fresco, & assettato nobilmente, con cinque stanze, una sala e cucina: e fui servito d'ogni sorte di mobili molto onoratamente e delicatamente, secondo l'uso italiano, il quale in assai cose va non solamente a paragone, ma vince l'uso francese. Sono alla verità un grandissimo ornamento alli edifici d'Italia le volte alte, belle e larghe. Rendono piacevoli & onorate le entrate delle case, perchè tutto il basso è edificato di così fatta struttura, con le porte larghe & alte. Nella state i gentiluomini lucchesi mangiano al publico sotto questi aditi, alla vista di chiunque passa per strada.

A dire il vero, per tutto dove io mi son fermato in Italia, fuora Firenze (perchè là non mi partii dell'osteria, con que' disagi[1] che si trovano in tal case, massime quando fa caldo) e Venezia (dove fummo in una casa troppo publica e sconcia, avendo a starci poco tempo), ho sempre avuto alloggiamenti non buoni solamente, ma eziandio dilettevoli. La mia stanza, appartata: non mi mancava nulla: senza impaccio o disturbo veruno. Perchè le cortesie sono sazievoli e noiose tal volta, pochissime fiate veniva a essere visitato da i paesani. Dormiva, e studiava a mia posta: e quando voleva uscire aveva per tutto conversazione di donne o d'uomini, co i quali poteva star a diporto qualche ora del giorno: e poi botteghe, chiese, piazze. E mutando sempre paese, non mi mancava materia di che pascere la mia curiosità. Fra questo godeva un animo quieto, secondo che comportano le mie infermità e la vecchiaia: offerendosi pochissime occasioni per turbarlo di fuora.

[1] * *Benchè ci fossero que' disagi.*

Sentiva un solo difetto di compagnia che mi fusse grata, essendo sforzato di gustare questi beni solo e senza comunicazione.

Giocano li lucchesi molto bene al pallone, e sovente se ne vede belle partite.[1] Non è lor costume che gli uomini vadino per la strada a cavallo, o poco: e manco in cocchio. Le donne sì, su le mule: e vanno con un servitore a piedi. Con grande difficultà si trovano case a pigionare per li forestieri, ce ne capitando pochissimi,[2] & essendo da sè quella città popolatissima. D'una casa comune con 4 stanze mobolate, & una sala e cucina, me ne venne addomandato 70 scudi il mese d'affitto. Non si può goder la compagnia de i lucchesi[3] per essere tutti, fino a i fanciulli, occupati continuamente a faccende loro, & a far roba per il mezzo della mercanzia. Per questo è fastidiosa e dispiacevole a i forestieri alquanto.

Al 10 d'Agosto uscimmo fuora de la terra a diportarci con altri gentiluomini lucchesi, de i quali avea a prestanza avuti cavalli. Mi vennero vedute delle ville assai piacevoli intorno della città, a tre o quattro miglia, con portici e loggie che loro danno grand'ornamento[4]. Fra l'altre una loggia grande voltata tutta per lo dentro, coperta con rami e brac-

---

[1] Il giuoco del Pallone è antico e molto gradito in Italia, specialmente in Toscana e Romagna, come ognuno sa, e venne celebrato dal Chiabrera e dal Leopardi.

[2] "Per Lucca non è gran passaggio, poichè i forastieri che vi capitano, vi sono tirati dalla curiosità di vedere una repubblica, che nel mezzo di tante guerre seguite ai giorni nostri, ha saputo con maravigliosa prudenza, mantenersi sempre in pace e in buona intelligenza con ognuno „: GUALDO PRIORATO, op. cit., p. 207.

[3] Il M. scrisse qui, ma certo per distrazione, *pisani*.

[4] Celebri sono per amenità le ville lucchesi, che furono descritte in libro apposito dal CERATI.

cia delle viti all'intorno, piantate & appoggiate sur qualche puntelli: frascata viva e naturale.

Il dolor di testa alle volte mi tralasciava per cinque, sei, e più giorni: ma non me ne poteva riavere affatto.

Mi venne un capriccio d'imparare con studi & arte, la lingua fiorentina. Ci metteva assai tempo e sollecitudine: ma me ne veniva fatto pochissimo utile.

Si sentì in quella stagione una caldura, vie più maggiore che non si sentiva comunemente.

Al 12 andai altresì a visitar fuori di Lucca la villa del Sig. Benedetto Buonvisi, piacevole mezzanamente.[1] Fra l'altre cose ci viddi la forma di certi boschettucci, che fanno in lochi erti. Nel spazio di 50 passi circa, piantano albori diversi, di quelli che tutto l'anno stanno verdi. Questo loco circondano di fossi piccoli, e ci fanno dentro certi vialuzzi coperti. Al mezzo, un loco per il uccellaio[2]: il quale con un fischio d'argento, e numero[3] di tordi presi a posta e attaccati, avendo disposto d'ogni canto parecchi panie vescate,[4] a certa stagione dell'anno, come di dire verso il Novembre, farà una mattina presa di 200 tordi: e questo non si fa ch'a certa contrada a certo lato della città.

Al 13 la Domenica io partii di Lucca, avendo ordinato che si offrisse al detto M. Ludovico Pinitesi per rispetto della casa sua scudi 15. Il qual

---

[1] Delle tante ville Buonvisi la più vicina alla città era quella di Monsanquilico, poi degli Spada, ora trasandatissima e priva di giardini e d'altri arredi che l'abbellivano in antico.

[2] * *L'uccellatore.*

[3] Il testo: *nume;* ma in nota è avvertito che deve dir: *numero.*

[4] Invescate.

conto tornava a un scudo ogni giorno. Di che restò satisfattissimo.

Fummo quel giorno a visitare moltissime ville delli gentiluomini lucchesi, pulite, gentili e belle. Hanno acqua assaissima, ma posticcia, cioè non viva, non naturale, o continua.

È maraviglia di veder tanta rarità di fontane in un loco così montuoso. Tirano certe acque di rivi, e per bellezza le acconciano in modo di fonti, con vasi, grotte & altri lavori di tal servizio.

Venimmo a cena quella sera in una villa del detto M. Ludovico,[1] avendo sempre in compagnia nostra M. Orazio suo figliuolo. Il quale ci ricevette molto comodamente in questa villa, e ci diede una buonissima cena, di notte, sotto un gran portico molto fresco, aperto d'ogni banda: e poi ci messe a dormire in bone stanze appartate, con panni di lino, bianchissimi e netti, come li avevamo goduti a Lucca nella casa del patre.

Lunedì a buon'ora partimmo di là. E nella strada, senza scavalcare, essendo un pezzo fermati a visitare la villa del Vescovo,[2] il quale ci era (e fummo molto accarezzati dagli uomini suoi, & invitati a restar là a desinare), venimmo a desinare a'

BAGNI DELLA VILLA, 15 miglia. Furono grandi le accoglienze e carezze, le quali io ebbi di tutta questa gente. Da vero si pareva ch'io fussi ritornato in casa mia. Mi remissi[3] in quella medesima stanza ch'io aveva da prima, al prezzo di 20 scudi al mese, e quelle stesse condizioni.

---

[1] Probabilmente la villa che allora i Pinitesi possedevano a S. Colombano.

[2] La Villa del Vescovo a Marlia, venne inclusa nel parco della Villa Orsetti, quando diventò dei Principi di Lucca.

[3] * *Rimisi*. — E l'ediz. del 1775: *remessi*.

Martedì 15 d'Agosto a buona ora andai al bagno, e ci stetti poco manco d'una ora. Lo ritrovai più presto freddo, che altramente. Non mi mosse punto a sudare. Giunsi a questi bagni non sano solamente, ma si può dire allegramente d'ogni parte. Dopo avermi bagnato, resi le orine torbide; e la sera, avendo camminato un buon pezzo per strade alpestre e non speditevoli,[1] le resi affatto sanguinose: e sentii al letto non so che alterazione ai reni.

Al 16 seguitai il bagnare, e fui al bagno delle donne dove non era ancora stato, per stare appartatamente e solo. Lo riscontrai troppo caldo; o che lo fosse da vero, o veramente che li pori essendo aperti per la bagnatura del giorno innanzi, m'avessino agevolito a scaldarmi. Tanto è, che ci stetti una ora il più, e sudai mezzanamente. Le orine le faceva naturali. Di sabbio,[2] nulla. Dopo pranzo mi vennero ancora le orine torbide e rosse: & al tramontar del sole sanguinose.

Al 17 m'abbattei in quell'istesso bagno più temperato. Sudai pochissimo. Le orine torbidette, con un poco di sabbio. Il colore, di certa pallidezza gialla.

Al 18 stetti al suddetto bagno due ore. Sentii non so che gravezza di reni. Aveva il corpo lubrico ragionevolmente. Sin dal primo giorno mi sentii pregno di ventosità, e gorgogliare le budella. Questo effetto lo credo facilmente proprio a queste acque, perchè all'altra bagnatura m'avviddi molto al chiaro che mi recaron le ventosità a questo modo.

Al 19 andai al bagno un po' più tardi, per dar loco a una donna lucchese che si volse bagnare,

---

[1] Non spedite; non agevoli.
[2] Alla francese, dando alla parola il genere mascolino: *sable*.

e si bagnò innanzi: essendo osservata e ragionevole questa regola, che le donne godano il bagno loro a sua posta. Ci stetti due ore altresì.

Mi ci venne un poco di gravezza di testa, la quale parecchi giorni s'era mantenuta in bonissimo stato. Le orine sempre torbide, ma in diverse guise, e portavano via delle arenella assai. Scorgeva altresì non so che movimenti ai reni. E s'io dirittamente sento, questi bagni possono molto intorno a questo particolare: e non solamente dilatano & aprono i passi & i condotti, anzi di più spingono la materia, la dissipano e dileguano. Buttava arenella, le quali parevano proprio pietre allora spezzate e disfatte.

La notte sentii al lato manco un principio di colica assai violento e pungente, il quale mi straccinò[1] un buon pezzo, e tuttavia non ebbe il progresso ordinario: non pervenne al ventre, al pettignone: e finì in modo, che mi lasciò credere che fusse ventosità.

Al 20 fui due ore al bagno. Mi diedero tutto quel giorno gran noia e disagio grande le ventosità al basso del ventre. Buttava di continuo le orine molto torbide, rosse e spesse, con qualche poco d'arenella. Sentiva la testa. Andava del corpo, più presto oltra il solito che altramente.

Non si osservano qui le feste con quella religione che le osserviamo noi, massimamente la Domenica. Fanno le donne la più parte de i loro lavori dopo pranzo.

Al 21 seguitai la mia bagnatura. Dapoi essermi bagnato mi dolevano i reni assai. Orinava molto torbido. Buttava arenella, ma poche. Il dolore ch'io

---

[1] * *Forse* stracciò, *per* tormentò, *o* maltrattò. *Più sotto vedremo* stracciandomi *nel medesimo significato.*

pativa allora ai reni, secondo giudicava, fu causato dalle ventosità, le quali si rimenavano d'ogni verso. Della torbolanza[1] delle orine indovinai la scesa di qualche pietra grossa. Indovinai troppo bene. Avendo fatta la mattina questa scritta, subito dopo pranzo venni a essere molto travagliato de' dolor colici. E per non starmi troppo neghittoso, mi si attaccò una giunta d'un dolore acutissimo ai denti della guancia manca, non ancora sentito. Non potendo comportare questo disagio, dopo due o tre ore mi metti[2] al letto, dove in poco tempo mi si levò questo dolore della guancia.

L'altro stracciandomi tuttavia, e sentendo ultimamente (per vederlo moversi di loco in loco, & occupare diverse parti della persona) che fussero più presto ventosità che pietra, fui sforzato a domandar d'un serviziale; il quale sul buio mi fu attaccato molto comodamente, d'oglio, camomillo & anisi, e non altro, dall'ordine[3] del speziale solo. Me ne servì il Capitan Paulino con tal arte, che sentendo le ventosità che spingevano all'incontro, si posava e tirava indietro; e poi pian piano seguitava, a tanto che senza fastidio veruno lo pigliai intero. Non fu bisogno, che lui mi ricordasse di servarlo quanto io potessi, perchè non mi diede nissuna voglia d'andar del corpo. Sino a tre ore mi stetti così, e poi da me stesso m'ingegnai di buttarlo. Essendo fuora del letto, presi un boccone di massepario[4] a gran pena, e quattro gocciole di vino. Ritornato al letto, e un poco addormentato, mi venne voglia d'andare

---

[1] * *Dalla torbidezza.*
[2] * *Misi.*
[3] * *Per ordine.*
[4] * *Marzapane.*

al destro: e fino al giorno ne andai quattro volte, avendo sempre qualche parte del detto cristiero che non era resa.

La mattina mi sentii alleggerito molto, avendo sgombrato ventosità infinite. Mi restai con stracchezza assai, ma di dolore nulla. Desinai un poco senza appetito, bevvi senza gusto, con ciò fusse ch'io mi sentissi assetato assai. Dappoi aver desinato, mi si attaccò ancora una volta questo travaglio della guancia manca, del quale patii assaissimo, per insino dell'ora del desinare a quella della cena. Tenendo per certo che queste ventosità mi fussino causate del bagno, lo lasciai stare. Passai la notte con buon sonno.

La mattina mi ritrovai al destare, lasso & affannato, la bocca asciutta, con asprezza e mal gusto, e il fiato come se avessi avuto la febbre. Non sentiva nulla che mi dolesse, ma continuava sempre mai questo orinare estraordinario e torbidissimo, recando seco tuttavia sabbia & arenella rossa non in molta quantità.

Al 24 la mattina buttai una pietra, la quale si fermò al canale. Mi stetti perfino di quella ora a quella del desinare, senza orinare, acciò me ne venisse gran voglia. Allora non senza disagio e sangue, & innanzi e dopo, la buttai, grande e lunga come una nocciola di pino, ma all'un capo grossa a pari d'una fava: avendo a dire il vero la forma d'un c....[1] affatto, affatto. Fu mia grande ventura di poterla spinger fuora. Non ne ho mai messo, che stesse a petto di questa in grandezza. Aveva troppo veracemente indovinato della qualità delle

---

[1] Vedi qui dietro pag. 442, nota 2.

mie orine questo successo. Verrò[1] quel che n'è da seguire.

Sarà troppo grande dappocaggine & ischifiltà la mia, se tutto di ritrovandomi in caso di morte a questo modo, e facendolami più presso ogni ora, non m'ingegni sì ch'io la possa di leggieri sopportare, quanto prima io ne sia sopraggiunto. Et in questo mezzo fia senno in pigliarsi allegramente il bene ch'a Dio piacerà di mandarci. Non c'è altra medicina, altra regola o scienza a schifare gli mali, chenti e quali d'ogni canto e ad ogni ora soprastanno l'uomo, che risolversi a umanamente sofferirgli, o animosamente e spacciatamente finirgli[2].

Al 25 d'Agosto riprese l'orina il suo colore, & io mi ritrovai della persona al stato da[3] prima. Senza che spesse volte, e dì e notte, pativa della gota manca: ma era un certo dolore che non si fermava punto. Mi ricorda avermi dato noia cotesto male altre volte in casa mia.

Al Sabato 26 fui al bagno una ora la mattina.

Al 27 dopo desinare fui crudelmente travagliato d'un dolore di denti cocentissimo, sì che ne mandai per il medico, il quale venuto, e considerato ogni cosa, e spezialmente che in sua presenzia mi passò il dolore, giudicò che non avesse corpo questa deflussione[4], se no molto sottile, e che fussero ventosità e flati, i quali del stomaco montassino a la testa, e mescolati con un poco d'umore mi dessino questo

---

[1] * *Vedrò.*

[2] Capperi! come toscaneggia nobilmente il nostro guascone! Della pazienza ai mali e del prepararsi stoicamente alla morte, parla replicatamente l'a. n. negli *Essais*, e segnatamente II, 6: del suicidio e sue ragioni, II, 3.

[3] * *Di.*

[4] * *Flussione.*

disagio. Il che mi parse molto assomigliante al vero, considerato ch'io avea patito di simili accidenti in altri lochi della persona.

Lunedì 28 d'Agosto a l'alba andai a bere alla fontana di Bernabò, e ne bevvi 7 libre, 4 oncie, a 12 oncie la libra. Mi fece andar del corpo una volta. Ne buttai poco manco di metà, innanzi pranzo. Evidentemente sentiva, che mi mandava vapori alla testa, e l'aggravava.

Martedì 29 bevvi della fontana ordinaria 9 bicchieri, i quali capivano una libra uno[1], una oncia manco. Di subitamente mi sentii la testa. È vero, a dirla come ella stà, che di se stessa stava male, e non s'era mai ben riavuta del mal stare, ove cascò alla prima bagnatura. Più di rado la sentiva, & un po' po' d'un altro modo, perchè non mi indebolivano o abbagliavano gli occhi, d'un mese avanti.[2] Pativa più indrio[3]; e mai alla testa, che non passasse di subito il male alla guancia manca, toccandola tutta: denti, fin a i bassi, l'orecchio, parte del naso. Il dolore breve, ma il più delle volte molto cocente, il quale spessissime fiate, il giorno e la notte, mi ripigliava. Tal era in quella stagione il star della mia testa.

Ben credo, che i fumi di questa acqua tanto per il beveraggio, quanto per la bagnatura (con ciò sia cosa che più per quello che per questa) siano nocivissimi alla testa, & affermatamente si può dire di più al stomaco. E per questo si usa da costoro comunemente delle medicine per provedere a questo caso.

Resi, mettendo in conto quel ch'io beveva a ta-

---

[1] * *L'uno.*
[2] Come un mese avanti.
[3] Indietro: alla veneziana.

vola (il che era molto poco, e manco d'una libra) in tutto il giorno sino all'altro domane, l'acqua, una libra manco. Dopo desinare sul tramontar del sole andai al bagno, e ci stetti 3 quarti di ora. Sudai un poco.

Al Mezzedima [1] 30 d'Agosto bevvi 9 bicchieri, 18 oncia. Ne resi la metà innanzi pranzo.

Il Giovedì tralasciai il bere, & andai la mattina a cavallo a veder Controne,[2] comune molto popoloso in queste montagne. Ci sono molte belle e fertili pianure, e pascoli al colmo d'esse montagne. Ha questo comune parecchi villette, allogiamenti di pietra comodi. I tetti loro coperti di pietra. Feci una gran girandola[3] intorno a questi monti innanzi tornar a casa.

Non mi piaceva quel smaltire dell'acqua presa ultimamente. Per questo feci pensiero di smettere il berne. E non mi piaceva, perchè non tornava e non scontrava il conto dell'orinare di quel dì col bere. Bisognava che mi fussino rimasti dentro più di tre bicchieri della acqua del bagno. Senza che, mi sopravvenne una stitichezza del corpo, avuto rignardo al mio ordinario.

Venerdì primo di Settembre 1581 mi bagnai una ora la mattina. Sudai alquanto al bagno, e ci buttai con l'orina dell'arenella rossa con assai quantità. Bevendo, non ne avea buttato nulla, o poca.

---

[1] * *Mercoledì*.

[2] La Pieve di Controne posta in alto del poggio stesso del Bagno alla Villa, paese antichissimo e con vasta chiesa, il cui disegno si trova nelle cit. *Notizie stor. del contado lucch.* del CARINA. Anticamente le due parocchie di S. Casciano e S. Gemignano di Controne rappresentavano col nome di *Vicinanze*, due consorzi del Comune. Adesso ha una popolazione di circa 700 anime.

[3] Un gran giro: una gran giravolta.

La testa stava sempre ad un modo, cioè cattivo. Cominciava a stentare in questi bagni. E se fussero venute nove di Francia, le quali aspettava, essendo suto 4 mesi senza riceverne, era per partire alla bella prima, e per andare più presto fornir la cura d'autunno a qual si voglia altri bagni.

Andando verso Roma mi venivano riscontrati poco discosto della maestra strada i bagni Bagnoacqua, quelli di Siena[1], e di Viterbo. Andando verso Venezia, quelli di Bologna, e poi quelli di Padoa.

Feci fare le mie arme in Pisa, dorate, e di bei colori e vivi, per uno scudo e mezzo di Francia; e poi al bagno impastarle (perchè erano in tela) su una tavola; e questa tavola la feci chiodare molto sollecitamente al muro della camera dove io stava, con quel patto, che si tenessino date alla camera, non al capitan Paulino padrone d'essa, e che in ogni modo non ne fussino spiccate, che che dovesse accadere della casa per di qui innanzi. E così mi fu promesso, e giurato da lui[2].

La Domenica al 3 di Settembre fui a bagnarmi, e ci stetti una ora, e un po' più. Ne sentii quantità di ventosità, ma senza dolore.

La notte, e la mattina del Lunedi 4, fui crudelmente travagliato di dolor di denti: e continuai a dubitare non fusse qualche dente guasto. Masticava mastice la mattina senza pro veruno. Della[3]

---

[1] Molte sono le sorgenti termali del Senese, e non sappiamo a quali precisamente l'a. qui voglia alludere. Può scegliersi fra quelle di S. Filippo, Montalceto, Asciano, Chianciano o S. Agnese, Cinciano, Rapolano, S. Casciano de' Bagni, S. Quirico d'Orcia o Vignone, dove effettivamente passò senza soggiornarvi il M. ritornando a Roma.

[2] Vedi su quest'uso di lasciar le armi nelle stanze ove si fosse stati a albergo, qui addietro, pag. 23, nota. 2 ecc.

[3] * Dalla.

alterazione che mi menava questo cocentissimo male, ne seguiva ancora la stitichezza del corpo: per la quale non ardiva ripigliare il beveraggio del bagno: & in questo modo faceva pochissima cura. In su l'ora di desinare, e tre o quattro ore dopo desinare, mi diede pace. Sulle venti mi si attaccò con tanta furia alla testa & ambedue le guancie, ch'io non mi poteva reggere in piedi. Per la acutezza del dolore mi veniva voglia di vomitare. Era quando tutto in sudore, quando raffreddato. Questo sentire che m'assalisse d'ogni lato, mi dava a credere, che non fosse il male causato del¹ vizio d'un dente. Perchè in questo ch'² il lato manco fusse assai più tormentato, nondimeno ambedune² le tempie e il mento, e fino alle spalle & alla gola, d'ogni verso sentiva alle volte grandissimo dolore: sì che trapassai la più crudele notte ch'io mi ricorda⁴ avere mai passata. Era veramente rabbia e furore.

Mandai la notte per un speziale, il quale mi diede dell'acqua vita a metter sur⁵ lato il quale più mi tormentava. Ne ricevetti un soccorso mirabile, perchè in quell'istesso instante ch'io l'ebbi messa nella bocca, mi s'apagò⁶ tutto il dolore. Ma di subito ch'io la aveva spruzzata, mi ripigliava come prima: in modo che continuamente aveva il bicchiere alla bocca. Non poteva conservarla nella bocca, perchè, per la stracchezza, di subito ch'il dolore mi lasciava, il sonno forte mi veniva; e venendomi il sonno, mi cascava qualche goccia di quest'acqua nella gola, e

¹ * *Dal.*
² * *Con tutto che.*
³ * *Ambedue.*
⁴ * *Ricordi.*
⁵ * *Sul.*
⁶ * *Acquetò.*

cosi bisognava ch'io la spruzzassi. In sul far del giorno mi passò il dolore.

Fui visitato il Martedì mattina al letto da tutti i gentiluomini i quali erano al bagno. Mi feci attaccare alla tempia del lato manco un empiastretto di mastice sul polso[1]. Quel giorno sentii poco dolore. La notte mi metterono[2] della stoppa calda sur la guancia e la parte stanca[3] della testa. Dormii senza dolore: ma il sonno torbido.

Mezzedima sentiva tuttavia dolore al dente & occhio manco. Con lo orinare buttava delle arenella, ma non in quella grande quantità che le buttava la prima volta ch'io ci fui. Ne buttava certi granelli sodi, come di miglio, e rossi.

Al Giovedì 7 Settembre la mattina fui un'ora al bagno grande.

Quella istessa mattina mi diedero nelle mani per la via di Roma lettere del signor du Tausin scritte a Bordea[4] al 2 d'Agosto, per le quali m'avvisa, ch'il giorno innanzi, d'un publico consentimento io era suto creato Governatore di quella città: e mi confortava d'accettare questo carico per l'amor di quella patria.[5]

---

[1] Come facesse a farsi applicare un impiastro alla tempia sul polso, par difficile a capire. La traduzione francese: *Je me fis appliquer à la tempe gauche sur le pouls même un petit emplâtre de mastic.* So pure non vuol dire, dove più pel dolore gli battevano o *pulsavano* le tempie.

[2] * *Misero.*

[3] * *Sinistra.*

[4] Bordeaux.

[5] Di quest'elezione giuntagli inopinatamente quand'era ai Bagni di Lucca, cosi parla l'a. negli *Essais*, III, 10: "Messieurs de Bordeaux m'esleurent Maire de leur ville, estant esloingné de France, et encores plus esloingné d'un tel pensement. Je m'en excusay: mais on m'apprint que j'avois tort, le commandement du roy s'y interposant aussi. C'est

La Domenica 10 Settembre mi bagnai la mattina un'ora al bagno delle donne: & essendo un po' caldo, ci sudai alquanto.

une charge qui doibt sembler d'autant plus belle, qu'elle n'a ny loyer ny gaing, aultre que l'honneur de son execution. Elle dure deux ans: mais elle peut estre continuee par seconde eslection, ce qui advient très rarement: elle le feut à moy; et ne l'avoit esté que deux fois auparavant, quelques annees y avoit, à monsieur de Lanssac, et freschement à monsieur de Biron, mareschal de France, en la place duquel je succeday; et laissay la mienne à monsieur de Matignon, aussi mareschal de France: glorieux de si noble assistance: *Uterque bonus pacis bellique minister* ecc.„ E parlando dei modi che tenne in cotesta magistratura, afferma che non si gonfiò di vana gloria, ma " le maire et Montaigne ont tousjours esté deux, d'une separation bien claire „. Tuttavia ricorda che alcuni lo rimproveravano di essersi in cotesta magistratura portato " en homme qui s'esmeut trop laschement, et d'une affection languissante; et ils ne sont pas du tout esloingnez d'apparence... Ils disent aussi cette mienne vacation s'estre passee sans marque et sans trace„. E conclude vantandosi di non aver avuto " cett'humeur inique et assez commune, de desirer que le trouble et la maladie des affaires de cette cité rehaulsast et honnorast mon gouvernement. Qui ne me vouldra sçavoir gré de l'ordre, de la doulce et muette tranquillité qui a accompaigné ma conduicte, au moins ne peut il me priver de la part qui m'en appartient par le tiltre de ma bonne fortune„.

L'ufficio era tanto più onorevole, in quanto dato per libera elezione, e perchè questa fu accompagnata e seguita dalla seguente lettera di re Enrico:

" Monsieur de Montaigne, pour que j'ay en estime grande vostre fidelité et zélée dévotion à mon service ce m'a esté plaisir d'entendre que vous ayez esté eslu maior de ma ville de Bourdeaulx, ayant eu très-agréable et confirmé ladicte eslection, et d'autant plus vollontiez qu'elle a esté faite sans brigue et en vostre lointaine absence: à l'occasion de quoy mon intention est, et vous ordonne et enjoinct bien expressément, que sans delay ny excuse reveniez au plus tost que la présente vous sera rendue, faire le deu et le service de la charge où vous avez esté si lé-

Dopo desinare andai solo a cavallo a vedere certi altri lochi vicini, & una villetta la quale si noma Gragnaiola,[1] e stà in la cima d'un monte de' più alti di quelle bande. Passando più là su queste cime mi paravano[2] le più belle e fertili e piacevoli piaggie abitate che si possino vedere.

Essendo a ragionare con i paesani, & avendo io addomandato a uno uomo molto attempato, se essi usavano i nostri bagni, mi rispose che lor accadeva quel ch'interviene a quelli che stanno vicino alla Madonna di Loreto, che rade volte ci vanno in pellegrinaggio: e che l'operazione delli bagni non si vede che in favore delli forestieri e lontani. Tuttavia che li rincresceva assai quello,[3] che dopo certi anni si accorgesse[4], li bagni essere più nocivi che giovevoli a chi li usava. Diceva, di questo essere la causa tale: che, con ciò sia cosa che a i tempi passati non ci fusse un solo speziale in queste bande, e non si vedesse nissun medico che di rado, ora

gitimement appelé. Et vous ferez chose qui me sera trèsagréable, et le contraire me déplairoit grandement, priant Dieu, monsieur de Montaigne, qu'il vous ayt en sa saincte garde. Escript de Paris le xxv jour de Novembre mil cinq cent quatre-vingt-ung. „

Del sig. de Tausin non si sa nulla, salvo che era di famiglia spesso insignita di cariche municipali, come del resto anche quella del n. a., il quale rammenta espressamente i meriti del padre verso la cittadinanza bordelesc. e ad essi fa risalire l'onore ricevuto.

Montaigne maire de Bordeaux è argomento a uno scritto del SAINTE-BEUVE, *Nouveaux Lundis*, VI, 289.

[1] O meglio *Granajolo*, parrocchia filiale della Pieve de' monti di Villa, dal titolo di S. Michele, sulla destra della Lima, e sopra i Bagni Caldi: paesello di circa 300 anime.

[2] * *Mi si paravano dinnanzi.*

[3] Questo, che cioè ecc.

[4] Che altri dopo qualche anno si accorgesse ecc.

si vedeva il contrario: avendo questi tali, riguardando all'utile loro, sparso questa usanza, che non valevano i bagni a chi non pigliasse, non solamente e dopo e prima, delle medicine, ma di più chi non le mescolasse con la operazione dell'acqua del bagno: la quale non facilmente consentivano che fusse presa pura. Di questo diceva seguire questo chiarissimo effetto, che più gente morisse, che non guarisse di questi bagni. E teneva per certo, ch'in poco tempo erano[1] per venire in cattivo concetto & in disdetto al mondo.

Lunedì 11 di Settembre, buttai la mattina buona quantità d'arenella, e la più parte in forma di miglio, soda, rossa di sopra, di dentro bigia.

Al 12 di Settembre 1581 partimmo de i bagni della Villa la mattina a bona ora, e venimmo desinare a

LUCCA 14 miglia. Cominciavano in quei giorni a cogliersi l'uve.[2] La festa di Santa Croce è delle principali della città:[3] e si dà intorno a quella otto giorni libertà a chi vuole, bandito per conto di debito civile, di tornare a casa sua sicuramente, per darli comodità d'attendere alla divozione.

Non ho trovato in Italia un solo buono barbiere a tosarmi la barba & il pelo.[4]

Al Mezzedima la sera fummo a udir le vespere[5] al Duomo, dove fu il concorso di tutta la città, e processioni. Si vedeva scoperta la reliquia del Volto

---

[1] Il testo: *era*.
[2] Il testo: *l'uva*.
[3] Le feste della S. Croce si celebrano in Lucca da antichissimo tempo, con funzioni ecclesiastiche e baldorie profane e fiera, e principalmente con sfoggio di musica sacra e teatrale.
[4] Questo poi, sarà un po' troppo!
[5] * *Il vespero*.

Santo, la quale è di grandissima venerazione fra essi, conciosia cosa ch'è antichissima, e nobile di parecchi miracoli. Per il servizio della quale s'è edificato il Domo: si che la picciola cappella[1] dove si tiene questa reliquia, stà ancora al mezzo di quella grande chiesa in loco sconcio, e contra ogni regola d'architettura. Quando furono fornite le vespere, si mosse tutta la pompa a un'altra chiesa, la quale ai tempi passati era il Duomo.

Giovedì udii la messa nel coro del detto Duomo, dove erano tutti gli ufficiali della Signoria. Si dilettano in Lucca molto di musica[2]: e comunemente cantano tutti. Si vede pure che hanno pochissime bone voci. Fu cantato a questa messa con ogni sforzo: e non ci fu pure gran cose. Avevano fatto a posta un grande altare molto alto, di legno e carta, ricoperto d'immagini, e grandi candellieri d'argento, e di più vasellamenti d'argento, posti in tal guisa: un bacile al mezzo, & intorno quattro piatti; e guarnito in questa maniera del piè sino al capo, che rendeva una forma ragguardevole e bella.

Ogni volta che dice la messa il Vescovo, come egli quel giorno la diceva, sul punto ch'egli dice *Gloria in excelsis*, s'attacca il fuoco a certo mazzo di stoppe; il quale s'appicca a una graticola di ferro pendente nel mezzo della chiesa per cotale servigio[3].

---

[1] Lavoro, anzi capo lavoro, di Matteo Civitali.
[2] Veggasi l'opera del NERICI, *Storia della Musica in Lucca*, Lucca, Giusti, 1880, in 4°.
[3] È uno dei previlegi antichissimi del Vescovo, ora Arcivescovo, di Lucca, l'abbruciamento di certa stoppa preparata sur una graticola di ferro, pendente dalla volta del Duomo, nell'atto che intona il *Gloria in excelsis*, quando celebra pontificalmente la messa. Secondo S. Pier Da-

Già era in quelle contrade la stagione molto raffreddata & umida.

Al Venerdì 15 di Settembre mi venne quasi un flusso d'orina, cioè ch'io orinava presso a due volte più che non aveva bevuto. Se m'era rimasta nel corpo qualche parte dell'acqua del bagno, credo che la buttassi.

Al Sabbato mattina resi una pietrella aspra senza difficultà niuna. L'aveva la notte sentita un po' sul pettignone, e capo della verga.

La Domenica 18 di Settembre si fece la ceremonia del mutamento del Gonfaloniere della città. Io fui a vederla al palazzo. Si lavora quasi senza rispetto della Domenica, e ci sono assai botteghe aperte.

Al Mezzedima 20 di Settembre dopo desinare partii di Lucca, avendo prima fatto acconciar due balle di roba per mandar in Francia.

Seguitassimo [1] una strada [2] speditevole [3] e piana.

---

miano (I, 17) ciò usavasi fin dal sec. XI in Bisanzio nell'assunzione della corona imperiale, a significar la vanità delle cose umane. L'uso passò anche alla Curia papale, e fu eseguito anche in Pisa nel 1409 nell'elezione di Alessandro V. Il BERTINI, *Dissertaz. di stor. ecclez. lucch.*, Lucca, 1818, p. 109, congettura che quest'usanza si introducesse in Lucca da Alessandro II, cui è diretta la lettera cit. di S. Pier Damiani, e che anche pontefice volle restar vescovo lucchese, e più volte tornò a Lucca e vi ufficiò.

[1] * *Seguitammo*.

[2] La strada che fece il M. sino a Roma, è l'antica via *francesca* o *francigena* o *romea* o *pontremolese*, che partendo appunto da Pontremoli, passava per Villafranca, Sarzana, Luni, il Frigido, Salto della Cervia, Lucca, Altopascio e Galleno: di qui, passando l'Arno sotto Fucecchio, entrava nella *Via traversa di Castel fiorentino*, passando per Certaldo, Poggibonsi, Staggia, Siena, Buonconvento, S. Quirico, Spedaletto di Briccole, Radicofani, Acquapendente, Bolsena, Montefiascone, Viterbo e Sutri, finchè entrava in Roma per *Porta Castello*.

[3] * *Spedita*.

La contrada sterile a modo delle lome [1] di Gascogna. Passammo, sopra un ponte fatto dal Duca Cosimo, un rio grande.[2] In quel luogo sóno mulini a far ferro, del Granduca, e bello alloggiamento. Ci sono ancora tre peschiere, o lochi appartati a modo di stagnetti rinchiusi, e lastricati di sotto di mattoni, ne i quali si conserva un numero infi-

---

[1] La traduzione francese: *landes*. Il Bartoli, tirando a indovinare, annota: *luoghi incolti*. L'amico prof. Dejob, al quale ho avuto ricorso per spiegare questo vocabolo, mi fa notare che in Guascone (v. CENAC-MONCAUT, *Dictionn. gasc. franç.*) si trova la parola *lano*, sost. femm., spiegata *lande, friche* (cfr. *llano*, spagn., piano, pianura). Il M. potrebbe ben aver adoperato qui, parlando della Guascogna, un vocabolo proprio al suo dialetto, e scritto *le lane*, mal letto dagli editori e convertito in *lome*, che non dà senso nè in italiano nè in francese.

[2] Certamente si tratta del Ponte a Cappiano sulla Gusciana. La Repubblica fiorentina ebbe nel 1384 la trista idea di fare un lago nel contado di Firenze, " per avere copia di pesce, come v'era abbondanza di pane, vino, olio, e carni per comodo della città e suo dominio„, e la scelta cadde sul padule di Fucecchio, facendo una pescaja presso cotesto Ponte a Cappiano. La qual cosa cagionò la sommersione della Val di Nievole, e la mal aria in cotesta contrada. Alfonsina de' Medici, annuendo alle istanze delle Comunità della disgraziata valle, distrusse coteste opere: ma Cosimo I ritornò le cose allo stato di prima, per aver pesci. Il ponte dunque non fu costruito da Cosimo, come asserisce il n. a., tratto probabilmente in inganno da due iscrizioni che il Duca vi fece porre, latina l'una, volgare l'altra, che suona così:

COSIMO DUCA DI FIRENZE
HA RIFATTO QUESTO LAGO DAI FONDAMENTI
PER BENEFIZIO PUBBLICO
E NON SIA CHI LO DISFACCIA PIÙ
CON ISPERANZA D'ACQUISTARE COMODO AL PAESE
SAPPIENDO OGNI VOLTA CHE SI È DISFATTO
ESSERSI PERDUTO DISOTTO L'USO DELLA TERRA
DISOPRA DELLA PESCAGIONE
SENZA ACQUISTO ALCUNO

nito d'anguille, le quali compariscono facilmente, essendoci poca acqua. Varcammo poi l'Arno a Fucecchio,[1] e capitammo al buio, alla

SCALA, 20 miglia. Di Scala[2] partii al spuntar del sole. Passai un cammino bello, e quasi pari.[3] Il paese montuoso di montagne piccole e fertilissime, come le montagne francesche.

Passammo per il mezzo di CASTEL-FIORENTINO, piccola terra chiusa di mura: e poi al piede e darente[4] a CERTALDO, patria del Boccaccio, castello bello sopra un colle. Venimmo a desinare a

POGGIBONZI, 18 miglia, una terra piccola. Di là a cena a

SIENA, 12 miglia. A me pare, che fusse più freddo il cielo in questa stagione in Italia, ch'in Francia.

La piazza di Siena è la più bella che si vedda[5] in nissuna altra città. Si dice in quella ogni giorno la messa in un altare al publico, al quale d'ogni intorno riguardano le case e botteghe, in modo che gli artefici e tutto questo popolo, senza abbandonare le faccende e partirsi del loco loro, la possono sentire.[6]

---

[1] Fucecchio, grossa terra presso all'Arno, verso il mille possesso e sede principale dei Conti Cadolingi, nel sec. XVI contava circa 2 m. abitanti, oggi arriva agli 8 m.

[2] La *Scala* o *Posta della Scala*, antica mansione postale sulla *via traversa Francesca*, sotto San Miniato.

[3] * *Piano.*

[4] * *Vicino.*

[5] * *Vegga.*

[6] Quest'uso si continuava anche ai tempi di GIR. GIGLI, il quale così ne parla nel suo *Diario Senese* (Lucca, 1723, part. II, p. 180), accennando alla Cappella della Piazza del Campo: "Ogni mattina dei giorni così festivi, come feriali, per privilegio particolare vi si celebra in pubblico la messa, tanto che tutti coloro che vengono a vendere e comprare in Piazza, siccome i bottegai, possono dalle

E quando si fa l'elevazione, si fa tocca¹ un trombetta acciò ch'ognuno avvertisca.

Al 23 di Settembre la Domenica dopo desinare partimmo di Siena. Et avendo seguito una strada speditevole,² comechè un poco inuguale (quel paese essendo montuoso di colline fertili e monti non alpestri) giunsimo a

S. CHIRICO³, 20 miglia, un castelluccio. Alloggiassimo⁴ fuora delle mura. Il cavallo della soma

botteghe loro ascoltarla. All'elevazione suonano le trombe di Palazzo, ed ogni sabato l'Eccelsa Signoria vi manda a far concerto di cornetti della propria Cappella ". Ignorasi quando quest'uso cominciasse. SIGISM. TIZIO nelle sue *Storie* ms. che arrivano al 1529 non ne parla, e soltanto ci fa sapere che in questa Cappella si celebrava nel mese di Settembre la festa della Natività della Vergine.

La messa quotidiana fu soppressa, per cause d'inconvenienti verificatisi, nel 1785 dall'arcivescovo Borghesi, ma fu ripristinata nel 98, in seguito ai terremoti che allora funestarono la città, dal card. Zondadari; nel 1829 a causa, dicesi, della poca devozione colla quale vi assistevano i piazzaiuoli, l'arciv. Mancini decretò che questa messa non si dovesse celebrare se non in date ore del mattino. Ora la cosa è andata in disuso, celebrandosi solo nella ricorrenza di alcune festività, a cura dei piazzaiuoli e con licenza dell'Arcivescovo.

La cappella marmorea della Piazza del Campo, ordinata dalla Repubblica per voto fatto nella peste del 1348, fu costruita dal 1352 al 1376 circa, a spese dell'Opera del Duomo. Il Sodoma vi dipinse nell'altare, negli anni 1537-39, l'immagine della Vergine e di alcuni Santi. Quest'opera pregevole è ancora in essere; ma guasta dalle intemperie e dai moderni restauri.

¹ * *Si tocca, cioè, si suona.*
² * *Spedita.*
³ S. Quirico d'Orcia. Noto nella storia pel luogo ove nel 1662 si fermò l'ambasciatore Duca di Créqui, dopo l'affare della guardia còrsa, e dove lo raggiunse per trattare il card. Rasponi.
⁴ * *Alloggiammo.*

essendo giaciuto in un fiumicello che passammo a guado, ruinò tutte le mie robe, e particolarmente i libri: e bisognò del tempo a asciugarle. Stavano sui colli di man stanca [1] vicini Montepulciano, Monticello [2], Castiglioncello.

Lunedì a buona ora andai a vedere un bagno discosto di due miglia, il quale bagno si domanda Vignone,[3] del nome d'un castelluccio che gli è darente. Il bagno è posto in un loco un po' alto, al piede del quale passa il fiume Urcia [4]. In questo loco ci sono una dodicina di casette, o in quel torno, poco comode, e disgustevoli, poste intorno. Non pare altro che una pidocchieria. Un gran stagno, intornato di mura e scaloni, dove si vedono bollire nel mezzo parecchi polle di questa acqua calda, la quale non avendo odore di zolfo, poco fumo, e la sua fece [5] rossa, pare essere più tosto ferruminea [6] che altramente. Non se ne beve. La lunghezza di questo stagno è di sessanta passi, la larghezza di trenta cinque [8]. Ci sono in certi lochi intorno d'esso stagno, lochi appartati, coperti, quattro o cin-

---

[1] * *Sinistra.*
[2] Montichiello, in val d'Orcia.
[3] Bagni di Vignone o a Vignone, in val d'Orcia, noti anche ai Romani, e frequentati da Lorenzo de' Medici.
[4] Orcia.
[5] * *Feccia.*
[6] Ferruginosa.
[7] " Le acque termali abbondantissime e cristalline, gorgogliando emergono in mezzo alla piazza del villaggio, di cui occupa il maggior posto la gran vasca, lunga 86 e larga 47 braccia, contornata da tre lati da abitazioni, mentre dal quarto lato volto a ostro, è attraversata da un ponte, sul quale innalzasi una cappella, passando sotto al medesimo le acque del gran bacino, per entrare nelle contigue terme, e poscia avviarsi di là nel fiume Orcia, che è 200 braccia più basso „: REPETTI.

que, dove è uso di bagnarsi. Questo bagno è assai nobile.

Non si beve di questa acqua, ma sì bene di quella di S. Cassiano, la quale ha più grido, vicino del detto S. Chirico 18 miglia verso Roma, a man stanca della strada maestra.

Considerando la pulitezza di questi vasellamenti di terra, che paiono di porcellana [1] sì sono bianchi e netti e tanto a buon mercato, che veramente mi paiono più gustevoli per lo mangiare, che il stagno di Francia, massimamente brutto come si trova alle osterie.

A questi giorni mi sentiva un po' della testa, del che avea pensato dovere essere a pieno liberato. E sì, come prima, mi veniva, intorno agli occhi & alla fronte & alle altre parti d'innanzi della testa, gravezze, debolezze, turbolenze: del che sentiva un grande travaglio d'animo. Martedì venimmo a desinare a

LA PAGLIA, 13 miglia; a dormire a

S. LORENZO, 16 miglia: cattivi alberghi. Le vindegne [2] si cominciavano a fare in quelle bande.

Mercoledì la mattina nacque una questione tra' nostri uomini con gli vetturini di Siena, i quali considerato ch'eramo stati in viaggio più dell'ordinario, toccando loro di far le spese a i cavalli, dicevano non voler pagare la spesa di quella sera. Fu a tanto la cosa, che bisognò parlarne al Governatore, il quale avendomi udito, me la diede vinta, e messe in prigione l'uno de i vetturini. Diceva io, che la cascata del cavallo nell'acqua, della [3]

---

[1] * *Qui manca qualche parola, come sarebbe a dire trovo che.*

[2] Così, anzi che *vendemmie*, traduce il n. a. il francese: *vendanges*.

[3] Per causa della quale.

quale aveva ruinata la più parte della mia roba, era stata causa del nostro indugiare.

Vicino alla strada maestra, discosto di qualche passi a man dritta, a sei miglia di Montefiascone, o in quel torno, c'è un Bagno nomato...[1] posto in una grandissima pianura. Et a tre miglia, o quattro, del monte più vicino fa un piccolo lago: all'un termine del quale si vede una grossa polla bullir gagliardamente, e buttar acqua da abbruciare. Puzza assai al[2] solfo, e fa una schiuma, e fece[3] bianca. Di questa polla, d'una banda nasce un condotto, il quale mena l'acqua a duo bagni che sono in una casa vicino. La qual casa è sola, con assai stanzette, ma cattive. Non credo, che ci sia gran calca. Se ne beve sette giorni dieci libre per volta; ma bisogna lasciare l'acqua un po' rinfrescare prima, per levarli quel calore, come si fa al bagno di Preissac[4]. Il bagno si prende altrettanto. Questa casa & il bagno, è del dominio di certa chiesa. S'affitta cinquanta scudi. Ma oltra questo utile delli ammalati che ci vanno alla primavera, colui il quale la tiene a pigione, vende certo fango che si tira

---

[1] Qui v'è uno spazio bianco per scrivere poi il nome del bagno, che l'a. aveva evidentemente dimenticato. Ma il nome dev'essere *Naviso*. La descrizione datane dall'a. consuona perfettamente con quanto ne scrive il P. Fel. Bussi nella sua *Storia di Viterbo*, e la topografia corrisponde a capello: il laghetto di acqua sulfurea denominato il *Bagnaccio*, è a pochissima distanza dalla strada consolare, che da Montefiascone conduce a Viterbo, cinque k. circa prima di giungere a quella città. Ancora oggi si estraggono da questo laghetto fanghi mirabili nella cura delle malattie cutanee, sì degli uomini come degli animali. Il bagno e il laghetto erano già della Chiesa di S. Angelo in Spata di Viterbo.

[2] * *Di*.

[3] * *Feccia*.

[4] Vedi qui addietro, pag. 141.

del detto lago: il qual fango serve a' cristiani, disfacendolo con oglio caldo, per le rogne; o vero alle pecore rognose e cani, disfacendolo con acqua. Questo fango, quando lo vende in terra a some, 2 giuli la soma: quando in palle secche, a sette quattrini per una. Ci riscontrammo assaissimi cani del Cardinal Farnese, li quali erano menati là per farli bagnare. Circa tre miglia di là giunsimo a

VITERBO, 16 miglia. Era tal ora, che bisognò fare tutto una[1] del pranzo e della cena. Era io allora molto roco e raffreddato; & avea dormito vestito su una tavola a S. Lorenzo, per rispetto de' cimici: quel che non m'era accaduto ch'a Firenze & in quel loco. A Viterbo mangiai certa sorte di ghiande, gensole nomate[2]. Se ne trova in assaissimi lochi d'Italia. Sono gustevoli. Ci sono ancora tanti stornelli, che per un baiocco ne avete uno.

Giovedì 28 di Settembre la mattina andai a vedere certi altri bagni vicini di quella terra, posti nel piano, assai discosto e lontano del monte. Prima

---

[1] Tutt' una cosa.
[2] Non si tratta veramente di ghiande, ma di giuggiole o zizzole, che nel viterbese e paesi contermini si chiamano *gensole*. Cibo ricercato dai ragazzi. L'albero del *Giuggiolo* o *Zizzolo* (*Ziziphus vulgaris*, Willd.) è detto in Piemonte *Alliè*; in Lombardia *Zinzerli*; nel Veneto *Spin rosso*, *Zinzolar*, *Zizzolaro*, *Zigoler*, *Sisular*, *Zizular*; nella Liguria, *Zizzoa*; nell'Emilia, *Zizla*, *Zinzarcu*; nel Romano *Giuggeto*; nelle Province meridionali del versante adriatico, *Ceroselle*, *Juggiolo*, *Sciosciole*; in quelle del versante mediterraneo, *Jujulu*, *Zinziro*, *Zinzolo*, *Zinzolara*, *Zinzilus*: in Sicilia, *Zinzula*, *'Nzinzularo*, *Zinzula*: in Sardegna, *Zinzulu*. Tolgo queste notizie dal vol. 60 degli *Annali del Minist. di Agricolt. e Comm.*, intitol.: *Nomi volgari adoperati in Italia a designare le principali piante di bosco* (Firenze, Barbèra, 1873), dove per le Marche ed Umbria sono notate le sole denominazioni di *Zugghero*, e le comuni di *Giuggiolo* e *Zizzolo*.

si vedono edifici in due diversi lochi, dove erano bagni non è molto tempo, i quali per trascuraggine sono persi.[1] Esala tuttavia il terreno un puzzore grande. C'è più là una casettuccia, nella quale sta una polla piccinina d'acqua calda, a dare un laghetto a bagnarci. Questa acqua non ha odore. Un gusto insipido. Calda mezzanamente. Giudicai che avesse molto del ferro. Di questa se ne beve. Più là è il Palazzo, che si dice del Papa, perchè si tiene, ch'il papa Nicolò lo fece, o rifece.[2] Al basso di quel palazzo, e nel terreno in sito molto basso, sono tre polle diverse d'acque calde: l'una delle quali è per servizio di beveraggio. Quella è d'un calore mezzano e temperato. Puzzore niuno, o odore. Nel sapore ha un poco di punta e d'acume. Credo, che tenga molto del nitro. Era ito con intento di berne tre giorni. Se ne beve come in altri lochi, quanto alla quantità. Si passeggia poi: e si loda il sudore.

Questa acqua ha grandissimo grido, e se ne porta

---

[1] Questi bagni abbandonati sono evidentemente i *Bagni di San Paolo* e gli *Almadiani*, come la casettuccia nella quale sta una piccola polla è senza dubbio il Bagno *della Madonna*, descritto dal Bussi quasi colle stesse parole del n. a.

[2] Il Palazzo del Papa è l'attuale stabilimento termale, costruito già da Niccolò V sopra antiche rovine del Bagno detto *della Crociata*, come narra un antico Cronista: " Nel tempo suo, fe' fare el Bagnio della Crociata, che ora si chiama del Papa, et cosi se mantiene el nome al detto Palazzo „. La fabbrica di Niccolò V è stata in diverse epoche restaurata, fino a che alla metà del presente secolo fu quasi di pianta rifatta nella forma attuale, includendo sempre nello stabilimento le tre sorgenti accennate dal n. a., che sono quella sulfurea della *Crociata*, la magnesiaca e la marziale.

via con some per tutta l'Italia:[1] & a questa dà il medico, il quale ha universalmente scritto de i bagni, il vantaggio sopra tutte l'acque d'Italia per il bere.[2] Particolarmente se le attribuisce grande virtù per le cose de i reni. Si beve più ordinariamente in Maggio. Mi diede cattivo augurio il leggere la scritta contra il muro, d'uno che bestemmiava i medici d'averlo mandato là, e che s'era molto impeggiorato. Di più, che il bagnaiolo diceva la stagione esser troppo tarda; e mi confortava freddamente a berne.

Non c'è ch'uno alloggiamento, ma grande & onestamente comodo, discosto di Viterbo d'un miglio e mezzo. Io ci andai a piedi. Ci sono tre o quattro bagni di diversi effetti: e di più, loco per le doccie. Fanno queste acque una schiuma bianchissima, la quale si fitta[3] facilmente, e sta soda come ghiaccio, facendo una crosta dura sopra l'acqua. Tutto il loco si vede imbianchito & incrostato a questo modo.[4] Metteteci un panno lino, in un subito lo vedete carico di questa schiuma, e sodo come

---

[1] Questa è l'acqua marziale, della quale dice FAZIO DEGLI UBERTI, *Dittam.* III, 10:

Un bagno v'ha che passa ogni consiglio
Contro 'l mal della pietra, però ch'esso
La rompe e trita come gran di miglio.

[2] Deve trattarsi del celebre ANDREA BACCI autore del rinomato libro *De Thermis* ecc., Venezia, Valgrisi, 1571. Egli realmente asserisce essere questi Bagni di Viterbo i primi del mondo. Su questi bagni, è da vedere anche GIULIO DURANTE, *Trattato di dodici bagni singolari della illustre città di Viterbo*, Perugia, Orlando, 1595.

[3] * *Si condensa.*

[4] Le acque molto cariche di carbonato di calce lasciano incrostazioni sulle sponde e nei canali in cui scorrono, non che sugli oggetti che vi si immergono.

se fusse assiderato. Di questa cosa si nettano utilmente li denti; e se ne manda via, e vende. Masticando questa fece, non si vede sapore che di terra o sabbio. Si dice, che questa è materia del marmo. Chi sa fusse per impetrarsi ancora nelli reni? Si dice tuttavia, che quella acqua che si porta in fiaschi non fa niuna fece, e si mantiene purissima e chiara. Credo, che se ne possa bere a piacere, e che riceva qualche gusto di quella punta per agevolire [1] il berne.

Di là al ritorno andai in questo medesimo piano, il quale ha una lunghezza grande, e larghezza di otto miglia, a vedere il loco dove gli abitatori di Viterbo (fra i quali non è nissuno gentiluomo, [2] e sono tutti lavoratori e mercatanti) radunano i lini e la canape: delle quali cose fanno grande arte. Gli uomini fanno questo lavoro. Non è da donne fra loro. Ce n'era quantità grande, e di lavoratori [3] intorno a un certo lago d'acqua, medesimamente calda e bollente d'ogni stagione. Il quale lago dicono non aver fondo: del quale si tirano poi altri

---

[1] * *Agevolare.*

[2] Quest'asserzione è un po' esagerata. Fin dal 1327, riformato l'antico Statuto, pel quale il Comune era retto da otto Priori del Popolo, ebbero la suprema magistratura i soli nobili in numero di quattro per trimestre, coadiuvati dal consiglio dei sedici e dei quaranta, nobili anch'essi. Sarebbe lungo e fuor di luogo l'annoverar qui tutte le nobili e storiche famiglie viterbesi: ma se ne potrebbe far lunga e non spregevole lista.

[3] " Delle acque del detto *Bulicame* si prevagliono le genti oggi solo per macerare lini e canape, il che per il suo calore intenso fa benissimo in ventiquattr'ore; e se ne fanno molte fosse per ciò, e a suo tempo si vedono in quel luogo cento uomini tutti nudi per quell'esercizio, che fa un vedere meraviglioso „: DURANTE, *Op. cit.*

laghetti tiepidi, dove si mette a bagnare la canape & il lino.[1]

Tornato a casa, fatto questa gita andando a piè, e tornando a cavallo, buttai una piccola pietra rossa e soda, grossa come un grosso grano di frumento: la scesa della quale avea il giorno innanzi sentita un po' in sul pettignone. Si fermò al passaggio.

---

[1] Questo lago è il Bulicame, ricordato anche da Dante: *Come del Bulicame esce il ruscello Che parton poi fra lor le peccatrici.* E infatti, a illustrazione di questo passo, è da sapere che nell'Arch. comunale esiste un istrumento del sec. XV col quale il Comune affitta il rione de' Bagni alle meretrici.

Il Bulicame è una grossa sorgente di acqua sulfurea, che mantiene costante l'alta temperatura di circa 70 gradi centigradi, e forma un laghetto da cui si partono diversi ruscelli, che alimentano una quantità di gore, nelle quali anch'oggi si macerano le canape e il lino. Intorno alle fantastiche qualità di quest'acque, è curioso sentire quanto ne scrive FAZIO, *loc. cit.*:

> Io no 'l credea, perchè l'avessi udito,
>   Senza prova, ch' el Bullicame fosse
>   Acceso d'un bollor tanto infinito:
> Che gettato un monton dentro, si cosse
>   In men che l' uom andasse un quarto miglio,
>   Ch'altro non ne vedea che proprio l'osse.

E AGOST. ALMADIANI, a proposito della sua profondità:

> E molti provat' han trovar il fondo
>   Con mille para di funi calando,
>   Buttando dentro legato un gran pondo.
> Molti prelati così misurando
>   Mai hanno potuto ritrovare
>   Il fondo di quest'acqua assai profondo.

Ciò per altro, senz'esser prelati, si è benissimo ritrovato alcuni anni fa, quando, dietro l'osservazione che il bacino dell'acqua con le continue incrostazioni si era soverchiamente ristretto, e minacciava chiudersi, furono praticati lavori ingenti di scavo, coi quali fu assicurato per un buon tratto di tempo il libero sgorgo della sorgente.

Per amor di agevolirle l'uscita, fa bene di serrare il passo all'orina, e stringere il c.... alquanto, acciocch'esca poi più gagliardamente. M'apparò questa ricetta il Signor di Langon [1] a Arsac.

Il Sabbato, festa di S. Michele, dopo desinare andai alla Madonna del Cerquio [2], discosta della città d'un miglio. Si va per una grande strada molto bella, pari e dritta, guarnita d'alberi d'un termine e dall'altro, fatta studiosamente dal Papa Farnese. La chiesa è bella, piena di gran religione e di voti infiniti. Porta la scritta latina, che fa cento anni, o in quel torno, essendo un uomo assalito da alcuni ladri e mezzo morto, ricorse a una quercia, nella quale era questa immagine della Madonna; alla quale fatto le sue preghiere, per miracolo fu invisibile a i ladri: e così scampò un pericolo evidentissimo. Di questo miracolo nacque la particolar divozione alla Madonna. Fu a torno della quercia edificata questa bellissima chiesa. Ora si vede il tronco della quercia tagliato da basso, e la parte dove è posta l'immagine attaccata al muro, & i rami intorno tagliati.

---

[1] Forse quel François de Langon, che combattè a Ceresole nel 1544 e fece testamento nel 1594.

[2] Madonna della Quercia, o in vernacolo locale, *della Cerqua*. Bellissima chiesa e convento, sorta, come narra la leggenda, per la divozione dei fedeli ad una miracolosa immagine della Vergine, dipinta su una tegola, che era attaccata ad una quercia. La chiesa, il campanile ed uno dei chiostri sono opera elegantissima di Bramante. I *voti*, cui accenna l'a. n., consistenti in figure grandi al naturale, mani, teste ecc., fra le quali curiosissima quella di uno in atto di essere colpito da una macchina di supplizio, molto simile alla ghigliottina, e rimastagli sospesa sul capo, rimasero nella chiesa, tutt'attorno ai cornicioni, fino al 1840.

Al Sabbato ultimo di Settembre, la mattina io mi partii di Viterbo, e presi la strada di Bagnaio,[1] loco del Cardinal Gambaro[2] molto ornato, e ben acconcio fra l'altre cose di fontane. Et in questa parte pare che non solamente pareggi, ma vinca e Pratolino e Tivoli. Prima ha l'acqua di fontana viva, che non ha Tivoli; e tanto abbondevole (che non ha Pratolino) ch'ella basta a infiniti disegni. Il medesimo Messer Tomaso da Siena,[3] il quale ha condotto l'opera di Tivoli, o la principale, è ancora conduttore di questa, la quale non è fornita: e così aggiungendo sempre nuove invenzioni alle vecchie, ha posto in questo suo ultimo lavoro assai più d'arte, di bellezza e leggiadria.

[1] Bagnaja, terra già del Comune, e da questo ceduta al Vescovo, come dotazione della mensa episcopale. Il card. Riario cominciò a farvi costruire una villa, che poi fu proseguita dal Card. Ridolfi, e ridotta a compimento nel 1566 dal card. Gambara, che fabbricò anche uno dei casini e il palazzo di Bagnaja. Il card. Montalto, nipote di Sisto V, invaghitosi della villa, la volle per sè, permutandola colla tenuta di S. Giuliano in quel di Toscanella, e costruì un secondo casino, arricchendo l'uno e l'altro di pitture insigni. Alla piramide ricordata dal n. a. sostituì un gruppo di quattro atleti in bronzo, che sostengono i monti dello stemma Peretti, sopraponendovi una stella, che spruzzando acqua da ogni raggio, produce un bellissimo effetto.
Nel sec. passato la Camera infeudò la Terra e Villa di Bagnaia, erigendola in ducato, alla famiglia Lante della Rovere, che tuttavia la possiede.

[2] Gian Francesco Gambara, bresciano, nipote del Cardinale Uberto Gambara, studiò leggi e poi entrò in prelatura. Fu fatto cardinale da Pio IV, e divenne confidente di Pio V, che nel 1566 lo destinò vescovo a Viterbo. Nel 1583 Gregorio XIII lo tramutò alla chiesa di Palestrina. Morì nel 1587 in Roma, ma fu tumulato in Viterbo nella chiesa di S. Maria della Quercia.

[3] Su questo Tommaso senese non mi è riuscito trovar notizie.

Tra mille altre membra di questo eccellente corpo si vede una piramide alta, la quale butta acqua in assaissimi modi diversi: questa monta, questa cala. A torno a questa piramide sono quattro laghetti belli, chiari, netti, gonfi d'acqua. Nel mezzo di ciascuno una navicella di pietra con due archibuggieri, i quali tirano acqua, e la balestrano contra la piramide: & un trombetto in ciascuna, che tira ancora lui acqua. E si va a torno questi laghi e piramide per bellissimi viali, con appoggi di bella pietra, lavorati molto artificiosamente. Ad altri piacquero più altre parti. Il Palazzo piccolo, ma pulito e piacevole. Certo, s'io me ne intendo, porta questo loco di gran lunga il pregio dell'uso e servizio delle acque. Lui non ci era. Ma essendo francesco[1] di core, come egli,[2] ci fu fatta da i suoi tutta la cortesia & amorevolezza che si può richiedere.

Di là seguendo la dritta strada incappassimo[3] a CAPRAROLA, palazzo del Cardinal Farnese: il quale è di grandissimo grido in Italia.[4] Non ne ho visto

---

[1] Francese.
[2] Sottintendi: è. O forse anche: *com'è di nome*.
[3] * *Incappammo*.
[4] Il card. Alessandro Farnese, figlio di Pier Luigi e nipote di p. Paolo III, invaghitosi delle naturali bellezze del luogo, fece innalzare dal Vignola il magnifico palazzo di Caprarola, che cominciato nel 1547 fu terminato nel 1559. Esso è una vera meraviglia dell'arte, non conosciuta però quanto meriterebbe. Concorsero ad abbellirlo coi loro lavori il Tempesta, che dipinse le scale, il portico del cortile e tutti i loggiati, e i fratelli Zuccari, che decorarono l'appartamento del cardinale. La camera da letto specialmente, ove Taddeo coi suggerimenti del Caro dipinse l'*Aurora*, è reputata il capolavoro dell'artista, ed è opera di molto valore. Vedi la Lettera del CARO allo Zuccaro in data 2 novembre 1562.

Su quest'insigne palazzo e sulle opere d'arte che lo

in Italia nissuno che li stia a petto. Ha un gran fosso d'attorno intagliato nel tufo. L'edificio di sopra alla foggia d'un terrazzo: non si vedono le tegole. La forma cincangola [1], ma la quale pare quadratissima agli occhi. Dentro pure è tonda perfettamente, con larghi corridori a torno, voltati tutti, e dipinti d'ogni parte. Le stanze quadre tutte. L'edificio molto grande. Sale bellissime. Fra le quali ce n'è una mirabile; nella quale alla volta di sopra (perchè l'edifizio è voltato per tutto), si vede il globo celeste con tutte le figure. A torno alle mura il globo terrestre, le regioni e la cosmografia, pinta ogni cosa molto riccamente sul muro istesso. In diversi altri luochi si vedono dipinte le più nobili azioni di Papa Paolo III e casa Farnese. Le persone ritratte sì al vivo, che, dove il nostro Contestabile o la Regina Madre o i suoi figliuoli Carlo, Enrico e duca d'Alanzone e regina di Navarra si vedono ritratti, subito sono riconosciuti di [2] chi li ha visti. Simigliantemente il re Francesco, Enrico II, Pietro Strozzi, & altri. In una medesima sala a i duo termini si vedono le effigie del re Enrico II d'una banda, & al loco più onorevole; sotto la quale lo dice la scritta: *Conservatore di Casa Farnese;* all'altra si vede il re Filippo, la cui scritta dice: *Per li molti beni da Lui ricevuti.* Ci sono anche fuora parecchi cose ragguardevoli e belle. Fra le altre una grotta la quale, spruzzando l'acqua in

---

adornano, vedi fra gli altri Aur. Ursi, *De Caprarola descript. ad Card. Farn.*, Parma, 1589; Leop. Sebastiani, *Descrizione del Palazzo di C.*, Roma, Ferri, 1741; G.G. Prenner, *Pianta, e illustri fatti farnesiani coloriti nel pal. di C. dai frat. Zuccari, disegnati e coll'acqua forte incisi in rame*, Roma, 1748 ecc.

[1] * *Di cinque angoli.*
[2] * *Da.*

un laghetto, con arte fa parere, & alla vista & al suono, la scesa della pioggia naturalissima. Il sito sterile & alpestro. E li bisogna tirare l'acqua delle sue fontane fino di Viterbo, a otto miglia discosto.

Di là seguitando una strada pari, & una grande pianura, ci abbattemmo a grandissimi prati, in mezzo de i quali in certi lochi e senza erba, si vede bollire delle polle d'acqua fredda pure, ma puzzolente al zolfo in modo[1], che di molto lontano se ne scorge l'odore. Venimmo a dormire a

MONTEROSSI, 23 miglia. Domenica primo d'Ottobre, a

ROMA, 23 miglia. Si sentiva in quella stagione un grandissimo freddo & un vento di tramontana agghiacciato. Lunedì, & alcuni giorni seguenti, io mi sentiva il stomaco indigesto. E per questa occasione feci alcuni pasti appartato, per mangiare manco: & ebbi lubrichezza del corpo; in modo che mi sentiva assai allegro della persona, fuori che della testa, la quale non si riaveva mai del tutto.

Il dì ch'io giunsi a Roma ricevetti le lettere delli Giurati di Bourdeaux, i quali mi scrivevano molto cortesemente della elezione ch'avevano fatta di me per Governatore della lor città: e mi pregavano molto d'andarli a trovare.

La Domenica alli 8 d'Ottobre 1581 andai a vedere ne i termi[2] di Diocleziano in sul Monte Cavallo un italiano il quale essendo suto[3] molto tempo schiavo de i turchi aveva imparato mille rare cose nel cavalcare; come, che correndo a tutta briglia si stava dritto in piè sulla sella, e gittava con ogni forza un dardo, e poi d'un tratto si calava

---

[1] La *Solfatara*, non lungi da Ronciglione.
[2] * *Nelle Terme.*
[3] * *Stato.*

nella sella. Correndo in furia, e tenendo d'una mano all'arcione, scendeva del cavallo, toccando del piè dritto a terra, il mancino tenendo nella staffa: e più volte scendeva e saliva sulla sella a questo modo. Faceva parecchi giri del corpo sulla sella correndo sempre. Tirava d'un arco turchesco dinanzi e di dietro con grande agevolezza. Appogiando la testa e la spalla sul collo del cavallo, e stando i piè in su dritto, dava carriera al cavallo. Avendo una mazza in mano, la gittava in aria, e ripigliava correndo. Essendo in piede sulla sella, una lancia in mano, dritto dava in un guanto e l'infilava, come si corre all'anello. A piedi girava una piqua [1] intorno al collo dinanzi e dietro, avendola prima spinta forte con la mano. [2]

Al 10 d'Ottobre, l'Ambasciatore di Francia mi mandò dopo desinare un staffiero per dirmi, che veniva a pigliarmi nel suo cocchio, s'io voleva; per menarmi a vedere gli moboli del Cardinale Ursino,[3] i quali si vendevano, perchè lui era morto questa

---

[1] * *Picca*.
[2] Negli *Essais*, I, 48, scrive: " J'ay veu homme donner carriere à deux pieds sur sa selle, demonter sa selle, et au retour la relever, reaccommoder et s'y rasseoir, fuyant toujours a bride avallee: ayant passé par dessus un bonnet, y tirer par derriere des bons coups de son arc: amasser ce qu'il vouloit, se jectant d'un pied à terre, tenant l'aultre en l'estrier: et aultres pareilles singeries, de quoy il vivoit „.
[3] Fulvio Orsini dei duchi di Monterotondo. Pio IV nel 1560 lo fece vescovo di Muro, nel 61 uditore della Camera, nel 62 vescovo di Spoleto, nel 65 cardinale. Gregorio XIII lo spedì legato *a latere* a Carlo IX di Francia, per impegnarlo a cacciar gli eretici e prender l'armi contro il turco. Tornato in Italia, si trattenne in Ferrara per trattar dei confini tra quel ducato e il territorio bolognese. Malfermo di salute, si recò a Napoli, e vi morì a cinquantun anni nel 1581.

state in Napoli: & avea lasciato erede delli suoi beni grandissimi una sua nipote bambina. Fra le altre cose rade ci era una coperta di taffettà fodrata[1] di piuma di cigno. Di queste pelli di cigni intere colla piuma se ne vede assai in Siena: e tutte acconcie, non me ne fu domandato altro che uno scudo e mezzo. Sono grandi come una pelle di castrato: e poche basterebbono a fare una coperta a questo modo. Vidi ancora un ovo di autrucilo[2] lavorato intorno, e tutto pinto di belle pitture. Di più una cassetta quadra a[3] metter gioie, nella quale ce n'era qualche quantità: ma essendo la cassa molto artatamente d'ogni banda acconcia di spere[4], come s'apriva la cassa, pareva che d'ogni lato, e di sopra e di basso, fosse molto più larga e cupa, e che ci fussino dieci volte più di gioie che non ci erano, una medesima cosa vedendosi più volte per il riverbero delle spere, delle quali spere malagevolmente si poteva scorgere.[5]

Il Giovedì 12 d'Ottobre il Cardinal di Sans mi menò in cocchio solo seco a veder S. Giovanni e Paolo, chiesa della quale lui è padrone: & è di quei frati che fanno acque e profumi, de i quali ho parlato di sopra[6]; posta sopra il Monte Celio. E pare che quella altura di sito sia come fatta ad arte, essendo tutta quanta di sotto voltata, con grandi corridori e sale sotterra. Si dice che fusse là il Foro Ostilio. I giardini e vigne di questi frati sono posti in una bellissima veduta, donde si scuopre la vecchia e

---

[1] Foderata.
[2] Da *autruche* francese: struzzo.
[3] * *Da.*
[4] Specchi, cristalli.
[5] Forse: *ci si poteva accorgere*.
[6] Vedi, pag. 124.

nuova Roma: loco per la sua altezza diripita¹ e cupa, appartato e inaccessibile quasi d'ogni parte. Quel medesimo dì diedi una cassetta di legno ben assettata a un conduttore a² mandarla a Milano: nella qual strada i mulattieri ordinariamente stanno 20 giorni. Pesava tutta la roba 150 libre, e si paga 4 baiocchi per libra, i quali tornano a 2 soldi franceschi. Ci erano dentro molte robe di pregio, massimamente una collana d'*Agnus Dei* bellissima, e la quale non aveva la sua pari in Roma, fatta a posta per l'imbasciatore dell'imperatrice, il quale la avea fatta benedire al³ Papa con un cavalliere.⁴

La Domenica 15 d'Ottobre la mattina io partii di Roma, e ci lasciai il mio fratello con 43 scudi d'oro, con i quali si risolveva di poter star là, & imparar la scherma per il tempo di cinque mesi. Avea, innanzi ch'io partissi, affittato una camerina polita per 20 giuli il mese. Mi fecero compagnia fino alla prima posta i signori d'Estissac, di Montu, Baron di Chase⁵, Morens & altri parecchi. E senza ch'io partii più per tempo, per levar l'occasione di dar questa noia a questi gentiluomini, ce n'erano assai d'altri in procinto per venire, i quali avevano già affittati i cavalli, come i signori di Bellai, d'Ambres,⁶ d'Alegra,⁷ & altri. Venni a dormire a

RONCIGLIONE, 30 miglia, avendo locato fino a

---

¹ * *Dirupata.*
² * *Per.*
³ * *Dal.*
⁴ Forse: *da un suo cavaliere.*
⁵ La traduzione porta invece: *de Montbaron, de Chase* ecc.
⁶ Forse un François barone d'Ambres, che è menzionato ai tempi del n. a.
⁷ Forse Christophe d'Alègre, signore di S. Just e d'Oiseri, che morì in Roma circa questi tempi.

Lucca i cavalli a 20 giuli per uno, facendo il vetturino le spese a i detti cavalli da per se.

Lunedì la mattina stupiva di sentire un freddo tanto acuto, che mai mi pareva aver sentito stagione tanto fredda, e di vedere in quelle bande le vendemmie e ricolta del vino non ancora fornita. Venni a desinare a

VITERBO, ove mi messi addosso le pelliccie, e tutti i miei ferramenti [1] dell'inverno; e di là a cenare a

S. LORENZO, 29 miglia. Di là venni a dormire a

S. CHIRICO, 32 miglia. Tutte queste strade sono state assettate uguanno [2] per ordine del duca di Toscana: la quale opera è molto bella, e profittevole al servigio publico. Dio glielo rimeriti, perchè le vie difficillime [3] sono per questo mezzo speditevoli e commode, come le vie d'una città. Era cosa stupenda di sentire il numero infinito di gente che andava a Roma. Si vedeva per questo conto, che i cavalli da vettura per andare a Roma erano fuora d'ogni pregio di carestia: e quei di ritorno di Roma si lasciavano per nonnulla. Presso di Siena, come in infiniti altri luoghi, si trova un ponte doppio, cioè ponte sopra il quale passa un'altra acqua con un canale. Giunsimo la sera a

SIENA, 20 miglia. Quella notte mi sentii circa due ore della colica: e mi parse sentire la scesa della pietra. Il Giovedì a buona ora mi venne a trovare Guglielmo Felice ebreo, medico, il quale mi diede [4] un gran discorso dell'ordine del mio vivere sopra il suggetto delle reni & arenella. In quel

---

[1] Vedi qui addietro, pag. 489.
[2] Alla contadinesca: *quest'anno.*
[3] * *Voce usata dal Bembo in vece di* difficilissime.
[4] * *Tenne.*

punto mi partii di Siena, e mi riprese la colica, la quale mi durò tre o quattro ore. Al capo delle quali m'accorsi chiaramente con un grandissimo dolore del pettignone, del c.... e del c..., che la pietra era cascata. Venni a cena a

PONTEAELCE, 28 miglia. Buttai là una pietra più grossa ch'un grano di miglio, con alcune arenella rosse, senza dolore o difficultà al passare. Ne partii Venerdì la mattina, e nella strada mi fermai a

ALTOPASCIO, 16 miglia. Stetti là una ora per far mangiare la biada alle bestie: dove senza gran fastidio buttai con assai sabbio una pietra lunga, parte soda, parte molle, della grandezza d'un grosso grano, e più. Riscontrammo nella strada parecchi contadini i quali coglievano la fronde delle vigne, la quale guardano per darne l'inverno a mangiare alle bestie: altri che coglievano la felce per farne lattume. Vemmo [1] a dormire a

LUCCA, 8 miglia. Fui là visitato da parecchi gentiluomini & artigiani. Il Sabbato 21 d'Ottobre alla mattina mi si spinse fuora un'altra pietra, la quale si fermò un pezzo nel canale, ma n'uscì pure senza dolore e difficultà. Questa era più tosto tonda che altramente, dura e massiccia, aspera pure e rozza, bianca dentro e rossa di sopra, assai più grande ch'un grano. In quel mentre buttai tuttavia arenella. Di qui si vede, che di se stessa la natura si scarica alcune delle volte; e si sente come un flusso di questa roba. Ringraziato sia Iddio ch'esce fuora senza dolore d'importanza, e non disturba le mie azioni.

Dopo aver mangiato un'uva [2] (perchè in questo

---

[1] * *Venimmo.*
[2] * *Un grappolo d'uva.*

viaggio mangiava pochissimo la mattina, o nonnulla), mi partii di Lucca senza aspettare certi gentiluomini, i quali si mettevano in ordine per venirmi ad accompagnare. Feci una bella strada, la più parte piana, avendo della ¹ man·dritta gli monticelli carichi d'infiniti oliveti, alla manca paduli, e d'arente il mare.

Riscontrai in un loco del stato di Lucca un instrumento, il quale è mezzo ruinato per la trascuraggine de i detti Signori: e fa questo difetto gran danno alle campagne d'intorno. Questo instrumento era fatto per il servizio d'asseccar le terre in questi paduli, e renderle fertili. S'era tirato un gran fosso, al capo del quale tre rote, le quali si movevano di continuo per il mezzo d'un rivo d'acqua viva, il quale veniva cascando della montagna in su queste ruote, le quali con certi vasi attaccati ad esse tiravano d'una banda l'acqua del detto fosso, e dell'altra banda la versavano dentro un altro fosso e canale più alto: il qual fosso, fatto a posta e guarnito di muro d'ogni banda, portava questa acqua nel mare. Si asseccava così tutto il paese d'intorno.²

¹ * *Dalla.*
² * " Nel 1577 Guglielmo Raet di Bolduc in Brabante si offrì di asciugare e ridurre a coltivazione i paduli lucchesi di Sesto e Marina, usando modi sconosciuti nei nostri paesi, proponendo di eseguire il lavoro mediante premio, d'accordo colla Repubblica e i proprietarj. L'offerta ristretta intanto ai paduli di Marina, venne accettata nel 77, e si andavano cominciando i lavori, quando giunsero lagnanze del granduca Francesco, specialmente perchè si fosse chiusa la Burlamacca, principalissimo emissario del lago di Massaciuccoli. Si proponeva invece dal Caccini, scultore ed architetto fiorentino, di bonificar quei luoghi colle torbe del Serchio, mediante un canale diversorio. Ma dopo molti studi si tornò alla proposta del Raet, e si rimise mano al lavoro, limitandosi però ai

Passai nel mezzo di

PIETRA SANTA [1], castello del Duca di Firenza, assai grande & popolato di case, vuoto tuttavia di persone, perciocchè, a quel che si dice, l'aria ci è tanto cattiva che non si può stare, e morono la più parte o stentano. [2] Venimmo a cena a

MASSA DI CARRARA, 22 miglia: terra la quale è al [3] Principe di Massa di casa Cibo.[4] Si vede

paduli fra la Burlamacca e il monte, chiudendoli con arginatura per impedire l'ingresso delle acque esterne, mentre tenevansi asciutti da quelle di filtrazione e pioggie con trombe mosse da ruote, cui davano movimento le acque dei colli di Bozzano e Quiesa. Ma il sistema del Fiammingo dopo alcuni anni fu abbandonato, qualunque ne fosse la causa „: BONGI, *Inventario del R. Archiv. di Lucca*, I, 340.

[1] Pietrasanta venne a viva forza tolta ai Lucchesi, che l'avevano fabbricata, da' Fiorentini il 7 novembre del 1484, e d'allora in poi fu sempre signoreggiata da loro.

[2] Il REPETTI (*Dizionario geografico storico della Toscana*, IV, 236) scrive: "L'aria di Pietrasanta 25 anni fa era da fuggirsi in estate, al pari di quella delle terme etrusche segnalate da Properzio. Le malattie della malaria, dalle quali furono afflitte le truppe fiorentine che assediarono Pietrasanta nel 1434, la spopolazione a cui questa terra trovossi ridotta sotto il governo de' Medici, e la fuga di costà dei possidenti e degl'impiegati nella calda stagione, fuga che durò fino alla nostra età, tutto ciò è bastato a dichiarare infame l'aria di Pietrasanta „. Dopo la restau- del 1814 il governo Granducale, d'accordo con quello lucchese, colla costruzione delle cateratte a bilico presso Motrone, sanò affatto l'aria di Pietrasanta.

[3] * *Del.*

[4] La famiglia Cybo di Genova divenne signora di Massa e di Carrara per il matrimonio contratto, per opera di Leone X, tra Lorenzo figlio di Francesco Cybo e Ricciarda figlia ed erede di Antonio Alberico Malaspina marchese di Massa. Venuta a morte Ricciarda nel giugno del 1553, le succedette il figlio Alberico I, nato a Genova il 23 febbraio 1532 e morto a Massa il 18 gennaio 1623. Con di-

un castello bello alla cima d'un monticello.¹ Sul mezzo del detto monticello intorno al detto castello e di sotto di esso, sono le strade e le case, intorniate di buone mura. E più basso, fuora le dette mura, stà un borgo grande al piano, intorniato d'altre mura nuove.² Il loco è bello, belle strade, belle case e pitturate.³ Era sforzato di bere vini nuovi; e non se ne beve altri in quelle bande: i quali con certi legni e ghiara⁴ d'uova, si fanno tanto chiari, che non ci manca nulla del colore de i vecchi, ma hanno non so che sapore non naturale.

La Domenica 22 di Ottobre seguitai prima una strada molto piana, avendo sempre il mare Tirreno su la man manca, vicino d'una archibugiata. Et in quella strada, fra noi & il mare, vimmo⁵ una ruina

ploma di Massimiliano II imperatore, de' 28 agosto 1568, il Marchesato di Massa fu eretto in Principato.

¹ L'antico Castello o Fortezza, ora ridotto ad uso di carceri, situato sopra un poggio isolato, che ha alle sue spalle il monte di Pariana, era la residenza de' Marchesi, e le case che fanno corona ad esso castello, formavano l'antico borgo di Massa, noto adesso col nome di *Massa vecchia*.

² Alberico I ridusse il piccolo e umile borgo di Bagnaia o Bagnara, che resta in pianura alle falde di *Massa vecchia*, in una bella e ridente città, che è l'attuale Massa, e che un tempo fu chiamata *Cybea* o *Nuova*. Il cronista ANNIBONI racconta che " a di 10 marzo 1557 ..... si dè principio a zappare et a fare i bastioni e fossi per murare il borgo di Bagniara „. Cfr. *Cronache di Massa di Lunigiana edite e illustrate da Giovanni Sforza*, Lucca, Tipografia Rocchi, 1882, pag. 86 e segg. e 283 e seg.

³ Alberico I volse le sue cure a ornare di pitture decorative le case della sua nuova città, che appunto per questo pigliò il nome, nel cinquecento, di *Massa dipinta*. Poche oggi ne restano di queste case pitturate, ma all'occhio dovevano recare una vista molto graziosa.

⁴ * *Chiara*.
⁵ * *Vedemmo*.

non molto grande, la quale gli paesani dicono essere stata una grande città; nomata LUNA.[1]

Vimmo[2] poi a Sarrezana,[3] terra della Signoria di Genoa: e si vede la loro insegna, la quale è un s. Giorgio a cavallo. Tiene là una guardia di soldati Svizzeri, essendo terra la quale è suta altre volte del duca di Firenze. E se non s'intermettesse il principe di Massa fra loro, non si dubita che Pietra Santa e Sarrezana, frontiere dell'un stato e dell'altro, non fussino di continuo alle mani.

Passato Sarrezana (dove fummo sforzati pagare 4 giuli per una posta per cavallo, e dove si faceva una grande allegrezza d'artiglieria per il passaggio di Don Gioan de' Medici, fratello naturale del duca di Firenze, il quale tornava di Genoa dell'[4] Impe-

---

[1] *Luni* o *Luna*, città antichissima, distrutta già ai tempi di Dante, che la ricorda (*Parad.* XVI, 73) come esempio che le *cittadi termine hanno*, al pari di tutte le cose umane, dopo esser stata floridissimo emporio, cominciò a decadere ai tempi dei Carolingi, e nel sec. XV fu totalmente abbandonata, specialmente a causa della cattiva aria. Quali ne fossero le reliquie ai tempi del nostro viaggiatore, può vedersi in una lettera di AGOSTINO BERNUCCI a Adamo Centurione scritta nel 1562, e che è inserita nelle *Miscellanee* del BALUZIO, Lucae, 1764, IV, 145. Una larga descrizione delle rovine di Luni è da vedere anche nel TARGIONI, *Viaggi*, X, 409, e sulla storia e antichità di Luni è di massima importanza la *Memoria* di C. PROMIS nel vol. I ser. 2. degli *Atti dell'Acc. delle Scienze di Torino*.

[2] * *Venimmo*.

[3] Sarzana nel 1467 passò in potere dei Fiorentini per vendita ad essi fatta dai Campofregoso; fu loro ripresa a tradimento da un Agostino di cotesta famiglia nel 1480, donde la guerra che durò dall'84 all'87 fra Genova e Firenze, la quale finì col recuperarla. Al tempo della calata di Carlo VIII venne in mano dei Genovesi, e fu sempre cagione di gelosie e inimicizie fra i due popoli: v. TARGIONI, XII, 113.

[4] * *Dall'*.

ratrice,[1] dove era ito da parte del detto fratello, come parecchi altri principi d'Italia erano ancora loro andati; e fra li altri si faceva gran grido della suntuosità del duca di Ferrara, il quale venne a riscontrarla a Padoa con 400 carrozze, avendo domandato licenzia alla Signoria di Vinezia d'andare nelle loro terre con seicento cavalli, alla qual richiesta essi aveano fatto risposta, che li concedevano di venire con certo numero alquanto minore: lui messe tutta sua gente in carrozze, e così li menò tutti, ma diminuì il numero de i cavalli. Questo principe Don Gianni [2] lo iscontrai nella via, giovane assai bello di persona, accompagnato di 20 uomini ben in arnese, ma su cavalli di vettura, il quale andare non disdice punto in Italia nè anco

---

[1] L'imperatrice vedova Maria, madre di Rodolfo II e sorella di Filippo II, che si recava in Spagna per chiudersi in un monastero, a imitazione del padre. Fu accompagnata dal figlio Massimiliano, e splendidamente ricevuta a Treviso, Padova, Brescia, Milano e Genova, dove s'imbarcò.

[2] Don Giovanni de' Medici nato a Cosimo I nel 1565 da Eleonora degli Albizi. Militò ai servigi di Filippo II e dell'imperatore in Fiandra e contro il Turco, e fu spesso inviato a Roma per complire i papi novelli. Passò poi ai servigi di Francia, e per ultimo a quelli di Venezia. Fu valente ingegner civile e militare, e sono disegno suo la cittadella di Livorno e la cappella medicea di S. Lorenzo. Morì a Murano nel Luglio 1621. Fecero gran scandalo i suoi amori con Lucia Vernazza, figlia di un materassaio genovese, che poi sposò avendone figli. Alla morte di lui, la Vernazza fu attirata in Toscana, e venne chiusa prima in fortezza, poi in un monastero, indi relegata a Montughi nella villa *delle Macine*, donatale da D. Giovanni, ove morì nel 1634. Il figlio, Francesco Maria, morì nel 1685. Vedi su D. Giovanni e sulla Livia e il loro figlio, Fr. Mazzei, *Le Macine a Montughi, villa storicamente illustrata*, Firenze, Le Monnier, 1885.

a' principi) passato Sarezzana, lasciammo a man stanca la strada di Genoa.

Per andare a Milano c'è poca differenza di passar per Genoa o per l'altra via, e torna a uno. Desiderava veder quella città, e l'Imperatrice che ci era. Mi disturbò, che per andarci sono due strade, l'una lunga di tre giornate di[1] Sarrezana, la quale ha 40 miglia di cattivissima & alpestrissima via di sassi e precipizi e male osterie: poco si bazzica quella via; l'altra è per Lerici, discosto tre miglia di Sarrezana, dove si mette per mare, e si passa in dodici ore in Genoa. Io non sopportando l'acqua per il difetto del stomaco, e non tanto sospettando il disagio di quella strada, quanto il stentare d'alloggiamenti per la gran calca ch'era in Genoa; e di più, che si diceva, che la strada di Genoa a Milano non era troppo sicura di ladri, e non avendo altro in testa che il mio ritorno, mi risolsi di lasciar Genoa da parte, e seguii la strada a man dritta fra molte montagne, tenendo sempre il fondo e vallone, il lungo del fiume Magra. Et avendola a man stanca, passammo adesso per il stato di Genoa, adesso del duca di Firenze, adesso de i signori di casa Malespina.[2] In fine per una via comodamente bona, fuori qualche passi scoscesi e diripiti,[3] giunsimo a dormire a

PONTREMOLI, 30 miglia, città molto lunga, popolata d'antichi edifizi non molto belli. Ci sono

---

[1] * *Da*.

[2] Infatti, a S. Stefano si usciva dal dominio genovese e si entrava per breve tratto nel toscano (Caprigliola e Albiano) e poi quasi tutta la via, sino presso a Pontremoli, traversava i feudi dei Malaspina.

[3] * *Dirupati*.

alcune ruine,[1] e si dice che si nomava delli [2] antichi *Appua*.[3] È adesso del stato di Milano: & ultimamente la godevano quei di casa Fiesca.[4] A tavola mi fu data la prima cosa il cacio,[5] come si fa verso Milano, e contrade d'intorno Piacenza. Mi furono date, secondo l'uso di Genoa, delle olive senza anima, acconcie con oglio & aceto, in forma d'insalata, buonissime. Il sito d'essa città è fra le montagne, & al piede d'esse. Si dava a lavar le mani un bacile pieno d'acqua, posta sopra un scannetto. Bisognava che si lavasse ognuno le mani con esso l'acqua.

Me ne partii Lunedì 23 la mattina: e salii, al-

---

[1] Forse per queste ruine si deve intendere il *Borgo vecchio*: vedi TARGIONI, XI, 215.

[2] * *Dagli*.

[3] "Molti favoleggiarono intorno all'antichità ed origine di Pontremoli, pretendendo alcuni che costà in tempo remotissimi esistesse la capitale dei Liguri Apuani, stantechè su cotesti monti quella ligustica tribù tenne lungamente stanza. Ma l'ipotetica Apua scomparve dal novero delle antiche città della Liguria, tosto chè l'istoria fu sottomessa all' impero della critica „: REPETTI.

[4] Pontremoli contava allora un 6 m. abitanti e col suo distretto più che il doppio. Era reputata appartenenza del Milanese, sebbene in apparenza fosse piuttosto in protezione che in soggezione del re di Spagna. Fu dapprima soggetta variamente ai Parmigiani, ai Lucchesi, ai Della Scala, ai Visconti. Francesco I la infeudò a Pier Francesca Noceti, e poi Carlo V ai Fieschi, che ne furono spogliati dopo la celebre congiura di Pier Luigi; dopo di che fu mandato un governatore spagnuolo subordinato a quello di Milano. Nel 1650 Filippo IV vendè Pontremoli e suo distretto a Ferdinando II de' Medici per 500 m. scudi.

[5] Il TARGIONI X, 377, a proposito dei caci lunigianesi ricorda il verso di MARZIALE, *Xeniar*. 29: *Caseus etruscae signatus imagine lunae*, e reca, pei suoi tempi, il proverbio lunigianese: *Formaggio di Compiano, olio di Barbazzano e vino delle Cinque Terre*.

l'uscir di casa, l'Apennino alto assai, ma la strada punto difficile nè pericolosa. Stettimo tutto il dì salendo e calando montagne, alpestre la più parte e poco fertili. Venimmo la sera a dormire a

FORNOVO, nel stato del Conte di S. Secondo, 30 miglia. Mi fu piacere di vedermi uscito delle mani di quei furfanti della montagna: de i [1] quali s'usa tutta la crudeltà a' viandanti, sulla spesa del mangiare e locare cavalli, che si possa immaginare. Mi fu là messo a tavola diverse sorte d'intingoletti in forma di mostarda, buonissimi, di diverse sorte. Era l'una di quelle fatta di mele cotonie. [2] Si sente in queste bande estrema carestia di cavalli a vettura. Sete [3] in mano di gente senza regola e senza fede verso i forestieri. Altri pagavano duo giuli per cavallo per posta: a me ne domandavano tre, e quattro, e cinque giuli per posta, in modo ch'ogni giorno andava più d'un scudo a logar [4] un cavallo, perchè oltra di questo contavano due poste dove non ne era che una.

Era là discosto di Parma due poste: e di Parma c'era fino a Piacenza quella medesima strada, la quale era di Fornovo, in modo che non si slungava la via che di due poste. Non ci volsi andare per non disturbare il mio viaggio, avendo dismesso ogni altro intento. Questo loco è una piccola villa di sei o sette casette, posta sopra un piano, il lungo della fiumara: Taro mi pare che si nomi [5]. La quale

---

[1] * *Dai.*
[2] * *Cotogne.*
[3] * *Siete.*
[4] Locare, prendere a fitto.
[5] E sì che Taro al pari di Fornovo dovevano esser nomi ben noti al viaggiatore francese, per memoria della battaglia ivi avvenuta fra Carlo VIII e le genti della Lega nel 1495.

seguitammo Martedì la mattina un pezzo venendo a desinare a

Borgo S. Donì[1], 12 miglia, castelluccio, il quale il duca di Parma comincia d'intorniare di mura belle, e ben fornite di fianchi. Si messe[2] là a tavola della mostarda fatta di mele, e di naranchie[3], tagliate a pezzi in forma di codogniaco[4] mezzo cotto.

Di là, lasciando a man dritta Cremona, a medesima distanza che Piacenza, seguitando una bellissima strada pari[5], & in un paese dove fin all'orizzonte non si vede montagna nè inequalità, il terreno fertilissimo, mutando di posta in posta cavalli, i quali due poste io menai al galoppo, per sentir le forze de i lombi: e non ci trovai nè mal, nè stracchezza: l'orina naturale.

Vicino a Piacenza ci sono due colonne grandi, l'una d'un lato della strada, l'altra dell'altro, circa quaranta passi di larghezza fra le due. A piede delle quali colonne è scritto in latino, che si proibisce di edificare, piantare arbori e vigne fra esse. Non so se[6] voglia conservare la larghezza della strada solamente, o veramente, che di[7] esse colonne fino alla città, la quale n'è distante di mezzo miglio, si voglia conservar la spianura[8] scoperta come ella si vede. Venimmo a dormire a

Piacenza, 20 miglia, città via assai[9] grande.

[1] * *San Donnino.*
[2] *Fu messa.*
[3] * *Arancie.*
[4] * *Cotognato.*
[5] * *Piana.*
[6] * *S'aggiunga:* si.
[7] * *Da.*
[8] * *Spianata.*
[9] *Molto.*

Essendoci giunto assai di bon'onora, la voltai[1] d'ogni banda tre ore. Strade fangose, non lastricate, piccole case. E nella piazza, dove è la sua grandezza, c'è il palazzo della Giustizia, e le prigioni & il concorso di tutti i cittadini qui intorno, guarnito di botteghe da nessun conto.

Viddi il Castello, il quale è nelle mani del re Filippo, il quale ci ha guardia di 300 Spagnuoli mal pagati, a quel ch'io intesi d'essi[2]. La diana la mattina e la sera si sona con quelli instrumenti che noi nomamo *haubois*[3], & essi fiffari[4]: e si sona una ora. Ci è gran gente là dentro, e belle pezze[5] d'artiglieria. Il duca di Parma[6] non ci va mai. Lui da parte sua è alloggiato (& in quel tempo era nella città) nella Cittadella, la quale è un castello in un altro loco: e mai non va a questo castello che tiene il re Filippo.[7] In fine io non ci viddi nulla degno d'esser veduto, che il novo edificio di s. Augustino; edificato per di quel che[8] il re Filippo ci ha messo in iscambio d'una altra chiesa di s. Augustino, della quale lui ha fatto questo castello: ch'egli tiene parte della rendita della chiesa stessa. La chiesa resta a fare, & ha un bel principio. Ma le abitazioni de i frati, i quali sono 70 di numero, & i chiostri doppi, sono forniti. Questo edificio mi pare in corridori, dor-

---

[1] * *Girai*.
[2] *Da essi stessi*.
[3] *Hautbois*.
[4] * *Pifferi*.
[5] * *Pezzi*.
[6] * *Ottavio Farnese*.
[7] Lo tenne fino al 1585, nel qual anno uscì dal castello la guarnigione spagnuola.
[8] Forse così il M. volle dire ciò che poi significò colla parola *in iscambio*.

mitori, cantine & altra faccenda, il più suntuoso e magnifico che io abbia visto in niun altro loco, se ben mi ricordo, per servigio di chiesa. Mettono a tavola il sale in mazza¹; il formaggio un gran pezzo senza piatto².

Il duca di Parma aspettava in Piacenza la venuta del figliuolo primogenito dell'arciduca d'Austria, il quale figliuolo io viddi a Isprug; e adesso si diceva, che andasse a Roma per essere coronato Re de' Romani. Si porge l'acqua alle mani: & a mescolarla col vino con un cocchiaro³ grande d'ottone. Il formaggio che si mangia là è del tutto simile a quelli piacentini che si vendono per tutto. Piacenza è dritto⁴ la mezza strada di Roma a Lione. Avea, per farla più dritta verso Milano, a andare a dormire a

MARIGNANO, 30 miglia: e di là a Milano ne sono dieci. Slungai di dieci miglia il viaggio per veder Pavia. Partii a bona ora il Mercordi 25 d'Ottobre seguitando una bella strada, nella quale orinai una pietrella molle, e sabbio assai. Passammo nel mezzo un castelluccio del conte Santafiore. Sul fine della via varcassimo⁵ il Po sopra un catafalco⁶

---

¹ * *Massa.*

² Celebre era fin d'allora il formaggio di queste parti. " Il cascio piacentino, dice il SANSOVINO, è di tanta bontà, che per tutta Europa è in grande ammirazione e stima „; e il LETI, *Italia regnante*, III, 66: " Il cascio di questo paese è di tanta bontà e perfezione, che in tutta l'Europa ha nome grande, onde gli abitanti ne fanno negozj per tutto, con molto loro utile ed avvantaggio „.

³ * *Cucchiaio.*

⁴ * *Dirittamente, per l'appunto.*

⁵ * *Varcammo.*

⁶ Probabilmente qui volle tradurre *échafaud*, nel senso di macchina, ordigno, costruzione di tavole.

posto sopra due barche con una loggietta, condotto con una longa fune appoggiata in diversi lochi sopra alcune barchetelle[1] poste per ordine nel fiume. Vicino a quel loco si mescola il Tesino al Pò. Giunsimo a bona ora a

PAVIA, 30 miglia piccole. Subito mi messi a veder le cose principali della città: il ponte sopra il Tesino, le chiese del Duomo, Carmini, s. Tomaso, s. Agostino, nella quale è l'arca d'Augustino, ricco sepolcro di marmo bianco con molte statue. In una certa piazza della città[2] si vede una colonna di mattoni, sopra la quale è una effigie, la quale pare ritratta di[3] quell'Antonino Pio[4] ch'è a cavallo innanzi al Campidoglio. Questa è più piccola, e non ha alcuna parità di bellezza. Ma quel che mi mette più in dubbio è[5] questa statua ha delle staffe, & una sella con arcioni dinanzi e dietro, dove l'altra non ha questo, e[6] confà di tanto meglio con l'opinione de i dotti, che le staffe e selle a questo modo sono trovate dapoi. Qualche ignorante scultore forse ha pensato, che questo ci mancasse[7].

---

[1] * *Barchettine.*
[2] * *In faccia al duomo.*
[3] * *Da.*
[4] * *Marc'Aurelio.*
[5] * *S'aggiunga: che.*
[6] * *S'aggiunga: sì.*
[7] La famosa statua, di cui parla il Montaigne, rappresentante Marco Aurelio, somigliantissima a quella che si trova sulla piazza del Campidoglio a Roma, era detta il Regisole. S'innalzava sulla piazza del Duomo *super columna lateritia*, dice l'Anonimo ticinese, *saxeam tabulam super habens*. Lo stesso (1330 circa) aggiunge che era stata dorata di fresco. La denominazione poi di *Regisole* vuolsi o derivata (secondo l'Anonimo ticinese) dal fatto che ripercuoteva i raggi del sole, o (secondo Bernardo Sacco) da ciò che in Ravenna la statua fosse rivolta ad oriente.

Viddi oltra, quel principio d'edificio del Cardinal Borromeo per il servizio delli scolari[1].

La città è grande & onestamente bella, popolata comodamente, e non ci manca artigiani d'assai sorte. Poche belle case ci sono. E quella dove fu i giorni passati alloggiata l'Imperatrice, è poca cosa. Viddi le arme di Francia, ma erano scancellati i gigli. In fine non ci è cosa niuna rara. Si danno per quelle bande i cavalli a duo giuli per posta. La meglio osteria, o, a dir meglio, il meglio albergo dove io avessi albergo di[2] Roma fin qui, fu *la Posta di Piacenza*: e credo la meglio d'Italia, di[3] quella

---

E fuor di dubbio che da quest'ultima città fu tolta; e qui sarebbe stata trasferita secondo alcuni da Carlo Magno; secondo altri da Liutprando o da Astolfo. L'Anonimo ticinese opina invece che i Pavesi l'abbiano tolta ai Ravennati quando erano con questi in guerra. Leandro Alberti parlando di essa dice che nel 1518 da Cosimo di Magno ravennate, ch'era coi Francesi, pigliatasi a viva forza Pavia, la statua fu posta in nave e per il Ticino e il Po la si voleva condurre a Ravenna; ma il re Francesco la fece prendere e riportare a Pavia. L'antico piedestallo minacciando rovina, nel 1761 fu sostituito da uno di marmo. Nel tumulto del 1796, per consiglio del generale Busca, una mano di Giacobini con corde e leve atterrò il monumento, che a loro giudizio rappresentava un tiranno. La statua mutilata e spezzata fu posta in una sala terrena del Municipio, e i pezzi poi furono dall'autorità comunale venduti.

[1] Il Colleg.o Borromeo fu fondato da S. Carlo coi beni dell'abbazia di Calvenzano e di s. Maiolo. Il disegno è di Pellegrino Pellegrini, e fu fatto l'edifizio sotto la direzione di Raffaello Corti, Polidonio Mezzabarba e Giulio Alboresi. La fabbrica costò 60 mila zecchini, e la prima pietra fu collocata il 19 giugno 1564 dal vescovo Ippolito Rossi. Accoglie ora circa 35 studenti universitarj di buona famiglia ma scarsi di mezzi di fortuna. Il conferimento del beneficio spetta alla famiglia Borromeo di Milano.

[2] * *Da.*
[3] * *Da.*

di Verona in poi. La più cattiva di questo viaggio fu *il Falcone* di Pavia. Qui si paga, & in Milano, la legna a partito[1]: e si manca[2] materassi a i letti.

Partii di Pavia il giobbia 16 Ottobre. Pigliai a man dritta la strada mezzo miglio discosta della[3] dritta per veder il loco dove dicono esser stato il fracasso dell'armata del re Francesco, il quale è un loco piano: e per veder anco la Chartrosa[4], la quale con ragione ha il grido d'una bellissima chiesa. La facciata dell'intrata[5] tutta di marmo con infiniti lavori, è cosa veramente da stupirne. C'è di più un ornamento d'altare d'avorio, nel quale è scolpito il Vecchio e Novo Testamento. C'è oltre di questo il sepolcro di marmo di Gian Galeazzo Visconti, fondatore della chiesa: e poi il coro & ornamenti del grande altare & il chiostro d'una grandezza inusitata, e bellissimo. Queste son le più belle cose. La casa è grandissima d'intorno, e fa vista, non solamente in grandezza e quantità di diversi edifici, ma più in numero di gente, servitori, cavalli, cocchi, manovali & artigiani, d'una corte d'un grandissimo principe. Si lavora di continuo con spesa incredibile, la quale fanno i frati[6] delle lor intrate. Il sito è nel mezzo d'un prato bellissimo. Di là venimmo in

MILANO, 20 miglia. Questa città è la più popolata d'Italia, grande e piena d'ogni sorte d'artigiani e di mercanzia: non dissimiglia troppo a Parigi, & ha molto la vista di città francese. Le

---

[1] Forse: *a parte*.
[2] * *Ci è mancanza di*.
[3] * *Lontana dalla*.
[4] Alla Francese: la Certosa.
[5] * *Entrata*.
[6] * *I Padri certosini*.

mancano i palazzi di Roma, Napoli, Genoa, Firenze: ma di grandezza le vince tutte, e di calca di gente arriva a Venezia. Al Venerdì 27 Ottobre [1] andai vedere il Castello per di fuora, e lo girai quasi tutto. È un grandissimo edificio, e di mirabile fortezza. Ci è la guardia almeno di 700 Spagnuoli, benissimo guarnita d'artiglierie, e ci facevano ancora d'ogni intorno alcuni ripari. Quel giorno mi fermai là per la grandissima pioggia che ci sopraggiunse. Fin allora ci avea il tempo e la via molto favorevolmente servito. Al Sabbato 28 d'Ottobre partii di Milano la mattina. Mi messi in una via piana e bella; e con ciò fosse cosa che piovesse di continuo, e che fusse la via piena d'acqua, non ci era fango, inteso [2] che il paese è arenoso. Venni a desinare a

BUFFALORA, 18 miglia. Varcammo là sul ponte il fiume Naviglio [3], stretto, ma fondo in modo che porta a Milano grosse barche. E un poco più in quà passammo a barche il Tesin, [4] e venimmo dormire a

NOVARA, 12 miglia, città piccola e poco piacevole, posta in un piano. Intorno d'essa vigne e boschetti, e terreno fertile. Di là partimmo la mattina, e venimmo a stare un pezzo, per far mangiar le bestie, a

VERCELLI, 10 miglia, città del duca di Savoia ancora essa in piano, e lungo della Zesa,[5] fiume, il quale varcammo in barca. Il detto [6] ha fatto in quel luogo edificar in gran fretta & un mondo di gente,[7]

---

[1] * *L'autore voleva scrivere 27.*
[2] * *Atteso.*
[3] Il testo: *Naville.*
[4] Ticino.
[5] * *Sesia.*
[6] * *Carlo Emanuele primo.*
[7] Cioè: *e con un mondo di gente, per opera di* ecc.

una fortezza, bellina a quel ch'io potti scorgere di fuori:[1] e ne ha messo in sospetto i Spagnuoli vicini a quelle bande. Di là passammo per mezzo di s. German, e poi di s. Giaco[2], piccole castella. E seguendo sempre un bel piano, fertile massimamente di noci (perchè in quelle contrade non sono olive, nè altro oglio che di noce) venimmo a dormire a

LIVORNO, 20 miglia, villetta, dove sono assai case. Partimmo Lunedì a buona ora, e seguendo un cammin piano, venimmo a desinar a

CHIVAS, 10 miglia, & di là varcando assaissime fiumare e rivi, con barche & a guado, venimmo a

TURINO, 10 miglia. Ci potevamo venire a desinare facilmente. Piccola città[3] in un sito molto acquoso, non molto ben edificato, nè piacevole, con questo che[4] per mezzo delle vie corra un fiumicello[5] per nettarle delle lordure. Diedi a Turino cinque scudi e mezzo per cavallo, a servirmene sin a Lione, sei giornate, le spese a fare da per loro.[6] Qui si parla ordinariamente francese: e paiono tutti molto divoti alla Francia. La lingua popolesca è una

---

[1] * *Elle fut démantelée par les François en 1705.*

[2] *Santhià.*

[3] La popolazione di Torino nel 1581 era di appena 14 m. anime. L'ampliamento della città verso la Madonna degli Angeli e l'Arsenale, è opera di Carlo Emanuele: v. RICOTTI, *St. Monarch. piemont.*, Firenze, Barbéra, 1865, IV, 421.

[4] * *Con tutto che.*

[5] Le così dette *Doire* o *pcite doire*. " Il piccolo rio detto la *Doretta*, il quale per la comodità della città scorre per tutte le contrade:„ DELLA CHIESA, *Relaz. del Piemonte*, Torino, 1635, pag. 53.

[6] * *Cioè, che la spesa dovea esser fatta dai padroni dei cavalli.*

lingua la quale non ha quasi altro che la pronunzia italiana: il restante sono parole delle nostre. Ne partimmo al Martedì, ultimo d'Ottobre, e venimmo il lungo d'una via pari, a desinare a

S. AMBROGIO, 2 poste. Di là seguendo un piano stretto fra le montagne, a dormire a

SUSA, 2 poste, castelluccio popolato d'assai di case. Io sentiva lì un gran dolore al ginocchio dritto, il qual dolore mi avea durato assai giorni, ma andava tuttavia aumentando. Le osterie sono lì meglio che in altri lochi d'Italia, buoni vini, pane cattivo, molto a mangiare, albergatori cortesi, e per tutta Savoia. Alla festa di tutti i Santi, avendo udita la messa, venni alla

NOVALESE,[1] una posta. Locai lì otto marroni i quali mi portassero in sedia fin alla cima di Mon Senis[2], e poi al calare di l'altra mi ramassassero.[3]

---

[1] * *Novalesa.*
[2] * *Montecenisio.*
[3] Per capire che cosa siano i *marroni* e il *ramassare* gioverà riferire questo brano del *Diario* dell'ab. RUCELLAI, pubbl. da G. Temple-Leader e G. Marcotti (Firenze, Barbèra, 1884, p. 57) che descrive, dacchè il M. ormai frettoloso di giungere a casa lo fa alla lesta, un passaggio del Moncenisio, eseguito nell'anno 1642. " Fatta la provvisione di sei sedie su certe stanghe, per prezzo d'una doppia e mezzo l'una, con sei di quei *marroni* per sedia, portando però a due per volta con certe cigne, s'incominciò a salire: ed il resto della famiglia, chi a cavallo, chi sopra certi muletti, che ivi stanno a posta, e chi a piedi seguitò il cammino, con qualche poco di vento, e con diaccio e neve grandissima, diacciando a ciascuno tutte le membra e in particolare il naso e la barba. La salita è grandissima per più di due leghe, e in molti luoghi si camminava come su per una scala, con gran precipizj sotto i piedi, che facevan temere della sicurezza di quei *marroni*, che veramente non mettevano mai piede in fallo, mutandosi fra di loro con gran leggiadria e destrezza, portando

sotto le scarpe alcune volte certi ferri con quattro punte, che li chiamano *ramponi*, e se gli legano con certe corde, per poter esser più sicuri per camminar sopra la neve diacciata. Si vede in alcune vallate per il cammino grandissime masse di neve, che dicono quei *marroni* esser cadute da l'alto della montagna, che, spiccatasi e rotolata al basso, vien sempre aumentandosi la mole nel mese di marzo, quando cominciano a cessare i diacci, e chiamano costoro quella massa, *valanca*. E dopo due miglia di salita, si arrivò ad alcune case sepolte nella neve, che chiamano la *Ferrera:* e dopo un altra lega similmente di salita per passi di gran terrore, non essendo in alcuni luoghi più larga la strada di un palmo, si arrivò ad una capanna, detta la *Gran Croce*, dove, smontati di sedia ed entrati dentro, per il baglior della neve non si vedeva lume. Ci riscaldammo un poco ad un piccolo fuoco che ivi era acceso, e licenziate le sedie, si rimontò a cavallo per il piano detto *di S. Niccolò*, su la sommità del monte, quale distingue il Piemonte dalla Savoja, e qui Madama tiene una guardia di sette o otto soldati, per far prigione o ritenere quelli che se ne fuggano dalla sua armata. Ci era anco una slitta tirata da un cavallo.... la quale seguitando tutti a cavallo, andando bene avvertiti di non uscire un palmo della pesta, perchè subito si affondava e sommergeva nella neve.... a due miglia si trovò l'osteria *della Posta*, e a mano manca si vedeva il lago, che è sopra alla montagna, passandoci ben vicino, tutto diacciato e coperto di neve, che a non lo sapere non si conosceva, del quale ha origine il fiume Dora, che passa sotto le mura di Torino. Passati avanti un quattro miglia di detta pianura, e più, si arrivò al luogo dove si comincia a scendere la montagna, e dove erano preparate le *ramazze* per tutti: gli si pagarono due testoni l'una. Erano queste come piccole sedie basse di legno, mal fatte, termate sopra due legni, che su la parte dinanzi alzano le punte all'insù come le tregge e le slitte per meglio poter strisciare sopra il diaccio; a questi sono adattati due legni di due braccia lunghi in circa, e non troppo scarsi, quali servono per guida, tenendoli in mano il *marrone* quando cammina, ed aggravando or l'uno or l'altro per sostenere e voltare la *ramazza:* e quando con maggior velocità vuol essere guidato, il passeggere fa porre a suoi piedi il *marrone*, e lascia precipitare a benefizio di natura la *ramazza*, la quale cammina per una stradetta un poco affondata e quasi traccia, che la mantiene diritta, sebbene con i piedi stessi il *marrone* ancor sedendo e calcando la neve, la fa voltare e la rattiene: e ne' luoghi di gran pendenza, per meglio ritenere il corso, usano certe catene di cinque o sei nodi, o pur certe corone di ritortole, avvolte in forma di ciambelle, quali mettono ad una di quelle punte davanti, e venendo a strascicare nella neve, fa più aspro il cammino, e non scorre tanto. Quando poi si volesse camminare più adagio, si fa star in piedi il *marrone*, quale, se bene sdrucciola anco egli con i piedi, senza però muovere i passi, trattiene a sua voglia il passeggero. In queste dunque entrati tutti, si fece con velocità incredibile vicino a quattro miglia di calata, in meno di mezzo quarto d'ora, che per salirla ci vuol vicino a due ore. Il cammino è precipitoso e quasi spaventevole sul principio, avendo alcune volte a svoltare su la punta d'un precipizio ben fondo; ma essendo assicurati, a poco a poco ne godevamo in estremo, per essersi fatto bellissimo tempo e sole, ch'era cosa vaga il vedere tanto numero di *ramazze*, che quasi arrivavano a trenta, in distanza proporzionata l'una dall'altra, per non si urtare, e camminavano così quiete, che parevano animate, godendo in estremo di simil vista quelli che erano dell'ultimi, vedendo giú in basso quelle che prima erano partite. Si arrivò così felicemente a Lamburg, terra posta alle radici della montagna e sepolta nella neve. „

Ici on parle francès; einsi je quite ce langage étrangier, duquel je me sers bien facilemant, mais bien mal assûréemant, n'aïant eu loisir, pour être tousiours en compaignie de françois, de faire nul apprentissage qui vaille. Je passai la montée du Montsenis [1] moitié à cheval, moitié sur une chese portée par quatre hommes, & autres qui les refrechissoint. [2] Ils me portoint sur leurs épaules. La montée est de deus heures, pierreuse & mal aisée à chevaus qui n'y sont accstumés, mais autremant sans hasard & difficulté : car la montaigne se haussant tousiours en son espessur, vous n'y voyés nul præcipice ni dangier que de broncher. Sous vous, au dessus du mont, il y a une plaine de deus lieues, plusieurs maisonetes, lacs & fonteines, & la poste: point d'abres, oui bien de l' herbe & des prés qui servent en la douce saison. Lors tout étoit couvert de nege. La descente est d'une lieue, coupée & droite, où je me fis ramasser à mes mesmes marrons, & de tout leur service à huit, je donai deux escus. Toutefois le sul ramasser ne coute qu'un teston [3]; c'est un plesant badinage, mais sans hasard aucun & sans grand esperit: nous disnâmes à

LANEBOURG, [4] deux postes, qui est un village au pied de la montaigne où est la Savoie, & vinmes

---

[1] * *Mont-Cenis.*
[2] * *Qui les relayoient.*
[3] * *Cette monnoie qui fut fabriquée sous Louis XII a valu depuis dix sols parisis, jusqu' à quatre deniers. Le cours en étoit défendu par Henri II, dès l'an 1575.*
[4] Lans-le-Bourg.

coucher à deux lieues, à un petit vilage. Partout là il y a force truites, & vins vieus & nouveaus excellans. De là nous vinmes, par un chemin montueus & pierreus, disner à

S. Michel, cinq lieues, village où est la poste. De la vinsmes au giste, bien tard & bien mouillés, à

La Chambre, cinq lieues, petite ville d'où tirent leur titre les marquis de la Chambre. Le Vandredi, 3 de Novambre, vinmes disner à

Aiguebelle, quatre lieues, bourg fermé, & au giste à

Montmellian, quatre lieues, ville & fort, lequel tient le dessus d'une petite croupe qui s'éleve au milieu de la plaine entre ces hautes montaignes; assise ladicte ville audessous du dict fort, sur la riviere d'Isère qui passe à Grenoble, à sept lieues dudict lieu. Je santois là évidammant l'excellance des huiles d'Italie: car celes de deça commançoint à me faire mal à l'estomac, là où les autres jamais ne me revenoint à la bouche. Vinmes disner à

Chamberi, deux lieues, ville principale de Savoie, petite, belle & marchande, plantée entre les mons, mais en un lieu où ils se reculent fort & font une bien grande plaine. De là nous vinmes passer le *Mont du Chat*, haut, roide & pierreus, mais nullemant dangereus ou mal aisé, au pied duquel se siet [1] un grand lac, & le long d'icelui un château nomé *Bordeau*, où se font des espées de grand bruit [2]; & au giste à

Hyene, quatre lieues, petit bourg. Le Dimanche matin nous passâmes le Rosne, que nous avions à notre mein droite, après avoir passé sur icelui

---

[1] * Sedet, *s'étend*.
[2] * *D'une grande réputation*.

un petit fort qae le duc de Savoie y a basti entre des rochers qui se serrent bien fort; & le long de l' un d'iceux y a un petit chemin étroit au bout duquel est ledict fort, non guiere différant de *Chiusa*, que les Vénitiens ont planté au bout des montaignes du Tirol. De là, continuant tousiours le fond entre les montaignes, vinmes d'une trete à

S. Rambert, sept lieues, petite vilete audict vallon. La plus part des villes de Savoie ont un ruisseau qui les lave par le milieu: & les deux costés jusque audict misseau où sont les rues, sont couverts de grans otevans[1], en maniere que vous y êtes à couvert & à sec en tout tamps; il est vrai que les boutiques en sont plus obscures. Le Lundi, six de Novambre, nous partismes au matin de S. Rambert, au quel lieu le sieur Francesco Cenami, banquier de Lyon[2], qui y étoit retiré pour la peste, m'envoïa de son vin, & son neveu, aveq plusieurs très-honnestes complimans. Je partis de là Lundi bon matin, & après estre enfin sorti tout-à-faict des montaignes, comançai d'antrer aus plaines à la francèse. Là je passai en bateau la riviere d'Ain, au pont de Chesai, & m'en vins d'une trete à

Monloel, six lieues, petite ville de grand passage, appartenant à monsieur de Savoie, & la derniere des sienes. Le Mardi après dîner, je prins la poste, & vins coucher à

Lyon, deux postes, trois lieues. La ville me pleut beaucoup. Le Vandredi j'achetai de Joseph de la

---

[1] * *Auvents*.

[2] Non è possibile identificare questo Francesco Cenami. Certo è che la famiglia lucchese di tal nome, era sparsa un po' per tutto. Forse questo era di quel ramo, che per ragione di commercio, si trova stabilito in Fiandra e in Francia, e quivi ebbe la signoria di Luzarcies presso Parigi.

Sone,¹ trois courtaus ² neuf par le billot ³ deux cens escus; & le jour avant avois acheté de Malesieu ⁴ un cheval de pas de cinquante escus, & un autre courtaut trente trois. Le Samedi, jour de S. Martin, j'eus au matin grand mal d'estomac, & me tins au lit jusques après-midi, qu'il me print un flux de ventre; je ne disnai point, & soupai fort peu. Le Dimanche, douze de Novambre, le sieur Alberto Giachinotti florentin, qui me fit plusieurs autres courtoisies, me dona à disner en sa maison, & m'offrit à prester de l'argent, n'aïant eu conoissance de moi que lors.⁵ Le Mercredi, 15 de Novambre 1581, je partis de Lyon après disner, & par un chemin montueus vins coucher à

BORDELIERE⁶, cinq lieues, village ou il n'y a que deus maisons. De là le Jeudi matin, fimes un beau chemin plein, et sur le milieu d'icelui près de Fur ⁷, petite vilette, passâmes à bateau la riviere de Loire, & nous randismes d'une trete à

L'HOSPITAL, huit lieues, petit bourg clos. De là, Vandredi matin, suivismes un chemin montueus,

---

¹ * *Marchand de chevaux, maquignon.*
² * *Bidets, chevaux de moindre taille, à qui l'on a coupé la queue.*
³ * *Terme de manege & de maréchallerie.*
⁴ * *Autre marchand de chevaux, dont descendoit Nicolas Malezieu de l'Académie Françoise, Cancelier de Dombes.*
⁵ I Giachinotti erano un ramo dei Tornaquinci, che dette alla Repubblica sette priori tra il 1443 e il 1529. Bernardo, Giambattista e Girolamo furono acerrimi nemici dei Medici, e Pieredoardo, stato Commissario a Pisa, Livorno e Prato, fu da essi fatto decapitare. La famiglia si spense nel 1697.
⁶ Castello di La Bourdellière, comune di S. Laurent de Chamousset (Rhône).
⁷ * *Feurs.*

en tamps aspre de nèges et d'un vant cruel, contre ɉe quel nous venions [1], & nous randismes à

TIERS [2], six lieux; petite ville sur la riviere d'Allier, fort marchande, bien bâtie & peuplée. Ils font principalemant trafiq de papier, & sont renomés d'ouvrages de couteau & cartes à jouer. Elle est également distante de Lyon, de St. Flour, de Moulins & du Puy. Plus je m'aprochois de chés moi, plus la longur du chemin me sambloit ennuïeuse; & de vrai, au conte [3] des journées, je n'avois été à mi chemin de Rome à ma maison, qu'a Chamberi pour le plus. Cette vile [4] est de terres de la maison de [5] ... apartenant à M. de Montpansier. J'y fus voir faire les cartes chés Palmier [6]. Il y a autant d'ouvriers & de façon à cela qu'à une autre bone besouigne. Les cartes ne se vandent qu'un sol les comunes, & les fines deux carolus [7]. Samedi nous suivismes la plaine de la Limaigne

[1] * *Que nous avions en face.*
[2] * *Thiers.*
[3] * *Compte: c'est-à-dire, je ne m'étois pas ennuié du chemin, je n' avois commencé à compter les jours tout au plus qu' à Chamberi.*
[4] * *De Thiers.*
[5] Supplisci *Bourbon.* In questo tempo il Signor di Montpensier era Luigi di Borbone, duca di Montpensier e pari di Francia dal febbrajo 1539, morto il 23 Settembre 1582.
[6] Thiers con Parigi, Lione e Rouen era delle quattro città che avevano allora il privilegio di fabbricar carta, e avevano un commercio estesissimo in tutto il regno e all'estero. Il sig. Guillemot, dottissimo nelle cose del suo paese, e per me in proposito interrogato, non ha mai trovato il nome di Palmier fra quelli dei fabbricanti di carta a Thiers. Vero è che i documenti in materie da lui svolti, non risalgono oltre il 1581 appunto.
[7] * *Monnoie marquée d'un K, du nom du Roi Charles VIII, & nommée Karolus, laquelle valoit dix deniers.*

grasse, & après avoir passé à bateau la Doare & puis l'Allier, vinmes coucher au

PONT-DU-CHATEAU, quatre lieues. La peste a fort persécuté ce lieu-là, & en ouis plusieurs histoires notables. La maison du Seigneur, qui est le manoir paternel du Viconte de Canillac,[1] fut brûlée ainsi qu'on la vouloit purifier à tout[2] du feu. Ledict sieur envoïa vers moi un de ses jans, aveq plusieurs offres verbales, & me fit prier d'ecrire à M. de Foix pour la recomandation de son fils qu'il venoit d'envoïer à Rome. Le Dimanche, 19 de Novambre, je vins disner à

CLERMONT, deus lieus, & y arrêtai en faveur de mes jeunes chevaux. Lundi 20, je partis au matin, & sur le haut du Pui de Doume[3], randis une pierre assés large & plate, qui étoit au passage despuis le matin, & l'avois santie le jour auparavant, seulemant au bout de la verge : & comme elle vousit[4] choir en la vessie, la santis aussi un peu aus reins. Elle n'étoit ni molle ni dure. Je passai à

PONGIBAUT, où j'alai saluer en passant Madame de la Fayette, & fus une demie-heure en sa salle. Cete maison n'a pas tant de beauté que de nom; l'assiete en est leide plustost qu'autremant; le jardin petit, quarré, ou les allées sont relevées de bien 4 ou 5 pieds: les carreaus sont en fons[5], où il y a force fruitiers & peu d'herbes, les côtés desdicts car-

---

[1] La famiglia dei Montboissier-Canillac nel sec. XVI conta fra suoi un arcivescovo di Tolosa, morto nel 1573, e un vescovo di Saint-Floeur, che nel 70 difese Saintes contro gli Ugonotti.

[2] * Avec.

[3] * Le Puy de Dome, la plus haute montagne d'Auvergne.

[5] * Voulut.

[4] * Plus bas que les allées.

reaus einsin¹ enfoncés, revetus de pierre de taille. Il faisoit tant de nège, & le temps si aspre de vant froit, qu'on ne voïoit rien du païs. Je vins coucher à

PONT-A-MUR,² sept lieues, petit village. Monsieur & Madame du Lude étoint à deus lieus de là. Je vins landemain coucher à

PONT-SARRANT, petit village, six lieues. Ce chemin est garni de chetifves hostelleries jusque à Limoges, où toutes fois il n'y a faute de vins passables. Il n'y passe que muletiers & messagiers qui courent à Lyon. Ma teste n'étoit pas bien; & si les orages & vans frédureus & pluies y nuisent, je lui en donois son soul en ces routes-là, où ils disent l'hiver estre plus aspres qu'en lieu de France. Le Mercredi, 22 de Novambre, de fort mauvais tamps, je partis de là, & aïant passé le long de Feletin³, petite ville qui samble estre bien bastie, situé en un fons tout entourné⁴ de haus costaus, & étoit encore demi déserte pour la peste passé, je vins coucher à

CHASTEIN,⁵ cinq lieues, petit méchant village. Je beus là du vin nouveau & non purifié, à faute de vin vieux. Le Jeudi 23, aïant tousiours ma teste en cet estat, & le tamps rude, je vins coucher à

SAUBIAC,⁶ cinq lieus, petit village qui est à Monsieur de Lausun. De là je m'en vins coucher landemain à

LIMOGES, six lieues, où j'arrêtai tout le Samedi,

---

¹ * *Ainsi.*
² Oggi Pontaumur (Puy de Dôme).
³ Felletin.
⁴ * *Entourée ou environné.*
⁵ Chateins.
⁶ Forse *Sauviat* a 35 chil. da Limoges.

& y achetai un mulet quatre vingt dix escus-sol, & païai pour charge de mulet de Lyon là, cinq escus, aïant esté trompé en cela de 4 livres; car toutes les autres charges ne coutarent que trois escus & deus tiers d'escu. De Limoges à Bourdeaus on païe un escu pour çant. Le Dimanche, 26 de Novambre, je partis après disner de Limoges, & vins coucher aus

CARS, cinq lieues, où il n'y avoit que Madame des-Cars. Le Lundi vins coucher à

TIVIE [1], six lieus. Le Mardi coucher à

PERIGUS,[2] cinq lieus. Le Mercredi coucher à

MAURIAC,[3] cinq lieues. Le Jeudi, jour de St-André, dernier Novambre, coucher à

MONTAIGNE,[4] sept lienes: d'où j'étoit partis le 22 de Juin 1580, pour aler à la Fere.

Par-einsin [5] avoit duré mon voyage 17 mois 8 jours.

---

[1] Forse Thiviers, stazione della linea ferroviaria fra Limoges e Périgueux.

[2] * *Périgueux*.

[3] Borghetto della comune di Douzillac.

[4] Castello di Montaigne, arrondissement di Bergerac, cantone di Vélines, comune di S. Michel et Bonnefare, nel Périgord. Vedi su di esso BIGORIE DES LASCHAMPS, *Michel de Montaigne* etc., Paris, Didot, 1855, pag. 39 e seg. Venuto per ultimo, verso il 1860, in possesso del sig. Magne, antico ministro di Napoleone III, e da lui ricostruito, il castello di Montaigne bruciò la notte del 12 gennaio 1885.

[5] * *Ainsi*.

SAGGIO

DI UNA BIBLIOGRAFIA RAGIONATA
DEI VIAGGI E DELLE DESCRIZIONI
D'ITALIA E DEI COSTUMI ITALIANI
IN LINGUE STRANIERE

Ho tentato una Bibliografia dei Viaggi in Italia fatti da stranieri, o scritti in genere in altra lingua che l'italiana, aggiungendovi anche le Descrizioni d'Italia e altre opere sui costumi e sulla vita italiana negli scorsi secoli. Della più parte delle opere registrate ho voluto dar qualche ragguaglio, o di mio o tolto a scrittori reputati, tanto che servisse a determinarne il carattere, e comunicare una qualche idea del loro contenuto. Niuno meglio di me conosce le imperfezioni di questo lavoro, pel quale mi sono giovato di una mia propria collezione e di alcune opere speciali, come la *Bibliothèque universelle des Voyages* del Boucher de la Richarderie, e la *Bibliographie italico-française* del Blanc: ma tutto non è stato possibile notare, nè di ogni opera dare special notizia. Forse verrá tempo ed occasione di perfezionare questo Saggio e cavarne fuori un libro che ritragga l'Italia, le sue vicende e i costumi colla scorta degli scrittori stranieri. Avverto che il limite al quale ho creduto fermarmi è verso il 1815. Di poi, i viaggiatori in Italia, d'ogni nazione, crescono di numero ma fors'anco scemano di valore, e certo le opere loro cangiano di carattere, dacchè le impressioni fugaci e personali prendono per lo più il luogo dei ragguagli sicuri e dei meditati giudizj, e i Viaggi diventano piuttosto scritture d'arte che documenti di storia.

Account (A short) of a late Journey to Toscany, Rome, and other parts of Italy, London, 1741, 8⁰.

Addison JOSEPH, (1672-1719), *Travels in Italy*, London, 1705, 8°; *Remarks on several parts of Italy* ecc., London, 1761. Traduz. franc. col tit.: *Remarques sur divers endroit de l'Italie*, Utrecht, Van de Walter et van Poolsum, 1722, 12⁰, e contemporaneamente, Paris, Pissot, 1722, 12⁰, formando il 4⁰ vol. del *Voyage* di MISSON.

L'a. cominciò il suo viaggio nel 1699, e percorse tutta l'Italia, salvo la Sicilia. Osservando che dei suoi predecessori inglesi, il vescovo di Salisbury (Burnet) si era particolarmente occupato della religione e dei governi d'Italia, il Lassels degli scrittori che han trattato dei diversi stati della Penisola, il Ray della produzione agricola, e il Misson dell'aspetto e delle bellezze del paese, l'Addison ha specialmente voluto nella sua descrizione ragguagliare l'Italia de' suoi giorni coll'antica, e ciò per mezzo degli scrittori classici, e sopra tutto di Virgilio, di passi dei quali, oltrechè di figure di medaglie, l'opera sua è tutta cosparsa. Questo Viaggio si può dire adunque poetico ed archeologico: "Addison, dice lo Châteaubriand (*Mém. d'outre-tombe*, livr. v.) voyage en *scholar* „; ma ha qua e là buone osservazioni sulle condizioni dell'Italia:

fra le altre su quelle dello Stato della Chiesa, ove afferma e prova che i sudditi, per colpa del cattivo governo e della pessima amministrazione, sono i più miserabili di tutta Europa. Dell'Addison deve ricordarsi anche l'*Epistola* poetica sull'Italia: nella quale, dice l'Ampère (*La Grèce, Rome*, etc. p. 179) " à côté de l' antiquaire se montre le politique „.

Adler J. Chr. (1734-1804), *Ausfürliche Beschreibung d. Stadt Rom*, Altona, 1781, 4º.

— *Kurzgefasste Uebersicht seiner in den Jahren 1780-82 über Wien, Venedig und Rom, und von dort über Meyland, Turin, Paris, Amsterdam und Leyden, zur critic der Bibel in Durchsuchung alter Handschriften, gethanen Reise*, Altona, 1783, 8º.

— *Nachrichten von den pontinischen Sümpfen*, Hambourg, 1784, 4º.

Alberti Leandri, (1484-1552), *Descriptio totius Italiae*, Colonia, 1567, in fol.

Traduzione latina della nota e meritamente stimata *Descrizione d'Italia e isole pertinenti ad essa*, stampata a Bologna nel 1550, a Venezia nel 1561, 1568, 1577, 1580, 1596 ecc. in 4º.

Andres Ab. J. (1740-1817), *Cartas familiares á su hermano D. Carlos dandole noticias del viage que hizo á varias ciudades de Italia en los annos 1785-88 y 91, y de la literatura de Viena*, Madrid, Sancha 1791-94, 6 vol., 16º. — *Cartas á su hermano D. Carlos en que le comunica varias noticias literarias*, Madrid, De Orga, 1800, 16º.

Trad. ted. dello Schmid, Weimar, 1792; trad. ital. della Lettera sulla *Letteratura viennese* per cura del prof. Brera.

Abbiamo innanzi a noi questa che è la seconda ediz. La prima, come si avverte nella prefazione, è anteriore di quattro anni. Il viaggio dell'Andres è specialmente erudito e bibliografico: i più notevoli e lunghi ragguagli sono di biblioteche e dei libri rari o manoscritti che vi si contengono. Del resto vi si trovano molte altre interessanti notizie di altro genere. La prima lettera contiene una enumerazione dei dotti Spagnuoli, per la maggior parte ecclesiastici, che a quel tempo dimoravano in Italia: e ne sono ricordati una sessantina, dotti in varie materie.

Anhalt-Köthen FÜRST LUDWIG (1579-1650), *Reise-Beschreibung von ihm selbst in deutsche Verse gebracht;* nel DECKMANN, *Accessiones historiae Anhaltinae,* Zerbst, 1716, fol.

Sotto il tit. *Descrizione di Firenze nell'anno 1598 di Lodovico principe di Anhalt, nell'Accad. della Crusca* l'Acceso, il REUMONT ha analizzato e tradotto una parte di cotesto curioso viaggio: v. *Arch. Stor.* N. S., x, part. II, p. 101-117.

Anot PIERRE NICOLAS (1762-1823) et **Malfilâtre** F., *Les deux Voyageurs, ou Lettres sur la Belgique, la Hollande, l'Allemagne, la Pologne, la Prusse, l'Italie, la Sicile et Malte, écrites selon l'ordre des temps,* Paris, Blanchon, 1802, 2 vol., 12⁰. — Traduz. ted.: *Reisen zweier Franzosen,* etc., Wien, Doll, 1804. 2 vol., 8⁰.

"Ce voyage est piquant, sur-tout à cause de la destinée des deux voyageurs, qui furent successivement repoussés dans les contrées que détaille le titre, par les armées autrichiennes et françaises, qu'ils croyoient également prudent d'éviter. L'île de Malte, à laquelle le jeune Malfilâtre étoit attaché par ses voeux dans l'ordre de ce nom, paroissoit devoir lui procurer, ainsi qu'à Anot son instituteur, un asyle sûr et tranquille: mais lors de la conquête de l'île par les Français, il fallut l'abandoner aussi pour se réfugier en Italie, où les voyageurs éprouvèrent les mêmes vicissitudes qu'en Allemagne. Les observations des deux voyageurs sur les différentes contrées qu'ils ont parcourues, ont de l'intérêt, mais particulièrement celles qu'ils ont faites sur l'île de Malte: le récit que fait Anot de la conquête de cette île est très-curieux„: BOUCHER DE LA RICHARDERIE, *Bibliothèque universelle des Voyages, où Notice complète et raisonnée de tous les Voyages anciens et modernes* etc., Paris, Treuttel et Würtz, 1808, 18⁰, vol. I, p. 359.

Archenholz VON, J. W. (1741-1812), *England und Italien,* Leipzig, 1785, e di nuovo 1787, 2 vol. 8⁰.

Trad. franc. col tit.: *Tableau de l'Angleterre et de l'Italie contenant des anecdotes curieuses et intéressantes*, trad. de l'all. par le Baron Bilderbik, Bruxelles, 1788, 3 vol. 8°; Strasbourg, Treuttel, et Paris, Volland, 1788, 12°; Leipzig, Heinrichs, 1801, 12°.

L'ultima parte soltanto, che nella traduzione forma il vol. 3°, è dedicata all' Italia. L'autore, antico capitano al servizio del re di Prussia, viaggiò tutta l'Italia, salvo la Sicilia. Il suo libro, nel quale la vivacità dello stile mal dissimula molte inesattezze, è una acerba descrizione dello stato dell' Italia alla fine del sec. XVIII, innanzi la rivoluzione e l'occupazione francese. Egli deplora il costume corrotto dal cicisbeismo, la decadenza delle lettere e delle scienze, l'ignoranza del popolo, il despotismo dei governi: ma finisce col protestare di non essere stato condotto a sì severi giudizi da avversione pel paese e pei suoi abitanti, ma dall'amore del vero: poichè in Italia " l'apatia ha preso il posto dell'operosità, la mollezza del valore, la schiavitù volontaria dell'amore alla libertà ". Indichiamo i titoli di alcuni paragrafi più curiosi del libro: VENEZIA; *le cortigiane: il costume: le donne*. — *Stato florido del* PIEMONTE. — LIVORNO: *aneddoto non divulgato* (è il rapimento fatto dall'Orloff della principessa Anna figlia della Czarina Elisabetta) — GENOVA; *le donne: la nobiltà: i cicisbei*. — ROMA: *la religione dei preti: il card. Bernis e il duca Grimaldi: il coltello: costumi delle donne: il sanscrito a Roma: gli Arcadi e i Quirini: incoronazione di Corilla: gl' improvvisatori di piazza di Termini: gli spettacoli: il carnevale*. — NAPOLI: *il sangue di S. Gennaro: i banditi: i lazzaroni: l' acqua tofana: mascherate ecc.* Secondo una probabile congettura di B. CROCE, *Eleonora de Fonseca Pimentel*, Roma, 1897, p. 15, contro l'Archenholz, specialmente pel male ch'ei disse dei napoletani, è rivolta l'invettiva del *Poeta irpino* (Filippo de Martino) intit.: *Penthecasticon in Germanum*, Napoli, 1789. Il Goethe nel suo *Italiänische Reise* sotto la data del 2 Decembre 1786, esprime un severo giudizio sull'Archenholz, non mettendo in dubbio ch'egli abbia veduto le cose, ma opinando ch'egli le abbia giudicate secondo preconcetti. Vedi in proposito, ciò che osserva il Düntzer in nota al luogo cit. (Berlin, Hempel, p. 695): i due viaggiatori erano del resto animati da spiriti troppo fra loro diversi.

Arnault VINC. ANT. (1766-1834), *Souvenirs d' un sexagènaire*, Paris, Dufey, 1833, 4 vol., 8°.

Da pag. 7 a 346 del vol. III l'a., che fu poi segretario perpetuo dell'Accademia francese, narra il viaggio fatto nel 1797 nel Piemonte, a Venezia, nel Regno di Napoli, a Roma, in Toscana e Lombardia, con particolari assai curiosi ed importanti.

Arndt ERN. MORITZ (1769 - 1860), *Reisen durch einem Theil Teutschlands, Ungarns, Italiens und Frankreichs, in den jahren 1798 u. 1799*, Leipzig, Graff, 1804, 4 vol., 8⁰.

Arquer RAIM., *Sardiniae descriptio*, 4⁰.

Audeber le sieur, Conseiller du roy au parlement de Bretagne, *Le Voyage et Observations de plusieurs choses diverses qui se peuvent remarquer en Italie, tant de ce qui est naturel aux hommes et au pays, comme des coustumes et façons, soit pour le general ou particulier, et des choses qui y sont rares, énrichi de figures*, Paris, Clouzier, 1656, 8⁰.

> Contiene notizie curiose, ma non sempre sincere, e spesso più secondo il creder dei tempi che secondo il vero, così sui costumi come sui prodotti naturali. Spigolando nell'indice notiamo alla rinfusa i segg. paragrafi: *Le naturel de l'italien; sa conversation; loy accomodée au naturel; la religion; d'aller teste nue; des lavements de teste; de la blonde à Venise; de la longue barbe des pretres; du baiser; de la cerimonie du mariage; des concubines et mariages à volonté; des batards; superstition; de la forme des bastimens; des bannis; des supplices; des armes permises ou deffenduës; du salut et reverence que font les femmes; du jeu de la pomme et du ballon; du pain; des cuilliers, cousteaux et fourchettes; differences particulieres entre les Guelfes et Gibelins; des enfans trouvez; des gageures sur la creation du nouveau Pape; des Juifs; des demoniaques; de la police du marché de Florence; des vins; des oiseaux d'Italie; des arbres et fruicts; du bled sarrazin; du coton; du petrolio; des mouches appelées sensales ou cousins; de la tarentule* ecc.

Audebert NICOLAS, archeologo orleanese del XVI sec., figlio a quel Germain Audebert che descrisse in tre poemetti tre principali città d'Italia: *Roma, Parthenope, Venetiae*, sui quali vedi P. DE NOLHAC, *La Bibliothèque de Fulvio Orsini*, Paris,

Vieweg, 1887, p. 66, va pur esso annoverato fra i descrittori dell'Italia. Il sig. DE NOLHAC ha di recente pubblicato nella *Revue archéologique* uno studio su Nicola, il cui viaggio in Italia dal 1574 al 1578 sta nel *British Museum*. Ne fu pubblicato un sunto senza indentificarne l'autore, dal sig. Richter nel *Repetorium f. Kunstwissensch.* di Janitschek, III, 228-98. Il MÜNTZ ne pubblicò la parte riguardante Roma nel suo libro *Les antiquités de la ville de Rome au XIV, XV et XVI s.*, Paris, Leroux, 1886, p. 72-128. Nella cit. pubblicazione, il sig.[r] De Nolhac ha stabilito che autore del viaggio è l'Audebert, e ne ha riferito il brano riguardante Firenze. È desiderabile che l'intero manoscritto sia pubblicato.

Auszüge aus einem ungedruckten Tagebuch eines Reisenden in Italien von den jahren 1784 u. 1785 (nel *Mercurio ted.* del 1788, 4º e 6º fasc. del 1788 e 2º e 6º dell' 89).

A[ymon] J[ean] (fine del sec. XVII e princ. del XVIII), *Tableau de la Cour de Rome, dans lequel sont représentées au naturel sa politique et son gouvernement tant spirituel que temporel, le cérémonies religieuses et civiles, ce qui s'observe dans le conclave à l'élection des papes, les cavalcades, et plusieurs autres choses très-rares et très-curieuses, divisé en six parties, par le sieur J. A. prélat domestique du pape Innocent XI*, La Haye, Delo, 1707, 1726, 1729, 12º.

Baltard LOUIS-PIERRE (1785-1846), *Lettres, ou Voyage pittoresque dans les Alpes en passant par la route de Lyon et le Mont-Cenis, suivi d'un recueil de vues des monuments antiques de Rome et des principales fabriques pittoresques de cette ville*, Paris, 1806, in 4º, 48 pl.; 2ª ediz., Paris, Piringer, 1822, 4º.

Barbier de Mercurot, *Le voyage d'Italie, tant par mer que par terre, fait par MM. les Cardinaux de Vendôme et de Retz, contenant ce qui s'est passé à Rome à la mort d'Alexandre VII et à l'avénement de Clément IX, avec d'autres particularités*, Paris, Dubray, 1671, 12⁰.

Baretti Jos. (1719-1789), *An account of the manners and customs of Italy : with observations on the mistakes of some travellers, with regard to that country*, London, Daves, 1768, 4⁰.

" Nell'anno seguente fu pubblicata una seconda ediz. di quest'opera dagli stessi stampatori, in due vol. in 8⁰ coll'aggiunta di note e di un'Appendice. È dedicata dal Baretti al conte di Charlemont, ed ha in fronte l'epigrafe di Voltaire: *Il y a des erreurs qu' il faut réfuter serieusement, des absurdités dont il faut rire, et des mensonges qu' il faut repousser avec force*. L'a. si propone in essa di far conoscere gl'Italiani del suo tempo, difendendoli dai falsi giudizj de' viaggiatori stranieri, ed in ispecie del dottore Samuello Sharp che avea stampato nel 1766 un' vol. ridondante di assurdità e di maldicenze, intitolato: *Letters from Italy*. Un esemplare di quei due vol. con molte postille manoscritte preparate per una terza edizione, fu regalato dall'autore ad Agostino Gambarelli, e dopo la morte di questi venne acquistato da Don Giuseppe Carcano. Se ne ha una traduzione francese fatta da Freville, e stampata in Parigi nel 1773 col titolo: *Les Italiens, ou moeurs et coutumes d'Italie*, vol. 2 in 12⁰. Gli arbitrj del traduttore in molti luoghi, e specialmente nella Prefazione, ove ha inserito un lungo elogio di Lalande e del suo *Viaggio d'Italia*, eccitarono il risentimento del B., che nel *Discorso sopra Shakespeare* ne lasciò questa solenne dichiarazione: *Je desavoue chaque mot de cette Préface, de même que plusieurs choses qu'on m'a preté dans la traduction*. Una traduzione dell'opera stessa fatta dall'inglese, o piuttosto dal francese, da Girolamo Pozzoli, vide la luce in Milano nel 1818 dai torchi di Giovanni Pirotta. Contro alcune opinioni del B., in particolare sul carattere delle donne piemontesi, fu stampata nel 1790 una *Lettera di un Piemontese al Sig. Conte di Charlemont*, Milano, per Giov. Montani, di pag. 22 in 12⁰, colla turgida epigrafe presa dal VII libro dell'Eneide: *Jubet arma parari, tutari Italiam*. Il Bar. Giuseppe Vernazza di Freney, che ne è l'autore, scrisse *d'essersi tenuto anonimo soltanto a motivo dell'Editto 7 Aprile dello stesso anno, che proibiva di far stampare alcun'opera fuori del Piemonte, se prima non era stata riveduta da' Regi censori;* ma egli non disse nè si sa comprendere perchè non abbia più naturalmente obbedito alla legge presentando la sua lettera alla censura e facendola quindi stampare negli stati del suo governo „ : Custodi, *Scritti ined. o rari del B.*, Milano, 1822, I, 29.

Di quest'opera vi è anche una ediz. di Genève et Paris, Costard, 1773, 1 vol. 24⁰, e una traduz. olandese, Amsterdam, 8⁰. Di essa dà questo giudizio l' Ugoni, *Della Letteratura ital. nella seconda metà del sec.* XVIII, Milano, Bernardoni, 1856, I, 47 : " Nella *Frusta* aveva tartassato i cattivi scrittori per correggerli. In questa *Relazione dei costumi d'Italia* lodava i buoni per sollevare il nome italiano vilipeso dallo straniero. L' intenzione di difendere il proprio paese assalito, nel momento appunto che Baretti fu costretto a lasciarlo, e che ad esso più non lo legavano nè speranze nè timori, gli fu sommamente onorifica. La esecuzione di quest'opera merita molta censura, ma intercede per l' autore la sua intenzione, e in parte benchè troppo ai zibaldoni somiglianti, anche le notizie in essa raccolte „. Fra queste possono ancora consultarsi quelle sulle lettere e i letterati, e in specie sul Goldoni, il Chiari e il Gozzi, sulla musica, sulla *commedia dell'arte*, sul carattere dei diversi popoli d' Italia, sull'educazione femminile, sui cicisbei e il cicisbeismo, sul vario modo di vestire, sui giuochi e divertimenti ecc.

È noto che le celebri Lettere descrittive del B. furono dapprima stampate in inglese col tit: *A Journey from London to Genua, trough England, Portugal, Spain and France*, London, Davies, 1770. 2 vol. 4⁰. Esse furono tradotte in francese da Rieu, Amsterdam, Rey, 4 vol., 12⁰. L'ediz. italiana, Milano, Richino, 1762, e Venezia, Pasquali, 1763, 2 vol., 8⁰, comprende solo 38 Lettere; l'originale 89.

Bartels J. H., *Briefe über Calabrien und Sizilien;* zweite verberssserte und vermehrte Auflage, Göttingen, Dieterich, 1787-1791, 3 vol., 8⁰.

" Celles de ces lettres sur-tout qui concernent la Calabre renferment les observations les plus neuves. Leur a. y fait connoître, sous plusieurs rapports, cette province du royaume de Naples, si interessante et si négligée par la plus grande partie des voyageurs en Italie et dans l'état même de Naples „ : De la Richard., III. 47, che ne dà, seguendo gli estratti di Maltebrun nel *Journal de l'Empire* del 1806, un largo sunto per ciò che concerne la storia naturale della Calabria, Il 2⁰ vol. (500 pag.) e il 3⁰

(902 pagg,) riguardano la Sicilia, e sono ornati dei ritratti di Ignazio principe di Biscari e del cav. Saverio Landolina. Il viaggio appartiene al 1786.

Barthelemy l'abbé JEAN JACQUES (1716-1795), *Voyage en Italie, imprimé sur les lettres originales écrites au comte de Caylus, avec un Appendice où se trouvent des morceaux inédits de Winckelmann, du P. Jacquier, de l'abbé Zarillo et d'autres savants*, publié par A. Sèrieys bibliothécaire au Prytanée, Paris, Buisson, an X, 8°; 2ª ediz. 1803, in 8°; 3ª ediz., Paris, Bertrand, 1810, 2 vol., 16° picc.

Questo viaggio fu eseguito nel 1755-57 per ordine e a spese del governo francese, come è detto a pag. XII, per arricchire il gabinetto delle medaglie, del quale il B. era custode. Il B., notissimo pel suo *Viaggio di Anacarsi*, ha fatto un'opera sopratutto archeologica e numismatica, che però si legge con piacere anche da' profani. Un buon sunto di quest'opera è nel DUMESNIL, *Voyageurs français en Italie*, Paris, Renouard, 1865, pag. 193-211.

Del Conte di Caylus, al quale sono dirette le lettere del B., vi ha nella Bibl. Laurenziana fra i codd. asburnamiani di recente acquisto, una relazione di viaggi in Italia, che crediamo inedita: e sul Caylus è da vedere l'opera: *Correspondance inédite du* COMTE DE CAYLUS *avec le P. Paciaudi thèatin* (1757-1765), *suivie de celles de l'abbé Barthélemy et de P. Mariette avec le même, publ. par Charles Nisard*, Paris, Imprim. nationale, 1872, 2 vol., 16° gr. Questa pubblicazione compie l'altra fatta dal Sèrieys delle *Lettres de Paciaudi au C. de Caylus*, Paris, 1802, 8°.

Basol HENRICI, *Descriptio regni Neapolitani, correcta atque amplificata a Caesar Eugenio*, Lugduni Batav., 1678, fol.

Bastide J. FR. DE, *Lettres vénitiennes*, Paris, Costard, 1771, 8°.

Baumann P. C., *Benutze Reise durch Teutschland und Welschland, mit angehængten hauswirthschaftlichen Bemerkungen*, Augsbourg, 1782, 8°.

Bayard F., *Voyage de Terraccina à Naples*, Paris, an IX, 12º.

Bayern (VON) K. ALBR., vedi ŒFELE.

Beaumont, v. DE BEAUMONT.

Beautés (Les) de l'Italie, et Relation d'un voyage fait à Rome par le Duc de Bouillon, Paris, 1678, 8º.

Beauvais (DE) VINCENT (Vincentius Bellovacensis, 1190-1264?), *Le grand voyage de Jerusalem etc., et aussi le chemin de Rome, avec toutes les eglises et stations de la dite cité (extrait de sa Cronique)*, Paris, Regnault, 1522, got., 4.º

Bellin JACQ. NICOLAS (1703-1772), *Description géographique du golfe de Venise et de la Morée*, Paris, Didot, 1771, 4º.

Bemerkungen auf einer Reise durch einen Theil von Theutschland, der Schweiz, Italien u. Frankreich im Jahre 1806, Konisberg, Unzer, 1809, 8º.

Bemerkungen über den Character und die Sitten der Italiæner, nebst einer kurzen Beschreibung meiner Reise von Mahon nach Neapel, Göttingen, 1790, 8º.

Bemerkungen über Sicilien und Malta, aus dem russischen übersetz, und mit Anmerkungen von H. L., Riga, 1793, 8º.

Bemerkungen über d. Regierung, Religion, Aberglauben der Venezianer, Bayreuth, 2 vol., 1800.

Benard, *Le voyage de Hierusalem et autres lieux de la Terre-Sainte, ensemble son retour par l'Italie, Suisse, Allemagne, Hollande, Flandre en la*

tres-fleurissante et peuplé ville de Paris, Paris, Moreau, 1621, 8⁰.

Benkowitz C. F., *Voyage de Glogau à Sorrent par Glogau, Ulm, Triest, Venise, Milan, Bologne, Florence, Rome et Naples*, Berlin, Maurer, 1803, 3 vol., 8⁰.

 Ne diamo il tit. in francese come lo registra il De La Richarderie, I, 362; ma l'opera è tedesca.

Bernoulli J. (1744-1807), *Lettres sur différents sujets, écrites pendant le cours d'un voyage en Allemagne en Suisse, dans la France méridionale et en Italie en 1774 et 1775*, Basle et Berlin, 1777, 3 vol., 8⁰.

 Osserva il D. L. R. (I, 824,) che il celebre astronomo ha tratto dalle Lettere del p. ANDRES tutto ciò che riguarda la storia naturale: ma che ha messo di suo quanto spetta all'arte.

— *Zusätze zu der neusten Reise-Beschreibung von Italien, nach der in Herrnn D. J. J. Vollkmanns historisch kritischen Nachrichten angenommenen Ordnung zusammengetragen* ecc., Leipzig, Fritsch, 1777-1782, 3 vol. 8⁰.

 Alla fine del 8⁰. vol. vi è un copioso ed utile indice degl'italiani, il cui nome è ricordato nell'opera.

Beschreibung des ganzen Italiens od. Welschland, Frankfurt, 1692, 12⁰.

Beschreibung von Venedig, Frankfurt, 1787; Leipzig, 1791, 3 vol. 8⁰.

Beschreibung einen Reise vom Rom nach Sicilien, Malta u. Neapel (nel *Mercurio* tedesco del 1785, XII e XI fasc.)

Beschreibung einen zwölfjährigen Reisen in Italia, Francfurt u. Leipzig, 1728, 8⁰.

Beschreibung der Inseln Malta, Gozo und Comino, Hanau, Müller, 1798, 8⁰.

Beschreibung der Inseln Malta, Nurnberg, 1799, 4º.

Binos l'abbé DE, (1730-1803), *Voyage par l'Italie en Egypte, au Mont-Liban et en Palestine ou Terre-Sainte*, en 1777, Paris, Boudet, 1787, 2 vol., 12º. Trad. tedesca: Breslau, 1788, 8º.

Birken SIGISM. von., *Brandeburgischer Ulysses, d. i. Reisen Margraf Christian-Ernest in Brandeburg, durch Deutschland, Frankreich, Italien und die Niederlande*, Bareuth, 1668, 4º.

Bjoernsthall J. JONAS, *Resa til Frankrike, Italien, Schveitz* ecc., Stockholm, 1780-84, 6 vol., 8º. Trad. tedesca di J. E. ed E. Groskund, Leipzig, 1780-85, 6 vol., 8º. picc. Trad. ital.: *Lettere sulla Francia, l'Italia, la Svizzera* ecc., Poschiavo, 1782.

"Les notices que ce voyageur suédois donne sur les bibliothèques, sur les manuscrits et les ouvrages rares, et sur la vie des savants, sont du plus grand prix. Elles occupent presqu'exclusivement sa relation. Ce voyageur mourut dans la Macédoine, victime de son zèle pour les sciences „ : D. L. R., I, 340.

Blaeu JEAN, *Théatre des États de S. A. R. le Duc de Savoye, prince de Piemont* etc., *avec des Dissertations historiques,* trad. du latin, par Jacques Bernard, La Haye, Moetjens, 1700, 2 vol., fol., fig.

— *Nouveau Théatre du Piemont et de la Savoye, ou description exacte de leurs villes, palais, églises et principaux edifices*, La Haye, Rutgert, 1725, 2 vol., fol. L'ediz. lat. *Novum Theatrum Pedemontis et Sabaudiae*, è del 1726, 2 vol., fol.

— *Nouveau Théatre d'Italie, ou Description exacte de ses Villes églises* etc., *et les cartes geographiques de toutes ses provinces.*

Tome I: *La Lombardie, Savoye, Gênes, Milan, Parme, Modène, Lucques, Mantoue, Venise, la Toscane*: 77 pl.

Tome II: *L'Etat de l'Eglise*: 75 pl. Tome III: *Le royaume de Naples et de Sicile*: 87 pl. Tome IV: *Les amphithéâtres, théâtres, cirques, arcs de triomphe, temples, pyramides* etc., 79 pl. Amsterdan, Mortier, 1704, fol.; La Haye, 1724, fol. L'originale latino è del 1663, 2 vol., fol.,

Bonstetten, v. DE BONSTETTEN.

Bosius J. A., *Hispaniae, Ducatus Mediolanensis et Regni Neapolitani notitia, ex-Musaeo Ant. Schmidii*, Helm, 1702, 4º.

Boswell JAMES (1740-1795), *Account of Corsica, with the Journal of a tour to the island, and Memoires of Pascal Paoli*, Glascow, 1768; London, 1768, 8º. Traduz. olandese, Amsterdam, 1769, 8º. Trad. tedesca, Leipzig, 1768. Trad. francese: *Relation de l'îsle de Corse, journal d'un voyage dans cette îsle, et Mémoires de Pascal Paoli*, trad. per J. P. I. Dubois, avec une carte de la Corse, La Haye, Staatmann, 1769, 8º; Lausanne, 1769, 2 vol., 12.º

Bouchard JEAN-JACQUES (1606-1642?), *Les Confessions, suivies de son Voyage de Paris à Rome en 1630, publiées pour la première fois sur le ms. de l'auteur*, Paris, Liseaux, 1881, 16º.

La minor parte del vol. è consacrata al viaggio per mare da Tolone a Civitavecchia, e di qui a Roma, dove il B. andò a alloggiare " a *Monte-Brianzo*, qui est une hostellerie fameuse au bord du Tibre, par de là l'*Ourse*, qui a perdu aujourd'hui aucunement son ancien crédit „. Su questo libro vedi G. BIAGI, *Un viaggio a Roma e una quarantena nel 1630*, negli An*eddoti Letterarj*, Milano, Treves, 1887, p. 113. E del Bouchard, *Lettres inédites écrites de Rome à Peiresc* (1633-37), *publ. par m. Tamizey de Larroque*, Paris, Picard, 1881, 8º.

Bourdin dom. Ch., benedictin, *Voyage d'Italie et de quelques endroits d'Allemagne fait ès années 1695 et 1696*, Paderborn, Pelerin, 1699, 12º.

Braunschweig-Bevern von, FERD. ALBR., *Eigene Lebens-*

37 — MONTAIGNE.

und Reisebeschreibung durch Deutschland, Italien, Malta, Frankreich und England, Bevern, 1678-80, 4⁰.

Breton de la Martiniere J. B. J. et **Brion** Louis, *Voyage en Piémont, contenant la description topographique et pittoresque, statistique et historique des six départements réunis à la France par le Sénatus-Consulte de l'an XI,* Paris, Brion, 1803, 8.⁰

Il libro contiene ragguagli abbastanza rilevanti. Ne togliamo, a saggio, una pagina riguardante il *cicisbeismo.*
"Les mœurs y étoient *(a Torino)* avant la révolution, et y sont encore, plus pures qu'elles ne le sont dans d'autres cités populeuses de l'Italie.... Le *cicisbéisme* y est presque inconnu, ou, s'il y existe, il ne diffère pas précisément des égards qu'en France on a généralement pour les dames. Esclaves superbes, les autres italiennes affichent partout leur liberté, et quelquefois leur licence: jamais on ne les voit avec leurs époux: c'est toujours un étranger qui les accompagne, qui les conduit aux *conversazioni,* aux spectacles, aux promenades; il semble que l'hyménée ne soit plus qu'une chaîne de fleurs, dont chacun des époux a la faculté de s'affranchir à volonté. Mais combien ces apparences sont trompeuses! C'est précisément dans le pays ou le cicisbéisme semble connoître le moins d'entraves, que la jalousie des maris est plus inquiète et plus sévère: des hommes affidés surveillent la conduite du cicisbé et de la cicisbée: la moindre imprudence de leur part, est le signal d'une implacable vengeance. Il ne faut pas croire, au surplus, tout ce que nous ont dit une foule de voyageurs sur cette singulière institution. Les uns ont prétendu que c'étoit la chose du monde la plus innocente: que les devoirs qui lioient le cicisbé à sa cicisbée étoient si rigoureux, si sacrés, que jamais on ne les voyait sortir des bornes de la simple politesse; d'autres, enclins à exagérer le mal, ont pretendu que cette mode était le cause première de la corruption des mœurs italiennes. Ils se sont récriés a l'immoralité, au scandale: ils ont fait la longue énumération du nombre des cicisbés, dont une femme de bel air devoit s'environner pour en avoir un assortiment complet. Il faut, disent-ils, pour être passablement pourvue, qu'une dame en ait au moins trois en fonction, sans compter les surnuméraires.... Le premier est le cicisbé de dignité, le second est celui qui se charge des gants et de l'éventail, le troisème est le cicisbé *essentiel....* Le fait est que tous ces détails sont fort exagérés.

La meilleure preuve qu'une telle institution n'a point pour base une indécente immoralité, c'est que, sans choquer un homme et une femme, on peut leur demander des nouvelles de leur cicisbé ou de leur cicisbée. Cette coutume a pour base la manie de l'amour platonique et pastoral, que l'enthousiasme pour les ouvrages de Pétrarque a introduit en Italie. Tous les gens d'esprit furent obligés, sous peine de passer pour insensibles, d'adorer une chaste Laure, mais en tout bien et tout honneur. D'un autre côté, tous les poètes des deux sexes se travestirent, au moins intellectuellement, en berger et en bergères; on ne rêva plus que la vie fortunée de l'*Arcadie*. De là ces académies des *Arcades*, que l'on vit naître à Rome et à Florence. Les jaloux furent obligés de se plier à cette bizarre fantaisie. Les grilles, les verroux, les *cadenats* leur avoient été demontrés par l'expérience, garants trop insuffisans de la vertu de leur femmes, ils essayèrent une méthode contraire, et s'en trouverent peut-être bien. Le mot *cicisbé*, que quelques personnes orthographient *sigisbée*, signifie dans l'origine *chuchoteur*. Dans la langue italienne, les letres *b* et *c* se reproduisent très-fréquemment, de sorte que les personnes qui se parlent à l'oreille, font entendre un son confus de *be* et *bi*, de *ce* et de *ci*, d'où est venu le terme *bisbigliare*, qui veut dire *chuchoter*. On disoit autre fois *cicisbeare*: on donna donc le nom de *cicisbé* aux personnes, qui étant liées avec d'autres par quelque intimité, pouvoient avoir des confidences réciproques à se faire : et comme les cicisbés jouoient (à l'extérieur du moins) le role de véritables amans, on leur donna ce nom qui caractérise une sorte de mystère (p. 177)."

Breval J., *Remarks of several parts of Europa, relating cheefly to the history, antiquities and geography of those countries, through which the author has traveld, as France, the Low-Countries, Lorrain, Alsace, Germany, Savoy, Tyrol, Switzerland, Italy and Spain*, London, 1726, 2 vol., fol.

Breynil JOAN. PHIL., *Epistola varias observationes continens in itinere per Italian suscepto, anno 1703*, (nelle *Transact. philos.* VII, n⁰. 344).

Brian Hits, *Observations and Remarks in a Journey through Sicily and Calabria in the jear 1791*, London, 1792, 8⁰.

Briefe eines Französischen Officiers, geschrieben im Jahr 1800, Leipzig, Wolf, 1800, 8⁰.

 Viaggio in Stiria, Carinzia, Italia, Svizzera, Baviera ecc.

Brizard GABRIEL (— 1793), *Analyse du Voyage pittoresque de Naples et de Sicile par l'abbé de Saint-Non*, Paris, Clousier, 1787, 8⁰.

Brome JAMES, *Travels through Portugal, Spain and Italy*, Londra, 1712, 8⁰.

Bromley W., *Remarks of the grand tour of France and Italy*, 1691.

 Così citato nel BABEAU, *Les voyageurs en France*, Paris, Didot, 1885, p. 416.

Brooke N., commissaire du gouvernement, *Voyage a Naples pendant Toscane, avant et en l'invasion des français en Italie, avec des observations critiques sur les mœurs et coutumes d'Italie, des détails sur la terrible explosion du Mont-Vesuve, pris sur les lieux à minuit en Juin 1794* ecc. Trad. de l'anglais. Paris, Nicolle, an VII (1799), 8⁰.

 Parla spesso del cicisbeismo (p. 70, 147-256), e ritorna frequentemente su un costume femminile romano, del quale così racconta a pag. 60: "Hier matin je rendis visite à une dame romaine, qui entend très-bien l'anglais, et à qui nos bons auteurs sont familiers. Il se passa quelques instans avant que je fusse introduit dans sa chambre, et elle s'excusa de ce retard en me disant qu'elle avoit prise une chemise pour me recevoir. Les dames de ce pays, soit qu'elle se portent bien, ou qu'elles soient malades, reçoivent souvent des visites tandis qu'elle sont dans leur lit. Et presque tout le monde y est sans chemise, excepté pendant les mois les plus froids. Je demandai à cette dame la raison de cet usage. Elle me répondit qu'on était plus fraîchement de cette manière, et qu'on prenoit le puces plus facilement lorsqu'on n'avait qu'un drap pour toute couverture. „ E ci ritorna sopra a pag. 106 e 213, facendo dire alla signora: "Il me paroît que cette coutume n'est pas connue dans votre pays: j'espère qu'elle ne vous donnera pas mauvaise opinion de nous. La transpiration que la chaleur du lit cause en été nous seroit fort incommode, si nous avions une chemise. D'ailleurs, si quelqu'un vient nous voir tandis que nous ne sommes couvertes que d'un drap, tout le corps en est enveloppé, excepté le visage : de sorte que la décence ne peut être blessée; on ne sauroit dire autant de nos habit de cérémonie, dans lesquels le sein même est exposé aux regards etc. „

Browne EDW. (1642-1708), *A brief Account of some Travels in divers parts of Europa, viz Hungaria, Servia, Bulgaria, Macedonia, Thessaly, Austria, Styria, Carintia and Frioul, through a great part of Germany and the Low Countries, through Marca Trevisana and Lombardy on both sides of the Po, with some observations on the gold, silver, copper, quicksylver, mines and the baths and mineral waters in those parts*, London, 1673; London, Took, 1685, fol. con fig.

La sola 1ª ediz. assai meno copiosa, fu tradotta in franc. col tit.: *Relation de plusieurs voyages* ecc., Paris, Clousier, 1674, 4º.

„ Ce voyage fait par un des médecins les plus distingués de l'Angleterre, membre de la societé royale de Londre, est également recommandable par les parties d'histoire naturelle que l'a. y a traitées, par des recherches curieuses sur les antiquités, et par des observations intéressantes sur les usages et les moeurs des divers pays parcourus par le voyageur „: D. L. R., i. 305.

Lo stesso bibliografo a pag. 220 registra quest'opera, che non sappiamo se sia dello stesso autore o di un omonimo: BROWN Edw., *Travels and Adventures in France, Italy, Malte, Orient, Egypt and Abissinia*, London, 1739, 8º.

Brun, geb. **Münter** FRIEDERIKE (1765-1835), *Tagebuch einer Reise durch die östliche, südliche und italienische Schweiz in den jahren 1798 u. 99*, Kopenhagen, 1800.

— *Episoden aus Reisen durch das Südliche Deutschland, die westl. Schweiz, Gen f und Italien*, Zürich, 1806-9, 2 vol., 8º.

Brunn F. L., *Neueste Nachrichten von Savoyen, Piemont u. d. Sardinischen Staaten*, Berlin, 1793, 8º.

Brunel PIERRE, *La promenade utile et récréative de deux Parisiens en cent soixant-dix jours*, Avignon et Paris, 1768, 2 vol. 12⁰; Paris, 1791, 2 vol., 12⁰.

Brydone PATRICE, (1741-1818), *A tour through Sicily and Malta in a series of Lettres to W. Beckford*, London, 1773, e 1776, 2 vol., 18⁰; 1807, 12⁰. Trad. franc.: *Voyaye en Sicile et à Malte fait en 1770*, trad. par *Demeunier*, Paris, Pissot, 1775, 2 vol., 8⁰; *trad. par Derveil*, Neufchâtel, 1776, 2 vol., 8⁰; Amsterdam et Paris, 1781, 2 vol., 12⁰; 1802, 2 vol., 18⁰; *trad. par Campe et completé d'après les voyages plus modernes*, Tours, Mame, 1885, 8⁰. Trad. tedesca di Zollikofer, Leipzig, 1777, 2 vol., 8⁰; trad. Werthes, Berne, 1783, 2 vol., 8⁰, fig.

" La partie de cette relation, en forme de lettres, la plus attachante, est celle du voyage de l'a. au Mont Etna. .... Parmi tant de phénomènes qui se présentent à chaque pas au voyageur dans cette étonnante contrée, le plus remarquable peut-être, ou le plus intéressant au moins, est le prince de Biscari, gouverneur de Catane. Chez un peuple qui, par sa vivacité, sa pénétration, a de l'aptitude pour toutes les sciences et pour tous les arts, mais qui est sans cesse détourné de leur étude par le vif attrait des plaisirs, ce seigneur sicilien réunit à des notions très-étendues sur diverses branches de l'histoire naturelle, à des vastes lumières sur l'antiquité, la passion des arts et ce tact délicat qui en apprécie toutes les beautés. Ses immenses richesses sont presque toutes employées à étendre le domain des connoissances humaines, et il ne détache de cet emploi de sa fortune, que la partie nécessaire pour exercer des actes de bienfaisance. Ce témoignage lui avoit déjà été rendu par Riedesel avec le même enthousiasme que le fait Brydone. Ce dernier voyageur a décrit, comme son prédécesseur Swinburne, mais avec moins d'érudition, les antiquités de la Sicile: il a fait connoître aussi, mais avec une touche plus agréable, les principales cités de cette île, les mœurs de leurs habitans et surtout celles du peuple de la campagne. Les notions qu' il donne sur l'admistration de la Sicile sont très-curieuses: mais ce qu'il en dit, n'en donne pas une idée bien avantageuse. La brillante description de la fête de S. Rosalie à Palerme, prouve que les Siciliens sont le premier peuple du monde pour l'ordonnance des fêtes. Avec une administration plus éclairée sur leurs propres intérêts, ils pourroient prétendre à un genre de mérite plus solide: „ D. L. R. III. 67. Un largo sunto del viaggio del Brydone è dato dal LA LUMIA, *La Sicilia di un sec. addietro secondo i viaggiatori stranieri*, in *Nuova Antol.*, Aprile 1876, p. 725-729.

Buirde S. G., *Erzählungen von einer gesellschaftl. Reise durch einen Theil d. Schweiz u. des obern Italiens*, (1779-80), *nebst Auszügen aus Briefen üb. einige Gemälde*, Breslau, 1785; Halberstadt, 1795. 8°.

Burnet Gilb. (1643-1715), *Some Letters containing an account of woth seemed most remarkable in travelling trough Swtizerland, Italy, some parts of Germany etc. in the years 1685 and 1686*, London, Lacy, 1724, 8°; London, Payne, 1750. Trad. franc.: *Voyage de Suisse, d'Italie et de quelques endroits d'Allemagne et de France, faites es-années 1685-86, avec des Remarques d'une personne de qualité, touchant la Suisse et Italie*, Rotterdam, Achier, 1687, 12°. Trad. olandese, Amsterdam, 1726, 8°. Si aggiunga: *Trois lettres touchant l'état present de l'Italie écrites en l'année 1687: la prèmiere regarde l'affaire de Molinos et des quietistes; la seconde l'Inquisition et l'état de la religion: la troisième regarde la politique et les intérets de quelques états d'Italie: pour servir de Supplement aux Lettres du doct. Burnet*, trad. de l'anglois, Cologne, Pierre Marteau, 1688; Amsterdam, 1718, 12°.

La descrizione d'Italia comincia con Milano, del quale il B. giudica il Duomo poco notevole per l'architettura, essendo questa assolutamente gotica, cioè deforme. Lamenta che a Milano, come del resto a Firenze, non ci siano vetri alle finestre; e ne trova la causa nella miseria delle popolazioni, smunte dai governi e dai preti. A Padova nota la decadenza dell'Università per poco valore dei Professori e per le divisioni e risse degli studenti, per le quali è pericoloso l'uscire dopo il cader del sole. A Venezia nota la degenerazione della vita politica e del costume pubblico, e riferisce, come cosa affermatagli, ma a cui non crede, che fra gli stipendiati della Serenissima vi era un tempo un avvelenatore; biasima il modo di abitare, di dormire, di mangiare, di bere, ma loda la libertà della quale in Venezia godono i forestieri. L' aspetto di Firenze, i monumenti, il comodo selciato delle vie gli piacciono; ma avverte che è spopolata. arrivando a sole 50 m. anime, come del resto è spopolata tutta Toscana; per colpa non solo dei governi, ma della deviazione del commercio orientale e d'Asia, e dell'avidità dei frati. La desolazione della Campagna Romana e la miseria ed ignoranza di Napoli fanno fare all'a. ampie considerazioni sulla natura dei governi papale e spagnuolo. Tutto il viaggio è pieno di digressioni teologiche ed ecclesiastiche, ed è scritto con gran fervore anglicano (il B. era vescovo di Salisbury) e con molta animosità contro il cattolicesimo e il papato: laonde è da usarsi con qualche discrezione.

Burney CH. (1726-1814), *Musical tour, or present state of Music in France and Italy*, London, 1772.

— *Travels through France and Italy*, London, 1783, 8°. Trad. fr.: *De l'état present de la musique en France, en Italie, dans les Pays-Bas, en Hollande et en Allemagne, ou Journal des Voyages faits dans ces différents pays avec l'intention d'y récueillir des matériaux pour servir à l' histoire générale de la musique*, Génes, Giossy, 1809, 3 vol., 8°.

Sul viaggio musicale del B. in Italia, vedi il capit. 3° del VERNON LEE (miss Paget) *Studies of the eighteenth century in Italy*, London, Satchell, 1880, tradotto (o tradito) in ital. col tit.: *Il Settecento in Italia*, Milano, Dumolard, 1882.

Büsching ANT. FED. (1724-1773), *Erdbeschreibung*, Hambourg, 1754-1792, 11 vol., 8°.

Quest'opera fu tradotta dall'ab. Jagemann in italiano e stampata in 34 vol. in 8° dallo Zatta di Venezia. nel 1781. A parte si trova: *La Italia geografica-storica-politica, di molto accresciuta, corretta ed ornata di rami, con un Appendice di considerabili aggiunte* ecc., Venezia, Zatta, 1790, 5 vol., 16°.

C. F. G. L., *Reise-Bemerkungen über eine Theil von Italien, Frankreich und England*, Celle, 1784, 8°.

Callejo y Angulo PIERRE, *Description de l'île de Sicile, de ses côtes maritimes, avec le plan de toutes ses forteresses, avec un Mémoire de l'état politique de la Sicile par le Baron* AGATIN APART, *d'après un manuscrit authentique: ouvrage enrichi de deux cartes geographiques et de douze plans*, Wien, 1719, fol.; Amsterdam, Weltstein, 1734, 8°.

Cambierius ANDR., *Italiae illustratae, seu rerum urbiumque italicarum Scriptores varii notae melioris, nunc primum collecti simulque editi*, Francofurti, 1600, 12° gr.

" Riporta le opere di 23 autori, per lo più italiani, relative all'orografia e talassografia dell'Italia. È un florilegio corredato di piante topografiche di città e di carte d'isole, il quale s'inizia co' tre libri *de situ urbis Venetae* di M. A. Sabellico, e finisce con la *Melitae descriptio* di Quinto Eduo, e il cui obietto peculiare sono le vaghezze naturali della Penisola e le memorie gloriose delle sue contrade. Cinque anni dopo, fu stampata dallo stesso editore una seconda raccolta dello stesso genere, anzi contenente la più parte degli stessi opuscoli, e il titolo fu: *Italiae illustratae, seu Corographiae regionum Italiae florentis orbis partis, ingeniorum parentis Scriptores varii „*: BONER, *L'Italia nell'antica letteraria tedesca*, in *N. Antolog.* 1° Giugno 1887.

L'opera era fatta principalmente a vantaggio degli stranieri, ma gli autori della raccolta sono quasi tutti italiani come si vede da quest'Indice dell'edizione del 1600: SABELLICUS, *De situ urbis Venetae: Carmen genethl. urbis Venetae: De apparatu urbis Venetae; De vetustate Aquilejae: Vicentinus crater.* — ZANCHIUS, *De Orobiorum seu Cenomanorum origine.* — SARAYNA, *De Origine ... urbis Veronae.* — MERULA, *Antiquitat. Gall. Cisalpinae.* — CASTILLIONIUS, *De Gallorum insubrium antiquis sedibus.* — IOVIUS, *Comi et comensis lacus Descriptio.* — SACCUS, *Ticinens. historiae.* — BRACELLI, *Liguriae descriptio; De claris Genuensibus.* — MUGNOZ, *Camaldulensis heremi Descriptio.* — ORLANDI, *De urbis Senae antiquitat.* — MASSA, *De origine et rebus Faliscorum.* — SANFELICE, *Campania.* — FOLIETA, *De laudib. urbis Neapoli.* — MAZELLA *De Puteolis et Cumis.* — LOMBARDI, *De aquis Puteolanis.* — LEONI, *De Nola.* — BARRIUS, *De antiq. et situ Calabriae.* — JUVENIS, *De antiquit. et varia Tarentinorum fortuna* — ARETIUS, *Chorographia Siciliae.* — DE HOMODEIS, *Aetnae montis Topographia.* — LOMBARDI, *de Balneis Aenariarum.* — HEDUUS, *Melitae insulae descriptio.*

Cambry Jacq. (1749-1807), *Voyage pittoresque en Suisse et en Italie*, Paris Janson, an XI, 2 vol., fig.

Il viaggio è del 1788. Solo la maggior parte del vol. 2º riguarda l'Italia, cioè la parte superiore da Milano a Venezia. Ne togliamo questo cenno sul teatro milanese, che corrisponde alla descrizione pariniana del *canoro elefante che emette per gran foce di bocca un fil di voce*: " On donnoit *Iphigénie*: je ne pus m'empêcher de rire avec éclat et d'une manière indécente à l'aspect grotesque d'Agamemnon et d'Ulysse. Imaginez deux grands castrats à figure flasque, éteinte et jaune: de longs couteaux battoient par devant sur leurs cuisses sans que jamais leur main put en atteindre la poignée: sur leurs ventres se croisoient en tous sens de faux galons et de paillettes: leurs bras étoient pendans et leurs genoux cagneux. De ces masses prodigieuses sortoient des sons de flagolets, des voix d'enfans de choeur, qui peignoient la terreur, l'indignation et la force. Joseph Cari faisoit le rôle d'Agamemnon, et Savoi celui d'Ulysse. Marianna Lutti Fantozzi s'avança: elle est d'une laideur amère.... Enfin parut Achille.... sa figure est intéressante, son œil est plein de feu, de sensibilité, quel chant! quelle variété!... Tantôt pleine, tantôt légère, grave, sublime tour à tour, sa voix a tous les tons, tous les moyens de l'art, tous les charmes de la nature.... Ce chanteur étoit Marchesi (II, 32) „. A Venezia va a sentire la *Ninive* dell'Anfossi cantata al Conservatorio dei *mendicanti*, e ammira la Bianca Sacchetti: poi si compiace nel far cantare la fuga di Erminia da un gondoliere: " Grâces vous soient rendues, honnête et brave gondolier; puissent les voyageurs vous demander, vous préférer, vous payer du plaisir que vous m'avez donné, le partager avec moi. Faites leur entendre Marco Nazeto, Madanimo Morelato, Antonio Mortelo, Tita Sacco et sur-tout le vieux Ancila, les plus célèbres troubadours ou rapsodes de Vénise! „ Nonostante ciò, fuggì da Venezia, spaventato dal Ponte dei Sospiri, dalle bocche dei Leoni, dalle donne avvilupate nei zendadi, dai "préjugés sur le gouvernement inquisitorial. „ Il viaggio contiene più ch'altro descrizioni di statue, quadri, palazzi, libri antichi e preziosi ecc.

Camerarius Phil. (1537-1624), *Iter italicum*.

Camus C. F. abbé, *Voyage fait en Italie en 1791-93*. Constance, 1795, 4 vol., 12º.

Carafae Plac., *Siciliae descriptio atque delineatio*, Panormi, 1653, 4º.

Casanova de Seingalt JACQ. (1725-1798), *Mémoires écrits par lui-même*, Leipsic, Brockhaus, 1826-1838, 12 vol., 24⁰.

Edizione originale della casa posseditrice del manoscritto, fatta da essa raffazzonare al prof. Laforgue, e della quale i primi quattro voll. furono veramente stampati a Lipsia, i quattro successivi nel 32 a Parigi presso Heidelhoff et Campé, gli ultimi a Bruxelles. Prima che il testo francese, la casa Brockhaus mandò fuori dal 22 al 28 una traduzione rimanipolata da W. Schütz *(Aus den Memorien des venetianers J. C. von S. oder sein Leben wie er es ru Dux in Böhmen niederschrieb)*, 12 vol., 8⁰. Questa fu tradotta e stampata a Parigi dal 25 al 27 presso Tournachon-Molin. Del testo originale si hanno riproduzioni non fedelissime di Paris. Paulin, 1833-57, 10 vol., 16⁰, e 1843, 4 vol., 16⁰, nonchè di Bruxelles, Rozez, 1860, 1868, 1871, 6 vol. L'ult. ediz. parigine del Garnier, 1880, 8 vol., 16⁰, professa di esemplare fedelmente la brockausiana, ed ha in fine un incompleto ma non inutile indice dei nomi. In Tedesco si ha delle Memorie un rimaneggiamento di L. von Alvensleben. Dessau, 1864, 17 vol., 8⁰, e una traduzione dell' originale con *Ammerkungen* di L. Buhl, Berlin, 1850, 10 vol., 8⁰; 2ª ediz. Hamburg, 1854-56, 12 vol.

Della utilità delle Memorie di C. per la storia anedottica e del costume nel sec. XVIII, non solo d'Italia ma di altre parti d'Europa, è inutile parlare: v. in proposito BARTHOLD, *Die geschichtlichen Persönlichkeiten in J. C. 's Memoiren*, Berlin, Duncker, 1846, 2 vol. Recentemente è stata ristampata del C. l' *Histoire de ma fuite des prisons de la Républ. de Venise*, Bordeaux, Moquet, 1884. Sulla verità della fuga v. FULIN, *G. C. e gli Inquisitori di stato*, Venezia, Antonelli, 1877, e un mio artic. nella *N. Antolog.* 1 Agosto 1882. Su cose e personaggi italiani menzionati dal C. vedi BELGRANO, *Aneddoti e ritratti casanoviani, nel Caffaro* 13-16, 18-20, 26-27, 29 Aprile 1881, e ADEMOLLO, *Gian-Domenico Stratico*, Roma, Forzani, 1883; *Il testo della Histoire de ma vie*, in *Fanf. della Dom.* 1882, 4⁰. 51; *La marchesa Chigi*, ibid. 1883, n°. 40: *G. C. e le sue Memorie* in *Rassegna Settiman.* 1878 n°. 19: *La Principessa Santa Croce* in *Fanf. della Domen.* 1884, n°. 8, ; *G. C in Campidoglio*, in *F. d. D.* 1885, n°. 8; *Una pagina ined. dalle memorie*, in *F. d. D.*, 1885, n°. 11 ecc.

Cassini JEAN. DOMINIQUE (1748-1845), *Manuel de l'etranger qui voyage en Italie*, Paris, Duchesne, 1778, e 1790, 12⁰.

— *Remarques et observations rassemblées dans un voyage d' Italie, fait en 1775* (in *Mém. de l'Acad. des Sciences*, Paris, 1780, 4º).

Cellius EHR., *Beschreibung zweier Reisen Herzogs Friedrich zu Würtemberg durch England und die Niederlände, ingleichen nach Italien, im Jahr 1599 gethan*, Tubingen, 1603, e 1604, 4º.

Chateaubriand F. AUG. vicomte de, (1768-1848), *Voyage en Amerique, en France et en Italie*. Paris, 1834, 2 vol., 8º.

> Sebbene la stampa sia del 1834, la parte del viaggio che spetta all' Italia è d'assai anteriore. Le lettere al Joubert sono del 1803; quella al Fontanes sulle rovine di Roma e la campagna Romana, che, secondo il SAINTE-BEUVE, *Chateaubr. et son groupe littér.*, I, 400 " passe avec raison pour une des productions le plus parfaites et le plus classique de l'a.„ è del 1804. Vedi su Chateaubriand a Roma, l'AMPÈRE, *La Grèce, Rome et Dante*, Paris, Didier, p. 198. e SAINTE-BEUVE, *Causer. du Lundi*, XIV, 459. Di Roma parla lo Ch. anche nelle *Mémoires d'outre tombe*, lib. 8º, e di nuovo nel 5º, dove un Capitolo tratta dei precedenti descrittori di Roma dal Montaigne al Dupaty. La parte delle *Mémoires* che riguarda Venezia è del 1833: ivi si trova la nota risposta della *Zanze* a ciò che Silvio Pellico aveva detto sul conto suo nelle *Mie Prigioni*.

— *Chemin (Sensuyt le) de Paris a Lyon, de Lyon, a Venise et de Paris a Rome par Lyon. Item plus le chemin de Paris a Rome par les haultes Allemaignes. Avec le chemin depuis Lyon jusques en Hierusalem, et combien il y a de lieuues de ville en ville. Et avec ce sont toutes les eglises de Romme. Et mesmement les sept eglises principalles q doibuent visiter les pellerins q y vont. Avec les grans indulgences et remissions quilz acquerent. Et aussi les stations qui se font durant saincte quarantaine.* s. a. n.

> Vedi HARRISSE, *Excerpta Colombiniana*, Paris, Welter, 1887, p. 66; BRUNET, I, 1880. — " Les itinéraires de Paris à Lyon, à Rome, à Jérusalem n'occupent que les 8 pre-

miers ff. de ce petit livre. Le reste du vol. contient une description fort curieuse des basiliques de Rome et des reliques qui y son conservées, ainsi que la liste des stations auxquelles sont attachées des indulgences „ : *Catal. des livres de feu m. le B. James de Rothschild*, Paris, 1887, II, 410.

Chérémeteff, *Journal du Voyage à Cracovie, Venise, Rome et Malte (1697-99)*, Paris, Franck, 1859, 12⁰.

Chytraeus NATH. (1543-98), *Hodeporica, sive Itineraria a diversis doctissimis viris, tum veteribus tum recentioribus carmine conscripta, item Epigrammata de praeclaris urbibus, studio N. C. collecta*, Francof. ad M., Egenolfi haered., 1575, 8⁰.
— *Variorum in Europa itinerum Deliciae, seu ex variis mss. selectiora tantum inscriptionum maxime recentiora Monumenta: praemissis in clariores urbes Epigrammatibus J. C. Scaligeri*, Herborrae, 1594, 8⁰; apud Christ. Corvinum, 1606, 12⁰.

In quest'ult. ediz le Iscrizioni raccolte in Italia vanno da pagg. 1 a 278.

Citriles, *Beschreibung einer zwolfjährigen Reise in Italien*, I bis VI heft, Frankf. u. Leipzig, 1728, 4⁰.

Clément AUG. JEAN CH. (1717-1804), *Correspondance et Voyages en Italie et en Espagne dans les années 1758, et 1768 et 79*, Paris, Longuet, an x, (1802), 3 vol., 8⁰.

" Les voyages de C. en Italie et en Espagne ne sont, à proprement parler, qu' une cadre qui renferme le tableau de la disposition politique où se trouvoient les Cours de Rome et de Madrid à l'époque de ces voyages, relativement sur-tout aux affaires ecclésiastiques et à l'expulsion des Jésuites.... Mais.... dans ce tableau il a entremelé plusieurs anecdotes sur les principaux personnages de Rome et de Madrid „ : D. L. R., I, 359.

Condé, HENRI DE BOURBON, prince de (1588-1646), *Voyage en Italie*, Bourges, Coppin, 1624, 12⁰; Paris, 1634, 1635, 1666, 12⁰: Lyon, 1665, 12⁰.

Breve relazione di un viaggio fatto in Italia dal padre del gran Condé nel 1622.

Cochin CH. NICOLAS (1715-1790), *Voyage d'Italie, ou Recueil de notes sur les ouvrages de peinture et de sculpture qu' on voit dans les principales villes d'Italie*, Paris, 1769; Paris, Jombert, 1751, 3 vol., 12⁰; 1758, 3 vol., 8⁰; Lausanne, 1773, 3 vol., 8⁰; traduz. ted. di Lederer, Nurnberg, 1776.

— *Observations sur les antiquités de la ville d'Herculanum*, Paris, Jombert, 1754, 12⁰, con 40 belle tavole incise da Bellicard.

"Le livre, dice del *Voyage* la *Nouv. Biogr. génér.*, plusieurs fois réimprimé, est encore un des meilleurs que puisse consulter le voyageur qui veut avoir des notions précises et justes sur les principaux ouvrages de l'art répandus en Italie, et une critique impartiale des beautés et des défauts qui les distinguent. „ Il Viaggio fu fatto dal Cochin *graveur du Roi*, col march. di Marigny, *directeur des bâtimens du Roi*, coll'architetto Souflot e coll'ab. Le Blanc, nel 1749. È una mera guida artistica, abbastanza esatta: ma i giudizj sono spesso quali. li dettava il gusto del tempo.

Coryate THOMAS (1577-1617), *Crudities, hastily gobled up in fine moneths travells in France, Savoy, Italy, Rethia commonly called the Grišons country* etc., London, 1611, 4⁰; London, 1776, 3 vol., 8⁰.

Cork LORD, *Letters from Italy*, London, 1773, 8⁰.

— **Courier** PAUL LOUIS (1772-1825) *Lettres écrites de France et d'Italie, 1787-1812*, Paris, Sautelet, 1828, 2 vol., 8⁰; Paulin, 1830, 2 vol., 8⁰.

Le lettere scritte da varie parti d'Italia, specialmente dalla Calabria e da Roma, vanno dal 1799 al 1812 e sono delle più belle cose di questo insigne scrittore: contengono curiosi particolari di storia, del tempo dell'invasione e dominazione francese. V. su queste lettere, DUMESNIL, *op. cit.*, p. 247-261.

Courtney (o Courtenay) J. (1741-1816), *The present State of Manners, State, Arts and Policy of France* *and Italy, in a series of poetical Epistles*, London, 1794, 8⁰.

Coyer GABR. FRANÇ. l'abbé (1707-1782), *Voyage d'Italie et d'Hollande*, Paris, Duchesne, 1775; *Voyage d'Italie*, Paris, Duchesne, 1776, 1778, 2 vol., 12⁰.

"Les tableaux que le voyageur a esquissés des différentes parties de l'Italie sont des découpures qui rappellent les *Bagattelles morales* de cet écrivain; mais on retrouve l'auteur de la *Noblesse commerçante*, et des dissertations sur les mots *Peuple* et *Patrie*, dans le coup-d'oeil rapide qu'il jette sur le caractère des Italiens, sur la forme de leurs gouvernements divers, sur leurs pratiques de religion et leur tolérance, sur leurs amusements, leurs arts, leurs spectacles et leur musique:„ D. L. R., 1, 323.

Viaggio fatto negli anni 1763-64, e curioso, se non altro, per esser stato eseguito col proprio legnetto, guidato da un cavallo proprio, che attraverso il Moncenisio condusse l'a. da Parigi a Roma. Qua e là vi sono particolari notevoli. Nota p. es, a Torino che "le calze che vi si fanno sono superiori a quelle di Parigi e Linguadoca, „ e che le stanze degli alberghi hanno nome dai Santi: *Stanza S. Pietro, S. Paolo, della Madonna* ecc. A Milano applaudisce anch'egli la celebre cantante *Paganina*, e il Grazioli e il Cespi, e osserva che in Italia fra gli spettatori sono moltissimi ecclesiastici. A Parma ha occasione di lodare l'incremento dato alle industrie e la buona amministrazione del Du Tillot. Di Modena esalta, contrariamente alla fama, la pulizia delle strade. A Bologna visita la Bassi e il Farinello. Avvicinandosi a Firenze vede qua e là "des jeunes villageoises, bien lestes, couvertes de petits chapeaux de paille, orné de fleurs, colliers, bracelets; enfin mises dans le gout de nos paysannes d'Opéra.„ A Firenze "le vin même réjouit le voyageur, qu' on empoisonne assez généralement dans toutes les auberges d'Italie.„ Nel territorio di Lucca ammira "une culture poussé peut-être au dernier période, „ ma biasima le "66 maisons religieuses qui sucent sans rien produire.„ A Pisa fa conoscenza col Rettore dell'Università ab. Cerati "que nos illustres ont beaucoup fêté a Paris.„ A Roma loda le *conversazioni* dove "toute personne honnête, présentée par une main connue, trouve un accès facile, „ e le preferisce a "nos petites cotteries françaises.„ Al teatro si va "pour la conversation, ou pour se visiter de loge en loge: on n' écoute, ou ne s'extasie qu'à l'ariette.„ Osserva che molti non ecclesiastici "curiaux, procureurs, avocat, juges, mais encore les medecins et quantité d'étrangers „ per economia o per farsi largo, vestono l'abito ecclesiastico. La popolazione è di 160 mila anime, e con tanti monaci e monache e preti e castrati diminuirebbe sempre, se non v'accorresero a frotte stranieri, " attirés par la douceur du gouvernement. „ È ammesso fra gli Arcadi, ma si inquieta sentendo recitare poesie in onore dell'Inghilterra. A Napoli gode sentendo la *Didone* cantata dalla Gabrielli: e ascoltando Cafariello in una vestizione di monaca: come di ritorno a Roma, assistendo al *Miserere* della Sistina: "Ce sont des gémissements qui déchirent le coeur. „ Ma a Roma assiste anche a una mazzolatura e squartatura: spettacolo che agghiaccia lo spettatore, ma non fa soffrire il colpevole, sicchè gli pare " un trait d'humanité et de sagesse dans la législation! „ A Venezia si gode il carnevale, e la Piazza S. Marco, e i gondolieri che " sur les quais chantent par couplets alternatifs les vers de l'Arioste et du Tasse „: ma perde con dolore l'occasione di sentire improvvisare Corilla: " Elle a improvisé comme une Sybille, et j'étais dans mon lit! „ Non trova più " ces fameuses courtisanes „ di cui parlava la fama. Loda le veneziane " d'une belle carnation et d'une taille svelte „. Il viaggio si chiude con considerazioni generali sullo stato fisico, politico e morale dell'Italia, che non sono prive di valore. Loda degl'italiani " l'honnêteté pour les étrangers: ils leur ouvrent leurs palais, leurs maisons de plaisance. „ Il popolo è dolce di carattere: i servi fedeli e pazienti. Parla del cicisbeismo, successo all'antica e brutal gelosia. La religione è tutta esteriore, ma lodevole la tolleranza verso gli acattolici, come il non considerare fuori della comunione dei fedeli, i commedianti ecc.

Creuzé de Lesser baron AUG. FRANÇ. (1771-1839), *Voyage en Italie et en Sicile, fait en 1801 et 1807, orné de cartes, plans et vignettes*, Paris, Didot, 1806, 2 vol., 8⁰.

Lavoro molto leggero e pieno di languori patriottici, che finiscono solo coll'ultimo periodo: " *O France! pays charmant ou j'ai eu le bonheur de naître* ecc. In Francia tutto è più bello, tutto superiore a ciò che si trova in Italia; perfino Arlecchino (p. 339)! In generale è viaggio descrittivo, ma qua e là tratta rapidamente e senza profondità, di altri argomenti: delle conversazioni italiane (p. 265), del cicisbeismo (267), dell'educazione (284), della letteratura contemporanea (386) ecc.

Curieuse und volstændige Reiss-Beschreibung von ganz Italien, worinnen des gegenwärtige Zustand ni-

cht nur des päbstlichen Hofes, sondern auch anderer Höfen, Republiken und Stædten in Italien, beschrieben in den j. 1698-99, Freiburg, 1701, 3 vol., 8⁰.

Dallington ROBERT (— m. 1637), *Survey of the Great-Dukes state of Tuscany in the year 1596*, London, Blount, 1605, 4⁰.

" Ne parla il BIANCHINI a p. 127 delle *Notizie istor. della SS. Cintola di Prato*, ma ne ignora l'A. e dice che l'opera fu da A. M. Salvini tradotta in italiano. Questa relazione piena d'invettive e di falsità contro la nazione e il Granduca, dettata forse all'A. da qualche malcontento fiorentino, è rimasta sepolta nell'oblivione, o per l'ingiuria del tempo o per la falsità degli argomenti. Meritano però d'esser note le intitolazioni di questo libello: *Del sito del paese e della poca bontà dell'aria, che sendo sotto li monti sente eccessivo freddo ed eccessivo caldo. Della sterilità del paese, che non ha da vivere il quarto dell'anno senza l'aiuto forestiero. Della natura dei popoli, ambiziosi, spilorci, ignoranti, vanagloriosi, dissimulatori, invidiosi, nemici dei forestieri, lussuriosi, vantatori, vili, codardi, gelosi, avidi di guadagno e intieramente senza ingegno. Del Principe, di persona corpulenta, non benefico, avaro, usurpatore dei beni dei fratelli, oppressore dei popoli, incettatore di grasce, violento, ingiusto, usurajo, odioso ai suoi popoli, debole di forze, ricco di danari, dei quali si serve per corrompere la Corte di Roma e di Spagna, e finalmente, che fa vivere in miseria i suoi sudditi.*,, MORENI, *Bibliog. tosc.*, I, 312. Vedi anche GALLUZZI, *St. del Granducato*, V, 11.

D[amin] LOUIS, *Le voyage curieux et sentimental: ouvrage en deux parties, contenant:* I *le Voyage de Chantilly et d'Ermenonville;* II, *le Voyage aux îles Borromées, par deux amis*, Milan, 1798, 8⁰; Paris, Hamelin, an IX (1801) 8⁰.

De *** SIGISMOND, v. **Rothenhahn.**

De B*** le COMTE, *Antiquités romaines expliquées dans les Mémoires du C. de B. contenant ses avantures, un grand nombre d'histoires et anec-*

dotes du tems trés-curieuses, et ses découvertes sur les antiquités de la ville de Rome, et autres curiosités de l'Italie etc., La Haye, Neaulme, 1750, 4⁰.

Viaggio complicato di romanzo erotico. A pag. 170 e segg. si dicono corna dei Genovesi e dei loro costumi: a pag. 175, si esaltano invece i sanesi, perchè tenuti colonia gallica. Si tocca brevemente di Firenze: il resto è consacrato a Roma, dove all'a. servono di guida l'Assemanni e un sig. N., la cui figlia si invaghisce pazzamente del viaggiatore, e poi muore per lui! A pag. 330 è riferita una visita al *pretendente* Giacomo III. Il resto sono descrizioni di monumenti, illustrati da un centinaio di belle tavole, che rappresentano lo stato antico e moderno dei medesimi.

De Beaumont J. Fr. ALBANIS (1755-1812), *Voyage historique et pittoresque du comté de Nice*, Genève, 1887, fol. — *Voyage pittoresque aux Alpes Pennines, précédé de quelques observations sur les hauteurs des montagnes glacières, qui se trouvent sur cette route, etc.*, Geneve, Bardin, 1787, fol. — *Tableau historique et statistique de la Savoye*, Paris, 1802, 8⁰; 1806, 2 vol., 4⁰. — In ingl.: *Travels from France to Italy, through the Lepontine Alpes, or an Itinerary of the rout from Lyon to Turin*, London, 1800, fol. — *Travels through the maritim Alpes*, London, 1794, fol.

De Blainville, *Travels through Holland, Germany, Switzerland, specially Italy, translated from the author's own manuscript by D.ʳ Thurebull*, London, 1749; ibid., Noon, 1757; ibid., Davemport, 1767, 3 vol. 4⁰. — Trad. ted. di Kœlher, 1766, 3 vol., 4⁰.

De Bonstetten CH. VICTOR (1745-1832), *Voyage sur la scène des six derniers livres de l'Enéide, suivi de quelques observations sur le Latium moderne*, Genève, Paschoud, an XIII (1805), 8⁰. — Trad. ted. di Schelle, Leipzig, Hartknoch, 1805, 2 vol., 8⁰.

Viaggio poetico ed erudito sul fare di quello di Addison; " mais. dice il D. L. R. III, 22, quelle que soit la célébrité de ce premier voyageur.... les rapprochements qu'a fait le nouveau voyageur sont bien supérieurs à ceux d'Addison.... On peut en dire autant des objets qui forment la seconde partie de l'ouvrage.... Il y recherche d'abord les causes de la dépopulation de la Campagne de Rome; il en décrit l'agriculture. Il indique ensuite les différentes races de gros bétail qu'on rencontre en Italie: il expose l'union intime de l'agriculture avec les mœurs. Remontant à l'antiquité il explique comment chez les Romains l'agriculture était liée aux mœurs et à la religion. Après avoir jeté un coup-d'œil sur le sol volcanique de la Campagne de Rome et sur les traces visibles des cratères, il s'occupe du Tibre, et il entreprend d'établir que le Latium a été un golfe de la mer. Dans cette dernière partie de l'ouvrage, le tableau de la dépopulation de la Campagne de Rome est tracé avec autant d'énergie que de verité. Le développement des diverses causes de cette effrayante dépopulation est fait avec une grande sagacité. L'application des remèdes propres à faire cesser ce fléau terrible est présentée comme extrêmement épineuse, sans être moralement impossible. „ — " Le livre de Bonstetten, dice il DUMESNIL, *op. cit.*, p. 248, peut servir de guide aux amis des lettres et de l'antiquité, qui croient encore à la poesie, et qui savent admirer en même temps les beautés de la nature. „

De Borch le Comte MICHEL JEAN (— m. 1810), *Lettres sur la Sicile et sur l'île de Malte, écrites en 1777, pour servir de Supplement au Voyage de M. Brydonne, ornées de la carte de l'Etna, de celle de la Sicile ancienne et moderne, avec 27 estampes etc.*, Turin, Reycends, 1782, 2 vol., 16°. Traduz. tedesca, Berna, 1783, 2 vol., 8°.

" Il Conte M. de Borch si recò in Sicilia nel 1777, allettato dai racconti del Brydone, e vi dimorò alcuni mesi. Era gentiluomo compito e sagace, naturalista di vocazione e di studj, con istinti feudali accoppiati alle sue tendenze scientifiche; tedesco di origine, scriveva bravamente in francese: oltre le lettere pubblicate del proprio viaggio, diede speciali lavori sulla litologia e mineralogia siciliana; venne col sospetto che lo scrittore britannico avesse cercato rabbellire il suo quadro, e dovè partirsi col convincimento che, se vi era esagerazione, stava solo là dove si fosse costui lasciato correre alquanto al bell'umore e alla satira: „ LA LUMIA, *scrit. cit.*, p. 729, e vedi fino a pag. 734 un sunto di questo Viaggio, nel quale, oltre che dell'aspetto fisico e delle ricchezze naturali della Sicilia, e delle principali sue città, si tratta del costume, delle conversazioni, dei cultori delle scienze e delle lettere, delle dame più colte di quel tempo, degli improvvisatori ecc.

De Brosses le Président CHARLES (1709-1777), *Lettres historiques et critiques sur l'Italie, avec des notes relatives à la situation actuelle d'Italie, et la liste raisonnée des tableaux et autres monuments qui ont été apportés à Paris, de Milan, de Rome, de Venise ecc.*, Paris, Ponthieu, an VII (1799), 3 vol; 8°. Ediz. mutila e piena di errori, fatta da Sèrieys, e sconfessata dagli eredi dell'a. Migliore l'edizione del 1836: ottima quella col tit.: *Lettres familières écrites d'Italie en 1739 et 1740*, procurata de R. Colomb, Paris, Didier, 1856, 1857, 1869, 1883, 2 vol., 16°. Vi ha anche un'altra edizione *avec une étude littéraire et des notes par Hipp. Babou*, Paris, Poulet-Malassis, 1858, 1861, 2 vol., 12°. Una scelta delle lettere dove sono *rétranchées les descriptions techniques* ecc., col tit.: *L'Italie galante et familière au* XVIII *s.*, fu stampata dal Dentu nel 1885.

Nulla diremo di queste Lettere, notissime e per ogni aspetto pregevoli, salvo che per i giudizi artistici. Se ne troverà un sunto nell'*op. cit.*, del DUMESNIL, pagg. 119-189, che ne porta questo giudizio finale: " Le temps écoulé depuis leur naissance, les évenements extraordinaires accomplis en France et en Italie, loin de leur nuire, ne firent qu'augmenter l'intérêt de leur récit. Depuis plus de soixante ans, la postérité vient chaque année confirmer le jugement des premiers lecteurs. Ces lettres survivent et survivront comme une peinture vraie de l'Italie il y a cent ans, et comme un des plus charmants modèles de l'esprit français si léger, si libre, si sceptique du XVIII siècle. „ L'AMPÈRE, *op. cit.*, p. 185, giudica le lettere del D. B. " un des livres le plus franchement spirituels qu'on ait écrit sur l'Italie „ ; e il SAINTE-BEUVE, *Causer. du Lundi*, VII, 85, notato ch'egli congiunge insieme " la sensibilité italienne à la malice et la naïveté gauloise, „ conclude che il De Br. è " le premier critique pénétrant, fin, gai et de gran coup d'œil, qui a bien vu dans ses contradictions et ses merveilles ce monde d'Italie. „

De C.... comte de, *Confessions, avec l'histoire de ses voyages en Russie, Turquie, Italie et dans les pyramides d'Egypte*, Caire, 1787, 8°.

De Chassenon Esprit, *Voyage autour du lac de Genève, dans les Alpes et en Italie*, Paris, Cramer, 1805, 8°.

De Coulanges PHIL EMANUEL (1631-1716), *Mémoires, suivis de Lettres inédites de mad. de Sevigné, publ. par M. de Monmerqué*, Paris, Blaise, 1820.

Il De C. è anche autore di una *Relation des conclaves de 1689 et 1691*. Le notizie e i giudizi di lui su Roma sono riassunti da A. ADEMOLLO nello scritto *Roma nelle canzoni del march. di Coulanges*, nel vol. *I Teatri di Roma nel sec.* XVII, Roma, Pasqualucci, 1888, p. 239.

De Genlis mad. FÉLICITÉ (1746-1830), *Mémoires sur le XVIII s. et la revolution française*, Paris, 1825, 10 vol., 8°.

Nel vol. 3° pag. 12-65 si contiene la relazione di un viaggio in Italia fatto colla Duchessa di Chartres prima della rivoluzione. Il suo Romanzo *Adèle et Théodore*, 1782, 3 vol., ha curiose notizie su Roma.

De Laboullaye Le Gouz FRANÇOIS (1610-1669), *Les voyages et observations .... où sont décrites les religions, gouvernements et situations des Estats et royaumes d'Italie, Grèce, Natolie, Syrie, Perse, Palestine, Karaménie, Kaldée, Assyrie, Grand Mogol, Bijapour, Indes orientales des Portugais, Arabie, Egypte, Hollande, Grande-Bretagne, Irlande, Dannemark, Pologne, isles et autres lieux d'Europe, Asie et Affrique, ou il a séjourné, le tout enrichy de belles figures*, Paris, Coulsier, 1653, 4.°; Troyes, 1657.

De L. M. de l'Academie de S. Luc à Rome, *Description historique de l'Italie en forme de Dictionnaire, etc.* Le Haye, Gosse, 1776, 2 vol., 6⁰; Avignone, 1790, 2 vol., 8⁰.

> Vi si trovano non solo notizie di luoghi e monumenti, ma anche di istituzioni e costumi: ad es. *Carnaval, Inquisition, Improvvisatori* ecc. Le figure sono quelle del Viaggio di Misson.

De la Mottraye AUBRY (1674-1743), *Travels trough Europa, Asia, and into some parts of Africa, containing a great variety of geographical, topographical and political observations of those parts of the World, specially Italy, Turky, Greece, Crim aud Nogayan, Tartary, Circassia, Sweden, and Lapland*, London, 1723, 2 vol., fol. In franc., La Haye, 1727, 2 vol., fol. Compendio ted., 1783.

De la Recke ELISA (1754-1833), *Reise nach Italien etc.*, hgg. von Bötticher, Leipizg, 1815, 4 vol. Trad. franc.: *Voyage en Allemagne, dans le Tyrol et en Italie*, trad. de la bar. de Montolieu, Paris, 1818, 12⁰.

> Il prof. FRIEDLÄNDER trattando nella *Deutsche Rondschau*, II, 233-51, dei viaggi tedeschi in Italia negli ultimi tre secoli, dice di questo: " L'autrice è scevra di sentimentalità, più che non si aspetterebbe da una amica di Tiedge, suo compagno di viaggio. Oltre al tradizionale entusiasmo per la natura, l'arte, le antichità d'Italia, essa mostra un caldo interesse per le condizioni, morali, religiose e politiche di quel paese, e prende a difendere calorosamente il carattere nazionale degli italiani, spiegandone il tralignamento colle condizioni politiche. „ Il viaggio appartiene agli anni 1804-1806.

De la R[oque], écuyer, ancien capitaine d'infanterie, *Voyage d'un amateur des arts en Flandre, dans les Pays-bas, en Italie, en Suisse, fait dans les années 1775-1778*, Amsterdam, 1783, 4 vol., 12⁰.

> Il BARBIER dice che questo viaggio venne corretto da Fabri, borgomastro di Liegi. L'Italia è compresa nel vol.

2º fino a parte del 4º. Il viaggio è esenzialmente artistico, ma vi si trovano notizie anche di altro genere: p. es. a Roma ragguaglia sugli spettacoli teatrali, sul carnevale, sulle conversazioni ecc., e così pure a Venezia, sugli spettacoli teatrali e carnevaleschi, sulle feste religiose e profane, sui conservatorj musicali ecc.

Deliciae Italiae, Leipzig, 1599; Frankfurt, 1609, 12º.

De M***, *Nouveau Voyage du Levant, contenant ce qu'il y a de plus remarquable en Allemagne, en France, en Italie, à Malte, en Turquie etc.,* La Haye, 1604, 8º.

D'Emiliane G. *Histoire des tromperies des prestres et des moines, décrite dans un Voyage d'Italie etc.,* Rotterdam, Acher, 1710, 2 vol., 8º; *augmenté p.. Govin,* Londres, 1727, 3 vol., 12º; septième édition, Rotterdam, Acher, 1728, 2 vol., 12º.

L'a. è un apostata della chiesa romana. La materia è così divisa: I. *Des Reliques,* II. *De l'esprit de vengeance de la Cour de Rome.* III. *Des hôpitaux et des pellerins d'Italie.* IV. *Voyage de Lorette.* V. *Des fêtes et des confrairies d'Italie.* VI. *Du déplorable abus qui se fait de la prédication en Italie.* VII. *Des processions en Italie.* VIII. *De la corruption des prêtres et des moines italiens dans leurs dévotions et dans leur morale.* Il libro va naturalmente adoprato con precauzione, perchè l'a. ha la fede, anzi ha la violenza del convertito, ma qua e là reca notizie da farne caso. Al vol., II, 47 registra che " la plûpart des dames en Italie portent le cordon de S. François. Elles en font un tour autour de leur corps, et les bouts pendent jusques au bas de leur jupes. Ils sont tout plein de jolis petits nœuds, et elles s'en servent de contenance et pour badiner, comme les demoiselles anglaises font avec leur éventail, ou avec leur masque. „ E a pag. 49: " Presque tous les italiens ont toujours un chapelet sur eux, dans leur poche ou à leur col entre leur pourpoint et leur chemise. Les dames le portent au bras.... Les plus communs pour les femmes de basse condition sont de corail ou d'ambre: mais les dames de qualité en ont de pierres précieuses, ou de pâtes odoriferantes, ornés avec de beaux rubans et garnis de plusieurs belles medailles d'or et d'argent. „ Notevole è tutto il capitolo su Loreto, e quello sui predicatori. Qui troviamo, pag. 122: " Il y a une autre sorte de prédicateurs en Italie.... Ce sont des prédicateurs qu'ils appellent Prédicateurs de la place.... Dans les villes d'Italie, vers le soir quand la grande chaleur est passée, les italiens, de quelque rang ou qualité qu'ils soient, vont se promener à la place. C'est là qu'il donnent audience, et qu'ils traitent de leurs affaires. Si l'on veut trouver quelqu'un à ces heures-là, la première chose que l'on fait c'est de l'aller chercher à la place. Il s'y rend toujours une grande quantité de chanteurs de chansons, des joueurs de gobelets, de charlatans, de diseurs de bonne avanture, et d'autres sortes de gens, qui trouvent leur avantage dans la multitude.... Lorsque les charlatans montent sur leurs theatres, on voit venir en même temps un moine avec un grand crucifix que l'on porte devant lui, et une petite cloche que l'on sonne. Il monte dans une chaire portative preparée dans un des côtés de la place, opposée aux théâtres des bâteleurs, et là il commence à prêcher. Une foule de peuple accourt de tous les côtés de la place pour l'entendre. J'étois fort édifié au commencement que j'étois en Italie de voir tant de gens quitter les comédiens pour aller entendre le sermon. Mais m'étant aussi approché pour les entendre, je vis que ces prédicateurs faisoient encore plus rire que les bâteleurs par leur plaisans discours et gestes ridicules etc. „ Interessanti sono le descrizioni della processione del Rosario fatta a Venezia dai domenicani di Castello, e a Milano nella notte del Venerdi santo, ove intervengono tre o quattrocento persone con grandi croci sulle spalle lunghe 15 o 20 piedi, ma prudentemente vuote dentro, con corda al collo e catene ai piedi ecc.

Denina CARLO (1731-1813), *Tableau historique, statistique et moral de la Haute Italie et des Alpes qui l'entourent*, Berlin, 1805, 8°.

Oltre la descrizione fisica, vi si contengono notizie storiche e indicazioni morali: ad es.: *Caractère des habitans des Alpes maritimes et de la Ligurie; Etat des lettres et des arts en Piemont vers la fin du dernier siècle; Caractère des modénois et des ferrarois; Qualités physiques et morales du pays de Lucques: Digression sur le Tyrol italien etc.*

Il Denina è autore di altre opere descrittive sull'Italia del suo tempo, come dell'*Essai sur les traces anciennes du caractère des italiens modernes*, Paris, 1807, nonchè delle *Considerations sur l'Italie*, e della dissertazione *sur l'état actuel des lettres et des arts en Italie* " dove seguendo le orme del Baretti, rinvenne troppe cose a censurare e troppe poche ad encomiare, e scrivendo il vero, ingiustamente tacque il commendevole (CLARETTA, *Sui princip. stor. piemontesi*, 1878, p. 477) „.

Denon Baron DOMIN. VIVANT (1747-1825), *Voyage en Sicile*, Paris, Didot, 1788, 8°. Traduz. ingl.; London, 1803, 2 vol., 8°.

Il viaggio in Sicilia e a Malta, quasi del tutto archeologico e scientifico, trovasi anche nel 5.° vol. del *Voyage* di SWINBURNE, Paris, Didot, 1787, 8.° Il viaggio in altre parti d'Italia è in forma di note al testo del viaggiatore inglese, nel vol. 4°. Notiamo a pag. 148 di questa ediz. il racconto delle improvvisazioni poetiche di un postiglione romano: a pag. 226 la descrizione dei *Lazzaroni* di Napoli: a pag. 231 quella dei presepj di Natale: a pag. 236 e 241, l'indicazione delle scuole musicali di Napoli e i particolari sull'opera buffa: a pag. 238 ciò che è detto dei castrati: a pag. 249 la descrizione del carnevale di Napoli: a pag. 259 la relazione sull'eruzione del Vesuvio nel 1779 ecc. Nel viaggio di Sicilia sono notevoli le descrizioni dei costumi e delle feste palermitane a pag. 74 e segg.

De R***, *Souvenirs d'un officier royaliste, contenant son entrée au service, ses voyages en Corse et en Italie, son émigration, ses campagnes à l'armée de Condé et celles de 1815 dans la Vandée.*

Il viaggio in Italia è circa del 1788: mi mancano le indicazioni bibliografiche.

[**De Roblas d'Estoublon** Le Marq.], *Lettres écrites pendant son voyage d'Italie en 1699*, Paris, Billaine, 1671, 2 vol., 12°; Paris, Barbin, 1676, 12°.

De Rohan, le duc HENRI (1579-1638), *Voyage fait en l'an 1600 en Italie, Allemagne, Pay-bas unis, Angleterre et Escosse*, Amsterdam, Elzevier, 1646, 12°: Paris, 1661, 12°. Trad. lat. col titolo: *Trutina statuum Europæ* etc., Lugd. Batavor., 1664.

Nella *Biblioth. Universelle* del 1844 vedi un art. su questo viaggio, segnato R.

De Saint-Didier Limojon, ALEX. TOUSSAINT (1630-1689), *La Ville et la République de Venise*, Paris, de Luynes, 1680, 12°; Amsterdam, Elzevier, 1680, 12°; La Haye, Moetjens, 1685, 12°; Paris, 1685.

L'a. fu a Venezia coll'ambasciatore d'Avaux dal 1672 al 74. Il lavoro è diviso in tre parti: descrizione della città: storia, e forma del governo: costumi e feste. Vedi un lungo e curioso estratto dell'opera nel DUMESNIL, *Op. cit.*, pag. 47-102.

De Saint-Martin MICHEL (1614-1687), *Le gouvernement de Rome, ou il est traité de la religion, de la justice, de la police, et de ce qui s'y passe de remarquable dans le cours de l'année*, Caen, Cavalier, 1682, 12º; Caen, Le Blanc, 1689, 12º.

De Sainte-Maure, CH. Command. DE BEAULIEU, *Nouveau voyage de Grèce, d'Afrique, de Palestine, d'Italie, de Suisse, d'Alsace et des Pays bas, fait depuis 1721 jusqu'en 1729*, La Haye, Gosse, 1724, 12º.

Parla pochissimo dell'Italia, accennando solo a Livorno, Pisa e Torino.

De Saint-Non CL. RICHARD abbé (1727-1791), *Voyage pittoresque, ou Description des royaumes de Naples et de Sicile, orné de cartes, plans, vues, figures, vignettes et culs-de-lampes*, Paris, De la fosse, 1781-85, 5 vol. fol.; Bruxelles, 1809, 4 vol., 8º, e 2 in fol. di fig., Paris, Dufour, 1829, 4 vol., 8º; e 3 vol. in fol. figur. — Traduz. ingl., London, 1759, 8º. Trad. compendiata tedesca di Keerle, Gotha, 1789; Ettinger, 1806, 12 vol., 8º.

"Saint-Non entreprit ce voyage en 1777. Il étoit accompagné de quelques dessinateurs, et il mit à contribution les talens de plusieurs jeunes artistes.... Pour les descriptions il s'est aidé des artistes mêmes qui levoient les plans.... Le voyage n'est pas purement pittoresque. Indépendamment des notions historiques que l'a. y a répandues sur le pays en général et sur chaque ville importante en particulier, il a consacré dans le 1ᵉ tome, un chapitre tout entier aux poètes et aux musiciens célèbres de Naples, avec une notice abrégée de leur vie et de leurs ouvrages. On y trouve aussi un essai sur le Vésuve, et le tableau des usages, des costumes et du caractère des Napolitains. On y donne encore une idée succincte du gouvernement, du commerce et des productions du Royaume de Naples: „ D. L. R.. III, 44. — Chamfort è l'autore del riassunto storico su Napoli e la Sicilia, che è nel 1º vol., e a Denon è dovuta nella massima parte la descrizione della Sicilia.

De Salaberry CH. MARIE D'IRRUMBERY (1766-1847), *Voyage è Constantinople, en Italie et aux îles de l'Archipel* etc. Paris, Maradan, 1799, 8º.

Descriptio civitatis Bononiae antiquae ac hodiernae, Leyda, 1696, fol.

Descriptio Italiae brevis et accurata, Utrecht, 1650, 12º.

Description de la Corse, avec la Relation de la dernière guerre, 1743, 12º.

Description de la Corse, des mœurs et coutumes de ses habitants etc., Paris, 1768, 8º.

Description des beautés de Gênes et de ses environs, ornée de differentes vues et du plan topographique de cette ville, Gênes, 1773, 8º.

Description géographique, historique et politique du royaume de Sardaigne, Cologne, 1718; La Haye, 1725, 12º.

Description de Venise, de ses palais, bâtiments célèbres, et ses autres beautés singulières, représentées en cent quinze figures gravées en taille douce, Leyde, Haack, 1762, fol.

De Seignelay le MARQUIS (1651-1690), *L'Italie en 1671, relation d'un voyage, suivie de lettres inédites à Vivonne, du Quesne, Tourville, Fénelon, et précedée d'une étude historique par Pierre Clément*, Paris, Didier, 1867, 12º.

Relazione fatta dal figlio di Colbert del suo viaggio in Italia. L'indole della narrazione è tutta artistica: ma " quelques pages font exception çà et là: celles où il nous montre les plaisantes mortifications des Franciscains de Bologne, le fanatisme des flagellants de Rome, l'accord édifiant du Vice-roi de Naples avec les bandits; jolies esquisses un peu trop rares dans un champ d'observation si vaste. „ Del resto, neanche i giudizj artistici sono di troppo valore: la cattedrale di Pisa sembra al S. " d'un goût barbare : „ S. Marco di Venezia non è punto notevole essendo " tout à fait gothique „. Più rilevanti sono due capitoli, l'uno sull'arsenale di Venezia, l'altro sull'organismo politico della repubblica di Genova.

Deseine Fr. J. (— 1715), *Description de la ville de Rome en faveur des étrangers, divisées en trois parties: la première contient l'explication des antiquitez: la seconde est la description des églises, palais, colléges, hôpitaux, bibliothèques, cimetières, et autres édifices: la troisième est la relation du gouvernement et des cérémonies*, Lyon, Thiolly, 1690, 3 vol., 12⁰.

— *L'ancienne Rome, la principale des villes d'Europe avec toutes ses magnificences et ses délices, nouvellement et très-exactement décrite depuis sa fondation, et illustrée par des tailles-douces qui représentent au naturel toutes ses antiquités*, Leyde, 1713, 4 vol., 8⁰.

— *Rome moderne.... suivi d'un description fort exacte du gouvernement et de l'état de Rome*, Leyde, 1714, 4 vol., 8⁰.

— *Nouveau Voyage d'Italia*, Lyon, Thiolly, 1699, 2 vol., 12⁰.

Il Viaggio ha carattere d'itinerario e di guida, ed in fondo ha un ragguaglio delle poste, e delle distanze fra luogo e luogo. Non è affatto senza valore il capitolo consacrato a Venezia (p. 125-269) dove, oltre la descrizione della città, si trovano ragguagli sulla popolazione distinta in classi (p. 192) e in parrocchie (p. 193), sulle rendite ecc. L'a. riconosce di essersi poco trattenuto sui costumi degli abitanti della Penisola: "mais qui ne sçait que ce sont les peuples les plus subtils de l'Europe, qui ne le cedent point aux François en politesse et civilité, ni aux Espagnols en pénétration et solidité de jugement? Il est vrai qu'on les accuse de n'être pas si francs et sincères que les Allemans, ni si simples que les Polonois, mais aussi ils ne sont pas si incostans que les Anglois, ni si voluptueux que les Asiatiques: il ne connoissent point la perfidie si commune parmi les Grecs, ni la cruauté si frequente en Afrique.... Ils s'habillent presque tous à la françoise, excepté dans les provinces éloignées des états dépendans du roy d'Espagne: il sont au reste fort retirez, défians, et vindicatifs: à cela près assez traitables et amis des étrangers etc. „ Il LABAT (vol. III, p. 127) ricorda una edizione di Leyda, 1728, in 10 vol. in 12, comprendente la *Rome ancienne* e la *Rome moderne*, e loda assai l'opera di questo "libraire françois établi a Rome „ per esattezza e copia di notizie.

Desorgues JOS. THÉOD. (1764-1808), *Les Transteverins*, 1794, 8⁰. — *Epître sur l'Italie, suivi de quelques autres poesies rélatives au même pays*, 1797, 8⁰.

— *Mon Conclave, suivi des deux Italies, epître sur la Provence et la Toscane*, 1800.

Nel poemetto sui Trasteverini e nelle note che lo accompagnano, l'a. descrive i costumi dei popolani romani, da lui studiati sul luogo. L'*Epître* delle *Deux Italies* è dedicato al Bettinelli. In italiano compose la *Primavera*, scritta a Napoli, e che in qualche tratto potrebbe confrontarsi colla Ginestra del Leopardi.

De Staël-Holstein ANNE LOUISE GERMAINE **Necker**, baronne de (1766-1817), *Corinne ou l'Italie*, Paris, 1807, 3 vol., 12⁰; 2 vol., 8⁰.

Il celebre romanzo contiene descrizioni di luoghi, specialmente di Roma, e anche di costumi italiani, sebbene la fantasia poetica dell'autrice, travesta uomini e cose e li colori a suo modo. Vedi ciò che dice in propoposito l'AMPÈRE, *loc. cit.*, p. 202, e dietro lui il BOURNET, *Rome, études de litterat. et d'art.*, Paris, Plon, 1888, p. 75.

Devoisins PHILIPPE, seigneur de Montaut (1445?-1500?), *Voyage à Jérusalem* (1490), publ. pour la Societé histor. de Gascogne, par Ph. Tamizey de Larroque, Paris, Champion, 1883.

Il viaggiatore percorse parte dell'alta Italia e si trattenne a lungo in Venezia, dove vide la festa dell'Ascenzione, lo Sposalizio del mare, la processione del Corpus Domini ecc. Della festa dell'Ascensione dà, fra gli altri questi ragguagli: "Les gens de ladicte citté estoient en grand triomphe, especiallement les femmes nouvellement mariées qui portoient habillemens descouverts, mountrant toutes les espaulles, belles femmes, et portoyent piereries sur leurs robes demy pied de hault, vaillant chascune plus de trente a quarante mil ducatz. Et cella font deux ans au commancement qu'elles sont mariées, et après ses deux ans se couvrent de habillementz noirs, qu'on ne voit que le visaige: et les filles qui sont a marier se portent pareillement couvertes, fors que l'ung des yeulx que l'on peult veoir.„

Dolomieu (de) DÉODAT (1750-1801), *Voyage aux îles de Lipari, ou Notices sur les îles éoliennes, suivi d'un mémoire sur les îles Ustica et Pantellaria, pour servir à l'histoire des volcans, fait en 1781*, Paris, 1783, 2 vol., 8°. Altra ediz.: *suivi d'un Mémorie sur une espèce de volcan d'air, et d'un autre sur la temperature de Malte*, Paris, Pankouke, 1788, 8°. Allo stesso illustre naturalista appartengono: *Mémoire sur le tremblement de terre de la Calabre pendant l'année 1783*, Rome, 1788, 8°; *Mémoire sur les îles Ponces, et Catalogue raisonné des produits de l'Etna*, Paris, 1788, 8°.

Donati IACOB, *De republica veneta, dialogi*, Leyda, 1631, 12°.

Doran doct. F. S. A., *Mann aud Manners at the Court of Florence, 1740-1786*, London, Bentley, 1876, vol. 2., 8°.

Quest'opera è fondata tutta sul carteggio del residente inglese in Toscana Orazio Mann (1717-1786) con Orazio Walpole, del quale sono pure a stampa le lettere al Mann per cura di Lord Dover, 1860. Alcune delle molte notizie che sulla vita e società di Firenze offrono coteste lettere furono messe in opera dal REUMONT, *Società e Corte di Firenze, sotto il regno di Franc. II e Leop. I*, Firenze, Barbèra, 1877, e *Il principe e la principessa di Craon* (in *Saggi di Storia e Letteratura*, Firenze, Barbèra, 1880). Sul Mann, ricordato e lodato dal Casanova (ediz. Garnier, v, 499) dal Dutens (i, 287, ii, 232) e da quanti allora soggiornarono o passarono in Toscana, riferiamo questi versi di Fr. BARTOLI nelle *Notizie dei comici Italiani* (i. 103) da un suo componimento intitolato *Il Corso di Firenze*:

> Orazio Mann, ch'è della Gran Brettagna
> Baronetto, del Bagno cavaliere,
> E inviato ai toschi lidi (sic) non scompagna
> Da nascita sublime alte maniere,
> Se Francia vide, scorse ancor la Spagna
> Ed è fornito di cauto sapere.
> Ei giunge ilare in faccia e v'accompagna
> Contegno tal, che il fa grave parere;
> Ma tal sempre non è; con nobil viso
> Lieto motto talor dice improvviso.

Dryden, JOHN (1667-1702), *Voyage to Sicily and Malta, he accompanied M. Cecil a expedition in 1701 and 1702*, London, 1776, 8°.

Drummond ALEX. (— 1769). *Travels through different cities of Germany, Italy, Grece and several partie of Asia etc.*, London, 1754, fol., fig.

Si trova in francese nella *Collection des Voyageurs modernes* trad. par Puisieux, Paris, 1760-64.

Du Bellay JOACHIM (1524-1560), *Antiquités de Rome, contenant une générale déscription de ses monuments et comme une déploration de sa ruine*, 1558, 4°. — *Les Regrets* etc., Paris, Morel, 1558, 4°. — *La Courtisanne romaine*, Lyon, Edoard, 1558, 8°.

" Nous avons de Dubellay deux recueils bien différents, consacrés à chanter Rome, ou il passa plusieurs années attaché à son parent le card. Dubellay. Dans les *Antiquités*, Dubellay prend Rome au serieux; il enfle sa voix pour en déplorer la chute.... Lui-même etait comme un vieux romain qui reviendrait errer sur ces débris, et chercherait, selon ses propres expressions, *Rome dans Rome*, sans la pouvoir trouver.... Il a de la grandeur et un sentiment assez profond de l'aspect de la Campagne romaine, aperçue des hauteurs de Rome.... Dubellay, d'abord enchanté du séjour de Rome, en fut bientôt aux *regrets*, et dans les sonnets auxquels il a donné ce titre, il exprime son désappointement avec beaucoup de franchise, et souvent beaucoup de verve. Voici un de plus piquant parmi ceux que l'on peut citer:

> Marcher d'un pas grave et d'un grave souci,
> Et d'un grave souris à chacun faire fête,
> Balancer tous ses mots, répondre de la tête
> Avec un *messer no* ou bien un *messer si;*
>
> Entremêler souvent un petit *e cosi*
> Et de *son servitor* contrefaire l'honnête,
> Et comme si l'on eût sa part à la conquête,
> Discourir sur Florence et sur Naples aussi;
>
> Seigneuriser chacun d'un baisement de main,
> Et, suivant la façon d'un courtisan romain,
> Cacher sa pauvreté d'une brave apparence;
>
> Voilà de cette cour la plus grande vertu,
> Dont souvent mal monté, mal sain et mal vêtu,
> Sans barbe et sans argent, on s'en retourne en France.„
>
> <div align="right">AMPÈRE, <i>op. cit.</i>, p. 156 e segg.</div>

Aggiungiamo anche quest'altro sonetto, che descrive il carnevale di Roma:

> Voici le carneval, menons chacun le sienne,
> Allons basler en masque, allons nous pourmener,
> Allons voir Marc Antoine ou Zani bouffonner,
> Avec son Magnifique à la venitienne;
>
> Voyons courir le pal à la mode ancienne,
> Et voyons par le nez le sot bufle mener,
> Voyons le fier toureau d'armes environner,
> Et voyons au combat l'adresse italienne;
>
> Voyons d'oeufs parfumez un orage gresler,
> Et la fusée ardent'siffler menu par l'air;
> Sus donc, despeschons nous, voici le pardonnance;
>
> Il nous faudra demain visiter les saincts lieux;
> Là nous ferons l'amour, mais ce sera des yeux,
> Car passer plus avant c'est contre l'ordonnance.

Du Boccage MARIE ANNE (1710-1802), *Lettres contenants ses voyages en France, en Angleterre, en Hollande et en Italie, depuis 1766 jusqu' en 1768*, Dresde, 1771, 2 vol., 8°; Lyon, Parisse, 1764, 3 vol., 8°: Paris, 1749-56, 3 vol., 8°.

Vedi in proposito delle Lettere sull'Italia un mio artic. nel *Fanfulla della Domenica*, 9 Luglio 1882.

Duclos CH. (1704-1772), *Voyage en Italie, ou Considérations sur l'Italie*, Paris, Buisson, 1791, 8°;

Lausanne, 1791, 12⁰. Traduz. ted. di Schleusner, Jena, 1792.

— *Lettres* (XI) *écrites à M.ʳ Abeille, pendant son voyage d' Italie*, (1766-67), nel vol. IX delle *Œuvres complètes*, Paris, Colnet, 1806, 8⁰.

Il viaggio è del 1767. " Ce voyage, dice il DESNOIRESTERRES nella *Nouv. Biogr. génér.*, est remarquable par l'originalité des vues et des aperçus: Duclos ne pouvait parcourir l'Italie en simple touriste, il la visita en penseur et en politique. „ E l'AMPÈRE: " Duclos a écrit un voyage en Italie plein de ce bon sens ferme et fin, qui est chez lui si remarquable. On ne peut craindre de sa part aucune sorte d'engouement (*op. cit.*, p. 183).„ Confr. anche SAINTE-BEUVE, *Caus. d. Lundi*, IX, 256. Vi sono in questo viaggio parecchie cose assai notevoli, delle quali taluna indicheremo rapidamente. Pag. 18: a Genova, visita al March. Lomellini, ex doge, e conversazione con esso. Pag. 26: Elogio della repubblica di Lucca: " on n' y voit ni mendians, ni fainéans, ni vagabonds, et sa population est, relativement à son étendue, la plus forte de l'Italie. On y recueille peu de bled; mais l'industrie procure aux lucquois les moyens de suppléer a ce que la nature leur a refusé.„ Pag. 27: visita a Mons. Cerati a Pisa, e suo elogio. Pag. 32: Aspetto della Toscana: "J' y ai vu le paysan par-tout vêtu de drap, bien logé, et nulle part des sabots.„ Pag. 66: Difetti e vizj dell'amministrazione pontificia. Pag. 72: Ritratto di papa Rezzonico. Pag. 76: Ritratto del card. Torrigiani, segretario di stato. Pag. 81: Conversazione col card. Piccolomini, al quale l'a. dice:.... " si je n'avois que dix-huit ans, je verrois la révolution du governement de Rome; et il ne me contredit pas. „ Pag. 104: La società romana e le *conversazioni*. Pag. 113: Popolazione dello stato della Chiesa. Pag. 117: Prezzi dei generi a Roma. Pag. 120: Stipendj dei cantanti. Pag. 124: La mendicità a Roma. Pag. 126: " Il y a très-peu de classe moyenne à Rome, c'est-à-dire, de cette bourgeoisie d'une fortune honnête sans opulence, et qui, avec un patrimoine soutenu de commerce et d'industrie, vit sans faste et sans inquiétude. „ Pag. 133: Mezzi di comunicazione: il *procaccio* fra Roma e Napoli. Pag. 141: La popolazione del regno di Napoli: " On y compte 103 585 prêtres, moines et religieuses: archevêques 22, évêques 116, prêtres 55 942, moines 30 677, religieuses 22 828.„ A Napoli, la cui popolazione è, secondo il censimento del 1766, di 337 035 abitanti, si hanno 3 489 preti, 4951 monaci, 6850 monache. Pag. 170: Elogio del Tanucci. Pag. 171: Pessima educazione data dal duca di S. Nicandro al futuro re Ferdinando. Pag. 178: Il padre Adeodato Turchi. Pag. 182: Il padre Pepe. Pag. 298. A Roma: il p. Caravita e i flagellanti. Pag. 282. A Bologna: visita allo Zanotti. Pag. 281: Visita al Farinelli. Pag. 808. A Parma, visita al p. Jacquier. Pag. 311: Elogio del Du Tillot. Pag. 317: Il p. Paciaudi. Pag. 318: L'infante di Parma. Pag. 818: Visita al p. Frisi a Milano. Pag. 819: Visita al c. Firmian. Pag. 321: Conversazione col Beccaria, col quale il Duclos non va d'accordo circa l'abolizione della pena di morte: egli crede che "il n'y auroit, pour la réforme de notre code criminel, qu'à fixer une gradation des peines, comme une gradation de délits. Il y auroit sans doute des délits qui ne seroient pas puni de mort, ainsi qu'ils le sont actuellement, mais il y a des crimes qui ne peuvent l'être d'une mort trop effrayante. „ Pag. 332. A Torino: elogio del Re e del suo governo: "La *bureaucratie*, déjà ancienne parmis nous, seroit un mot barbare à Turin. Le roi de Sardaigne, homme d'un très-grand sens, auroit de la peine à le comprendre, et encore plus à souffrir qu'il signifiât quelque chose chez lui. „ Pag. 343: Importante appendice sul Governo economico dello stato della Chiesa.

Dufour P., *Considérations sur l'Italie et les Italiens*, Paris, 1765, 12º.

Dumont JEAN baron DE CALSCROON, (— 1726), *Voyage en France, en Italie, en Allemagne, à Malte et en Turquie, en 1689 et années suivantes, contenant les recherches et observations curieuses qu'il a faites en tous ces pays, tant sur les mœurs et les coûtumes des peuples, les gouvernements et la religion, que sur l'histoire ancienne et moderne, la philosophie et les monumens authentiques, le tout enrichi de figures*, La Haye, Foulque, 1699, 4 vol., 12º.

Dupaty J. B. (1746-1788), *Lettres sur l'Italie, écrites en 1785*, Paris, Desenne, 1788, 2 vol. 8º; 1796, 2 vol., 18º; Crapelet, 1800, 3 vol., 18º; Gênes, 1810, 2 vol., 12º; Paris, Verdière, 1824, 2 vol., 18º; Dufoart, 1827 ecc. Trad. ingl. col tit.: *Sentimentals Letters in Italy*, London, 2 vol., 8º. Svedese, Stockholm, 1799, 8º. Olandese, Leyda, 1800, 12º. Vedi in proposito: *Lettres à un français, ou Reponse aux Lettres de M. Dupaty sur Gênes*, 1789.

In queste lettere, un giorno assai celebrate e lette, l'a. " développa, come dice il D. L. R., II, 497, une sensibilité portée jusqu' à l'enthousiasme. „ Lo stile, tutto *concetti*, n'è insopportabile, sebbene sia vero, come osserva l'AMPÈRE, *op. cit.*, p. 187, ch'egli " a payé pour tous „ : i suoi contemporanei sono infetti dai medesimi vizi. Pure le sue Lettere contengono alcune utili e curiose notizie : " à travers son jargon affecté, dice lo CHATEAUBRIAND, *op. cit.*, p. 384, il observe avec justesse „ ; e talune sue osservazioni verremo indicando. Lett. 9: " A Gênes il n' y a qu' une boulangerie et un cabaret publics, administrés et régis sous l'autorité du Sénat. La république ne souffre point que d'autres qu' elle vendent le pain, le vin, le bois, l' huile.... La république vend au plus haut prix et de la plus mauvaise qualité.... J' ai voulu goûter de ce pain des pauvres: les animaux sont heureux. „ Lett. 13: Visita all' ex doge Lomellino, ed elogio di lui. Lett. 19: La nobiltà trafficante a Genova: " Il est d'usage que le sénat demande pour l'état au pouvoir ecclésiastique la permission de faire gras pendant le carême. Cette année, comme les nobles, de qui cette demande dépendoit, avoient beaucoup de morue à vendre, le sénat n' a pas demandé la permission, et l'état a fait maigre. Mais les nobles ont vendu leur morue „. Lett. 20: Il *cicisbeismo* a Genova: secondo il D. " le *sygisbé* représente à-peu près à Gênes *l' ami de la maison* à Paris „. Giudizio finale su Genova: " Il y a tant de libertinage qu' il n'y a pas de filles publiques: tant de prêtres, qu' il n' y a point de religion: tant de gens qui gouvernent, qu' il n' y a pas de gouvernement: tant d'aumônes, que les pauvres y fourmillent „. Lett. 23: " L'empire de Lucques a huit lieues carrées. Une population de cent vingt mille habitans s'efforce tous les ans, en ne mangeant pas la moitié de l'année, de vivre pendant toute l'année. „ Vesti delle donne: " une loi barbare les condamne à porter le dueil pendant tout le cours de l' année „. Lett. 25: Elogio di Leopoldo e del suo governo. Lett. 26: Interessante colloquio col granduca: visita al figlio, che trova leggendo Montesquieu e Locke. Lett. 29: Corilla e il violinista Nardini. Lett. 38: Stato della Toscana sotto Leopoldo. Lett. 41: Una seduta dell'Accademia fiorentina: elogio di Galileo, versi di S. Fiorentino. Lett. 60 e 87: Le donne romane ritratte al fisico e al morale. Lett. 76 e segg: Economia pubblica a Roma: agricoltura, mendicità, ecc. Lett. 88: Il card. di Bernis. Lett. 101-102: La popolazione napoletana: tra le altre: " La végétation humaine à Naples a toute sa vigueur, et toute sa durée naturelle. Aussi l'abondance de la population est-elle extrême à Naples.... La profession ici de quinze mille personnes c'est d'être devant un carrosse; la profession de quinze mille autres c'est d'être derrière.... Sur cent personnes, deux tout au plus savent lire. Il existe des provinces entières où il n'y a pas de maîtres d'école „. Lett. 106: Motto del Galiani, capo dell'azienda del commercio: " J'ai tous les vices, dit pubbliquement l'abbé G.: il faut donc que chacun d'eux soit payé: il me faut donc beaucoup d'or „. Lett. 107: L'amministrazione della giustizia: " Les magistrats vendent pubbliquement la justice.... Les gens de loi pullulent. On compte pour le seul royaume de Naples.... près de trente mille avocats ou procureurs.... On compte par an, environ quatre à cinq mille assassinats, et deux ou trois exécutions à mort. „

Dutens LOUIS, (1730-1812), *Itinéraire des routes les plus frequentées, ou Journal de plusieurs voyages aux principales villes de l'Europe, depuis 1768 jusqu'en 1783.* La prima ediz. è del 1775, la quarta, Paris, Barrois, 1783, 12º.

" C'est en effet, dice il D. L. R., I, 291, un des meilleurs guides pour les voyageurs. „ Il Dutens è autore delle *Memoires d'un voyageur qui se repose*, Paris 1807, 3 vol. 8º, (trad. ted. di Meyer, Amsterdam, 1807, 2 vol., 8º), dove si trovano utili e curiosi particolari sull'Italia: v. su di esse un mio artic. nel *Fanfulla della Domenica*, 1882, n.º 9.

Duval PIERRE (1618-1684), *Le voyage et la description d'Italie, avec la relation du voyage fait à Rome par le Duc de Bouillon en l'année 1644*, Troyes, 1656, 8º.

Trovo anche indicato sotto lo stesso nome une *Description de l'Italie*, Paris, chez l'auteur, 1668.

Duval FRANÇ., marquis de **Fontenay Mareuil** (— 1665), ambassadeur du Roi près de S. Sainteté en l'année 1641, *Voyage en Italie, où est compris tout ce qui se voit de remarquable de Paris jusqu'à Rome, les noms des villes, chasteaux, ports de mer, isles et autres lieux, leur antiquité, description et assiette, avec les réceptions qui y ont esté faictes audit ambassadeur, avec la façon* *d'eslire les papes : le tout recueillis par le S.ʳ de Vologer-Fontenay*, Paris, Boulanger, 1643, 12⁰.

— *Mémoires de Messire Du Val, marquis de F. M., ambassadeur à Rome en 1641 et 1647, publiées pour la première fois et précédés d'une notice par Monmerqué*, Paris, Foucault, 1826; 2 vol., 8⁰.

Ebert ADAM (1636-1735), sotto il nome di *Aulus Apronius, Reisebeschreibung von Villafranca, durch Deutschland, Holland, England, Frankreich, Spanien und Italien*, Francfurt zur Oder, 1723; 1728, 8⁰.

Edme DOM. abbé de Clairvaux, *Relation d'un voyage à Rome, commencé le 23 du mois d'août 1520 et terminé le 14 du mois d'avril 1521, publié et annoté par Harmand*, Troyes, 1850, 8⁰.

Egloffstein VON, LUDW., *Reise durch Italien in jahr 1792* (nelle *Memorie di Geografia* di Fabri, II, fasc. x).

— *Bruchstücke aus dem Tagebuch eines Reisenden durch Italien* (ibid. II, fascic. 5).

Engländers (eines), Neue Beschreibung der Inseln Ischia, (nel I vol. dei *Piccoli Viaggi* di Bernoulli).

Ens GASPARD (fior. 1636), *Deliciae Italiae, et Index viatoribus ab urbe Roma ad omnes Italiae citates et oppida*, Coloniae, Lutzenkirchen, 1619, 8⁰.

Estienne CHARLES (1504-1564), *Les voyages de plusieurs endroits de France, et encore de la Terre Sainte, d'Espaigne, d'Italie et d'autres pays*, Paris, Estienne, 1552, 12⁰.

V. *Catalogue Landau*, p. 188. La 3ᵃ ediz. fatta dallo Stefano è del 1553, 8⁰.

Faber frater Felix, *Evagatorium in Terræ Sanctæ, Arabiæ et Ægypti peregrinationem* edid. L. D. Hœssler, Stuttgart, 1843-45, 3 vol., 8º. Il testo ted. col titolo *Eigentliche Beschreibung* etc., era già stato impresso nel 1557. Della parte riguardante Venezia abbiamo una traduz. fatta dal Lazari e stampata da Dom. Zasso col titolo: *Venezia nel MCDLXXXVIII, descrizione di Felice Fabri da Ulma*, Venezia, Tipografia dell'Ancora, 1881.

Il frate di Ulma celebra Venezia per dodici ragioni: 1º per la singolarità del sito e sua fondazione ed erezione: " per lastrico ha il mare, ei dice, per mura la laguna, per tetto il cielo, per contrade e vie le acque; „ 2º per la sua numerosa popolazione: "uom non potrebbe contare quanti vanno e vengono per via, quanti navigano i canali, quanti stanno nel palagio a S. Marco, quanti s'intrattengono novellando a Rialto, mercanteggiano nel fondaco e altrove contrattano sulle porte e nelle botteghe, lavorano nelle officine ecc. „; 3º per la diuturnità del governo e la saggezza dei reggitori, dei quali ci ritrae a parole il venerando aspetto, e loda la sobrietà e il corretto costume; 4º per la dilatazione del suo dominio oltre mare, e per esser sempre pronta alle imprese: " in due giorni potrebbero dall'arsenale slanciarsi in acqua secento galee, e dugentomila soldati armarvisi da capo a piedi in manco d'un ora: „ descrizione dell'Arsenale e delle diverse opere che vi si fanno; 5º per il numero delle chiese e la pompa del divin culto; 6º per la quantità delle sante reliquie; 7º per la preziosità degli arredi sacri e tesori delle chiese; 8º per la copia di tutte cose occorrenti al vivere: " nel mercato di S. Marco vedesi tal quantità di legumi e d'insalate che fa meravigliare dove tanta ne nasca e chi la consumi, e dicasi lo stesso de' pesci, degli uccelli, delle carni, delle frutta „; 9º pel traffico delle mercatanzie: si rammenta il Fondaco dei Tedeschi, dal quale tante mercanzie vengono mandate in Germania, che il dazio d'uscita sorpassa i 20 m. ducati. La città è anche copiosa di schiavi, specialmente di slavi " e ben tremila etiopi e tartari venderecci, „ ma ne è vietato il commercio dai tempi di papa Zaccaria; 10º per la magnifica celebrazioni delle feste, delle quali si descrivono, fra le civili, lo *Sposalizio del Mare*, fra le sacre, il *Corpus Domini*: alle quali solennità "le matrone veneziane si mostrano con tanto sfarzo e con tanto gusto abbigliate, che non le crederesti già donne di cristiani, ma sì matrone trojane, anzi ancelle di Elena e di Venere „; 11º per le diete dei principi secolari e i capitoli dei religiosi che vi si celebrano con frequenza; 12° per i grandi privilegi concessi a Venezia da papi e imperatori.

Fabricius GEORG. (1516-1571), *Itinerum, liber unus quo haec continentur: Iter Romanum primum, Iter neapolitanum, Iter Romanum secundum, Iter Patavinum, Iter Chemnicense, Iter Argentoratense etc.* Basileae, Oporinum, s. a., forse 1547.

Dallo stesso a. si ha nelle *Antiquitates* del Grevio una descrizione di Roma, assai stimata. Gli *Itinera* sono in versi latini. Ne togliamo la descrizione di Pisa dal poemetto quarto datato del 1543:

> Ter madidi pluvia, ter ab ipso sole vicissim
> Siccati, Alpheo claram cognomine Pisae,
> Tantalidæ Pelopis desertam pergimus urbem,
> Quondam divitiis et nobilitate superbam.
> Sed dum insana suam petit ultra plurima sortem,
> Amisit propria, et dominis nunc paret iniquis,
> Uti libertate et rebus nescia magnis.
> Non tamen Aonides cesserunt inde puellæ,
> Atque metus ferri contra Martisque furorem
> Integra sceptra sui tenuit Tritonia regni.
> Altera templa ibi sunt ingentibus alta columnis,
> Hetruscas inter gentes notissima fama.
> Turris item cuivis operi æquiparanda vetusto
> Aeria, inque unum latus inclinata minansque,
> Si procul aspicias, alia plus parte ruinam.
> Nec non quo placidam carpunt in morte quietem
> Corpora, spe vitæ melioris, marmore stratus
> Est locus, et multa cum rclligione verendus.
> Praeterco insigni celebrandum fonte sacellum
> Cuius lympha, dei verbo accedente, repurgat
> Contractam prima maiorum ab origine labem.
> Flumine mox tusco ferimur, rumore secundo,
> Donec harenosi rapidum sulcavimus Arni
> Ostium, et æquoreis luctantes fluctibus undas.

Faidel, G., *Moeurs et coûtumes des Corses: mémoire tiré en partie d'un grand ouvrage sur la politique, la législation et la morale des diverses nations de l'Europe,* Paris, Garnery, an VII (1798), 8°, fig.

Il D. L. R., III, 92 giudicava questo lavoro "le meilleur que nous ayons encore sur la Corse."

Feller l'Abbé J. X. (1735-1802), *Itinéraire, ou Voyages en diverses parties de l'Europe: en Hongrie, en*

Transylvanie, en Esclavonie, en Bohême, en Pologne, en Italie, en Suisse, en Allemagne, en France, en Hollande, aux Pays-bas etc., ouvrage posthume, dans lequel se trouvent beaucoup d'observations et de réflections intéressantes, Liège, 1820, 2 vol., 8°; e 1823.

Ferber JEAN JACQ. (1743-1790), *Briefe aus Welschland (1771-72) über die natürliche merkwürdigkeiten dieses Landes*, Praga, 1773, 8°. Trad. ingl. di R. E. Raspe, London, 1776, 8°; trad. franc. di Dietrich col tit.: *Lettres sur la mineralogie et divers autres objets d'hist. naturelle de l'Italie, enrichies de notes;* Strasbourg, Treuttel, 1776, 8°.

Fermanel, Fauvel, Baudouin De Launay et **De Stochove,** *Le voyage d'Italie et du Levant, contenant la description des royaumes, mœurs et actions tant des italiens que des turcs, grecs, arabes, arméniens, mores, nègres et autres nations*, Rouen, Wite, 1664, 4°; Rouen, Behourt, 1687, 12°. Aggiungi: *Observations sur le voyage de Fermanel etc.*, Rouen, Hirault, 1668, 4°.

 Prima comparve per tre volte in Belgio una relazione dello Stochove: poi questa, ricavata dai ms. del Fermanel. Dell'Italia si parla poco, in principio ed in fine: nell'andata si accenna a Livorno, Pisa, Lucca, Pistoia, Firenze, Genova (ove si registra il proverbio: Uomini senza fede, mare senza pesce, monti senza legna, donne senza vergogna); e nel ritorno, a Trapani, Livorno, Pisa, Firenze, Bologna, Mantova, Padova, Venezia (ove i viaggiatori riconoscono " ce que nous avions ouïs dire long temps auparavant, que les dames venitiennes surpassent en beauté et en bonne grace toutes celles d'Italie „), Brescia, Bergamo, Milano, Parma, Ancona, Loreto, Roma, Napoli. Il viaggio è dal 1630 al 1632.

Fischer-Mareuil J. W., *Voyage par l'Autriche, la Hongrie, la Styrie, Venise, la Bohême et la Moravie, fait pendant les années 1801 et 1802*, Wien, Doll, 1803, 3 vol., 8°.

Il viaggio è in tedesco: ma ne trovo l'indicazione solo in francese.

Forsyth J., *Remarques on Antiquities, Arts and Letters, during an excursion in Italy in the y. 1802 and 1803*, London, 1816.

Fragmente aus dem Tagebuch eines jungen Schweizers auf seiner Reise nach Florenz, in Frühjahr 1788, (nel *Museo Svizzero* del 1788, fasc. xi).

Frédérick COLONEL (1730-1797), *The description of Corsica, with an Account of its union to the crown of Great - Britain, including the life of general Paoli, and the Memorial presented to the National Assembly of France etc.*, London, 1795, 8°.

Ne è notata anche una ediz. Francese del 1798, 8°. Il colon. Frédérick era figlio di re Teodoro.

Freschot CASIMIR (1640-1720), *Nouvelle relation de la ville et république de Venise, divisée en trois parts: la 1ᵉ contenant son histoire générale: la 2ᵉ traite du gouvernement et des mœurs de la nation; et la 3ᵉ donne connaissance de toutes les familles patrices employées dans le gouvernement*, Utrecht, van Poolsum, 1709, 12°.

— *État ancien et moderne des duchés de Florence, Modène, Mantoue et Parme, avec l'histoire anecdote des intrigues des cours de leurs derniers princes etc.*, Utrecht, Broedelet, 1721, 8°.

— *L'état du siège de Rome dès le commencement du siècle jusqu'à present.... avec une idée du gouvernement, des manières et des maximes politiques de la Cour de Rome*, Cologne, P. Marteau, 1707, 3 vol., 12°.

— *Remarques historiques et critiques faites dans*

un *voyage d'Italie et Hollande en 1704,* Cologne, Jacques le Sincère, 1705, 2 vol., 8º.

Fuess, *Nachrichten auf Sardinien von der gegenwœrtigen Verfassung dieser Inseln,* Leipzig, 1780, 8º.

Furst (von) GEORG, *Curieuse Reisen durch Europa in welcher allerhand Merkwürdigkeiten zu finden, nebst eine Vorrede.... von Christ. Sancken,* Sorau, Hebold, 1739, 8º.

Gaudin l'abbé JACQ. (1740-1810), *Voyage en Corse et vues politiques sur l'amélioration de cette île,* Paris, 1788, 8º.

Gauthier AUGUST Villerme de S. Claude, *Itinéraire de Franche-Comté en Italie* (1636-37).

Trovasi nelle Memorie dell' Accademia di Besançon del 1881.

Genuœ celeberrimi totius Italiaę emporii, descriptio, 1634, fol.

Gérard FRANÇOIS (1770-1836), *Correspondance, publ. par Henri Gérard, et precedée d'une Notice sur la vie et l'œuvre de Gérard par A. Viollet-le-Duc,* Paris, 1867, 1 vol., 8º.

Vi si trovano molte lettere del celebre pittore scritte da Roma, contenenti particolari storici.

Gerbert MARTIN (1720-1793), *Iter Alemannicum: accedit Italicum et Gallicum,* Thypis S. Blasianis, 1765, 8º; 2ª ediz. accresciuta, 1773.

Questo viaggio erudito, in cerca di materiali per la grand'opera sul canto e la musica sacra, è del 1760.

Germain MICHEL (1645-1694): vedi **Mabillon**.

" Le voyage de Michel Germain en Italie, à une époque où les gens de lettres français ne la visitaient guère, offre un récit piquant par le naturel et une malicieùse bonhomie; resté franc picard, M. Germain, ne s'enthousiasme pas à froid pour le soleil, la mer et les rochers, et ses souvenirs d'Amiens lui servent à décrire Naples. Sa relation véridique peut être opposée au jugement plein de prévention des écrivains protestants, tels que le doct. Burnet et Misson. Il aurait pu rencontrer le premier, il n'a précédé le second que d'une année: „ VALERY, Correspond. inéd. de Mabillon et de Montfaucon etc., I, XL.

Gerning J. F., *Reise durch Österreich und Italien*, Frankfurt, Wilmans, 1803, 8°.

Goelnitius ABRAHAM, (— 1642), *Ulysses Belgico-Gallicus, seu fidus Dux et Achates per Belgium hispanicum, Galliam, Sabaudiam, Taurinum usque Pedemonti metropolin*, Lugduni Batavorum, Elzevier, 1631, 12.°; Amsterdam, 1655, 12°.

Disgraziatamente la parte che in questo viaggio riguarda l'Italia si restringe alla sola Torino (cui sono dedicate solo due pagg.), della quale però loda l'Università " in qua Erasmus Roterodamus theologiae doctor est creatus. „ Sul merito di quest'opera nella parte che spetta alla Francia, v. BABEAU, *Les Voyageurs en France*, Paris, Didot, 1856, pag. 79, segg.

Goethe W. (1749-1832), *Italiänische Reise*, Stuttgart u. Tubingen, 1816, 8°.; zweites Theil, ibid., 1817.

Il fondamento del viaggio è da trovarsi nel *Tagebücher und Briefe Goethes aus Italien an Frau von Stein und Herder*, hgg. von *E. Schmidt*, Weimar, 1886, 8.°
La migliore edizione è quella *mit Anmerkungen* di Heinrich Düntzer, Berlin, Hempel, 1877. Il testo va fino a pag. 618: le note sino a pag. 971. La ediz. più splendida è quella della sig.ª Julia von Kahle, Berlin, 1885, con oltre 300 fotografie, riproducenti disegni antichi, monumenti, ritratti ecc.
Il viaggio trovasi tradotto in francese nelle *Œuvres de G.*, trad. di J. Porchat, Paris, Hachette, 1862, vol. IX. Vi sono però delle ommissioni. In italiano è stato malamente tradotto da A. di Cossilla, Milano, 1877. La sola

parte *dal Tirolo fino al termine della dimora di G. a Venezia*, si trova tradotta nel *Poligrafo*, vol. IX. Sarebbe desiderabile se ne facesse una buona traduzione italiana con note illustrative. Si riferiscono al viaggio di G. in Italia, A. ADEMOLLO, *Una bugia romana di W. G.*, nella *Rivista Europea* di Firenze 16 Aprile 1878, (intorno al pretendente d'Inghilterra)|, nonchè dello stesso autore: *I Teatri di Roma nel sec.* XVII. Roma, Pasqualucci, 1888 (intorno alla strana preferenza dal G. professata per i castrati in teatro nelle parti di donna); e B. CROCE, *Figurine goethiane* (La Principessa***, Miss. Harte, La duchessa giovane), *note sul V. in It. di W. G.*, Trani, Vecchi, 1887: a cui è da aggiungere dello stesso CROCE l'art. nel n.° unico *Charitas*, Trani, Settembre, 1886: *I Francesi a Napoli nel 1799*, la cui materia è tratta dall'*Aus meinem Leben* di J. H. W. TISCHBEIN, Braunschweig, Schwetschke, 1861, 2 vol. Il pittore Tischbein fu grande amico di Goethe.

Su G. in Italia, vedi AMPÈRE, *op. cit*, p. 189-201; BOURKET, *Rome, étud. de littér. et d'art*, Paris, Plon, 1888, pag. 49-58, e meglio THÉOPHILE CART, *Gœthe en Italie, étude biographique et littéraire*, Paris, Sandoz, 1884.

Gonzague (de) la princesse ELISABETH, née Rangoni (— 1832), *Lettres écrites à ses amis pendant le cours de ses voyages d'Italie en 1779 et années suivantes*, Paris, Duplain, 1790, 2 vol., 8°. — *Lettres sur l'Italie, la France, l'Allemagne et les beaux Arts*, Berlin, 1796, 8°.; Hambourg, 1797, 2 vol., 8°. Traduz. ted., Gotha, 1791, 8°.

Figlia ad un Rangoni, non della nobile famiglia di Modena, ma banchiere a Bologna, sposò un Gonzaga e se ne separò poi, morendo povera in Sassonia. Di lei parla spesso il Casanova.

Gorani JOSEPH (1740-1819), *Mémoires secrets et curieux des Cours, des gouvernemens et des mœurs des principaux états de l'Italie*, Paris, Buisson, 1793, 3 vol., 18°.; Londres, 1794, 3 vol. Se ne fece una traduz. in tedesco a Frankfurt, 1794, 3 vol., 8°, col tit.: *Geheime u. Kritische Nachrichten von Italien* ecc. E anche: *Rom unde seine Einwohner am Ende d.* XVIII *Jahrh.*, Riga, 1794, 8°.

Il 1º vol. riguarda il regno di Napoli, il 2º Roma e lo Stato della Chiesa, il 3º Lucca, la Toscana, o per dir meglio, Livorno, e poi Modena, Parma, Genova, la Corsica e Monaco. L'opera del Conte, poi cittadino Gorani milanese, è di molta importanza, e meriterebbe di essere rimessa in onore, corredandola di opportune illustrazioni. Ci possono essere degli sbagli e dei giudizj men retti, dovuti alle opinioni giacobine dell'A., ma il fondo è veridico, e le notizie abbondanti e svariate. Sul Gorani sono da vedere: MARC MONNIER, in *Revue d. d. mondes*, 15 ottobre 1874 e in *Bibliothèq. univers.* di Ginevra, 1875, vol. LII, nonchè il vol. *Un Aventurier italien du siècle dernier*, Paris, Lévy, 1885; F. CUSANI, *Cenni biografici su G. G.* nell'*Arch. St. Lombardo*, 31 Dec. 1878; A. ADEMOLLO, *Il c. G. ed i suoi recenti biografi*, nella *Rivista Europea*, 1879.

Goudar ANGE (1720-1791), *L'espion Chinois, ou l'envoyé secret de la cour de Pekin pour examiner l'etat présent de l'Europe*, A Cologne, 1764, 6 vol., 12º.

Alcune lettere riguardano fatti e costumi italiani. Ad es. vol. II: *Torino e i Principi di Casa Savoia. — Il Dialetto Genovese. — Il cicisbeismo a Genova* (lett. 32, 46). — *Milano, la superstizione, i teatri. — La musica italiana, e la francese.* — Vol. IIIº: *Venezia e il suo Governo. — Ferrara, Bologna, Napoli*, ecc. È noto che il Casanova, com' ei dice nelle *Memorie* (VI, 502), cooperò a questa raccolta dell'avventuriere francese, e forse sono sue le Lettere di argomente italiano.

Goudar SARA (— 1800), *Relation historique des divertissements du Carnaval de Naples, lettre à m. le géner. Alexis Orloff*, Lucques, 1774, 8º. — *Relation historique des divertissement du Carnaval de Toscane, lettre à m. Tilnery*, Monaco, 1775, 8º. — *Relation historique des divertissements de l'automne de Toscane*, s. n., 8.º — *Lettre troisième sur le Carnaval de Toscane à m. L.* 1776, 8º.

Moglie al celebre avventuriere Goudar, autore dell'*Espion français*, dell'*Espion chinois* e di tante altre scritture. Aggiungi relativamente alle scritture della Goudar: *Lettres de Mad. Sophie*** pour servir de rèponse à la première Lettre de mad. Sara Goudar sur le Carnaval de Toscane*, s. n., in 4º.

Grande (La) guide des chemins pour servir par tout le royaume de France.... augmentée du Voyage de S. Jacques, de Berne, de Venise et Jérusalem, Rouen, Malassie, 1658, 24⁰.

Grangier de Liverdys BALTH., *Journal d'un voyage de France et d'Italie fait par un gentilhomme françois, commencé le 11 Sept. 1660 et achevé le 31 mai 1661,* Paris, Vaugon, 1667, 8.⁰; Dupuis, 1670, 8.⁰; Dezallier, 1679, 8⁰.

Il viaggio è fatto colla minuzia di un inventario. Ogni tanto la narrazione è intercalata da una figura della Fama, che con la tromba in bocca e le gote gonfie, annunzia sette meraviglie: perchè questo viaggiatore vede sempre meraviglie, *je veux dire les choses les plus remarquables*, e le raggruppa sette per sette: salvo a Roma dove procede per specie: sette palazzi, sette fontane, sette giardini, sette antichità profane, sette sacre ecc. Di ogni città principale nota brevemente il costume femminile e virile. Per es. a Genova, per restringerci alle donne, osserva che " les dames se montroient à leurs portes avec des habits somptueux. Quand elles marchent par les rues, elles prennent des compagnes, et vont d'un pas lent, grave et mesuré. Elles font grand estat des cheveux blonds ou roux, et taschent par toutes sortes d'artifices de leur donner cette couleur. Elles y mettent ou des feuilles ou des petites paillettes d'or, et les entrelassent avec d'autres qu'elles acheptent pour se donner cet éclat qu'elles desirent. „ A Firenze " les femmes, sont enfermées plus qu'en aucun endroit d'Italie, et ne voyent le monde qu'à travers de petites ouvertures, qui sont en leurs fenestres. Elles sont braves en leurs habits, et les aigrettes qu'elles portent sur leurs chapeaux font paroistre leur port majestueux, et leur donnent une grace merveilleuse. „ Le napoletane " ont des cottes froncées, des manches tailladées; elles font relever la manche de leurs chemises au dessus du poignet, et pendre en derriere un grand scapulaire. Mais ce qui m'a semblé plus extraordinaire, est leur coiffure. Elles font venir pardevant deux moustaches nouées avec des cordons; et en arriere elles font aller une partie de leurs cheveux qu'elles coordonnent. Elles paroissent graves en leurs discours et en leur démarche, et vont toujours plusieurs ensemble quand elles marchent dans les rues. „ Le Veneziane " ont bon esprit et sont surtout charmantes dans leur conversation: elles sont pompeuses et magnifiques dans leurs habits.... Pour la plus part empruntent leur beauté du fard, qu'elles mettent sur leurs visages pour se donner de la blancheur: elles prennent leurs bonnes graces de leurs habits, qui ne leur donnent pas un petit éclat, et leur belle taille des patins qu'elles portent si hauts, qu'elles sont obligées de s'appuyer pour marcher. „

Grasser JOH. JAC., *Neue u. vollkomme Italianische, Frantzoesische u. Englische Schatzkammer, d. i. Wahrhaffte u. eigentl. Beschreibung aller Stätten in Italien, Franckreich, Engelland etc*, Basel 1609.

— *Itinerarium historicum-politicum ex Francofurto urbe per celebriores Helvetiae et Arelatensis regni urbes in universam Italiam*, Basle, 1624, 8⁰.

[**Grasset** FRANÇ.], *Voyage en Sicile et dans la Grande Grèce, adressé à Winckelmann, trad. de l'allemand, avec des notes du traducteur*, Lausanne, 1773.

Grasset de Saint-Sauveur ANDRÉ, *Voyage historique, littéraire, pittoresque des îles et possessions ci-devant vénitiennes du Levant*, Paris, 1800, 3 vol., 8.⁰, con atl.

Gray TH. (1716-1771), *Works* etc., London, Potter, 1814, 4⁰.

Contengono lettere importanti sull'Italia verso la metà del sec. XVIII. Il Gray venne in Italia nel 1739 con Orazio Walpole, si trattenne undici mesi a Firenze presso il residente Orazio Mann, e dopo essere stato a Napoli, soggiornò nel 41 a Venezia. Di lui e del suo viaggio dice così l'AMPÈRE, *op. cit.*, p. 181: " Les impressions des auteurs classiques tournent chez lui plus à la poesie que à l'érudition: il n'était pas moins érudit qu'Addison, peut-être l'était-il davantage: son biographe nous apprend qu'il avait fait un catalogue de tous les passages des auteurs anciens, qui se rapportent aux différents usages de la vie. Mais il l'a sagement gardé pour lui.... Au lieu de cela, il nous a donné une ode latine délicieuse, écrite à Tivoli, et qui est tout horatienne pour le mètre et pour la grâce. „

Gray ROBERT (1762-1834), *Letters during the course of a Tour through Germany, Switzerland and Italy in the years 1791 and 1792, with Reflections on the Manners, Literature and Religion of those countries*, London, Rivington, 1794.

Grosley PIERRE JEAN (1718-1785), *Nouveaux Mémoires sur l'Italie et les Italiens par deux gentilshommes suédois, trad. du suédois*, Londres (Paris), Nourse, 1764, 3 vol., 12^0; *Observations sur l'Italie et les Italiens*, Londres, 1770, 4 vol., 12^0; *Nouvelle édition, considérablement augmentée*, Amsterdam, 1774, 4 vol., $12,^0$ e Paris, Dehaussy, 1774, 4 vol., 12^0. Traduzione inglese di Nugent, London, 1769, 2 vol., 8^0. Traduz. tedesca, Leipsic, 1776, 2 vol., 8^0.

Nelle *œuvres inédites* di Grosley pubbl. da L. M. Patris-Debreuil, Paris, 1813, nel vol. 3^0, p. 403-64, si trovano 18 Lettere ommesse nelle *Observations*.
" Ce Voyage en Italie est, depuis Misson, celui qui a eu le plus de succès, avant que la relation de M. Lalande ait paru :„ D. L. R., II, 486.
Il viaggio (1758) s'inizia con una visita a Voltaire *aux Délices*. A Torino il viaggiatore conosce il p. Gerdil e il p. Beccaria. Dei Torinesi giudica che "quant au fonds du caractère, ils sont purs italiens.„ A Milano, sentenzia che "dans le peuple même, le têtes italiennes sont plus politiques des têtes de France et de nos climats septentrionaux.„ A Milano conosce la contessa Clelia Borromeo, nota scienziata, e la celebre Gaetana Agnesi; parla a lungo dal governo e dell'amministrazione lombarda, e del conte Cristiani: loda le donne milanesi, sopratutto perchè seguono le mode francesi. Cita un curioso proverbio, che cioè *chi vuol rassettar l'Italia, rovina Milano*. [Questo proverbio è ricordato già quasi un secolo innanzi dal viaggiatore inglese Lassels, che lo spiega così: "parce que cette ville n'étant plus, tous les artisans se répandroient par tout l'Italie, et rempliroient les villes qui en manquent (I, 134) „] —. S'intrattiene a lungo sulla industria lombarda, specialmente della seta e della fabbricazione di carrozze. A Bologna rammenta con lode le mortadelle, la canapa, il Teatro, l'Istituto. In Romagna, nota replicatamente la viva parte che gl'italiani prendono agli av-

venimenti europei: "Dans toutes les villes, et jusques dans les villages d'Italie, les puissances de l'Europe ont des très-chauds partisans, qui le sont pour la plûpart de père en fils, et qui haïssent de la meilleure foi du monde les gens du parti contraire. Les hauts faits d'armes des françois dans le dernier siècle ont conservé leur anciens pouvoir sur l'esprit de ces peuples: Louis XIV les avoit presque tous entraînés par la grandeur de ses projets et par la rapidité de ses conquêtes. „ Descrive a lungo la storica fiera di Sinigaglia. Entra poi in una lunga ricerca storica sull'Italia e le sue vicende, e così conclude: "Si nous ramenons nos regards sur l'état actuel de l'Italie, nous verrons à quel point la population y est actuellement diminuée: en sorte qu' excepté Livourne et quelques villes qui jouissent encore de la presence de leur souverain, l'Italie, dans le sein de la paix, est menacée de revenir à l'état où l'avoient réduite les vieilles guerres dont j'ai parlé. La chute de ses manufactures et de son commerce, dont d'autres nations sont en possession, la domination étrangère à laquelle elle est soumise en grande partie, voilà les causes capitales de son dépeuplement. Sa population actuelle est néammoins, au dire des italiens, de vingt millions d'ames, dont ils donnent à Venise quatre millions, au Milanès deux cent quarante mille, au Piémont deux millions, et aux états du Pape, suivant le dénombrement fait sous les yeux du card. Valenti, onze cens mille seulement (I, 315).„ A Venezia si stringe in amicizia col Goldoni (v. A. NERI, *Aneddoti goldoniani*, Ancona, Morelli, 1883, p. 92): "L'avocat Goldoni joint à des talens très-connus, un caractère et de mœurs, dont la naïveté, la douceur et l'aménité feroient de lui un homme aussi aimable qu'estimable, indépendamment de tout talent. Un Plaute, un Térence, un Molière composent toute sa bibliothèque. Le monde et les hommes sont les livres qu'il étudie le plus. De cette mine inépuisable, un coup d'œil actif et exercé transporte sans effort dans ses compositions, des caractères toujours vrais, les nuances les plus délicates que les passions jettent dans chaque caractère, des situations frappantes, quoique très-simples: enfin ces ridicules qui naissent à chaque instant dans la societé, et qui périssent en naissant, faute d'être observé et saisis: en un mot, le Goldoni est fécond, simple et varié, mais inégal et négligé comme la nature elle-même. Aucun auteur n'eut jamais une facilité egale à la sienne. „ Segue ancora a parlare del Goldoni, col quale e col m.º Scarlatti passava giornate intere, e del desiderio mostratogli dal primo di trasferirsi in Francia. Indi parla delle curiosità che offre la Piazza S. Marco: dei raccontatori, dei cantori, dei novellisti politici che vi s'incontrano, delle dame e delle cortigiane. Parla delle Scuole musicali nei monasteri femminili, e descrive una festa nella Chiesa di S. Lorenzo. " Quatre cent voix et instrumens choisis parmi les virtuoses d'Italie remplissoient l'orchestre, qui étoit conduit par le fameux *Sassone*, compositeur de la musique.... Les religieuses, toutes *gentilles-donnes*, alloient et venoient à deux grilles que sépare l'autel, y faisoient la conversation et y distribuoient de refraîchissemens à des cavaliers et à des abbés, qui tous, l'éventail à la main, étoient en cercle à l'une et à l'autre grille. „ A Padova, il Gr. visita il p. Martini, che gli parla del Tartini e di altri musicisti: " nous le trouvâmes plein d'estime pour Lully et d'admiration pour Rameau: „ tratta a lungo dell'Università e della stamperia Cominiana. Col mezzo del *procaccio* scende verso gli stati del Papa: presso Roma fa lunga digressione sulla *malaria:* descrive Roma, parla del Papa (Banedetto XIV) e di alcuni cardinali (Albani, Passionei ecc.): indi viene alle finanze pontificie e all'amministrazione dello Stato, allo stato delle arti e delle lettere, del commercio e delle industrie ecc., con particolari non privi d'interesso. Passa poi a Napoli, e notevole è la descrizione che fa delle opere buffe e del teatro napoletano, fermandosi specialmente a dire della *Dianina* e di *Don Fastidio de' Fastidi*. Parla del governo del Tanucci e delle cure di lui per far rifiorire lo stato. A Firenze, parla a lungo di Galileo, del Viviani e del Nelli: quest'ultimo, oltre che degli scritti di Galileo, lo ragguaglia di quelli del Machiavelli, a proposito dei quali si trova questa strana notizia: " M. Nelli me dit avoir en sa possession des Discorsi de Machiavel sur les Commentaires de Jules César, dans le goût de ceux que nous avons de lui sur Tite-Live. „ A Pisa conosce i professori Perelli, Corsini, Frisi e Berti: assiste a una lezione di quest'ultimo: " J'assistai à une des leçons du P. Berti sur l'histoire ecclésiastique. Ces leçons se passent, ainsi que dans toute l'Italie, non en dictées, en écritures, en frivoles argumentations, mais en un discours suivi sur des points d'histoire, de théologie, de mathématiques ecc., dont la suite forme le cours ou la tâche annuelle du professeur. Elles se font en latin, et durent une heure. Le professeur se promene ensuite pendant une demi-heure sous le péristile, qui environne la cour du collége: et là, les étudians lui proposent en langue vulgaire des doutes et des difficultés, qu'il résout dans la même langue. Cette méthode étoit celle de Cujas et des anciens professeurs des universités de France.... Je ne suivois pas sans peine le latin des professeurs toscans. Tous les mots qui finissent par des consonnes, comme *Dominum, amant, gloriantur, ut*, ils le prononcent en redoublant la consonne finale et la chargeant d'un ε fermé: ainsi l'on entend dans leur bouche: *Dominummé, amantté, glorianturré, utté.* „ A Pisa visita anche Mons. Cerati, nel quale ritrova " un vieillard, qu'au caractère le plus respectable, joint les connoissances les mieux digérées, les mœurs les plus douces, la franchise lombarde et l'amenité florentine.... Pise, possédant un tel homme, ne me parut plus dépeuplée., Il ritorno in Francia è fatto da Genova per la riviera.

Guide (nouvelle) des chemins pour aller et venir par tous les pays et contrees du royaume de France, Lorraine, parties d'Allemagne, Savoye et Italie, plus le chemin de Hierusalem, Rome et autres lieux de la Terre-Sainte, Paris, Boufons, 1599, 16⁰.

Guide (le véritable) des voyageurs en Italie, avec la description de toutes les postes, des cartes géographiques, et de courtes observations sur tout ce qui se trouve de plus remarquable dans chaque ville et lieu de passage, Rome, 1775, 12⁰.

Guide pour les voyageurs en Italie, avec la notice de toutes les postes et de leur prix, Florence, 1779, 8.⁰

Guide du voyageur en Italie, Genève, 1791, 12⁰.

[Guidi J. B. Marie (1732-1816)], *Lettres contenant le Journal d'un voyage fait à Rome en 1773*, Paris, (Genève) Cuchet, 1783, 2 vol., 12⁰.

    Il Lalande attribuisce questo viaggio al Guidi, italiano di nome ma francese di patria, decano dei gentiluomini del re e censore regio.

Guya dos caminos para ir por totas las provincias de España, Francia, Italia y Alemaña, Madrid, 1705, 12⁰.

Guillaume, *Le guide d'Italie, pour faire agréablement le voyage de Rome,* Paris, 1775, 8°.

Guyot de Merville Michel (1696-1755), *Voyage historique et politique d'Italie, contenant des recherches exactes sur les mœurs, les fêtes, les spectacles et les singularités des villes où l'auteur a passé, des avantures curieuses et des faits interessans arrivés depuis peu, et qui concernent divers princes, papes, cardinaux* etc., La Haye, Guyot, 1729, 2 vol., 12°; Frankfort, 1736, 2 vol., 8°.

Indichiamo alcune cose più curiose di questo viaggio (1717-1721) di un giornalista e commediografo francese, nemico di Voltaire, ma di spiriti volteriani. Nel vol. I a pag. 69 troviamo questa descrizione della devozione dei Genovesi:... " C'est une chose incroyable que l'affectation qu'ils font paroître dans leur dévotion.... Lorsque le prêtre sort de la sacristie, tous courent en foule au devant de lui. Les uns l'arrêtent, le autres le poussent, pour sanctifier leurs lèvres par l'attouchement du surplis, et ils s'immaginent n'avoir pas bien satisfait leur zèle inconsideré, s'ils ne l'accompagnent jusqu'à l'autel avec tous les témoignages de tendresse et de veneration possible. Lorsqu'il y est arrivé, ils l'environnent tellement, que lui et le clerc n'ont pas peu de peine pour pouvoir agir. Pendant *l'introïbo* et les autres prieres que le prêtre prononce à haute voix, on n'entend que des soupirs, des sanglots et des exclamations langoureuses. Mais cela n'est rien, en comparaison de ce que l'on voit dans le temps de l'élévation de l'hostie et du calice. Alors ils se prosternent et font toucher leur front à la terre, en faisant d'ardentes prieres mêlées d'actes de foi, d'esperance, d'amour, de crainte, de contrition, de douleur, et de repentance; ils élèvent tellement leur voix, qu'on s'imagineroit plutôt être dans une sinagogue ou une mosquée, que dans une église chrétienne. Ensuite il se relèvent, se frappent rudement la poitrine, froncent les sourcils, lèvent les yeux au ciel, et font plusieurs grimaces de la bouche: ce qu'ils accompagnent de signes de croix, et sur tout de contorsions et de postures tout à fait ridicules... Cette fausse dévotion n'est pas seulement en usage dans les églises; elle éclate aussi dans les rues et dans les places publiques. Ils affectent d'aller par la ville, toujours le chapelet à la main, et de baiser quelques *Ave*

Maria, lors qu'ils font des réverences ou qu'ils s'arrêtent pour complimenter quelque personne. „ Più benigno è coi Senesi, sui quali rammenta però il proverbio *Senesi pazzi;* ma " on dit qu'on a trouvé un secret pour guerir et prévenir cette maladie par la composition d'un emplâtre, que l'on aplique sur la tête sous un certain bonnet propre aparament à ce remède. „ Delle sanesi fa grandi elogi, e fra le altre nomina una Elisabetta Fortini, una Maria Antonia Tondi, che parla quattro lingue, e una Aretefila Savini, per la quale l'ab. Salvini ha fatto coniare una medaglia. S'intrattiene a lungo sui piaceri e sulla libertà delle villeggiature senesi. Riferiamo questo passo che riguarda i balli e canti dei contadini: " Nous les écoutames chanter. Chacun de ces paysans prend une fille par la main, et la mene davant celui qui joue de le guitarre ou du violon. Là ils expriment par leur chant acompagné de ces instrumens, le sujet de leurs passions amoureuses. A l'égard de la musique, vous devez être persuadé qu'elle n'est pas fort suivie, mais en revanche c'est une chose plaisante que leurs chansons *inpromptu*. Ils en disent quelque fois à faire crever de rire. Imaginez-vous un paysan amoureux, qui ne sait seulement pas lire, et qui veut s'aviser de faire des vers pour exprimer sa passion: cependant il se rencontre encore quelquefois qu'il y en a, qui ont de bonnes pensées, quoi qu'elle ne soient exprimées que grossierement. Ecoutez celle-ci pour en juger. Un paysan étoit brouillé avec sa maîtresse à cause de la jalousie qu'un autre paysan lui donnoit. Il la grondoit de son peu d'amitié pour lui, en chantant des chansons très outrageantes. Elle à son tour, entre autres choses, lui dit pour se venger de ses reproches piquans: *Questo pensiero lo piglio da un cavolo, Quando siete arrabbiato siete il diavolo*. L'autre lui repartit sour le champ: *Questo lo dico a te, anima mia: Se fossi il diavól ti portarei via*. Voyez si ce n'est pas là bien répondre pour un paysan. Une quantité de reparties semblables on fait mon divertissement pendant le reste de la nuit, et je vous assure que j'ai bien ri. „ Meno benevolo è il nostro viaggiatore coi fiorentini; del popolo però loda lo spirito naturale e riferisce alcuni motti e scherzi carnevaleschi. Delle donne del contado scrive così: " Elles sont sans contredit les plus belles et le plus aimables femmes que l'on puisse trouver. Leur propreté et leur manière de s'habiller est charmante. Elles paroissent même quelque chose de plus que des simples paysannes. Elles sont surtout remarquables par leur habilité à élever leurs enfans, et l'extrême attachement qu'elles ont pour leur menage. Ou les voit même se mêler des choses qui paroissent ne convenir qu'aux hommes; comme de travailler à la culture des terres. C'est une chose admirable que de voir dans la saisons où nous sommes de nombreuses troupes de ces paysannes occupées à ce penible travail, qui semble leur servir de divertissement, et en chantant de tems en tems les plus jolies chansonnettes qu'on puisse s'imaginer." Per non allungarci troppo, taceremo delle relazioni di Roma, Napoli ed altre città. Noteremo solamente che qua e là si riferiscono moltissime pasquinate, specialmente contro Alessandro VII. Ricorderemo, per chiudere, che dei Bolognesi è detto che sono. "généralement attaché de la galle. Je ne sais pas si c'est un effet de l'air ou des vins du pays; mais il est certain que c'est une maladie fort commune même aux dames." La qual cosa trova riscontro in ciò che si legge in un viaggio di anonimo del 1762 (nel *Fanf. della Domenica*, 2 Genn. 1882): "Le persone della città erano per la maggior parte contaminate dal mal della rogna;" e nel Casanova (V, 310): "Il est gran dommage que, par l'effet de l'air ou de l'eau ou du vin, car la chose n'est point sûre, on y contracte une légère gale; mais pour les bolonais, loin que ce soit là un désagrément, c'est au contraire un avantage qu'il paraissent affectionner: on s'y gratte. Les dames surtout, dans la saison du printemps, y remuent les doigts avec beaucoup de grâce."

Guys P. AUGUSTE (1720-1799), *Lettres écrites d'Italie en 1772*, Paris, Duchesne, 1776, 8⁰. — *Relation abregée de ses voyages en Italie et dans le Nord*, Paris, 1787, 8⁰.

Haeger Doct., *Gemælde von Palermo*, Berlin, 1799, 8⁰. Trad. ingl. di mistriss Robinson, London, 1800, 8⁰.

"L'A. s'est principalement attaché à décrire dans un style de toilette, les villes et les mœurs de ses habitants,,: D. L. R., III, 57.

Hamilton WILL. (1730-1863), *Account of journey into the province of Abruzzo and a voyage to the island of Ponza* (nelle Transaz. filosof., LXXVI. 367). — *Observations on mount Vesuvius, mount Etna and other volcanoes*, London, 1772, 8⁰. — *Campi Phlœ-*

græi, *observations on the volcanoes of the kingdoms of Neapoli and of the Sicilies*, Napoli, 1776, 2 vol. fol., fig. — Traduzione francese di Girard de Soulavie, Paris, Moutard, 1781, 8⁰.

Hartig comte Fr. ANTOINE (1758-1797), *Lettres sur la France, l'Angleterre et l'Italie*, Genève, 1785, 8⁰.

Hempel E. F., *Reisen der deutschen in Deutschland, Italien, Franckreich, und die Niederlanden in den j. 1744 bis 1747*, Halle, 1748, 4 vol., 8⁰.

Herder J. GOTTFR. (1744-1803), *Reise nach Italie, briefwechsel mit seinem Gattin, von August 1788 bis auf Julii 1789*, hgg. von H. Düntzer und J. G. von Herder, Giessen, Richken, 1859, 8⁰.

Hermann B. FR., *Reisen durch Oesterreich, Steyermarck, Kœrnthen, Crain, Italien, Tyrol, Salzburg und Bayern, in j. 1780*, Wien, 1782-3, 8⁰.

Hertner PAUL, *Itineraria Germaniae, Galliae, Italiae*. Basle, Edingius, 1611, 4⁰.

Hervey CHRIST., *Letters from Portugal, Spain, Italy and Germany in to years 1759-61*, London, 1785, 3 vol., 8⁰.

Heyman, *Streifzüge durch die ganze Lombardey*, Graetz, Ferstl, 1804, 8⁰.

Heyst HANS, *Philippi secundi, Koenigs in Spanien, Reise aus Spanien nach Genua, und dann ferner durch Italien u. Teutschland ins Wulland, und von dannen herauf in die stadt Augspurg, von 1549 bis 1551*, Augsbourg, 1571, 4⁰.

Hobhouse BENIAMIN (1757-1831), *Remarks on several parts of France, Italy etc. in the years 1783-5*, Bath, 1796, 8°.

Houel JEAN (1735-1813), *Voyage pittoresque des isles de Sicile, de Malte et de Lipari, où l'on traite des antiquités qui s'y trouvent encore, des principaux phénomènes que la nature y offre, du costume des habitants et de quelques usages*, Paris, 1782-87, 4 vol., fol., fig. — Trad. ted. di J. H. Keerl, Gotha, Ettinger, 1797-1806, 5 vol., 8°.

" Les dessins sont d'un rare correction „: D. L. R., III, 70. — " I disegni costituiscono il fondo principale dell'opera, — le illustrazioni e i racconti la parte accessoria; e se la mano trattava la matità con una certa perizia, le idee dell'a. si risentono del gusto dell'epoca, oscillante fra i residui del manierismo e il novello culto dell'antichità classica.... In fatto di storia aveva sì strambe nozioni da disgradarne un gazzettiere moderno: le osservazioni contemporanee si riducono a qualche insulso aneddoto relativo alle superstizioni di donnicciuole e di frati ecc. : „ LA LUMIA, *art. cit.*, p. 374.

Hondii JOSSE (1546-1611), *Nova et accurata Italiae odiernae descriptio*, Lugduni, Elzevir, 1624, fol.; 1627, 4°.

Huguetan JEAN, *Voyage d'Italie, curieux et nouveau, enrichi de deux listes* (par SPON), *l'une des tous les curieux, l'autre de la plus part des sçavans, curieux et ouvriers excellens de toute l'Italie à present vivans*, Lyon, Amaubry, 1681, 12°.

Huissen (von) HINRICH, *Tagenvoordige toestand van het Pawellike hof nevens alle andere Hoven, Republyken en vornaamste Staten van Italien, van der jaeren 1690-92*, Utrecht, 1696, 4°.

Huss AUG., *Tablettes d'un voyageur au commencement du* XIX *s., ou Course sentimentale et philosophique de Turin à Paris, renfermant un aperçu intellectuel sur un grande nombre d' hommes célèbres du ci-devant Piémont et de la France, considérés sous le rapport de l'ésprit*, Paris, Fantin, 1810, 8⁰.

Hwiid ANDR. CHRIST. (1749-1788), *Udtog af en Dagbog holden i aarene 1777-1780 paa en Reise igiennen Tyskland, Italien, Frankrige og Holland*, Kiobenhavn, 1777, e di nuovo 1788, 8⁰.

Italia (l') tradotto dal francese, 1778, s. n., 16⁰.

Quest'opera di 328 pagg. benchè si dica tradotta dal francese, e abbia forma di dialoghi fra una Madama di Beaujardin e un abate di Chasat, reduce da un viaggio in Italia, è evidentemente originale italiana, composta da un ignoto per confutare ciò che di erroneo e di falso dicevasi da parecchi forestieri, specialmente francesi, sull'Italia e sui costumi italiani. Anche nelle *Novelle letterarie* di Firenze del 1779, col. 192, fu espresso il dubbio che non si trattasse di traduzione. Il libro non è senza pregi: ma è peccato che stia sulle generali; e si astenga dal citare fatti e nomi. Additiamo in esso alcune cose più curiose e rilevanti. Pag. 49: Elogio del Goldoni. Pag. 68: Difesa delle donne milanesi contro lo *Spione cinese*, con particolar menzione della march. Litta: altre sono additate in modo che forse era chiaro ai contemporanei, non a noi. Pag. 97: Elogio delle donne parmigiane, e specialmente di tre che non si nominano. Pag. 109: I più chiari bolognesi di quel tempo: il p. Martini, l'ab. Trombelli, l'ab. Mingarelli, l'ab. Bianconi, il sen. Albergati ed altri patrizi. Pag 117: La Laura Bassi e l'Anna Manzolini " assai nota nell'arte dell'anatomia congiunta al disegno " per mirabili preparazioni anatomiche in cera „. Pag. 129: Lodi di Firenze; elogio di due dame innominate. Si nota il prevalere nel linguaggio galante delle forme scientifiche: " Se i Francesi possono oggi vantarsi di aver data la metafisica galanteria ai fiorentini, non passerà gran tempo che i fiorentini si glorieranno di aver insegnata la cicisbeatura matematica ai francesi. In prova dei progressi che fa colà questa scienza di novella invenzione, vi dico che in mezzo a galanti colloqui mi occorse sentire: *in ragione composta del vostro affetto; in ragione inversa del mio languire; moltiplicata la massa per la velocità della mia servitù, ne succede la quantità del moto della vostra padronanza; i quadrati dei tempi della mia speranza sono come i cubi della distanza del vostro consenso, e simili altre geometriche smancerie."* Pag. 134: Si encomia Corilla. Pag. 154: Elogio delle donne senesi e di una che " fa le delizie de' forestieri che si trattengono in Siena; „ si rammentano con lode l'ab. Savini, l'ab. Corsetti, il poeta F...., il Ciaccheri e il Carli. Pag. 184: Elogio delle donne romane. Pag. 213: Aspetto di Palermo: " Non si ha che girar le vie di Palermo per vederne lo sconcio, mirando il fasto in superbo ammanto scorrere con aria disprezzante l'indigenza, che per ogni lato si presenta in lurida veste. Il vitto, il vestire, i palagi dei signori sfavillanti in mezzo alla pompa sembrano insultare con alterezza il desco, i cenci, i casolari della moltitudine, avvilita per modo da far la più tenera compassione.... Non regge l'animo del forestiere pulito e ragionevole allo scorgere un popolo considerabile d'uomini diventare schiavo dell'arroganza, e pressochè annientarsi in faccia d'altri uomini, non per altri titoli prezzabili, che per quello del caso e della fortuna. Tale è la condizione d'un regno molto ricco, e ricco di beni sussistenti e reali ecc. „ Pag. 232: Elogio di alcune innominate dame di Palermo. Pag. 325: A Napoli " vidi il re, di umore assai allegro e bizzarro, mangiare con appetito e scherzare con gioia co' grandi.... Egli ama la caccia e i militari esercizj: la Regina è la più graziosa dama del suo regno. Tale a me pure si mostrò ella presentandole una mia piccola storia, nel qual atto parve che le grazie tutte accompagnassero il di lei gradimento ecc. „

Italie (de l') dans son état actuel et politique, Paris, Louvet, an., v., (1797), 8°.

Italie (l') illustré et représentée en 153 figures, avec des explications en italien, français et latin: représentation des vues et des morceaux d'architecture des principales villes; vues des palais, bâtimens célèbres, places et mascarade de Venise, Leyda, 1757, fol.

Italiænische Anedocten, aus dem Reise-Journal eines deutschen Gelherten vom vorigen Jahrhund., Leipzig, 1782, 8°.

Interessante Bermerkungen eines reisenden durch Frankreich und Italien, Leipzig, 1788, 8⁰.

Kalikoff, *Manuel du voyageur en Italie*, Rome et Paris, Lamy, 1785, 8.⁰

Kessler G. W., *Briefe auf einer Reise durch sud-Deutschland, die Schweiz u. Ober-Italien, im Sommer 1808*, Leipzig, Salfeld, 1810.

Keyssler J. GEORG (1683-1743), *Neueste Reisen durch Deutschland, Boehmen, Hungarn, die Schweitz, Italien und Lothringen* (im jahr 1729), Hanovre, 1740; con aggiunte postume, edito da G. Schütze, 1751, 1776, 2 vol., 4⁰ Traduz. olandese, Amsterdam, 1753, 3 vol., 4⁰ Traduz. inglese, London, 1756, 4 vol., 4⁰.

> "On peut reprocher à ce voyageur d'avoir jeté dans sa relation beaucoup d'anecdotes hasardées et de s'être appesanti sur des inscriptions et des épitaphes modernes, qui n'ont ni le degré d'intérêt ni le tour heureux des inscriptions anciennes, mais il est fort estimable à d'autres égards: „ D. L. R., 1, 818. — "Nonostante la sua gran mole, quest'opera rese moltiplici servizj come Manuale, così ai tedeschi, come agli inglesi che la tradussero. In essa comincia già a spuntare, accanto all'interesse erudito e polistorico, quello dell'arte:„ FRIEDLÄNDER, *art. cit.*

Kircher p. ATHAN. (1602-1680), *Latium, id est nova et parallela Latii tum veteris tum novi descriptio*, Roma, 1669, fol.; Amsterdam, Jansson a Waesberge, 1671, fol.

Kiriaçi (de Pizzecollis) Anconitani (1391-1450), *Itinerarium* (Italiae et Greciae), ex manuscr. codd. a Ph. Storch, edid. L. Mehus, Florentiae, 1742, 8⁰.

Klaute J. BALTH., *Diarium italicum, oder Beschreibung*

*derjenigen reise, welche der Fürst Carl Land-
graf zu Hessen.... anno 1699 etc.* Cassel, Hermes,
1722, fol.

*Kleine Reisen durch einen Theil von Italien, Frank-
reich, u. England*, Halberstadt, 1795, 4°.

*Kteine Reisen von Messina nach Scilla in Kalabrien,
1783.*

Köstlin C. H. (1755-1783), *Auszug aus dem Tagebuch
eines Naturforschers auf einer Reise durch die
Schvveiz u. einen Theil Italiens,* 1779 (Nel *Deut-
sch. Mercur*).

— *Lettres sur l'histoire naturelle de l'islè d'Elbe.*
Wien, 1780, 8°.

König GEORG (1664-1736).

Vedi sui suoi viaggi ancora inediti, Dr. J. BÄCHTOLD
*Der minorit Georg König von Solothurn und seine Reisebe-
schreibungen*, Solothurn, 1874, cit. in MOTTA, *Dei personaggi
celebri che varcarono il Gottardo* ecc., Bellinzona, Colombi,
1884, p. 99. Il viaggio è del 1693, e comprende Milano, Venezia, Assisi, Roma e Genova.

Kotzebue von AUG. (1761-1819), *Erinnerungen von einer
Reise ans Liefland nach Rom u. Neapel*, Berlin,
1805, 8° Trad. franc. di Pixérécourt, Paris, Barba,
1806, 4 vol., 12° col tit.: *Souvenirs d'un voyage
en Livonie, a Rome et à Naples, faisant suite
aux Souvenirs de Paris.*

La traduzione francese di questo Viaggio, che abbiamo
sott'occhio, ci presenta il caso strano di un traduttore,
che scredita l'opera stessa, che ajuta a divulgare. Egli accusa il K. di ateismo e di sensi rivoluzionari (!), e di non
sappiamo quante altre cose: e soprattutto di dir male dei
Francesi: vero è che " de pareilles sottises „ sono state
ommesse nella traduzione. E conclude: " Enfin, lorsque

l'A. ne parle ni de la religion, ni des gouvernemens, ni des arts, ni de lui, ou de ses oeuvres, on ne peut lui contèster une manière originale, qui fait que l'on éprouve du plaisir à le lire. „ Dal canto suo il K. dichiara da bel principio d'aver scritto non già " pour offrir un catalogue fade de curiosités, comme a fait Volkmann: ou pour faire parade d'une profonde érudition et d'une grande connaissance des auteurs anciens, à l'exemple de Stolberg, qui ne peut voire une chèvre sans citer à cette occasion un passage de Virgile; ou pour paraitre spirituel aux dépens d'autrui, comme Gorani; ou pour faire des descriptions sentimentales comme Meyer etc„. L'entrata in Italia è da Verona (I, 157), dove il viaggiatore trova con piacere l'illuminazione a riverberi. Subito comincia a dolersi degli alberghi, sebbene sino le stanze abbiano nomi altosonanti: "à Novi, par exemple, quatre mauvaises chambres s'appellaient *Venise, Rome, Naples et Paris*. Dans une autre petite ville quatre tandis étaient baptisé sous le nom des quatre parties du monde, et un cinquième s'appelait la *Russie*. „ A Bologna s'intrattiene coll'areonauta Zambeccari, e a lungo descrive i suoi studj e le sue prove (164-184, e IV, 294-315). A Roma assiste a una commedia *Werther e Carlotta*, tratta da Gœthe, ma con ridicole varianti dal romanzo. Assai superficiali sono le descrizioni di Firenze e Roma. Quella di Napoli offre alcuni particolari curiosi. Ad es. p. 312: " Outre les vaches, on promène aussi dans la ville beaucoup de veaux. Ils appartiennent tous aux franciscains, qui, comme les autres moines paresseux, se font non seulement nourrir par le bon peuple, mais lui confient encore la garde de leurs bestiaux. Ils n'ont besoin pour cela que d'attacher sur la tête de ces animaux une petite planchette carrée sur laquelle est l'image de S. François. Munis de ce passe-port, ils vont où bon leurs semble, mangent ce qu'ils trouvent, dorment où ils veulent, sans que personne soit tenté d'y mettre le moindre obstacle: bien au contraire, quand il arrive qu'un de ces veaux entre dans un palais et y passe la nuit, le maître de la maison regarde cela comme une marque de bonheur. „ Il K. è forse il primo che abbia parlato dei *Rinaldi* del Molo: " Une autre chose remarquable à Naples ce sont les lecteurs sur le môle.... Du nombre de ces derniers sont deux hommes déjà d'un certain âge, mais encore vigoureux, dont les vêtemens sales et mesquins, mais non déchirés, prouvent qu'ils sont de la classe la plus voisine de la mendicité. Ils forment, avec des bancs, un carré qui est quelquefois double. Ces bancs sont passablement éloignés l'un de l'autre: ensuite ils s'asseyent, en tenant un manuscrit à la main, et attirent quelquefois et pendant un assez long-temps, un nombreux auditoire. J'ai trouvé souvent plus de cinquante personnes autour d'eux. Ce sont ordinairement de marins, des domestiques, des artisans et des polissons qui courent les rues. Ceux qui ne trouvent pas de place sur les bancs se placent derrière. Le manuscrit qui séduit si invinciblement les auditeurs est constamment l'histoire d'un certain prince Rinaldo (!!), pour lequel les Napolitains ont une grande affection. Ce prince était un héros, toujours vainqueur des brigands, des monstres, des géants et des amazones: il était aussi très-galant envers les dames. Ce qu'il y a de plus surprenant pour un étranger, c'est que la plupart de ces merveilles se chantent. La mélodie de ce chant est très-uniforme, et ressemble en quelque sorte au récitatif. Le chanteur ou lecteur gesticule de toutes ses forces, de sorte qu'il est assez ordinaire qu'il donne de rudes coups à ceux qui sont le plus près de lui, ce qui fait beaucoup rire les autres. Décrit-il un combat à outrance, comme cela arrive à chaque page de ce manuscrit? il le rend sensible en pantomime autant qu'il le peut. Il tire l'épée de la main droite, tient le livre de la main gauche, en guise de bouclier pour se gararantir la poitrine, fond sur son ennemi, lui fait mordre la poussière ou bien reçoit une blessure, donne les marques de la plus vive douleur ou bien chante pour célébrer son triomphe. Souvent l'on ne sait pas si l'on doit faire plus d'attention aux grimaces du lecteur qu'à l'air stupéfaite des spectateurs, qui le regardent les yeux fixes et la bouche béante: la plupart sont très attentifs et très-sérieux. Il y a pourtant parmi eux des esprits forts qui se permettent de temps en temps quelques railleries, et qui se retirent de la foule. Souvent aussi le lecteur interrompt son chant pour donner l'explication de ce qu'il a lu ou de ce qu'il a chanté, ce qu'il fait avec tant de prolixité qu'il est aisé de voir combien il compte peu sur l'intelligence de ceux qui l'écoutent. Cela dure pendant quelques heures, jusqu'à ce que le chanteur ou les auditeurs soient fatigués. Le plus souvent c'est le premier qui cesse, car son auditoire se renouvelle plusieurs fois: les uns s'en vont, les autres viennent à leurs places. On me demandera sans doute ce que gagne ce pauvre diable, qui fatigue si fort et si souvent ses poumons? Ah! bien peu: presque rien. Pendant la lecture, il jette de temps en temps un regard autour de lui, et voit d'un coup-d'œil si parmi les spectateurs il y en a quelques-uns qui soient dans le cas de lui donner quelque chose. Alors, sans s'interrompre, il passe son chapeau à un lazzarone: celui-ci sait ce que cela veut dire; il prend le chapeau et fait le tour de l'assemblée. Personne n'est obligé de donner: la plupart font signe que l'on peut aller plus loin, comme en Allemagne ceux qui frequentent les églises et qui ne veulent rien mettre dans la bourse des quêteurs. Le montant d'une telle collecte n'a jamais passé la somme de quelques fenins toutes les fois que j'y ai fait attention, et toujours le généreux lecteur en donne un au collecteur. Enfin, lorsque la séance est terminée, il ferme le livre et se lève: on dirait alors qu'un tourbillon dissipe l'assemblée, tant elle est vîte disséminée: mais comme cet homme revient tous le jours, les liards qu'il reçoit doivent suffire pour prolonger sa vie poétique (I, 329) „. Indi l'a. descrive i predicatori ambulanti, e specialmente il Padre Rocco, e per ultimo il ciarlatano Mauro Guerra Gambacorta. Poi una ascensione del Vesuvio, e descrizioni assai vive di Portici, Caserta, la Favorita, Baja, Pompei ecc. Parla a lungo anche dei Teatri di Napoli (II, 222-247, e 285-303). Il cap. LIII riguarda la rivoluzione del 99: e il seg. contiene osservazioni sul carattere e sui costumi dei napoletani, dei quali non dice bene, asseverando che, " les napolitains de la haute classe sont les sauvages de l'Europe: ils mangent, boivent, dorment et jouent: ils n'ont absolument d'autre occupation que le jeu „. Quanto al costume, non lo loda, ma assicura che " le sigisbé a disparu, et l'on n'aperçoit plus nulle part ce personnage équivoque (III, 36) „. Quanto alla coltura, dice che " à Naples personne n'écrit, personne ne lit, et par conséquent personne n'achète de livres „ .... Il n'y a point ici de savans, les avocats tiennent leur place .... et ils sont presque en aussi grand nombre que les lazzaroni. „ Del popolo però dice che è " dans le fond brave et loyal „, e loda la sicurezza pubblica, dovuta specialmente alla severità del duca d'Ascoli. E conclude: ... " Si le gouvernement savait employer sa puissance, il ferait de grandes choses avec ce peuple „. A pag. 117 si trova un elogio della regina Carolina, che scolpa delle accuse che la gravano. Il cap. LIX parla degli artisti che allora — 1804-5 — si trovavano a Roma: Reinhardt, Abel, Hariette, Bossi, Schweiklen, la Kaufmann, Wagner, Guérin, Caylard, Channin, Moutony, Torwaldsen, Pacetti, Landi, Labruzzi, Camuccini, Jegorieff, Wallis, Koch, Gmelin ed altri assai. Il cap. LX è tutto destinato a Canova. Parla anche di un Carluccio che ha riprodotto in sughero il Colosseo, e di un Tommaso Diamanti inventore di un cannone che si carica per la culatta (p. 361). Il cap. CX parla dei Teatri di Roma: e il seguente contiene osservazioni staccate su Roma: " il semble que Rome la grande ait été dépeuplé par la peste: ah c'est la peste du gouvernement des prêtres (IV. 165) „ !. Il viaggiatore ritorna in patria per Verona: e qui cade opportuna una notizia ch'ei dà (IV. 378) della compra fatta dall'Arcid. Giovanni d'Austria della pietra sepolcrale di Giulietta e Romeo: eppure a Verona la fanno ancora vedere! Il viaggio si conclude con un parallelo fra l'Italia e la Russia, tutto a vantaggio di quest'ultima: l'a. si dice "agréablement ému en sortant de cette Italie monotone, et peuplée des rebuts de la race humaine „: nientemeno!

Krebel G. Fred. (1729-1793), *Die vornehmste Reisen durch Italien*, Hambourg, 1789, 8º.

Küttner K. Gottl. (1755-1805), *Reisen durch Teutschland, Dænemark, Schweden, Norwegen, u. einen Theil von Italien, in d. jahren 1797-99*, Leipzig, Goeschen, 1800, 4 vol. 8º; 2ª ediz. 1805, 4 vol.

Kütner Salomon, *Itinerarium, Germaniae, Italiae, Siciliae vicinarumque insularum peregrinationes continens*, Erfurt, 1617, 8º.

J. C. S., *Ausführliche Reise-Beschreibung durch Italien*, Frankfurt, 1671, 12º.

Jagemann Ch. Jos. (1735-1804), *Geographische Beschreibung d. grossherzogthums Toscana*, Gotha, Ettinger, 1775, 16º.

— *Briefe uber Italien von C. J. J. mitglied d. florentin. Akad. d. Akerbaues*, Weimar, Hoffman, 1778, 3 vol., 8º.

Janitsch, *Reisen von ihren Sicilianischen Majestatœn von Wien nach Venedig und Florenz*, Leipzig, 1792, 3 vol., 8º.

Jansen W. R., *Brieven over Italien, vornamelyk den tegenvoooordigen staat der Geneskunde en Naturlyke Historie betreffende*, Leyde, 1790; 1793, 8º.

Journal d'un voyage d'un gentilhomme français etc. vedi GRANGIER DE LIVERDYS.

Jouvin de Rochefort, *Le voyageur d'Europe, où sont les voyages de France, d: Italie*, etc. Paris, 1672, 12º.

Labat le pere J. B. (1663-1738), *Voyage en Espagne et en Italie dans les années 1705 et 1707*, Paris, Delespine, 1730; Amsterdam, aux dépens de la Compagnie, 1731, 8 vol., 12º fig. Trad. tedesca di Troltsch, Frankfurt, 1758-61; Nurnberg, 1759, 8 vol., 8º.

"L'a. comme dans toutes les relations qui sont sortie de sa plume, a jeté dans celle-ci de l'intérêt et de la gaîté, mais ses plaisanteries, ses sarcasmes ne sont pas toujours d'un bon choix, et on peut lui reprocher aussi de la diffusion. Ce qu'il a écrit sur l'Espagne se réduit à une assez bonne description de Cadix. Il s'est beaucoup plus étendu sur l'Italie: mais à l'exception de détails assez curieux où il entre sur la forme et les différents branches du gouvernement papal, le surplus de sa narration de l'Italie est bien inférieur à ce qu'on a publié depuis sur cette intéressante contrée:„ D. L. R., I, 315.

Giudizio assai conforme al vero: ma in questo Viaggio si trovano però molti particolari non inutili sull'Italia, e specialmente sulla condizione di Roma, al principio del secolo XVIII. L'a. quantunque monaco, dà spesso prove di spirito libero e punto superstizioso. "C'est un singulier homme, dice lo CHATEAUBRIAND, *l. cit.*, que ce moine parisien de l'ordre des frères prêcheurs. Missionaire aux Antilles, flibustier, habile mathématicien, architecte et militaire, brave artilleur pointant le canon comme un grenadier, critique savant et ayant remis les Dieppois en possession de leur découverte primitive en Afrique, il avait l'esprit enclin à la raillerie et le caractère à la liberté. Je ne sache aucun voyageur qui donne des notions plus exactes et plus claires sur le gouvernement pontifical. Labat court les rues, va aux processions, se mêle de tout et se moque à peu près de tout.„ Notiamo, fra molte altre, alcune cose di maggior rilievo, che spigoliamo nel solo terzo e quarto vol. a pag. 6): *I Valentini:* "A propos de Saint Valentin c'est un coûtume en Italie de faire une espece d'alliance le jour de la fête de ce saint martyr, qui arrive au mois de février. Je n'ai jamais pû sçavoir assez au juste la raison de cet usage, mais il est établi il y a bien des années. Les filles choisissent des garçons, qu'elles envoyent avertir qu'elles les ont pris pour leurs Valentins. Les garçons y répondent d'abord par un bouquet, qu'ils envoyent à leurs Valentines, et les mariages suivent assez souvent ces petites unions dont personne n'est scandalisé, parce qu'elles sont innocentes, et que les titres de Valentin et Valentines ne dispensent pas les parens de veiller à l'ordinaire sur la conduite de celles dont ils sont chargez. On se fait des présens pendant le cours de l'année, on se visite, on se trouve aux assemblées et aux promenades: et l'année finie sans engagement, on songe à faire de nouveaux Valentins et de nouvelles Valentines, car il est juste qu' on recommence un nouveau bail. Les religieux mêmes ne sont pas dispensez d'être choisis pour Valentins, et comme tout se passe dans cette petite union selon toutes les régles de la bienséance la plus sévere, on n'y trouve point à redire." (Cfr. con MILLIN, *Voyage en Piémont* etc. I, 340: "On donnoit autrefois dans ce château *(del Valentino)* une fête le jour de S. Valentin, le 14 de février. Chaque dame appeloit le chevalier qui la servoit, son Valentin. C'est de là qu'est venu le nom de cette demeure"). — Pag., 152: Il carnevale di Roma. — Pag. 194: I presepj di Natale a Roma. — Pag. 263: Una predica a Tivoli. Il predicatore "entra en chaire avec un air refrogné, comme s'il eût été en colere contre tout le monde. Il s'assit, tira son mouchoir, se frotta long tems le visage, le nez, et le oreilles, se moucha deux ou trois fois, sans manquer à chaque fois de regarder dans son mouchoir, prit du tabac, se leva, et après avoir regardé de tous côtez, comme s'il eût cherché quelqu'un, il se découvrit, se mit à genoux et dit l'*Ave Maria*, se leva pour la seconde fois, éternua fortement deux ou trois fois, se moucha encore, considera son mouchoir avec attention, se leva, fit avec le pouce de la main droite une petite croix sur son front, une autre sur sa bouche, une troisiéme sur sa poitrine, et d'une voix aussi élevée que s'il avoit crié au feu, il commença ainsi son discours: Hors de ce lieu sacré, impies, que doutez de la vertu et des merveilles du très-saint Scapulaire de la Vierge! J'entendis ces paroles sans interprète, et je ne le me fis pas dire deux fois, je sortis tout au plus vîte, un tel début me faisant craindre des suites plus fâcheuses". — Vol. IV. p. 19. L'asilo ecclesiastico". "Je passois un jour devant une chapelle d'une Confrairie, j'y vis un homme qui jouissoit du privilége abusif de l'immunité, ce qu'on appelle dans le puïs être sur le *Sacrato*. Je remarquai que cet homme avoit un fusil à côté de lui et qu'il regardoit attentivement du côté où j'allois, je me doutai qu'il attendoit quelque chose ou quelqu'un, et pour m'en éclaircir je m'arrêtai et fis semblant de lier a jarrétiere. J' y fus assez long tems : à la fin je craignis de lui donner de l'ombrage et je continuai de marcher : mais je n'avois pas fait vingt pas que j'entendis des balles siffler à mes oreilles, et je vis quelques gens qui étoient dans une boutique fort epouvantez, d'autres qui se mirent à crier miracle. Voici le dénouëment de cette scene. Ce malheureux refugié dans cette chapelle avoit un ennemi: il sçut qu' il devoit passer auprès de sa retraite, il l'attendoit avec son fusil auprès de lui comme je l'avois remarqué, et l'ayant vû sortir d'une place et entrer dans la rue où il étoit, il lui avoit lâché un coup de fusil chargé de trois balles: ce furent ces balles qui me sifflerent aux oreilles; une donna dans la crosse du pistolet que le barigel avoit à son côté et la brisa sans lui faire d'autre mal, une autre donna dans la boutique d'un marchand et perça une piece de toile, et la troisième s'amortit contre la muraille. S'il n'avoit mis qu' une balle dans son fusil, il eût tué son ennemi, car tous ces gens sont chasseurs et tirent assez juste. Les trois balles s'écarterent, et par bonheur ne firent mal à personne. Ce lieu sacré, selon l'usage, ne pouvoit plus servir d'azil à ce miserable, parce qu'il l'avoit violé lui-même en tirant sur son ennemi: aussi ne se fit-il pas prier pour changer de poste, il chargea promptement son fusil et se retira à cent pas de-là sur la porte d'une église, ayant auparavant d'y mettre le pied posé son fusil à terre, et pris des témoins comme il y entroit sans armes, précaution nécessaire pour joüir du droit d'azile, sauf à le reprendre un moment après, et être en état d'attendre son ennemi, et mieux prendre ses mesures une autre fois. Tel est l'abus des immunitéz des églises et des chapelles, la retraite qu'elles donnent aux criminels est un revenu pour elles et surtout les chapelles des confrairies, qui ne manquent jamais d'avoir deux ou trois chambres et une cuisine pour le service de ces miserables. „ — Pag. 30 : Modo di fare il vino nella campagna romana. — Pag. 69 : Le ossesse e gli esorcisti. Sebbene l'autore creda che vi siano dei veri ossessi, stima però che quelle donne e ragazze che vide a Tivoli nell'estate del 1709 fossero soggette a vapori: „ Je fus avec notre pere Curé voir quelques-unes de ces possedées, et j' eus bien lieu de rire de la simplicité de ceux qui les exorcisoient, et qui n'avançoient rien : je crois aussi que le diable rioit de tout son coeur de voir des gens travailler jusqu' à en devenir malades, pour le faire sortir d'un lieu où il n'avoit jamais mis le pied „. — Pag. 97 : Usanze mortuarie a Tivoli: " Je passai avec un de nos pères chez un de ses parens, où il y avoit un mort. Nous y entrâmes pour prier Dieu, et ce fut inutilement. Toutes les femmes du voisinage s'y étoient assemblées et faisoient un tintamarre qui nous auroit empêché d'entendre le tonerre. Je n'ai jamais rien vû ni entendu de pareil. Les unes crioient de toutes leurs forces, les autres pleuroient et sanglottoient comme si tout le monde eût dû être perdu dans le moment; d'autres s'égratignoient et se donnoient des soufflets, et tout cela par pure cérémonie, sans être touchées de la mort du voisin non plus que moi, qui n' y prenois aucune part, seulement parce que c'est la coûtume, et que les voisins se doivent cela les uns aux autres. Notre Prieur m'apprit plusieurs manieres de pleurer les morts, qui sont en usage en differens endroits d' Italie. Je n' en rapporterai que deux. A Banco, bourg dans l'Abrusse, province du royaume de Naples, les femmes qui pleurent les morts de leur famille ou de leurs amis, sont assises le derriere nud sur de petites selles de pierre ou de marbre, et là en habit négligé, les cheveux épars et les joües bien égratignées, elles crient, pleurent, ou chantent, jusqu' à ce qu' on porte le corps à la sepulture. En plusieurs endroits de la Toscane, s'entend dans les bourgs et villages, les femmes, car ce sont toujours elles qui prennent ces commissions à cause de la facilité qu'elles ont à pleurer sans en avoir de raison, le femmes, dis-je, pleurent les morts en musique et en vers libres: c'est-à-dire, qu' étant à demi couchées autour du corps mort dans un habit négligé et sans coëffure, elles commencent par répandre bien des larmes, après quoi elles se disent les unes aux autres et à ceux qui les veulent écouter, toutes les vertus et les bonnes qualitéz du défunt ou de la défunte, n' en eût-il aucune; elles mentent par politesse et en disent des merveilles, et cela en vers libres qu' elles font sur le champ avec esprit et d'un tour aisé; elles le mettent en même tems en air, et joignant des mouvemens et des larmes à ces chants, elles se répondent les unes aux autres d' une maniere spirituelle et pathetique. „ — Pag. 192: Notizie molto particolareggiate sulle galere della Squadra pontificia. — Pag. 20): Esercito e guarnigioni pontificie. — Pag. 260. Descrizione della Processione della *Passione*, a Civitavecchia: " Je trouvai notre cloître plein de pénitents la face couverte et les épaules nuës, qui se foüettoient d'importance en attendant la marche de la procession. Ils se servent pour se saint exercice de pénitence d'un trousseau de cordelettes noüées, serrées par les bouts, et ils s' en frappent sans s' épargner, de maniere qu' ils se font une playe large de sept ou huit pouces de diametre au milieu du dos, dont le sang ruisselle de tous côtez, et asperge ceux qui se trouvent à portée et que le pénitent veut arroser de son sang, car ils sont les maîtres de le faire en maniant leurs disciplines d'une certaine façon. Les trois Confrairies de la ville marchoient selon leur rang ordinaire. Voici comment se passa cette action de pieté. Je la vis toute à mon aise, car nous n'en étions pas. Les Pénitens noirs de la Mort marchoient les premiers ; leur grand crucifix tout couvert de noir étoit à leur tête, avec quatre confreres qui portoient des flambeaux. On voyoit ensuite quinze jeunes enfans habillez en anges, qui portoient les instrumens de la Passion avec un grand ordre et une extrême modestie. Chaque ange étoit cantonné de deux confreres portant des flambeaux. Après les anges venoit un jeune homme vêtu de noir en veuve avec un grand voile traînant en terre, pour représenter la Veronique, qui portoit un voile où étoit représentée la face du Sauveur. Elle étoit accompagnée de quatre flambeaux. Après la Veronique paroissoit un *Ecce Homo* parfaitement bien représenté. Il étoit sur un brancard porté par quatre confreres avec quatre flambeaux. L'*Ecce Homo* étoit suivi d'une Vierge de douleur, dont l'estomach étoit percé de sept épées. Cette figure étoit aussi sur un brancard porté par quatre confreres avec des flambeaux. Un pénitent chargé d'une assès grosse et pésante croix venoit ensuite, il étoit couronné d'épines et avoit deux grosses chaînes de fer aux pieds, qu'il traînoit avec beaucoup de peine. Il étoit suivi de dix ou douze flagellans, dont les robes étoient toutes ensanglantées. On vit paroître après eux deux hommes tous nuds, excepté le visage et les parties honteuses, qui étoient couvertes. Ils avoient de grosses pelottes de cire garnies de morceaux de verre, dont ils se frapoient l'estomach, le gras des cuisses, des jambes et des bras, avec si peu de discretion qu'ils répandoient du sang de tous côtez. On les appelloit des saints Jerômes, à cause de cette espece de caillou, dont ils se frapoient la poitrine avec un danger évident d'en mourir. Ce spectacle donnoit plus d'horreur que de dévotion, aussi fut-il défendu l'année suivante, à moins que les saints Jerômes ne fussent vêtus comme les autres pénitens. Tous ces pénitens étoient accompagnez chacun de deux flambeaux, et il y avoit quelques gens qui alloient derriere eux, et leur jettoient de tems en tems du vin ou du vinaigre sur leurs playes. Après les pénitens, les confreres les plus graves venoient deux à deux le flambeau à la main, et derriere eux sept ou huit francisquains revêtus sur leurs habits du sac de la confrairie, avec l'habillement de tête : ils chantoient le *miserere*. Les Pénitens Bleus venoient ensuite : ils avoient après leur croix une douzaine de flagellans, après lesquels venoit un homme en habit déchiré, couronné d'épines, les mains liées et chargées d'une pésante croix. Il représentoit le Sauveur. Il étoit accompagné de sept ou huit bourreaux, qui le tirailloient avec des cordes, et d'autant de soldats armez de cuirasses, de casques et de hallebardes, qui représentoient les romains soldats de Pilate. Il y avoit dans cette troupe un

perso꞊nage à barbe rousse et cheveux noirs, qui faisoit la
figure de Judas, qui avoit un sac avec quelques deniers
dedans, qu' il faisoit sonner comme pour montrer qu' il
avoit reçû le prix de sa trahison. Ce grouppe ne me plut
point du tout. Après le prétendu Sauveur marchoit un
Simon le Cirenéen, qui aidoit de tems en tems à porter
la croix du Sauveur, et après lui paroissoient les trois Ma-
ries bien éplorées, ayant de grand mouchoir à la main.
Les confreres suivoient deux à deux, et aprés eux étoit
notre pere curé avec quatre ou cinq de nos peres en surplis, qui chantoient les hymnes de la Passion. Les Pénitens
blancs, comme les plus anciens, venoient les derniers. Ils
n'avoient point de réprésentations comme les autres, mais
un bien plus grand nombre de flagellans, d'enchaînez, et
d'autres pénitens, parce qu' étant bien plus riches que les
prémiers, ils sont aussi plus magnifiques, et donnent une
plus ample collation à ceux qui viennent se foüetter sous
leur habit: et comme en Normandie les témoins ne parlent qu' à proportion qu'on les fait boir, de même à Civitavecchia on ne se foüette qu'à proportion qu' on est bien
traité. „

Un brano del Viaggio del Labat riguardante Nettuno
od Anzio fu recentemente ristampato dall'ADEMOLLO.

Lacombe JACQUES (1724-1811), *Dictionnaire historique
et géographique portatif de l'Italie, contenant une
description des royaumes, avec des observations
sur la musique, la peinture, l'architecture, ensemble l'histoire des rois, des papes, des artistes cé-
lébres etc.* Paris, Lacombe, 1775, 2 vol., 8°; Avignon, 1790, 2 vol., 8°.

La Condamine de, Ch. MARIE (1701-1774), *Extrait d'un
journal de voyage en Italie,* s. l. (Paris), 1757, 4°.

Lalande de, JOSEPH JEROME (1732-1807), *Voyage en
Italie, contenant l'histoire et les anecdotes les
plus singulières de l'Italie et sa description, les
usages, les gouvernements, le commerce, la littérature, les arts, l'histoire naturelle, et les antiquités avec des jugements sur les ouvrages de
peinture, de sculpture et d'architecture, et les*

plans de toutes les grandes villes d'Italie, Paris, 1768, 6 vol., 12º. *Considérablement augmentée*, Paris, 1769, 8 vol., 12º, *avec atlas*, 4º; Paris, 1786, 9 vol., 12.º *Revue et corrigée et augmentée des observations d'un anonyme*, Genève, 1790, 7 vol., 8º.

" Ce voyage, fait en 1765 et 1766, mais dont les dernières éditions renferment des additions relatives à des époques bien postérieures, est le plus complet et le plus satisfaisant, sous bien des rapports, qui ait paru sur l'Italie. L'auteur a donné sur tous les objets annoncés dans le titre de l'ouvrage, des développements qui ne laissent presque rien à dèsirer sur une contrée si intéressante par les beautés dont l'a enrichie la nature, et par la magnificence des monumens que l'art y a elevées:„ D. L. R., II, 490. — "Le voyage de Lalande est encore ce qu'il y a de mieux et de plus exact sur la Rome des arts et sur la Rome antique: „ CHATEAUBRIAND, *op. cit.*, IV, 388. Anche il BARETTI fa grandi elogi di questo viaggio, nel quale però altri trovarono grandi mende. Quattro Lettere di ANGELO MAZZA contro ciò che il Lalande scrisse di Parma, stanno inedite nella Biblioteca parmense. La molta notorietà di quest' opera ci trattiene dal farne estratti e citazioni.

Lamberg MAX (1729-1792), *Le Memorial d'un mondain*, Au Cap Corse, 1774, 16º, coll'Epigrafe: *Italiam Italiam*.

" Mon idée n'est pas de faire une description detaillée du sol de l'Italie „, Cosi comincia l'autore, grande amico, come è noto, del Casanova. E infatti il suo libro non è la descrizione di un viaggio, ma una breve raccolta di notizie e di riflessioni sull'Italia o su altre cose. A pag. 9 si parla della ristampa dell'Enciclopedia fatta a Livorno dal Bicchierai: a pag 10 di Dick console inglese a Livorno e di Lord Wortley Montaigu, a proposito della quale dice: " Les lettres que M. Wortley écrivoit à M. Lami de Florence meriteroient d'être publiées un jour„. Fino a pag. 73 si parla in ispecie della Corsica e di P. Paoli: poi di Venezia. A pag. 79, del conte Durazzo ambasciatore imperiale presso la Repubblica: a pag. 80, del march. di Saint Germain, quello del filtro rinnovatore, che allora era a Venezia: a pag. 89, della "jeune et savante Mlle Caminer „; a pag. 92 ricorda i concerti degli orbi a Bologna: a pag. 93 parla di Laura Bassi, e di Anna Morandi, di Bianconi e di Savioli, dell'Albergabi e di Farinelli: a pag. 103, del Galiani: a pag. 104, della fabbrica Ginori: a pag. 100, di Milord Baltimore: a pag 111, del Casanova: " Je suis surpris qu'un homme connu dans les lettres, homme à connaissances profondes, et que ses malheurs eloignent de sa patrie, M. Casanova de S. Galt (qui détenu à Venise se sauva des Plombs par une espece de miracle) ne trouve moyen de rentrer dans l'état par le nombre de protections qu' il y a parmi les nobles; il blessa à Warsovie en duel le comte Branitki et m' écrivit le 13 septembre 1772 qu'il avoit passé l'automne de 1768 en Espagne: mais comme on doit prendre intérét aux affaires d'un ami, on doit se contenter de ce qu' il veut nous en dire: c'est là le cas où le secret devient une confidence entre deux hommes, que la prudence et l'amitié conservent l'un pour l'autre „. A pag. 118 si ricorda il mistificato Poinsinet. A pag, 126 è menzionato l'ab. Moccia di Napoli, che si sosteneva nell'acqua senz'alcun appoggio. A pag. 127, annedoti sul botanico Marsigli; a pag. 128, su Tartini e sua moglie: a pag. 129, sul prof. Arduini agronomo. A pag. 130 si ricorda che il Pretendente ha invernato a Pisa: " il vient d'épouser une princesse de Stolberg, digne de tous les trônes et des hommages des dames romaines. „ A pag. 130 si celebrano le lodi di Corilla, del violinista Nardini e di due abati, Corvasi e Costa, celebri al giuoco del Sibillone. Pag. 132, elogio del Goldoni. Pag. 134, lettera autobiografica del Frugoni.

La Mottraye de AUBRY (1674-1743), *Voyages en Europe, Asie et Afrique, où l'on trouve une grande variété de recherches géographiques, historiques et politiques sur l'Italie, la Grèce, la Turquie, etc., avec des remarques instructives sur les moeurs, coûtumes, opinion etc.*, La Haye, Jonhson et Van Duren, 1727, 2 vol., fol. Edizione ingl. del 1723, e compendio tedesco, 1783.

Larchier FRANÇOIS, *Les voyages d'un homme de qualité, faits en Angleterre, Flandre, Brabant, Zélande, Hollande, Frize, Dannemarc, Suède, Allemagne et la Republique de Venise*, Lyon, 1681, 12°. Notato cosi dal BLANC, col. 925: forse la stessa cosa di questo registrato dal DE LA RICHARD., I, 307: *Voyages d'un homme qualifié, faits en Angleterre, en Flandre, en Hollande, en Danemarck, en Suède,* *en Pologne, à Venise et dans le Piémont, avec l'indication du commerce qui s'y fait, et des commodités qui s'y trouvent;* del quale è ricordata anche la traduzione italiana col titolo: *Viaggi d'un huomo qualificato* ecc. trad. dal francese da Gugl. Ces. Laurenti, Torino, 1685, 12⁰.

Lassels RICH. (1603-1668), *The voyage of Italie*, London, 1670, 2 vol.; 1698, 8.⁰ Trad. franc.: *Voyage d'Italie, contenant les moeurs des peuples, la description des villes et tout ce qu'y il a de beaux et de curieux* etc., Paris, Billaine, 1671, e 1682, 2 vol., 12⁰.

L'autore, al contrario di parecchi altri inglesi che narrarono il loro viaggio in Italia, è cattolico fervente, e in ogni maniera difende la religione romana ed il papa: vedi per es. nel volume II, 72 la lunga difesa del mantenere che fa il papa in Roma le meretrici e cavarne danaro mediante una tassa sul loro traffico; e a pagina 134 l'apologia della polizia romana e della sbirraglia. Al viaggio propriamente detto precedono alcune considerazioni generali sul paese e sugli abitanti. Ne togliamo alcuni particolari: " Le païs abonde particulierement en soye et en vers à soye, et il y a des campagnes toutes couvertes de meuriers.... Toute la terre est couverte de simples fort curieux et d'herbes odoriferantes, d'où vient que l'on y voit tant d'essences, de cordiaux, de parfums, d'eaux, d'huiles et de pastes de senteur: et tous les aromatiques y sont si communs, que les barbiers et les blanchisseuses en mettent avec profusion sur le visage et dans le linge sans qu'il vous en coûte davantage.... et il n'y a rien de plus curieux que les maisons où l'on distille pour le Grand duc, les boutiques ou apoticaireries des dominicains de S. Marc et des Augustins du Saint-Esprit à Florence et à Rome: le laboratoire du College romain et des Minimes de la Trinité du Mont.... Chaque partie a ses maladies et ses incommoditez particulieres: les Genois sont sujets aux rhûmes, les Milanois sont tourmentez de la goute, les Venitiens des hemoroïdes: on gagne le mal caduc à Florence, on ne voit que des fièvres à Rome, et les Piemontois sont tourmentez de la goûetre.... L'humeur italienne est mêlée de la gravité espagnole et de l'emportement françois: leur gravité neammoins n'est pas sans feu, ni leur emportement sans flegme. Ils sont presque tous propres à devenir grands

predicateurs, grands politiques et grands ingenieurs. ...
S' ils sont mesquins dans leur vivre, c'est pour vivre plus
sainement, et avoir de quoy paroistre plus propres....
On ne les voit jamais se mocquer d'un étranger en quelque posture qu' il paroisse devant eux, et bien que l'extravagance des habits attire quelquefois leurs regards,
elle n' attire jamais leur risée.... Quand ils sont en conversation avec plusieurs personnes, ils ne parlent jamais
une langue qui croyent que quelqu' un de la compagnie
n' entend pas.... Si quelqu' un les visite, ils observent certaines formalitéz pour les recevoir, pour les placer, et
les faire asseoir, pour les entretenir et les traiter selon
leur qualité, et jusques où ils doivent aller pour les reconduire.... Ils pratiquent entre eux tant de civilité et
ils ont tant de respect les uns pour les autres, qu'il ne
me souvient point d'avoir entendu homme ni femme se
quereller.... Ils ne se traitent que de *Vostra Signoria*:
ils fuyent tous les jeux de main, et ils en ont tant d'adversion que même les maitres ne frappent jamais leurs valets...., Ils se marient souvent plus sur le rapport d'autruy que par leur propre connaissance, et mesme souvent
ils ne se sont point vûs que quand ils sont devant le prestre pour se donner la main et se marier. Leurs enfants
vont teste nuë aussi-tost qu' ils ont atteint l'âge de quatre
ou cinq ans, pour les endurcir contre les rhumes et les défluxions ou la vieillesse est sujette, d'où vient qu'on n'y
couvre pas tant la teste qu' en France. Les hommes dans
les maisons ne portent qu'une simple calotte, et la plus
part de femmes vont teste nuë, mesme au plus fort de l'hiver : elles se lavent la teste toutes les semaines, et pour
cela elles ont des vaisseaux qui sont faits exprés, puis sechent leurs cheveux au soleil, afin de les rendres jaunâtres, qui est une couleur fort agreable aux dames. Aussitost qu'un italien est chez luy, il quitte non seulement
son manteau, mais aussi son chapeau, ses manchettes et
son collet, et se couvre d'une casaque grise, sans laquelle
il ne disne ny ne soupe jamais. Et un jour un italien m'ayant prié à disner chez luy, avant que de nous mettre
à table, il fit prendre par ses valets, les chapeaux et les
manteaux à cinq que nous étions qu'il avoit conviez, et
l'on nous donna à chacun une casaque de couleur avec un
petit bonnet. Ils servent à disner les petits pieds et les
viandes plus delicates les premieres, tout au contraire des
autres nations : c'est à dire qu'ils commencent par l'entromets et le rôti et finissent par le boülli et le potage.
Quand on est à table, personne ne vous presente ny sel ny
cervelle d'aucun animal: ils croyent que ce seroit vous reprocher le manquement d'esprit, mais on vous presente à
boire sur une sous-coupe d'argent avec trois ou quatre pe-

tites bouteilles dessus, qu'ils apellent caraffons, qui sont remplies de differentes sortes de vin et d'eau, et un verre fort net et bien lavé, où on met autant de vin et d'eau, qu'il vous plaist, et vous ne dépendez pas en cela du caprice d'un valet, comme en d'autres païs.... Chacun mange en Italie avec le coûteau et la fourchette, et on ne touche jamais des doigts qu'à son pain: cela tient les serviettes et les doigts fort propres et fort nets.... Les hommes et les femmes de qualité ne vont jamais ensemble en carrosse par les ruës, s'ils ne sont étrangers: c'est à dire d'une autre ville ou d'une autre province. Jamais le mary et la femme ne vont ensemble en même carrosse, parce que tout le monde ne sçait pas qu'ils sont mariez ensemble.... Enfin, je n'ay point remarqué entre toutes les nations que j'ay frequentées aucune qui vive, qui s'habille, qui boive et qui mange plus regulierement que l'italienne „. — Citeremo anche questo che è detto delle donne Veneziane: " Les femmes sont belles et bien-faites, et elles souhaitent d'avoir la même reputation de fidelité que leur mari; mais leurs grands *sciappini* ou patins les défigurent: j'en ai veu d'une demi-aulne de haut : vous diriez qu'elles sont montées sur des eschasses, et elles paroissent de plus grande taille que les hommes, ce qui fait qu'elles ne sortent gueres à pied que deux femmes ne les soûtiennent: et comme je m'en plaignois à quelqu'un, on me dit que cela se faisoit par politique, et que c'étoit une voïe adroite pour faire demeurer les femmes au logis, ou pour les empécher d'aller bien loin seules et en cachette (II, 237) „.

Leber J. M. Constant (1780?), *Nouvel Itinéraire italien,* Paris et Orléans, 1804, 12⁰.

Le Cointe le p. Ch. (1611-1681), *Relation de Rome, tirée d'un des plus curieux cabinet de Rome,* Paris, Joly, 1662. 12⁰.

Le Laboureur Jean (1623-1675), *Histoire et relation du voyage de la Reine de Pologne, et du retour de la maréchale de Guébriant par la Hongrie, la Carinthie, la Styrie, le Frioul et l'Italie, avec un discours historique de toutes les villes et états par où elle a passé,* Paris, Du Nain, 1644, e 1647, 4⁰; 1648, 3 vol., 4⁰.

" Ce voyage renferme quelques recherches sur les antiquités de ces pays : mais le rédacteur y est diffus comme dans ses autres ouvrages „ : D. L. R., I., 800.

Le Saige JACQ. (-1549), *Chy sensuyvent les gistes, repaistres et despens que moy. Jasques Le Saige, marchant de draps de soye, demourant à Douay, ay faict de Douay à Hierusalem, Venise, Rhodes, Rome, Nostre-Dame de Lorete. Avec la description des lieux, portz, cités, villes et aultres passaiges que moy. Jasques Le Saige ay faict la mil chincq. cent* XVIII, *avec mon retour*, Cambray, Brassart, 1520, 4⁰: 1523, 4⁰ got.

Delle due edizioni restando solo cinque esemplari, l' opera col titolo di *Voyage de J. L. S. etc*, fu ripubblicata dal sig. Duthilloeul, a Douai, Aubers, 1851, 4⁰. Nella *Revue Savoisienne* del genn. 1888 si trova riprodotta col tit. : *Un alpiniste du* XVI *siècle* la narrazione del passaggio del Monceniso fatta dal le Saige nel 1518.

Letters from Italy, describing the manners, customs, antiquities, paintings, etc. of that country in the years 1770 and 1771 to a find residing in France, by ein enyhilsh woman, London, Edward and Dilly, 1777, 2 vol., 8⁰.

Lettres concernants la description d' un voyage de Minorque à Rome, en l'an 1777, Francfort, 1779, 8⁰.

Lettres galantes et de voyages, dans lesquelles on décrit les mœurs, les coûtumes et les intérêts d' Italie, d' Hongrie, d'Allemagne, de Suisse, de Hollande, de Flandre, d' Espagne et d'Angleterre, Paris, Loyson, 1672, 12⁰.

Lettres sur la Sicile par un voyageur italien en 1776 et 1771 à l'un de ses amis, trad. en franc., Amsterdam et Paris, 1778, 12⁰.

È molto probabilmente l'opera segnata più oltre, sotto VISCONTI.

Levesque MAURICE, *Tableau politique, religieux et moral de Rome et des états ecclesiastiques etc.*, Paris, 1791, 8°.

Linda di Luca (1625-1660), *Descriptio orbis et ommium ejus rerumpubblicarum, in qua praecipua ordine et methodice pertractantur*, Leyda, 1665.; Amsterdam, 1665; Jena, 1670; Leipzig, 1710. Trad. ital.: *Le descrittioni universali et particolari del mondo et delle Repubbliche, tradotte, osservate, ed accresciute dal Marchese Majolino Bisaccioni*, Venezia, Combi, 1660, 16°.

In questa ediz. l'Italia occupa le pag. 312-510, e vi si trovano curiosi particolari, specia'mente sul costume di vari popoli, distinguendo gli usi antichi dai moderni.

Lipsius JUST. (1547-1606), *Epistolae de Peregrinatione italica*, 1721, 8°.

Lockar und **Meihead**, *Travels in parts of the Austrian Low-countries etc.* London, Losgman, 1802, 8.°

Il viaggio, appartenente agli anni 1787-89, si stende sino alla Toscana.

Lombard J. PIERRE, *Wirkliche Reise unter die franzosen, und durch die deutschen Länder, wo sie waren nach Paris u. Italien*, Leipzig, Weigel, 1802, 8°.

" C'est un voyage en partie sentimental. L'a. n'y parle guère que d'émigrés, de modes et de femmes, et dans ses récits il mêle beaucoup d'anecdotes scandaleuses „ : D. L. R., I, 353.

Lopidis JACOBI Stunicae, *Itinerarium ab Hispania usque ad urbem Romanam, in quo multa varia ac scitu dignissima continent*, Romae, in Campum Florae, MDXXI.

"Cette relation du voyage de Jacq. Lopez Zuniga (1512) est curieuse et rare „ : BRUNET, V, 573.

Lory GABRIEL (1760-1836), *Voyage pittoresque de Genève a Milan par le Simplon*, Paris, 1811, fol., 35 planch.

Lullin de Chateauvieux JACOB FRÉD. (1772-1842), *Lettres sur l'agriculture de l'Italie, écrites d'Italie en 1812-13 à Mons. Ch. Pictet*, Genève, Paschoud, 1815; 1820, 8°.

Vedine un lungo sunto in DUMESNIL, *op., cit.* p. 265-308. Il viaggio è fatto dall'aspetto agronomico, ed ha importanza anche al di d'oggi. L'a. divide la penisola in tre regioni, distinte l'una dall'altra per sistemi di cultura. " La première commence vers les Alpes de Suze et du mont Cenis et s'étend jusqu'au bord de l'Adriatique. Elle comprend toute la plaine de la Lombardie, séparée par le cours du Po en deux parties presque égales. La fécondité de la terre fait croitre dans cette riche plaine des productions variées qui se succèdent sans interruption, et cet habile mélange de récoltes fait donner à cette région le nom de *pays de culture par assolement*. La seconde de ces régions se prolonge sur toutes les pentes méridionales des Apennins, des frontières de la Provence jusqu'aux bornes de la Calabre. Je l'appellerai région des oliviers, ou de la *culture cananéenne*. Elle n'occupe que des pentes et des coteaux. Cette culture orientale s'élève en gradins sur les flancs des montagnes, par une suite de terrasses artistement soutenues avec des murs de gazon, et couvre ces sites agrestes de plusieurs espèces d'arbres également chargé de fruits. La troisième region est *le pays du mauvais air*, ou de la culture patriarcale. Elle s'étend le long de la Méditerranée, de Pise jusqu'à Terracine, et comprend toutes les plaines qui s'élargissent entre la mer et la chaine de l'Apennin „. Come ognuno scorge, in questo quadro non sono comprese le contrade che l'autore non visitò: il napoletano, la Sicilia, e le coste adriatiche. La fattoria descritta dall'a. come modello del primo genere di coltura è quella di Santena, là dove ora riposano le ossa di Camillo Cavour. Importante assai è ciò che l'a. dice della Campagna di Roma.

M. J., *Reisen der Pœbeste nach Frankreich, Italia und Deutschland*, 1732, s. n., 8'.

M*** le citoyen, *Voyage forcé de Naples*, Paris, Desenne, s. a.; ma le lettere sono dell'anno IX della Repubblica.

Mabillon J. (1632-1707) et **M. Germain** (1645-1694), *Museum Italicum, seu Collectio veterum Scriptorum ex bibliothecis italicis*, Lutetiae Parisiorum, Montalant, 1725, 2 vol., 4.º

    La prima parte del vol. I contiene l'*Iter Italicum litterarium*, che va fino a pag. 244, e del quale a tutti è noto il pregio.

Mabillon et Montfaucon (1655-1341) *Correspondance inédite avec l' Italie, contenant un grand nombre de faits sur l' histoire religieuse et littéraire du* XVII *siècle, suivie des lettres inédites du P. Quesnel à Magliabechi et au card. Noris, accompagné de notices, par Valery*, Paris, Labitte, 1846, 3 vol, 8.º

    Pubblicazione assai importante per la storia civile e letteraria, sulla quale sono da vedersi fra altri un articolo del Loandre nella *Rev. de deux Mondes* del *1847*, XVII. 325, e uno firmato G. (uasti) nell'*Arch. Storico*, ser. 1.ª, VIII, 489-533. Diamo qualche ragguaglio delle materie più importanti di questa corrispondenza. Vol. I, p. 90, 93, 98, 107: Notizie su Molinos e i quietisti. — Pag. 94: Si riferisce una pasquinata del tempo, allusiva alle persecuzioni dei giornalisti o *menanti* e dei quietisti: *Chi parla è mandato in galera, chi scrive è impiccato, e chi sta quieto va al Sant'officio.* — Pag. 143: La vecchia contessa di Carpegna " qui ose faire la guerre à Sa sainteté „ e sue avventure. — P. 154: Notizie su Napoli. — P. 163: Salita a Monte Cassino e descrizione del Cenobio. — P. 181: Viaggio alla Cava de' Tirreni. — P. 191: Singolare predica del p. Recanati ai Cardinali in Vaticano (anno 1635): " Il leur remontra fortement leurs devoirs, les défauts qu' ils commettent et l'exemple de leurs prédécesseurs. Il leur reprocha entre autres choses, qu' ils n' allaient presque jamais à leurs titres, qu'ils négligent extrêmement, qu'ils passaient presque toutes les après-dinées à jouer, au lieu d' assister à vêpres; que, lorsqu' on tenait chapelle, ils scandalisaient impunément les assistants en causant sans aucune réserve ni retenue. Des cardinaux, il semble qu' il monta jusqu'à une petite chambre du Vatican, ou Sa Sainteté s'enferme entre quatre foyers et sous sept couvertures toute la nuit et une bonne partie du jour. Il dépeignit si pathétiquement tout ce qu'on fait là pour la conservation la plus étudiée de la santé, que ceux qui etaient présents disaient de *nostro Signore: mutato nomine, de te fabula narratur.* — P. 208: Benedizione delle bestie nella festa di S. Antonio e notizie sulla salute del papa : " A dix heures il est malade, à quinze il se porte bien, à dix-huit il mange comme quatre, à vingt-quatre il est, dit-on, hydropique „. — P. 223: Visita a Farfa. — P. 232: Ritratto del Magliabechi. — P. 242: Gita a Camaldoli. — P. 246: Gita a Valombrosa. — p. 249: Gita a Lucca; visite al Beverini, al Fiorentini ecc. — P. 284. La duchessa di Bracciano e papa Innocenzo xi. — Vol. 2. pag. 51: Altri ragguagli sul Molinos. — P. 67: Morte della duchessa di Modena: — P.75 e 79: La Regina di Svezia e mons. Imperiali. — P. 77: Processo del cardinale Petrucci molinosista. — P. 88: Giudizio del p. Germain sul viaggio del Burnet: "Ce Burnet fait une description de ses voyages, où il ne paraît aucun caractère ni d' honnête homme ni d' homme de bien. Ce n' est qu' une satire continuelle et des calomnies et des injures grossières contre la religion, les rites et les cérémonies de l'Église catholique „. — P. 95: Abjura di Molinos descritta dal P. Gattola. — P. 95: Condanna del P. Appiani gesuita, molinosista. — P. 95: Notizie teatrali: " le Saint Père tient à l'égard des opéras une conduite opposée à celle que tenait Clément ix : celui-ci ne voulait pas qu' il y eût de *cabretti*, c'est'à-dire d'eunuques, et ce pour cause, et qu' il n' y eût que des *cantarine*: le Pape ne veut pas qu' il ait de *cantarine*, et qu' il n' y ait que des *cabretti*. Il se fait du mal par les uns et par les autres: il est plus énorme et peut-être plus ordinaire par les heunuques que par les femmes „. — P. 148 e 159: Anton Maria Salvini denigratore dei due benedettini etc.

Maihows doct., *Voyage en France, en Italie, aux îles de l'Archipel, ou Lettres écrites de plusieurs endroits de l'Europe et du Levant en 1750, avec diverses observations de, l'auteur sur différentes productions de la nature et de l'art. trad., de l'anglois par Puysieux.* Paris, Charpentier, 1763, 4 vol., 12⁰.

" La relation renferme des détails assez curieux sur certaines parties de l' Italie, et particulièrement une description très-attachante du riche cabinet d'Aldovrandi à Bologne „: D. L. R., I, 320.

Maire et **Boscovich**, *(1711-1787), Voyage géographique et astronomique entrepris par ordre de Benoît* XIV, dans les années 1750 et suivantes, pour mesurer des degrés du méridien et corriger les cartes de l'Etat Ecclésiastique, avec une nouvelle carte de l'Etat Ecclésiastique, Paris, Tilliard, 1770, 4º.

Malerische Reise eines deutschen künstlers nach Rom, Wien, 1789, 2 vol., 8º.

Mallet GEORGES, *Lettres sur la route de Genève à Milan par le Simplon, écrites en 1809*, Paris et Genève, Paschoud, 1816, 12º.

— *Voyage en Italie dans l'anné 1815*, Paris et Genève, Paschoud, 1817.

> Ne caviamo questa descrizione di Pisa e degli inconvenienti a cui erano realmente esposti i viaggiatori prima della costruzione delle strade ferrate: " La principale place de Pise est toujours remplie de voiturins, qui offrent des chevaux pour toutes les parties de la Toscane, et de cette foule d'oisifs, qui, sous des titres différens, s'attachent aux pas des étrangers. Quelque répandue que soit la mendicité en Italie, vocation de choix et ressource d'une partie de la population, je ne l'ai vue nulle part si générale qu'à Pise, où l'absence d'industrie favorise l'oisiveté et la misère. Si un étranger entre dans un café ou dans une boutique, une foule déguenillée l'y suit: peu-à-peu il se voit renfermé dans un cercle qui interrompt ses communications avec le marchand: on épie le moment où il paiera, et à l'instant où il tire sa bourse, vingt mains se présentent. À votre arrivée dans une auberge, une troupe de *facchini*, sans écouter vos représentations, s'emparent de vos effets: en vain vous demandez à n'avoir à faire qu'avec un ou deux seulement, la colonne se forme de la rue à votre chambre, en couvrant les antichambres et l'escalier. Le premier argent qu'on offre est toujours dédaigneusement rejeté: le maître de l'auberge et le camérier n'osent prendre le parti de leur hôte; ils restent dans le silence, ou so bornent au rôle de médiateurs, et ce n'est qu'en doublant le somme et en l'accompagnant de quelques expressions de colère, que vous forcez la foule à se retirer (p. 28) „. Il viaggio a Napoli fu fatto al momento della caduta di Murat e del ritorno dei Borboni; e contiene su questi fatti, notevoli particolari.

Manuel de l'étranger qui voyage en Italie, Paris, 1778, 12º; Paris, Duchêne, 1790, 12º.

Mann, vedi **Doran**.

Marcard H. M., *Reise nach der Insel Ischia* (nel Giorn. di Berlino, 1787, fasc. v-vi).

Marcel L., *Reise u. Bemerkungen durch Frankreich, Italien u. die Niederlande*, Berlin, 1787, 4 vol.,

Marschlins ULYSSES-SALIS, *Reisen in verschiedene Provinzen d. Kœnigreiches Neapel*, Zurich, 1793, 8°.

> Il viaggio è del 1789 e venne trad. in inglese da Aufrere, London, Cadell, 1795, 8°; e in francese, Paris, Stoupe, 1790, 2 vol. 12°.

— *Beiträge zur natürlichen u. œkonomischen Kenttniss Beider Sicilien*, Zurich, 1790, 2 vol., 8°.

Martyn THOMAS (1735-1825), *A Tour trough Italy, containg full directions for travelling in that intersting country with ample Catalogues of every thing that is curious in architecture, painting, sculptur*, London, Kearsley, 1791, 8°. Trad. franc.: *Guide du voyageur en Italie*, trad. par M. Blanc, pasteur, Lausanne, Durand, 1791, 2 vol., 12°.

— *Sketch of a Tour trough France, Switzerland and Italy*, London, 1787, 8°.

Masson ALEX. FRÉD. JACQ., marq. DE PEZAY (1741-1777), *Noms, situation et détails des vallées de la France le long des grandes Alpes dans le Dauphiné et la Provence et de celles qui descendent des Alpes en Italie, depuis la Savoye jusqu' à celle de Saint-Etienne du comté de Nice*, Turin, 1793, 12°.

Mayer JOH. CHRIST., *Beschreibung von Venedig*, Leipzig, Barth, 1789; ibid., 1795, 2 vol, 8°.; ibid., 1796-7, 4 vol., 16°.

> Minuta ed esatta descrizione di Venezia. Il primo vol. contiene la descrizione della città per sestieri. Il se-

condo, tratta del Governo, delle magistrature, delle leggi e procedura, delle finanze, della polizia, della popolazione, dei prodotti e manifatture, dei costumi (p. es. *Casini u. Kaffeehäuser, Cibisbeat, Mätressen, Masken, Frauenzimmermoden, Karnoval, Improvvisatori, Schauspiele, Buli oder Bravi, Tanz, Spiele, Heirathen ecc.)* della lingua, della letteratura e dell' arte. Il 3° vol. tratta del dominio di terraferma e del Levante. Il 4° contiene una libera traduzione delle *Memoires historiques et politiques sur la Republique de Venise* di Leopoldo Curti.

Mayer CH. JOSEPH (1751-1825), *Voyage du comte de Falkenstein* (Joseph II) *en Bohême, en Italie, à Rome et en France*, Paris, 1777 e 1778, 12º.

Mayerne-Turquet (de) THÉOD. (1573-1655), *Sommaire description de la France, Allemagne, Italie et Espagne, avec le Guide des chemins pour aller et venir etc.*, Cologne, Stoer, 1618, 16º; Rouen, Malassis, 1642, 12º.

Méchin ALEX. EDME (1762-1849), *Précis de mon voyage et de ma mission en Italie, dans les années 1798 et 199, et relation des évènements qui ont eu lieu depuis le 27 Novembre jusqu'au 28 Décembre 1798*, Paris, 1808, 8º.

Meerman J. (1753-1815), *Eenige Berichten van de Pruisische en Sicilianische Monarchien, benevens sommiche daaraengrenzende Staaten*, La Haye, 1793-4, 3 vol., 8º.

Member (a) of the Arcadian Society at Rome, *A poetical tours on the years* 1784-86, London, 1787.

Mémoires instructives pour un voyageur dans les diverses états de l'Europe, Amsterdam, 1738.

Menu, *Reise durch einen Theil von Deutschland, Helvetien und Ober-Italien*, Berlin, Himbourg, 1804, 8º.

" Outre ce que ce voyage renferme des observations relatives aux opérations militaires des Français et des Autrichiens dans les pays parcourus par l'a., et le tableau rapide de leur organisation actuelle, on y lit avec beaucop d'intérêt des anecdotes littéraires peu connues sur Voltaire, Spallanzani, Abauzit etc. „ : D. L. R., I, 863.

Merveilles (Les) et antiquités de la ville de Rome, quelles elles sont pour le jourdhuy embellies par divers Papes, et fraischement par N. T. S. P. Urbain VIII siégeant présentement, trad. de l'italien, Liège, de Glen, 1631, 8⁰. fig.

Merville, v. Guyot de Merville.

Meyer doct. FRIED. JOH. LOR. (1760-1844), *Darstellungen aus Italien*, Berlin, 1792, 8.⁰ Trad. franc. di Ch. Vanderbourg, Paris, Heinrich, an x (1800) 8⁰; Leyde, 1803, 2 vol., 8⁰.

" L'a. ne s'est pas toujours occupé de descriptions topographiques : il laisse errer son imagination sur tous les objets.... Si le genre descriptif est quelquefois gâté par des expressions emphatiques, on retrouve dans plusieurs morceaux, tels que la description des Alpes du Tyrol, un style gracieux et pur, comme la nature elle-même „ : D. L. R., II, 503.

Meyer von. J. G. *Briefe über einige gegenden von Rom* (nel *Mercurio* tedesco del 1791, 5.⁰ fasc.)

Millin AUBIN LOUIS (1759-1818), *Lettre à Langlès sur le carnaval de Rome,* Paris, 1812, 8⁰.

— *Voyage en Piémont, à Nice et à Gênes,* Paris, Wassermann, 1816, 8⁰.

Il viaggio fu fatto nel 1811, e l'a., ben preparato ad esso da forti e geniali studi, intendeva stendere una descrizione di tutta l'Italia, ma non ne pubblicò che due parti. Questa prima parte contiene ragguagli assai interessanti di archeologia, di studj e di costumi : vedi ad es. nel vol. 1, p. 73 la descrizione degli usi nuziali della Morienna, a pag. 129 quella degli stessi usi a Susa, ed a pag. 185 di Montpautier. A pag. 138 si descrivono quelli di Menna, e si riferisce questa canzone popolare:

>   L'autra matin si me son leva
>   Plus matin que l'alouetta,
>   Son anda riant, chantant
>   A la porta de ma métressa,
>   Mè de tout loin qu'elle m'a entendu chanter
>   Tout en chemisa la porta vian fermer.
>   Ouvrez, ouvrez-moi donc la porta.
>   Jona filla da marié —
>   Venez de jor, beau galant, si vous m'aymez,
>   Car pour le nuit je tiens ma porta fermé.

A pag. 141 si parla degli esercizj degli *spadonieri* nel circondario di Susa: " Voici ce que j'ai appris de plus positif sur ce genre d'exercice. On représentoit, il n'y a pas encore longtemps, dans ces montagnes, des tragédies religieuses. *L'espadonnage*, est un reste des antiques représentations de la décollation de S. Jean Baptiste, qui ont été données à Salbertrand, village de l'arrondissement de Suze, en 1637 et 1725, ensuite à Giagliosse en 1731...; Ces espèces de soldats escortoient les exécuteurs chargés de décapiter S. Jean-Baptiste. Leurs jeux et leurs habillemens grotesques, tenant à la fois du bizarre et du majestueux, ont engagé les amateurs des usages antiques à conserver les espadonniers, pour donner plus d'éclat à leurs fêtes „. — P. 233: Notizie su Gianduja e Girolamo e sul teatro delle Marionette a Torino. — P. 275: Processione della confraternita di S. Maurizio a Torino nei giorni di Pasqua. — Pag. 282 e segg.: I manoscritti della Biblioteca di Torino — Pag. 318 e segg.: Collezioni e Musei privati a Torino: dell'ab. Incisa, dell'ab. Pullini, del Cambiasi, del co. Rignon ecc. — P. 332: Giudizio su Torino: " On commence à Turin à se familiariser avec quelques usages des Italiens, et un peu avec leur langue. Il ne faut pourtant pas croire qu'un voyageur qui n'a vu que le Piémont, ait aucune idée de l'Italie. Les Piémontais ont un plus grand éloignement pour les milanais que pour les français, et ils paroissent préférer les maniéres françaises aux italiennes etc. „. — Vol II, p. 275: " On prétend que le sigisbéisme n'est nulle part plus en vogue qu'à Gènes. C'est un erreur; il commence à Turin. Il est plus organisé à Gènes; mais c'est à Venise et dans la Toscane qu'on trouve les plus parfaits modèles de chevaliers servants, et ce ne sera qu'après avoir fait avec eux une ample connaissance que je me permettrai d'en parler. „

— *Voyage dans le Milanais, à Plaisance, Parme, Modène, Mantoue, Crémone, et dans plusieurs autres villes de l'ancienne Lombardie*, Paris, Wassermann, 1817, 2 vol., 18⁰.

Per quello che riguarda le arti e l'archeologia il presente viaggio è più pregevole dell'anteriore. Diamo qualche indicazione delle cose che vi si trattano. Vol I. p. 121: L'osservatorio di Milano ed il prof. Moscati: il Paradisi, il Mustoxidi ecc. P. 156: Il teatro dei Burattini a Milano ecc.

Cons. in proposito di questo viaggio: PEZZANA, *Lettera al prestantissimo sig. C. Filippo Linati circa le cose dette da L. Millin intorno la città di Parma*, Bologna, Nobili, 1818, 4°; Parma, st. ducale, 1819, pag. 71.

Del M. trovo anche citato dal Blanc: *Tablettes d'un voyageur en Italie*, Paris, Didot, 1818, 8°.

Minoli BALTHASARIS, *Itinera sex a diversis Saxoniae ducibus et auctoribus, diversis temporibus in Italiam, Palestinam et Terram Sanctam*, Wirtemberg, 1612, 12°.

[**Mirabal**], *Voyage d'Italie et de Grèce, avec une dissertation sur la bizarrerie des opinions des hommes*, Paris, Guignard, 1698, 12°.

Il nome dell'a., è svelato dal Barbier, *Dictionn. des anon*. Su questo viaggio è da vedere un art. di A. NERI nella *Gazzetta Letteraria* di Torino, anno XI, n. 24. Il M. venne in Italia, ove già avea militato, nel 1691 e qui ebbe avventure d'armi e d'amori, che formano la principale materia del racconto, e che in cotesto articolo del Neri vengono riassunte gradevolmente.

Mirabilia urbis Romae.

Antica e favolosa descrizione di Roma, ben nota agli studiosi. V. per le antiche edizioni BRUNET, *Manuel*, III, 1740. Su di essa e su scritture consimili, come la *Graphia aureae urbis Romae* (pubbl. dell'OZANAM, *Documents inédits* oct., Paris, Lecoffre, 1850, p. 155), vedi fra gli altri, GREGOROVIUS, *Storia di Roma*, trad. ital., Venezia, Antonelli, 1873, IV, 745. Pel testo di questo libro famoso vedi *Mirabilia Romae e codd. vatican. emendata*, edid. Gust. Parthey, Berolini, Nicolai, 1869. Se ne ha una trad. ital.: *Mirabilia Romae, ossia le cose meravigliose di Roma con critiche annotazioni*, Roma, Tipogr. forense, 1864, di pag. 74, 16°.

Misson MAXIMILIEN (-1727) *Nouveau voyage en Italie fait en 1688, avec un Mémoire contenant des avis utiles à ceux qui voudront faire le même voyage,* *avec fig.*, La Haye, van Balderen, 1691, 2 vol., 12⁰.; ibid, 1694, 1702, 1713, 1717, 3 vol., 12⁰. *Avec les Remarques que m. Adisson a faites dans son voyage d'Italie*, Utrecht, Wates, 1722, 4 vol., 12⁰; 1727, 1731; Amsterdam, 1743; Paris, 1744, 4 vol., 12.⁰ ecc. Trad. ingl., London, 1699, 2 vol., 8⁰; 1704, 1714, 1734, 4 vol., 8.⁰ Trad. tedesca con aggiunte di Nemeitz, Leipzig, 1713, 8⁰. Trad. olandese, Utrecht, 1704, 4⁰.

" La relation de M. fut très-recherchée dans le temps, comme en font foi les nombreuses éditions qu'on en a données, et les traductions qu'on en a faite: c'étoit la première qui fit connaître d'une manière un peu satisfaisante presque toutes les parties d'ltalie; mais quoiqu' elle renferme beaucoup d'érudition, qui quelquefois, à la verité, y est assez déplacée, ce sont, du propre aveu du voyageur, des tablettes où les faits sont jetés avec confusion. Le ridicul y est deversé sur le catholicisme d'une manière aussi lourde que mordante: il y a d'ailleurs beaucoup de partialité dans les jugements, et d'inexactitude dans les descriptions: enfin l'ouvrage a vieilli „: D. L. R., II, 481.

Freschot ne pubblicò una critica a Colonia, 1705: *Remarques histor. et critiq. faites dans un voyage en Italie*; cui il M. rispose nella prefazione dei *Voyages et adventures de François Leguat*, e il Freschot replicò vivacemente nella *Nouvelle relation de la ville de Venise*. Il Maffei, *Verona Illustr.*, Append., è severissimo contro il M.; al quale rimprovera "astio ed imperizia „, rilevando gli errori e le avventate asserzioni in cui cade a proposito di Verona, di Vicenza e di Padova. Non si potrebbe negare la causticità di questo scrittore, specialmente in argomenti religiosi — egli era protestante e aveva dovuto fuggire di Francia dopo la revoca dell'editto di Nantes — ma ad ogni modo, nel suo lavoro vi è del buono, e le molte ristampe provano che incontrò non senza ragione il favore del pubblico. L'Ampère, *op. cit.*, p. 182, dice di lui: " Misson est le seul, entre Montaigne et Duclos, qui ait pris intérêt aux moeurs, aux détails de la vie sociale; c'était en toute chose un esprit libre et original „. Il viaggio fu fatto negli anni 1687-88.

Monconys (de) Balthasar (1611-1665), *Journal du voyage en Portugal, en Provence, en Italie, en Egypte, en Syrie, à Costantinople, en Natolie, en Angleterre, dans les Pays-bas, en Allemagne, en Espa-*

gne; où les sçavants trouveront un nombre infini de nouveautés en machines de mathématiques, expériences physiques, curiositéz de chimie.... outre la description de divers animaux et plantes rares.... les ouvrages des peintres fameux, les coutumes et les mœurs des nations etc., enrichi de figures et publié par le sieur de Liergues, son fils, Lyon, Boissat, 1665-1666, 3 vol., 4^0; Paris, Billaine, 1677, 3 vol., 4^0; Lyon, 1678, 2 vol., 4^0; Paris,(Hollande) Delaulne, 1695, 4 vol., 12^0. Trad. tedesca incompletissima di C. Junker, Lipsia e Augusta, 1697, 4^0.

" Il n' y a point d' éxagération dans le titre de ce voyage, commencé en 1645. Il renferme tout ce qu'on pouvoit attendre d' un homme fort instruit pour le temps où il écrivoit. On y trouve, au reste, plus de recherches sur différentes classes de science et d' arts, particulièrement sur la chimie, que de description de pays et d' observations sur les mœurs et sur les usages des peuples„ : D. L. R., I, 213.

Recentemente il Sig. Ch. Henry, bibliotecario della Sorbona, ha pubblicato un estratto di questi viaggi: *Les voyages de B. de M., Documents pour servir à l'histoire de la Science*, Paris, Hermann, 1887, p. 103, 4^0. Egli ne ha tratto fuori con ottimo pensiero, tutto ciò che in essi si riferisce alla storia delle scienze naturali e matematiche e alle grandi scoperte del sec. XVII. Già il Libri ne avea tratta una preziosa notizia sulle opinioni filosofiche di Galileo, avuta dal M. in un colloquio col Viviani: " Il me dit son opinion (di Galileo) du soleil qu' il croyoit une estoille fixe, la necessité des toutes choses, la nullité du mal, la participation de l'ame universelle, la conservation de toutes choses „. L' Henry si è giovato della edizione principe; ma l' edizione del 1695, che abbiamo innanzi a noi, poteva fornire molte aggiunte. Così ad es. a pag. 84, l' Henry poteva aggiungere ciò che è detto del prof. Gaudenzio Paganino di Pisa, che è chiamato " incertain et craintif „ , e del dono che il M. n'ebbe di versi. A pag. 88 è ommessa la conversazione col Dr. Nardi " qui m' assûra avoir ouï faire à des femmes d' artisans et paysannes de grands discours en latin et en grec sur le champ, et répondre à la question qu' il fit, comment les qualités pouvoient être principes si elles sont contraires, puisque c' est la nature des contraires de se détruire : les dites femmes (qu' il jugeoit par là et par la science de medicine, qui lui montroit que plusieurs symptomes de leurs maux n' étoient pas naturels), lui dirent qu' ils étoient opposez, mais non pas contraires. Il me dit l'histoire du prêtre Neri, et me donna sa recepte avec beaucoup de franchise: il me montra le commentaire qu' il faisoit sur Lucrece, où il y a plusieurs curieuses recherches sour les divers sepultures: celle d'Egypte y sont aussi exactement décrites: il y a fait aussi un Traité de la Rosée „. Ivi stesso manca ciò che si dice del p. Barli e del Riccardi, e delle loro esperienze sul mercurio e sulla conversione dell'aria in acqua. A pag. 39 trovavano luogo altre notizie sul Giardino dei Semplici di Pisa, sul *Palma Christi*, sul rimedio contro il cancro, sul *lacertus squamosus* di Egitto, sull' *ilex cocchigéra* e sul *paliurus* " dont étoit la couronne de N. S. „.

Montague LADY MARIE **Wortley** (1690-1762), *Letters written during his travels in Europa, Asia, and Africa.... published by Becket and de Houdt*, London, 1763, 12⁰; Berlin, 1781, 2 vol., 8⁰. — *Anditional Volume*, London, 1767, 12⁰. — Ediz. stereotipa, Paris, Didot, anno VIII, 12⁰. Trad. franc. di Brunet, Amsterdam, 1763, 2 vol., 12⁰; e Paris, 1764, 1 vol., 12⁰; e di Anson, Paris, Duchêne, 1791, 2 vol., 12⁰; Paris, Lenormant et Merlin, 1805, 2 vol., 12⁰. Altra traduzione nella raccolta generale delle opere, Paris, Heinrichs, 1805, 4 vol., 12⁰. Traduz. olandese, Amsterdam, 1765, 8⁰. Trad. ital. di Maria Petrettini, Corfu, Tipogr. del Governo, 1838.

Le lettere sull' Italia sono una da Genova del 1718, una da Torino dello stesso anno, una da Firenze s. d. Quella da Genova tratta del cicisbeismo.

Montaigne (de) MICHEL (1533-1592), *Journal du Voyage d'Italie par la Suisse et l'Allemagne en 1580 et 1581, avec des notes par M. de Querlon*, A Rome, et se trouve à Paris chez Le Jay, 1774, 4⁰ gr. con ritr., di pag. LIV-416. Contemporanea a questa edizione, e solo con lievi diversità ortografiche, è un'altra in 3 vol., in 24⁰, dei quali il 1⁰ ha pagg. CXXXVI-214; il 2⁰ pagg. 325; il 3⁰ pagg. 461:

con questo volume comincia la parte del viaggio scritta in italiano, alla quale è posta a fronte la traduzione francese di m.r Prunis. L'anno dopo, il 1775, si faceva un'altra edizione pure in 3 vol., in 24º, dei quali il 1º ha pag. xcii-252, terminando ove nel manoscritto cessa la mano dell'ignoto segretario del M.; il 2º è di pagg. 225, ed a pag. 140 comincia la parte scritta in Italiano; il 3.º è di pagg. 248. Questa ediz. differisce dalle anteriori per qualche maggior cura tipografica e maggior costanza di ortografia. Il *Voyage* si trova anche nelle *Œuvres de Montaigne* par J. A. C. Buchon, Paris, Panthèon littéraire, 1842, 4º, a 2 col., da pag. 634 a 758; in questa ediz. però la parte italiana è stata ommessa, e riprodotta solo la traduzione francese del Prunis.

Il manoscritto del Viaggio fu ritrovato dal canonico Prunis nel castello di Montaigne in una vecchia cassa, e di là estratto per copiarlo. Formava un piccolo volume in fol. di 178 pag., parte di mano dell'ignoto servo o segretario di M., parte di mano dell'autore (v. a pagine 258). Il Prunis depose il manoscritto nella Biblioteca del Re a Parigi, ove adesso più non si trova, nè si sa ove sia. Il testo, copiato che fu dall'originale quasi illeggibile e di errata ed incostante grafia, venne dal Querlon, che se ne fece editore, arricchito di note, che in massima parte abbiamo riprodotte, distinguendole coll'asterisco. La parte del Viaggio scritta in italiano, era anche più difficile a decifrare: e per ciò l'editore ricorse al prof. Giuseppe Bartoli dell'Università di Torino; il Prunis vi aggiunse la traduzione francese. L'editore (p. xxxviii) ebbe un momento la tentazione, come l'avemmo noi, di resecare tutto quello che nella relazione riguarda soltanto la salute dell'autore, e le cure fatte e gli effetti di queste; ma anch'egli ebbe, come noi, scrupolo di metter le mani in uno scritto del grande autore. "Ceux, ei scrive, qu'ennuiront les détails des eaux.... n'ont qu'à se dispenser de les lire „: e altrettanto diremo a nostra volta.

Sul viaggio del M. è da vedere, oltre il DUMESNIL, *op. cit.*, p. 17-35, un articolo nei *Nouveaux Lundis* del SAINTE-BEUVE, Paris, Levy, 1875, ii, 156-178: e il sunto di essi dall'aspetto medico e balneologico, nel libro del Dr. CONST. JAMES, *Guide pratique aux eaux minérales* etc., Paris, Masson, 9e édit, 1875, da pag. 511 a 544. Veggasi anche l'opuscolo di A. de CHAMBRUN de ROSEMONT, *Récits et impressions de voyage au xvi siècle: Montaigne en Suisse, en Allemagne et en Italie*, Nevers, Fay, 1872, di pagg. 62, che si conchiude con queste parole: " Le livre de M. après trois siècles, nous instruit et nous charme encore: tandis que l'œuvre d'un politique, d'un Richelieu ou d'un Bismarck, est souvent bien amère etc „!!.

Il D. L. R., I, 293 giudica severamente il viaggio: "Ce voyage, annoncé long-temps avant sa pubblication, et qu'à cause de la grande réputation de l'a. on attendoit avec une impatience qui tenoit de l'enthousiasme, n'a pas rempli l'attente des amateurs. Les admirateurs les plus passionnés de M. conviennent eux-mêmes que son voyage est bien plutôt, en général, un bulletin fastidieux de remarques journalières sur sa santé et sur les effets des eaux minérales dont il faisoit usage, qu'un journal d'observations intéressantes sur les monumens des pays où il voyageoit, sur leur histoire naturelle, sur les mœurs et le caractère de leurs habitans „. Se questo giudizio rappresenta l'opinione più comune e volgare sul *Voyage*, non parrà strano nè improbabile l'aneddoto riferito in un dotto articolo della *Revue Britannique* del 1859, II, 109, su Montaigne: " Un brave libraire à qui M. de Saint-John demandait si on ne réimprimerait pas les voyages de l'auteur des *Essais*, lui répondit naïvement: Le réimprimer, Monsieur, et pour quoi faire! C'est un livre de si peu de valeur! „. Ma con tutti i difetti che ha, e non poteva non avere un lavoro di memorie personali, non destinate al pubblico, e dopo tutto quello che non a torto si può dire sui particolari riguardanti i mali dell'a. e i rimedj da lui adoperati in cerca di salute, il *Voyage* resta sempre un libro curioso, e non indegno in molte parti dell'autore degli *Essais*. " Son *voyage*, dice l'AMPÈRE, *op. cit.*, p. 151, est autant que ses *Essais*, un *livre de bonne foi*: il n'y embouche point sans cesse la trompette de l'admiration, comme se sont crus obligés de le faire d'autres voyageurs. Il parle froidement des choses qui ne l'émeuvent point. Ainsi il ne dit pas un mot de Raphaël ni de Michel-Ange: il ne sent pas la campagne de Rome avec ce grand caractère de sublime solitude, avec la splendeur des teintes, la tristesse des ruines, la beauté des horizons, telle qu'elle s'est révélée au pinceau du Poussin et au pinceau de Chateaubriand... En parlant de Rome, M. conserve en général un ton tranquille; il paraît plus curieux que transporté, mais ses impressions sont justes, et l'expression, pour être simple, ne manque pas d'énergie„. E il SAINTE-BEUVE, *op. cit.*, p. 161: " Le *journal*.... n'a rien de curieux littérairement, mais moralement, et pour la connaissance de l'homme, il est plein d'intérêt ....

Montaigne en voyage était tout appliqué à voir, à regarder: à peine s'il se permet une réflexion: il les réserve pour plus tard. Il était très-attentif à se conformer aux mœurs et usages des différents pays, à ne les choquer en rien: il s'y pliait entièrement pour les mieux comprendre et embrasser. Il n'arrivait avec rien de préconçu; il laissait faire, il laissait arriver à lui les choses elles-mêmes. Il ne ressemblait pas à ceux qui portent partout avec eux les lunettes de leur village: il prenait celles de chaque endroit où il passait, sauf à n'en croire en définitive que ses propres yeux. Il regrette de ne pas être assez preparé à l'avance par des lectures au voyage d'Allemagne et de Suisse: mais pour celui d'Italie et de Rome il y était préparé de longue main par le culte et par le commerce intime des auteurs de l'antiquité „.

Montfaucon d. BERNARD (1655-1741), *Diarium Italicum, sive monumentorum veterum, Bibliothecarum, Musæorum etc., notitiae singulares in Itinerario italico collectæ*, Parisiis, Amisson, 1702, 4°.

L'esemplare della Biblioteca Universitaria di Pisa che ho sott'occhio, porta in margine copiose postille di A. M. Salvini. Gli eruditi conoscono il pregio di quest'opera del dotto benedettino, alla quale è da aggiungersi l'altra: *Bibliotheca Bibliothecarum Manuscriptorum nova*, Parisiis, Briasson, 1739, 2 vol. fol., dove sono descritte 50 biblioteche romane, 5 del regno di Napoli, 8 fiorentine, una bolognese, una cesenate, una ravennate, 7 veneziane, 13 padovane (più 27 musei), 2 veronesi (più 2 musei), una milanese, una modenese e una di S. Benedetto Podalirio. V. sul *Diarium* il sunto del DUMESNIL, *op. cit.*, p. 105-115.

Monts Duguast (de) PIERRE (-1611), *Récit des choses remarquables qui sont en Italie*, 1624, s. l., 29 pag. 4ª.

Monuments (Les) de Rome, ou description des plus beaux ouvrages de peinture, de sculpture et d'architecture qui se voyent à Rome et aux environs, avec des observations sur les principales beautés de ceux de ces ouvrages dont on ne fait pas description, Amsterdam, Royer, 1701, 12°.

Moore JOHN (1729-1802), *Survey of Italia*, London, 1780, 8⁰. Seconda ediz. col tit.: *A View of society and manners in Italy, with anecdotes relating to some eminent character*, London, Straham, 1781, 2 vol., 8.⁰ Trad. franc.: *Essai sur la societé et les moeurs des italiens*, Lausanne, 1782, 2 vol., 8⁰. La parte riguardante l'Italia si trova anche nei viaggi complessivi dell' a.: *View of customs and manners in France, Swizerland and Germany, with anecdotes relating to some eminent characters*, London, 1779; 1780, 2 vol., 8⁰. Trad. franc. di Rieu: *Lettres d'un voyageur anglais sur la France, la Suisse, l'Allemagne et l'Italie*, Genève, 1781, 4 vol., 8⁰ Altra traduz. franc. di Fontenaur, Paris, 1806, 2 vol., 8⁰.

"Son voyage en Italie, sans offrir des observations aussi neuves que ses excursions dans les autres parties de l'Europe, parce que les précédens voyageurs ont laissé peu à glaner dans un champ si riche, renferme néanmoins des détails curieux sur les diverses états de cette célèbre contrée: mais c'est celui de Venise qu' il décrit avec le plus de soin ": D. L. R., I, 330. Su questo viaggiatore v. BABEAU, *op. cit.*, p. 287.

Morellet l'abbé André (1727-1819), *Mémoires inédits sur le* XVIII *siècle et sur la révolution, précedés de l'éloge de l'abbé M. par M. Lemontey de l'Institut*, Paris, Ladvocat, 1822, 2 vol., 16⁰, 2ᵉ édit. considerablement augmentée.

Vi si contiene la relazione di un viaggio in Italia nel 1758 pel conclave dopo la morte di Benedetto XIV. A pag. 61 del I. vol. rammenta come il massimo dei piaceri avuti in Italia, l'aver visitato Corilla Olimpica, della quale descrive vivamente e con entusiasmo una improvvisazione poetica. A pag. 69 narra di un concerto musicale offerto al popolo romano dall'ambasciatore di Francia per la festa di S. Luigi. A pag. 80 ricorda di aver conosciuto a Firenze Pompeo Neri, come poi a Venezia Angelo Quirini, a Padova il Tartini, a Verona il Torelli. A Milano confessa avere condotto " une vie assez peu métaphysique, car l'école des philosophes milanais, Pietro e Alessandro Verri, de Frisi, de Beccaria, n' était pas encore élevée, ou du moins n' était pas assez connue pour attirer mon attention; je ne vis que plus tard ces hommes qui ont honoré leur patrie„. A pag. 167 si parla del viaggio del Beccaria e del Verri a Parigi e poi si recano parecchie lettere di Alessandro Verri contro gl' italiani e in favore dei francesi, dell' indole loro e dei costumi. In esse il Verri chiama il Machiavelli ed il Sarpi " due mostri, la cui dottrina è così atroce, come falsa„. Il Morellet riflette che questi " mostri„ italiani dei quali si lamenta il Verri, sono dei fanciulli e degli scolaretti dinnanzi agli scellerati della rivoluzione francese.

Moritz K. Phil. (1757-1793), *Italien und Deutschland in Rüksicht auf Sitten, Gebrauche, Litteratur, und Kunst*, Berlin, 1789-90.

— *Reisen eines deutschen in Italien in den jahren 1786-88*, Berlin, 1792-93-3 vol., 8⁰.

Moritz fu amico di Goethe e suo compagno di soggiorno in Roma.

Mourelles (de) Simon, *Lettres envoyees de Viterbe au Seigneur d'Arimbaut, contenans le voyage de Mons. de Vaudemont, ensemble la prise de Rome, et aussi les assauts à elle donnez, avecques les calamitéz et miseres dans icelle exercees par ses ennemis, ensemble la mort de Charles, duc de Bourbon et la dicte prise*, s. n., (1527), 8⁰.

Muller mistriss, *Letters from Italy, describing the manners, customs, antiquities, paintings, of that country in the year 1770 a. 1771*, London, 1776, 3 vol. 8ᶜ.

Munter Fréd. (1761-1830), *Ueber den Zustand Calabriens nach dem Erdbeben von 1783* (nel *Magazz. ted.*, 1⁰ anno, 1⁰ fasc.)

— *Efterretninger von begge Sicilierne samlede paa en Reise i disse lande i aarene 1785-86*, Copenhague, 1789-90, 2 vol., 8⁰. Trad. olandese, Harlem. 1785-6 e 1792; trad. ted., 1790.

"Cet ouvrage danois est, suivant M. Malte-Brun, l'un des plus authentiques et des plus intéressants qu'on ait sur les deux-Siciles „: D. L. R., III, 47. E vedi sull'autore La Lumia, art. cit., pag. 735, che lo chiama " antiquario e filologo, con la schietta semplicità di un uomo e di un erudito dabbene„. Dei Siciliani scrisse: "Io sono convinto che gli isolani non sono sì cattivi come si vuol far credere. A dispetto di tante narrazioni di banditi e masnadieri, ho viaggiato inerme nella più perfetta sicurezza „.

Muntzer von **Babenberg,** *Reise von Venedig nach Jerusalem, Damascus und Constantinopel* (1556), Nurnberg, 1624, 4⁰.

Musset-Pathay Vict. Donatien (1768-1832)], *Voyage en Suisse et en Italie à la suite de l'armée de reserve,* Paris, Moutardier, an IX (1800), 8⁰.

Myle (van der) Cornelio, *Viaggio fatto come ambasciatore in Francia ed in Italia* (in olandese), 1609, 2 vol., in fol.

Nemeitz J. Christ. (1679-1753), *Nachlese über Italien zu Misson, Burnet, Adisson,* etc., Leipzig, 1726, 2 vol., 8⁰.

— *Fasciculus inscriptionum singularium in itinere Italico collectarum,* Leipzig, 1726, 8⁰.

— *Neuste statistiche und moralische Uebersicht des Kirchenstaats,* Lubeck, 1793, 8⁰.

Noailly L. C., *Voyage en Italie (a. 1812),* Paris, Bailly, 1842.

Nodot Franc., *Mémoires curieux et galants d'un voyage nouveau d'Italie,* La Haye, Troyel, 1702, 12⁰.

— *Nouveau Mémoires, ou Observations, faites pendant son voyage en Italie, sur les monuments de l'ancienne et de la nouvelle Rome,* Amsterdam, Chatelain, 1706, 2 vol., 12.⁰ fig.

— *Relation de la Cour de Rome* etc., Paris, 1701, 12⁰.

Northal Joh., *Travels through Italy*, London, 1766, 8⁰.

Nouveau Théatre d' Italie, ou Description exacte de ses villes, palais, églises etc., Amsterdam, 1791.

Nouveau voyage d' Italie avec les routes et les chemins publics pour y parvenir, l'origine et la fondation des villes, les routes, trésors et bibliothèques qui s' y trouvent, Lyon, 1699, 12⁰.

Nugent Th. (— 1772), *Grand Tour or a Journey through the Netherlands, Germany, Italy, and France*, 1778, 4 vol., 12⁰.

— *Observations on Italy, and its inhabitants*, London, 1769, 2 vol., 8⁰.

— *New Observations on Italy*, London, 1791, 2 vol., 8⁰.

Oedmann Sam. (1750-1829), *Sicilien och Malta, utur Bref af herrer Brydone och von Borch*, Stockolm, 1791, 8⁰.

Oefele von, *Des kurfürsten K. Albrecht von Bayern Italienische Reise im Jahre 1737 von ihm selbst bechreiben* (negli Atti dell'Accad. di Monaco, 1882, II. 2).

Orbessan (d') A. M. d'Aignan, Baron, président (1709--1801), *Voyage d'Italie (Oeuvres*, vol. I, 2ª p.), Paris, Merlin, 1768, 8⁰.

" Ce voyage fait en 1750, est superficiel; l'auteur y a jeté beaucoup de descriptions de tableaux assez imparfaites„: D. L. R., II, 489.

Osservazioni di un viaggiatore inglese sopra l' Isola di Corsica, scritte in inglese sul luogo e tradotte in Italiano, Londra, 1768, 8⁰.

Osterval, *Voyage de Genève à Milan par le Simplon,* Paris, Didot, 1811, fol.

- **Owen** JOHN (1768-1822), *Letters on Holland, France, Swizerland, Germany and Italy,* London, 1796, 2 volumi, 8⁰.

    "Cette relation n'offre aucuns approfondissemens sur les pays parcourus par le voyageur: mais elle se distingue de beaucoup d'autres du même genre par le charme de la variété, le talent de peindre, la justesse et la rapidité des réflexions, l'élégance et le feu du style „ : D. L. R., I, 349.

- **Pagès** (de) P. M. FR., vicomte (1748-1793), *Voyage en Italie et en Sicile en 1787,* Paris, Jansen, 1797, 3 volumi, 8⁰.

    Fa parte dei *Voyages autour du monde* del medesimo autore, e li precede.

Parker K., *Skizzen von Italien über einige Theile dieses Landes,* s. n., 1770, 8⁰.

Party L., *Reise nach Italien in j. 1785,* S. Petersb., 1800-01, 2 vol., 8⁰. (in russo).

Payen, *Voyage en Angleterre, Flandre, Brabant, Hollande, Danemarck, Suède, Pologne, Allemagne, Italie,* Paris, 1663; e 1668, 12⁰.

Perny-Villeneuve, *Description de l'île de Corse* (nell'*Esprit des Journaux,* 1791).

Petit-Radel L. CH. FR. (1756-1836), *Voyage historique, chorographique et philosophique dans les principales villes d'Italie, en 1811 e 1812,* Paris, Didot, 1815, 3 vol., 8⁰.

Pflaumern J. H. a., *Mercurius italicus, hospiti fidus per Italiae precipuas regiones et urbes dux,* Aug. Vindelin., 1625, 8⁰.

Lavoro fatto, come dice l'a. nella dedica, a istigazione di Marco Velsero e di Matteo Radero, specialmente in servizio di coloro che si recavano in Italia pel giubileo.

Philippon Adam, *Curieuse recherche de plusieurs beaux morceaux d'ornements antiques et modernes tant dans la ville de Rome que autres villes et lieux d'Italie*, Paris, 1645, in fol., fig.

Pilati Ch. Ant. (1733-1802), *Voyage en différents pays d'Europe en 1774-75-76, ou Lettres écrites de l'Allemagne, de la Suisse, de l'Italie et de Paris*, La Haye, 1777, 2 vol., 12°; en Suisse, 1779, 2 vol., 8.° Trad. tedesca, Leipzig, 1778, 2 vol., 8°; traduz. ital. compendiata dal ted., Poschiavo, 1781, 8°.

"Ces lettres, écrites avec beaucoup de liberté, pour le temps où elles ont paru, donnent des lumières assez précieuses sur quelques états de l'Allemagne. Ce qui concerne la Suisse n'est qu' esquissé, mais l'auteur s'étend beaucoup sur l'état des sciences en Italie: cette partie de sa relation est la plus soignée, la plus attachante. Sur les autres objets il porte un coup-d'œil excercé, mais très-rapide: le lecteur qu' une longue application fatigue, trouvera dans ces deux volumes de l'instruction et de l'amusement „ : D. L. R., I, 825.

Piozzi Lynch Hester (1739-1821), *Observations and Reflections made in the course of a Journey through France, Italy and Germany*, London, Strahan, 1789, 2 vol., 8°.

Pirks, *Itinerarium per dictionem Venetorum*, 8°.

Pizzagalli Fr. abbas, *Iter ad Russiam, Turciam, Italiam ac Germaniam, in quo praeter alia, Slavorum, Getarum, Pannonum, Hunnorum, Tirrenorum origines aperiuntur*, Moguntiae, 1792, 8°.

Plumike K. M., *Fragmente, Skizzen und Situationen auf einer Reise durch Italien*, Goerliz, 1793, 8°.

Pococke RICHARD (1704-1765), *A description of the East ad some others countries*, London, 1743-45, 2 tomi in 3 vol., in fol. con 179 tav. e carte. Trad. franc.: *Voyage en Orient, dans l'Egypte, l'Arabie, la Palestine, la Syrie, la Grèce, la Thrace, la France, l'Italie, l'Allemagne, la Pologne, la Hongrie etc., avec des observations sur les mœurs, la religion, les loix, les gouvernements, les sciences, les arts, le commerce, la géographie, l'histoire naturelle et civile de chaque pays, trad. de l'anglais sur la 2e edit. par une société de gens de lettres*, Paris, Costard, 1772, 6 vol., 12°. — *Supplément, formant le tome septième*, Paris, Barrois, 12°.

Pœllnitz CH. LOUIS, baron de, (1692-1775), *Mémoires, contenant les observations qu'il a faites dans ses voyages, et le caractère des personnes qui composent les principales cours de l'Europe*, Liège, 1734, 3 vol., 8°. — *Nouveaux Mémoires contenant l'histoire de sa vie et la relation de ses premiers voyages*, Amsterdam, 1737, 2 vol., 8°; e Londres, 1741, 3 vol., 8°; 1747, 5 vol., due di memorie e tre di lettere: notatovi che è la 5ª ediz.

Nelle nuove *Memorie* di questo celebre avventuriere, si parla dell'Italia, nel 2° vol. pag. 118-214 dell'edizione ultima citata. La relazione più lunga è quella di Roma, dove conobbe i cardinali Gualtieri, Del Giudice, Ottoboni, ed ebbe udienza dal papa (Clemente XI), che si rallegrò con lui della sua conversione al cattolicismo. Assistè alle cerimonie della Settimana santa; e riferisce, che fatta la lavanda dei piedi ai pellegrini, il Papa disse al cavalier di S. Giorgio e alla principessa sua moglie: *E ora andiamo a lavarci le mani*. Nelle *Lettere*, che nell'ediz. londinese corrispondono alle prime Memorie, si tratta dell'Italia nel vol. 2° da pag. 90 a 389, e la data è il 1730. Ne rileviamo alcuni particolari. P. 99: Le monache di Venezia: "L'habillement des Religieuses est plus galant que modeste: elles portent leurs cheveux tressés, comme les filles de Strasbourg: leurs jupes sont assez courtes pourqu' on leur voye la cheville du pied: pour corps de jupes elle portent des casaques à basques cour-

tes, qui sont très-avantageuses aux belles tailles: leur gorge est découverte, et ce n'est qu'en allant au chœur qu'elles la couvrent de mantes de fine laine blanche traînant jusqu'à terre „. Con questo passo può confrontarsi ciò che scriveva nel 1664 l'ab. Pizzichi, *Viaggio per l'alta Italia del Ser. Principe di Toscana*, Firenze, Magheri, 1820. p. 85, parlando delle monache benedettine di Venezia: " È questo il più ricco monastero di Venezia, e vi sono sopra 100 madri, tutte gentildonne. Vestono leggiadrissimamente con abito bianco come alla francese, il busto di bisso a piegoline: e le professe trina nera, larga tre dita sulle costure di esso; velo piccolo cinge loro la fronte, sotto la quale escono i capelli arricciati e lindamente accomodati; seno mezzo scoperto, e tutto insieme abito più da ninfe che da monache„.
— Pag. 120: La Musica nei Conventi femminili: "Actuellement l'*Apollonia* passe pour la première chanteuse, et *Anna-Maria* pour le premier Violon d'Italie „. — P. 131: Il costume pubblico: "Les vénitiens portent généralement un grand respect à toutes les femmes. J'ai vu la *Faustina*, célèbre chanteuse, et la *Stringuetta*, fameuse courtisane, arriver masquées à la place S. Marc, et tous les hommes les saluer comme si elles avoient été des dames de grande importance „. — P. 151: La piazza di *Spagna* a Roma: "La place d'*Espagne*, toute laide et enterrée qu'elle est, sert de lieu d'assemblée à tout ce qu'il y a de beau monde dans cette ville. Les dames fort commodément assises dans leurs carosses, reçoivent les hommages des hommes, qui se tiennent debout aux portières. On passe ainsi une heure ou deux les soirs à respirer beaucoup de poussière et le plus mauvais air de Rome: on est accablé de mendians, et à tout moment au hazard d'être écrasé sous les carosses qui viennent prendre place sans suivre ni file ni ordre „. — P. 164: Storia anedottica dell'elezione a papa del Card. Corsini col nome di Clemente XII. — Pag. 183 e 275: Aneddoti su Benedetto XIII e sul card. Coscia. — Pag 223: Ragguagli sul pretendente d'Inghilterra e sulla regina. — P. 241: Il Teatro d'Aliberti. — P. 245: Le prediche in piazza Navona. — P. 247: La Società e i ritrovi della nobiltà romana in casa Corsini, Santo Buono e Bolognetti — P. 253: Costume pubblico: " On accuse les italiens d'être jaloux: je crois qu'on leur fait tort. Il n'y a point de pays où les dames aient plus de liberté qu'ici „. — P. 307: Supplizj e descrizione di essi: " lorsqu'on doit pendre un homme, on en parle huit jours d'avance, comme de la plus belle fête du monde etc„. — P. 330. Riflessione politica: " Je finirai ma longue lettre par une remarque que j'ay faite sur les romains et les italiens en général: je veux dire, sur la haine réciproque des habitans de divers états d'Italie. Les romains haïssent les floren-

tins, mais ils n' en demeurent pas là, et ils haïssent aussi cordialement les napolitains et les génois. Ils disent comunement qu' il faut sept juifs pour faire un génois et sept génois pour faire un florentin. C'est une chose étonnante que cette haine qui anime les peuples d' Italie les uns contre les autres. Je ne sçaurois concevoir comment ils n'ouvrent pas les yeux sur le préjudice qu'elle leur porte : car enfin, elle n'est pas simplement d'une province à l'autre, elle répand son poison sur les villes soumises au même souverain. Ces gens-ci ne sçauroient se mettre en tête qu' ils forment une même nation, et que leur union feroit leur richesse et leur puissance. Jaloux les uns des autres, ils ne cherchent qu'à se détruire. et se privent ainsi du soutien le plus solide de leur liberté.... C'est cette défiance et cette haine mutuelle des états et des villes d' Italie, qui les a rendu depuis long-temps le jouet des étrangers. Si cependant ces gens vouloient s'entendre, ils les chasseroient bien-tôt. La nature leur a donné des fossez et des murailles; il ne tiendroit qu'à eux de les défendre; mais c' est apparement ce que la providence, qui règle le sort des états, ne veut point. „ — P. 335: Visita al Granduca (Gian Gastone): " Je le trouvai au lit ayant plusieurs chiens à l'entour de lui. Il étoit assis, en chemise, sans manchettes ni camisole, avec une longue cravate de grosse mousseline. Son bonnet étoit fort barbouillé de tabac, et véritablement tous ses autours n' étoient ni propres, ni magnifiques. A côté du lit étoit une table en forme de buffet, sur laquelle il y avoit des seaux d'argent remplis de bouteilles de liqueurs et des verres.... La conversation roula sur les plaisirs, la bonne-chere et le vin. Le grand-duc me dit qu' il étoit de trop bonne heure pour boire le vin (il étoit deux heures après midi), mais qu'il vouloit me faire goûter une liqueur excellente. Il eut la bonté de m'en verser d'une bouteille qui étoit à côté de son lit.... Il me traitoit d'égal et buvoit autant que moi ecc „. — Pag 360: Genova e i cicisbei. — Pag. 334: A Torino : " On respire dans cette ville un air d' aisance et de liberté dont on ne joüit point en Italie : aussi les piémontois ne se croyent-il pas italiens. On me demande souvent si je viens d' Italie, ou bien si j' y vais „.

Preuschen (von), A. T. (1725-1803), *Geographisches Tagebuch auf italiänischen Reisen, mit einer Theorie von Erdbeben zu genaueren Beobachtungen vulkanischer Stellen und Phenomene*, Heidelberg, 1789, 8°.

Promenade de deux parisiens dans l'Italie en cent soixante cinq jours, Paris, 1704, 2 vol., 12°; ibid., Buisson, 1791, 2 vol., 12°.

Puel MARTIN, *Reisen und Seefahrten von der Stadt Steyr aus durch Teutsch-und-Ungerland und andere Laender*, Nurnberg, 1666, 4°.

Rabelais FR. (1495?-1553?), *La Sciomachie et Festins faits à Rome au palais de Monseigneur reverendissime Cardinal du Bellay, pour l'heureuse naissance de monseigneur d'Orléans, le tout extraict d'une copie des lettres ecrites à Monseigneur le reverendissime Cardinal de Guise*, Lyon, Griph, 1549, 8°.

— *Les Espitres escrites pendant son voyage d'Italie, avec observations historiques par M. de Sainte-Marthe*, Paris, Sercy, 1651, 12°; Bruxelles, Foppens, 1710, 12°.

>Rabelais fu in Italia dal 1535 al 37: vedi sulle lettere che scrisse da Roma, DUMESNIL, *op. cit.*, 3-13 e AMPÈRE, *op. cit.*, p. 143. Fastidito dal suono delle campane, chiamò Roma *l'ile sonnante*, isola " des prestergaux, des capucingaux, des evesgaux, des cardingaux, où l'on montre, avec grande difficulté, l'oiseaux merveilleux, unique, le papegau ", cioè il Papa. Quanto a Firenze, non trovò nulla da ammirarci: " Je ne scay que diantre vous trouvez icy tant à louer. J'ay aussi bien contemplé comme vous, et ne suys aveugle plus que vous ".

Ray JOHN (1628-1704), *Observations made in a Journey trough part of the Low-Countries, Germany, Italy, and France, with a Catalogne of Plants not natives of England*, London, 1673, 2 vol., 8°. — 2ª. ediz. *With an account of the Travels of Francis Willughby through Spain*, London, 1738, 2 vol., 8°. Trad. lat.: *Iter per Belgium, Germaniam, Italiam et Galliam*, London, 1673, 8°.

Raymond John, *Itinerary containing a Voyage made through Italy, in the years 1646 and 1647*, London, 1648, 12⁰.

Reineveld (de) N. A., *Reize naar de Middellandsche Zee, en door den Archipel naar Constantinopolen etc. (1783-86)*, Amsterdam, van der Hey, 1803, 2 vol., 8⁰.

Reisen eines deutschen in Italien in den jahren 1786-1788, Berlin, 1792-3, 3 vol., 8⁰.

Reisen eines Officiers durch die Schweitz und Italien, Hannover, 1786, 8⁰.

Reise (meine) über den Gotthardt, nach den Borromeischen Inseln, und Mailand etc., Stuttgart, Steinkopf, 1802, 2 vol., 8⁰.

Reisbeschrijvinge door Vrankrijk, Spanien, Italien, Duitschland, Engeland, Holland, Moscovien mitsgauders de Indien, Leyda, 1700, 4⁰.

Reise von Warschau über Wien nach der Haupstadt von Sicilien, Breslau, 1795, 8⁰.

Relation de Rome, tirée d'un des plus curieux cabinets de Rome, Paris, 1662, 12⁰.

Relations (a) of a Journey begun anno Domini 1610 containing a description of the Turkish empire, of Egypt, of the Holyland, of the remote parts of Italy and Islands adjvining, London, 1627, in fol.

Remarques d'un voyageur sur la Hollande, l'Italie, l'Espagne, le Brésil et quelques îles de la Méditeranné, contenant une idée exacte de leur gouvernement, commerce, forces, mœurs etc., La Haye, 1728, 8⁰.

Remarques historiques et critiques faites dans un Voyage en Italie, en Hollande etc., Cologne, 1705, 12⁰.
v. Freschot sotto MISSON.

Reuss (von) graf HEINRICH * * *, *Über Rom und Neapel* (nei *Piccoli Viaggi* di G. Bernoulli, vol., 1⁰).

Richard l'abbé, *Description historique et critique de l'Italie, ou Nouveaux Mémoires sur l'état actuel de son gouvernement, des sciences, des arts, du commerce, de la population et de l'histoire naturelle*, Dijon, Desventes, 1766, 6 vol., 12⁰; Paris, Saillant, 1769, 6 vol., 12⁰. Trad. inglese, London, 1781, 12⁰; Florence, 1784, 12⁰.

" L'abbé Richard avoit voyagé en Italie dans l'année 1764.... Cette relation de l'Italie étoit la plus complète qui eût paru jusqu'alors, et c'est ce qui en fit le succès: l'a. y a néammoins omis la description de plusieurs villes importantes d'Italie.... Sur les ouvrages de l'art il porte des jugements hasardés, faute d'avoir consulté d'habiles artistes; on s'en aperçoit surtout à l'article de Rome, où le Voyage pittoresque de Cochin, qui lui a quelquefois servi de guide pour les autres parties de l'Italie, ne pouvoit lui être d'aucun secours „: D. L. R., II, 490.

Nell' ediz. del 1769 il 1⁰ vol. comprende il Piemonte, Genova, il Milanese e Mantova: il 2⁰ Parma, Modena, Bologna, Venezia e il veneto: 3⁰ la Toscana; il 4⁰ Napoli, il 5⁰ Roma, il 6⁰ Roma e la Marca. L'opera del Richard non è certo senza difetti; ma contiene utili ragguagli sullo stato d'Italia circa la metà del secolo XVIII e può essere perciò consultata con frutto. Per saggio di essa, stacchiamo dall'Introduzione (I, c XII) una pag. sul Teatro: " Le goût de la musique et celui du théâtre sont généralement répandus: outre la disposition naturelle pour le chant que l'on remarque même dans les habitants de la campagne, et qui aux jours solennels exécutent dans leurs paroisses une sorte de chant assez harmonieux, accompagné d'instruments, ils naissent presque tous acteurs, et chaque communauté un peu nombreuse éleve un théâtre pendant le carnaval et y représente des pièces italiennes; la plûpart ne sont que des farces qui s'exécutent sur des canevas que les acteurs remplissent sur le champ; dans les villes principales on représente les comédies de Goldoni, ou celles d'autres auteurs qui ont fait des pièces de caractère ou de morale. On trouve par-tout des acteurs: comme la profession de comédien n'a rien de deshonnête en Italie, ceux qui se sentent quelque disposition pour le jeu du théâtre, se présentent aux entrepreneurs, qui d'ordinaire sont les principaux des villes: on les éprouve et on les retient pour tout le temps que doit durer la représentation, à un prix très-médiocre, parce qu'ils sont toujours domiciliés dans la ville où il représentent, et ont un autre état. La plûpart connus pour être de très-bonnes mœurs jouent pour leur plaisir: et le public leur a obligation de vouloir bien le amuser de leurs talens. Les trois principaux acteurs de la comédie de Florence, étoient un marchant bijoutier, sa femme et leur garçon de boutique. Le marchand étoit l'homme le plus sérieux dans sa boutique et le plus plaisant sur le théâtre, où il jouoit les rôles d'Arloquin ou de valet. Au reste, ils ne se donnent aucun soin pour apprendre leurs rôles, qu'on leur souffle en entier. Ils trouvent au théâtre les habits dont ils ont besoin, on sçait seulement ce qu'on doit leur payer pour le temps qu'ils employent à cet exercice. En général, tous ces acteurs jouent de très-bon sens et avec une grande vérité; il est vrai qu'ils ne sont propres que pour la comédie, il ne faut pas qu'ils s'élèvent plus haut: il est très-rare de trouver en Italie un bon acteur pour la tragédie. Le goût pour les représentations théâtrales est si fort au gré des Italiens, qu'il n'y a point de ville où pendant l'hiver il n'y ait plusieurs théâtres arrangés. Il y en avoit (en 1761) plus de vingt, tant à Florence que dans les environs, sur lesquels on représentoit plusieurs fois la semaine. Si la plûpart de ces acteurs ne se promenoient pas barbouillés de lie dans les tomberaux, comme au temps de Thespis, leurs décorations, leurs salles d'assemblées, et leurs pièces tenoient beaucoup de la grossière naïveté de ces premiers temps. A Rome les femmes ne montent jamais sur le théâtre: ce qui dans la représentation de la comédie cause un effet souvent ridicule. J'ai vû un acteur intelligent faire le rôle de Pamela dans une comédie de Goldoni, avec une barbe épaisse et une voix rauque. Il jouoit avec beaucoup de sentiment et de vérité, mais sa figure et le son de sa voix étoient toujours en contradiction avec ce qu'il débitoit. Il n'est par de même des castrats qui jouent les rôles de femme dans les opéra: leur figure et leur voix sont très-capables de faire illusion, et le tableau général a l'air de vraisemblance qu'il doit avoir „.

Richardson JONATH. (1665-1745), *An Account of Roma, of the statues, bas-reliefs, drawings, and pictures,* *composed in a travel in Italy*, London, 1722, 8⁰. Trad. Franc., 1728.

Riedesel le baron J. H. von (1740-85), *Reise durch Sicilien und Gross-Griecheland*, Zurich, 1771, 8⁰. — Trad. Franc.: *Voyage en Sicile, et dans la Grande-Grèce, adressé par l'a. à son ami M. Winkelmann, accompagné de notes du traducteur et d'autres additions intéressantes (savoir, un mémoire sur la Sicile par le c⁰. de Zizendorf, et un Voyage au mont Etna trad. de l'anglais d'Hamilton, par Villebois)*, Lausanne, Grasset, 1773, 12⁰; Paris, Jansen *(suivi de l'histoire de la Sicile par Le Novair)* an. x (1803), 8⁰. Della sola parte riguardante la Sicilia, si ha una traduzione di G. Sclafani, Palermo, 1821, 16⁰.

" Ce voyage est le premier qui nous ait fait connaître les restes de ces magnifiques monumens, qui ajoutoient les richesses de l'art à celles qu' a prodigué la nature à l'île de Sicile.... Les observations sur la Grande-Grèce et particulièrement sur la Calabre, sont très-rapides, et laissent beaucoup à desirer. Il s'y est sur-tout occupé des recherches sur les antiquités. „: D. L. B., III, 37. — " Chi cominciò a dire alcun poco dei Siciliani, fu il tedesco Riedesel, giunto nel 1767.... Aveva davvero la passione dell'antichità e dell'arte, ma conforme al classicismo esclusivo e alle idolatrie greche e romane dell'amico Winkelmann, ed inoltre una smania di brillare per originale novità di giudizj, in cui sembra precorresse a certe critiche molto in voga oggidì. Quanto al paese, vanta la città di Palermo come la sola che avesse notturna illuminazione in Italia, si loda di quei *campieri*, soliti darsi allora per iscorta a' viandanti nell' isola, soggiungendo che " senza di loro si potrebbe però cavalcare sicuramente, giacchè non aveva egli incontrato in tutto il suo cammino, una sola persona che gli sembrasse di sinistra cera „: encomia la istruzione, l'affabilità e la tolleranza del vescovo di Catania, monsign. Ventimiglia, nella cui biblioteca vide esposta a chiunque una completa raccolta delle opere di Voltaire, di Rousseau e di Elvezio, e dipinge universalmente i Siciliani, come ospitali, sobri, fervidi di cuore e d'ingegno, ma un po' infingardi al pari di tutti i popoli del Mezzodì: i delitti in diminuzione, più bellezza nelle donne che negli uomini, al contrario di ciò che aveva notato in Napoli, non fazioni politiche, non gelosia feroce ne' mariti, e invece conversazioni piacevoli, aperte di buon grado agli stranieri „: LA LUMIA, art. cit., p. 722. Questo viaggio piaceva a Gœthe, che se lo portava sul petto " come breviario o talismano, tanto quanto spiaceva invece all' Herder „: v. CART, Goethe en Ital., p. 122.

Riesch (von) J. W., *Observations faites pendant un voyage en Italie*, Dresde, 1781, 2 vol., 8⁰.

Rigaud J. ANTOINE, *Bref recueil des choses rares, notables, antiques, citez, forteresses principales d' Italie, avec une infinité de particularités dignes d' être seuës, le tout veu, descrit et recueilly en son voyage de l'an sainct 1600*, Aix, Tolosan, 1601, 8⁰.

Rigby doct. EDW. (1747-1821), *Letters from France etc. in 1789, edid. by his daugther Lady Eastlake*, London, 1880.

    Questo viaggiatore (1789) del quale il BABEAU, op. cit. p. 366, rileva l'importanza per la Francia, toccò anche il Piemonte.

Robinson TANCR., *Miscellaneous Observations made aboüt Roma, Naples, and some other countries in the year 1683 and 1684* (nelle *Transaz. filosof.* XXIX, 473).

Roden -(von), *Denkwürdige Reisen Johann Limbergs durch Deutschland, Italien, Spanien, Portugal, England, Frankreich und Schweitz*, Leipzig, 1690, 8⁰.

Rogissart et **H(avard)**, *Les délices de l' Italie, qui contiennent une description exacte des pays et des raretés qui s'y trouvent*, Amsterdam, 1700, 3 vol., 8⁰; Paris, 1707, 4 vol., 12⁰: *augmentée par J. de la Faye*, Leyde, Van der Aa, 1709, 6 vol., 12⁰; Amsterdam, Morlier, 1743, 4 vol., 12⁰. figur. Trad.

tedesca, Berlin, Rüdiger, 1712, 1 vol., di 702 pagg.; 1740, 3 vol..

" L'une des plus mauvaises compilations qui aient paru sous le titre de *Délices* „ : D. L. R. ,II, 482.

Rohan (de) le duc. Vedi DE ROHAN

[**Roland de la Platière** J. M. (1734-93)], *Lettres écrites de Suisse, d'Italie et de Malte par M*** avocat, à Mad.*lle *** (Philippon) en 1776-78,* Amsterdam, Merkus, 1780, 6 vol., 12º ; Paris, Bidault, an VII, 6 vol., 12º.

L'autore è il Roland, il famoso giacobino, e quella a cui sono dirette le lettere, è Mad.lle Philippon, che fu poi mad. Roland. " Les voyages de R. annoncent un esprit versé dans plusieurs genres de connaissance, que communément ne réunit pas le même homme. La morosité de son humeur perce quelquefois dans les jugemens qu'il porte sur les hommes et sur les choses ; quelquefois aussi ses descriptions manquent d'exactitude, mais il traite avec profondeur tout ce qui concerne les antiquités, et avec assez de discernement et de goût les diverses parties des beaux-arts; mais ce qui distingue sur-tout sa relation, ce sont les recherches auxquelles il se livre sur les diverses branches de commerce et d'industrie propres à chaque contrée qu'il parcourt. C'est sur le commerce actif et passif de la Sicile, que R. fournit les renseignemens le plus étendus et le plus curieux.... A l'article de Naples, R. a donné l'extrait d'un ouvrage très piquant par la vérité frappante des divers tableaux qui s'y trouvent, et par la manière dont ils sont tracés, qui tient beaucoup de celle de Montesquieu. Cet extrait est d'autant plus précieux, que l'ouvrage original, condamné au feu, est devenu extrêmement rare „: D. L. R., I. 332.

[**Rothenhahn** (de) SIGISMOND], *Voyage fait en 1790 dans une partie de la France et de l'Italie,* s. l., 1792, 8º.

— **Rousset de Missy** JEAN, (1686-1762), *Description géographique, historique et politique du royaume de Sardaigne,* Cologne, Marteau, 1718, 12º ; La Haye, van Duren, 1725, 12º.

Sacheverell Stevens, *Miscellaneous remarks made on the spot in a tale seven years tour through France, Italy, Germany and Holland*, London,, s. n.

> Sulla parte che concerne la Francia, e spetta agli anni 1738-39, v. BABEAU, *op. cit.*, p. 200.

Salmon J., *A Historical Description of ancient and modern Rome: also of the works of art, particulary in architecture, sculpture and painting: to wich are added a Tour through the cities and towns in the environs of that metropoles, and an Account of the antiquities found at Gabia*, London, 1800, 2 vol., 8⁰.

Salzmann FRIED. RUD., *Brieftasche auf einer Reise durch Deutschland, Frankreich, Helvetien und Italien gesammelt*, Frankfurt, 8⁰.

Sander HEINRICH, *Beschreibung seiner Reisen durch Frankreich, die Niederlande, Holland, Deutschland und Italien, in Beziehung menschenkenntniss, industrie, literatur, und Naturkunde insonderheit*, Leipzig, 1783, 8⁰.

Sandys EDWIN (1561-1629), *Travels into Turky, Egypt, Palestine and Italy, begun in the year 1616*, London, 1630; 1658, in fol. Trad. lat. col tit.: *Speculum Europae*, La Haye, 1629; London, 1635, 4⁰. È tradotto anche in francese.

Saussure (de) HOR. BENEDICT (1740-1799), *Voyage dans les Alpes*, Genève et Paris, 1779-96, 4 vol., 4⁰.; Genève, 1786-96, 8 vol., 8⁰.

> Classico lavoro, che oltre che delle Alpi, si occupa delle montagne della penisola italiana e della Sicilia.

Scarpelli, l'abbé, *Voyage en Italie avant ses dernières révolutions,* Neuchatel et Bologne, Bouchard, s. d., 8⁰.

> Dell'ab. Antonio Scarpelli romano, in Arcadia *Alessindo Latinio*, e delle sue polemiche giornalistiche verso la fine del sec. XVIII, parla a lungo il VICCHI, *Vincenzo Monti* etc., Fusignano, Morandi, 1885, III, 335 e segg. Questo libro è intitolato Viaggio, come potrebbe essere intitolato Chiacchiero, Divagazioni, Sogni, Vanità, o come altrimenti si voglia.

Schæffer J. C. G., *Briefe auf einer Reise durch Frankreich, England, Holland und Italien, in den jahren 1787 bis 1788,* Ratisbonn, 1794, 2 vol., 8⁰.

Schotti FRANC., *Itinerari, romanarumque rerum libri III, ex antiquis novisque scriptis ab iis editi qui romano anno Jubilaei sacra viserunt,* Antverpiae, Moretus, 1600, 12⁰; *accedit ejusdem Itinerarium Galliae et Hispaniae,* Coloniae, 1620, editio IV recensita ab. A. Scotto, ex officina Plantiniana, 1625; 1655, 1 vol., 12⁰ fig. Trad. franc. di C. Malingre, Paris, Collet, 1627, 8⁰. Trad. ital. col tit.: *Nuovo Itinerario, ossia Nuova descrizione dei viaggi principali d' Italia,* Vicenza, 1615, 1638; Roma, 1637, 1650, 1747, 1761; Padova, 1659, 1670, 1675, 1680; Venezia, 1615, 1655, 1675, 8⁰. L'ediz. più completa è Roma, 1761, 8⁰. con fig.

> Buon itinerario, che rifatto da Andrea (1552-1629) fratello dell' autore, durò ad aver riputazione fino al secolo passato.

Seume J. GOTTL. (1763-1810), *Spaziergang nach Syracus,* Leipzig, 1803.

> L'a. nel 1801 intraprese e compié a piedi il suo viaggio in Italia. "Il primo viaggiatore tedesco per il quale l'arte e l'antichità in Italia non furono che accessori, ma scopo precipuo l'imparare a conoscere paesi e genti, fu Seume. In cotesto infelice paese, dissanguato da rivoluzioni, da guerre, da saccheggi, egli trovò da per tutto miserie senza nome. Trovandosi nel duomo di Milano dinanzi alla statua

di S. Bartolomeo scorticato, opera di Marco Agrate, un italiano gli disse: È la nostra immagine: gli occhi soli ci sono stati lasciati perchè possiamo vedere le nostre miserie. Il suo sdegno per le inique condizioni del paese non gli impedì di render piena giustizia alla nazione. L' Italiano, ei dice, è un eccellente e nobile uomo, ma i suoi reggitori sono frati e servi di frati : i più sono padri senza figli, e ciò spiega ogni cosa. Inoltre questo paese è sede del perdono dei peccati „: FRIEDLANDER, artic. cit.

Several years Travels through Portugal, Spain, Italy, Germany, Prussia, Sweden, Danemarck and the United-Provinces, by a Gentleman, London, 1702, 8°.

Sharp SAMUEL, *Letters upon Italy (1765-66)*, London, 1769, 4 vol., 8°. Traduz. olandese, Amsterdam, 8°.

Secondo il Baretti il viaggio dello Sharp è una pubblicazione scandalosa, che cercò indurre negli inglesi dei concetti sfavorevoli all' Italia e agli Italiani: ed egli al libro dell' inglese contrappose il suo, che a proprio luogo registrammo.

Sherlock MARTIN, *Lettres d'un voyageur anglais écrites de Berlin, de Dresde, de Vienne, de Rome, de Naples et de France en 1776 et 1777*, Londres, 1779, 8°; Neufchâtel, 1781. — *Nouvelles Lettres*, Londres et Paris, Esport, 1780, 8°. Traduz. ingl.: *Letters on various Subjects*, 1781, 2 vol., 12°, e *News Letters from an English Traveller*, 1781, 8°.

Lo S., scrittore irlandese, mise in moto verso il 1778 una questione, o pettegolezzo, circa i poeti e la poesia italiana, onde nacque una gran baruffa: e molti risposero al suo libro *Consigli a un giovane poeta del sig. S.* Napoli 1778: fra cui l'ab. Don Mariano di Leo coll'opuscolo *Consigli di un giovane poeta al sig. S.* Napoli, 1779, e il Bossi, *Observations sur les poëtes italiens, ou réponses aux Remarques sur les mêmes poëtes du voyageur anglais M. S.*, Londres et Paris, Duchesne, 1780, 8. " L'incidente Sherlock-Scarpelli-Rastrelli andrebbe studiato, dice il VICCHI, *Vinc. Monti*, III, 337, da qualche scrittore napoletano o romano o toscano, perchè questa fu una delle grosse questioni di campanile, acerrimamente ventilata per tre o quattro anni, e ci furono intorno pubblicati diversi opuscoli „.

Il volume delle *Lettere* contiene le solite sciocchezze sui poeti italiani, esaltando il Metastasio sopra " les productions gothiques du Dante, les absurdités de l'Arioste, et les puerilités du Tasse„, salvo che ei confessa che è un predicare ai porri, perchè gli Italiani hanno il cattivo gusto di preferire il Tasso al Metastasio, e l'Ariosto al Tasso: " il n' y a pas moyen de disputer avec les Italiens sur la poësie, ils nient tous les principes admis dans tous les autres pays „. Alcune lettere sono datate da Roma e da Napoli. Fra mezzo a parecchie stranezze ci sono cose notevoli. La relazione su Roma comincia così: " La magnificence, l'hipocrisie et la tristesse dominent ici. Les romains affectent un air de sainteté, et l'habit général du pays est noir.... Les femmes sont réservées en public et folles en particulier; les prélats efféminés: la noblesse peu instruite et le peuple méchant. La nation a quelque chose de ressemblant à l'orgueil, qui ne m'a pas déplu: c' est cette espece de fierté qu' a un homme d' une ancienne maison tombé en décadence „ (p. 67). Loda molto le conversazioni del Card. di Bernis e dell'Auditore di Rota monsign. Bayanne, e poi aggiunge: " Gardez-vous bien de quitter Rome sans vous faire présenter chez la marquise de Bocca Paduli, sa coterie est la plus agréable, et la mieux choisie de Rome: entre autres personnes de mérite, vous y rencontrerez le Comte de Verri cavalier milanois, qui est plein de politesse, de talens et de goût: la Dame de la maison vous plaira infiniment, car elle est spirituelle, bien faite et aimable comme une françoise (p. 110) „. E di Napoli scrive così: Les napolitains sont vraiment de bonnes gens; mais, ma foi, ils sont bien barbares: ils ont adopté par instinct les principes du citoyen de Genève, et ils ne cultivent ni les arts, ni les sciences, crainte de corrompre leurs mœurs. Les femmes ont toutes des dispositions à être aimables: c'est dommage qu'elles ne sachent pas comment.... Naples est aussi sauvage que la Russie, et une espece de preuve de cela, est que tous les Russes qui viennent ici sont frappés des ressamblances entre les napolitains et leurs compatriotes (pag. 94) „.

Signot Jaques, *La totale et vraie description de tous les passaiges, lieux et destroictz par lesquelz on peut passer et entrer des Gaules es Ytalies. Et signamment par ou passerent Hanibal: Julius Cesar et les tres chrestiens magnanimes et tres puissans roys de France Charlemaigne, Char-*

les VIII, *Louys* XII *et le tres illustre roy Françoys a present regnant, premier de ce nom*, Paris, Toussaint Denys, 1518, 4⁰ got.

[**Silhouette** (de) ÉTIENNE (1709-1767)], *Voyage de France, d'Espagne, de Portugal, et d'Italie, du 22 avril 1729 au 6 février 1730*, Paris, Merlin, 1768, 4 vol., 8⁰ ib., 1770.

" C'est dans l'âge de l'activité, combiné avec la solidité du jugement, que ce voyage fut entrepris par un écrivain qu'on fait avantageusement connoître quelques productions philosophiques et quelques traductions d'ouvrages espagnols et anglais, mais il est beaucoup plus connu encore par son ministère des finances. Les observations qu'il a repandues dans son voyage décèlent un homme également versé dans la connaissance des arts et des matières d'administration„: D. L. R., I. 321. Il giudizio del BABEAU, *op. cit.*, 176, sull'opera del S. è molto più severo: " Le jeune S. ne manquait ni d'esprit ni d'intelligence ; mais il lui est arrivé dans toute sa carrière de promettre beaucoup et de tenir peu: après avoir un instant dirigé le ministère le plus important, il n'est resté de son nom, un moment dans toutes les bouches, qu'un substantif commun, qui s'applique à des profils tracés en noir ou découpés sur du papier. Ce n'est pas son *Voyage*, qui mérite de le faire revivre„.

Singlande, *Voyages et Mémoires, concernant la Corse, l'Allemagne et la France*, Paris, 1765, 2 vol., 12⁰.

Smith, Doct. J. EDW. (1759-1828), *Natural history*, London, 1793, 3 vol., 8⁰ Trad. ted. di Reich col tit: *Reise durch Holland, Frankreich u. Italien*, Leipzig, 1796, 2 vol., 8⁰.

" La brièveté de ce titre déguise en quelque sorte le véritable sujet de l'ouvrage, qui renferme un voyage en Hollande, dans les Pays-bas, en France et en Italie. Quoique l'a. soit un des naturalistes le plus distingués de l'Angleterre, ses observations sur l'histoire naturelle des pays qu'il a parcourus, ne dominent pas dans son ouvrage exclusivement à d'autres parties: il y parle des beaux-arts en homme de goût, en critique très-judicieux : les mœurs des peuples y sont dépeintes avec une touche fort ingénieuse : la philanthropie y respire de toutes parts, il y a de la facilité et même du feu dans le style „ :D. L. R., I, 346.

Smollet Tob. Georg. (1721-1774), *Travels through France and Italy, containing observations on caracter, customs, religion, gouvernment, police, commerce, arts and antiquities, with a particular description of the town, territory and climat of Nice, aud with a register of the meteorologik observations kept during a residence of eigtheen months in that city*, London, Baldwin, 1766, 2 vol., 8⁰.

Allo Smollet, che venne in Italia tre volte (1763, 1765, 1771) e che morì a Livorno, fu assegnato da Sterne nel suo *Viaggio sentimentale* il nome di *Smelfungus*, come allo Sharp quello di *Mundungus*. Il Babeau, *op. cit.*, p. 212-235, si intrattiene a lungo sul viaggio di S. in Francia, intitolando il capitolo: *Un anglais de mauvaise humeur*. E dopo avere accolto i giudizj atrabiliari dello S. sulla Francia, aggiunge: " Nous ne suivrons pas S. en Italie, où sa parcimonie, son humeur défiante et chagrine lui attireront des mésaventures pires qu'en France. Sa verve dénigrante s'y exerce comme en France, et dans sa mauvaise humeur il compare le Panthéon de Rome à une grande arène à coqs. ouverte au sommet. Mais en Italie comme en France, malgré tous ses défauts, ses exagérations, sa malveillance continue, ses accès d'impatience, ses plaintes plus ou moins fondées, il a le mérite de n'être pas ennuyeux... S. est un homme de talent, et les appréciations d'un témoin intelligent, quelque passioné, quelque injuste qu'il soit, sont toujours utiles à connaître et à reproduire „.

Sommaire description de la France, Allemagne, Italie et Espagne, avec la Guide des chemins pour aller et venir par les provinces et aux villes plus renommées de ces quatres regions, Genève, Stoer, 1591, 16⁰; Rouen, Malassis, 1615, e 1642, 12⁰.

Spoon Jacques (1647-1685) et **Wheler** Georges, *Voyages d'Italie, de Dalmatie, de Grèce et du Levant pendant les années 1675 et 1676*, Amsterdam, Boom, 1679, 2 vol., 12⁰; La Haye, 1680, 1689 e 1724, 2 vol.; Lyon 1678, 3 vol., 12⁰. Traduz. ted. di Menudier, Nurnberg, 1681, 1690, 1713, in fol. Trad. ital. di C. Frescot, Bologna, Monti, 1688.

Il viaggio di WHELER talora è unito a quello di Spoon, talora è separato, come in una stampa del 1689.

Starke MARIANNE, *Letters from Italy between the years 1792 and 1798*, London, Philippe, 1800, 2 vol., 8⁰; Paris, Galignani, 1839, 12⁰ gr.

" Le mérite de ce voyage consiste dans la relation de quelques événemens politiques et militaires, faite avec plus d'exactitude et d' intelligence qu' on ne devoit l'attendre en pareille matière d'une personne du sexe de l' auteur. Cette relation compose le premier volume: le second n' offre guère que des descriptions d'églises, des listes de tableaux et de statues, et d'autres détails assez peu intéressants „ : D. L. R., II, 509.

Stolberg von, FR. LEOP. (1750-1819), *Reise in Deutschland, Schweitz, Italien und Sicilien*, Könisberg, 1794, 4 vol., 8⁰; Hambourg, 1822, 4 vol., 8⁰. — Trad. ingl. di Holcroft, London, 1794, 2 vol., 4⁰., e 1797 4 vol., 8⁰.

"Ce voyage renferme des descriptions très-brillantes„: D. L. R., I, 840. Esso appartiene al 1791-92.

Storr G. K. CHRIST. (1749-1821), *Alpenreise*, Leipzig, Muller, 1786, 2 vol., 4⁰.

" Dal Gottardo l'a. passò nell'Oberland grigione, a Coira, pel Bernardino venne alle isole Borromee, a Lugano, o ritornò pel Settimo: „ MOTTA, *Dei personaggi celebri che varcarono il Gottardo* ecc., Bellinzona, Colombi, 1884, p. 127.

Streifzüge durch Inner-Oestreich, Triest, Venedig, ecc., Wien, Doll, 1800, 4⁰.

" La brièveté de ce voyage excite les regrets du lecteur, tant le voyageur a repandu d' intérêt sur ses descriptions. Dans un tableau rapide, il dépeint les mœurs et les usages des pays qu' il a parcourus, principalement ceux des habitants de Trieste et du pays de Venise etc. „: D. L. R., I, 857.

Struys JAN JANSEN, *Dre aenmerkelyke en zeer rampspoedige Reisen door Italien, Grieckeland, Lyflandt, Moscovien, Tartarijen, Mediën, Persiën,*

Oost-Indiën, Japan eu verscheiden andere gewesten.... ausgevangen 1647 en voor de derde of laatste reys thuis gekomen 1673, Amsterdam, 1676, in fol. Trad. ingl. di Morrison, London, 1683; franc. di Glanius, Rouen. 1774, 3 vol., 8°; tedesca, Gotha, 8°, chiamando l'autore Straussen.

Stunicae, v. Lopidis.

Sulzer Joh. Georg. (1720-1778), *Tagebuch einer von Berlin nach dem mittaeglichen Laendern von Europa in den jahren 1775 und 1776 gethanen Reise*, Leipzig, 1780, 8°; Trad. franc. di Renfener, La Haye, Plaat, 1782, 8°.

— *Beobachtungen und Ammerkungen auf einer 1775 und 1776 gethanen Reise aus Deutschland nach der Schweitz und Ober-Italien, und uber den Gotthard zurück nach Deutschland*, Berne, 1780, 8°.

Symeon Gabriel (1509-1575), *Les illustres observations antiques en son dernier voyage en Italie l'an 1557, enrichies de monumens, de médaillons et d'inscriptions*, (testo ital. e franc.), Lyon, de Tournes, 1558, 4° fig.

" Cet ouvrage est rare et est recherché. Son auteur paroit très-versé dans la connoissance de l'antiquité: on trouve dans son ouvrage des descriptions et des gravures de plusieurs antiques, dont le temps ou d'autres causes ont fait disparoître les vestiges „ : D. L. R., II, 476. Nellà *Nouv. Biogr. gén.* invece è detto che " la plupart des monuments dont il parle sont faux ou modernes „.

Swinburne Henry (1752-1803), *Travels in the two Sicilies in the years 1777, 1778, 1779 and 1780*, London, 1783-85, 2 vol. 4° con fig.; 1790, 4 vol. 8°. Trad. franc. di de la Borde, *Suivie d'un voyage du Journal de Denon en Sicile et à Malte, avec quelques cartes*, Paris, Didot, 1785, 5 vol. 8°. Trad. ted. di Förster, Hambourg, 1785, 2 vol.

" Le voyage de S. est très-recommandable pour la partie des antiquités, mais la lecture en est pénible par la multitude de notes qu'on y a jetées à l'écart.... On lira toujours le voyage de Brydone avec plus de plaisir „ : D. L. R., III, 47.

Sainte-Didier, v. De Sainte-Didier.

Sainte-Maure, v. De Sainte-Maure.

Seignalay, v. De Seignalay.

Tableau von Venedig, oder Bemerkungen über den Luxus und die Moden in Venedig (nel giorn. ted. del Lusso e Mode, vol., III),

Tafur PERO, *Andanças y Viajes*, Madrid, 1874.

La descrizione del Viaggio di Pier Tafur, gentiluomo castigliano, che dal 1435 al 39 visitò gran parte del mondo allora conosciuto, fu pubblicata soltanto ai dì nostri dal sign. Jimenez de la Espada. D'Italia egli vide e descrise Genova, Firenze, Bologna, Venezia e al ritorno la Sicilia. Il MOTTA, *op. cit.*, p. 88, tratta del suo passaggio pel Gottardo: il dr. Alf. WEBER (nel *Sonntagsbl.* del *Bund*, 1876), del suo viaggio in Svizzera. V. anche *l'Ausland*, 20 giugno 1881: e sopratutto il bel lavoro del DESIMONI, *Pero Tafur, i suoi viaggi e il suo incontro col veneziano Niccolò de' Conti*, Genova, Tipogr. Sordo-Muti, 1881.

Temple, *Short ramble through some parts of France and Italy*, London, 1771, 12⁰.

Thompson Ch., *Travels containing his observations on France, Italy, Turky, the Holland, Arabia, Egipt, and other parts of te world, published from the autor's original manuscrit, interspersed with the remarks of several other travellers, and illustrated with historical and miscellaneous notes, by the editor*, Dublin, 1744; London, 1748, 3 vol., 8⁰.

Tischbein W. (1751-1829), *Aus meinem Leben, hgg. von d*ʳ. *K. G. W. Schiller*, Braunschweig, Schwetschke, 1861, vol. 2

In queste memorie del pittore Tischbein, amico di Goethe, si trovano notizie rilevanti su Napoli, ove era direttore dell'Accademia di pittura, e sui casi della fine del secolo. La parte che riguarda principalmente i fatti del 99 è stata riassunta da B. CROCE in un artic. del n° unico *Charitas*, Trani, settembre 1886: *I Francesi a Napoli nel 1799, dalle memorie di W. T.*

Tollius JACOBUS (— 1696), *Insignia itinerarii italici, quibus continentur antiquitates sacrae, cura H. A. Henninii*, Traj. ad Rhen., Halma, 1696, 4°.

" C'est un voyage purement littéraire, comme celui du P. Mabillon ": D. L. R., II, 181.

[**Torcia Michele** (1736-1808)], *Appendice, contenente una breve difesa della nostra nazione contro le incolpe attribuitele da alcuni scrittori esteri*, Neustadt d'Italia, 1788, 16°.

Questo libro del Torcia, napoletano e segretario di legazione in Olanda, scritto in appendice al suo *Sbozzo del commercio di Amsterdam*, sebbene non sia scritto in lingua straniera nè contenga un viaggio in Italia, prende posto nella nostra Bibliografia perchè diretto specialmente a consurare e correggere i giudizj erronei o leggeri di parecchi viaggiatori stranieri, quali il Roland de la Platière, il co. di Borch e lo Sherlok. Comincia col riferire una lettera del russo Beloselsky al Voltaire in difesa degli Italiani, dove egli promette di dedicare al grand'uomo un libro su tale argomento; non sappiano se questo disegno sia stato colorito: del Beloselsky conosciamo solo uno scritto *de la musique in Italie*, La Haye, 1788. Il Torcia segue enumerando tutto ciò che gli stranieri debbono agli italiani, e fra le altre, asserisce che il Milton tolse l'idea del suo *Paradiso perduto* dal poema della *Generazione umana* di Caprio Maddaloni da Caserta, fattogli conoscere dal march. Manso. Passa poi ad esporre ciò che contro l'Italia scrissero parecchi viaggiatori inglesi, in specie il dott. Sharp. Nè minori sono le invettive e le inesattezze dei viaggiatori francesi. Il De La Lande asserì falsamente di aver veduto in Napoli botteghe colla iscrizione: *Qua si castrano ragazzi*, che il Torcia assicura non esistere. Più lungamente si trattiene a confutare le narrazioni del Roland, del quale arreca lunghi squarci. Per ultimo viene ai viaggiatori e scrittori tedeschi, il Keyssler, il Bielfeld, il Paw, il Borch, il Pflaumern ecc. Il libro può esser utile a consultarsi da chi voglia conoscere le condizioni d'Italia, e in specie del regno, sul fine del sec. scorso: ma come le relazioni dei viaggiatori, così quest'apologia va accolta con riserva e ponderazione.

Torlitz J. H. A., *Reise in der Schweiz und einem Theile Italiens, im jahre 1803, veranlasst durch Pestalozzi, und deren Lehranstalt*, Kopenhagen-Leipzig, Schubote, 1807, 8°.

Travels (The) *of an English Gentleman from London to Rome*, London, 1706, 12°.

Travels through Germany, Bohemia, Switzerland, Italy and Lorrain, London, 1757, 2 vol., 4°.

(Traversarii) AMBROSII abbatis camaldulensis, (1386--1439), *Hodeporicon, seu Descriptio Itineris jussu Eugenii papae per Italiam in anno 1481 suscepti*, Florentia, 1650, 4°.

Turler HIERON., *De peregrinatione et agro neapolitano, libri* II, Strasbourg, 1574, 12°; Nurnberg, 1581, 8°.

Utilitate (de) quam theologicus studiosus capere potest ex itinere in Italiam, Altona, 1678, 4°.

Veryard Et., *An account of choice Remarks geographical, political etc., taken in a Journey through the Low--countries, France, Italy, part of Spain, Sicily, and Malta as also to the Levant*, London, Smith, 1701, fol.

Viaggi in Francia, Italia, Germania e Svizzera di un Prete romano (in ted.), La Haye, 1700, 12°.

Viaggio per l'Italia intrapreso nell'anno 1798, esposto in un corso di Lettere critiche ed erudite, con una Dissertazione sull'Italia in generale, trad.

dal francese da Gioseffa Cornoldi Caminer, Venezia, Sola, 1800, 2 vol.

Il viaggio è del 1798, ma non vi è nessun accenno ai fatti del tempo, e si direbbe che fosse un libro composto su libri più antichi: ad ogni modo è di poco valore.

Vigée-Lebrun L. ELISAB. (1755-1842), *Souvenirs*, Paris, 1835; ib., Charpentier, s. a., 2 vol., 16º.

I capitoli 1º e 10 dei *Souvenirs* (vol. I. p. 135-268) trattano del soggiorno della Lebrun in Italia sul finire del sec. XVIII, di molte persone che vi conobbe, e di molte usanze che ci riscontrò. Già rinomata pittrice, giunta a Roma avrebbe dovuto fare il ritratto di Pio VI, ma vi dovè rinunziare perchè avrebbe dovuto eseguirlo stando velata! (I, 178). A Napoli fece quello della famosa Emma Liona nel costume, che molto le conveniva, di baccante (pag. 195): meno male che a Venezia ritrattò la *saggia* Isabella Albrizzi (p. 249)! Di molte cose e persone si discorre in questo libro con certa leggerezza, ma con grazia, e la lettura di esso è istruttiva e piacevole.

Villamont (de) N., *Voyages en Italie, en Grèce, Terre-Sainte, Syrie, Egypte et autres lieux, divisez en trois livres*, Paris, Montroeil, 1596, 1600, 1602, 12º; Arras, La Rivière, 1598, 1606 n, 12º; Lyon, Loriot, 1606, 8º; Rouen, Darè, 1608, 12º; Liège, 1608, 12º: *Augmentéz en cette dernière édition de son second voyage et du dessein de son troiziesme*, Paris, 1609, 12º; Rouen, 1610 e 1613, 12º.

Visconti ENN. QUIR. (1751-1818), *Lettres sur la Sicile par un voyageur italien*, Amsterdam, 1778, 12º.

Voyage à Constantinople, en Italie et aux îles de l'Archipel, par l'Allemagne et l'Hongrie, Paris, Maradan, 1794, n 8º.

" L'a. a jeté dans sa relation des observations très-piquantes sur des pays tant de fois visités „ : D. L. R., I, 348.

Voyage d'Italie curieux et nouveau, contenant la liste de toutes les curiosités de Rome, avec planches, Lyon, 1681, 12º.

Voyages historiques de l'Europe, contenant l'origine, la religion, les mœurs, les coûtumes et les forces de tous les peuples qui l'habitent, et une relation exacte de tout ce que chaque païs renferme de plus digne de la curiosité d'un voyageur, Paris, 1693-7, 6 vol., 24°.

Il vol. 3° contiene l'Italia; e nelle prefazione è detto, per accreditar la merce, che alcune notizie sono fornite da un cardinale e da un cavaliere che ha frequentato le Corti d'Italia.

Con questo stesso titolo a cui segue: *ou Recueil des Délices de cette partie du monde par D. F. B.*, il D. L. R., I, 286 registra un'opera in 6 vol., 12°, di Bruxelles (Rouen) 1704, a cui seguono altre edizioni *augmentées du Guide du voyageur et de Cartes*, la Haye, 1719 e Amsterdam 1713, 8 vol., 12°. E con titolo simile: *Voyages historiques en Europe par* JOURDAIN, La Haye, 1691, 1692, Paris, 1693, 1702, 1721, 8 vol. 12°, registra quest'opera a pag. 285, dicendo che la fortuna che ebbe proviene dagli aneddoti veri o falsi che vi sono profusi per entro.

Voyage historique et politique de la Suisse, de l'Italie et de l'Allemagne, Frankfurt, 1735, 3 vol., 8°.

Vi sono curiosi particolari, dei quali indichiamo taluni: Torino, pag. 99: Ricchezze degli abitanti; p. 113 e seg: Industria, seterie, pane (grissini) e liquori. — Milano, p. 158: Mascherata dei facchini; pag. 168: la Quintiana, monaca di S. Radegonda " la plus belle voix de l'Italie „; p. 175: commedie nei conventi: l'a. assistè ad una: " L'Arlequin femelle étoit sur tout charmante : c'étoit une petite religieuse avec un peu d'embonpoint „; p. 177: Storia del conte Boselli; p. 213: L'Opera in musica. — Venezia, p. 265: L'opera in musica: ricorda la " mauvaise coûtume qu'ont les nobles venitiens, qui sont dans les loges, de cracher sur le parterre, et d'y jetter même le reste de ce qu'ils ont bû, comme eaux glacées, caffé et chocolat „; pag. 272: Il Ridotto; pag. 224 e segg.: Scostumatezza e cortigiane: p. 285: Libertà delle monache; p. 313: I ciarlatani di Piazza s. Marco. — Vol. 2. p. 78: Roma: Il carnevale, e spettacoli devoti durante il carnevale; p. 125: Le cortigiane a Roma; pag. 203: Pasquinate contro Clemente XI ecc. Per la parte che spetta a Torino questo viaggio è ricordato e lodato dal CIBRARIO, *Storia di Torino*, Torino, Fontana, 1846, II, 756.

Voyage pittoresque du comté de Nice, Genève, 1787, n. 8⁰ fig.

Voyages remarquables en Europe, par l'Allemagne, la France, l' Italie, la Hollande, l'Angleterre, l'Allemagne e la Suède, Hambourg, Gerold, 1745, 12⁰.

Volkmann J. JACOB, *Historisch-Kritische Nachrichten von Italien, welche eine genaue Beschreibung dieses Landes, der sitten, und gebrauche, der regierungs-form, der handlung und oekonomie, des zustandes der wissenschaften, und insonderheit der werke der Kunst enthalten*, Leipzig, 1770; ibid. con supplementi di Bernoulli, 1777-78, 3 vol., 8⁰. Trad. Olandese: *Reisbok door Italien*, Utrecht, 1773; Amsterdam, 1779, 6 vol., 8⁰.

Quest'opera, dice il FRIEDLÄNDER, *art. cit.* " divenne il manuale più comune dei viaggiatori tedeschi; anche Goethe se ne è valso „

Wagner J. G. (— 1691), *Italienische Summer oder Römer Reyss etc.* Solothurn, Wehrlin, 1664.

V. un cenno su questo viaggio, fatto per complimentare a nome dei cantoni Svizzeri cattolici il nuovo pontefice Alessandro VII., nel MOTTA, *op. cit.*, p. 97.

Walker, *Ideas suggested on the spot in a late excursion through Flanders, Germany, France and Italy*, 1790, 8⁰. Trad. ted. di Moritz, Berlin, 1791, 8⁰.

Wanderungen durch die Niederlande, Deutschland, die Schweiz und Italien, in den jahren 1793 u. 1794, Leipzig, Voss, 1796.

Warup EDM., *Italy, in its original glory, ruines and revival, being an exact survey of the whole geography and history of those famous country, with the adjacent islands of Sicily, Malta, etc., and wha-*

tewer is remarkable in Roma and all those famous cities and territories mentioned in ancient and modern authors, London, 1660, fol.

Welsch HIERON, *Reisebeschreibung durch Deutschland, Italien, Sicilien, Sardinien, Corsica, die Inseln des Mittelländischen Meers, Barbarey, Egypten, Arabien, und gelobten Lande, wie auch Spanien, Frankreich und die Niederlande etc.*, Stuttgart, 1648 e 1658; Berlin, 1658, 4⁰.

Wheler, vedi SPOON ET WHELER

Willigen AD. von. d., *Aanteekenigen op eene reize van Parijs naar Napels door het Tirolsche en vandaar door Zwitserland en langs den Rhijn terug naar Holland*, Haarlem, 1811, 4 vol., 8⁰.

Winkelmann J. J. (1717-1768), *Briefe an Heine*, Leipzig, 1776, 8⁰; *Briefe an seine Freunde*, Dresden, 1779-80, 2 vol., 8⁰; *Briefe an seine Freunden in der Schweiz*, Zurich, 1778, 8⁰; *Briefe an einen seiner vertrauten Freunde*, Berlin, 1781, 2 vol. 8⁰; *Briefe an einen Freund in Livonien*, Coburg, 1784, 8⁰. Trad. parziale franc. di Jansen col tit. *Lettres familières*, Amsterdam, 1781, 2 vol. 8⁰, e Yverdon, 1784, 2 vol., 24⁰, con un 3⁰ vol., di scritti del Mengs.

<blockquote>
Una intera raccolta delle lettere del W. è quella di Berlino, 1824-25, 3 vol., 8⁰. La più gran parte delle Lettere del W. è da Roma, ove stette la maggiore e miglior parte della sua vita, e contengono preziose notizie d'arte e d'archeologia.
</blockquote>

Wright EDWARD, *Some observations made in travelling through France and Italy, in the years 1720-21--22*, London, 1730, 2 vol., 4⁰ fig.; ibid., 1764.

<blockquote>
" Pochissimo noto è in Italia questo viaggio pubblicato con 40 tav. in rame, non comprese alcune in legno
</blockquote>

stampate fra il testo; vi sono al solito molti errori, ma anche molta semplicità, e poche sinistre prevenzioni„: Catal. Cicognara, II, 264.

Young ARTHUR, (1741-1820), *Voyage en Italie pendant l'année 1789, trad. de l'anglais par Soulès,* Paris, Maradau, 1795, 8°; an. V (1797) 8°. *Voyage en Italie et en Espagne pendant les années 1787 e 1789, trad. par Lesage,* Paris, Guillaumin, 1860, 16°.

"Cette relation embrasse le Piemont, le Milanais, l'état de Venise, le Bolonais, le Parmésan, le duché de Modène, la Toscane et qu.lques parties des Alpes. Son célèbre auteur ne s'est borné à des observations agronomiques, principal objet de ses recherches et de ses études; il a porté un examen attentif sur d'autres objets qui lui ont donné lieu de faire des observations très-judicieuses. M. Soulès a enrichi sa traduction de remarques savantes du doct. Symonds sur le sol, le climat et l'agriculture de l'Italie. On y distingue sur-tout des traités fort instructifs sur l'usage des feuilles pour la nourriture des bestiaux, et sur la pratique de l'irrigation dans une partie de l'Italie„: D. L. R., II, 505.

Ottimo libro, dal quale molto si apprende sulle condizioni d'Italia alla fine del sec. XVIII; se vi è un appunto da fare si è che le notizie sono condensate e appena svolte. Al viaggio seguono rilevantissimi ragguagli sull'agricoltura in Lombardia; e, del resto, lo stato agricolo-economico dell'Italia è l'argomento che campeggia anche nel Viaggio.

Zeiller MART., *Itinerarium Italiae nov-antiquae, oder Reiss-Beschreibung durch Italien,* Frankfurt, Merians, 1640, fol.

Esatta e ricca descrizione dell'Italia, qual era nel sec. XVII. Precede un lungo Catalogo dei libri che giovarono all'autore per l'opera sua: singolar pregio della quale sono 45 tavole geografiche e topografiche assai bene eseguite, ed utili a conoscere la condizione di parecchi paesi e città in quei tempi.

Nell'utile e copioso *Inventario dei Manoscritti italiani delle Biblioteche di Francia,* compilato dal mio caro alunno ed amico prof. Giuseppe Mazzatinti, son ricordati parecchi viaggi in Italia, per la massima parte certamente, inediti. Crediamo utile soggiungerne qui la indicazione.

Bibl. di Aix; codd. 425, 426, 489: *Relazioni di viaggi in Italia nel sec. XVII*. — cod. 433: *Relazione di un viaggio a Roma nel 1651*. — cod. 433: *Note di viaggi in Italia nel sec. XVII*.

Bibl. di Clermont-sur-Oise; cod. 26: G. Cassini, *Giornale di un viaggio fatto in Italia nel 1775*.

Bibl. di Dijon; n.⁰ 314: *Voyage du S. Leblanc en Italie* (sec. XVI). — n.⁰ 316: *Relation d'un voyage fait en Italie en 1626 et 27*. — n.⁰ 317: *Voyage depuis Lyon jusqu'à Rome en passant par la Savoye et Naples* (sec. XVII). — n.⁰ 318: *Lettres familières sur l'Italie par le Pres. De Brosses en 1739 et 1740*. — n.⁰ 319: *Journal d'un voyage en Italie en 1774 par mm. de Vienne et de Grosbois*. — n.⁰ 320: *De la campagne et cité de Rome* (sec. XVII). — n.⁰ 434: *Correspondance du chev. de Vincelles pendant son séjour à Naples en 1719*.

Bibl. de la Rochelle; n.⁰ 845: *Relazione d'un viaggio in Italia dal 1669 al 1670*.

Bibl. di Le Havre; n.⁰ A. C. 2: *Relazione di un viaggio in Italia fatto da un monaco nel sec. XVII*.

Seminario di Orleans; *Relazione del viaggio a Roma nel 1700-1701 del Fromentin*. — *Relazione adespota d'un viaggio a Roma nel 1716*.

Bibl. dell'Arsenale a Parigi; n.⁰ 1217: *Lettres de Rome au p. de Combefis (1636-1668)*. — n.⁰ 3208: *Voyage de l'Italie et ambassade du Duc de S. Aignan à Rome, 1731*. — n.⁰ 3821: *Voyage de Paris en Italie (1668)*.

— n.º 3822: *Voyage de Lyon en Italie* (1778). — n.º 3823: *Voyage du p. Psizoton en Italie* (1664). — n.º 4981: *Voyages de L. Godefroy, préface sur le voyage d'Italie* (1611-12). — n.º 3210: *Journal d'un voyage en Italie* (1713). — n.º 3211: *Nouveau voyage d'Italie par L. T. P. B.* (1735). — n.º 3212-13: *Voyages en Italie et en Allemagne par M. de Paulmy* (1745-46). — n.º 6369, 6376: *Voyage d'Italie* (Roma, Napoli, Calabria e Puglia) *par Millin*. — n.º 4982-83: *Voyage de l'abbée Clèment en Espagne et en Italie* (1768-9). — n.º 5872-5990: Emeric David, *Voyage en Italie* (1786), *Voyage en Italie* (1787) etc.

ADDENDA ET CORRIGENDA

Pag. 3, nota 1. Il Querlon non sa a qual conte ferito qui si alluda. Al passo degli *Essais*, III, 4, in fine, dove è detto: " Je feus, entre plusieurs autres de ses amis, conduire à Soissons le corps de m. de Gramont, du siège de la Fere, où il feut tué, „ il Leclerc annota: " C'est après avoir conduit à Soissons la dépouille mortelle du conte (Philibert, comte de Grammont et de Guiche) que Montaigne partit, au mois de septembre, pour l'Allemagne et l'Italie. „ Qui però si tratta di un conte ferito, non morto; e ferito, forse, all'assedio di cotesta piazza: più probabilmente, in duello. — Pag. 3, nota 2. Il sig. di Mattecoulon, fratello del n. a., si chiamava Bertrando-Carlo: vedi un art. della *Revue Britannique*, 1859, I, 427. Correggi qui la citazione *Essais*, II, 37, in 27. — Pag. 4, n.° 1. L'autore del cit. art. della *Rev. Britann., ibid.*, pag. 427, sospetta che il sig. de Cazelis fosse un cognato del Montaigne, marito della sorella Maria, o un nipote. — Pag. 5, nota 3, lin. 16, corr. *heuresement* in *heureusement*; e lin. 17, *tradition* in *traditions*. — Pag. 6, nota della pag. antecedente lin. 3, corr. *ce deux* in *ces*: e lin. 9, *volut-il* in *voulut-il*. — Pag. 7, nota della pag. ant., lin. 2, corr. *dison* in *disons*. — Pag. 7, nota 1. Il Terrelle, raccoglitore di codici, è ricordato anche dal DELISLE,

Cabin. d. Ms. I, 159-61. — Pag. 8, nota 2. Aggiungi che di Piero Strozzi il M. parla negli *Essais*, II, 17, mettendolo col duca di Guisa fra i più grandi uomini di guerra da lui conosciuti, e di nuovo sul principio del c. 34, ove dice che lo Strozzi "avoit prins Cesar pour sa part„ cioè, ne aveva fatto suo autore preferito e suo modello. Il Brantôme assevera che lo Strozzi traducesse i *Commentarj* di Cesare in greco: e su ciò vedi Lumbroso, *Piero Strozzi e la metafrasi greca dei C. di G. Cesare*, nei *Rendic. dell'Acc. dei Lincei*, 19 febbr. 1888. — Pag. 9 nota 1. Spa o Aspa è ricordata dall'a. pei suoi bagni anche negli *Essais*, II, 15. — Pag. 19, nota, lin. 6, corr. *amis* in *admis*, e lin. 11, *arrisait le* in *arrivait la*. — Pag. 22 lin. 2, corr. *lieus* in *lieu*. — Pag. 23, nota 1. Sui bagni di Bagnères de Bigorre, cons. Cuvillier-Fleury, *Voyages et voyageurs*, Paris, Levy, 1854, pag. 52 (a pag. 198 e seg. si parla dei bagni di Plombières). Una favolosa tradizione sulla loro origine, è in Bladé, *Cont. popul. de la Gascogne*, Paris, Maisonneuve, 1886, II, 353. — Pag. 24 nota 2. In uno scritto del sig. Bourelle, *Montaigne dans les Vosges*, nel *Bullet. de la société philom. vosg.* (1882-3) si asserisce che la badessa di Remiremont a quei tempi era Marguerite de Ludres. Quanto al tributo della neve, di cui parla il M., era dato dalla parocchia di s. Maurizio per sottrarsi all'obbligo di figurare nella processione del lunedì di Pentecoste. Quanto ai dritti, privilegj e pretese delle badesse di Remiremont, vedi fra altri, le *Mémoires* de la Baronne d'Oberkirch, Paris, Charpentier, 1869, I, 160, II, 32. — Pag. 32, lin. 7. La qui lamentata mancanza di *rideaus aux lits*, ricorda ciò che è detto negli *Essais*, III, 13: "Vous faites malade un Allemand de le coucher sur un matelas, comme un Italien sur la plume et un François sans rideau et sans feu.„ — Pag. 33 lin. 12, corr. *desser* in *dessert*. — Pag. 34 lin. 6. Qui dove si parla della varia materia delle stoviglie, è da ricordare il passo degli *Essais*,

III, 9: "J'ay... le goust commun... la diversité des façons d'une nation à l'aultre ne me touche que par le plaisir de la varieté... Soyent des assiettes d'estain, de bois, de terre... tout m'est un. „ — Pag. 36 lin. 21, corr. *ont* in *sont*. — Pag. 38 lin. 1. BADE. Aggiungi in nota: Sui bagni di Bade vi è una assai nota *Epistola* del Poggio a N. Nicoli, recentemente tradotta in francese col tit.: *Les bains de Bade au XV s. par Pogge florentin*, trad. en fr. par Antony Méray, Paris, Liseaux, 1876. Pei tempi del n. a. vedine una descrizione nel MUNSTER, *Cosmogr.*, pag. 448, ediz. 1558. — Pag. 40 not. 2 lin. 3, corr. *extructus* in *exstructus*. — Pag. 43, nota lin. 8, corr. *leurs* in *leur*. — Pag. 46 nota, corr. *Ausbourg* in *Augsbourg*. — Pag. 47 lin. 23, corr. *souier* in *fouier*. — Pag. 50 n. 1. Aggiungi su tale uso svizzero, questo brano di lettera del cav. Dibgy a Cassiano dal Pozzo del 22 maggio 1648: "In tutte le buone città, come Coira, Zurigo, Soluturno etc. li signori borgomastri mi hanno ricevuto con una dottissima arenga d'eloquenza svizzera, che nè loro nè io intendevamo, ma che finiva poi con dodici grandissimi flacconi di vino, quali per finire, affinchè la creatura di Dio non si guastasse, loro si invitavano a pranzo meco, et lo prolungavano con prodigioso bevere in fino a mezza notte „: v. LUMBROSO, *Notizie su Cass. dal P.*, Torino, Paravia, 1875, pag. 104. — Pag. 51 lin. 7, corr. *una ville* in *une v.* — Pag. 55 lin. 4, corr. *autre* in *autres*, e lin. 17, *leur* in *leurs*. — Pag. 63 lin. 24, corr. *il* in *ils*. — Pag. 65 lin. 5, corr. *le* in *les*. — Pag. 74 nota 3 lin. 13, corr. *Cholini* in *Molini*. — Pag. 75 nota, lin. penult., corr. *reservoires* in *reservoirs*. — Pag. 76. Sull'attitudine presa dal M. in Augusta e sul suo passeggiare col fazzoletto al naso, l'a. del cit. art. della *Rev. Britann.*, 1859, II, 101 scrive: "Que signifie ce mystère? Le Journal de voyage est ici on ne peut plus vague et contradictoire. Arrêté par ce qu'il offre d'enigmatique, M. Saint-John a particulièrement creusé la question; et voici l'hypothèse à laquelle il s'arrête. Un passage des *Essais* établit assez clairement que Montaigne jeune encore avoit porté les armes sous le fameux Strozzi, et qu'il était au siège de Thionville, où ce général fut tué le 20 juin 1558. Un passage du *Journal de Voyage* établit aussi que Montaigne avait escorté de Thionville à Epernay, où il les alla revisiter en 1580, les restes mortelles de l'illustre capitaine. Or justement avant le siège de Thionville, les croniques du temps constatent la présence à Augsbourg d'un agent politique secret, pensionné par le gouvernement français pour lui adresser d'utiles révèlations. Cet agent est par elles désigné sous le nom du "sieur de Montanus... M. Saint-John en conclut... mais non, M. de Saint-John n'en conclut rien. Seulement il rapproche de ce fait la singulière attitude de Montaigne en traversant Augsbourg vingt-deux ans après le siège de Thionville. Attitude genée, mistérieuse, qui contraste avec ses allures partout ailleurs. „ — Pag. 78 n. 1. Il Sig. Voizard, *Étud. s. la langue de M.*, Paris, Cerf, 1885, pag. 248 avverte che *Gardoire* è vocabolo della lingua d'oc, che s'incontra solo nel n. a. — Pag. 86 lin. 11, corr. *nous nous* in *nous*. — Pag. 88 lin. 10. Avverti col primo editore che invece di *longeur* dovrebbe dirsi *largeur*. — Pag. 93 nota 2, corr. *de rois* in *des rois*. — Pag. 98 lin. 14, corr. *audessos* in *audessus*. — Pag. 99 lin. 21 corr. *esmerveillot* in *esmerveilloit*. — Pag. 100 lin. penult. può aggiungersi questo riscontro moderno: "Plus nous approchons de Brixen, et plus le paysage prend d'étendue et de charme.... Enfin nous retrouvons la vigne... C'est a Farn que j'aperçois les premiers ceps déjà vigoureux„: Mercey, *Le Tyrol et le Nord d'Italie*, Paris, Paulin, 1833, II, 99. — Pag. 104, lin. 3, corr. *eneore* in *encore*. E lin. 6 alle lodi che M. fa del pane e del vino del Tirolo aggiungasi che Margherita Costa un secolo dopo scriveva nella sua *Istoria del viaggio d'Alemagna di Ferdinando 2.º di*

Toscana, pag. 141: " In questa terra di Bolzano s'è trovato il miglior pane che si faccia in alcun luogo, ed avanza in bontà sino a quel papalino che si fa in Roma. C'è anche grandissima quantità di vino, e buono. „ — Pag. 105 nota, lin. 13, corr. *rends* in *rend*. — Pag. 114 lin. 8, corr. *dessein* in *desseins*, e lin. 12, *loau* in *loua*. — Pag. 117 nota 2. Aggiungi, che il castello di Volargne ricordato dal M., e che appartiene tuttora ai Del Bene, oriundi di Firenze, è ora mutato in abitazione civile, ed è la prima casa a destra per chi a Volargne giunga da nord. L'attual proprietario nob. Carlo del Bene in una parete della loggia fece scrivere ciò che il M. dice del castello e della cortese damigella. — Pag. 115 lin. 2 annota a *prospectus*, che, secondo il sig. VOIZARD, *op. cit.*, pag. 260, questa voce per *vue qui s'étend au loin et devant le spectateur*, è solo in Montaigne. Probabilmente, aggiungiamo noi, la trasse dall'Ital. *prospetto*. — Pag. 121 lin. 11, corr. *les plus beau* in *le*. — Pag. 130, nota della pag. ant. lin. 8, corr. PROCURATUR in PROCURATOR. — Pag. 132. Aggiungi alla n. 1 questo brano sulle entrate di Venezia nel 1589 tratto da una *Relazione della Repub. di V.* di RAFFAELLO DE' MEDICI (pubbl. da R. Fulin, Venezia, Antonelli, 1865): " L'entrate ordinarie sono di 3 milioni d'oro, che par cosa meravigliosa a credere, e pure è vero, chè della città sola cavano un milione e settecento mila ducati, in questo modo: 300 m. per la gabella del vino, che è veramente gravissima, 300 m. per il sale, 400 m. le decime e il dazio dell'uscita, 700 m. altri molti e diversi dazj, 500 m. dall'isola di Candia, 200 m. gli altri luoghi marittimi, 300 m. Brescia, 400 m. il resto di Terraferma. „ Pel secolo successivo, vedi LETI, *Italia regnante*, II, 124. — Pag. 135 nota pag. ant. lin. 5, corr. *il* in *ils*. — Pag. 141 lin. 3, corr. *conformée* in *conformé*. — Pag. 142, nota pag. ant., lin. 5, corr. *forte* in *fort*; e ivi, n. 1 aggiungi: su Luigi d'Este, v. CAMPORI e SOLERTI, *Luigi, Lucrezia e Leonora d'Este*,

Torino, Loescher, 1888. Il card. Luigi si trovava allora a Padova per una rissa avvenuta fra i suoi domestici e gli sbirri pontificj, dopo la quale il papa lo aveva rimproverato e cacciato da Roma. — Pag. 144, not. 2 lin. 16, corr. *avidiate venitunt* in *aviditate veniunt*.
— Pag. 149 nota 9 aggiungi: Il sig. d'Estissac era raccomandato al duca di Ferrara da Enrico III e Caterina de' Medici colle due seguenti Lettere, che nella traduzione italiana si conservano nell'Arch. di Stato di Modena (Cancell. Duc. Lett. di Princ. est.), e che mi furono gentilmente comunicate dal cav. Foucard, già Direttore di cotesto Archivio.

" Mio zio. Il signore d'Estissac desiderando di rendersi di più in più degno di continuare il servitio, che tutti li suoi predecessori hanno sempre et anticamente fatto a questo regno, se ne va di presente in Italia affin di fermarvisi qualche tempo et attendere fra tanto a' più virtuosi et honesti esercitij che vi si fanno ciascun giorno, et perchè io desidero in tutto quello che mi è possibile favorir il suo viaggio, et accompagnarlo in questo suo desiderio, io vi prego, mio zio, mentre ch'egli starà nelle vostre bande fargli fare tutte le gratiose et migliori accoglienze che voi potrete, in maniera ch'egli conosca per effetto in quale raccomandatione havete tutto quello che vi è raccomandato da parte mia, essendo un gentilhuomo che merita che gli sia fatto favore. Pregando Dio, mio zio, havervi in sua santa et degna custodia,

Di San Mauro di Fossati a' 27 d'agosto 1580.

vostro bon nipote
HENRICO. „

" Mio cugino. Havendo saputo che il signore Destissac se n'andava in Italia con intentione di fermarsi qualche giorno nelle terre di vostro dominio, io ho ben voluto testimoniarvi con la presente il contento che il Re, monsignor mio figliuolo, ha delli servitij di tutti li suoi, et pregarvi quanto più m'è possibile che mentre egli potrà essere alle bande vostre, che vi piaccia haverlo in vostra buona et favorevole protettione, gratificandolo et favorendolo in quanto si potrà offrire per suo contento, della medesima affectione come il Re, monsignor mio figliuolo, et io siamo accostumati fare quelli che ci sono raccomandati da parte vostra. Nè essendo la presente ad altro fine, prego Dio, mio cugino, che vi habbia in sua santa et degna guardia.

Di San Mauro di Fossati ai 29 agosto 1580.

vostra buona cugina
CATERINA. „

Non sarà soverchio l'aggiungere a questo luogo, che a Ferrara forse il Montaigne poteva incontrarsi col primo futuro traduttore dei suoi *Saggi* in lingua italiana, cioè con Gerolamo Naselli, che più tardi fu dal Duca mandato suo ambasciatore in Francia e vi dimorò tre anni, e parecchie opere voltò dal francese. La traduzione del Montaigne è intitolata: *Discorsi | morali, politici, | et militari | del molto illustre sig. | Michiel di Montagna caualiere del | Re Christianissimo, gentilhuomo ordinario | della sua Camera, primo magistrato | et Gouernatore di Bordeos. | Tradotti dal sig. Gerolamo | Naselli dalla lingua francese nell' italiana.* | In Ferrara, per Benedetto Mamarelli | Con licenza de Superiori MXCX. | I saggi tradotti sono solo 43, tratti dal 1º e 2º libro. — Una traduzione intera apparve solo nel 1633: *Saggi | di Michel | sig. di Montagna | overo Discorsi naturali, politici e morali | trasportati dalla lingua francese nell' italiana | per opera di Marco Ginammi.* | Venetia, MDCXXXIII, presso Marco Ginammi. Ma la traduzione anziché del Ginammi parebbe essere di Gerolamo Canini. — Pag. 150 n. 2. Il brano degli *Essais* II, 12 sul Tasso è una aggiunta dell'a. all'edizione del 1582. In quella del 1580 manca, perchè antecedente al viaggio (v. ALLAIS, *Les Essais de M.*, note bibliograph., Paris, Dupont, 1887, pag. 5.) Però il M. poteva aver conosciuto il Tasso in Francia; anzi il cit. aut. dell'art. della *Rev. Britann.* scrive:.. " Selon toute probabilité Montaigne et le Tasse se rencontrèrent... à Meudon chez le card. de Lorraine, qui dut faire les honneurs de Paris à son magnifique collègue „, cioè al Card. d'Este, nel cui seguito il Tasso si trovava. Ma il sig. De Chambrun de Rosemont, *Récitste impressions de voyage au XVI siècle: Montaigne en Suisse, en Allemagne et en Italie*, Nevers, 1872, pag. 21, va tropp'oltre, negando non solo l'anteriore conoscenza dei due letterati, ma anche la visita del Montaigne al Tasso in Ferrara. Ei dice: "Nombre de gens prétendent qu'il y eut une entrevue entre ces deux grands hommes... On doit tenir pour certain qu'il ne vit pas le Tasse, et ne sut même pas qu'il existait. C'était alors un mince personnage que ce poète, devenu, un peu plus tard, si célèbre. La *Jérusalem delivrée* avait paru depuis cinq ans, mais le public n'en faisait encore aucun cas. L'auteur, personellement, inspirait autour de lui plutôt de la jalousie que de l'intérêt: on le disait fou, sans que ses amis réclamassent „. Presso a poco, tanti spropositi quante parole! Intanto il Montaigne scrive d'aver *visto* il Tasso a Ferrara: se ci discorresse poco o molto, non dice: ma quanto ad averlo veduto, non è dubbio: e dacchè il Tasso nel 1580 era a Sant'Anna, bisogna che il Montaigne andasse proprio a trovarlo, non l'incontrasse a caso in corte e per la città. — Pag. 151 lin. 5, corr. *le portiques* in *les:* e lin. 9, *Venis* in *Venise:* e alla nota 2 lin. 6, *Vigilio* in *Virgilio*. — Pag. 155 lin. 1. Al ricordo fatto che il miglior schermidore che trovasse a Bologna era il bordelese Binet, aggiungi che negli *Essais*, II, 15, afferma che a Roma i migliori schermidori erano francesi: " Il ne se veoid gueres de Romains en l'eschole de l'escrime à Rome, qui est pleine de françois „. — Pag. 157 nota della pag. ant. lin. 12, corr. *Card. del Pozzo* in *Cassiano dal Pozzo*. A ciò che in cotesta nota, e poi di nuovo a pag. 427 è detto dei segni esteriori delle fazioni politiche, aggiungasi quello che scrive il Burigozzo, *Cron. di Milano*, in *Arch. Stor.*, vol. III, pag. 432, ponendo il principiare di essi segni all'anno 1516 o 17: " In fra questo tempo si levò certe diferentie in fra li gentilomeni giovani, ma pochi, da esser guelf a esser ghibellino: de sorte che la maggior parte, et maxime li bravi, avevano tante portature de penne nella baretta, chi a una parte guelf, chi all'altra gibelin, e con calze stratagliate, et ognuno alla sua fatta, ma de continuo ammultiplicando: tanto che quasi ogni uno se dimostra esser l'una o l'altra parte „. — Pag. 167, nota 2. A ciò che è detto delle stalle medicee, aggiungi quello che, d'accordo col n. a., dice l'ambasciatore veneziano del 1566, Lor. Priuli: " Ha brutta stalla, perchè oltre alcuni giannetti, condotti da lui di Spagna, non ha altri cavalli di considerazione (*Relaz. Ven.*, II, 79.) „ Ma l'ambasciatore Gussoni nel 1576 scrive invece: " Ha nelle sue stalle intorno a 150 cavalli usciti della sua razza... ed ognuno nel grado suo è convenevolmente bello (*Ibid.*, pag. 573) „. — Pag. 171 lin. 14. Aggiungi in nota che il caro dei viveri che il M. notava in Firenze, derivava forse da " due anni successivi di scarse raccolte, che avevano posto i popoli in costernazione, e i provvedimenti del Magistrato dell'Abbondanza appena erano sufficienti a tener quieta la plebe della capitale (Galluzzi, *Storia Tosc.*, IV, 5) „. A questo disastro si aggiunse l'epidemia detta *del castrone*, sorta nel luglio del 1580 (*ivi*). — Pag. 171, n. della pag. antec. Aggiungasi, che per altre consimili enumerazioni di bellezze femminili proprie a talune città d'Italia, è da vedere il Renier, *Il tipo estetico della donna*, Ancona, Morelli, 1885, pag. 140. — Pag. 172, nota 2. Aggiungi ciò che dice il cit. ambasciatore Gussoni su queste attitudini e occupazioni del Granduca Francesco: " Ha ritrovato il modo di fondere il cristallo di montagna, e lo fonde in vasi da bere e altre sorti, lavorandoli nella fornace nel medesimo modo che si lavora nella fornace del vetro ordinario... Questi vasi e per la materia in sè e per l'artificio sono molto nobili e vaghi, e tanto più desiderabili quanto che sono fatti da lui solo... Si diletta anche di formare delle gioie false, così simili alle vere, che alle volte i gioiellieri medesimi ne restano ingannati, e mi mostrò un vasetto fatto da lui di smeraldo, in vero molto bello (*Relaz. Ven.*, V., 377). „ — Pag. 173 lin. 9, corr. *bataille, perdue* in *bataille perdue*. — Pag. 178 nota 3, corr. *chaches* in *cachés*. — Pag. 180 lin. 8, corr. *loeur* in *louer*. — Pag. 191 lin. 12, corr. *reisons* in *reison*. — Pag. 192 nota 2 lin. 2-3, corr. *combiens* in *combien*. — Pag. 196 n. 1. Aggiungi che cotesta casa dirimpetto a S. Lucia della Tinta dovette essere anch'essa una osteria come l'*Orso*, dacchè vi dimorò poi anche il BOUCHARD, *Les Confessions, suivies de son Voyage de Paris à Rome en 1630*, Paris, Liseux, 1881, pag. 247. Andò il Bouchard a " Monte Brianzo, qui est une hostellerie fameuse, au bord du Tibre, par delà l'*Ours*, qui a perdu aujourd'hui aucunement son ancien crédit „. — Pag. 203 lin. 20. Aggiungi che le stesse lagnanze fa anche il BOUCHARD, pag. 245: " Il faut aller à la Douane porter ses valises, d'où l'on a mille difficultez de les avoir par après, devant que l'on se treuve aux jours et aux heures destinez pour l'assemblée de ces messieurs les gabeleurs, qui sont voleurs publics, principalement les moines de Saint-Dominique, qui sont destinez à voir les livres que l'on apporte: car ils retiennent et volent impunément tous les livres qui leurs semblent bons et beaux, et Orestes a eu deux de ses amis à qui ces pères ont retenu tous ces petits volumes d'impression d'Amsterdam, qui sont quarante ou cinquante, reliez en marroquin. L'on n'en prist point à Orestes, car estant averti de la barbarie de ces moines dès Paris, il ne s'estait chargé que d'un Épitècte et d'un Sénèque, lesquels il mit dans ses poches, de peur qu'ils ne lui fussent escroquez, comme suspects d'hérésie: comme il fit aussi de son *Décaméron*, pour lequel il avait beaucoup de peur „. — Pag. 211 lin. 24, corr. *saisons* in *saison*. — Pag. 213, nota 3. L'amico prop. Dejob gentilmente mi fa notare che il D'Abein qui ricordato non è, come supponevo, un Del Bene, ma Louis

Chasteignier de la Roche Posay, seigneur d'Abain, nato il 25 febbr. 1525 in La Roche Posay (dipartim. della Vienne) e morto ai 9 sett. 1595 in Moulins. Egli fu ambasciatore a Roma del 1575 al 1581. Il sig. DE NOLHAC, *La Biblioth. de Fulvio Orsini*, Paris, Vieweg, 1887, pag. 67, lo dice " savant ambassadeur, ami de Scaliger, qui correspondait avec Vettori et prenait à Rome les leçons de Muret „. Fu in relazione anche coll'Orsini e gli donò dei libri: v. *ibid.*, pag. 412. — Pag. 214 lin. 6, corr. *veingnes* in *veingne*. — Pag. 230: a ciò che il M. dice di certe usanze italiane sul mangiare e bere, può servire di illustrazione quello che ne scrive il LETI, *Ital. regnante*, I, 201: " Presentano a bere sopra una sottocoppa d'argento, con tre caraffine piene di differenti vini e una d'acqua, con un bicchiere netto e ben lavato, e voi medesimi l'empiete, e vi mettete tant'acqua e vino che vi piace, senza dipendere dalla discrezione di un cattivo staffiere. Ne' gran banchetti le vivande si tagliano dal Trinciante in una tavolina che sta a lato, senza toccarle mai con la mano, e poi dà il piatto al paggio o al gentiluomo che serve, per servire i convitati.... A ciascuno si dà coltello, forchetta e cocchiarina, e così si mangia senza toccare mai altro che il pane, conservandosi li deti netti e il tovagliolino bianco „. — Pag. 242 lin. 9, corr. *reiterées* in *reiterée*. — Pag. 253, n. della pag. ant. lin. 5-6, corr. *il est défendu* in *il leur est d.* — Pag. 254 lin. 2. A ciò che osserva il M. circa l'uso delle donne di non farsi vedere fuori con uomini, aggiungi quello che dice il LETI, *Ital. regn.* I, 104: " Gli uomini e le donne di qualità non vanno mai insieme per le strade marito e moglie, se non sono forastieri, cioè d'un altra provincia, per levare il sospetto, perchè non sapendo tutti che sono maritati insieme, si potrebbe credere che la donna fosse sua cortigiana e non sua moglie; anzi bene spesso il marito scontrando la moglie in strada non le parla, lasciandola passare al fatto suo senza dirle nulla, temendo che nel vederli altri parlare, non si danno a pensare sinistramente, già che ordinariamente non si parla in strada che a donne di mal partito „. — Pag. 266 lin. 5. Aggiungansi in nota queste notizie sulle ambasciate russe a Roma, tratte da un art. di A. ADEMOLLO nell'*Opinione* del 23 aprile 1881: *Le prime ambascerie russe in Italia*. Le relazioni diplomatiche fra la Russia e la Santa Sede cominciano col 1439, quando Isidoro vescovo di Tesallonica intervenne al concilio di Firenze, e in premio fu da Eugenio IV eletto cardinale ai 18 dicembre di cotest'anno. Ma ritornato in Russia, il granduca Basilio lo fece imprigionare, e lo avrebbe fatto morire, se non fosse fuggito. Egli si trovò alla presa di Costantinopoli nel 53, e miracolosamente scampò alla strage. Morì in Roma nel 1463 o 1464. La prima ambasceria è però del 1472, e fu mandata a Sisto IV, ma non ebbe nessun effetto, per le soverchie pretese della corte di Roma. La seconda ambasceria fu ai tempi di Clemente VII, come racconta il GIOVIO, *Delle cose della Moscovia*, 1525. Essa fu preparata da Paolo Centurione, mercante genovese e instancabile viaggiatore nell'Oriente e nel Nord, inviato da Leone X e poi da Clemente in Russia con loro lettere al granduca. Questi mandò poi a Roma Demetrio Erasmio, che fu alloggiato nel palazzo vaticano, dandogli a compagno e guida Mons. Francesco Cheregato, vescovo aprusino. Dopo alquanti giorni, dice il Giovio, fu condotto dinanzi al Papa " et humilmente inginocchiato, secondo l'usanza gli baciò i piedi, et a nome suo et del suo re, gli fece un presente di pelli et di zebellini, dandogli poi le lettere di Basilio, le quali egli prima, et poi l'interprete schiavone Niccolò da Sebenico, tradussero in lingua latina „. Il Giovio aggiunge che Demetrio assistè con gran piacere alla messa papale in S. Cosimo e Damiano, e fu anche in concistoro al ricevimento del card. Campeggio, reduce dalla legazione d'Ungheria, visitò chiese e rovine antiche, e si diceva sarebbe presto tornato n Moscovia col vescovo Scarense, legato del Papa „. Sulle relazioni fra la Russia e Roma in questi tempi, v. PIERLING nella *Rev. des quest. histor.*, Janv. 1882, e WIERZBOWSKY, *Vincent Laureo, nonce apostol. en Pologne... et ses depeches relativ. à la Pologne, la France, l'Autriche et la Russie* etc. Varsovie, Berger, 1887. — Pagina 272, n. 1. Su questo libro chinese, v. MÜNTZ' *La biblioth. du Vatican au XVI* s., Paris, LEROUX, 1886, pag. 135. — Pag. 276 lin. 8. Il sig. DE NOLHAC, *op. cit.*, pag. 68, n. 3, congettura che cogli " autres sçavants „ il M. possa alludere al Vialart e a Fulvio Orsini, dotti amici dell'ambasciatore. — Pag. 276 n. 1 lin. 3, corr. *Guarente* in *Guerente*. — Pag. 278 n. 2 lin. 5, corr. *Du Vaer* in *Duvair*. — Pag. 278 n. 1 lin. 3 corr. *antecentemente* in *antecedentemente*. — Pag. 285. Alle cose dette in nota, relativamente al sec. XVI, si può aggiungere ciò che leggesi nello scritto *Agricoltura e Pastorizia della Provincia di Roma*, a mostrare che le cose non si sono guari modificate: " I lavoratori della terra, i falciatori d'erbe ed i mietitori giungono nei giorni opportuni dalle provincie napoletane, dalle Marche e dall'Umbria: dalla Toscana più di frequente i tagliatori di legname e i carbonaj (in *Monografia della città di Roma e della camp. rom.*, Roma, Tipogr. Elzevir., 1881, I, LXX). „ — Pag. 290 n. pag. ant. lin. 8, corr. *ispsius* in *ipsius*. — Pag. 294 lin. 8, aggiungi in nota: Circa il privilegio accordato da Gregorio XIII alla confraternita della Madonna della Consolazione per la liberazione di un prigioniero, v. ADEMOLLO, *Le Annotaz. di mastro Titta carnefice romano*, Città di Castello, Lapi, 1886, pag. 96. — Pag. 294 lin. 23, aggiungi in nota che, secondo avverte il QUERLON, *Disc. prélim.*, pagina CXVIII, n.; il maestro del sacro Palazzo era allora il p. domenicano Sisto Fabri. Egli, aggiungiamo noi, era nativo di Lucca (1541) e dopo esser stato nel 1579 professore di teologia nell'università romana, da Gregorio XIII fu nel 1579 fatto Vicario generale dell'ordine, e nell'80 Maestro del sacro palazzo. Nell'83 fu eletto Maestro generale dell'ordine, e nel 94 morì nel convento di S. Sabina, dopo che Sisto V, sotto pretesto che per esser malato di podagra non poteva far le debite visite ai conventi, lo depose dal generalato: v. su di lui LUCCHESINI, *Opere*, Lucca, Giusti, 1833, XVII, 79. — Pag. 302, n. 1 lin. 2, corr. *le voit* in *les v.* — Pag. 304 agg. alla n. della p. ant.: v. anche BERTOLOTTI, *Repressioni straordinarie della prostituzione in Roma nel sec. XVI*, Roma, Tipogr. delle Mantellate, 1887 (estr. dalla *Riv. d. discipl. carcerarie*, anno XVI). — Pag. 307 n. 1 lin. 12, corr. *excommunicamus* in *excommunicamus*. — Pag. 309 lin. 9, corr. *societées* in *sociétés*. — Pag. 310 lin. quartult., corr. *le voies* in *les v.* — Pag. 311 l. quartult., corr. *la nuite* in *la nuit*. — Pag. 313 lin. ult. agg. in n. che le Sr. de Vielart è probabilmente Paul Vialard " qui occupait à la Sapienza la chaire de Camozzi „ : v. DE NOLHAC, *op. cit.*, pag. 65. Il RENAZZI nella *St. dell'Univ. di Roma*, II, 200, dice che professò retorica sino al 1587 collo stipendio di 150 scudi. — Pag. 329 lin. 1, corr. *un observation* in *une o.* — Pag. 341 agg. alla n. della pag. ant. che, secondo il GALLUZZI (IV, 5), il Petrino era creduto figlio del card. Farnese. Contrariamente a quanto asserisce il Sansi, e che noi abbiam riferito, il Galluzzi scrive che il Petrino fu nell'82 ucciso in Galeata, dove erasi rifugiato, per opera di certi suoi confidenti, presso i quali potè più l'avidità del danaro che l'amicizia: e il tradimento sarebbe stato ordito da Alfonso Piccolomini per agevolare la spedizione del suo perdono. — Pag. 343 n. 1. Sulla parola *præcipitus* usata qui dal M. vedi VOIZARD, *op. cit.*, pag. 250. — Pag. 345 nota 2, corr. *colines* in *collines*. — Pag. 347 lin. 10. Su *patenostres* vedi VOIZARD, pag. 73. — Pag. 355 lin. 7-8. Forse è da supplire: *lui* alla *toujours* ecc. — Pag. 357 lin. 9. Nota col sig. VOIZARD, *op. cit.*, pag. 226, che

escharsemant è vecchio avv. molto usato nel sec. XVI;
ed ivi corr. *qu'il peuvent* in *qu'ils*. — Pag. 366 nota 1.
Nel PROMIS, *Vita di Fr. Paciotto* (in *Miscell. St. Ital.*,
Torino, St. reale, 1863, IV, 417) l'iscrizione è così riferita: *Antonia Rocamoro patre Valetta matre — Clarissimis etiam avis majoribus orta — Quæ equiti Franc. Paciotto urbinate — Lusitan. Christi ordini nupsit — Continenterque — Anni XI masculos undenos — Enixa XXVII ætatis anno Anconæ — Occubuit — Uxori castæ et egregiæ — Mæstus gratusque vir — Posuit*. — Pag. 367 nota 2. Aggiungi alle cit. testimonianze antiche, questa, fra parecchi moderni, del KOTZEBUE. *Souvenirs d'un voyage* etc., Paris, 1806, IV, 258: "Les femmes sont d'une figure très-agrèable entre Ancona et Pesaro „. — Pagina 373 nota 5. Sull'architetto del palazzo d'Urbino, v. BRUNELLI, *Luciano Laurana archit. del sec. XVI*, in *Annuario dalmatico*, Zara, 1884, anno I.
— Pag. 384 nota 1. Una cortese comunicazione del sig.
AUG. JANVIER di Amiens mi fa noto che Guillot era celebre oste di cotesta città, e che anche RABELAIS (IV, 51) lo ricorda, descrivendo "un beau cabaret assez retirant a celluy de Guilllot en Amiens. „ Di più ne parla anche JODOCUS SINCERUS, *Itinerarium Galliæ*, pag. 315, e JEAN BRUYREN CHAMPIER, *De re cibaria*, XV, 1, con queste parole: "Nostra memoria novimus in Gallia belgica Ambiani unum propinarium, nomine Guillelmum (Guillotum vulgus cognominat), qui etiam nunc citius dicto exquisitissimus omnis generi avitii cibis, aut ferinæ aut piscium, cœnas instruebat, quae vel regibus dari dignissime potuissent. Hic facile inter propinarios gallicos palmam jure obtinuit „. Il sig. Janvier aggiunge che il nome del celebre oste era Guillaume Arthus, che la sua osteria era nella *Rue des Chaudronniers*, n.° 8, e portava l'insegna del *Dauphin d'Or*, e che i documenti della città parlano di lui negli anni 1527-29. — Pag. 386 n. della pag. ant. lin. 10, corr. *umore* in *humore*. — Pag. 388 nota 2 lin. 3, corr.

Duperat in *Duprat*. — Pag. 391 lin. 1 leva la virgola dopo *une*. — Pag. 415 l. terzult., corr. *jour* in *jours*. — Pag. 417 n. della pag. antec. lin. 7, togli la virgola dopo *vie:* e alla lin. 12 toglila dopo *plaisirs*. — Pag. 417 lin. 9, corr. *rapantois* in *repantois*. — Pag. 420 nota 1 lin. 29, corr. 1755 in 1775. — Pag. 473 nota 2 lin. 9, corr. *n'ai* in *n'aye:* e lin. 28, corr. *Le honesta* in *De h*. — Pag. 477 nota 3 lin. 1, corr. *ou* in *où*. — Pag. 479 nota 1. Aggiungi che di questa asserta proprietà della terra del Camposanto di Pisa non odo più parlare ai dì nostri. Ma vi si credeva ancora nel 1764, dacchè il GROSLEY nel suo Viaggio poteva scrivere (IV, 6) che "le fossoyeur m'assura en avoir fait des épreuves réitérées sur une foule d'allemands qui vinrent mourir à Pise dans la guerre de 1733: *la terra*, me disoit-il, *logoravagli l' loro grosse pance in termine di due giorni*. Pag. 479 nota 2. Il cimitero romano a cui il M. allude è probabilmente quello di S. Pietro, del quale nel 1640 così scriveva MARTIN ZEILLER, *Itiner. Italiae*, pag. 141: „ Ueben obbeschriebener S. Petri, Kirch ist ein Gottesacker, so sie Campo Santo nennent; darinnen die Fremde begraben werden, und in 24 stunden solcher: der römer cörper aber nicht verwesen sollen: welches dann glauben mag wer da will „. — Pag. 487 nota della pag. ant. lin. 17, corr. *accesoire* in *accessoire*. — Pag. 497 agg. alla nota 1 la menzione di un antico libro sul giuoco del *pallone:* SCAINO Antonio da Salò, *Trattato del giuoco della palla*, dedicato ad Alfonso d'Este, Venezia, Giolito, 1555. A Bologna del giuoco si hanno ricordi sino dal 1480: v. in proposito RICCI, *I Teatri di Bologna*, Bologna, Monti, 1888, pag. 672 e seg. — Pag. 531, nota 2 lin. 5, corr. *des bons coups* in *de*. — Pag. 542 lin. 10 invece di *posta* sarebbe meglio leggere *posto*. — Pag. 545 lin. 1, corr. *bon'onora* in *bon'ora*. — Pag. 550 nota 1, corr.: L'a. scrisse 7 per 27. — Pag. 552 lin. 2. Agg. in nota: MAURIZIO PIPINO nella sua *Grammatica Piemontese*, Torino, St. reale, 1783, pag. 133, si scaglia contro il giudizio del M. sul dialetto piemontese, e vuol dimostrare ch'esso è " preferibil a qualonque autr, ch'ai sia 'ntl l' Italia e 'ntla Fransa ", e da poter competere " con la lingua franseisa e con l'istessa italiana. " — Pag. 557 lin. 11, corr. *misseau* in *ruisseau*. — Pag. 558 nota 4, corr. *cancelier* in *chancelier*. — Pag. 559 lin. 6, corr. *couteau* in *couteaus*. — Pag. 160 nota 1 lin. 4, corr. *Saint-Floeur* in *Saint-Flour*.

www.ingramcontent.com/pod-product-compliance
Lightning Source LLC
Chambersburg PA
CBHW071707300426
44115CB00010B/1336